Tristan und Isolde, das aus der Literatur des hohen Mittelalters herausragende Erzählgedicht des Gottfried von Straßburg, ist ein Märchen-Roman. Erzählt wird hier von der leidenschaftlichen Liebe eines jungen Paares, von einer Leidenschaft, die sich über gesellschaftliche Normen hinwegsetzt, von den Wirrnissen dieser Liebe, von Ehebruch und Eifersucht. Im ersten Teil: eine Frau zwischen zwei Männern, im zweiten Teil: ein Mann zwischen zwei Frauen.

Dieter Kühn entwirft auf den ersten siebzig Seiten eine biographische Skizze des Gottfried von Straßburg, von dessen Leben wir nichts Sicheres, aber allerlei Wahrscheinliches wissen.

Nach Abschluß seiner *Trilogie des Mittelalters* hat Dieter Kühn wieder einen Zeugen der mittelalterlichen Vergangenheit für uns zum Sprechen gebracht. Und wieder ist es ihm gelungen, ein weltliterarisches Meisterwerk neu zu vermitteln mit dem genauen Blick des Historikers und Übersetzers auf Geschichte und Sprache ebenso wie durch den befreiend imaginierenden Zugang des Schriftstellers.

»Kühns gesamtes Tristan-Unternehmen zeugt, wie sein kaum zu erreichendes Vorbild, von Sprachlust.«

Heribert Hoven, Süddeutsche Zeitung

insel taschenbuch 1621

Dieter Kühn

Tristan und Isolde des Gottfried von Straßburg

Dieter Kühn
Tristan und Isolde des Gottfried von Straßburg

Ulrich von Thürheim
Tristan
Eine Fortsetzung

Lambertus Okken
Mitarbeit

Insel Verlag

insel taschenbuch 1621
Erste Auflage 1994

Hinweise zu dieser Ausgabe am Schluß des Bandes
Vertrieb durch den Suhrkamp Taschenbuch Verlag
Umschlag nach Entwürfen von Willy Fleckhaus
Satz: IBV Satz- und Datentechnik GmbH, Berlin
Druck: Nomos Verlagsgesellschaft, Baden-Baden
Printed in Germany

1 2 3 4 5 6 – 99 98 97 96 95 94

Gottfried in Straßburg

1 Von den Höhen des Schwarzwalds über flachem Land nach Westen fliegend, sieht der Rabe nach vielen Flügelschlägen den Rhein: aufgleißend ein Bündel von Wassersträngen, mit fischförmigen Inseln in der Strömungsrichtung. Tief unter dem Raben zucken Schwalben umher, zahlreich; kurz zuvor hat es geregnet, nun ist im Westen die Bewölkung aufgerissen an diesem späten Nachmittag, und der Rabe, konsequent die vorgeschriebene Vogelperspektive einhaltend, überfliegt bereits einen ersten Nebenarm des Rheins, der aber, nach einigen Mäandern, nordwärts zum Strom zurückfindet, von dem sich wiederum Seitenflüsse lösen, und so gleicht der Strom einem sehr locker geflochtenen Zopf aus zwei, drei, zuweilen vier Strängen. Die halten oft weiten Abstand voneinander: dort dehnen, strecken sich Inseln. Keine Brücke aber, die Insel mit Insel verbände in Richtung Stadt, die der Rabe bereits erkennt oder zu erkennen glaubt.

Den aus mehreren Flüssen bestehenden Strom überquerend, sieht der Rabe, wie ein Boot mit Mast, doch ohne Segel, eine Kiesschräge hinaufgezogen wird von einem Pferd und mehreren Männern. Weil er sich für das Entladen von Waren nicht weiter interessiert, folgt er im Flug der Straße, die an der Schiffslände beginnt. Kleine Auwälder unter ihm; Riedflächen; breit angeschwemmte Bahnen Sand und Kies; ein toter Nebenarm mit dunklem Wasser; Schilf; ein Tümpel, beinah moosgrün. Viele Schwalben. Und erste Felder, klein, von Holzzäunen umgeben, in denen Geäst hängt: niedriger, von sehr viel Unkraut durchwachsener Roggen, sogar ein Feld mit Weizen, gleichfalls durchwachsen von Unkraut, für das der Rabe keinen Blick, also keine Namen hat, bei aller Klugheit und Übersicht. Mit gelassenen Flügelschlägen weiter sonnenwärts fliegend, sieht er im Gegenlicht die Konturen einer großen, doppeltürmigen Kirche, schaut dann, die Brennweite verkürzend, hinunter zur Straße, die Stadt und Fluß zu verbinden scheint. Diese Straße, deren Staub der Regen in Matsch verwandelt hat, sie wird von einem, von zwei Fahrwegen begleitet, die offenbar das Muster des Rheinstroms nachahmen: ein Fahrweg löst sich vom Fahrweg, begleitet ihn parallel, nähert sich ihm wieder an, schon löst sich ein weiterer Fahrweg von ihm, drei Fahrwege in losem Zopfmuster, und auf dem Weggeflecht ein

Reiter. Der Rabe schwebt hinab, beäugt den Mann. Kein Begleitpferd an langem Zügel; unter einem Umhang so etwas wie ein Schlupfkleid; dünne Schuhe in den Steigbügeln. Der Rabe überlegt, ob er diesen Mann umkreisen, sich womöglich auf dessen rechte Schulter hocken soll, um ein wenig zu plaudern, wie er das schon mal bei einem anderen Reisenden getan hat, aber, so sagt sich der Rabe, er muß Überblick gewinnen über diese Stadt, ehe die Sonne untergeht, also faßt er die Sätze eines Reisegesprächs zusammen in heiserem Krächzen, fliegt wieder in größere Höhe.

Der Rabe überquert ein Flüßchen, das von Südwesten heranmäandert; es scheint, aus der Entfernung gesehen, die Stadt durchflossen zu haben – oder hat es sie nur berührt? Mehr Felder als zuvor, durchweg Roggen, und auch hier macht Unkraut sich breit zwischen Ähren, die klein wirken. Und erste Weinfelder. Und Weiden mit Kühen, auch Pferden. Und Wickenflächen.

Aus seiner Vogelperspektive erkennt der Rabe nun, daß in das Flüßchen, das er vor allem mit dem linken Auge sieht, ein weiteres Flüßchen mündet: die Fläche der Einmündung aufgleißend. Beide Flüßchen (für die selbst dieser reisekundige Rabe keine Namen hat) scheinen ein Oval zu bilden, und auf dieser Insel die Stadt, die er anfliegt. Einem Impuls von weither folgend, senkt der Rabe den Blick, hält aber die Flughöhe bei: weiterhin Felder; Gärten, vor allem mit Obstbäumen; Bauernkaten, die nur geringe Firsthöhe erreichen. Auch wenn die Felder zerzaust, durchwachsen, wie gerupft wirken, der Rabe sieht sie gern, denn er hat auf dem Flug hierher viel Wald überquert, finster-struppigen. Der Rabe schickt einen heiseren Schrei voraus in Richtung Stadt. Aus seiner Vogelperspektive sieht er bereits: das südliche Flüßchen wird auf der Insel begleitet von einer Mauer; auch das nördliche Flüßchen ein Stück von Mauerwerk gesäumt, aber bald verspringt diese Mauer, verbindet sich in einer Abkürzung mit der Mauer am südlichen Flüßchen; auf der von keiner Mauer geschützten Fläche der Insel: Häuser, Hausgrüppchen, Felder, Gärten.

Der kluge Rabe folgt dem Entschluß, über der nördlichen Stadtmauer zu fliegen. Also sieht er: unmittelbar hinter diesem Mauerwerk kleine Häuser – sie unterscheiden sich nicht von den Katen, die er oft schon gesehen hat, nicht nur in dieser Tiefebene. Einige Katen sind hier zuweilen dicht aneinandergerückt, andere halten Abstand voneinander. Und Gärten in der Stadt, kleine Felder; Pferde und Kühe; suhlende Schweine zwischen Frauen, Männern, Kindern. Brunnen. Auf dem Flüßchen, weiter westwärts, wird ein Schiff gezogen: vor einem Seil ein Pferd auf dem Treidelpfad, den der Rabe aus dieser Entfernung nicht erkennen kann, das Seil schon gar nicht, aber Treideln hat er bereits öfter gesehen in seinem Rabenleben, so kann er die Details ergänzen. Rasch wieder löst er den Blick vom Flußnachen, fliegt nun bereits tiefer über der Stadt, bewahrt jedoch die Vogelperspektive, die hier wörtlich genommen wird. Jetzt erst sieht der Rabe, was im Gegenlicht nicht zu erkennen war: etliche Häuser außerhalb der Stadtmauer sind abgebrannt; verkohlte Balken; erstaunlich wenig Asche, die solch ein Haus hinterläßt. Ein Stapel Bauholz, ein neues Haus wird errichtet – der Rabe hört Hämmern und Sägen. Und sieht weitere arbeitende Männer: sie errichten eine Mauer, wo bisher die Mauer das nördliche Flüßchen noch nicht begleitete, auf der Stadtinsel. Der hellhörige Rabe vernimmt nun auch das Plicken von Meißeln auf Stein. Ja, von vielen Stellen schnellt dieses Geräusch des Steinmeißelns zu ihm hoch, und von vielen Stellen hört er Hämmern, Sägen.

Nach eleganter Schwebeschleife fliegt der Rabe wieder ostwärts, zum größten Gebäude der Stadt, langgestreckt mit zwei Türmen. Aus den Katen, die sich innerhalb der Stadtmauer zu ducken scheinen, werden domwärts Häuser, die sogar ein erstes Stockwerk tragen, aber auch viele dieser Häuser stehen für sich allein. Gärten und kleine Weiden auch im Innern des Stadtovals. Und wieder Brunnen. Und Kühe, Pferde. Und Schweine auf den Straßen, die zum Raben hochstinken. Diese Straßen bilden ein rechteckiges Grundmuster – hier sind sie immerhin so breit, daß zwei Fuhrwerke aneinander vorbeikommen könnten. Doch auf den Straßen wird verkauft: Waren auf Holzplatten. Und auf den Straßen wird gesägt, gehämmert: der kundige Rabe sieht einen Böttcher, entdeckt einen zweiten Böttcher, einen dritten – es werden offenbar viele Fässer gebraucht in dieser Stadt. Der Rabe würde gern kühlen Wein nippen. In der Nähe des Doms die ersten Steinhäuser. Auch vor ihnen Marktstände und arbeitende Handwerker und Fußgänger, die sich in Mäandern bewegen, offenbar die mäandernden, mehrarmigen Landstraßen nachahmend, die wiederum den mäandernden, mehrarmigen Fluß nachzuahmen scheinen – Welt mäandernder Bewegungen, so schließt der Rabe. Und warum die Mäanderbewegungen der Fußgänger? Auch hier sind die Straßen matschig nach dem Regenguß; Pfützen, Wasserrinnen. Ein Karren mit Bauholz unter dem Raben, der den Schnabel bodenwärts senkt, das Pferd wird mit Geschrei und Peitschenschlägen angetrieben, wird aber nicht schneller. Ein Kreis Menschen, in dem sich zwei Männer mit wild zuckenden Bewegungen prügeln; hochgetriebenes Geschrei. Einige Reiter, viele Fußgänger. Und noch zahlreicher die Menschen, die herumhocken und umherstehen und plaudern. Zu seinem Bedauern stellt der Rabe fest, daß nirgendwo in seinem Sichtkreis Menschen unterhalten werden: keiner spielt auf, keiner führt Zaubertricks vor, keiner zeigt, wie sein Bär tanzen kann. Also fliegt der Rabe ohne Zwischenschleifen zur doppeltürmigen, außerordentlich großen Kirche. Der Rabe, der bereits viele Orte und Städte überflogen hat, sucht in seinem Gedächtnis nach Vergleichen: eine Kirche dieser Größe und Bauart hat er nur weiter nordwärts gesehen, in Worms und Speyer. Zufrieden mit Gedächtnis und Blick setzt der Rabe zum Gleitflug an auf den nächsten der beiden Türme, sieht dabei, über die rechte Schwinge hinweg, ein kleines Kloster in der Nähe des nördlichen Flüßchens; Klosterhof, zwei Männer scheinen miteinander zu sprechen.

Sich auf der Turmspitze zurechtruckelnd, wirft der Rabe einen Blick nach Westen: die Sonne noch zwei, drei Durchmesser vom Hügelhorizont entfernt. Über das Dach des Kirchenschiffs in die Richtung blickend, aus der er herangeflogen war, sieht er am Chor ein Holzgerüst, auf dem Männer arbeiten. Der Rabe schließt die Augen, lauscht: Steine werden gemeißelt – ja, in einem Geviert zu Füßen der Türme, das hat er beim Anflug gesehen. Weiterhin das hochgetriebene Geschrei: also noch immer die zuckenden Bewegungen in der Mitte des womöglich noch dichteren Menschenkreises. Und Hähnekrähen. Ein Glockenschlag im Turm, auf dessen Dach der Rabe sitzt, und bei diesem, ihm vertrauten, Klang nickt der Rabe, spreizt wohlig sein Fluggefieder, denn nun gleich, das lehrt ihn Erfahrung, wird ein zweiter Glockenschlag folgen, und es werden erneut alle Geräusche dieser Stadt wie eingeschmolzen sein in schwingende Bronze, und erst im Verschwingen wird dieser Glockenklang die Geräusche wieder freigeben.

2 Straßburg, das Münster. Ich gehe, stehe und sitze im Hauptschiff, schaue in die Vierung, in die Apsis: Einhöhlung in den Zeitraum, in dem Gottfried in jener Stadt gleichen Namens gelebt, gearbeitet, gedichtet hat. In diesen ältesten Bauabschnitt der Kathedrale hineinblickend, sehe ich, was auch er gesehen haben

dürfte: die mächtigen Säulen der Vierung, die Apsis als Segment eines Kuppelbaus, und in dieser Einwölbung Figuren eines Mosaiks, die für mich nur zu erkennen sind, wenn die spärliche Beleuchtung eingeschaltet wird, nach dem Einwurf einer Münze; kurze Zeit später wieder das Halbdunkel, in dem die gleichmäßig gereihten Figuren zu Schemen werden und die Apsis zur mächtigen Einwölbung in eine Steinmasse, die vollgesogen ist mit Finsternis und dunkel-gedrungen die Säulenbündel der Vierung mit der Kuppel, die ich, im Langhaus, nicht sehe: wie viele lateinische Texte der Liturgie haben dort oben ihr Echo gefunden, wie viele Gebete und Gesänge; und Läuten, Läuten; und Schreie im Wirbel der Französischen Revolution; und Läuten, Läuten; und bestimmt war auch dieses Münster, wie sehr viele andere Kirchen, in einer Kriegszeit Pferdestall oder Lazarett und in der Kuppel die Echos von Pferdewiehern und die Echos von Stöhnlauten, von Schreien Verwundeter; und Läuten, Läuten; und das dumpf dröhnende Einschlagen von Kanonenkugeln vor etwa hundertzwanzig Jahren und das Bersten von Fliegerbomben vor einigen Jahrzehnten; und Läuten, Läuten; lateinische Texte der Liturgie, Gebete und Gesänge; Läuten, Läuten.

Das Hauptschiff, aus dem Gottfried in diese Vierung, in diesen Chor geblickt haben könnte, war zu seiner Zeit noch romanisch. Erst nach seiner Lebenszeit wurde es in Sektoren abgebrochen und durch das gotische Langhaus ersetzt, das mich überwölbt. Auch die beiden romanischen Türme wurden abgebrochen.

Mehrere ineinanderversetzte Zeit-Räume, in denen ich gehe, stehe, sitze: ein sakrales Gebäude in einer Stadt des zwanzigsten Jahrhunderts; ein Kirchenschiff aus dem dreizehnten Jahrhundert; Vierung und Apsis aus dem zwölften Jahrhundert, errichtet auf Grundriß und Fundamenten einer romanischen Kathedrale des elften Jahrhunderts und aus dieser Zeit noch die Krypta, dreischiffig, und in ihrem Mauerwerk bestimmt auch Steine, die schon in der Zeit der Römer behauen wurden, im dritten, vierten Jahrhundert, als Strasbourg noch Argentoratum hieß. Lassen sich die Baugeschichte des Münsters und die Lebensgeschichte Gottfrieds in einem kleinen Zeitabschnitt koordinieren?

3 Von wann bis wann Gottfried gelebt hat, wissen wir nicht, es gibt nur Schätzungen des Zeitraums, in dem er am *Tristan*-Roman gearbeitet haben wird: zwischen 1200 und 1210. In welchem Alter könnte Gottfried mit dieser Arbeit begonnen haben?

Zuerst: Leben hatte damals weniger Spielraum zur Entfaltung. Ich erinnere daran, daß die Lebenserwartung im 13. Jahrhundert sehr gering war: man wurde, im statistischen Durchschnitt, kaum vierzig Jahre alt. Auch in der Antike wären heutige europäische oder nordamerikanische Lebenserwartungen utopisch erschienen. Man lebte in früheren Epochen mit dem Bewußtsein, daß nur sehr wenige Menschen über sechzig Jahre alt werden, und nur Ausnahmen über siebzig und nur legendäre Figuren über achtzig – Menschen zwischen sechzig und achtzig aber gibt es in meinem Land zu Millionen. Hier muß also zurück-gedacht werden.

Geringe Lebenserwartung verdichtete die Lebensphasen. Die Schwertleite, mit der Knaben (oder Knappen) des Adels (oder der Aufsteiger) auch mündig erklärt wurden, diese Schwertleite feierte man ab vierzehn, fünfzehn. Zu Entfaltung, zum »Reifen« ließ man sich nicht so viel Zeit wie heute, *konnte* man sich nicht so viel Zeit lassen! Wenn ich die These wiederhole, Gottfried hätte etwa dreißigjährig (oder schon vorher) begonnen, am *Tristan*-Roman zu arbeiten, würde ich damit rückwirkend eine biographische Entwicklung forcieren? Vorsichtige Schätzung: wenn Gottfried im ersten Jahrzehnt des dreizehnten Jahrhunderts am *Tristan*-Roman arbeitete, so könnte er um 1170 geboren sein.

4 Gottfried galt im Mittelalter als gelehrter Autor. Das setzt voraus: er war auf einer Schule, vielleicht sogar auf einer Universität.

Falls Gottfried in Straßburg aufwuchs, wird er hier die Schule besucht haben. Etwa die Schule einer der Klostergemeinden innerhalb der Stadtmauern (St. Stephan?) oder das Kollegiatstift St. Thomas oder die Schule des Domstifts. Wie auch immer diese (und andere?) Schulen bezeichnet wurden – die Unterscheidungen sind nicht sehr relevant, es gab noch keine klar abgegrenzten Schulformen, sehr viel hing jeweils ab vom Leiter der Schule, einem Kanoniker, einem scholasticus, und von den Lehrern. Fest aber stand: es war eine Einrichtung der Kirche – weltliche Schulen, städtische Schulen gab es noch nicht. Und: es war eine Lateinschule. In ihr wurden die septem artes liberales gelehrt. Die siebenfache Lehre galt als »frei«, weil diese »Studien nicht dem Gelderwerb dienen«, schreibt Ernst Robert Curtius, dessen Standardwerk *Europäische Literatur und lateinisches Mittelalter* ich hier konsultiere. Die artes liberales wurden also abgerückt von den artes lucrativae – zu denen beispielsweise die Medizin gehörte, aber auch die Theologie (lockend die geistlichen Pfründen...)

Die heilige Siebenzahl der Unterrichtsfächer teilte sich auf in ein trivium, einen Dreiweg, und ein quadrivium, einen Vierweg. Zum Dreiweg gehörten die Fächer Grammatik, Rhetorik, Dialektik (Logik). Und der Vierweg der »mathematischen« Lehrbereiche: Arithmetik, Geometrie, Musik, Astronomie. Die Reihenfolge dieser Aufzählung war bereits im Mittelalter festgelegt.

Was war das Lernziel solch einer Schule? Curtius: »Der mittelalterliche Lateinschüler sollte dazu gebracht werden, die Sprache Roms nicht nur zu lesen, sondern auch im mündlichen und schriftlichen Gebrauch zu meistern.« Wer aus solch einer Schule kam, war litteratus, das heißt: er hatte Grammatik und Rhetorik gelernt. Dies läßt sich auch Gottfried zuschreiben – wie sehr sich im einzelnen die Schulen damals auch unterschieden haben mögen. Und wir können davon ausgehen, daß das trivium auf jeden Fall Priorität hatte vor dem quadrivium.

Welche Schulautoren wurden in Gottfrieds Zeit gelesen? Nummer eins, in jeder Hinsicht, war der Grammatiker Donatus. Seine *ars minor* mußte auch Gottfried auswendig lernen, das war damals üblich. Ihr Umfang: etwa zehn Druckseiten. Es folgte die *ars maior*, die Lehre für Fortgeschrittene. Fast ein halbes Jahrtausend blieb »der Donatus« Standardwerk des Lateinunterrichts.

Als nächstes wurde Priscians *Institutio grammatica* erarbeitet, heute »zwei stattliche Bände«. Und Curtius weiter: »Da es zahlreiche Musterbeispiele aus den klassischen Autoren bot, vermittelte es zugleich einen Grundstock literarischer Kenntnisse.«

Obenan im Kanon der lateinischen Schulautoren stand der Spruchdichter Cato. Lehrreiche Fabeln wurden von Aesop übernommen und von weiteren Autoren, deren Namen nur für den damaligen Schulbetrieb Bedeutung haben – mehr als die Hälfte der Schulautoren zu Gottfrieds Zeit ist heute vergessen. Gelesen wurden aber immerhin auch: Cicero, Sallust, Horaz, Vergil, Juvenal, Ovid. Und die (gekürzte) *Ilias latina* des »Homerus«. Von Ovids Werk wurden nur lehrreiche Texte im Unterricht durchgenommen, nicht aber die *Ars amatoria* und die *Metamorphosen*. Gegen Ende des 12. Jahrhunderts jedoch wurde, auch bei Ovid, der Kanon erweitert, die *Metamorphosen* durften gelesen werden und erst recht die *Remedia amoris* (Heilmittel gegen die Liebe) – als »Gegengift«, wie Curtius vermerkt.

Vorrangig war stets die »erzieherische Funktion der Poesie«. Und nicht die literarische Bedeutung der Texte – hier wertete man im Mittelalter nicht, man dachte noch nicht in Kategorien von Kunst; unter »ars« verstand man »Lehre«. Ein Autor war entweder Autorität oder nicht; *war* er Autorität, so blieb belanglos, ob sein Werk im augusteischen Zeitalter entstanden war oder erst gegen Ende der römischen Ära oder im frühen Mittelalter – entscheidend war die Kategorie der (moralischen!) Nützlichkeit. Gottfried, als offenbar guter Schüler, wird auch in seinem späteren Versroman hervorheben: er sei nützlich.

Belehrung also. Ihr dienten vor allem Sinnsprüche und Sentenzen, die aus Werken der Schulautoren exzerpiert wurden. Auch lagen umfangreiche Sammlungen von Sentenzen vor. Sie waren überwiegend moralisch. Curtius hebt vier solcher Lehrsätze hervor, übernommen von Ovid, ich gebe zwei von ihnen wieder, übersetzt: »Schamhaftigkeit und Schönheit, sie liegen gewaltig im Streite«; »Was verboten, gefällt, und das Verwehrte erstrebt man«. Auch diese Lehrsätze finden ihr Echo in Gottfrieds Roman: verkappte Zitate.

5 Ein Literaturwissenschaftler, ein Philologe wird sich vor allem mit dem Kanon lateinischer Schulautoren befassen; ein Theologe hingegen wird die Lektüre lateinischer Kirchentexte in den Vordergrund rücken. Ich kann hier keinen Namens-Proporz schaffen zwischen weltlichen und geistlichen Autoren, kann nur sagen: selbstverständlich hat man neben den weltlichen Autoren der römischen Blütezeit und Spätzeit auch geistliche Texte gelesen. Hier vor allem: das Buch der Bücher, in der lateinischen Übersetzung, die Hieronymus um 390 vollendet hat und die, nach mehreren offiziellen Textrevisionen, heute noch gültig ist: die Vulgata. Die Bibellektüre war systematisch, schloß auch apokryphe Texte ein. Nur – lag in Gottfrieds Schule eine komplette Abschrift der Vulgata vor? Oder gab es dort nur Evangeliare? Gelesen wurden auch Hymnen und Heiligenviten.

Soll ich nun versuchen, Ausgleich zu schaffen zwischen dem Kanon von römischen (also »heidnischen«) Dichtern und späteren christlichen Dichtern, und jedem Namen eines antiken Autors den Namen eines christlichen Autors gegenüberstellen, angefangen bei A wie Augustinus bis S wie Sedulius? Und schließlich stehen einem Kanon von beispielsweise neun römischen Dichtern neun christliche Autoren gegenüber? Ein heidnisch-christlicher Lektüre-Proporz war bestimmt nicht angestrebt! Welche Autoren bevorzugt »durchgenommen« wurden, hing jeweils ab von den Lehrern, auch von der Tradition der Schule. In Speyer, zum Beispiel, hatten klassisch-heidnische Autoren eindeutig das Übergewicht. So kann ich, vorsichtig, nur schreiben: In Straßburg wurden neben klassischen lateinischen Autoren auch christliche Autoren gelesen. Zu denen wird bestimmt Augustinus gehört haben. Vielleicht auch Boëthius. Aber weiter gehe ich hier nicht im Alphabet. Vermerke nur noch mal, daß sämtliche Texte auf Latein gelesen wurden – und nicht in volkssprachigen Übersetzungen. Auf Latein wohl auch die Texterörterungen, wenigstens unter fortgeschrittenen Schülern. Diese Interpretationen waren vorwiegend allegorisch: ein Text als Zeichensystem, das auf ein anderes Zeichensystem verweist – damals vor allem das Zeichensystem antiker Tugenden, in die christliche Welt tradiert, von ihr adaptiert. Oder: das Zeichensystem einer von Gott geschaffenen, geordneten Welt. Zeichen hinter Schriftzeichen. Zur Bibel-Allegorese kam die allegorische Auslegung Vergils, kam die »allegorische Umdeutung Homers«. Und Curtius weiter: der mittelalterliche Allegorismus »äußert sich in der ›Moralisierung‹ auch des Ovid und anderer Autoren durch allegorische Auslegung; aber auch darin, daß personifizierte Wesenheiten übersinnlicher Art zu Handlungsträgern dichterischer Gebilde werden konnten.«

Ich gehe ausführlich darauf ein, weil Gottfried in seinem Versroman realisierte, was er in der Schule gelernt hat und wohl auch im Studium: mehrere allegorische Darstellungen im Roman, beispielsweise bei der Beschreibung des Gewands, das Tristan zur Schwertleite anlegt; ein Glanzstück allegorischer Ausdeutung ist die genaue Beschreibung des gekuppelten Höhlenbaus, in den sich Tristan und Isolde zurückziehen. In solcher Allegorisierung dokumentiert sich nicht primär eine besondere didaktische Neigung unseres Dichters, hier ist Typisches seiner Epoche.

6 Vom trivium zum quadrivium. Hier hebe ich nur das vorletzte Fach der festgelegten Reihenfolge hervor: Musik.

Wie zu Gottfrieds Zeit Musik unterrichtet wurde, weiß ich nicht. Aber dies läßt sich mit Sicherheit sagen und schreiben: das Singen erlernte auch er in der Liturgie, in Gregorianischen Gesängen. Der musikalische Spielraum war zu Gottfrieds Zeit nicht allzu groß. Das Singen volkssprachiger Liebes- und Minnelieder wird er in der geistlichen Institution nicht gelernt haben. Ebenso wenig das Spielen eines Instruments, etwa der Harfe – obwohl sie das Instrument Davids war! In Straßburg wird sich aber bestimmt jemand gefunden haben, der den jungen Mann Gottfried auf diesem (oder einem anderen) Instrument unterrichtete.

Denn es läßt sich vermuten, daß Gottfried auch Liedtexte verfaßt hat – dazu gehörte damals ganz selbstverständlich, daß sie mit Melodien verbunden wurden, eigenen oder übernommenen, und dazu gehörte wiederum, daß man diese Lieder selbst vortrug, sich mit einem Instrument begleitend. Das gebräuchlichste Instrument war hier die Harfe, die Gottfried auch Tristan (und Isolde) zuschreibt.

Eine Harfe war damals entschieden kleiner als die heutige Konzertharfe: üblich war die Knieharfe, wie sie heute noch gespielt wird als celtic harp; auf den Knien abgesetzt oder zwischen die Knie geklemmt, reicht sie ungefähr ans Kinn. Keine sonderlich kühne Spekulation, daß Gottfried dieses Instrument gespielt haben könnte: es gibt mehrere Textpassagen in seinem Versroman, in denen er kundig das Musizieren auf der Harfe beschreibt…

7 Nach der Schulzeit könnte Gottfried studiert haben – auch hier besteht weithin Konsens in der Wissenschaft. Im deutschsprachigen Bereich gab es noch (lange) keine Universitäten, man mußte nach Italien reiten oder wandern, nach Padua oder Bologna. Oder nach Paris. Diese Stadt dürfte sich einem Elsässer am ehesten angeboten haben – Paris war Zentrum der Bildung jener Zeit.

Von Universität in unserem Sinne kann man hier am Ende des 12. Jahrhunderts noch nicht sprechen – der Begriff »universitas« tauchte erst 1208 auf, und von der Sorbonne sprach und schrieb man erst ab der Jahrhundertmitte. Der Schlüsselbegriff war: studium generale – es blieb damals freilich konzentriert auf Grammatik und Rhetorik.

In Paris gab es höhere Lehranstalten im Rang einer Universität. Unterrichtet wurde nach festen Lehrplänen, so lese ich bei Curtius, und es wurde deutlich abgestuft in den akademischen Graden: Baccalaureus, Lizentiat, Magister, Doktor.

Beschäftigung vor allem mit Literatur, in weitestem Sinne. Aber wie schon betont: man dachte hier noch nicht in der Kategorie »Kunst«. Man sah ein poetisches Werk auch als Produkt der Rhetorik – die war von Poesie damals kaum abzugrenzen. So schrieb Gottfried später von »rede«, wo wir den Begriff »Dichtung« einsetzen würden.

Zusammenfassend: Gottfried lernte nicht nur lateinische Texte lesen, lateinische Texte allegorisch auslegen, er lernte auch lateinisch sprechen und schreiben – und dichten. *Ars dictandi* als Schulfach. Curtius: »Warum dichtete man? Man lernte es auf der Schule. Sehr viele mittelalterliche Autoren haben gedichtet, weil man es können mußte, um sich als clericus und litteratus auszuweisen; um Komplimente, Grabschriften, Bittschriften, Widmungen zu verfertigen und sich dadurch bei den Mächtigen in Gunst zu setzen oder mit Gleichstehenden zu korrespondieren; auch um des schnöden Mammons willen. Dichten ist lehr- und lernbar; es ist Schularbeit und Schulwissen.«

Wir werden wohl nie herausfinden, was Gottfried an lateinischen Versen geschmiedet hat: kein Anhaltspunkt in der Überlieferung als Ansatzpunkt der Spekulation. Jedoch ein Hinweis auf ein (mögliches) Modell: in der Manessischen Handschrift ist Gottfried unter anderem ein lehrhaftes Gedicht über Armut zugeschrieben; das wird Gottfried unisono von Literaturhistorikern abgesprochen, doch läßt sich vorstellen, daß hier die »materia« auch eines lateinischen Lehrgedichts gewesen sein konnte.

8

In Paris hätte Gottfried übrigens, wie nebenbei, auch Französisch gelernt oder dazugelernt. Daß er Französisch sprach und schrieb, läßt sich am Roman ablesen: seine Vorliebe für französische Lehnwörter, für eigenwillige Kombinationen französischer Lehnwörter mit deutschen Endungen, für französische Zitate.

Solche Einsprengsel als Sprachspuren, die nach Paris weisen?

Französisch konnte er im Grenzbereich zum damaligen Burgund leicht auch ohne Universität gelernt haben.

Und weil hier schon der Ansatzpunkt ist zu einer biographischen Variante, gleich die Frage, ob ich mit der Verbindung Schule–Studium nicht schon im Schema eines heutigen curriculum denke. Vorstellbar wäre ja auch, daß Gottfried nach der Schulzeit in eigener Initiative lateinische Texte weiterlas, weiterstudierte – dazu waren die Voraussetzungen in Straßburg sicherlich besser als in vielen anderen (durchweg kleineren) Städten. Dieser Mann, dessen Artikulation so unübersehbar, unüberhörbar eigenwillig ist, er könnte auch hier einen eigenen Weg gegangen sein – innerhalb des Spielraums seiner gesellschaftlichen Möglichkeiten.

Fest steht jedenfalls: er konnte Französisch; er war belesen in lateinischer Literatur; er war versiert in der musikalischen Praxis. Das alles läßt sich vom Romantext ablesen.

9 Auch in der Zeit, in der ich an der Übertragung, an diesem Text arbeite: wie viele Druckbuchstaben strudeln täglich durch mein Hirn? Und wie viele Druckbuchstaben während einer Woche – in Zeitungen, Zeitschriften, Büchern? Und wie viele Druckbuchstaben sind das in einem Monat, in einem Jahr, einem Jahrzehnt? Milliardenfaches Buchstaben-Plankton, durch das linksseitige Sprachzentrum auch meines Gehirns driftend! Abstrakt formuliert und als Zitat: ein sehr hoher »Informations-Umsatz«! Und zuweilen Sättigung, Übersättigung – ein Freund sprach von Rezeptions-Depression. Und zuweilen Verweigerung: Nein, diese Zeitschrift schlage ich gar nicht erst auf! Und dieses Buch, obwohl ich es mir gewünscht habe, es bleibt in der Folie, wird verschenkt! Sonst öffnet sich ein Überdruck- und Überlaufventil in meinem Kopf, und ich schwappe über!

Das Arbeitszimmer verlassen, hinunterschauen zum Teich im Stadtgarten, hinüberschauen zur Hügelreihe des Bergischen Landes und südwärts zum Siebengebirge: ruhiges, weites Bild, das lasse ich in mich einwirken.

Und ich frage mich: wie groß war der »Informations-Umsatz« bei einem Gottfried? Wie viele Bücher mag er insgesamt gelesen haben? Wie lange konzentrierte er sich jeweils auf ein Buch? Ich erinnere daran: in einem mittelgroßen Kloster (und wer sonst besaß Bibliotheken?) vielleicht vierzig oder sechzig Bücher; in großen Bibliotheken, wie der von St. Gallen, etwas über hundert. Im Hause Gottfrieds vielleicht drei oder zwei Bücher oder gar keins – nur große Herren, weltlich oder geistlich, konnten sich Bücher leisten.

Ich versuche, mir die damalige Situation eines Mannes zu vergegenwärtigen, der als belesen, ja als gelehrt galt. Auch zu ihm kamen Bücher nicht ins Haus, auch er mußte zu Büchern gehen, reiten oder fahren. In diesem Entwurf freilich nur ein kurzer Gang durch die Stadt, und der beginnt an einem (wohl durchschnittlich kleinen) Stadthaus. Und Gottfried geht zum Kloster St. Thomas oder zum Kloster St. Stephan, ganz in der Nähe des Münsters, kennt hier den Mönch, der für Bibliothek und Skriptorium zuständig ist: Bruder Lambertus. Erst mal eine Plauderei an diesem Frühlingstag? Ja, die sehr große Kälte bis vor kurzem: die Ill zugefroren und die Breusch, Kinder und Erwachsene auf (Knochen-) Schlittschuhen und auf Schlitten, und die Großen führten sich genauso kindisch auf wie die Kleinen, auch die Stimmen waren kaum zu unterscheiden... Die Kälte so groß, daß der Mönch nicht weiter in der Schreibstube arbeiten konnte, obwohl er immer wieder in die Küche ging, um am Herd die klammen Finger beweglich zu machen. Und wochenlang kamen keine Reisenden in die Stadt, ins Kloster, wochenlang also keine Nachrichten. Heißt der Papst immer noch Innozenz? Hat ein Gelehrter in Paris eine neue Schrift verfaßt? Hat Gott der Herr irgendwo ein neues Zeichen gesetzt für den (verdienten) Untergang der Welt?

Solche Fragen könnten nachklingen. Rufe von Männern am kleinen Fluß in der Nähe – ein flaches Lastboot wird getreidelt. Und Sägen, Hämmern. Und Plicken von Meißeln auf Steinen... Und ein Hahn, in der Nähe... Und Hundebellen... Ja, Hunde hörte man auch in der Zeit, in der fast alle Geräusche eingefroren schienen: kein Hahn an den kurzen Tagen... An sehr kalten Tagen kein Meißeln... Die Ill, in Steinwurfnähe, zugefroren. Jetzt endlich wieder: diese Wechselrufe, dieses Wechselgespräch zwischen dem Schiffer mit steuerndem Ruder und dem Pferdeknecht auf dem Treidelpfad. Ja, eine Flußreise müßte man machen... Oder einen Ritt nach Paris, dort soll es mehr als tausend Bücher geben. Und ein kurzes Gespräch über Paris? Falls Gottfried dort gewesen ist, könnte er berichten oder Berichtetes wiederholen. Ausführlich oder mit leiser Ungeduld?

Gottfried, vom Mönch vielleicht mit der lateinischen Namensformel Goturitus angesprochen, wird schließlich in den Raum geleitet, in dem einige Bücher flach auf Brettschrägen liegen. Und der Mönch öffnet auf dem Lesepult einen der Bände: liber quartus. Gottfried wird den Mönch nicht zum Vorlesen brauchen, er kann selbst lesen. (Das erwähnt er in seinem Roman ein paarmal: er hat etwas gelesen, also studiert... Und er liest aus diesem Roman vor...) Also: Gottfried blättert, liest in den *Tusculanae disputationes* von Cicero. Nach einiger Zeit (ohne Hast) wird er sein Stichwort gefunden haben – denn selbstverständlich wird er in diesem Textentwurf lesen, was auf den Roman einwirken könnte, zumindest Formulierungen akzentuierend. Sein Stichwort: furor amoris. Maxime autem admonendus quantus sit furor amoris. Gottfried liest diese sieben Wörter wohl noch einmal, und zwar langsam. Ja, ich bin sicher: er, auch er hat langsam gelesen. Wer nur wenige Bücher lesen konnte im Lauf seines Lebens, der wird sich mehr Zeit für sie gelassen haben. Wie viele Bücher haben insgesamt vor Gottfried gelegen? Vielleicht entspricht ihre Summe der Zahl von Büchern auf den beiden Ablagetischen in der Kölner Wohnung und im Eifelhaus. Allein hier in Köln, nur als Titel: Die Kapuzinergruft... Arthurian Romances... Protokoll eines Tribunals... Personae Masken... Stürenburg- und andere Geschichten... Das Politbüro... Die göttliche Komödie... Noch einmal für Thukydides... Der Prozeß gegen Walter Janka und andere... Der Verfolger... Reise nach Groß-Garabannien... Das Ende des Sowjetkolonialismus... Jahrbuch... Der Vater des Mörders... Sturm im Golf... Vom Nutzen des Drachen... Phoenix.

Schon ein halbes Lebensdeputat, der Zahl nach – nur in der *Zahl*! Einige dieser Bücher lese ich kursorisch, diagonal, ja, streckenweise »fetze« ich sie »durch« – rasches Suchen nach Informationen, die mir wichtig sind, wichtig sein könnten. Schon das Auswählen geschieht con brio!

Dagegen Gottfried: er wird langsam lesen im Buch, das ihm kostbar ist. Furor amoris... dies führt zu animi perturbationibus... Hier hält Gottfried wohl ein. Furor amoris... Probiert er Varianten der Übersetzung aus? Liebesleidenschaft... Liebeswahnsinn...? Animi perturbationes... Verwirrung oder gar: Verstörung des Geistes? Solche Begriffe wie kleine Objekte, die er betrachtet?... Nicht das rasche, zuweilen wie vorangepeitschte Lesen! Nicht das kursorische, erst recht nicht das diagonale Lesen! Kein »Durchfetzen«! Wer nur, beispielsweise, vierzig Bücher liest in seinem Leben, das – beispielsweise – vierzig Jahre währt, der wird ganz anders mit Büchern umgehen – nicht nur, weil sie durchweg auf (teurem) Pergament geschrieben sind. Entwerfend, wie Gottfried im Kloster von St. Thomas oder St. Stephan gelesen haben könnte, mache ich mir – im Kontrast – bewußt, wie (auch) ich lese. Wie oft dieses hastige Verschlingen von Lesestoff! Der Kriegstreiber von Bagdad, Seite 17, Rebellen oder Amerikas Musterknaben, Seite 27, Die Grenzen der Macht, Seite 43, Waffen für den Irak, Seite 69, Die Utopie der arabischen Einheit, Seite 88, Saddam Hussein und – jajaja! Selbst wenn ich langsam, fast zeitlupenhaft langsam lese, wie in Vosslers großartiger Übertragung der *Göttlichen Komödie* (»Medusa her! Wir wollen ihn versteinern!«), so wird das immer noch rasch sein, verglichen mit dem lesenden Vortasten, das ja stets – hier muß ich das noch einmal betonen – ein Vortasten war in einer fremden Sprache! Doch selbst in einem volkssprachigen Text (ich fingiere: in einem Bericht über einen der Kreuzzüge...) würde Gottfried langsam lesen, aus Gewohnheit, und weil das seinem inneren Zeitmaß entsprach.

Dieser Nachmittag im Lesefrühling des Gottfried in Straßburg: vielleicht ist er zum Kloster gekommen, um zehn oder acht Zeilen zu lesen, wird damit zufrieden sein. Perturbatio ipsa mentis in amore foeda per se est... Verwirrung oder Verstörung des Geistes im Zustand der Verliebtheit... im Zustand der Liebe... der Liebesleidenschaft... Und die Geschichte einer Liebesleidenschaft als exemplum erzählen?... Perturbatio ipsa mentis in amore...

Der Schreibmönch schaut herein. Er hat in der Sonne gesessen, das hat er verdient nach dem langen, kalten Winter, in dem auch Tinte einfror. Kleines Gespräch über Marcus Tullius Cicero? Was könnten Mönch und Besucher über ihn wissen? Vielleicht nur, was im Vorwort steht der fünf großen Gespräche: daß Cicero von der Arbeit als Verteidiger, von den Pflichten als Senator befreit ist, daß er mit Brutus in der Villa oder vor der Villa von Tusculum über Philosophie disputiert, um diese Gespräche dann aufzuschreiben, damit einen alten Plan realisierend. Sicher haben Mönch und Besucher Sueton gelesen, sie wissen, daß Brutus bald nach den Gesprächen Caesar ermorden wird, aber haben sie eine Jahreszahl dafür im Kopf? Und haben sie eine Vorstellung, wann Cicero geboren, wann er gestorben ist? Und was er sonst geschrieben hat? Interessieren sie solche ergänzenden Informationen überhaupt? Hic et nunc diese Abschrift, hic et nunc die wenigen Sätze, mit denen ein Leser des Mittelalters sich vielleicht zufriedengibt nach Stunden, hic et nunc einige Formulierungen, die nachwirken: furor amoris... animi perturbationes... perturbatio ipsa mentis in amore... haec inconstantia mutabilitasque mentis... Ja, wer so wenig zu lesen bekommt wie ein gelehrter Mann des 13. Jahrhunderts, der hetzt nicht mit vorwärtszuckendem Blick durch die Zeilen, über die Seiten, der muß sich nicht zwingen, an wichtigen Stellen langsam zu lesen, der beschaut sich Begriffe wie Objekte. Und braucht sie nicht mit eisernem Stift auf einem Wachstäfelchen zu notieren, die Begriffe haben hinreichend Zeit, sich einzuprägen in die Gedächtnissubstanz, die kaum strapaziert, schon gar nicht überlastet wurde. So könnte Gottfried mit den vier Begriffen und Formulierungen in sein Stadthaus zurückkehren, nach einem abschließenden Gespräch mit Bruder Lambertus. Die Wechselrufe zwischen dem Schiffer und dem Pferdeknecht sind nicht mehr zu hören, kein weiteres Boot auf der Ill an diesem Tag und auch keins am nächsten.

10

Niemand hat bisher die Ansicht geäußert, Gottfried sei ein Herr gewesen, der von Einkünften seiner Besitzungen leben konnte, seiner Lehen. Auch kann ich mir nicht vorstellen, daß er »dienestman«, sprich: Ministeriale war und damit der Dienstleistungs- und Aufsteigerschicht am Sockel der Adelspyramide angehörte. Und vom Dichten konnte man damals kaum leben, jedenfalls nicht als Epiker. Bei den reisenden professionellen Liederdichtern war das anders – ich habe ihre Lebensbedingungen im Buch über Neidhart zu rekonstruieren versucht. Das Verfassen von epischen Texten jedoch dürfte im 13. Jahrhundert kaum etwas eingebracht haben, ein Epiker zog ja nicht wie ein Fahrender umher von Auftritts-Burg zu Auftritts-Burg, man brauchte Konditionen, die kontinuierliches Arbeiten ermöglichten. Diese Lage konnte geschaffen werden durch einen Gönner. Sollte der sich sofort nach dem Studium (oder nach einer Zeit freien Studierens) eingestellt haben? Oder übte Gottfried erst mal einen Brotberuf aus?

11

In seinem großen Erzählgedicht verwendet Gottfried so häufig juristische Termini seiner Zeit, beschreibt er Rechtsverhandlungen, Gerichtssitzungen mit so vielen Detailkenntnissen, daß schon mehrfach von Literaturhistorikern die

Vermutung geäußert wurde, er sei »Jurist« gewesen. Nun gab es damals weder diesen Begriff noch diesen Beruf, aber es ist denkbar, daß Gottfried in der Kanzlei eines geistlichen oder weltlichen Herrn arbeitete, dort Verwaltungsarbeit leistete, daß er vielleicht auch als Rechtsberater tätig war.

Verwaltung: dieser Begriff hat heute ein fast unübersehbar weites Bedeutungsfeld mit oft negativ besetzten Assoziationen – hier muß entschieden reduziert, muß rigoros ausgegrenzt werden. Wenn Gottfried für einen Herrn in der Verwaltung arbeitete, so hieß das vor allem: Einkünfte aus Besitzungen kontrollieren – zwischen Lehen und Eigenbesitz war hier ein weites Spektrum. Entsprechend vielfältig die vertraglichen Vereinbarungen. Wer Vermögen, wer Besitzungen verwaltete, mußte auch einiges vom Erbrecht verstehen. Im Roman finden sich zahlreiche Belege für genaue Kenntnisse gerade auf diesem Gebiet.

Solche Kenntnisse erwarb damals kaum jemand in einem Studium der Jurisprudenz (es sei denn, man studierte in Bologna), die wuchsen einem weitgehend zu über die Praxis. Das hieß wohl auch: durch Vermittlung eines Vorgängers oder Mitarbeiters. Mit solchen erworbenen, sich erweiternden Kenntnissen hätte er dann einem geistlichen oder weltlichen Herrn gedient, beispielsweise dem Bischof von Straßburg (Konrad II. amtierte von 1190 bis 1202) oder einem der Mitglieder des elsässischen Stadt- und Landadels.

Für solche Arbeit erhielt man Lohn und Lehen. In jener bargeldarmen Zeit bestand Lohn durchweg in Naturalien: Kleidung, Holz, Wein, Honig... Dazu wohl Pachterträge eines Hofs oder einiger Höfe: auch hier überwiegend Naturalabgaben, die sich zum Teil wohl eintauschen ließen gegen Nahrungsmittel und Gegenstände des täglichen Bedarfs. Die Tätigkeit als Vermögensverwalter könnte Gottfried die Zeit gelassen haben, »nebenamtlich« als Dichter tätig zu sein. Arbeit (so wird dies heute wissenschaftlich erarbeitet) war im Mittelalter noch längst nicht Leit-Kategorie der Gesellschaft. Hier blieb freier Raum, damit: freie Zeit.

12 Obwohl ich mich (auch) für dieses Buch mit vielen Wassern und Wässerchen der Wissenschaft gewaschen habe, sehe ich mich vor allem als Erzähler, und der Erzähler in mir will sich nicht begnügen mit der Feststellung, Gottfried habe wahrscheinlich (ich wiederhole: wahrscheinlich) in einer Kanzlei gearbeitet, habe wahrscheinlich Besitz und Einkünfte verwaltet (was damals das üblichste war, wenn man seinem Herrn nicht mit der Waffe diente), ich möchte mir eine Kanzlei in Gottfrieds Straßburg vergegenwärtigen. Denn: liest man, Gottfried habe möglicherweise in einer Kanzlei gearbeitet, so löst dieser Begriff falsche Assoziationen aus, und man sieht eine mittelalterliche Vorform eines Büros etwa der Jahrhundertwende vor sich. Um dieses Bild zu korrigieren, informiere ich mich über das Kanzleiwesen im Mittelalter.

Die canceleria, in der Gottfried als consiliarius (als persönlicher Mitarbeiter, als Berater, würden wir heute sagen) gearbeitet haben könnte, sie war ein Zimmer, und gewiß kein großes. In solch einem Kanzleizimmer arbeitete gewöhnlich nur ein einziger Mann. Dies auch noch nicht mit festen Bürozeiten, die wurden erst ab 1500 eingeführt. Gearbeitet wurde nach Bedarf, nicht aus Prinzip.

Und wie war solch eine Kanzlei eingerichtet? Vielleicht standen hier nur ein Lesepult und ein Schreibpult. Jeweils eine Konstruktion, der spätere Schulbänke glichen: nur war die Sitzbank kürzer, und die Arbeitsfläche war in größerem Winkel geschrägt. Am Schreibpult ein Tintenhorn, eine Ablage für Schreibfedern und den kleinen Schaber, mit dem man Fehler vom Pergament kratzte; das Lesepult als geschrägte Ablagefläche für das jeweilige Dokument. Vielleicht noch ein Schrein oder eine kleine Truhe, Möbelstück Nummer drei, für die Ablage von Urkunden. Aber hier sammelten sich nur wenige Dokumente, man brauchte noch kein Kopiar, kein Verzeichnis von Urkunden – Benötigtes ließ sich rasch finden. Denn: zu Gottfrieds Zeit waren nur sehr wenige rechtliche Vereinbarungen schriftlich fixiert. Üblich war noch immer der mündliche, durch Rechtsrituale abgesicherte Vertrag. Gab beispielsweise ein Lehnsherr ein Lehen weiter, so legte der künftige Lehnsträger seine flachen Hände zwischen die Hände des Lehnsherrn, begab sich also in dessen Hände. Oder es wurde eine Handvoll Erde des Lehnsgebiets aufgenommen in eine rituelle Handlung.

Gottfried – *falls* er in einer Kanzlei arbeitete – war also nur selten mit Schriftsätzen beschäftigt; ihr Anteil, ihre Bedeutung wird erst am Ende seines Jahrhunderts wachsen, dann aber rasch. Gottfried in einer Kanzlei: nur einen geringen Teil seiner (ungeregelten) Arbeitszeit wird er dort also lesend, Formulierungen prüfend verbracht haben. Oder: beim Diktat. Für den seltenen Fall, daß eine neue Urkunde angefertigt werden mußte, wurde wohl ein Schreiber herangezogen, ein geistlicher oder ein weltlicher, dem Gottfried diktierte – und das geschah bestimmt sehr, sehr langsam.

Noch einmal aber: schriftliche Fixierungen von Rechtsakten waren Ausnahmen, nicht die Regel. Mündliche Absprachen, mündlich vereinbarte Verträge wurden von Generation zu Generation überliefert. Lag ein Rechtsakt längere Zeit zurück, so konnten sich Unstimmigkeiten ergeben: der Lehnsherr mochte den Eindruck gewinnen, ihm würden zuwenig (elsässische Maßeinheiten) Roggen oder Hafer oder Gerste oder Bohnen geliefert oder zuwenig Lamm, Kitz, Rind, zuwenig Hühner und Eier, zuwenig Leder, zuwenig Holz oder Holzgeld und überhaupt: zuwenig Geld. (Das war damals aber nur selten gemünzt; die »marc«, zum Beispiel, war eine Gewichtseinheit: ein knappes halbes Pfund Barrensilber.) Ob Edelmetall oder Naturalien: hatte ein hoher Herr den Eindruck, den Verdacht, er erhalte zuwenig »Pacht«, so wird er dem Mann seines Vertrauens den Auftrag erteilt haben, der Sache nachzugehen, die Angelegenheit in einer für ihn zufriedenstellenden Weise zu regeln. So wird Gottfried in der Kanzlei vor allem Gespräche geführt haben, in denen eine (vielleicht in der Tat nicht mehr eingehaltene) mündliche Vereinbarung rekonstruiert wurde. Dazu eventuell auch Ritte in die Umgebung, um weitere Auskünfte einzuholen von Zeugen (oder Nachkommen von Zeugen) des früheren Rechtsakts.

Beispielsweise ein Weinhang in den Vogesen. Und der weltliche oder geistliche Herr ist der festen Überzeugung, ihm stehe ein Fuder Wein pro Jahr zu, geliefert wird aber jeweils nur ein dreiviertel oder halbes Fuder. Gottfried soll die Rechtslage klären! Dabei werden seine Gesprächs- und Verhandlungspartner daran interessiert sein, möglichst wenig zu liefern. Und Gottfrieds Dienstherr wird eine möglichst hohe Lieferung wünschen! Zwischen diesen Positionen ein Goturitus, der mit Geduld, wohl auch mit Schläue, jedenfalls mit Sachkenntnis klären muß, wie hoch die Ansprüche seines Dienstherrn wirklich sind. Ist ein besonders schwieriger Fall geklärt, so könnte ein consiliarius vorschlagen, die Rechtslage schriftlich zu fixieren. Für solche Verträge aber gab es noch längst keine gesetzlichen Vorschriften, die Verträge wurden zwischen Partnern ausgehandelt – also mußte ein Vertrag jeweils neu formuliert werden. Hierzu gab es viele Formeln und Floskeln, aber noch keine Normen. Es wurde also mehr Initiative, mehr Leistung vorausgesetzt beim Entwickeln vertraglicher Vereinbarungen. Und das bedeutete: man brauchte mehr Zeit für den einzelnen Fall. Endlich, nach ein paar Tagen, konnte solch ein Vertrag neu formuliert sein. Danach könnte aber auch wieder für einige Tage Ruhe sein in der Kanzlei, und Gottfried hat Zeit für sich.

13 Das Wuchern juristischen Idioms, damit juristischer Denkweise und Mentalität, erscheint mir charakteristisch für unsere Zeit, auch das Denken in Strukturen von Institutionen, aber: bei Gottfried wächst all dies hinein bis in privateste Beziehungen, juristisches Idiom zuweilen sogar in Bettgesprächen zwischen Isolde und Marke. Auch persönliche Abhängigkeitsverhältnisse (der feudalen Gesellschaft) werden wiederholt vergegenwärtigt – zum Beispiel in der Beziehung zwischen Marke und seinem Neffen Tristan.

Schlägt in solchen Passagen die Mentalität eines Dichters durch, der in einer Kanzlei arbeitete? Übertrug er die Kategorien des Denkens bei dieser Arbeit auf die Beschreibung der Beziehungen zwischen Personen? In seinem oft von juristischen Denkfäden durchschossenen Kommunikationsgewebe (Gesprächs-Stoff) ist uns jene Zeit fern und zugleich nah. Ist uns nah in entsprechenden Erfahrungen. Ist fern von unseren Erwartungen: als wäre Gesellschaft des Mittelalters noch leicht überschaubar gewesen...

14 Daß Gottfried in einer Kanzlei gearbeitet hat, dies behalte ich als biographische Option weiter im Blick, auch wenn ich eine andere Begriffs-Offerte aufgreife: den »meister«.

In der zweiten Hälfte des 13. Jahrhunderts wurde ein Dichterkatalog aufgestellt, und da hieß es: »meister Gotfrit und hêr Hartmann / von Eschenbach hêr Wolfram«. Damit wird offenbar sozial abgestuft: Hartmann von Aue und Wolfram von Eschenbach könnten der Ministerialität zugeschrieben sein, und von ihnen abgerückt der »meister«. Aber es muß gewarnt werden: auch diese Begriffe lassen sich sozial nicht eindeutig definieren – an klaren Abgrenzungen war man im Mittelalter kaum interessiert, vieles ging bei Begriffen wie bei Tätigkeiten ineinander über. Trotz aller Unbestimmtheiten haben beide Begriffe jedoch eine Bedeutungstendenz: der »herre« scheint sozial über dem »meister« zu stehen.

Nun könnte ich mir weitere Überlegungen sparen mit der Feststellung: diese Aufzählung eines Konrad von Stoffeln(?) ist kein Dokument, hier wird mündliche Überlieferung fixiert. Aber muß die Aussage deshalb unzuverlässig, ja unglaubwürdig sein? Wir sahen: man hatte im Mittelalter erheblich weniger Informationen zu verarbeiten und zu speichern als heute, also konnte man die wenigen Nachrichten wohl auch leichter, zuverlässiger behalten. Kaum ein Grund also, ernsthaft zu bezweifeln, was Konrad formulierte.

Demnach: Gottfried als »meister«. Was ist damit gemeint? Im Begriff »meister« steckt »magister«. Es könnte also bestätigt werden: Gottfried hat studiert, hat es zu einem Abschluß gebracht, ist magister geworden – und der war entschieden höher im Rang als der heutige Magister. Es kann aber auch (zusätzlich?) gemeint sein: er war Lehrer.

15 Also Denkmodell zwei: Gottfried als Lehrer an einer Klosterschule oder Stiftschule. Ich gehe davon aus, daß Goturitus ein herausragender Schüler war – naheliegend, daß seine Schule daran interessiert war, ihn als Lehrer zu gewinnen. Da wäre er clericus gewesen; (geweihter) Geistlicher war er bestimmt nicht.

Gottfried als Lehrer: ich habe mir überlegt, ob ich nicht auch für diese biographische Möglichkeit einen Entwurf skizzieren soll. Dies schon, um im Rückblick auf Gottfrieds eigene Schulzeit die Suggestion zu neutralisieren, Schule sei damals eine Insel fröhlicher lateinischer Wissenschaft gewesen, eine vorakademische Ideallandschaft. Auch in einer (relativ) wohlhabenden Stadt wie Straßburg waren die Klassenräume klein, niedrig, düster. Und: Wissen wurde autoritär vermittelt. So war es im Mittelalter auch selbstverständlich, daß Schüler geschlagen wurden, dazu genügten kleinste Anlässe.

Also: entwerfen, wie Gottfried mit einer Klasse arbeitet oder wie er auf eine Klasse einwirkt? Die biographische Möglichkeit »Gottfried als Lehrer« setze ich gering an. Seine juristischen Termini, seine Fachkenntnisse machen es sehr viel wahrscheinlicher, daß er in einer Kanzlei gearbeitet hat. So sehe ich in der Bezeichnung »meister« nur den Hinweis, daß er einen akademischen Grad erworben hat, den zweithöchsten. Vielleicht ist hier auch nur gesagt, daß Gottfried ein studierter Mann war. Oder: daß er als großer Könner galt unter den Dichtern!

16 Denkmodell drei: Gottfried war einige oder etliche Jahre berufstätig, konnte aber frühzeitig seine Tätigkeit aufgeben, konnte sich (so hieße es heute) ins Privatleben zurückziehen und aufs Dichten konzentrieren.

Gottfried selbst gibt das Stichwort für dieses Denkmodell: im Prolog seines Romans stellt er sich dar in der Rolle (oder Pose?) eines Mannes, der sich in der Zeit der Muße angemessen mit einem Roman beschäftigt. Gottfried wußte als gebildeter Autor, welch eine Konstellation damit angedeutet war. Sie wird beispielsweise von Cicero in den ersten Zeilen der *Disputationes* skizziert: befreit sein von öffentlichen Ämtern und Aufgaben, sich zurückziehen ins Private, endlich Zeit haben, lang geplante Vorhaben zu realisieren. Das Leitwort für diese Konstellation: otium, mittelhochdeutsch: muoze, neuhochdeutsch: Muße. Die Muße ist bereits von den Griechen gefeiert worden als wohlverdientes Privileg nach aktivem Leben; aus Zitaten ließe sich eine Eloge der Muße zusammenstellen. Muße ist nicht gleichzusetzen mit Müßiggang, sie bedeutet: herausgelöst aus sozialen Funktionen sucht sich der vir bonus, der »guote man«, eine Beschäftigung, die nicht ausartet in sklavische Arbeit. Und Gottfried befaßt sich mit der materia, der matière von Tristan und Isolde, zur Unterhaltung und Belehrung von Zuhörern und Lesern, die gleichfalls den beneidenswerten Zustand von Muße erreicht haben – zumindest wird das fingiert. Dieser Zustand fördert freilich auch Gefahren; wer viel, zuviel Zeit für sich hat, kann der Liebe, womöglich der Leidenschaft verfallen: »tam Venus otia amat«. (Dieses Zitat, diese Hinweise finde ich in Okkens Kommentar – siehe Anhang.) Zählt man bereits zu den Liebeskranken, so ist es am besten, man beschäftigt sich nicht mit Geschichten von Liebe und Leidenschaft, höchstens mit Geschichten, die als Heilmittel gegen Liebe wirken, als *remedia amoris*. Gottfried ist auch in dieser Hinsicht souverän und selbstbewußt, er folgt nicht diesem Ratschlag des großen Ovid, dem er sonst gern zustimmt, er vertritt die Meinung, ein Mensch im Zustand der Liebe, der Leidenschaft solle durchaus entsprechende Geschichten lesen oder hören, zumindest die Geschichte, die er nacherzählen wird, dies aber (im Sinne der antiken Dichter-Autoritäten) als warnendes Beispiel.

Zeit der Muße... Werk der Mußestunden...: nur ein Spiel mit literarischen Formeln? Bei einer Lebenserwartung von knapp 40 Jahren wäre es wohl kaum verfrüht gewesen, sich ab Mitte 30 auf ein literarisches Werk zu konzentrieren, das man vielleicht seit Jahren schon vorhatte, oder: das einem nahegelegt, womöglich vorgelegt wurde. Und nach einigen Jahren Arbeit an diesem Roman stellte der Gönner die Unterstützung ein, Gottfried mußte abbrechen. Oder: er starb, bevor er das Werk beenden konnte. Und diese Variante ist bezeugt.

17 Noch einmal: Gottfried hat in der Schule (und eventuell auf der Universität) auch das Dichten gelernt, als Unterrichtsfach. Vielleicht ist in einem Handschriftenkonvolut eine lateinische Arbeit Goturiti überliefert, wenn auch nicht unter seinem Namen. Vielleicht, in der Tat, etwas Lehrhaftes. Vielleicht etwas Erbauliches. Vielleicht schon ein Erzählstoff: Griechen als Römer mit griechischen Namen und Römer als Menschen des Mittelalters, in Sprechweise und Verhalten... Was immer er gedichtet haben mag: mit dem (oft bestöhnten!) Verfassen lateinischer Gedichte war die Artikulation eher festgelegt als freigesetzt. Also führt kein konsequenter Weg von lateinischer Bildung zum Verfassen eines Romans in einer Volkssprache. So vieles Gottfried hierfür auch übernehmen konnte an Inhalten, an Schreibtechniken, an Formeln und Formen – für die Entscheidung, einen französischen Versroman im Deutschen nachzuerzählen, brauchte er einen Anstoß, einen starken Impuls. Bestand der im Auftrag eines Mäzens oder, wie wir heute sagen, eines Sponsors?

Liederdichter hatten es einfacher als Epiker: sie konnten ihre entschieden kürzeren Texte auswendig oder halfen der Erinnerung nach mit Aufzeichnungen auf Wachstäfelchen. Ein epischer Dichter dagegen brauchte einen Mäzen, der zumindest für die hohen Kosten des Pergaments aufkam, der weiter dafür sorgte, daß ein geistlicher oder weltlicher Schreiber eine erste Abschrift erstellte. Diesem Sponsor bezeugte der Dichter seine Dankbarkeit, indem er seinen Namen nannte – und pries.

Bei Gottfrieds Nachfolger Ulrich von Türheim geschieht das

auf exemplarische Weise: er nennt seinen eigenen Namen und den Namen Konrad von Winterstetten. Gottfried aber nennt nicht einmal seinen eigenen Namen – zumindest nicht in der ersten Hälfte oder in den ersten zwei Dritteln des Werks. Dies hätte freilich noch am Schluß geschehen können, so war das damals weithin üblich, aber sein Werk blieb Fragment. Jedoch: deutete Gottfried seinen Namen an im G der allerersten Initiale? Oder ist dieses »G« Abkürzung für »grâve«, und zwar für einen Grafen Dietrich? Ich habe in der Übertragung das Akrostichon des Prologs nachgebildet, die Reihenfolge also von Initialen der Strophen – sie ergeben, wie im Original, die Buchstabenfolge DIETERICH. Ein Angebot! Doch nicht einmal dieser Name, uns zugespielt, hilft weiter. Einige Identifizierungsversuche liegen vor, am überzeugendsten unter ihnen: gemeint war Dietrich Stehelin(us), Burggraf, Ratsherr und cellerarius von St. Thomas. (Ein cellerarius war nicht simpler Kellermeister eines Straßburger Klosters, dies war ein königliches Amt!)

Ob Dietrich den Nachnamen Stehelin hatte oder nicht, *eins* liegt jenseits allen Zweifels: hier ist der Name des Gönners, der das Werk in Auftrag gegeben hat. Auch wir haben Anlaß, uns bei Dietrich zu bedanken.

18 Ein Dichter erhält einen Auftrag: ich spiele diese Situation durch, um loszukommen vom festgeschriebenen Schema »Gönner–Dichter«. Hier sieht man lesend wohl vor sich: ein (hoher) Herr läßt einen Dichter zu sich kommen, erteilt ihm huldvoll den Auftrag... Das könnte einschließen: der Sponsor überblickt souverän die Literatur seiner Zeit, wählt hier aus, vermittelt einen Impuls.

Es könnte aber auch *so* sein: Herr Dietrich ist zwar an Literatur interessiert, kennt sich hier aber nicht sehr gut aus, hat jedoch einen hohen Herrn kennengelernt, und der hat ihm von einem französischen Roman erzählt, ausführlich, der noch nicht ins Deutsche übertragen ist; verfaßt hat diesen Roman ein Christian oder Chrestien oder Chrétien aus Troyes an der Handelsstraße nach Paris. In diesem Roman wird von einem Mann erzählt, der völlig »verdaht« ist auf eine Frau: er fühlt sich in Verstand und Gemüt so sehr zu ihr hingezogen, daß er kaum noch wahrnimmt, was rechts und links von seinem Weg zu ihr geschieht. Und es ergibt sich folgende Situation, so könnte Herr Dietrich werbend nacherzählen: Lancelot neben einer schönen, jungen Frau im Bett, sie möchte mit ihm schlafen, doch so verlockend sie sein mag, er berührt sie nicht, weil sein Herz hinaus und hinüber will zur anderen Frau. Schließlich die erste heimliche Begegnung zwischen Lancelot und Guinevère, der Gemahlin des Königs Artus – ausgerechnet des Königs Artus! Lancelot rückt, biegt ein Fenstergitter auseinander, steigt zur Herrin Guinevère ins Bett, eine Liebesnacht...

Vielleicht hat der Gönner Erfahrungen gemacht, die seine innere Resonanz auf solch eine Geschichte verstärken – auch damals wurde wohl kaum nach »objektiven literarischen Kriterien« geurteilt, entschieden. Ja, die Geschichte der leidenschaftlichen Liebe zu einer Frau – das würde er gern einmal in seiner Sprache hören oder lesen!

Zwischen Herrn Dietrich und Meister Gottfried könnte die materia, die matière nun erörtert werden. Und Gottfried, der wohl nicht nur über lateinische und mittellateinische Literatur informiert ist, er könnte Herrn Dietrich berichten: seines Wissens sei die Geschichte vom Meister aus Troyes nicht zu Ende erzählt worden, dies habe ein clericus besorgt, der dabei ziemlich abgekürzt habe; als materia wäre eine zu Ende erzählte Geschichte aber weitaus geeigneter... Und er berichtet von einem französischen Roman, der gleichfalls noch nicht übersetzt ist, in dem es ebenfalls um Liebe, um Leidenschaft geht, und auch sie erfüllt sich im Ehebruch. Gottfried könnte nacherzählen, was Herrn Dietrich mehr und mehr für dieses Projekt einnimmt, und man einigt sich: Herr Dietrich wird eine Textvorlage besorgen lassen, und Gottfried wird eine deutsche Fassung dieses Romans erstellen, und zwar zu folgenden Konditionen...

19 Variante dieses Entwurfs: Gottfried hat einen Herrn Dietrich durch die Arbeit in der Kanzlei kennengelernt, und von sich aus unterbreitet er den Vorschlag, den französischen Tristan-Roman zu übersetzen, zu bearbeiten, und er findet mit diesem Vorschlag starke Resonanz bei Herrn Dietrich, der sich einen Auftrag leisten kann.

Eine Möglichkeit... Eins aber können wir ausschließen: daß Gottfried von sich aus anfing, eine deutsche Fassung zu erarbeiten in der Hoffnung, vielleicht mal einen Geldgeber zu finden. Und daß er sein Projekt selbst dann durchgeführt hätte, wenn er keinen Mäzen dafür gewonnen hätte – ganz einfach, weil er dieses Buch machen *mußte*!

Dies wäre Genie-Denken. Und das setzt in der Literatur deutlich erst zur Zeit des Sturm und Drang ein – da sprach und schrieb man gern auch vom »Originalgenie«. Ein Gottfried hätte sich nicht einmal in einer Protuberanz stolzen Selbstbewußtseins als Genie verstehen können, das lag außerhalb damaliger Denkmuster. Stolz auf seine Arbeit, das ja, aber kein Genie-Denken. Der Begriff Genie setzt voraus, daß man in Roman oder Drama unverwechselbar Eigenes entwickelt: Texte ohne Vorlagen und in betont individueller Gestaltung. Ein Dichter des Mittelalters dagegen sah seinen Ehrgeiz nicht darin, einen Roman mit völlig neuem Handlungsablauf zu entwickeln, man bearbeitete eine Vorlage. Sie wurde als materia bezeichnet: kein Rohstoff, sondern literarisch bereits geformtes Material. Das bearbeitete man, gab ihm damit neue Qualitäten. Entfernte man sich dabei von der Vorlage, so betonte man mit größerem Nachdruck, daß man der Autorität der Vorlage folge; ging diese Rechnung, diese Gleichung überhaupt nicht mehr auf, so erfand man schon mal eine Text-Autorität, der die Bürgschaft zugespielt wurde für neue Erzählelemente.

20

Die biographische Möglichkeit »Gottfried als Vermögensverwalter und Rechtsberater« habe ich in einem Entwurf genauer ausgeführt – und in keiner Zeile sollte er präsent werden bei seiner Arbeit als Dichter? Leider habe ich keine Vorstellung davon, wie ein Dichter des Mittelalters an einem Versroman arbeitete, und auch hier soll Fiktion nicht ersetzen, was mir an Fakten fehlt, oder: wo ich nicht interpolieren kann durch ergänzende, korrespondierende Materialien.

Gottfried hat mir freilich in der Zeile 8602 ein Stichwort zugespielt: Schwalbe. Damit ein Stichwort für einen Begriff: quellenkritische Erörterung. Das bedeutet: Gottfried setzt sich im Roman auseinander mit einer früheren Fassung, formuliert kritische Einwände. Hier sehe ich einen Ansatzpunkt: ich skizziere Gottfried nicht beim Dichten, sondern bei der Vorarbeit.

Ausgangssituation dieses Entwurfs: Herr Dietrich hat, beispielsweise über Verwandte im französischen Sprachbereich, eine Abschrift einer Version des *Tristan*-Romans nach Straßburg geholt, hat sie Gottfried vorgelegt, er soll nach der Lektüre sein Votum abgeben. Bei einem Besuch im Haus des Herrn Dietrich könnte Gottfried von ersten Leseerfahrungen mit dem französischen Versroman berichten.

Beispielsweise diese Erzähl-Situation: Tristan ist vom vergifteten Schwert des Morold oder Morolt oder Morholt im Zweikampf schwer verwundet worden, das Gift läßt ihn immer blasser und schwächer werden, keiner in Cornwall kann ihm helfen, weder ein Arzt noch ein Zauberer, und so faßt er den Entschluß, sich dem Meer anzuvertrauen, es soll ihn tragen, wohin es will – entweder findet er Heilung oder den Tod. So legt man ihn in ein kleines Boot – ohne Segel und ohne Ruder! –, und sieben Tage, sieben Nächte treibt es mit dem Schwerkranken dahin, wird schließlich vor der irischen Küste von Fischern entdeckt, wird an Land gebracht, obwohl nach Morolds Tod jeder Fremde aufgehängt wird, der aus Cornwall kommen könnte. Doch Tristan kann alle täuschen; die zauberkundige Königin Isolde heilt ihn, gemeinsam mit ihrer ebenfalls zauberkundigen Tochter Isolde.

Warum – so könnte, so wird Gottfried fragen – warum diese Bootsfahrt ins Ungewisse? Und es ist ja nicht mal eine Boots*fahrt* – der Kahn wird von Meeresströmungen irgendwohin getragen! Warum soll man hier alles dem Zufall überlassen? Morold hat Tristan beim Kampf doch mitgeteilt, triumphierend, er habe ihn mit einem vergifteten Schwert verwundet, ihm könne, könnte nur seine Schwester Isolde helfen... Also wäre es am sinnvollsten: er versucht, nach Irland zu segeln, selbst wenn er weiß, daß er damit in Lebensgefahr gerät, aber: würde er nicht sowieso an der Vergiftung sterben? So könnte er befehlen, man solle ihn in Richtung Irland transportieren. Und er versucht dort, zu Königin Isolde zu gelangen. Das liegt doch nahe in dieser Situation! Warum da noch das Spiel mit dem Zufall?

Nein, hier ist er mit der Vorlage überhaupt nicht einverstanden! Aber er wird sie weiterhin prüfen, wird davon berichten.

21

Zwischenfrage: in welcher Form könnte der Gönner den Dichter bei seiner Arbeit unterstützen? Durch eine großzügige Schenkung, eine Dotation? Oder durch fortlaufende Lieferungen von Naturalien? Ich kann diese Frage nur stellen, nicht beantworten.

Leichter ist der Entwurf der zweiten Phase dieser Unterstützung: wenn der Gönner die erste Abschrift bezahlen wird. Das heißt nicht nur: er kommt auf für die hohen Kosten des Pergaments, er wird auch einen Schreiber beauftragen – einen Schreibmönch oder einen weltlichen Berufsschreiber (ausgebildet von einem Schreibmeister). Der Schreiber wird eine Reinschrift erstellen für den Sponsor, von dieser Reinschrift könnten Abschriften hergestellt werden. Aber auch solche Abschriften sind teuer. So stellt sich hier schon die Frage: erhält der Dichter eine Reinschrift seines eigenen Werks? Das müßte ein überaus großzügiger Gönner sein, der eine weitere Handschrift herstellen ließe für den Dichter! Wenn der aus dem Werk vorträgt, kann er ja das Exemplar seines Herrn benutzen... Daß Gottfried jemals alle 19548 Zeilen seines Romanfragments als Reinschrift im Hause haben wird, und sei es auf gröbstem Pergament, das dürfte unwahrscheinlich sein – schon weil das Fragment nicht mit einem Kapitelschluß endet, sondern mitten in einer Erzählsequenz.

22 Gottfried erstattet seinem Sponsor Bericht, wieder einmal. Ich setze hier voraus, daß er Herrn Dietrich aufsucht, setze damit wiederum voraus, daß der Arbeitsbericht in einem Raum vorgetragen wird, der größer ist als die Räume, in denen Gottfried sich sonst aufhält: ein Raum in einem steinernen Haus, ein Raum vielleicht sogar mit Kamin. Und bestimmt hört der Hausherr nicht alleine zu, seine Familie könnte mit dabeisein, vielleicht sogar die familia: der Anhang, das engere Gefolge – man will schon ein wenig von der Geschichte erhaschen, selbst wenn sie nicht zur Vorlage wird von Gottfrieds Roman.

Also: Tristan, durch puren Zufall oder durch das gnädige Wirken einer Meeresströmung an die irische Küste getrieben, wird von Königin Isolde mit Heilkräutern, Tränken und Zaubersprüchen geheilt und kehrt nach Cornwall zurück. Das nehmen ihm einige barons übel, sie glaubten schon, sie wären diesen allzu erfolgreichen, glücksgesegneten jungen Mann los, der auch noch alleiniger Erbe des Königs Marke sein soll – dabei wäre den barons entschieden lieber, der König würde heiraten, einen Erben zeugen, seinen Nachfolger. Nur: mit wem soll der König die Ehe schließen?

Nun, so könnte Gottfried emphatisch ausrufen, nun ereignet

sich eine merveille, nun geschieht, was wirklich nicht zu glauben ist, nun fliegen durch ein offenes Fenster zwei Schwalben in die Burg Tintagel, genau in den Raum, in dem König Marke sitzt, und eine der Schwalben läßt ein Frauenhaar in die ausgestreckte Hand des Königs fallen, ein langes, blondes Haar, und der König erklärt, er wolle nur *die* Frau heiraten, von der dieses Haar stamme. Denn Marke ist sicher, so könnte Gottfried hinzufügen, daß diese Frau so rasch nicht zu finden sein wird, damit lassen sich die barons erst einmal hinhalten.

Gottfried könnte nun ironisch fragen: sollte alles an einem goldenen Haar hängen? Zufall spielt immer wieder mit, aber er darf in einer so wichtigen Frage nicht entscheiden. Warum auch? Tristan kennt doch nun Isolde, die zauberkundige Königin, und ihre Tochter, die mit dem goldenen Haar! Er, auch er ist angezogen von ihrer Schönheit, er wird seinem Onkel von ihr erzählt haben, begeistert, also wird beschlossen, diese Frau mit dem goldenen Haar aus Irland zu holen – wozu da solche Schwalben? Eine Schwalbe, könnte er hinzufügen, macht noch keine Geschichte! Und zweie auch nicht! Die hirondelles sollen das Baumaterial für ihre Nester woanders holen, das liegt überall bereit, dazu müssen sie nicht ein Frauenhaar aus dem fernen, fernen Irland entführen!

23 Auch dies lernte Gottfried beim Studium lateinischer und mittellateinischer Autoren (Autoritäten): ein (guter) Dichter kann sich gehobenes Selbstbewußtsein leisten. Lateinische Autoren des Mittelalters artikulierten wiederholt ihren »Dichterstolz«, so Curtius, ihr »starkes Selbstbewußtsein«. Und Jean de Meun feiert im *Rosenroman* die Literatur. Curtius beschreibt den »Gedankengang: Geburtsadel bedeutet nichts, Geistesadel alles. Dieser ist den Literaten leichter erreichbar als Fürsten und Königen... Ehret die Literaten!«

Stichworte genug, um Gottfrieds Selbstbewußtsein mitzufeiern. Es war nicht das Selbstbewußtsein eines Bürgers (civis) der Stadt Straßburg – dieses (wachsende) Selbstbewußtsein war reichen Bürgern, war Patriziern vorbehalten; wer einen Auftraggeber brauchte, einen Gönner, Mäzen, der konnte am Selbstbewußtsein eines ambitionierten Bürgers einer aufstrebenden Stadt kaum teilhaben. Dennoch: Stolz, starkes Selbstbewußtsein schwingen mit in der oft betont eigenwilligen Artikulation, im Anspielen auf das Wissen eines Gelehrten. Und so war hier eher Berufsstolz, Dichterstolz als Bürgerstolz. Dieser Dichterstolz findet Entsprechungen bei Kollegen, bei Vorgängern; hier ist Tradition.

Nun betont Gottfried aber schon mal, er sei ein kleiner Geist (Zeile 4924). Aber: diese Bescheidenheit wird mit großem Selbstbewußtsein, wird mit Souveränität vorgetragen. Auch sie ist Zitat. Die Betonung der eigenen Unfähigkeit bezeichnet Curtius als »affektierte Bescheidenheit«; sie habe ihren Ursprung nicht in der Bibel, sondern »zum größten Teil im stilistischen Manierismus der Spätantike«. Mit seiner »Unfähigkeitsbeteuerung« betont Gottfried zugleich: ich mache es nicht wie meine Vorgänger, ich gehe ganz anders an die materia heran! Gottfried wußte sehr wohl, daß er ein ausnehmend guter Dichter war.

24

Vielleicht wartet man schon darauf im Hause des Herrn Dietrich, daß Gottfried weitererzählt von seiner kritischen Lektüre des französischen Romans. Und die Familie, auch die familia ist wiederum etwas größer, wenn er den Bericht fortsetzt über seine Vorarbeit, die er selbst erwähnt in seinem Versroman (Zeilen 8601-8628).

Also: Tristan bringt Isolde auf einem Schiff nach Cornwall! Windstille tritt ein, dennoch laufen sie eine Insel an, was schwierig sein dürfte ganz ohne Wind. Oder wird gerudert? Auf dieser Insel, in einem Zelt, werden beide durstig, lassen sich Kräuterwein reichen, aber im herbeigeholten Flakon ist der Liebestrank, den die zauberkundige Mutter für Tochter und Schwiegersohn gemischt hat. Tristan und Isolde nehmen den verbotenen Trank zu sich, lieben sich. Ankunft in Cornwall. Marke heiratet Isolde. Tristan und Isolde finden weiterhin zueinander, sie hintergehen den König listenreich, zuletzt aber werden sie entdeckt, der König tobt, rast, will sie auf dem Scheiterhaufen sehen, sofort! Der Weg zur Hinrichtungsstätte führt an einer kleinen Kapelle vorbei, auf einem Gebirgsvorsprung über felsigem Meeresstrand. Tristan möchte in dieser Kapelle ein letztes Mal beten, das wird ihm gewährt; durch ein Fenster klettert er hinaus, er will sich in die Tiefe stürzen, dieser Tod ist ihm lieber als das qualvolle Krepieren auf dem Scheiterhaufen. Er springt, und nun geschieht ein Wunder, mit Gottes Hilfe: Wind verfängt sich in Tristans Gewand, der Fall wird gedämpft, Tristan schwebt auf den Strand. Schon reitet sein Diener mit zusätzlichem Pferd und mit Waffen zu ihm hinunter, beide fliehen. Doch bald erfährt Tristan, daß der König die Strafe für seine Frau geändert hat, er übergibt sie einer Horde aussätziger Männer, alle sollen sie ihre Lust an ihr stillen, und dann wird sie sterben. Tristan aber befreit sie aus der Gruppe der Leprösen, zieht sich mit ihr zurück in einen wilden Wald. Drei Jahre lang leben sie dort, ernähren sich von Wurzeln und Kräutern, von Tieren, die sie gelegentlich jagen. Sie werden immer blasser, magerer, sind schließlich nur noch Haut und Knochen.

Dies Vegetieren der Liebenden im wilden Wald, es wird Gottfried ebensowenig gefallen wie der Sprung aus der Kapelle mit der wundersamen Dämpfung des Sturzes, wie die Übergabe der Isolde an die Horde aussätziger, entsprechend hitziger Männer. Daß beide im Wald unter äußersten Entbehrungen leben, das möchte er ihnen nicht wünschen. Und mit solch einer Äußerung könnte Gottfried ermutigende Resonanz finden, obwohl alle wissen, daß Tristan und Isolde gegen das Gebot der Kirche und das Gesetz der Gesellschaft verstoßen haben.

Noch störender, könnte Gottfried rufen, noch weitaus störender aber ist dies: daß Isolde einem Einsiedler gesteht, sie liebe Tristan nicht, er liebe sie auch nicht, alles habe sich nur wegen des Liebestranks so entwickelt. Das kann er nicht glauben! Er ist sicher, daß Tristan und Isolde sich lieben. Zuneigung schon *vor* dem Tag, an dem sie den Liebestrank zu sich nehmen! Auch mit dieser Äußerung könnte er Beifall finden. Und sein Gönner, Mäzen mag sich bereiterklären, eine andere Fassung des Romans zu beschaffen.

25 Hat der Gönner nur die Vorlage besorgt, hat den Dichter bezahlt oder beschenkt, hat ihn sonst aber frei gewähren lassen? So daß sich in der Bearbeitung des Erzählgedichts nur die Mentalität des Dichters ausprägt, nicht aber (indirekt) auch die des Gönners? In Werken eines Haydn und eines Mozart (die ja eigentlich *nur* Auftragsarbeiten komponiert, die kaum je »für sich« geschrieben haben) konnten sich Wünsche des jeweiligen Gönners auswirken bis in die Besetzung, die Kompositionsweise. Was im 18. Jahrhundert noch selbstverständlich war, hätte das im 13. Jahrhundert nicht erst recht selbstverständlich sein können, sein müssen?

Ich bringe ein Beispiel, ein Stichwort: die Beschreibung einer tjost, eines Kampfs zwischen Rittern hoch zu Roß. Was mich beim Übertragen des *Parzival*-Romans des Wolfram von Eschenbach zuweilen geärgert hat: die, nach unserem Geschmack, viel zu häufigen Wiederholungen detaillierter Berichte von tjosts, dies findet bei Gottfried kaum Entsprechung. Nur ein einziger Ritter-Zweikampf wird einigermaßen ausführlich beschrieben: der zwischen Tristan und Morold. Die Folgen dieses Zweikampfes als wichtige Motivation in der Geschichte Tristans: die lebensgefährliche Verwundung durch die vergiftete Waffe zwingt Tristan zu einer (gezielten!) Reise nach Irland, zu Isolde, der Mutter seiner künftigen Geliebten.

Die Häufigkeit von Kampfszenen im *Parzival*-Roman könnte dokumentieren: Wolfram, als Panzerreiter, kannte aus eigener Ausbildung und Erfahrung diverse Waffentechniken, konnte als Experte eine tjost beschreiben, und solche fachmännischen Darstellungen wurden von seinem ebenfalls fachmännischen Publikum goutiert, ja gefordert, und so hat Wolfram immer wieder tjosts beschrieben – sein Publikum konnte sich daran offenbar nicht satthören! Bekannt war in dieser Hinsicht besonders das Publikum am Hof des Thüringer Landgrafen Hermann.

Hingegen könnte die Seltenheit von Kampfszenen in Gottfrieds Roman einen Dichter charakterisieren, der beispielsweise im Verwaltungsdienst stand und, entscheidend: dessen Publikum an der genauen (und vor allem: an der wiederholten) Beschreibung von Ritterkämpfen nicht sonderlich interessiert war.

Interpretation, die von Spekulation nicht zu trennen ist. Ich setze sie – probeweise – fort: Mäzen Dietrich dürfte kaum ein enthusiastischer Ritter (oder Wunsch-Ritter) gewesen sein, sonst hätte er Gottfried wohl gar nicht erst den Auftrag erteilt, einen »Liebesroman« zu bearbeiten, oder er hätte nach Gottfrieds Rezitationen der ersten Erzählabschnitte Einspruch erheben, hätte Ergänzungen für den weiteren Verlauf des Romans verlangen und durchsetzen können: Unbedingt auch Kämpfe herausarbeiten, daran liegt mir... Jedoch keine Nachbesserungen solcher Art, es bleibt beim Kampf zwischen Tristan und Morold. Und bei der Beschreibung des Feldzugs in Arundel schludert Gottfried zuweilen. Und bei der Beschreibung des Kampfes zwischen Ritter Tristan und Riese Urgan überzieht er bis zur Karikatur. Dichter und Auftraggeber werden sich in dieser Hinsicht ähnlich gewesen sein: geringes Interesse an militaria.

Wiederum: Gottfrieds Einstellung muß nicht nur als Reflex verstanden werden auf die Interessenlage, die Mentalität seines Publikums, auf die Haltung seines Gönners, hier mag sich auch Charakteristisches zeigen für seine Person: nach unseren Kategorien könnte Gottfried ein betonter Zivilist gewesen sein.

26 Gottfried, der sich unseren Fragen entzieht, der sich im Text versteckt... Dennoch: in der intensiven Symbiose des Übersetzens habe ich das säkularisierte Gebot übertreten, man solle sich von einem anderen Menschen kein Bildnis machen.

Ich ging aus von einer Vorstellung, die (auch) mir vermittelt worden war, vor allem durch Literaturgeschichten: Gottfried als klassisch gebildeter, harmonisierender, idealisierender Dichter. Ein Mythos, somit: ein Erwartungsbild. Erfüllte sich das?

Bei Wolframs *Parzival*-Roman überraschte mich, überraschte viele meiner Leser, daß dies ein streckenweise humoristischer Roman ist – im Rang humoristischer Romane der Weltliteratur. Beim Übersetzen von *Tristan und Isolde* überraschte mich, daß dies ein streckenweise ironischer Roman ist, daß Ironie sogar in Zynismus übergehen kann. Ich meine hier nicht den Zynismus, der Tristan zugeschrieben wird, etwa als Zynismus eines jungen Mannes, der einen bereits schwer verstümmelten Gegner verhöhnt und dann kaltblütig liquidiert – das ist Rollen-Zynismus. Aber der findet Entsprechungen in Formulierungen Gottfrieds – und das außerhalb direkter oder indirekter Rede! Zum Beispiel, wenn er den zerstückelten Morold als »jaemerlichen prisant« (7145) bezeichnet, als »kümmerliches présent«. Und wenn Gottfried danach schildert, wie die drei Leichenstücke aneinandergelegt werden, weil man sich vor der Ankunft in Irland vergewissern will, daß keins verlorengegangen ist, so führt das in einen Bereich, den man heute als Schwarzen Humor bezeichnet.

Was weiterhin für den Dichter (und wohl auch für die Person) Gottfried charakteristisch scheint: in seinem Kopf müssen etliche Verläufe, Abläufe streng formalisiert gewesen sein. Immer wieder werden Konditionen ausgehandelt, Absprachen getroffen, und zwar hieb- und stichfest. Und: vorgegebene Spielregeln müssen unbedingt eingehalten werden. Dieses Denken in Formalien und Formalitäten führt schließlich zur Groteske des Gottesurteils, in dem Isolde beweisen soll, daß sie nicht Ehebruch begangen hat.

Sie entwirft einen doppeldeutigen Wortlaut, der scheinbar die Wahrheit formuliert, beschwört ihn, und Gott macht – laut Gottfried – dieses kasuistische Spielchen mit, segnet es ab durch Erfolg. Einer der vertrackten Einfälle eines offenbar von juristischem Denken geprägten Kopfes.

Das Bild, das ich von Gottfried gewonnen, das ich mir von ihm gemacht habe, will ich wenigstens andeuten: Gottfried als kleiner, agiler, temperamentvoller, eloquenter, witzig-ironischer und kauziger Mann.

Entwürfe... Vermutungen... Denkmodelle... Warum will ich mich nicht mit der Situation abfinden, daß über Gottfried kaum etwas bekannt ist, und ich antworte auf Fragen nach der Person des Dichters mit gelassenem Achselzucken? Und danach ein Aufatmen? Denn endlich einmal werden wir nicht dazu verleitet, Verbindungen aufzuzeigen oder nachzuweisen oder zu entwerfen zwischen einem Werk und einer Person, endlich einmal erscheint ein Werk abgelöst?! Genügt es also nicht zu konstatieren: der *Tristan*-Roman wurde ungefähr zeitgleich mit dem *Parzival*-Roman verfaßt, im Alemannischen, und der Dichter scheint kein Repräsentant des Waffendienstes gewesen zu sein, war eher ein studierter Mann? Und ich unterlasse weiteres Fragen nach der Person des Dichters? Berichte, zum Beispiel, wie verschiedene Erzähl-Elemente in frühen Versionen des Romans kombiniert wurden?

27 Ich gehe in der Mittelachse auf die oft gerühmte Rosette zu, verlasse das Münster durch ein Westportal, blicke hinauf zu Turm und Turmstumpf, gehe zum Wassergürtel, der das Gebiet der Altstadt umschließt, steige hinunter zum Weg, der – am Fuß der Ufermauer – am Fossé du Faux Rempart entlangführt, einem Kanal, der früher Falschgraben hieß, und wenn ich das beinah stehende Gewässer richtig identifiziere, war dies früher die Breusch – ob sie schon zu Gottfrieds Zeit so hieß, weiß ich nicht. Der befestigte Weg wird zum Graspfad. Linkerhand die Ufermauer; hier und dort führen Steinstufen, Eisensprossen hinauf. Ich gehe unter Brücken hindurch, deren Namen ich auf dem Stadtplan nicht nachschaue. Kirchtürme, Gebäudefassaden vor allem des neunzehnten Jahrhunderts. Zweimal kommt mir ein Besichtigungsboot entgegen. Schließlich eine schäumende Wasserstufe, neben ihr eine Schleuse: Canal du Navigation. Parallel drei

Mühlenkanäle. Von nun an gehe ich an der Ill entlang, auch sie kanalisiert. So kehre ich zum Ausgangspunkt zurück. Der Umfang der alten Stadt als Zeit des Gehens, Schlenderns. Irgendwo, während des Rundspaziergangs, zu meiner Linken die Position des Hauses, in dem Gottfried gelebt haben könnte.

28 Seine Stadt war von Römern gegründet worden. Das erwähne ich, davon berichte ich, weil sich in Gottfrieds Roman Elemente römischer Dichtung finden – zumindest einige der Blätter sind doppelt beschriftet wie Palimpseste: Schriftzüge des 13. Jahrhunderts, darunter Schriftzüge aus der Ära, in der unsere Zeitrechnung begann.

Militärische Repräsentanten des imperium romanum hatten auf der Insel zwischen Ill und Breusch ein castellum errichten lassen, als Hauptquartier der Achten Legion. Der Grundriß dieser Festungsanlage läßt sich rekonstruieren: 530 mal 370 Meter, ein Rechteck; zwei Straßenachsen gekreuzt – noch heute folgen einige Straßen dem römischen Grundriß; an der Stelle des Münsters: Forum und Tempel. Dieses castellum war entlang der Ill mit einer einfachen Mauer gesichert – solch ein Flüßchen war damals für Angreifer noch ein Hindernis; an der »trockenen Seite« des castellum hatten die Römer eine doppelte Mauer errichtet. Und jede Bogenschußweite ein Turm. Vor den Mauern eine Ansiedlung für Händler, für Soldaten im Ruhestand. Und Werkstätten. Um 350 wurde Argentoratum zerstört in Kämpfen mit Alemannen. Das Ende des römischen Reichs.

Im folgenden Vierteljahrtausend nur wenige Siedler auf dieser Insel. Den Germanen waren die Baureste römischer Vergangenheit nicht geheuer, sie siedelten außerhalb des zerfallenden Kastells. Im sechsten Jahrhundert, so lese ich in zwei Stadtgeschichten, nahm die Zahl der Siedler, der Bewohner zu, denn diese Flußinsel in der oberrheinischen Tiefebene wurde zum Schnittpunkt von Handelsstraßen: eine führte nach Mailand, eine nach Leiden, eine nach Trier, eine zur Donau. Von den Straßen (via strata) erhielt die Stadt ihren Namen. Um 720 dürften hier etwa 1500 Menschen gelebt haben. Mit Beginn des zweiten Jahrtausends ein neuer Anfang: Kaiser Heinrich II. schenkte Bischof Wernher die Abtei St. Stephan. Und 1129 erhielt Straßburg den Status einer Stadt.

29 In einer Stadt mit römischer Vergangenheit lebend und in einem Eifelhaus, das wenige hundert Meter entfernt liegt von der Ausgrabungsstätte eines römischen Matronentempels, schreibe ich über einen Mann, der in einer Stadt mit römischer Vergangenheit gelebt hat: innere Distanz verkürzt? Und ich rücke ihm womöglich näher auf gemeinsamer Römer-Basis?

Römische Vergangenheit am Eifelhang: während der Ausgrabungsarbeiten habe ich jeden Tag für einige Zeit zugesehen – meist wurden Bruchstücke von Votivtafeln und Altärchen freigelegt. Römische Vergangenheit in Köln: während der Zeit, in der ich an diesem Text über Gottfried in Straßburg arbeite, habe ich das Römisch-Germanische Museum besucht, habe mir etliche der zahlreichen, für mich allzu zahlreichen Exponate angesehen, mit Blick auf Gottfrieds Stadt. Auch hier: die Fundstücke meist als Bruchstücke, und die verweisen mich über fast zwei Jahrtausende hinweg auf einen expansiven Militärstaat, auf eine fremde Zivilisation. Über die Römer habe ich einiges gelernt im Latein-Unterricht des Gymnasiums, aber es ist stets kühle Distanz geblieben. Sie könnte verkürzt werden, indem ich mir weitere Informationen zusammenlese, aber zugleich wird – das weiß ich, das sehe ich voraus – die Distanz wachsen. Denn auch ich bin mittlerweile darauf eingeübt, vor allem das Fremde, das Andere in fernen Geschichtsepochen zu entdecken.

Diese Einstellung hat sich erst mit einer langen geschichtlichen Entwicklung ergeben, die Philippe Ariès in seiner Aufsatzsammlung *Zeit und Geschichte* skizziert. Einige Stichworte: »Historisches Bemühen um die Besonderheit... Sinn für den Unterschied der Zeiten... Vergangenheit in der ihr eigenen Farbigkeit aufleben lassen... entdecken, was anders war...« Ja, sich darauf eintrainieren, vor allem Kontraste herauszuarbeiten. Denn erst, wo der Blick auf Kontraste gerichtet wird, können Konturen deutlich werden.

Ganz anders die Einstellung, die Perspektive eines Gottfried, die wohl eins war mit der Perspektive ebenfalls gebildeter Zeitgenossen: er war mit stärkerem Bewußtsein als die meisten Mitbürger seiner Stadt ein Bewohner des Römischen Reichs: Realität des Bewußtseins. Wo ich den Begriff Kontrast einsetze, hätte Gottfried eher einen Begriff wie Kontinuität verwenden können. Marc Bloch mit einem Satz, der auch die Einstellung zur (römischen) Vergangenheit in jener Vergangenheit des Mittelalters charakterisiert: »Die viel zu zwanghaft gestaltete Solidarität zwischen dem

Einst und dem Heute verschleierte die Gegensätze und schob sogar das Bedürfnis, sie zu erkennen, beiseite!«

Statt des Arbeitsbegriffs Kontinuität setze ich nun die Formulierung ein: gleitende Übergänge. Ich will sie anschaulich machen mit einigen Beispielen aus dem Versroman eines Dichters, den Gottfried in seinem berühmten Literatur-Exkurs rühmend hervorhebt: Heinrich von Veldeke. Dieser Dichter aus der Region zwischen Hasselt und Maastricht hat (eine Generation vor Gottfried) einen französischen Äneas-Roman übersetzt, hat ihn dabei bearbeitet, recht behutsam. In diesem Roman zahlreiche gleitende Übergänge von römischer Antike zur Gegenwart des 12. und 13. Jahrhunderts.

Erstes Beispiel: Königin Dido, die Karthago gründete; sie ließ zu Ehren der Göttin Juno ein sakrales Gebäude errichten, dies aber nicht als Tempel, sondern als Münster. Selbst wenn Heinrich als scholasticus das Wort »Tempel« bekannt war, er sah eine Kirche vor sich, und schon war das Wort »munster« im Text. So werden in zwei Kurzzeilen die antike und die christliche Welt zusammengeführt, in gleitendem Übergang. Der setzt voraus: man sieht römische Lebensformen nicht allzu genau. Selbst Gegensätze können zusammenwachsen, wo sie als Gegensätze nicht gesehen werden.

In dieser antiken Stadt an der Küste Libyens wohnt die junge Königin in einem »palas«, also dem Wohntrakt einer mittelalterlichen Burg. Und die Gastgeschenke des unfreiwillig durchreisenden Äneas sind nicht nur Becher und Armreifen, die auch in ein römisches Epos passen könnten, zu ihnen zählt ein Mantelumhang aus schwanenweißem Hermelin, und dieses Weiß betont durch einen Zobelsaum. Also ein hochhöfisches Gala-Kleidungsstück! Und das Bett, das Königin Dido dem Gast bereiten läßt (in einem Raum mit mehreren Betten), es ist mit diversen Prunkstoffen bezogen, wie sie von Autoren des Mittelalters gern gefeiert werden, auch von Gottfried. Und Dido trägt selbstverständlich ein »gebende«, ein Gebände, den halb aufgesetzten, halb gewikkelten Kopfputz einer (ehemals) verheirateten Frau. Und das Kleid, in dem Dido (während einer Jagd!) dem schönen Gast entgegentritt, es ist grün, von Goldfäden durchwirkt. Und wieder Hermelin... Und wieder Zobel... Und Borten... Und applizierte Perlen... Kurz, diese Figur aus einer sehr alten römischen Geschichte ist so gekleidet, wie höfisches Publikum das gern vor Augen hat – und sei es imaginiert.

Wichtiger als die Ausstattung sind freilich Mentalitäten, Bewußtseinsformen. Und hier zeigt sich, beispielsweise: Dido gerät in einen Konflikt, wie er weniger für Zeitgenossen Vergils als für Zeitgenossen eines Heinrich von Veldeke bezeichnend ist – zumindest in literarischen Stilisierungen der höheren Gesellschaft jener Zeit: der Konflikt zwischen êre und minne, den auch Gottfried beschreibt, wenn auch mit Witz personalisiert. Dido macht sich Vorwürfe, daß sie die Ehre vergessen hat, daß sie der Liebe verfiel. Das wird mehr als nur einmal erwähnt: die Ehre ist dahin, der Verstand ist durcheinandergeraten, denn die Liebe, die leidenschaftliche Liebe zu Äneas hat sie entzündet...

Hier, auch hier erscheint Dido, Figur eines römischen Epos, als Dame der höfischen Gesellschaft des 12. Jahrhunderts. Und nicht einmal ansatzweise wird zu zeigen versucht, daß es früher, in römischer und libyscher Ferne, eine andere Mentalität gegeben haben könnte oder: anderes Denken, anderes Gefühl. Hier gab es keine Frage, nicht einmal eine Frage: Gefühle und Denkweisen eines Menschen des 3. Jahrhunderts und Gefühle und Denkweisen eines Menschen des 13. Jahrhunderts, sie unterscheiden sich nicht. Man sah Menschen einer fernen, einer zeitlich fernen Welt wie Menschen der persönlichen Umgebung: keine Unterschiede, die historisch bedingt wären. Nicht einmal: gleiche Menschen in anderer Kleidung – selbst die wurde beschrieben als Kleidung im Stil des 12. oder 13. Jahrhunderts. Und so wurde auch gemalt – jedes Museum macht das anschaulich in Räumen mit Bildern des Mittelalters.

Ins Paradoxe stilisiert: unser Bewußtsein für Distanzen zu Lebensformen, zu Mentalitäten ferner Zeiten schafft Distanz zu einer Zeit, in der man keine Distanz fand zu Lebensformen, zu Mentalitäten ferner Zeiten. Nur in Historienfilmen oder in Trivialromanen kann diese Distanz aufgehoben werden in der naiven Fiktion, daß letztlich alle Menschen gleich seien, gleich geblieben seien in verschiedenen historischen Epochen.

Was mit diesem Wahrnehmen des Besonderen, des Anderen, des Fremden für uns gewonnen ist: wir sehen eigene Lebensformen deutlicher in Kontrasten zu Lebensformen von Menschen vergangener Epochen, beispielsweise des hohen Mittelalters. Aber: dieses Bewußtsein von Distanz soll nicht rigide stilisiert werden. Denn immer wieder überrascht uns in Gottfrieds Roman: wie nah uns Figuren eines Erzähltextes des 13. Jahrhunderts sein können, wie Resonanz in uns finden kann, was sie sagen, was sie tun, was sie erleben. Hier ist denn doch Verbindendes, Gemeinsames. Aber auch in diesem Roman: wiederholt wird Distanz bewußt in der Begegnung mit Fremdem, das wir eingebunden sehen in eine Zeit, die uns fern ist. Und zuweilen rückt sie uns fast wieder auf den Leib! In solchem Wechselspiel werden Begegnungen lebendig, wirken belebend für uns. Wir wollen nicht von uns absehen, wenn wir in Vergangenheit blicken, wir wollen Lebensformen der Vergangenheit deutlicher sehen und damit unsere eigenen Lebensformen. Ja, wir wollen uns deutlicher sehen: in Entsprechungen und Widersprüchen, in Kontinuitäten und Kontrasten. Hier wird Lektüre zum Abenteuer.

30 Weiter in der Geschichte Straßburgs! Um 1150: erstes Stadtrecht. Und damit werden spätere Spannungen, Auseinandersetzungen vorprogrammiert: Bischofsrecht contra Selbstverwaltung der Bürger. Je reicher die wurden, desto entschiedener forderten sie Selbständigkeit. Reich wurde man vor allem im Handel mit Landesprodukten: Straßburg als »Kornkammer« und »Weinkeller« benachbarter Gebiete und Länder; Fernhandel vor allem mit Elsässer Weinen; Friesen produzierten in der Stadt das »graue Tuch«. Viel Handel mit Italien und mit Frankreich: die »Zaberner Steige« nach Paris und nach Gent, Brügge. Und: Straßburg hatte fast ein Schiffahrts-Monopol zwischen Basel und Mainz – vor allem Straßburger Schiffer als Lotsen auf dem Fluß. Der Weinhandel und die Schiffahrt als die großen Einnahmequellen der Stadt. Um 1200 lebten hier etwa 10000 Menschen. Damit wäre Straßburg heute ein Städtchen, damals war es eine der größten Städte Europas – Köln hatte zu dieser Zeit etwa 12000 Einwohner, London rund 20000.

Damit hier nicht das Bild suggeriert wird einer »florierenden« Stadt, eines »blühenden Gemeinwesens«, erinnere ich daran, daß zu Gottfrieds (und Wolframs und Neidharts) Zeit zwei junge Könige um die Macht im Römischen Reich kämpften: ein Staufer und ein Welfe. In diesen Machtkampf des etwa 18jährigen Königs Philipp und des etwa 16jährigen Königs Otto wurde auch Straßburg hineingezogen: Bischof Konrad nahm Partei für den Welfen Otto, vor allem aus Familieninteressen. Gleich zu Beginn des offen ausgetragenen Machtkampfs, im August 1198, ließ Philipp durch seine Truppen einige Orte im Elsaß zerstören, ließ weitflächig die Ernte auf den Feldern vernichten. Im folgenden Jahr kam er wieder, erneut wurden Landstriche verwüstet, und ab Juli die Belagerung der Stadt Straßburg. Die Vorstädte (Vorstädtchen) wurden besetzt und niedergebrannt, der Sturm auf die Mauern des Stadtkerns wurde vorbereitet – schon durch Beschuß mit Bliden, den riesigen Schleudermaschinen? Die Bürger sahen voraus, wie sinnlos Verteidigung sein würde, heftige Auseinandersetzungen mit dem Bischof, der den Kampf fortführen wollte; sie zwangen ihn, mit König Philipp Frieden zu schließen. Der garantierte, daß die Stadt nicht weiter beschädigt würde. Und gewährte Privilegien.

Als Philipp mit seinen Soldaten abzog, weiter ins Reichsgebiet, mußten die niedergebrannten Vorstädtchen wieder aufgebaut, mußten die offenbar beschädigten Stadtmauern repariert werden, und da entschloß man sich zu einer großzügigen Lösung: das Stadtgebiet auszudehnen auf die gesamte Insel zwischen Ill und Breusch. Damit wurde Straßburg zu einer Stadt mit den Ausmaßen von etwa 700 zu 800 Metern. Zwischen 1200 und 1220 der Bau der neuen Stadtmauer, nun vorgeschoben zum heutigen Fossé du Faux Rempart. Aufbauarbeiten in den jetzt einbezogenen Vierteln. Und Bauarbeiten am Münster und Bauarbeiten an St. Thomas (beendet gegen 1220 oder 1230) und Bauarbeiten an weiteren Kirchen und Bauarbeiten an Stadthäusern.

Also: die Stadt, in der Gottfried an seiner Version des *Tristan*-Romans arbeitete, sie war weithin Baustelle. Zu dieser Stadtbaustelle wurden auf Karren und Kähnen Steine herangeschafft, beispielsweise aus dem Kaiserstuhl. Und gebrannte Ziegel auf Karren und Kähnen; Bauholz auf Karren und Kähnen. Baugerüste wurden gezimmert, Mörtel wurde gemischt, Holz wurde zurechtgesägt, Steine wurden gemeißelt. Wohin Gottfried auch kam auf der Stadtinsel: das helle, plickende Geräusch von Meißeln auf Stein. Und Nägel wurden in Holz getrieben.

31 Der (beginnende) Machtkampf der beiden jungen Könige wird auch im Elsaß ausgetragen, sogar in den Vorstädten von Straßburg: Gottfried als Augenzeuge, Ohrenzeuge dieser Kämpfe – falls er zu dieser Zeit in Straßburg war. Von dieser möglichen, dieser wahrscheinlichen Erfahrung her ließe sich motivieren, fortgesetzt zu berichten, was im ersten Jahrzehnt des dreizehnten Jahrhunderts im Römischen Reich geschah, was damit die Arbeit am *Tristan*-Roman begleitete. Wichtiger aber als das Referieren solcher begleitenden Ereignisse ist mir nun die Frage: Was könnte beispielsweise Gottfried von zeitgenössischen politischen Ereignissen erfahren haben? Zu leicht gehen wir aus von unserer Situation: Welt-Nachrichten erreichen uns in Minutenkürze. Wie lange aber brauchten Nachrichten, bis sie Gottfried erreichten? Und: in welchen Veränderungen kamen sie ihm zu Ohren?

Beispielsweise der Vierte Kreuzzug, der im November 1202 begann (und über den ich im ersten Buch der *Trilogie des Mittelalters* ausführlich berichtet habe): was könnte Gottfried in Straßburg davon erfahren haben und wann und wie? Im Knotenpunkt Straßburg kamen mit reisenden Händlern viele Nachrichten zusammen, da war die Situation also erheblich besser als in einem abgelegenen fränkischen Dorf zum Beispiel.

Im Frühjahr 1203 – so erfinde ich, um die Situation deutlich zu machen – im Frühjahr 1203 kommt aus Italien, genauer: aus Venedig, ein Händler mit Seidenstoffen. Ein harter Winter zuvor, Brenner und andere Pässe waren monatelang vom Schnee blokkiert, nun endlich kann der Händler reisen. Sein Ziel ist Köln. Auch er benutzt die bequemste und sicherste Route nordwärts, den Rhein, macht Zwischenstation in Straßburg, könnte hier einen Teil seiner Ware an Händler weiterverkaufen, die sie nach Brügge oder Paris bringen. Während dieses Aufenthalts könnte sich ein Gespräch mit Gottfried ergeben; auch dieser Reisende bringt Nachrichten mit, diesmal über den Beginn des Kreuzzugs.

Von anderen Händlern hat er zuverlässig erfahren, daß dieser Kreuzzug längere Zeit in Frage stand, obwohl schon zahlreiche Teilnehmer in Venedig und Umgebung versammelt waren, vor allem Franzosen. Es gab irgendwelche Schwierigkeiten im Kreuzheer – ein hoher Herr aus der Champagne oder aus Burgund wurde ermordet oder starb, jedenfalls mußte ein anderer an seine Stelle treten, auf den wollten sich nicht alle einigen, schon trennten sich die ersten vom Kreuzheer. Der Händler kann zu diesen Auseinandersetzungen nichts weiter sagen, so etwas interessiert ihn nicht sehr, ist ja doch immer das Gleiche, er hat das nur am Rande wahrgenommen, als er von seiner Sommer-Handelsreise zurückkehrte. Das Hauptproblem, das damals offenbar diskutiert wurde: die Kreuzfahrer konnten der Stadt Venedig nicht die geforderten Kosten für Überfahrt und Verpflegung zahlen, es soll ungefähr ein Drittel gefehlt haben; diesen Betrag hat Venedig vorgestreckt oder gestundet, aber der Doge verband dieses Entgegenkommen mit einer Verpflichtung: das Kreuzheer sollte als erstes die konkurrierende Handelsstadt Zadar an der dalmatinischen

Küste erobern. Dies hat der Händler, der Gottfried davon berichtet, allerdings nicht direkt erfahren, er weiß es von einem Mann, der dies von einem der vorzeitig zurückgekehrten Teilnehmer des Kreuzzugs gehört hat. Nach dessen Bericht eroberte das Heer die Handelsstadt, obwohl sie dem König von Ungarn gehörte, der ebenfalls an diesem Kreuzzug teilnehmen wollte; dieser Umstand hatte schon vorher zu erheblichen Auseinandersetzungen geführt, doch Venedig konnte alle Forderungen durchsetzen, die christliche Stadt wurde vom christlichen Heer gestürmt. Gleich danach soll es zu blutigen Auseinandersetzungen zwischen Venezianern und Kreuzfahrern gekommen sein, tagelang Schlägereien um die Beute. Und dann wurde das Kreuzheer vom Papst exkommuniziert, komplett. Da brach auch besagter Kreuzfahrer auf, kehrte mit einer größeren Schar nach Venedig zurück, wollte mit dem weiteren Kreuzzug nichts mehr zu tun haben.

Mögliche Rückfrage: wann war der Kreuzfahrer zurückgekehrt? Erst im Vorfrühling: heftige Winterstürme im November und Dezember, danach war kein Schiff frei für die Passage, so konnte der Mann erst im März zurückkehren. Wohin das Kreuzheer weitergesegelt ist, von Zadar aus, das weiß der Seidenhändler nicht, es hieß in Venedig, es solle nach Byzanz gehen, das läßt sich aber schlecht vorstellen, Byzanz ist schließlich eine christliche Stadt, wenn auch eine orthodoxe (dafür hatte man im 13. Jahrhundert einen anderen Ausdruck), doch alles ist möglich, man wird abwarten müssen, in einem halben Jahr weiß man vielleicht etwas mehr – er wird, voraussichtlich, im Herbst ein zweites Mal Richtung Köln reisen, auch wieder über Straßburg, vielleicht kann er bei der Gelegenheit Genaueres berichten über die Fortsetzung des Kreuzzugs.

Eine Nachricht, eine gewichtige. Eine andere wichtige Nachricht vielleicht ein halbes Jahr zuvor. Und diese Nachrichten waren lange, lange unterwegs – wie viele Nachrichten blieben auf der Strecke? Nein, Gottfrieds Gehirn war nicht überflutet von Informationen: ab und zu kam aus dem Reich eine übertriebene oder untertriebene Nachricht in die Stadt, und was außerhalb des deutschen Sprachgebiets geschah, das war bereits unvorstellbar weit entfernt, und von anderen Kontinenten erfuhr man überhaupt nichts: keinerlei Nachricht, und sei sie noch so märchenhaft, vom Kontinent Afrika, der hatte nur eine Nordküste, sonst aber keine Konturen, und keine Nachricht aus dem Fernen Osten, den gab es überhaupt noch nicht, auch nicht für einen Gelehrten. Man erfuhr höchstens mal etwas aus Italien oder aus der Champagne oder schließlich doch aus Byzanz. Keine Nachricht aber war schneller als ein Schiff auf einem Fluß (und da erreichten, zum Beispiel, Nachrichten vom Oberrhein rascher den Niederrhein als umgekehrt), und Nachrichten kamen nicht weiter, wenn Eisgang die Flußschiffe zum Überwintern zwang, wenn Pferde durch den Schnee nicht weiterkamen. Da verharrten Nachrichten, bis der Frühling ihnen wieder das Stichwort gab – vorher erfuhr man in einem Straßburg nur, was innerhalb der Stadtmauern geschah und in der allernächsten Umgebung.

32

Nun habe ich schon mal einen Seidenhändler mit Gottfried zusammengeführt, also könnte ich unter diesem Stichwort gleich die Frage erörtern, durchspielen, wie Gottfried die zahlreichen Sachkenntnisse erwarb, die seinen Erzähltext zusätzlich verdichten. Auf verschiedenen Gebieten zeigt Gottfried eine Detailgenauigkeit, die zuweilen in Detailbesessenheit übergeht. Also: weiterhin das Thema »Informations-Umsatz«.

Ich greife den (goldenen) Faden auf: Seidenstoffe, in denen Goldfäden verarbeitet wurden. Auch bei Gottfried die Lust, prachtvolle, prunkvolle Seidenstoffe zu beschreiben, sie wenigstens zu benennen: verlockend fremdartige Bezeichnungen… Daß Gottfried mehr als nur flüchtig wahrgenommen hat, wie Seidenfäden, Goldfäden zu Prachtgeweben verarbeitet waren, das zeigt sich im Romantext an einem Beispiel unter dem (heutigen!) Stichwort »Überfang« (11110). Ein Hinweis auf eine Technik, die dem Gewebe höchsten Glanz verlieh: Goldfäden nicht eingewebt, sondern auf das Seidengewebe gelegt, und von der Rückseite her wurde – in gleichmäßigen Abständen – der Goldfaden von einem Seidenfaden überfangen, das heißt, dieser Seidenfaden wurde jeweils mit der Nadel durch das Stichloch zurückgezogen. So blieb der jeweilige Goldfaden – bis auf die Seidenfadenschlingen – in seiner gesamten Ausdehnung sichtbar auf dem Gewebe. Aus Gottfrieds knappen, verdichteten Bemerkungen schließe ich, daß er vor Augen hatte, was er hier benannte. Damit die Frage: Woher hatte, woher wußte er das? Es gab wohl kaum so etwas wie ein Textil-Handbuch, und man schlug nach unter dem Stichwort »Seidengewebe«… Also liegt entschieden näher, anzunehmen, daß Gottfried einen Händler befragt. Der könnte ihm erklären:

Goldfäden aufgelegt, mit Überfangfäden... und so fort. Und Gottfried könnte weiterfragen: Dieser Goldfaden als sehr dünner Golddraht? Nein, könnte der Seidenhändler antworten, das Verfahren sei sehr viel komplizierter! Um einen dünnen Faden werde ein äußerst dünner Golddraht so dicht herumgewickelt, daß nur noch das Gold zu sehen sei, nicht mehr der Trägerfaden. Ja, und wie stellt man diesen unvorstellbar dünnen Golddraht her? Dies sei ein Geheimnis der Seidenwirker, könnte der Händler sagen, ein konsequent gehütetes Geheimnis!

Ließe sich hier Erhellendes in den Text soufflieren? Okken hat mir die Technik des Applizierens von Goldfäden in einem langen Brief beschrieben, mit Zeichnungen: Übersetzen auch als Erkunden von Realien, Realitäten. Zur Produktion solcher Goldfäden konnte er mir keine Hinweise geben. Längeres Telefonat mit einer Textil-Expertin der Universität: man weiß heute noch nicht, wie das Problem technisch gelöst wurde, einen für damalige Verhältnisse unvorstellbar dünnen Golddraht herzustellen und um eine »Textilseele« zu wickeln. Staunen, gemeinsam, über die Präzisionsarbeit an einem Produkt, das wohl kaum ein Besteller oder Käufer derart präzis gesehen hat.

33

Das vorige Kapitel könnte suggerieren: ein souveräner, ein autonomer Dichter hat sich in seinem Text frei entfaltet... Dieser (mögliche) Eindruck muß gleich korrigiert werden: der *Tristan*-Roman des Gottfried aus Straßburg entfaltete sich auf dem Grundriß eines französischen Romans – so, wie das neue Münster (in Bauabschnitten) auf dem Grundriß (und mit Materialien) des romanischen Münsters errichtet wurde.

Gottfried selbst hat den Autor seiner (definitiven) Vorlage genannt: »Thomas von Britanje«. Der Landesname »Britanje« taucht im Roman wiederholt auf, er wurde bisher stets mit »Bretagne« übersetzt, das scheint naheliegend, ist jedoch falsch. Zwar konnte der Landesteil Bretagne (Britannia minor) mitgemeint sein, aber dies war nur Teil des Angevinischen Reichs, das die britische Insel (Britannia maior), die Bretagne und das Gebiet des heutigen Frankreich umfaßte, bis hinab zu den Pyrenäen. Ich übersetzte deshalb »Britanje« schon im *Parzival*-Roman mit »die Britannie« – eine Mischform, ein Amalgamat von Bretagne und Britannien. Also: Thomas aus der Britannie. Und in diesem Reich war Französisch die offizielle Sprache des Hofes, damit auch die Sprache eines Dichters, der für den Hof arbeitete.

Thomas dürfte im Zeitraum zwischen 1160 und 1175 am Versroman *Tristan* gearbeitet haben – zu dieser Zeit wurde auch noch an der romanischen Kathedrale in Straßburg gebaut. Der Roman des Thomas ist miserabel überliefert: in fünf Fragmenten, der Umfang zwischen sechzig und mehreren hundert Verszeilen – insgesamt nur etwa ein Neuntel des gesamten Romans. Vom ersten Teil, den Gottfried übertragen und bearbeitet hat, ist einzig das »Cambridger Fragment« überliefert. Und genau dort, wo Gottfrieds Roman abbricht, setzt die Folge von größeren Roman-Fragmenten ein. Ich habe diese Bruchstücke gelesen mit Hilfe der neuen Prosa-Übersetzung (Thomas, *Tristan*. Eingeleitet, textkritisch bearbeitet und übersetzt von Gesa Bonath. München 1985). Es wäre ja naheliegend, Gottfrieds großes Romanfragment zu komplettieren durch eine metrische Übersetzung der Vorlage, die er gewählt hatte. Aber erstens und vor allem: zwischen den Bruchstücken des zweiten Teils klaffen große Lücken, die müßten (wie das auch in der Ausgabe von Bonath geschieht) durch Texte aus anderen Quellen aufgefüllt werden. Zum überlieferten Text: der Grad der Abstraktion ist (zumindest in den erhaltenen Sequenzen) sehr hoch, der Grad an erzählerischer Intensität gering. Und auf plausible Verknüpfungen von Handlungsfäden legt Thomas noch weniger Wert als etliche seiner Kollegen.

Wie souverän Gottfrieds Bearbeitung dieser Vorlage ist, zeigt sich beim Vergleich der 60 Zeilen des »Cambridger Fragments« mit den korrespondierenden 115 Zeilen des mittelhochdeutschen Romans. Diese Zeilen sind genau verglichen worden, und es zeigte sich vor allem: Gottfried hat differenziert. Deshalb auch brauchte er mehr Vers-Raum zur Entfaltung.

Man hat mehrfach versucht, hochzurechnen, wie umfangreich Gottfrieds gesamter Roman hätte werden können, kam dabei auf ein Minimum von etwa 30000, ein Maximum von rund 40000 Zeilen. Also für heutige Relationen: ein Tausendseitenroman.

34 Wie heißt dieser Roman eigentlich? Gottfried hat keinen Titel vorangesetzt, das war damals nicht üblich. Die Fachwissenschaft schreibt vom *Tristan*-Roman, und einige Editionen, auch Übersetzungen nehmen dies als Titel: *Tristan*. Die Edition von Friedrich Ranke, nach der ich übersetze, sie trägt den Titel: *Tristan und Isold*. Bei Wagner heißt es: *Tristan und Isolde*. (Die Namensform Isolde ist inzwischen von Gewohnheit fixiert, es wäre Manierismus, wieder Isôt oder Isolt zu schreiben wie in Handschriften des 13. Jahrhunderts.)

Gottfried hat den Namen des Mannes und den Namen der Frau betont nebeneinander gesetzt, und zwar auf doppelte Weise. Daß Tristan die eine Hauptfigur ist, belegt Gottfried durch den Erzähltext, das spricht er auch direkt aus. Und in Verszeile 7719 macht er klar, daß Isolde die zweite Hauptgestalt des Romans ist. Also: Tristan und Isolde.

Was im Text steht, das wird durch die Initialen in ihrer doppelten, symmetrischen Buchstabenpaarung bestätigt. Gleich nach dem Akrostichon DIETERICH das Initialenpaar T I, danach die Umkehrung I T. Und weitere Buchstabenpaare, gleichfalls spiegelbildlich in ihren Umkehrungen: sie ergeben jeweils die Buchstabenfolge TRIS und ISOL. Diese Initialen-Folge nun in einer schematischen Darstellung von Gravigny: Buchstaben in den Koordinaten von Buchraum und Buchzeit.

```
        G
D I E T E R I C H
T I           I T
R S           S R
I O           O I
S L           L S
```

Zwischen den Initialen der zweimal parallel gesetzten Namen noch einige verstreute Initialen, die sich auch von Tüftlern nicht zu Sinnfiguren ordnen ließen, und so habe ich sie weder im Schema noch im Text der Übertragung berücksichtigt. Evident, daß Gottfried die Namens-Initialen bei der weiteren Arbeit am Roman komplettiert hätte.

35 *Tristan und Isolde:* Gottfried ist für uns der Autor dieses einzigen Werks. Wolfram von Eschenbach, zum Beispiel, hat noch Liedtexte und einen zweiten, fragmentarischen Roman hinterlassen, dazu Bruchstücke eines Strophen-Epos – Gottfrieds

Name jedoch verbindet sich mit diesem einzigen Werk. So wäre er denn solitär in jeder Hinsicht?

Es könnte sein, daß er den einen und anderen Liedtext verfaßt hat. Vorsichtiger formuliert: daß der eine und andere volkssprachige Liedtext von ihm überliefert ist. In der Manessischen Liederhandschrift sind drei Texte unter seinem Namen aufgezeichnet, aber Philologen stimmen überein: sie sind Gottfried fälschlich zugeschrieben. Ich will wenigstens erwähnen, was für Texte das sind: ein Minnelied, ein Marienlob und, bereits erwähnt, ein lehrhafter Text über Armut. Stilkritische Untersuchungen führten in allen drei Fällen zu klaren, in der Branche offenbar einhellig akzeptierten Ergebnissen: kein Text von Gottfried.

Ich führe die philologische Erörterung nicht fort, ich stelle nur eine grundsätzliche Frage: könnte nicht denkbar sein, daß selbst ein Dichter vom Rang eines Gottfried mit Texten begann, in denen überwiegend Konvention formulierte, in denen die unverwechselbar eigene Diktion noch nicht ausgeprägt war? Oder: könnte ein so großer Dichter wie Gottfried nicht auch schwache Texte hinterlassen haben? Ist dieser Dichter wie Athene dem Haupt des Zeus entsprungen: vollendet ausgeformt?

Es gibt allerdings zwei Spruchstrophen, die von Gottfried stammen könnten, nach dem Textbefund. Sie sind zwar unter dem Namen Ulrich von Lichtenstein überliefert, aber solche »Zuschreibungsdiskrepanzen« sind im Mittelalter häufig; es kam dazu, weil Dichterkomponisten auch Lieder von Kollegen vortrugen – in diesem Fall läßt sich der Schluß ziehen, daß Ulrich von Lichtenstein die Strophen rezitiert hat. Daß sie von Gottfried stammen können, diesen Hinweis verdanken wir Rudolf von Ems; er schreibt, der »wîse meister Gotfrit« habe eine Spruchdichtung zum Stichwort »gläsernes Glück« verfaßt. Und genau dieses Stichwort finden wir in der folgenden Strophe.

Ich zitiere nach der neuen Edition des Standardwerks *Des Minnesangs Frühling* (Stuttgart 1987): einige Zeilen Mittelhochdeutsch.

Gelücke daz gêt wunderlîchen an und abe:
wan vindet ez vil lîhter danne manz behabe;
ez wenket, dâ man ez niht wol besorget.
swen ez beswaeren wil, dem gît ez ê der zît
und nimt ouch ê der zît wider, swaz ez gegît.
ez tumbet den, swem ez ze vil geborget.

Vroide gît den smerzen;
ê daz wir âne swaere sîn des lîbes und des herzen,
wan vindet ê daz glesîn glücke,
daz hât kranke veste.
swanne ez uns under diu ougen spilt und schînet aller beste,
sô brichet ez vil lîhte in klein stücke.

Ja, dies könnten Tonfall und Sprachduktus des Gottfried aus Straßburg sein. Aber noch einmal: völlige Sicherheit besteht hier nicht. So bleibt Gottfried der Autor eines einzigen (dazu noch fragmentarischen) Werks. Kein früher epischer Text, der sich als Gesellenstück bezeichnen ließe... Kein Alterswerk, das nicht mehr die Intensität des Hauptwerks besäße... Einzig und allein das Textmassiv des Romans *Tristan und Isolde*.

Ich mache diese Situation noch deutlicher durch einen Vergleich: als wäre von Schiller nur *Wallenstein* überliefert, und hier auch nur *Lager* und *Piccolomini*. Und sonst keine Zeile! Oder höchstens ein Gedicht, das ihm zugeschrieben wird, das jedoch umstritten bleibt. Und von seinem Leben wüßten wir nichts, überliefert wäre höchstens die Kombination des Personennamens mit dem Stadtnamen Weimar. Und aus Text-Anspielungen ließe sich ungefähr auf den Zeitraum schließen, in dem sein Werk entstand. Sonst nichts!

36

Auch das Fehlen biographischer Daten kann mich nicht dazu motivieren, eine Interpretation des Romans zu versuchen, und sei sie noch so komprimiert. Zu oft schon wurde der Erzähltext zum Substrat von Interpretation. Viele Textexegeten gingen dabei von einem Phantom aus, das sie nachzuweisen versuchten: eine Art Grundaussage des Werks, eine »Sinnmitte«. Und die wollte man treffen, mit einem großen, generalisierenden Satz! Solch ein Satz ist aber schon deshalb nicht möglich, weil der Roman Fragment ist. So hat man heute die Suche nach der Tristan-Weltformel aufgegeben, konzentriert sich wieder auf Detailfragen.

Eine weitaus bessere Ausgangslage! Dennoch: kein (fortlaufendes) Kommentieren, ausgelöst von jeweils wichtigen Stichworten. Weil es aber kaum ein Prinzip gibt ohne Ausnahme, muß ich, will ich auf ein Stichwort eingehen, das bereits mehrfach auftauchte:

Leidenschaft. Denn erzählt wird hier kein Liebesroman, sondern der Roman einer Leidenschaft.

Als kleine Wort-Hommage an den frankophilen Gottfried zwei korrespondierende französische Begriffe – sie machen es mir leichter, einige Anmerkungen zu notieren, hier ist die Aura, ist der Nimbus geringer.

Das erste Begriffspendant: amour fou. Die leidenschaftliche Besessenheit also, die gegen allen Verstand, gegen die Vernunft agiert, sich autonom setzt. Tristan und Isolde erleben ihre leidenschaftliche Liebe, ihren amour fou, als Geschick, über das sie keine Macht haben – dies auch betont durch die magische Wirkung des Liebestranks. Kriterien und Maßstäbe »vernünftigen Handelns« sind aufgehoben. Hier wird dem Lebensgefühl, Selbstgefühl nicht durch eine moderate Stimulation geschmeichelt, hier wird Äußerstes gewagt, wird Leben eingesetzt. Heute würden wir sagen: es geht um eine extrem intensive Selbsterfahrung, doch um den Preis drohender Selbstvernichtung. Nähere persönliche Umgebung reagiert vielfach verstört auf solch eine Demonstration emotionaler Intensität, denn diese Konfrontation macht bewußt, auf welch geringer Stufe von Intensität gemeinhin gelebt, auch geliebt wird. Das Gegenbild: amour fou als Schock und Herausforderung.

Denn: amour fou destabilisiert. Tristan und Isolde können keine Lebensform finden in der Gesellschaft, weil ihre leidenschaftliche Liebe gegen Normen dieser Gesellschaft verstößt: gegen den Kodex der Loyalität und gegen das sechste Gebot – die leidenschaftliche Liebe erfüllt sich in Wiederholungen von Ehebruch. So wird in diesem Roman zum ersten Mal dem Abendland sehr genau, sehr konkret erzählt vom Konflikt zwischen Leidenschaft und Ehe. Zeitweilige Erfüllung leidenschaftlicher Liebe als äußerste Gefährdung einer Ehe; König Marke wird in die Verstörung der Eifersucht getrieben.

Leiden muß aber auch das Paar, das sich immer wieder findet. Zur Entfaltung von Leidenschaft gehört die Einengung durch diese Konstellation: einer von beiden ist verheiratet. Auch hier spielt der *Tristan*-Roman bereits in voller Entfaltung der Motive ein Grundmuster durch, das seither mehr als tausendundeinmal variiert worden ist. Für das Paar bedeutet die Konstellation: keine Begegnung ohne Gefahr! Was der Ehemann nicht verhindert, das wird erschwert durch wachsame Augen, offene Ohren der Hofgesellschaft. Solche äußeren Widerstände steigern einerseits die Intensität des Gefühls, werden andererseits den Liebenden zur

Belastung. In entscheidender Situation zeigt sich: sie sind zwar erleichtert, als sie erfahren, daß sie einige Zeit – von der Gesellschaft ungestört – in komfortabler »Klause« leben können, aber sie sorgen schon vor ihrem Abschied von Markes Hof dafür, daß Brangaine sich für ihre Rückkehr einsetzen wird.

Was die Symbiose von Leidenschaft und Leiden fördert, ist auch das Bewußtsein, zumindest: das Gefühl, daß die aufs Äußerste gesteigerte Intensität nicht Normalzustand werden kann. Eine beliebte Frage: Läßt sich vorstellen, daß Tristan seine Isolde heiratet? Und aus der verzehrenden Hitze der Leidenschaft wird die gleichförmige Wärme ehelicher Bindung? Selbstverständlich werden sie nicht heiraten – die Intensität ihrer Liebe kommuniziert ja auch mit inneren Widersprüchen und äußeren Widerständen. Diese Widersprüche und Widerstände machen die Leidenschaft zur amour passion.

Liebe, die Intensität will, die ins Leiden führt – dies wurde, vor allem in der Antike, als Form der Krankheit diagnostiziert. Bezeichnend, zum Beispiel, wie Vergil in der *Aeneis* die Geschichte der Liebe, der leidenschaftlichen Neigung der Königin Dido zu Aeneas erzählt und kommentiert: dieser Zustand empfunden als Krankheit, als Vergiftung, sogar als Wahnsinn. Es geschieht hier, was die Heroine gar nicht will, wogegen sie sich wehrt mit allen Kräften und Argumenten des Verstandes, aber das Gefühl ist stärker als der Verstand. Der innere Konflikt wird gelöst durch spektakulären Selbstmord.

Gegen Liebe als Form der Raserei wurden Heilmittel ersonnen. Oder: wurden Taktiken entwickelt. Einige von ihnen, obwohl von antiken Autoritäten, wirken simpel mechanistisch. Ein Beispiel liefert Cicero in seinen *Tusculanae disputationes*: einen Nagel durch einen Nagel, eine Liebe durch eine Liebe austreiben. Das muß man sich handwerklich so vorstellen: ein Nagel ist ins Holz geschlagen; auf den Kopf dieses Nagels wird die Spitze eines zweiten Nagels gesetzt, dieser Nagel wird auf den ersten Nagel gehämmert, treibt den ersten Nagel vor sich her aus dem Holz heraus, nimmt dessen Stelle ein. Was ändert sich damit? Eine Liebe wird durch eine andere Liebe ersetzt – ist sie deshalb von geringerer Intensität? Sicherer wäre es wohl, man würde mehrere Nägel dort einschlagen, wo *ein* beherrschender Nagel war, damit würde Intensität durch Aufteilung verringert. Und darauf laufen, im Prinzip, verschiedene Vorschläge hinaus, vor allem bei Ovid: wen leidenschaftliche Liebe zu einer Frau leiden läßt, der nehme sich eine zusätzliche Geliebte – so wird Leidenschaft durch Liebschaft ersetzt. Noch besser, so schlägt Ovid vor, man nimmt sich zwei Freundinnen gleichzeitig, tauscht Freundinnen aus. Damit würde, ins Französische übersetzt, aus der amour passion eine libertinage.

Wenn solche Equilibristik nicht gelingt, lassen sich einfachere Mittel ausprobieren: Ablenkung durch Arbeit oder Abenteuer. Und dies ist für Tristan die erste Phase des Versuchs, sich auch innerlich von Isolde zu lösen, nach der endgültigen äußeren Trennung. Doch die Selbstbetäubung durch Kriegsabenteuer bewährt sich nicht oder hält nicht lange genug vor, und so verliebt er sich vorsätzlich in die zweite Isolde. Auch dies wird in Gottfrieds Roman erzählt, wenigstens im Ansatz – leider bricht das Werk hier ab.

Dies aber bestimmt nicht, weil es nach der amour passion nichts Wesentliches mehr zu erzählen gäbe. In diesem Punkt sind von einigen Literaturwissenschaftlern absurde Thesen aufgestellt worden; die absurdeste: Gottfried hätte im ersten Teil »alles gesagt«. Nein, er hat erst die Hälfte »gesagt«. Der zweite Teil wäre die Probe aufs Exempel des ersten Teils geworden: der Versuch, den Nagel herauszutreiben durch einen zweiten Nagel. Nur sind es Nägel aus verschiedenen Substanzen: Leidenschaft ausgetrieben durch Verliebtheit; ein leidenschaftliches Verhältnis ersetzen durch eine Ehe. Dieses Experiment mißlingt – als erstes im Bett. Es wird dann (in den Vorlagen des zweiten Teils) erzählt von der Resistenz von Gefühlen: obwohl sich Tristan der neuen, der zweiten Isolde zuwendet, obwohl er sie heiratet, kommt sein Gefühl von der blonden Isolde in Irland nicht los. Und sie kommt nicht von ihm los – auch nicht in der Ehe mit einem Mann, der sie begehrt. Tristan macht sich, in einem Strang der Überlieferung, zum Narren, um wieder zu seiner Isolde zu kommen – die Phase, in der eine Liebestragödie umkippen kann in eine Posse des Begehrens. Wahrscheinlich hätte sich Gottfried auf solchen Slapstick kaum eingelassen, er hätte sich wohl darauf konzentriert, zu erzählen von der Unauflöslichkeit der Gefühle zwischen Isolde und Tristan, von der Resistenz dieser Gefühle gegenüber allen Anfechtungen des Verstandes, der Vernunft, der Vernünftigkeit. Und es bleibt Leiden, das volksetymologisch eins ist mit Leidenschaft.

So verschieden die (früheren) überlieferten Fassungen des Romans auch sein mögen: in allen wird die Konstellation weitergetrieben bis zum Endpunkt Tod. Der todkranke Tristan kann nur durch die irische Isolde geheilt werden, und als seine Frau ihm vortäuscht, diese Isolde komme nicht, da sagt er kein Wort mehr, dreht sein Gesicht zur Wand und stirbt. Gottfrieds Fortsetzer Ulrich komprimiert hier Ungeheures in einer einzigen Zeile. Isolde nun, kaum aus Irland angekommen, stirbt, weil er gestorben ist. Dieser fast gemeinsame Tod bestätigt ihre Liebe: die amour foux, die amour passion konnte weder durch die Fortsetzung der Ehe Isoldes neutralisiert werden noch durch Tristans Eheschließung. Mit pointierenden Formeln macht Gottfried bewußt, daß beides zusammengehört: die leidenschaftliche Liebe und das Leiden, ja, der Tod.

37 Wohl hinreichend habe ich betont, daß ich im Mittelalter nicht das Gewohnte suche, das nur anders kostümiert wird, sondern eher das Andere, das Fremde. Das aber bliebe uns fern, gleichgültig, gäbe es nicht auch Berührungspunkte, in denen historische Distanz aufgehoben scheint: Textsequenzen, in denen beschrieben, formuliert wird, was heute noch Erfahrung werden kann.

Besonders deutliches Beispiel: wie König Marke mit der Eifersucht kämpft. Wie er wahrhaben und doch wieder nicht wahrhaben will, daß seine junge Frau ein Verhältnis hat mit seinem Neffen; wie er hier, auch mit fragwürdigen Mitteln, die Wahrheit sucht – und wie er sie lange Zeit ignoriert; wie er sich seiner Wahrnehmung sicher glaubt und wie im nächsten Moment wieder Unsicherheit herrscht; wie er sich begütigt, besänftigt, beruhigt, obwohl klar ist, was geschieht. Kurzum: es wird detailliert vergegenwärtigt, im Erzählen, wie ein Mann in seiner Eifersucht das Verstörende wegdrängt, und zwar auf exemplarische Weise, und wie sich Einsicht wieder vordrängt, fast aufdrängt. Hier, zum Beispiel, hat ein Dichter vor mehr als einem dreiviertel Jahrtausend formuliert, was uns heute noch unmittelbar berührt.

Mit gleichem Nachdruck muß auf Distanzierendes hingewiesen werden. Selbst in Phasen intensivster Zuwendung, Liebe redet Tristan seine Isolde mit »vrouwe« an. Das heißt eindeutig: Herrin, und das läßt sich in der Übersetzung nicht abschwächen zu: Dame. Das klänge heute auch ungewollt ironisch. Wir müssen uns das bewußt machen: Tristan hat kein einziges Kosewort für die Frau, mit der ihn eine amour foux verbindet – immer wieder die Anrede: Herrin. Hier spielt ein altes Muster der Interpretation einer (Liebes)Beziehung herein: als wäre sie eine Variante zum Lehnsverhältnis. Der Mann und die Herrin, und dieser Herrin ist er – für Gegengaben an Zuwendung – vor allem »triuwe« schuldig, und das heißt in diesem Kontext auch: Loyalität. Eine für uns merkwürdige Formalisierung einer Beziehung. Die Geschichte von Tristan und Isolde wie in doppelter Belichtung: als Leidenschaft, die zu Konflikten mit der Gesellschaft führen muß, und als Muster eines lehnsrechtlichen Verhältnisses wechselseitiger Loyalität – ich muß in der Übertragung gelegentlich auch dieses erheblich abkühlende Wort benutzen. Wechselspiel von Distanz und Nähe: diese Geschichte einer Leidenschaft läßt sich nicht widerstandslos aneignen, vereinnahmen.

Irritierend ist für uns auch der Liebestrank. Simpel verstanden, bedeutet der Liebestrank in seiner Auswirkung: zwei, die nicht »füreinander bestimmt« sind, werden durch die Magie des Tranks zusammengezwungen. Ein Fall von höherer Gewalt! Und als Folge: eine Gesellschaft, die Ehebruch ablehnt, ja bestraft (zumindest bei Frauen), sie darf sich eigentlich auch nicht von der Geschichte eines Ehebruchs unterhalten lassen, schon gar nicht durch die Geschichte einer Leidenschaft, die sich autonom setzt, gegen die Normen der Gesellschaft. Mit der Einführung des Liebestranks kamen Erzähler aus dieser Problemzone heraus: der Zustand, in den ein Paar durch den Liebestrank versetzt wird, als Ausnahmezustand, den das Paar nicht gewollt hat. Auf diese Weise wird selbst die verführerisch und mitreißend erzählte Geschichte eines Ehebruchs gesellschaftlich akzeptabel, vor allem, wenn auch noch angedeutet wird, daß sie zur Warnung erzählt werde. Um zu pointieren: der Liebestrank auch als Beruhigungstrank für das Publikum.

Dabei macht es sich Gottfried nicht so leicht wie seine Vorgänger, er arbeitet nicht monokausal: der Liebestrank ist nicht der einzige Auslöser für das Verhältnis zwischen Isolde und Tristan. Das zeigen schon die Anweisungen der Königin Isolde an Brangaine, der sie den Liebestrank zu treuen Händen übergibt: dieser Trank soll ihrer Tochter und König Marke eingeschenkt werden, *nachdem* sie zum ersten Mal miteinander geschlafen haben.

Wie relativiert die Bedeutung des Liebestranks für den Erzähler Gottfried ist, das läßt sich auch an der Roman-Komposition ablesen. So erzählt er einleitend die Geschichte der großen Liebe zwischen Riwalon und Blanchefleur, den Eltern Tristans, und hier gibt es, bis in charakteristische Formulierungen hinein, Entsprechungen zum Verhältnis zwischen Tristan und Isolde. Damit wird ablesbar: völliges Einswerden ist möglich auch ohne Einwirkung eines Liebestranks.

Weiter: Tristan ist als Brautwerber des Königs Marke von Cornwall nach Irland gereist; als er nach der Rückkehr dem König Marke von der irischen Schönheit berichtet, zeigt sich ein wahrhaft verräterischer Enthusiasmus. Diese junge Frau hat ihn begeistert! Und Begeisterung für eine Frau als einer der zwingendsten Anfänge einer Liebesgeschichte.

Bei der gemeinsamen Schiffsfahrt nach Cornwall bestätigt sich dann, daß zwischen beiden nicht Gleichgültigkeit, Neutralität herrscht, die durch den Liebestrank jäh in Liebesgefühle verwandelt wird – Isolde zeigt Affekte gegenüber Tristan, aber die sind negativ besetzt: Isolde wehrt sich gegen den Mann, von dem sie schon in Dublin ihre Blicke nicht losreißen konnte. Und auf seine ersten vorsichtigen Umarmungen reagiert sie beinah aggressiv. Uns fällt es nach der Entdeckung der Psychologie leichter als Gottfrieds Zeitgenossen, dieses affektbetonte Verhalten zu deuten. Das Zauberwort dann für die sehr rasche Intensivierung der Beziehung, für die Umpolung des Affekts bei Isolde: der Liebestrank.

Dieser Liebestrank fixiert Gedanken und Gefühle der beiden in der leidenschaftlichen Beziehung, stimmt die Liebenden aber nicht vollständig ein auf Liebe. Selbst in der Zeit intensivster Zuwendung bleibt Tristan ein trickreicher, harter Kämpfer, wie sich im Duell mit dem Riesen Urgan zeigt. Und Isolde wird, in einer Episode, zur Heroine eines elisabethanischen Dramas: sie erteilt zwei Männern den Auftrag, Brangaine zu töten und als Beweis ihre Zunge mitzubringen. Diese Liebenden können sich nach außen hin lieblos verhalten, egoistisch, rücksichtslos, brutal. Auch das erzählt Gottfried.

38 Feuerschein! Nachts deutlich wahrgenommen, Richtung Norden! Brand in einem der Dörfer! Als erstes gesehen von der Wache an einer der Baulücken der neuen Stadtmauer; ein Priester der Stadt ist gleich am nächsten Morgen zu jenem Dorf geritten, um den Pfarrer zu befragen.

Noch am selben Tag könnte Gottfried vom Priester erfahren, daß im besagten (hier aber nicht genannten) Dorf ein Haus angezündet worden sei, ganz eindeutig ein Fall von Brandstiftung: das Haus eines Mannes, der sich zu den Staufern bekannt hat, nach der Eroberung von Straßburg, und der Brandstifter ist Anhänger der Welfen. Und der kündet an, es würden noch weitere Häuser der Staufer-Freunde angezündet, denn nun habe sich alles gewendet durch eine glückliche Fügung, ja, so hat der Täter das gesagt: durch eine glückliche Fügung des Himmels! Jetzt erst berichtet der Priester dem Besucher, was er bisher nicht auszusprechen, nicht einmal anzudeuten wagte, zu ungeheuerlich ist die Tat: Philipp, König Philipp, ist in Coburg oder Bamberg oder Regensburg ermordet worden! Zu einer Zeit, in der er im gesamten Reichsgebiet die Macht erkämpft hatte: ermordet!

Und der Priester könnte erzählen: König Philipp lag auf einem Bett, nach einem Aderlaß, und es kam der Meuchelmörder, dies Werkzeug des Teufels, kam mit einem Trupp, voran zwei Riesen, ein Zwillings-Paar, seltene Erscheinung der Natur, und der eine stellte sich vor den Eingang des Stadthauses oder Palastes, und er ließ keinen hinein, keinen heraus, drohend schwang er einen Balken oder Baumstamm, und der andere Riese lief mit dem Mörder zum Zimmer des Königs, stellte sich vor dessen Tür. Daß Riesen mit von der Partie waren, legt den Schluß nahe, daß die Tat von einem Welfen ausgeführt wurde, wohl im Auftrag des Welfen Otto persönlich, der soll ebenfalls ein riesenhafter Mann sein, zwei oder drei Kopf größer als die meisten Männer. Ja, und geschützt vom balkenschwingenden Riesen vor dem Gebäude, vom schwertschwingenden Riesen vor dem Zimmer, hat dieser Meuchelmörder, da hat diese Bestie von Meuchelmörder, ja hat derart weit mit dem Schwert ausgeholt, daß es seine Ferse berührte, hat dem König die Kehle durchhauen, und obwohl der König sofort tot war, schlug der Meuchelmörder noch ein dutzendmal zu, bis der Hals durchhackt, der Kopf abgetrennt war, dann hat er die Schwertspitze ins Herz gestoßen, das längst nicht mehr schlug, hat zwischen mehreren Rippen hineingestochen, und blutbesudelt konnte der Täter entkommen, dafür sorgten die beiden Teufelskreaturen von Riesen...

Und ein längeres Schweigen? Und die Bilder wirken nach, ja entfalten sich weiter? Und ein Gebet des Priesters, ein gemeinsames Amen? Und er spricht wieder? Nun werde es apokalyptisch im Reich: Otto, der fast völlig besiegte Mann, er werde alle niederkämpfen, die sich auf die Seite Philipps geschlagen haben, man werde noch öfter Feuerschein sehen, vielleicht auch hier in der

Stadt! Er hat zwar die Kämpfe zwischen den beiden jungen Königen nicht weiter verfolgt in den vergangenen Jahren, die Ereignisse waren weit, zu weit entfernt, zum Beispiel ist irgendwas in Braunschweig geschehen, aber daß aus solcher Zwietracht nur böse Frucht entstehen kann, das weiß man.

39 In gewalttätiger, weithin chaotischer Zeit wird von Gottfried der lichte und finstere Märchen-Roman einer Liebe, einer Leidenschaft erzählt. Und hier muß betont werden: es ist die Geschichte einer leidenschaftlichen, sich über gesellschaftliche Normen hinwegsetzenden Liebe zweier *junger* Menschen.

Unser Bild von Tristan und Isolde wird auch geprägt von den Bühnenfiguren Tristan und Isolde. In Bayreuth oder New York sind dies vielfach Darsteller in reiferem Alter, mindestens dreißigjährig. Von ihren durch Szenenfotos reproduzierten Erscheinungsbildern müssen wir uns lösen.

Gottfried macht einige Angaben zum jeweiligen Alter von Tristan. Als er von norwegischen Händlern entführt wird, ist er 14; dreieinhalb Jahre lang sucht sein Pflegevater nach ihm; als sie sich am Hof des Marke wiedersehen, ist Tristan demnach 17; es vergeht nicht viel Zwischenzeit bis zum Kampf mit Morold, zur Verwundung durch die vergiftete Lanzenspitze; mit etwa 18 also Tristans erste Reise nach Irland; knapp 2 Jahre nach dem Kampf mit Morold (vgl. Zeile 10087) die zweite Irlandreise und der Beginn der Liebesgeschichte zwischen Isolde und Tristan. Zu dieser Zeit ist er also 19 oder 20.

Ich weise noch einmal darauf hin: die (statistische) Lebenserwartung war zu Gottfrieds (und Wolframs und Neidharts) Zeit nur ungefähr halb so hoch wie heute; das hat die Entwicklung komprimiert; volljährig wurde ein Junge der gehobenen Gesellschaftsschicht schon mit 14 oder 15 – die Zeit der Schwertleite. Und noch einmal ein Hinweis auf das politische Ereignis, dessen Fortsetzung und Folgen Gottfrieds Arbeit am Roman begleiteten: König Philipp war 18 zu Beginn des Machtkampfs, war 28, als er in Bamberg von einem Wittelsbacher mit einem Schwerthieb getötet wurde, wegen eines Familienstreits. Der nun ausschließlich herrschende König Otto war 26. Ihn wird bereits 1212 der erheblich jüngere Friedrich Roger ablösen: mit 18. Damit wieder: ein König in Tristans Alter!

Und Isolde? Als Tristan ihr beim ersten Aufenthalt in Irland Unterricht erteilt, wird sie als »kint« bezeichnet, als »junges Mädchen«. Nach damaligem Altersschema (vorgeprägt in der römischen Antike) war sie höchstens 14. Knapp zwei Jahre später holt Tristan sie im Auftrag seines Onkels ab: jetzt ist sie 16, vielleicht auch erst 15, ist nun, offiziell, im heiratsfähigen Alter.

Jung (und entsprechend leichtsinnig) ist auch Brangaine, die Freundin und Hofdame Isoldes. Sie ist noch Jungfrau, muß deshalb stellvertretend für Isolde in der Hochzeitsnacht Liebesdienst leisten. Und König Marke dürfte ein Mann um die vierzig sein.

40 Eine Dreiecks-Konstellation... psychologisch stimmige Darstellung beispielsweise der Eifersucht... Durch solche Formulierungen wird historische Distanz zu Gottfrieds Roman entschieden verkürzt. Also muß die Distanz wieder einmal betont werden. Denn dieses Erzählgedicht ist keine Vorform des psychologischen Romans – der beginnt in unserem Sprachbereich erst mit Karl Philipp Moritz, im 18. Jahrhundert. Gottfried erzählt seine märchenhafte Geschichte mit einigen psychologisch plausiblen Motivationen, mit einigen psychologisch erklärbaren Abläufen. Doch etliches von dem, was Gottfried dabei über Liebe schreibt, von Leidenschaft erzählt, ist vorformuliert von antiken römischen Autoren.

Diese römischen Bau-Elemente zeigen sich besonders deutlich gegen Schluß des Romanfragments. Der Kontext: Tristan muß den Hof des Königs Marke, muß damit Isolde verlassen. Um sein Liebesleid durch Kriegsdienst zu betäuben, reist er, unter anderem, nach Arundel. (Heute ein Ort, eine Burg in Sussex, bei Chichester; für Gottfried lag es auch diesseits des Ärmelkanals: Ort und Burg Carhaix auf Finistère, der Westspitze der Bretagne.) Hier, in der Herzogsburg von Carhaix, beginnt Tristans neue Liebe zu Isolde Weißhand. Unmittelbar berührend, wie Tristan vor sich selbst rechtfertigt, daß er sich trotz seiner leidenschaftlichen Liebe zu Isolde, la blonde et la belle von Irland, in die andere Isolde zu verlieben beginnt. Viel Gefühlskasuistik, als Tristan versucht, in seinen Gedanken und Gefühlen Ordnung zu schaffen. Dabei helfen ihm vor allem Sentenzen. Diese Sentenzen sind, zum Teil, vorgeprägt durch Sentenzen von Ovid.

41 Ein Tag, ein Vormittag aus dem Leseherbst des Gottfried in Straßburg. Ein Mönch ist mit einem Buch eingetroffen, auf das er lange gewartet hat, vielleicht ein Jahr, zwei Jahre. Ein Buch, das Gottfried schon einmal gelesen, sprich: studiert hat, dieses Buch aber ist in Straßburg nicht mehr vorhanden, ist bei einem Hochwasser oder bei einem der zahlreichen Brände zerstört worden, oder ein gieriger Gelehrter hat es gestohlen beziehungsweise stehlen lassen. Dieses Buch wird nun, in einer anderen Abschrift, von einem Boten aus der Bibliothek des Klosters St. Gallen nach Mainz gebracht, zu einem der Kirchenherren. Und dieser reisende Mönch hat beim vorigen Zwischenaufenthalt in Straßburg versprochen: wenn er mit Ovids *Remedia amoris* auf der Durchreise ist, wird er »meister« Goturitus Bescheid geben. Und gleich sucht er den Boten auf, der im Kloster St. Stephan oder St. Thomas übernachtet, auch diesmal. Dort wird Gottfried nachlesen können, was er seit Monaten oder Jahren verifizieren wollte.

Auch an diesem Vormittag eines Leseherbstes: er wird sich vielleicht auf eine Buchseite konzentrieren, auf einen Teil dieser einen Seite, vielleicht nur auf drei, vier Verszeilen. Lesefrüchte, die ihn den ganzen Tag nähren und länger – er ist kein Lesefrucht-Vertilger, kein Lesefrucht-Vielfraß! Also läßt er sich hier nur auf wenige Zeilen ein in einem Kontext, den er bereits kennt: Heilung von der Liebeskrankheit durch die Entscheidung, zwei Freundinnen zu nehmen statt der einen; noch besser wäre es, mehr als zwei Freundinnen zu haben, gleichzeitig: alterius vires subtrahit alter amor. Die Liebe zur anderen verringert die Liebe zur einen... Und Gottfried springt nicht gleich über zur folgenden Zeile, er betrachtet diese komprimierte Formulierung, sie soll sich entfalten: Liebe zur einen... Liebe zur anderen... die Liebe zur anderen verringert/verkleinert die Liebe zur einen... subtrahiert... wird abgezogen... Psychisches Rechenexempel. Subtrahit alter amor. Vielleicht hört er von draußen die Stimme des Mönchs aus St. Gallen, und der spricht von seiner bevorstehenden vierten Reise auf dem Rhein, diesmal nach Mainz, in wenigen Tagen kann er dort sein, aber wie lange wird er zurückreiten nach St. Gallen? Fortsetzung der vielleicht zeitlupenlangsamen Lektüre. Grandia per multos tenuantur flumina rivos. Irgendein Fluß, ein Beispielfluß. Warum nicht der Rhein? Dem mächtigen Strom die Kraft nehmen, indem man ihn aufteilt in mehrere Wasserläufe. Wie viele, wie wenige Wörter braucht Ovid für diese Sentenz? Wortobjekt um Wortobjekt abzählen: sechs. Großer Fluß, zerteilt in viele Bäche? Diese Zeilen mit dem Bibliotheks- und Schreibmönch erörtern? Denn sie ließen sich übernehmen in den Versroman: deutlicher machen durch Vergleich. Den großen Fluß abschwächen... kleine Bäche... Die Plauderstimme draußen. Reglos sitzen am Lesepult, über die Seiten hinwegblicken: Rhein aufteilen. Verharren bei diesem Bild, da fächert sich der Wasserstrom, der mächtige, immer weiter auf. Flußdelta.

Noch eine dritte Zeile lesen an diesem Vormittag im Herbst? Saevaque diducto stipite flamma perit. Diese Wortfolge betrachten wie eine römische Gemme. Wildes Feuer erlischt bei zerteiltem Brand. Das Holz wird auseinandergeschoben, auseinandergestoßen... Das große Feuer, die verzehrende Leidenschaft, und dann die kleinen Feuer. Weniger Nahrung für ihre Flammen. Erlöschen. Schließlich kein Feuer, keine Glut mehr in der Asche?

Den Blick lösen von der Buchseite. Was ist im Raum zu hören? Ein Boot wird die Ill hinaufgetreidelt, Wechselrufe und Wechselgespräch zwischen Schiffer und Pferdeknecht; die Stimme des Mönchs aus St. Gallen; Hundebellen; in der Nähe das Plicken eines Meißels auf Stein.

42

Auch die antiken Bau-Elemente machen es schwerer, Gottfrieds Erzählgedicht vorschnell als psychologischen Roman zu etikettieren, in Beschlag zu nehmen.

Römische Bau-Elemente waren bereits in den Fundamenten der Romangeschichte von Thomas vermauert – und Gottfried hat weitere Elemente hinzugefügt, hat seinem neuen Bau damit eine noch solidere römische Grundlage verschafft. Es spricht für die römischen Autoren, daß dennoch für uns relevant bleibt, phasenweise sogar aktuell wird, was lesbar und ablesbar ist im Sprachgebäude mit seinen griechisch-römisch-französischen Bau-Elementen. Eine sehr weite Zeitperspektive entsteht hier für uns: fast drei Jahrtausende! Dennoch zuweilen unmittelbare Nähe: etwa, wenn die Versuche formuliert werden, eine Leidenschaft zu verdrängen durch Verliebtheit, womöglich: durch vorsätzliche Verliebtheit.

43 Wechselspiel von Distanz und Nähe wird von Gottfried auch durch eine andere Schreibmethode erzeugt: was unmittelbar berühren kann, wird abgerückt durch Sprachspiele.

Es sind dies vor allem Spiele mit Gleichklängen, mit ostinaten Wortwiederholungen – diese Sprachspiele wurden in bisherigen Übersetzungen weithin ignoriert.

Gottfrieds Sprachspiele sind fast gleichmäßig über den Text verteilt: Sprachspiele, wo es um Statusfragen geht, Sprachspiele, wo es um Kämpfe geht, Sprachspiele, wo es um Liebe geht. Diese Sprachspiele signalisieren Freiheit des Erzählers gegenüber dem Erzählten – also auch gegenüber dem Erzählen der Liebesgeschichte, der Geschichte einer ehebrecherischen Leidenschaft. Ich weiß nicht, wie solche Sprachspiele damals aufgenommen wurden – für mich sind sie zuweilen irritierend: Gottfried macht relevante Mitteilungen oder Äußerungen zum Material von Klangmanipulationen. Dabei oft Annäherungen an Manierismus. So wird stilisierte Mitteilung überstilisiert, wird damit zu betont Artifiziellem. Anders formuliert: die Intensität einer Mitteilung wird nicht immer gesteigert durch Spiele mit Klang-Assonanzen. Sie werden von Gottfried zuweilen wie Klangpailletten auf das Textgewebe genäht.

44 Ohne Überleitung: daß Gottfrieds Versroman Fragment geblieben ist, hat eine Wortflut ausgelöst. Wilde Spekulationen honoriger Wissenschaftler über Gottfrieds seelischen Zustand, der... über innere Spannungen, an denen er... über seine vorsätzliche Entscheidung, das Werk nicht... Aber wir müssen hier nicht weiter spekulieren, es gibt eine überlieferte Begründung: Ulrich von Türheim beklagt zu Beginn seiner Fortsetzung, daß Gottfried gestorben sei, bevor er das Werk habe vollenden können. Dies formulierte Ulrich nur etwa 20 bis 25 Jahre nach dem Verstummen des Meisters von Straßburg; in einem so knappen Zeitraum konnte mündliche Überlieferung noch ohne Verfälschungen oder Legendenbildungen ein Faktum weitergeben. Man wußte eben in Dichterkreisen, daß Gottfried zu früh gestorben war. Weshalb dieser Überlieferung nicht glauben?

45 Gottfried könnte im Alter von vierzig Jahren gestorben sein: einige Anmerkungen zu dieser Altersstufe.

Knapp vierzigjährig wird Oswald von Wolkenstein eine große Altersklage schreiben, einen Lebensrückblick in sieben langen Strophen, in denen Autobiographisches benannt, angedeutet, umspielt, stilisiert wird. Ein Altersrückblick mit vierzig? Ich habe in meiner Wolkenstein-Biographie bereits angedeutet, dies sei kein Kokettieren gewesen – auch nicht, wenn Oswald zu jenem Zeitpunkt ein vitaler Mann war, der (schließlich) erst mit 68 starb, damit in sehr hohem Alter, für damalige Relationen.

Wir können, dürfen nicht davon ausgehen, daß ein Vierzigjähriger des 13. Jahrhunderts einem Vierzigjährigen des 20. Jahrhunderts in Erscheinungsbild und Lebensgefühl entspricht. Zu wissen, daß man kaum älter als 40 oder 50 wird, dies mußte Rückwirkungen haben bis ins physiologische Erscheinungsbild. Mit 40 an der Schwelle des Alters oder des Todes zu stehen – für dieses Lebensgefühl gibt es ein weiteres dichterisches Zeugnis: Shakespeares zweites Sonett. Es beginnt mit der Zeile: »When forty winters shall besiege thy brow«. Die erste Strophe nun in der Übertragung von Paul Celan:

> Wenn vierzig Winter deine Stirn umdrängen,
> der Schönheit Flur voll Furchen steht, verheert,
> und deiner Jugend Kleid, dran soviel Augen hängen,
> ist Plunder, Kram, und keinen Groschen wert...

Nein, auch das war kein Kokettieren! Auch wurde hier wohl nicht die Ausnahmesituation eines (zu) früh Gealterten heraufbeschworen, hier scheint individuelles und zugleich allgemeines Lebensgefühl literarischen Ausdruck zu finden. Dies knapp vier Jahrhunderte nach Gottfried, aber: nach seiner (und Wolframs und Neidharts und auch Oswalds) Ära hat sich ein halbes Jahrtausend lang wenig geändert in den Lebensverhältnissen der meisten Europäer. Ein Mann mit 40 konnte zu Gottfrieds wie zu Shakespeares Zeit in der Tat schon ein gebeugter, ein gealterter Mann sein, das ist nicht bloß literarische Fiktion, hier ist höchstens literarische Stilisierung von Realität. Zwar gab es zu Gottfrieds und Williams Zeit kaum, was wir heute als Streß bezeichnen, aber die Lebensumstände waren sehr viel härter: einseitige Ernährung, viele Krankheiten, miserable hygienische Verhältnisse, viele Infektionen, kaum Heilmittel... Ich nenne diese Stichworte, um (erneut) bewußtzumachen: ein Vierzigjähriger war nicht, wie heute im statistischen Durchschnitt, ein Mann in der Mitte seines Lebens, beruflich in seiner besten Leistungsphase, und er hat (zumindest im heutigen Westeuropa) viele Möglichkeiten, sich »fit« zu halten... Ein Vierzigjähriger des 13. oder 16. Jahrhunderts könnte neben einem heutigen Vierzigjährigen wie dessen Vater gewirkt haben.

Nun wird in diesem Text mehrfach hingewiesen auf die römische Antike. Sah man zur Zeit eines Vergil und eines Ovid die Lebensdauer, die Lebenskurve nicht ganz anders? War da ein Vierzigjähriger nicht in einem Alter, das man zwar nicht als bestes, aber immerhin noch als gutes Alter bezeichnen konnte? Nach antikem Lebensschema ja, aber die Lebensverhältnisse hatten sich nach dem Abzug der Römer bald verschlechtert nördlich der Alpen. Die römischen Straßen verfielen, die römischen Brücken wurden nicht mehr repariert, brachen ein – zwischen Basel und Koblenz gab es in Gottfrieds Zeit keinen einzigen Rheinübergang mehr! Damit wurde Reisen erschwert. Was aber direkte Auswirkungen hatte auf die Lebenserwartungen, damit auf das Lebensgefühl: die vorbildliche Versorgung von Städten mit Trinkwasser über Zuleitungen aus Quellgebieten (so in Straßburg, so in Köln), sie war längst Vergangenheit; Trinkwasser kam aus Brunnen, und die lagen oft neben Kloaken, vielfach war das Wasser verseucht. Die zivilisatorische, die hygienische Situation hatte sich, auch in Straßburg, derart verschlechtert nach der Römerzeit, daß es deutliche Rückwirkungen hatte auf den allgemeinen Stand der Gesundheit, damit der Lebenserwartung. Ich habe das alles bereits beschrieben, füge aber für Straßburg noch ein typisches Detail hinzu: erst gegen Ende des 13. Jahrhunderts wurde durch eine Pumpanlage Wasser der Breusch durch größere Straßen geleitet, um den Müll wegzuschwemmen, die Küchenabfälle vor allem – nur zum Teil wurden Küchenabfälle in Schweinekoben gekippt. Und diese Schweinekoben, Rinderställe hinter Stadthäusern wurden erst Jahrhunderte später entfernt... Und es dauerte gleichfalls lange, ehe Straßen gepflastert wurden...

Zusammenfassend: bei einem Menschen um die vierzig war im Bewußtsein (oder im Hintergrund des Bewußtseins) das Wissen: es kann nicht mehr lange dauern, und wenn es doch geschieht, so ist es ein (seltenes) Geschenk. Wenn Gottfried im Alter von etwa vierzig starb oder schon Mitte dreißig, wird man in seiner persönlichen Umgebung so reagiert haben: er verschied im üblichen Alter, nur: für sein Werk war es zu früh.

46 Ulrich von Türheim, wir sahen es schon, als Fortsetzer der abgebrochenen, für ihn nur unterbrochenen Geschichte, er nennt seinen Namen gleich zu Beginn seines Textes, nennt auch den Namen des Gönners, des Förderers: Konrad von Winterstetten. Mit diesen Angaben lassen sich Autor und Gönner identifizieren: Ulrich aus einem Ministerialen-Geschlecht, das seinen Sitz in der Nähe von Augsburg hatte, Konrad von Winterstetten als eine der Repräsentationsfiguren staufischer Zeit und Herrschaft. Ich könnte weitere Details sammeln zu den beiden Herren, aber hier fange ich gar nicht erst an: soll ich ausführlich über Ulrich schreiben, und zu Gottfried nur Fragen, Vermutungen?

Eine Anmerkung zum Autor der Fortsetzung ist doch wohl wichtig: er hat (später) ein zweites Romanfragment weitergeführt und beendet, Wolframs *Willehalm*. Diese Ergänzung entwickelte sich zu einer Textwucherung: den etwa 14000 Zeilen des *Willehalm*-Fragments folgen rund 36000 Verszeilen, die sich vor allem auf die Nebenfigur *Rennewart* konzentrieren. Dagegen ist Ulrich von Türheim beim Abschluß des Romans von *Tristan und Isolde* exemplarisch knapp geblieben: nur ein Zehntel jenes Textvolumens!

Es gibt, wie schon angedeutet, eine zweite Fortsetzung: Heinrich von Freiberg verfaßte sie um 1290. Sie ist etwa doppelt so lang wie Ulrichs Text: hier wuchert Episodisches, zum Teil in rüder Machart. Im Vergleich auch mit dieser Arbeit: klare Option für Ulrich von Türheim.

Was auch grundsätzlich für ihn spricht: es gibt kaum eine Handschrift von Gottfrieds Roman ohne Fortsetzung und Abschluß durch Ulrich. Für das Mittelalter gehörten beide Texte zusammen; das wird hier, nach vielen Zwischenjahrhunderten, zum ersten Mal wieder dokumentiert.

Freilich, Knappheit des Textes und Überlieferungsgeschichte allein rechtfertigen noch nicht meine Entscheidung für Ulrichs Text. Er hat, das sehe ich auch, nicht die überragenden Qualitäten eines Gottfried von Straßburg, aber, um es englisch zu sagen: he did a good job. Er erzählt knapp und oft pointiert; er bringt, wie schon Gottfried, Sequenzen in die Schwebe der Ironie; sein Text ist charakterisiert durch sprachliche Verkürzungen, Verdichtungen – er artikuliert zuweilen so knapp, daß er in Gesprächen Zwischenantworten überspringt: was gesagt wurde, läßt sich aus der Fortführung des Gesprochenen rückschließen.

Uneingeschränktes Lob kann ich ihm freilich nicht singen. Zuweilen zeigen sich in der Verknappung Brüche – Ulrich ist nicht immer ein Meister der Übergänge, der Verknüpfungen. Hier aber zeigt Thomas aus der Britannie noch deutlichere Schwächen – offenbar hielten Dichter des Mittelalters Verknüpfungen, Vernetzungen für nicht sehr wichtig.

47 Straßburg. Ich kehre in das Münster zurück, nach der Umrundung der Altstadt, setze mich wieder auf eine der Bänke im Langhaus, im Hauptschiff, blicke hinein in Vierung und Apsis: Einhöhlung in den Zeitraum, in dem Gottfried in jener Stadt dieses Namens gelebt, gearbeitet, gedichtet hat. Die mächtigen Säulen der Vierung, die Apsis – kurz nur werden die Mosaikfiguren aufgehellt durch schwache Strahler. Dieser Bauabschnitt war zu Gottfrieds Zeit schon beendet, zumindest weitgehend: der Chorraum mit Quadern »ummantelt«, wie ich in einer kurzgefaßten Baugeschichte lese, die Apsismauern verstärkt. Im Jahre 1187 empfing in diesem erneuerten Chorraum Kaiser Friedrich I., genannt Barbarossa, Gesandte des Papstes – es ging um die Vorbereitung eines Kreuzzugs. Hat Gottfried als junger Mann diesen Kaiser gesehen, den Festzug in den weiten Chorraum der Kathedrale?

Irgendwann einmal wird er unter der Kuppel dieser Vierung gestanden haben: mit dem Namen Tristan, dem Namen Isolde im Kopf? Und in seinem Kopf schon Vorausklänge seiner Nachdichtung der Fortsetzung? Wie auch immer: er wird, er muß in diesem Münster gewesen sein, und die Bauform, die ich sehe, in Vierung und Apsis, die hat auch er so gesehen – bei vielen veränderten Details.

Das Hauptschiff, in dem ich sitze, es war in dieser vielgepriesenen Bauform noch Zukunft für Gottfried – eine Zukunft, die für mich weit, weit zurückliegende Vergangenheit ist. Etwa in den dreißiger Jahren seines Jahrhunderts begann man, in Phasen, mit dem Abriß des romanischen Kirchenschiffs, mit dem Neubau des gotischen Langhauses. Näher an Gottfrieds Gegenwart ist bereits der berühmte Pfeiler des Jüngsten Gerichts, erbaut und mit zahlreichen Figuren versehen in den Jahren 1225 bis 1230. In dieser Zeit könnte Ulrich von Türheim begonnen haben mit der Fortsetzung des Romanfragments. Oder es war so: als er die Arbeit an der Fortsetzung beendete, wurden die Bauarbeiten im Langhaus begonnen. Doch erst 1275 wurde das Gewölbe geschlossen. Zu diesem Zeitpunkt wird Ulrich nicht mehr gelebt haben, da aber lebte bereits Heinrich von Freiberg, der seine Variante der Fortsetzung verfassen wird. Auch dies beweist: Gottfrieds Roman war lebendig geblieben.

Ein winziger Abschnitt der Baugeschichte als Lebensstrecke Gottfrieds... Aus der Zeit *vor* ihm die Mosaikfiguren, in drei Reihen; aus der Zeit *nach* ihm die Statuen am Pfeiler des Jüngsten Gerichts, aufgestellt in drei Segmenthöhen. Oder: Gottfried in der Schwellensituation zwischen dem neu ausgebauten Chorraum und dem noch nicht abgebrochenen romanischen Langhaus.

Die Zeit-Einhöhlung, in die ich hineinschaue, sie wirkt noch massiger, wenn sie nicht beleuchtet wird: Mauerwerk wie das einer Festung. Jahrhundertelang scheint es Finsternis aufgesogen zu haben und Licht: Tageslicht, gefiltert und eingefärbt durch Fenster; Kerzenschimmer; Lichtreflexe auf silbernen und goldenen Gefäßen. Und aufgesogen die Stimmen von Priestern. Und aufgesogen der von Generation zu Generation fortgesetzte Gregorianische Gesang.

Vierung und Apsis: halbdunkler Zeit-Raum, der mich nicht umgibt. Denn ich darf Vierung und Chor nicht betreten: Absperrung, Alarmschranken. Ich sitze im Langhaus, meine Blicke dringen ein in den Raum der Säulen und Gewölbe, ich warte auf erneute Aufhellung dieser Einhöhlung in den Zeit-Raum, in dem Gottfried gelebt, gearbeitet, gedichtet hat. Als die schwachen Strahler endlich eingeschaltet werden, stehe ich auf, gehe durch das Langschiff zum Westeingang. In dieser Achse könnte auch Gottfried gegangen sein, rechts und links begleitet von Säulen, deren Kapitelle romanische Bögen verbanden, und er war überwölbt von einem anderen Dach. Und draußen sah er die beiden Türme der romanischen Kathedrale.

48

Auf einem dieser Türme sitzt noch immer oder: sitzt wieder der Rabe. Der hat ein wenig sein Gefieder gespreitet im Aufwind, der Stimmen und Geräusche hochträgt. Aus der Kathedrale Chorgesang, Männer- und Knabenstimmen. Hämmern auf Holz; Meißeln auf Stein; Hähne krähen; Rinder, von einer Weide in die Stadt getrieben, muhen dem Stall entgegen. Der Rabe blickt südwärts auf das Flüßchen in der Nähe des Turms: die

Langsamkeit der Strömung wird auch angezeigt durch das aufgeblähte Aas einer Katze, durch eine Darmgirlande. Nun nach Nordwesten blickend, sieht der scharfäugige Rabe jenseits der Stadtmauer einige Menschen vor einem Haus stehen, sitzen: dem einen fehlt ein Arm, dem anderen ein Bein, und Gesichter wie überwachsen von Geschwulst.

Der Rabe löst den Blick von solchen Details, blinzelt zur Sonne, die mittlerweile an Umfang zugenommen hat, dicht über dem hügligen Horizont. Weiterhin, von der Kathedrale herauf, Gregorianischer Gesang. Was da gesungen wird, das wurde schon Jahrhunderte zuvor gesungen, das wird noch Jahrhunderte später gesungen, so wird dem Raben souffliert, oder: gesungen wird im Echo des oft schon Gesungenen, gesungen wird in vorlaufendem Echo – Stimmen wie eingeschmolzen in jahrhundertelang unverändertem Chorklang. Im Rabenhirn ein kleines Schwindelgefühl der Zeitlosigkeit. Und er nimmt wahr, an der Grenze des Blickfelds, wie eine Schwalbe einfliegt, sich niederläßt auf dem anderen Turm, mit kleinem, goldenem Aufblinken. Der Rabe schaut genauer hin: fingerlang, rotgolden... Draht oder Faden? Scheint elastischer als Golddraht... Etwa ein goldenes Haar?... Die Schwalbe öffnet den Schnabel nicht, der Aufwind könnte den goldenen Faden verwirbeln, aber wie soll der Rabe etwas über diesen Faden erfahren, wenn die Schwalbe den Schnabel nicht aufmacht? Der Rabe, vogel- und weltkundig, läßt ein wenig Zeit verstreichen. Rufe von unten, alemannisch eingetönt – das kann er freilich nicht so genau bestimmen, auch das wird ihm souffliert. Weiterhin der Gregorianische Gesang, einstimmig. Der Rabe blickt westwärts: die Sonne wird bald, überdick geworden, den Horizont berühren. Langsam wendet der Rabe den Kopf: eine hastige Bewegung könnte die vielleicht aus großer Entfernung herangeflogene Schwalbe beunruhigen. Der goldene Faden scheint zu glühen. Der Rabe ruft eine Begrüßung hinüber zum anderen Turm. Zu gerne wüßte er, fügt er hinzu, was es mit dem goldenen Faden auf sich habe; da jedoch die Schwalbe den Schnabel kaum öffnen könne, ohne den Faden zu verlieren, biete er, der Rabe, an: er fliege hinüber, übernehme den Faden, solange die Schwalbe berichte. Eine sanfte Kopfbewegung, die der Rabe als Zustimmung deutet, er fliegt zum zweiten der noch nicht abgerissenen Türme, setzt sich neben der Schwalbe auf einen Moosfleck des behauenen Gesteins. Und jetzt kannst du mir den Faden geben. Oder ist das etwa ein goldenes Haar?... Er gibt dieser Frage eine Schwingung ins Ironische. Die Schwalbe überreicht den Faden, zwitschert befreit ins Abendlicht, beginnt dann zu sprechen im weltverbindenden Vogellatein. Selbstverständlich sei dies kein Frauenhaar, sondern ein Gold-Faden; sie habe ihn mitgebracht, um ihn auf ein Erzählgewebe zu legen, das dort unten in der Stadt gewirkt werde.

Der Rabe fragt nicht, woher die Schwalbe das weiß. Ihr Erscheinen ist sowieso märchenhaft – warum nicht auch ihr Wissen? Das Gewebe, das in einem der Häuser dieser Stadt hergestellt werde, es zeige viele, sehr viele Bilder. Zum Beispiel das Bild einer sehr schönen jungen Frau mit goldenem Haar, auf einem Schiff, und neben ihr ein schöner junger Mann, mit einem Glasgefäß in der Hand. Ein anderes Bild zeigt diesen jungen Mann im Kampf mit einem feuerschnaubenden Drachen. Und das Traumbild eines Ebers, der in das Schlafzimmer eines Königs eindringt, zerstörend. Und das Bild des schönen Paares in einem Bett unter einem Baum in einem Sommergarten. In dieses kostbare Bildgewebe könne der goldene Faden, den sie dem Raben anvertraut habe, nicht nachträglich eingezogen werden, er solle auf dieses Gewebe gelegt und mit ein paar Schnabelstichen befestigt werden, um dann ein wenig orientalischen Glanz zu vermitteln, sprich: einen Abglanz des fernen Persiens, aus dem sie, die Schwalbe, gekommen sei. Und, so fügt sie beredt hinzu, sie ist glücklich darüber, im Raben einen so aufmerksamen Zuhörer gefunden zu haben, denn: keiner dort unten kenne auch nur einen Satz der Geschichte, zu der dieser goldene Faden gehöre, aber einmal müsse, was Fakhreddins erzählt habe, auch in dieser Stadt, hier über dieser Stadt erzählt werden, in der vielleicht sogar an diesem Tag weitergearbeitet wurde am wundersamen Bildgewebe. Hast du eine Zwischenfrage?

Und die Schwalbe übernimmt kurz den Faden. Der ist fast so elastisch wie ein Haar, so zeigt sich nun wieder im rotgoldenen Abendlicht. Der Rabe verspricht der Schwalbe, sie am nächsten Tag zu jenem Mann zu bringen, obwohl er nur dessen Namen weiß: Gotfrid. Und er wird den Meister ablenken, indem er sich auf dessen Schulter setzt, ihm etwas erzählt, beispielsweise von einem Kollegen, der sehr viel auf Reisen ist und auf dessen Schulter er bereits gesessen hat, sogar beim Ritt. Der Rabe läßt diese Mitteilung nachwirken, im Abendlicht. Vielleicht, so schlägt er dann vor, könnte man den Faden mit einigen Schwalbenschnabel-Überfangstichen anbringen auf dem Webbild der jungen Frau mit dem blonden Haar. Ja, ruft der Rabe begeistert, da werden Betrachter des Bildgewebes ihre Blicke nicht mehr lösen können von diesem Blondgoldhaar – er sieht genau vor sich, wie der Goldfaden eine der blonden Strähnen der schönen jungen Frau anschmiegsam begleitet! So, und nun werde er dieses kostbare Geschenk übernehmen, sagt der Rabe, und die Schwalbe soll erzählen, aus welch glanzvollem persischen Gewebe der Goldfaden herausgelöst wurde. Der Rabe rückt ein wenig näher heran an die Schwalbe, übernimmt wieder den Goldfaden.

Vor mehr als hundert Jahren, es mögen sogar schon anderthalb Jahrhunderte sein, so beginnt die Schwalbe, vor langer und zugleich kurzer Zeit ist im fernen Persien, aus dem sie kommt, die Geschichte erzählt und niedergeschrieben worden von einem König oder Schah, von dessen Bruder, der sehr viel jünger war, und von der schönen Frau des Schahs. Die Schwalbe hält ein, betonend, der Rabe nickt, den Goldfaden im schwarzen Schnabel. Mobald heißt der König, und sein Bruder, der, dem Alter nach, sein Neffe sein könnte, er heißt Ramin – und die Schwalbe läßt das I hinausschwingen ins Abendlicht. Hähne krähen, Hunde bellen, Vögel zwitschern; der gleichförmige Chorgesang. Und Wis – erneut läßt die Schwalbe das I lang hinausschwingen – und Wis ist der Name der schönen jungen Frau, deren Haar freilich so schwarz war wie das Gefieder des Raben. Ja, rabenschwarzes, pechkohleschwarzes Haar, und so stammt dieser Faden aus dem goldleuchtenden Gewand der schönen Königin. Also wird sie, so fügt die Schwalbe hinzu, sehr gern dem Vorschlag des Raben folgen, diesen Goldfaden zu applizieren auf dem blonden Haar der schönen jungen Frau im Gewebebild, dort, wo es vielleicht nicht einmal dem Mann auffällt, der dieses Bildgewebe ausführt, fortsetzt, aber eines Tages, und das mag erst in Jahrhunderten sein, doch eines Tages wird man den fremden goldenen Faden im goldenen Haar der schönen jungen Frau entdecken, und dann wird man die Geschichte aus dem fernen Persien auch in Straßburg kennenlernen und verstehen, und die Geschichte, die hier in Straßburg erzählt wird, sie wird man im fernen Persien kennenlernen und verstehen. Selbst, wenn die beiden Geschichten nicht zusammengehören sollten, so passen sie doch auf wundersame, ja auf märchenhafte Weise zusammen.

Und weil die Sonne noch nicht untergeht, vielmehr einzuhalten scheint über dem Hügelhorizont, mit den roten Wangen einer aufgeregten Lauscherin, beginnt die Schwalbe zu erzählen von einer Reise, mit der alles anfängt: im Namen und Auftrag seines älteren

Bruders holt Ramin die künftige Schwägerin ab, sie wird in einer Sänfte getragen, in diese Sänfte darf er nicht, kann er nicht hineinblicken, während er neben ihr herreitet, die Seitenfensterchen sind zugehängt, aber eine Windbewegung, ein sanfter, leichter Windstoß schiebt kurz einmal das Gewebe beiseite, Ramin sieht das märchenhaft schöne Gesicht der Wis. Und von diesem Augenblick an, diesem Augen-Blick, betont die Schwalbe, kann Ramin nur noch an Wis denken, und sein Gefühl will zu ihr. Ja, fügt die Schwalbe nach kurzer Pause hinzu, als hätte sie so etwas schon beobachtet, zumindest gehört: während der weiteren Reise wird Ramin immer wieder bleich, wird rot, er hat Tränen in den Augen. Doch er bringt Wis zum Hof des Bruders, und der heiratet sie. Dennoch, Wis und Ramin treffen sich heimlich, dazu ergeben sich Gelegenheiten am Hof, keiner verdächtigt sie, vorerst, ihre Liebe findet Erfüllung, sie schlafen miteinander, sie können nicht anders, als immer wieder miteinander zu schlafen, und einmal, als sie sich wiedersehen wollen, wiedersehen müssen, und der Schah will gleichfalls mit der schönen jungen Frau schlafen, da bitten sie die Amme, sich zu ihrem Herrn zu legen, und sie tut ihnen diesen Liebesdienst, doch als Mobald zu merken beginnt, was mit ihm gespielt wird, ist Wis schon zur Stelle, rechtzeitig löst sie die Amme ab, kann den Verdacht des angetrunkenen Mannes niederreden.

Sie erzählt, so flicht die Schwalbe ein, wie es ihr gerade in den Sinn kommt, und allzuviele Einzelheiten konnte sie ohnehin nicht mitnehmen auf dem langen Flug, auch muß der Rabe noch vor Sonnenuntergang erfahren, woher dieser goldene Faden stammt: die schöne Wis trägt zuweilen, wenn sie Ramin trifft, ein grünes Seidenkleid, in dessen Gewebe solche Goldfäden eingewirkt sind. Weil auch andere dieses grüne Seidenkleid mit dem Goldglanz zu sehen bekommen auf dem Weg zu Ramin, kann es nicht ausbleiben, daß dem Schah etwas zu Ohren dringt, daß er kleine, verdächtige Zeichen wahrnimmt. Aber selbst als er ahnt, zu ahnen beginnt, was geschieht, er kann nicht strafend eingreifen, denn er hat seinen jüngeren Bruder gern, und er liebt seine junge Frau, ständig begehrt er sie, dafür sorgt auch ein Talisman, den ihm die Amme anfertigte. Nein, er will nicht wissen, was zwischen seiner Frau und seinem Bruder geschieht, und doch, er muß das wissen, unbedingt muß er das wissen, denn am Hof beginnt man zu munkeln über die Liebe zweier Brüder zu einer Frau, also befiehlt er eine Feuerprobe, bei der sie – vor Wesiren und Großwesiren –

durch ein offenes Feuer schreiten soll, um zu beweisen, daß ihr Leib rein geblieben ist; dieses Feuer wird angezündet, wird entfacht, doch Wis entzieht sich der Feuerprobe, flieht mit Ramin in die Wüste, eine öde Salzwüste, aber für die Liebenden, die endlich unter sich sind, ist diese Wüste ein blühender Rosengarten, sie wird zum Paradies: sie lieben sich, sie gehen auf Jagd – Ramin ist auch ein sehr guter Jäger – und wenn sie nicht jagen, sich lieben, so plaudern sie, und Ramin spielt ihr auf seinem Saiteninstrument vor – ein Meister auch hier. Zeit des Glücks, aber auf Dauer können sie in der Wüste nicht bleiben, sie kehren zurück an den Hof, eine Zeitlang scheint Verständigung, scheint Versöhnung möglich zu sein, doch bei einem Streit zeigt sich, daß diese drei nicht an einem Hof leben können, Ramin muß ihn verlassen, Wis muß bei ihrem Mann bleiben. Ramin, von Wis getrennt, kann sie nicht vergessen, muß aber lernen, sie zu vergessen, wie will er sonst weiterleben? Er befragt einen weisen Mann, der rät ihm, sich in eine gleichfalls schöne, junge Frau zu verlieben. Und Ramin begegnet einer jungen Frau, sie ist fast so schön wie seine Wis, sie heißt Gul, die Rose, die schöne, die rote Rose, er verliebt sich in sie, er heiratet sie, aber dies wird keine glückliche Ehe, es zieht Ramin zurück zu Wis, er beteiligt sich an einem Aufstand gegen den Schah, oder zettelt er diesen Aufstand an? Die Schwalbe weiß es nicht mehr, sie hat diese Geschichte eigentlich nur überflogen, jedenfalls aber: Wis unterstützt Ramin, und Mobald überlegt acht Tage lang, zurückgezogen, ob er gegen seinen jüngeren Bruder kämpfen soll, doch dieser Kampf läßt sich nicht vermeiden, er geht freilich anders aus, als die Kämpfer das erwarten: ein Eber, ein wilder, schäumender Eber, dringt in das Lager Mobalds ein, tötet ihn, und nun ist für Wis und Ramin – die Schwalbe bricht ab mit einem Seufzer. Man soll, fügt sie nach einer Pause hinzu, nicht jede Geschichte zu Ende erzählen. Und gemeinsam blicken Rabe und Schwalbe nach Westen. Nun geht die Sonne unter – rasch, als müßte sie die Verzögerung ausgleichen, und sie ist rot wie eine Rose, eine riesige Rose.

Gottfried von Straßburg

Tristan und Isolde

Gedächte man im Guten nicht
des Mannes, der das Gute tut,
so wäre alles wie ein Nichts,
was man der Welt an Gutem tut.

Der gute Mann, was er der Welt
in guter Absicht Gutes tut –
wer hier nicht etwas andres als
das Gute sieht, der handelt schlecht.

Ich hör, daß schlecht besprochen wird,
was man doch gern bejahen will:
an Schwachem gibt es schon zuviel –
da will man, was man gar nicht will.

Es sollte *so* sein: daß man lobt,
was man sich gern zu eigen macht;
man gebe zu, daß man es schätzt,
solange es mit Recht gefällt.

Teuer, lieb ist mir der Mann,
der unterscheidet: gut und schlecht,
der mich und jeden andren Mann
beurteilt nach dem wahren Wert.

Es fördern Gunst und Lob die Kunst,
sofern die Kunst das Lob verdient;
wo sie den Flor des Lobs erhält,
floriert die Kunst in jedem Zweig.

Runter gehts mit jedem Werk,
das man nicht lobt und honoriert;
im Ansehn steigt jedoch ein Werk,
das Gunst und Lob zu Recht erwirbt.

Ist es nicht bei vielen Brauch,
daß Gutes sie als schlecht bezeichnen,
das Schlechte wiederum als gut?
Sie fördern nicht, sie widerfördern!

Couragiertes Urteil, Kunst –
gemeinsam hellen sie sich auf;
doch nistet sich die Mißgunst ein,
verdämmern Kunst und Urteilskraft.

Ha, Vollendung: deine Stege
sind so schmal, die Wege mühsam!
Doch wer zu dir die Stege, Wege
erwegt, erstegt, der sei gesegnet!

Totschlag (dies umsonst…!) an Zeit,
obwohl ich reifen Alters bin –
da werd ich dieser Welt nicht mehr
geweltet sein, wie ich es bin.

Ich hab mir für die hohe Welt
ein Werk der Muße auferlegt;
es sage noblen Herzen zu:
den Herzen, die ich herzlich liebe,
der Welt in meinem Herzensblick.
Die Welt der Mehrheit mein ich nicht,
von der ich mir erzählen lasse,
daß sie kein Leid ertragen kann
und nur in Freude plätschern will –
die laß denn Gott in Freude leben…
Dieser Welt und solchem Leben

wird mein Erzählen unbequem –
ihr Leben ist nicht eins mit meinem!
Ich denk an völlig andre Menschen,
deren Herzen dies umschließen:
ihr süßes Bittres, schönes Leid,
ihr Herzensglück, das Liebesleid,
und schönes Leben, schweren Tod,
den schönen Tod, ihr schweres Leben.
Solchem Leben will ich leben,
dieser Welt bleib ich geweltet,
ich stehe, falle nur mit ihr.
Ich hab bisher mit ihr gelebt,
hab meine Zeit verbracht mit ihr,
die meinem Leben (so bedrückend!)
Geleit, Belehrung geben sollte.
Dieser Welt hab ich mein Werk
der Muße vorgelegt zur Kurzweil;
ich will mit dem, was ich erzähle,
halbwegs lindern, was für sie
Schmerz ist, der sie sehr bedrückt,
will ihr Leid damit verringern.
Und faßt man etwas in den Blick,
womit sich das Gemüt beschäftigt,
entkümmert es bekümmertes Gemüt,
ist heilsam gegen Herzenskummer.
In diesem Punkt stimmt jeder zu:
wo einen Menschen in der Muße
die Liebesqualen überlasten,
da steigert Muße Liebesqualen;
zum Liebesschmerz noch Müßiggang,
da wächst nur noch der Liebesschmerz!
Und so empfiehlt sich: wessen Herz
voll Herzenspein ist, Liebesleid,
der richte seinen Sinn darauf,
Zerstreuungen für sich zu suchen;
sogleich kommt sein Gemüt zur Ruhe –
was fürs Gemüt zur Wohltat wird…
Doch rate ich entschieden ab,
daß ein Mensch, der Liebe will,
Zerstreuung sucht in einer Weise,
die schlecht ist für die reine Liebe.

Wer liebt, und das mit Leidenschaft,
beschäftige sein Herz, die Lippen
mit der Geschichte einer Liebe,
versüße sich damit die Stunden.
Zu weit verbreitet ist die Meinung,
die ich sehr gerne teilen würde:
je mehr ein liebendes Gemüt
sich einläßt auf erzählte Liebe,
desto mehr wird es belastet...
Ich stimmte dieser Meinung zu,
doch hindert mich daran ein Punkt:
wo Liebe aus dem Innern kommt,
da löst das Herz sich nicht von ihr,
selbst, wenn sie dieses Herz sehr plagt.
Gemüt, das aus dem Innern liebt:
je stärker, stärker das entbrennt
in seiner Glut der Leidenschaft,
desto feuriger die Liebe!
Dies Leid ist derart voller Glück,
dies Schlimme tut so herzlich gut,
daß es kein nobles Herz verschmerzt,
es wird dadurch erst recht beherzt.
Dies ist so sicher wie der Tod,
ich schließe das aus diesem Leid:
der noble Mensch als Liebender
schätzt Geschichten von der Liebe.
Nun, wer Geschichten sucht der Liebe,
der ist hier an sein Ziel gelangt:
aufs schönste will ich ihm erzählen
von noblen Menschen in der Liebe,
die reine Liebe offenbarten:
der Liebende, die Liebende,
der Mann die Frau, die Frau der Mann,
Tristan-Isolde, IsoldeTristan...

Ich weiß durchaus, es haben viele
erzählt von Tristan und gelesen,
doch hat man selten über ihn
erzählt, gelesen, was auch stimmt.

Täusch ich freilich dieses vor
und sprech es als mein Urteil aus:
daß mir nicht *eine* der Versionen
des Romans gefallen will,
so verhalte ich mich falsch.
Das tu ich nicht. Sie haben schön
und nur aus noblem Gemüt erzählt,
mir, der hohen Welt zum Besten.
Ja, sie taten dies in guter Absicht,
und was ein Mann in guter Absicht tut,
das *ist* auch gut, ist wohlgetan.
Doch wenn ich sagte, daß sie nicht
erzählten, lasen, was auch stimmt,
so trifft, was ich euch sage, zu:
sie blieben nicht bei der Tradierung,
der Thomas der Britanne folgt;
als großer Kenner der matière
studierte er Britannen-Bücher
zu Lebensläufen hoher Herren
und brachte dies für uns heraus.
Die authentische Version,
die er uns von *Tristan* gibt,
studierte ich mit großem Ernst
im Kontext zweier Sprachen:
in Latein und auf Französisch,
und gab mir darauf alle Mühe,
dies in richtiger Tradierung
richtig nachzudichten.
Umfangreiche Studien trieb ich,
bis ich zuletzt in *einem* Buche
die komplette Fassung fand,
die Thomas der matière gegeben.
Was ich dort von der Geschichte
der Liebe las, der Leidenschaft,
das lege ich, in eigner Fassung,
allen noblen Herzen vor;
sie mögen sich mit ihr befassen:
sie wird den Lesern nützlich sein.
»Nützlich?...« Aufs tiefste nützlich, ja:
sie macht die Liebe lieb und nobelt
das Gemüt, sie festigt, was loyal ist,

verleiht dem Leben höchsten Wert!
Wer liest, wer sich erzählen läßt
von derart reiner Liebe, Treue,
dem werden, wenn er liebt und treu ist,
Liebe, Treue lieb, auch weitre Werte:
Neigung, Loyalität, Beständigkeit,
Ehre, weitre hohe Güter –
dies wird einem nirgendwo
so recht, so völlig lieb wie dort,
wo man erzählt von Herzensliebe
und Liebes-Herzeleid beklagt.
Liebe ist eine so herrliche Sache,
ist als Regung derart herrlich,
daß ohne dieses Lockbild niemand
Vortrefflichkeit und Ruhm erringt.
Wo Liebe so den Wert des Lebens steigert,
wo soviel Trefflichkeit aus ihr entsteht –
ach, daß nicht alles, was da lebt,
allein nach Herzensliebe strebt,
daß ich sowenig Menschen finde,
die im Herzen für den Liebsten
reines Herzbegehren fühlen wollen –
nur wegen diesem bißchen Kummer,
der dabei gelegentlich
im Herzensgrund verborgen liegt.
Weshalb ertrüg ein nobles Gemüt
nicht gern ein Übel für tausendfach Gutes,
nicht *einen* Schmerz für viele Freuden?
Wen nie die Liebe leiden ließ,
dem schenkte Liebe niemals Glück.
Glück und Leid, sie waren stets
unzertrennlich in der Liebe.
Man muß mit diesen beiden
Lob erringen, hohen Rang –
oder scheitern, ohne sie.

Von deren Liebe hier erzählt wird:
hätten sie in *einem* Herzen
für Freud nicht Leid, für Herzensglück
nicht Schmerz der Leidenschaft ertragen,
es hätten ihr Name, ihr Geschick
so vielen noblen Herzen nicht

Beglückung, Seligkeit geschenkt.
Noch heute hören wir sehr gern,
und dies stets mit neuer Lust,
von ihrer innigen Liebe, Treue,
ihrem Glück, Leid, Glanz und Elend.
Obwohl sie schon so lange tot sind –
ihr süßer Name überlebte sie.
Es mög ihr Tod zum Besten
der Welt noch lang, für immer leben,
mög allen, die danach begehren,
Ehre schenken, Liebe, Treue;
ihr Tod sei für uns Lebende
in Zukunft ständig neues Leben.
Wo man noch heute rezitiert
von ihrer hohen Liebe, Treue,
von ihrem Glück und Leid der Herzen –

ist das für noble Herzen Brot.
Und damit lebt ihr beider Tod:
wir lesen ihr Leben, hören vom Tod,
dies ist für uns so süß wie Brot.

Ihr Leben, ihr Tod sind unser Brot.
So lebt noch ihr Leben, lebt noch ihr Tod.
So leben sie fort und sind doch tot,
so ist ihr Tod der Lebenden Brot.

Und wer nun wünscht, daß man ihr Leben,
ihr Glück, ihr Leid, ihr Sterben erzählt,
der mache Herz und Ohren auf:
für den erfüllt sich, was er wünscht!

***

Es war ein Herrscher, in Parmenien,
den Jahren nach ein Kind, so las ich,
der war (so überliefert uns
die rechte Fassung der histoire)
von Hause aus im Königsrang,
im Besitzstand fürstlich groß,

prachtvoll, schön im Wuchs,
loyal, generös, mutig, mächtig;
für alle, die er erfreuen mußte,
war dieser Herrscher Zeit des Lebens
eine Sonne, freudenspendend;
er war ein Glücksfall der Gesellschaft,
ein Vorbild für die Ritterschaft,
ein Ehrentitel der Verwandtschaft,
die große Hoffnung seines Landes.
Er zeigte alle Qualitäten,
die ein Herrscher haben sollte,
allein: er wollte hoch hinaus
im Aufwind seines Herzens schweben
und nur nach seinem Willen leben.
Später erwuchs ihm Nachteil daraus,
denn leider war und bleibt es so:
wilde Jugend, reicher Besitz –
die Paarung führt zum Übermut!
Nachsicht üben (was viele Menschen
mit großer Macht noch fertigbringen),
auf *den* Gedanken kam er nicht.
Böses mit Bösem zu vergelten,
Gewalt zu setzen gegen Gewalt,
darauf war sein Denken aus.
Nun geht es nicht auf Dauer gut,
wenn man für jeden Widerstand
heimzahlt mit der schwersten Münze.
Bei Gott, in diesem Lebenshandel
muß man eine Menge schlucken,
sonst steckt man viele Schläge ein –
wer keinen Schlag verkraften kann,
der kriegt sehr viele Schläge ab.
Dieser Ablauf führt zum Tod,
auf diese Weise fängt man Bären:
der rächt sich gleich für jeden Schlag,
bis er zum Schluß erschlagen ist.
Ich denk, auch ihm erging es so;
ja, er nahm so häufig Rache,
daß er damit geschlagen war.
Daß ihn so viele Schläge trafen,
ergab sich nicht aus seiner Bosheit,

die ja so manchem Schläge bringt,
es lag nur am Verhalten
seiner allzu jungen Jahre.
Daß er in seiner Jugendblüte
mit aller Kraft des jungen Herrschers
sein eignes Glück befehdete,
das lag an der verspielten Jugend,
die mit ihrem Überschwang
in seinem Herzen Blüten trieb.
Er war wie alle jungen Leute,
die nie an ihre Zukunft denken,
er schloß die Augen vor Problemen,
ja lebte, lebte, lebte so dahin.
Als sein Leben lebendig wurde,
aufging wie der Morgenstern,
und lächelnd sah er in die Welt,
da nahm er an (was nicht geschah!),
er werde stets so weiterleben
und nur in süßem Leben schweben.
Nein, sein Lebensanfang führte
nur zu einem kurzen Leben.
Die morgendliche Sonne
seiner Lebensfreude: kaum daß sie
zum ersten Mal zu lachen begann,
fiel schon ein jäher Abend ein
(was ihm jedoch verborgen blieb)
und löschte seinen Morgen aus.
Welchen Namen er nun trägt,
das gibt uns der Roman bekannt,
das offenbart uns die histoire:
sein rechter Name war Riwalon,
sein Zusatzname Canèl-Angrès.
Viele behaupten, gehn davon aus,
der erwähnte Herrscher sei
ein Lohnoisier gewesen,
König des Landes von Lohnois;
nun weist uns freilich Thomas nach,
der dies in den histoires studierte,
daß er aus Parmenien stammte.
Er hatte separates Land
aus des Britannen Machtbereich,

dem er die Lehnspflicht schuldig war:
Le duc Morgan hieß dieser Mann.

Als nun der Herrscher Riwalon
drei Jahre mündig war als Ritter,
erfolgreich und höchst ehrenvoll,
als Panzerreiter alles Können
in seine Scheuer eingebracht,
mit reichen Kriegs-Ressourcen
(er hatte Herrenland und Geld) –
ob es da aus Notwehr geschah,
aus Übermut, das weiß ich nicht,
seine histoire berichtet nur,
daß er den Kampf mit Morgan begann –
genau, als hätt der Unrecht getan.
Er kam mit einer derart großen
Kriegsmacht in sein Land geritten,
daß er ihm, mit deren Einsatz,
viele seiner Burgen stürmte;
die Städte mußten sich ergeben,
sie zahlten für Besitz und Leben
genau, was beides ihnen wert war,
bis er derart viel Tribut,
zugleich Besitztum eingezogen,
daß er für seine Rittertrupps
so viel Verstärkung kaufen konnte,
daß er (wohin er mit dem Heer auch zog,
ob gegen Burgen oder Städte)
seinen Willen völlig aufzwang.
Jedoch, er steckte viele Schläge ein,
verlor so manchen tapfren Kämpfer,
denn Morgan wußte sich zu wehren,
er griff ihn oft mit seinem Heer an
und schlug ihn wiederholt.
Zum Krieg, zum Kampf von Panzerreitern
gehören Sieg und Niederlage.
So verlaufen nun mal Kriege:
mit Niederlagen und mit Siegen
ziehen sich die Kämpfe hin.
Ich glaub, ihn ahmte Morgan nach:
stürmte gleichfalls Burgen, Städte,

raubte ihm durch manchen Handstreich
Untertanen und Besitz,
bekämpfte ihn mit aller Macht –
doch brachte ihm das kaum was ein,
denn immer schlug ihn Riwalon
mit Entschiedenheit zurück
und in die Stadt. Tat dies so oft,
daß er Morgan dahin brachte,
auf jeden Ausfall zu verzichten
und seine Rettung schließlich nur
in seinen Festungen zu suchen,
den stärksten und den besten.
Die belagerte Riwalon
und warf sich machtvoll gegen sie
in batailles, in schweren Kämpfen;
immer wieder trieb er Morgan
schnurstracks in die Tore rein.
Häufig zeigte er vor denen
schöne Reiterpulk-Manöver.
Er hatte in dem Krieg die Vormacht
und verheerte ihm das Land,
legte Feuer, raubte aus,
bis Morgan anbot zu verhandeln
und mit knapper Not erreichte,
daß beide auch verhandelten,
einen Waffenstillstand schlossen
auf ein Jahr und dies wie üblich
beiderseits bekräftigten
mit Geiselstellung, Eidesleistung.
Heimwärts zog nun Riwalon
mit seinem Heer, in neuer Macht
und gut gelaunt, belohnte generös
und machte alle Kämpfer reich –
gestreng nach seinem Ehrenkodex
ließ er sie in froher Stimmung
zurück in ihre Heimat ziehn.
Nach diesem Sieg des Riwalon
verging nur eine kurze Zeit,
und er faßte den Entschluß,
sich zu mouvieren (neue Reise!)
und rüstete sich wieder aus

mit großem Luxus, für die Fremde –
wie einer, der nach Ehren strebt.
Hab und Gut und alle Mittel,
die er nötig haben würde,
für ein Jahr gebrauchen sollte,
sie wurden ihm aufs Schiff gebracht.
Er hatte oft erzählen hören,
wie höfisch edel, hochgeehrt
dieser junge König sei:
Marke, der von Cornwall; damals
nahm sein Ansehn mächtig zu.
Er besaß zu jener Zeit
Cornwall und dazu noch England.
Cornwall hatte er geerbt,
bei England war die Lage so:
er besaß es seit der Zeit,
als die Sachsen (die von Wales)
aus dem Gebiete die Britannen
vertrieben, dort die Herren blieben;
durch sie verlor denn auch das Land,
das einst Britannie hieß, den Namen,
und es ward von den Walisern
sogleich in *England* umbenannt.
Als sie dieses Land besetzt
und aufgeteilt, ganz unter sich,
da wollten alle Königlein
und Herrn von eignen Gnaden sein;
sie wurden dabei zu Verlierern,
sie fingen an, sich gegenseitig
wild zu morden, totzuschlagen,
bis sie sich mit diesem Land
dem Schutze Markes unterstellten.
Es diente ihm seit dieser Zeit
in jedem Punkt so sehr, mit Furcht,
wie nie ein Königreich zuvor
dem König Dienst geleistet hatte.
Und weiter meldet die historia,
daß in all den Nachbarländern,
wo man seinen Namen kannte,
kein König Markes Rang erreichte.
Dorthin zog es Riwalon,

dort gedachte er zu bleiben,
ein Jahr bei ihm zu leben,
bei ihm Vortrefflichkeit zu finden,
das Ritterhandwerk zu verbessern,
die Umgangsformen zu verfeinern.
Sein nobles Herz gab ihm den Rat:
studiert er fremder Länder Sitten,
verbessert er damit die eignen,
wird dadurch selber renommiert.
Mit dieser Absicht brach er auf.
Er übergab sein Land, die Leute
zu treuen Händen seinem Marschall,
einem Herrn in seinem Lande,
von dem er wußte, daß er treu war;
er hieß Rual le très loyal.
So reiste Riwalon bald drauf
mit zwölf Begleitern übers Meer –
ihm reichte dies Gefolge aus,
er brauchte keinen weitren Mann.
So kam er im Verlauf der Zeit
vor der Küste Cornwalls an
und hörte dort – noch auf der See –
daß der hochberühmte Marke
auf Tintágel residiere;
da nahm er Kurs auf diese Burg.
Er landete, traf ihn dort an
und war darüber herzlich froh.
Sich und seine Männer ließ er
prächtig kleiden, ranggemäß.
Als er dort vor den König trat,
empfing der treffliche Marke ihn
mit ausgesuchter Höflichkeit
und sein Gefolge ebenfalls.
Man bereitete Riwalon
einen so ehrenvollen Empfang,
daß man ihm noch nie zuvor
(zu keiner Zeit, an keinem Ort)
soviel Respekt erwiesen hatte.
Dies beflügelte sein Denken,
er schätzte diese Etikette.
Immer wieder dachte er:

»Gott selber, wahrlich, hat mich
zu diesen Landesherrn geführt!
Fortuna meint es gut mit mir!
Was ich von Markes Trefflichkeit
je rühmen hörte, das trifft zu.
Sein Lebensstil ist gut und höfisch.«
  Er sagte Marke, was er plante,
weshalb er hergekommen sei.
Als nun Marke den Bericht
und seine Pläne angehört,
rief er: »Willkommen, Gott und mir!
Was ich bin und was ich habe –
es soll Euch zur Verfügung stehn!«
  Riwalon gefiel der Hof,
der Hof war für ihn eingenommen.
Es hatte ihn dort jedermann
gerne, und man schätzte ihn –
kein Gast war jemals so beliebt!
Er gab auch allen Grund dazu:
der vortreffliche Riwalon
verstand sich wirklich gut darauf,
mit der Person, mit seinen Gaben,
mit seiner ganzen Höflichkeit,
allen dienstbar, gefällig zu sein.
So lebte er denn hochgeschätzt
und in der wahren Güte,
die er täglich dem Gemüte
eingab durch Vortrefflichkeit.

Und bald stand Markes Fest bevor.
Marke hatte dieses Fest,
indem er einlud (beinah vorlud!),
ganz verbindlich festgesetzt:
sobald er ihnen Boten schickte,
kamen augenblicks die Ritter
aus dem Königreich von England
zu diesem *einen* Termin im Jahr
nach Cornwall angeritten.
Die Herren ließen sich dorthin
von Gruppen hübscher Damen begleiten
und weitren schönen Erscheinungen.

Nun war das große Fest beschlossen,
angekündigt, anberaumt
für den Monat in der Blüte,
und zwar, sobald der süße Mai
beginnt, bis hin zu seinem Ende,
und dies so dicht vor Burg Tintagel,
daß man sich gegenseitig sah
auf derart schöner Aue,
wie sie zuvor und wie sie später
kein Augenlicht je überstrahlte.
Die sanfte, süße Sommerszeit,
sie hatte süße Geschäftigkeit
für sie entwickelt, süß im Eifer.
Die kleinen Vögelchen des Waldes,
die jedes Ohr erfreuen müssen,
Blumen, Gräser, Blätter, Blüten,
und was sonst dem Auge schmeichelt,
was nobles Herz begeistern muß –
es füllte diese Sommeraue.
Was immer man vom Mai erwartet,
man fand dort, was man suchte:
den Schatten und das Sonnenlicht,
die Linde an der Quelle,
die milden, linden Lüftchen,
die Markes Hofgesellschaft
in ihrem Wesen ganz entsprachen.
Die leuchtenden Blumen lachten
hervor aus dem betauten Gras.
Der Freund des Mai, der grüne Rasen,
hatte sich ein Sommerkleid
aus Blüten angelegt, so schönen,
daß sie allen lieben Gästen
die Augen glänzen ließen.
Die süße Baumesblüte schaute einen
mit solchem süßen Lächeln an,
daß das Herz und das Gemüt
mit lächelnd leuchtenden Augen
das Blütenlächeln reflektierten
und mit Lächeln Antwort gaben.
Der zarte Gesang der Vögel,
der süße, der schöne,

der für Ohren und Gemüt
stets die reinste Wohltat ist,
erscholl dort auf dem Berg, im Tal.
Die Nachtigall, die herrliche,
dies liebe, süße Vögelchen
(es bleibe auch in Zukunft süß!),
die sang dort aus der Blüte
mit einem solchen Überschwang,
daß so manches noble Herz
freudig wurde, hochgestimmt.
Es hatte diese Hofgesellschaft
in einem wahren Freudentaumel
Hütten auf dem grünen Gras gebaut –
ein jeder so, wie er das wollte.
Und jeder lag so, wie das seinem
Wunsch auf Lustbarkeit entsprach:
die Herren lagerten herrschaftlich,
wer höfisch war, im Stil des Hofes;
diese lagen unter Seidenplanen,
jene – woanders – unter Blüten;
die Linde war das Dach für viele,
und viele sah man gut behüttet
unter Ästen, frischem Laub.
Hofstaat oder Herrengäste
hatten anderswo noch nie
so herrlich Unterkunft gefunden.
Auch fand man dort in Überfülle
(wie das auf Festen üblich ist)
Speisen, noble Kleidungsstücke,
die ein jeder, nach Belieben,
dorthin mitgenommen hatte.
Marke versorgte sie zudem
mit derart großem Aufwand,
daß sie herrlich und in Freuden
lebten, und sehr glücklich waren.
Und jetzt begann das große Fest!
Worauf ein Mann, der gern was sah,
Lust bekam, es anzuschaun,
das bot sich ihm sehr reichlich an –
man sah dort, was man sehen wollte:
die zogen los zum Damengucken,

andre wollten Tänze sehn;
die sahen Reiterspielen zu,
andre wieder Lanzenkämpfen.
Welche Wünsche man auch hegte –
man fand dort alles reichlich vor.
Kurzum: alle, die dort waren,
in ihren freudenreichen Jahren,
verschafften sich in wahrem Wettstreit
Vergnügen auf dem großen Fest.
Doch Marke, dieser gute Mann,
der höfisch feine, hochgestimmte,
er hatte, erstens, schöne Damen
einbezogen in den Kreis,
er hatte, zweitens, noch dazu
ein Wunder ganz besondrer Art:
seine Schwester Blanchefleur –
ein Mädchen von so großer Schönheit,
wie es sie nie und nirgends gab.
Von ihrer Schönheit hören wir,
daß sie kein Mann aus Fleisch und Blut
mit seinen Herzensaugen sah,
ohne künftig um so mehr die Frauen,
die Vollkommenheit zu lieben...

Diese wahre Augenweide
machte auf dem offnen Lande
viele Männer keck und kühn,
stimmte noble Herzen hoch.
Es gab auf dieser Aue
noch viele andre schöne Damen,
deren jede durch die Schönheit
im Rang einer herrlichen Königin war.
Allen Männern, die dort waren,
schenkten sie viel Glück und Freude;
sie stimmten viele Herzen heiter.

Sogleich begannen Reiterspiele
des Hofstaats und von Herrengästen;
die Vornehmsten und Besten
zeigten allerlei Manöver.
Auch war der edle Marke dort
und sein Gefährte Riwalon –
abgesehn von weitrem Hofstaat:

sie alle strengten sich sehr an,
sich dort *so* hervorzutun,
daß sie von sich reden machten
und großes Lob verdienten.
Man sah dort – dies auf einen Blick –
viele Rösser, gut bedeckt
mit Prunk- und Zindelseide:
Schabracken weiß wie Schnee,
gelb, grün, rot, blau, violett –
andre sah man anderswo
aus feiner Seide schön gewirkt;
und andre waren kombiniert
in je zwei Farben, in Kontrasten,
unterschiedlich embelliert.
Die Herren Ritter trugen Roben
von wirklich staunenswerter Pracht,
hier aufgeschlitzt, dort unterlegt.
Und der Sommer führte vor,
daß er auf Seiten Markes war:
aus Blumen sah man in der Schar
viele hübsche Kopfschmücklein –
Tribut, an ihn entrichtet...

In der schönen Sommerfülle
begannen schöne Ritterspiele:
Scharen drangen ein in Scharen,
bewegten sich nach hier, nach dort,
und das setzte sich so fort,
bis sich das Reiterspiel zuletzt
dorthin verschob, wo Blanchefleur,
die edle, dieses Weltenwunder,
mit vielen andren schönen Damen
saß, um sich das anzuschaun.
Die Ritter waren derart prächtig,
in der Tat so majestätisch,
daß viele Augen dies gern sahn.
Was immer man dabei vollbrachte –
es war der höfische Riwalon
(es konnte gar nicht anders sein!),
der diesen Tag auf dieser Fläche
alle glanzvoll übertraf!
Er fiel damit den Damen auf;

sie erklärten, in der Schar
zeige keiner solchen Stil
als Ritter, solch Geschick beim Reiten –
alles priesen sie an ihm.
»Schaut!« so riefen sie, »der Jüngling
ist eine herrliche Erscheinung!
Alles, was er dort vollbringt –
wie herrlich paßt es zu dem Mann!
Sein Körper ist ein wahrer Traum!
Seine Beine: majestätisch,
in der Bewegung so harmonisch!
Und sein Schild bleibt unverrückt
an seinem Platz – wie angeleimt!
Wie liegt der Schaft in seiner Hand!
Wie gut sieht seine Rüstung aus!
Wie schön sein Kopf und die Frisur!
Wie elegant ist sein Verhalten!
Wie herrlich sieht sein Körper aus!
Wie herrlich hat es eine Frau,
die ein solcher Mann beglückt!«
Was sie alle riefen, hörte
die gute Blanchefleur durchaus;
sie gab gleichfalls diesem Mann
(was immer auch die andren taten)
in ihrem Herzen hohen Rang.
Ihn hatte sie ins Gemüt genommen,
er war in ihr Herz hereingekommen.
In ihres Herzens Königreich
trug er mit voller Herrschermacht
das Zepter und die Krone.
Freilich hielt sie das geheim –
so geschickt und so diskret,
daß keine Dame es bemerkte.
  Als Schluß war mit dem Reiterspiel,
die Ritter sich vereinzelten,
und jeder wandte sich dorthin,
wohin ihn seine Stimmung führte,
da geschah es, par hasard,
daß Riwalon sich dorthin wandte,
wo Blanchefleur, die Schöne, saß;
sogleich galoppierte er näher hin,

und als er ihr in das Gesicht sah,
sprach er mit großer Freundlichkeit:
»Ah, Dieu vous garde, ma belle!«
»Merci«, disait la fille
und weiter, recht befangen:
»Gott in seiner reichen Macht,
der allen Herzen Macht verleiht,
ER schenk Euch Macht für Herz und Geist.
Und: großes Kompliment für Euch!
Doch mindert das nicht meinen Vorwurf,
den ich Euch nun machen muß.«
»Ach, Schönste, was hab ich getan?!«
fragte der Höfling Riwalon.
»Ihr habt mir über einen Freund
(den besten, den ich je gefunden)«,
sprach sie, »reichlich zugesetzt.«
»Du lieber Gott«, so dachte er,
»was heißt das nun? Auf welche Weise
hab ich mir ihre Gunst verscherzt?
Was wirft sie mir nun vor?«
Und er dachte sich, er hätte
irgendeinem der Verwandten
im Rittertreiben eins verpaßt
(wenn auch ohne jede Absicht),
und deshalb wär ihr Herz bedrückt
und wär sie schlecht auf ihn zu sprechen.
Nein, der Freund, den sie erwähnte,
der war ihr Herz, das nur durch ihn
diese Bürde tragen mußte –
das war der Freund, von dem sie sprach!
Doch war er hier nicht gleich im Bilde.
Wie es seinem Stil entsprach,
sagte er zu ihr sehr freundlich:
»Schöne Frau, ich möchte nicht,
daß Ihr mir zürnt, mir Böses wünscht.
Doch trifft es zu, was Ihr mir sagt,
sprecht selbst das Urteil über mich.
Ich mach es gut, wie Ihrs befehlt.«
Die Schöne: »Wegen dieses Vorfalls
kann ich Euch nicht furchtbar hassen,
kann Euch deshalb auch nicht lieben.

Doch finde ich bei Euch noch raus,
wie Ihr mir Buße leisten wollt
für das, was Ihr mir angetan.«
Verbeugung, und er wollte gehn,
doch sie, die Schöne, seufzte ihn an
(sehr dezent!) und sagte ihm
aus tiefstem Herzen: »Ach,
lieber Freund, Gott segne dich.«
Und erst von nun an war es so,
daß beide aneinander dachten.
Canèl-Angrès entfernte sich
mit mancherlei Gedanken,
er dachte sich so mancherlei:
was Blanchefleur bedrücken,
was dahinterstecken könnte.
Bedachte ihren Vorwurf, ihre Worte,
zergliederte genau ihr Seufzen,
ihr Segnen, ihr Verhalten,
und begann im Weiteren
ihr Seufzen, ihren süßen Segen
in Richtung Liebe auszulegen;
er faßte ernstlich den Gedanken,
der Grund des Seufzens und des Segens
liege einzig in der Liebe.
Und dies entflammte seine Sinne:
sie versetzten sich zurück,
und sie ergriffen Blanchefleur
und entführten sie sofort
ins Herzensland von Riwalon
und vollzogen dort die Krönung
seiner Königin.
Ja, Blanchefleur und Riwalon,
die schöne Königin, der König,
sie teilten sich die Königreiche
ihrer Herzen sehr gerecht –
das ihre fiel an Riwalon,
und seines fiel dafür an sie.
Dennoch wußte keiner der beiden,
was im anderen geschah.
Einmütig und in *einem* Sinne
hatten sie einander

angenommen in Gedanken.
Das Recht bestand auf seinem Recht:
sie wuchs auch ihm ans Herz
mit jenem gleichen Schmerz,
den *sie* nun seinetwegen erlitt.
Doch weil er über ihre Absicht
keine Klarheit finden konnte
(wie sie sich verhalten hatte,
ob aus Feindschaft, ob aus Liebe),
ließ das die Verstandeskraft
durch den Zweifel schwankend werden.
Und in Gedanken war er ihr
bald ganz fern und bald ganz nah:
er wollte weg, auf jeden Fall,
und wollte gleich drauf wieder hin,
bis er sich ganz und gar verfing
in den Schlingen seines Denkens,
und er kam von ihr nicht los.
Riwalon, gedankenschwer,
machte durch sein Beispiel deutlich,
daß des Liebenden Gemüt
sehr dem freien Vogel gleicht,
der in seiner vollen Freiheit
auf leimbestrichner Rute landet.
Bemerkt er dann den Vogelleim
und schwingt sich auf, ihm zu entfliehn,
so klebt er mit den Füßen fest,
will nun flügelschlagend fort,
doch wenn er (sei es noch so flüchtig!)
die Rute mit den Flügeln berührt,
so bleibt er an ihr kleben, haften;
mit aller Kraft reißt er die Flügel
hier los, da los, wieder hier,
bis er sich zuletzt dann völlig
mit seinem Kämpfen selbst besiegt
und auf dem Leim der Rute liegt.
Genau auf diese Art verhält sich
das Gemüt, noch ungebunden:
sobald es in Sehnsucht zu denken beginnt
und Liebe an ihm das Wunder vollbringt
mit aller Qual der Leidenschaft,

so will der heftig Liebende
zurück zur Ungebundenheit,
jedoch er geht der süßen Lockung
der Liebe wieder auf den Leim;
darin verfängt er sich so sehr,
daß er sich weder so noch so
aufrecht halten kann.
Und so erging es Riwalon;
auch er verfing sich
mit dem Denken in der Liebe
zu seiner Herzenskönigin.
Dies Verfangen brachte ihn
in kuriose duperie,
weil er nicht wußte, ob ihr Gemüt
ihm feindlich, ihm gewogen war;
er fand dies beides nicht heraus:
ob sie ihn liebte oder haßte.
Ob er hoffend dachte, zweifelnd,
er kam nicht nah, nicht von ihr los.
Hoffnung, Zweifel ließen ihn
ständig zwischen beidem schwanken.
Ihm sagte Hoffnung Liebe zu
und Zweifel Haß. Im Widerstreit
konnte er mit festem Glauben
auf keine dieser beiden bauen:
nicht auf Feindschaft, nicht auf Liebe.
Es war ein Driften von Gefühlen
in einem gar nicht sichren Hafen:
Hoffnung trieb rein und Zweifel raus!
In beiden fand er keinen Halt,
sie stimmten niemals überein.
Kam Zweifel auf und sagte ihm,
ihn hasse seine Blanchefleur,
so ward er mutlos, wollte fort;
doch gleich kam Hoffnung, brachte ihm
ihre Liebe, Hoffnung auf Erfüllung –
schon mußte er erneut verharren.
Bei diesem Kampf: wohin mit sich?
Er wußte weder ein noch aus.
Je stärker er sich losriß,
desto mehr zwang Liebe zurück;

je entschiedener er floh,
desto mehr zog Liebe zurück.
So sprang die Liebe mit ihm um,
bis Hoffnung doch den Sieg errang
und er den Zweifel ganz vertrieb
und Riwalon Gewißheit fand,
daß seine Blanchefleur ihn liebe.
Sein Herz und sein Verstand, sie waren
gemeinsam ganz auf sie gerichtet,
dagegen ließ sich nicht mehr kämpfen.
  Auch wenn die süße Liebe nun
sein Herz und seinen Kopf
ganz ihrem Willen unterwarf –
ihm war noch der Gedanke fremd,
es könne eine Herzensliebe
zu einer Last von Leiden werden.
Als er sein événement
mit seiner Blanchefleur
von Anfang an durchdachte,
sich alles recht vor Augen führte:
ihr Haar, die Stirn, die Schläfen,
die Wangen, Lippen und ihr Kinn,
den österlichen Tag der Freude,
den, lachend, ihre Augen zeigten,
da kam die LIEBE höchstpersönlich,
die wahre Feuerzünderin,
und fachte an ihr Liebesfeuer,
das Feuer, das sein Herz entflammte,
das ihm, in diesem Augenblick,
offenkundig werden ließ,
was eine Last aus Leiden sei,
was Qual der Leidenschaft.
Er fing ein andres Leben an,
ein neues Leben wurde ihm gegeben:
er verwandelte sogleich
seine Sinne, seine Sitten,
ward ein völlig andrer Mann,
denn alles, was er nun begann,
war mit befremdlichem Verhalten,
war mit Blindheit untermischt.
Seine angebornen Sinne,

die wurden durch die Liebe
so ungezügelt, unbeständig,
wie er sich das *selbst* gewünscht!
Sein Leben trübte sich nun ein:
aus vollem Herzen lachen
(was früher bei ihm üblich war),
dem entsagte er nun ganz!
Die Höhepunkte seines Lebens
wurden Schweigen und Betrübnis;
seine ganze Fröhlichkeit
war versenkt in Liebesleid.
Sein Fall von Leidenschaft verschonte
nicht Blanchefleur: sie sehnte sich!
Sie litt durch ihn die gleiche Qual,
die er durch sie erlitt;
die LIEBE, die Tyrannin,
war ebenfalls in ihre Sinne
etwas stürmisch eingedrungen
und hatte ihr den größten Teil
der Ausgewogenheit geraubt!
Sie war in ihrem Verhalten
nicht mehr im gewohnten Einklang
mit sich selbst und mit der Welt.
Freude, die sie sich gegönnt,
Kurzweil, die ihr einst gefallen:
dies alles paßte ihr nicht mehr.
Ihr Leben fand nur noch die Form,
wie sie ihrem Leid entsprach,
das ihrem Herzen nahelag.
Bei allem, was sie nun erlitt –
in der Qual der Leidenschaft –
sie wußte nicht, was sie verstörte,
sie hatte nie zuvor erlebt,
was solche Last von Leiden sei
und solcher Herzenskummer.
Häufig sprach sie mit sich selbst:
»Ach, Gott der Herr, wie lebe ich?!
Was ist denn nur mit mir geschehn?
Ich hab so manchen Mann gesehn,
von dem mir nie ein Leid geschah,
doch seit ich *diesen* Mann erblickt,

fühlte sich mein Herz nicht mehr
so frei und froh wie vorher noch.
Der Blick, den ich auf ihn gerichtet –
dieser Vorgang brachte mir
das Leiden ein, das mich bedrückt.
Mein Herz, das niemals Qualen litt,
es wurde nun gebrochen;
im Gemüt, in meinem Leben
wurde damit alles anders.
Soll mit einer jeden Frau,
die ihn hört und die ihn sieht,
geschehen, was mit mir geschah,
und ist das bei ihm angeboren,
so geht viel Schönheit durch ihn verloren,
so bringt sein Leben nichts als Schaden!
Doch liegt es dran, daß dieser Mann
einen Zaubertrick beherrscht,
der dies kuriose Wunder brachte,
diese wunderliche Not,
so wär er weitaus besser tot,
ihn dürfte keine Frau erblicken.
Bei Gott, was habe ich durch ihn
an Leid erfahren und an Last!
Dabei warf ich wirklich nie
auf ihn, auf einen andren Mann
einen bös gemeinten Blick,
auch war ich niemals einem feind –
was habe ich denn bloß getan,
daß mir von einem Leid geschieht,
dem ich nur schöne Augen mache?
Was werfe ich ihm vor, dem guten Mann?
Ihn trifft wohl keine Schuld daran.
Das Herzeleid, das ich durch ihn
erdulde und um seinetwillen,
das kommt zum allergrößten Teil,
bei Gott, aus meinem *eignen* Herzen.
Sah viele Männer und nun ihn…
Kann er dafür, daß meine Sinne
sich einzig auf den einen richten
unter all den anderen?
Als ich so viele noble Frauen

diesen Mann, so majestätisch,
und seinen Ruhm als Ritter
loben hörte (wie ein Spielball
rumgetragen, rundgejagt),
und sie zollten ihm viel Lob,
und ich sah mit eignen Augen
die Trefflichkeiten, die man pries,
und mein Herz nahm in sich auf,
was alles rühmlich an ihm war –
das verdrehte mir den Kopf,
und ich verlor mein Herz an ihn.
Ja, so wurde ich verblendet!
Das war der Zaubertrick, durch den
ich mich dann selber so vergaß.
Er hat mir nichts zuleid getan,
der liebe Mann, durch den ich leide,
den ich öffentlich verklage.
Mein wirres, zügelloses Herz,
das ist es, das mich leiden läßt,
das ist es, das mir schaden will.
Es will und will ja allzuviel,
was es gar nicht wollen dürfte,
wenn es nur bedenken würde,
was Schicklichkeit, was Ehre sind;
jedoch, jetzt nimmt es nichts mehr wahr
als seinen Eigensinn, den Wunsch
nach diesem wundervollen Mann,
dem es in so kurzer Frist
ganz rettungslos verfallen ist.
Und – Gott mit mir! – ich meine doch,
wenn ichs in Ehren denken darf
und ich mich hier nicht schämen muß,
indes ich eine Jungfrau bin –
mir scheint es, dieses Herzeleid,
das wegen ihm mein Herz erträgt,
das hat nur *einen* Grund: die Liebe!
Das wird mir dadurch auch bewußt,
daß ich so gerne bei ihm wär.
Wie immer man dies deuten mag:
es wächst in mir etwas heran,
das Liebe will und diesen Mann.

Was ich in meinem Leben über
Frauen hörte, die sehr liebten,
und damit über Liebe selbst,
das ist mir in das Herz gedrungen:
das süße Herzeleid,
das viele noble Herzen
mit süßem Schmerze quält,
das regt sich auch in *meinem* Herzen.«
  Als nun die höfisch Gute
in der Tiefe des Gemütes,
im Herzen zur Erkenntnis kam
(wie üblich unter Liebenden),
daß Riwalon, ihr Freund, bestimmt sei
zur Beglückung ihres Herzens,
zu Erfüllung, höchstem Leben,
da machte sie ihm Augen, Augen,
besah ihn, wenn sie ihn nur sah!
Erlaubte das die Etikette,
so lockte sie ihn sehr diskret
mit ihren Augen voller Liebe.
Ihre sehnsuchtsvollen Blicke
richteten sich oft auf ihn,
lange und voll Zärtlichkeit.
Als der Mann, der sich verliebte,
ihr Freund, dies langsam merkte,
erst da begann in ihm die Liebe
zu wachsen, machte er sich Hoffnung,
erst da entbrannte Leidenschaft,
und er erwiderte die Blicke
der Schönen inniger und kühner,
als er das je zuvor gewagt.
Sobald Gelegenheit sich bot,
verlockte sie ihn mit den Augen.
Als die Schöne ihm so ansah,
daß er sie wollte wie sie ihn,
war sie die größte Sorge los:
sie hatte vorher Furcht, daß er
kein Verlangen nach ihr hätte.
Sie war nun sicher: sein Gemüt
war ihr gewogen, zugeneigt:
so muß es in der Liebe sein.

Er wußte klar: so wars bei ihr!
Dies entflammte ihre Sinne.
Und fortan begannen sie,
sich zu mögen, sich zu lieben
mit Gefühlen aus dem Herzen.
Es traf der Satz bei ihnen zu:
Liebesblick in Liebesauge
gibt dem Feuer einer Liebe
Nahrung, die beständig wächst.

Als Markes Fest zu Ende war
(die Herren hatten sich getrennt),
erreichte Marke eine Nachricht:
einer seiner Feinde sei,
ein König, in sein Land geritten
mit derart großer Heeresmacht,
daß er, so weit die Hufe reichten,
ihm alles niedermachen werde,
schlage man nicht gleich zurück.
Auf der Stelle rief nun Marke
durch Boten Heeresmacht zusammen,
zog ihm mit großem Heer entgegen,
bekämpfte und besiegte ihn.
Marke nahm so viele gefangen,
erschlug so viele, daß beglückt war,
wer da entkam, dort überlebte.
Jedoch der edle Riwalon
war durch einen Lanzenstich
in die Seite so verwundet,
daß seine Leute ihn sofort
so gut wie tot von dort
nach Hause transportierten,
nach Tintagel, heftig klagend.
Man bettete den Schwerverletzten.
Es sprach sich gleich herum,
Riwalon sei in der Schlacht
auf den Tod getroffen worden.
Das gab ein Jammern und ein Klagen
am Hof und an den Herrensitzen!
Wer seine Qualitäten kannte,
dem tat sein Unglück herzlich leid.

Man klagte, seine Tüchtigkeit,
sein schöner Leib, die süße Jugend,
die hochgerühmte Trefflichkeit
als Fürst vergingen rasch mit ihm
bei einem derart frühen Ende.
Sein Freund, der König Marke,
beklagte ihn so heftig,
wie er noch keinen andren Mann
so herzzerreißend je beklagt!
Ihn beweinten noble Frauen,
viele Damen klagten um ihn.
Wer ihn zuvor gesehen hatte,
dem tat sein schlimmer Zustand leid.
Wie groß auch immer all ihr Leid
über die Verwundung war,
es war doch einzig und alleine
seine Blanchefleur, die reine,
die höfische, die gute,
die mit innigem Gemüt,
die mit den Augen, mit dem Herzen
die Schmerzen ihres Herzgeliebten
beklagte, auch beweinte.
Und mehr: wenn sie alleine war
und ungehindert klagen konnte,
da griff sie sich mit Fäusten an,
die schlug sie tausendfach dorthin
und nur dorthin, wo ihr was fehlte,
dorthin also, wo das Herz war,
dorthin schlug die Schöne oft!
So quälte diese süße Frau
den jungen, schönen, süßen Leib
in einem solchen Leidenskampf,
daß sie einen *jeden* Tod
(nur nicht einen *Liebestod*...)
dem Leben vorgezogen hätte.
Und sie wäre auch verschieden,
wär an diesem Leid gestorben,
hätt sie Hoffnung nicht belebt,
Zuversicht nicht hochgehalten,
daß sie ihn sicher sehen werde,
wie immer sich das machen ließe.

Sobald sie ihn gesehen hätte,
nähm sie alles gern in Kauf –
was immer dann mit ihr geschähe.
Auf diese Weise blieb sie leben,
bis sie erneut bei Sinnen war
und sie sich Gedanken machte,
wie sie ihn wohl sehen könnte,
auf daß ihr Leid gelindert würde.
Und es kam ihr in den Sinn:
da gab es die Erzieherin,
die sie stets, die sie beständig
umsorgt, sie unterrichtet und
aus ihrer Obhut nie entlassen hatte;
die nahm sie beiseite, ging mit ihr
dorthin, wo sie alleine waren,
und sie begann vor ihr zu klagen
wie alle klagten, heut noch klagen,
denen es so geht, wie ihr es ging:
die Augen liefen ihr über,
die heißen Tränen rannen
in dichten Strömen
über ihre hellen Wangen,
und sie faltete die Hände,
hielt sie flehend vorgestreckt.
»Ach, ich Ärmste!« rief sie und:
»ach, ich Allerärmste, ach!
Ach, herzgeliebte Erzieherin,
bekunde deine Loyalität,
die du in reichem Maß besitzt!
Und weil du so sehr gütig bist,
daß all mein Glück und aller Rat
allein auf deinen Ratschlag bauen,
so klag ich dir, bei deiner Güte,
was mir das Herz so sehr bedrückt.
Hilfst du nicht, so sterbe ich.«
»Nun, Herrin, was bedrückt Euch denn?
Weshalb das Jammern und das Klagen?«
»Meine Liebe, darf ichs sagen?«
»Ja, liebe Herrin, sagt es schon!«
»Mich tötet dieser tote Mann,
Riwalon, der aus Parmenien!

Den säh ich gern, wenns möglich wär,
und wenn ich wüßte, wie das geht,
bevor er ganz gestorben ist.
Er wird nicht überleben, leider.
Wenn du mich hierin unterstützt,
erfülle ich dir jeden Wunsch,
solange ich am Leben bleibe.«
Es dachte die Erzieherin:
»Falls ich hier vermitteln würde –
welchen Schaden brächte das?
Dieser Mann, der halb schon tot ist,
er stirbt morgen oder heute;
doch so hab ich meiner Herrin
das Leben und den Ruf erhalten,
und so wird sie mich in Zukunft
mehr als andre Frauen schätzen…«
»Liebe Herrin«, sprach sie, »Beste,
Euer Elend tut mir herzlich leid.
Wie immer ich die schlimme Lage
ändern kann, nach besten Kräften,
da könnt Ihr völlig auf mich zählen.
Ich werde selbst hinuntergehn
und nach ihm sehn – bin gleich zurück!
Ich schau, wie sich das machen läßt –
wie er dort liegt, an welchem Platz,
und merke mir, wer bei ihm ist.«
Sie ging dorthin und täuschte vor,
sie zeige Mitleid mit der Not,
und teilte ihm ganz heimlich mit,
die Herrin würde ihn gern sehn
und er möge das gestatten,
soweit das schicklich, ehrbar sei.

Sie begab sich auf den Heimweg,
meldete die Neuigkeiten.
Sie half dem Mädchen, legte ihm
ein Kleid von armer Bettlerin an;
die Schönheit ihres Angesichts
verbargen Kinn- und Wangenschleier.
Sie nahm die Herrin an der Hand
und führte sie zu Riwalon.
Der hatte seine Leute schon

samt und sonders weggeschickt
und war nun ganz allein im Raum –
allen hatte er gesagt, erklärt,
ihm tue das Alleinsein gut...
Die Erzieherin gab vor,
sie bringe eine Ärztin mit,
und erreichte so den Zutritt.
Sie stieß den Riegel vor die Tür:
»Nun, Herrin, macht ihm den Besuch!«
Und sie, die Schöne, ging zu ihm,
und als sie sein Gesicht erblickte –
»ach«, so rief sie, »ewig ach!
Oh wär ich nie geboren worden –
der meine Hoffnung war, er stirbt!«
  Riwalon begrüßte sie
mit dem äußerst schwachen Nicken
eines tödlich kranken Mannes.
Doch sie bemerkte das fast nicht,
sie achtete nicht weiter drauf,
sie setzte sich ganz einfach hin
wie blind, und legte ihre Wange
an die Wange Riwalons,
so lange, bis bei ihr
aus Freude wie aus Leid
die Kräfte ihren Leib verließen:
die rosenroten Lippen wurden bleich,
ihr Äußeres verlor nun ganz
die helle Farbe ihrer Haut,
die eben noch ihr Leib gezeigt,
das Licht in ihren klaren Augen
wurde trüb, dann nächtlich finster;
sie lag in ihrer Ohnmacht
lange Zeit besinnungslos,
an seiner Wange ihre Wange:
es sah so aus, als wär sie tot.
Als sie nach dem Zusammenbruch
erneut ein wenig zu Kräften kam,
nahm sie den Liebsten in die Arme,
preßte ihren Mund auf seinen Mund,
küßte ihn in rascher Folge
an die hunderttausendmal,

bis ihr Mund in ihm die Sinne
entfachte und die Kraft zu lieben –
ja, ihr Mund war voller Liebe,
ihr Mund bereitete ihm Freuden,
ihr Mund erweckte seine Kräfte,
daß er die majestätische Frau
liebevoll sehr dicht heranzog
an seinen Körper, der halb tot war.
Es dauerte nun nicht mehr lange,
bis beider Wünsche sich erfüllten,
und die süßeste der Frauen
ein Kind von ihm empfing.
Jedoch: er fand durch diese Frau
und durch das Lieben fast den Tod.
Doch half ihm Gott aus dieser Not,
er hätte sonst nicht überlebt.
Sein Geschick: er überlebte...

So überlebte Riwalon,
doch Blanchefleur, die Schöne, war
durch ihn entlastet und belastet
mit Herzeleid in Doppelform:
ließ großes Leid beim Mann zurück
und nahm mit sich noch größres Leid;
ließ dort die Sehnsuchts-Herzensnot
und nahm mit sich von dort den Tod;
die Not beendet mit dem Lieben,
den Tod empfing sie mit dem Kind.
Wie immer sie auch überlebte,
auf welche Weise sie durch ihn
entlastet und belastet wurde
mit dem Verlust, mit dem Gewinn,
sie hatte doch nur *dies* im Sinn:
liebe Liebe und den lieben Mann.
Sie wußte nichts vom Kind im Leib
(es war ihr tödliches Geschick),
jedoch, was Mann und Liebe sind –
sie tat, was sehr zum Leben paßt,
wie eine Liebende es tut:
ihr Herz, die Sinne, ihr Begehren
wollten einzig Riwalon.

Genauso wollte sein Begehren
sie und ihre Liebe.
Beide spürten in den Sinnen
eine Liebe, *ein* Begehren.
So war er *sie*, und sie war *er*,
er war von ihr und sie von ihm.
Hie Blanchefleur, hie Riwalon!
Hie Riwalon, hie Blanchefleur!
Hie beide, hie l'amour loyale!
Ihr Leben wurde sehr vertraut,
sie wurden glücklich miteinander,
mit sehr vertrauten Zärtlichkeiten
stimmten sie ihr Fühlen hoch.
Und wenn sie sich ein Stelldichein
mit Schicklichkeit gewähren konnten,
so war ihr Sinnenglück vollendet,
sie fühlten sich so glücklich, wohl,
daß sie dies Leben nicht mal für
ein zweites Himmelreich gegeben hätten.
Jedoch, es blieb nicht lange so,
denn in ihrer ersten Zeit,
als sie am allerschönsten lebten
und in eitel Freude schwebten,
erreichten Boten Riwalon:
Feind Morgan hatte starke
Truppen in sein Land geschickt!
Sofort, auf diese Nachricht hin,
ward Riwalon ein Schiff gestellt,
und man verstaute, was er brauchte;
für diese Seefahrt wurden gleich
Proviant und Rösser hergeschafft.
Die liebesschöne Blanchefleur,
als sie die schlimme Nachricht hörte
von ihrem herzgeliebten Mann,
da fing ihr Leid erst richtig an.
Aus Herzeleid geschah es wieder:
ihr vergingen Hören, Sehen,
und die Haut an ihrem Leibe
glich der einer toten Frau;
aus ihrem Munde kam bloß noch
dieses kleine Wörtlein »ach«,

sie rief nur dies, kein andres mehr.
»Ach«, so rief sie dauernd, »ach!
Ach, oh Liebe, weh, der Mann –
wie seid ihr mit so vielen Leiden
hergefallen über mich!
Liebe, Unheil dieser Welt:
wo das Glück bei dir so kurz ist,
wo du derart treulos bist,
was findet diese Welt an dir?!
Ich seh genau, daß du sie lohnst
wie ein rechter Erzbetrüger,
dein Ende, das ist nicht so gut,
wie du es dieser Welt verheißt,
wenn du zuerst mit kurzem Glück
hineinlockst in das lange Leid.
Dein verführerisches Täuschen,
das in falscher Süße plätschert,
es täuscht doch alles, was da lebt.
Das hat sich ja an mir gezeigt!
Was all mein Glück bedeuten sollte,
davon hab ich weiter nichts
als Herzensqual, die tödlich ist.
Erfüllung flieht und läßt mich sitzen!«
Während ihrer Klagerufe
kam ihr Geliebter, Riwalon,
mit weinendem Herzen herein zu ihr
und wollte von ihr Abschied nehmen.
»Herrin«, sprach er, »Euer Diener!
Ich muß zurückkehrn in mein Land.
Euch, Schöne, möge Gott beschützen,
bleibt stets gesund und heiter!«
Und wieder schwanden ihr die Sinne,
erneut fiel sie aus Herzeleid
vor ihm in Ohnmacht, sank wie tot
auf den Schoß der Erzieherin.
Ihr lieber Gefährte der Leidenschaft,
als er das ganze Maß des Unglücks
bei seiner Herzgeliebten sah,
ließ er sie keineswegs im Stich,
er machte sich ihr Sehnsuchtsleid
aus lauter Liebe ganz zu eigen:

seine Farbe, seine ganze Kraft
begannen nun bei ihm zu schwinden.
Wie das seinem Leid entsprach,
nahm er Platz, in tiefem Schmerz,
und konnte kaum erwarten, bis
sie wieder *so* zu Kräften kam,
daß er sie in die Arme nahm
und die Frau in ihrem Unglück
an sich zog voll Zärtlichkeit,
und er küßte wiederholt
ihre Wangen, Augen, Lippen,
liebkoste sie mal so, mal so,
bis sie schließlich wieder
zu sich kam, dies mehr und mehr,
und – ohne Hilfe – aufrecht saß.
   Als Blanchefleur bei Sinnen war
und den Geliebten wieder spürte,
da schaute sie ihn traurig an.
»Ach«, so sprach sie, »bester Mann,
was habe ich durch Euch erlitten!
Weshalb nur schaute ich Euch an,
und es ergab sich soviel Schmerz
des Herzens, den ich nur durch Euch,
nur wegen Euch im Herzen trage?
Wenn ichs von Euch fordern dürfte,
mit Verlaub, Ihr hättet Grund,
mich besser, lieber zu behandeln...
Herr, Geliebter, Euch verdank ich
viele Leiden – drei vor allem,
die unabweisbar, tödlich sind.
   Das erste ist: ich krieg ein Kind
und fürchte, daß ich die Geburt
allein mit Gottes Hilfe überstehe.
Das zweite ist belastender:
mein Bruder, der mein Vormund ist,
wenn der bei mir den Unglücksfall
und dann für sich die Schande sieht,
so läßt er mich zugrunde richten,
mich auf gemeine Weise töten.
Das dritte ist die ärgste Not,
um vieles schlimmer als der Tod:

ich weiß genau, selbst wenn es glimpflich
ausgeht, und mein Bruder läßt
mich leben, gibt mir nicht den Rest,
so wird er mich dafür enterben
und mir Besitz und Ehre nehmen –
dann leb ich künftig ohne Würde,
mein Name ohne guten Klang.
Außerdem muß ich mein Kindchen,
obwohl sein Vater am Leben ist,
aufziehn ohne seinen Beistand.
Ich würde dies nicht mal beklagen,
beträf die Schande mich allein,
indem mich meine hohe Familie
und mein königlicher Bruder
mitsamt dem schweren Makel
in Ehren los und ledig würden.
Doch wenn nun alle Zeitgenossen
verbreiten, daß mein Kind
nicht ehelich geboren sei,
so ist das für die beiden Reiche
Cornwall und England
ein öffentliches Ärgernis.
Und wenn es soweit käme, ach,
daß man mich mit Blicken verfolgt,
weil wegen mir zwei Länder
an Ruf und Rang verloren haben,
so wär ich besser tot – allein!
Seht Ihr, Herr, dies ist die Not,
dies ist der stete Schmerz,
an dem ich alle meine Tage
lebendigen Leibes sterben muß.
Wenn Eure Hilfe es nicht schafft,
wenn Gottes Fügung das nicht will,
so werd ich nie mehr wieder froh.«
»Liebste Herrin«, sagte er,
»bin ich schuld an Eurer Not,
hab ich die Pflicht, dies gutzumachen.
Auch muß ich dafür Sorge tragen,
von heute an, daß Euch nicht weiter
Leid und Schande wegen mir entstehn.
Was später auch geschehen mag –

ich hatte eine derart schöne Zeit
mit Euch, da wär es ungerecht,
wenn Ihr mit meiner Duldung
irgend Leid ertragen müßtet.
Herrin, laßt Euch nun mein Herz
und meine Absicht offenlegen.
Leid und Freude, Gutes, Böses
und alles das, was Euch geschieht –
davon trenne ich mich nicht!
An allem nehm ich künftig teil,
wie traurig es auch immer sei.
Zwei Dinge stell ich Euch zur Wahl,
laßt hier Euer Herz entscheiden:
soll ich fahren oder bleiben?
Macht Euch selbst dazu Gedanken.
Falls Ihr wünscht, daß ich hier bleib
und schaue, wie es Euch ergeht,
so seis. Doch wenn es Euch beliebt,
mit mir von hier nach Haus zu segeln,
werde ich Euch stets mit allem,
was ich hab, zu Diensten sein.
Ihr behandelt mich so gut,
ich möchte mich erkenntlich zeigen
mit jeder Art von Freundlichkeit.
Herrin, laßt mich bitte wissen,
was Ihr in dieser Sache wünscht.
Denn was Ihr wollt, das will ich auch!«
Sie gab zur Antwort: »Danke, Herr.
Wie Ihr sprecht und mich behandelt,
dafür mög Euch Gott belohnen!
Und ich muß Euch dafür stets
fußfällig dankbar bleiben.
Geliebter, Herr, Ihr wißt genau,
daß ich hier nicht mehr bleiben kann,
denn mein Dilemma mit dem Kindchen,
das kann ich leider nicht verbergen.
Könnte ich halt bloß verschwinden!
Wie nun mal meine Lage ist,
wäre dies der beste Ausweg.
Helft mir raus, Geliebter, Herr!«
»Also, Herrin, folgt mir denn!

Erreiche ich heut nacht das Schiff,
so sorgt dafür, daß Ihr schon vorher
dorthin gekommen seid, geheim
(bis dahin habe ich denn auch
Abschied genommen), so daß ich Euch
bei der Gefolgschaft finden werde.
Macht das so! Es muß so sein.«
  Er trat nach dem Gespräch
vor Marke, gab die Nachricht weiter,
die man ihm vermittelt hatte,
bezüglich seiner Landesherrschaft.
Und er nahm von ihm gleich Abschied,
danach von Markes Leuten.
Die beklagten Riwalon,
daß er solch Klagen nie erlebte,
wie dort und damals angestimmt.
Ihm folgte mancher Segensspruch:
daß es Gott gefallen möge,
sein Leben zu beschützen, seine Ehre.
  Als die Nacht herniedersank,
und er kam zu seinem Schiff
mit allen Sachen zum Verstauen,
traf er dort auf seine Herrin,
die schöne Blanchefleur. Und gleich
stach dies Schiff in See.
Und so segelten sie fort.

Als Riwalon sein Land erreichte
und erfuhr, welch starken Druck
Morgan auf ihn ausgeübt
mit militärischer Übermacht,
da ließ er seinen Marschall kommen,
der loyal war, wie er wußte,
der seine ganze Hoffnung war,
der ihn im Herrscheramt vertrat
vor seinen Herren dieses Landes:
es war Rual le très loyal,
ein Hort der Ehre, Loyalität,
der unbeirrbar loyal blieb.
Nach seiner Kenntnis, die genau war,
gab er den Bericht zur Lage:

welch gefährliche Situation
für sein Land entstanden war.
»Und doch – weil Ihr zur rechten Zeit
gekommen seid, um uns zu retten
(es hat Euch Gott nach Haus geschickt!),
wird alles sich zum Guten wenden:
wir haben beste Aussicht auf Errettung,
wir haben Anlaß zur Begeisterung,
unsre Not wird sich in Grenzen halten!«
  Danach erzählte ihm Riwalon
von der Liebes-aventure
mit seiner Blanchefleur.
Der Marschall freute sich von Herzen
und sagte: »Herr, ich sehe klar,
Eure Ehre wächst auf jede Weise;
Euer Rang und Euer Ruhm,
Euer Glück und Euer Glanz,
sie gehen wie die Sonne auf!
Ihr könntet in der ganzen Welt
durch keine Frau so hoch
zu Ansehn kommen wie durch *sie*. –
Und nun, Herr, hört auf meinen Rat!
War sie lieb und gut zu Euch,
so belohnt sie auch dafür.
Sobald die Lage hier geklärt
und die Gefahr gebannt ist,
die uns noch so im Nacken sitzt,
beraumt ein großes Fest an
voller Pracht und Herrlichkeit,
und nehmt sie öffentlich zur Frau,
vor Verwandtschaft und Gefolgschaft.
Doch rate ich Euch sehr: geruht,
Euch *vor* dem Kampf noch in der Kirche
nach Christenbrauch vor Klerus, Laien
zu dieser Ehe zu bekennen.
Damit segnet Ihr Euch selbst.
Und Ihr könnt völlig sicher sein,
daß in Zukunft Eure Sache
korrekt sein wird und ehrenhaft.«
  Dies geschah, dies ward getan,
er kam dem allen völlig nach.

Und als er sie zur Frau genommen,
da übergab er sie, zu treuen Händen,
Rual le très loyal.
Der brachte sie nach Canoël,
auf das dortige château,
von dem sein Herr, soweit ich las,
den Namen hat: Canèl-Angrès –
Canèl nach Canoël.
Auf dem château mit diesem Namen
lebte seine Ehefrau –
eine Frau, die Geist und Leib
mit weiblicher Verläßlichkeit
für die Welt geweltet hatte.
Ihr vertraute er die Herrin an,
verschuf ihr die Behaglichkeit,
die ihrem Rang entsprach, dem Namen.
  Als Rual zum Herrn zurückgekehrt,
da wurden sie, mit Blick auf die Gefahr,
beide einig im Entschluß –
entsprechend ihrer Lage.
Sie schickten Boten übers Land,
mobilisierten ihre Ritter;
ihre sämtlichen Ressourcen
brachten sie ein zur Verteidigung.
So kamen sie mit Heeresmacht
Morgan entgegen geritten.
Der hatte sie, mit seinen Männern,
erwartet, und das gut formiert:
sie bereiteten Riwalon
einen heißen Kampf-Empfang.
Hoo, wie wurden da Soldaten
flachgelegt und totgemacht!
Ein paar nur kamen dort davon!
Wie vielen ging es an den Kragen,
wie viele lagen da verwundet
oder tot – in beiden Heeren!
In dieser mörderischen Abwehr
fiel auch der Beklagenswerte,
den alle Welt beklagen müßte –
falls das Klagen voller Schmerz
nach dem Tod was nützen würde…

Riwalon von Canèl-Angrès,
der vom ritterlichen Geist,
von der Trefflichkeit des Fürsten
auch nie fußbreit abgewichen,
der lag dort tot, beklagenswert.
Und doch: in diesem harten Kampf
blockten ihn die Seinen ab
und holten ihn, bedrängt, heraus.
Trauernd brachten sie ihn fort;
mit ihm begruben sie den Mann,
der ihrer aller Ehre
(nicht mehr und auch nicht weniger)
mit sich nahm, ins Grab hinab.
Würde ich nun breit erzählen
von der Trauer, ihrem Jammern,
wie ein jeder heftig klagte –
was sollte das? Es brächte nichts.
Sie alle starben mit ihm weg
in ihrer Ehre, im Besitz,
in ihrer ganzen Geisteshaltung,
die guten Menschen ein Leben voller
Glück und Glanz gewähren sollte.
Es ist geschehn, es muß nun sein:
der edle Riwalon ist tot.
Hört darüber nur noch diesen
einen Punkt: man tat bei ihm,
was sich gebührt bei einem Toten.
Da bleibt nur noch dies eine übrig:
man soll und muß sich von ihm lösen.
Doch nehme Gott sich seiner an,
der noble Herzen nie vergaß.

Wir fahren fort in der Erzählung,
wie es Blanchefleur erging.
Als die wunderschöne Frau
diese schlimme Nachricht hörte,
was sie da im Herzen fühlte –
uns schütze Gott der Herr davor,
daß wir das *selber* je erleben!
Ich hege nicht den kleinsten Zweifel:
was eine Frau durch den Geliebten

je erlitt an Todes-Herzensqual,
das war nun auch in *ihrem* Herzen:
es war erfüllt von Todes-Leid.
Sie bewies der ganzen Welt,
daß ihr sein Tod zu Herzen ging.
Doch wurden ihre Augen niemals
feucht bei allem diesem Leid.
Ja, Gott der Herr, wie kam es nur,
daß es hier keine Tränen gab?
Ah, es war ihr Herz versteinert!
Nichts Lebendes war mehr darin
als Liebe, die lebendig blieb,
als Leid, das sehr lebendig war,
ihr, lebend, an das Leben ging.
Beklagte sie nicht ihren Mann
mit Klageworten? Nein! Oh nein!
Sie wurde stumm in dem Moment,
die Klage starb in ihrem Mund.
Zunge, Mund, ihr Herz, ihr Geist –
sie waren ganz verloren…
Die Schöne klagte gar nicht mehr,
sie sagte weder »ach!« noch »weh!«,
sie fiel halt nieder, und sie lag
in Qualen bis zum vierten Tag –
kein Weib war je so elend dran!
Sie wand sich, und sie krümmte sich,
mal so, mal so, und hin und her
und weiter, bis sie unter Schmerzen
einen kleinen Sohn gebar.
Seht: der lebte! Sie lag tot.

Weh, der schöne Anblick, ach,
wenn man nach Leid voll Leid
mit Leid in vollstem Leid
am schönen Anblick leiden muß!

Deren Ehre ganz bei Riwalon lag,
(der sich in Ehren um sie sorgte,
solange Gott es wollte,
daß er sich um sie sorgen sollte),
deren Leid war allzu groß,

es überstieg ein jedes Leid.
Ihre Zuversicht und Stärke,
ihr Handeln, all ihr Rittertum,
ihre Ehre, ihre Würde –
alles lag mit ihm darnieder.
In seinem Tod war hoher Ruhm,
in ihrem nichts als tiefer Schmerz.
Wie groß auch die Belastung wurde
für die Großen dieses Landes,
weil ihr Herr verstorben war –
es war nicht so beklagenswert,
als wenn man diese große Qual
und diesen grauenvollen Tod
erlebte bei der schönsten Frau.
Ihren Jammer und ihr Unheil
beklage jeder Mensch im Glück!
Wem eine Frau je Auftrieb gab,
wer Auftrieb je gewinnen will,
der werde sich darüber klar,
wie sehr in diesen heiklen Dingen
das Handeln edler Menschen
zum Scheitern führen kann,
wie leicht bei ihnen Lebensfreude
umschlägt in das Leid,
der bitte für die schöne Frau
Gott sehr dringlich um die Gnade,
daß Seine Güte, Seine Macht
ihr Schutz, ihr Hilfe bringen mögen!
Nun hören wir vom kleinen Kind
(das keine Eltern mehr besaß),
was Gott mit ihm vollbrachte.

***

Reine Trauer, Loyalität,
nach eines Freundes Tod belebt,
damit wird sein Gedenken belebt:
reinste Form der Loyalität!

So einer trauert um den Freund
und ihm loyal bleibt nach dem Tod,
hat er den höchsten Lohn verdient,
der krönt damit Loyalität.

Genau mit dieser Krone wurden
der Marschall, seine liebe Frau
gekrönt – so habe ichs gelesen.
Ein Fleisch und *eine* Treue
waren sie vor Gott, der Welt,
sie stellten hier ein Vorbild dar
vor der Gesellschaft und vor Gott,
denn nach dem göttlichen Gesetz
erfüllten sie Loyalität
in vollem Maß, und unbeirrt
hielten sie sich auch an sie,
vollkommen, bis zu ihrem Tod.
Sollte hier auf Erden jemand,
weil man völlig loyal ist,
König werden, Königin,
sie wären es bestimmt geworden!
Und dies leite ich bei ihnen
überzeugend ab von allem,
was er tat, was sie vollführte.
Als ihre Herrin Blanchefleur
verstorben, Riwalon begraben war,
gings dem Waisen, der noch lebte,
in Anbetracht des Unheils gut,
als hätte er sein Glück gemacht.
Der Marschall und die Marschallin
nahmen dieses Waisenkindchen,
schafften es den Leuten heimlich
aus den Augen und versteckten es.
Sie erzählten, ließen erzählen,
die Herrin hätt ein Kind erwartet,
das sei in ihr, mit ihr verstorben.
Mit dem verdreifachten Todesfall
nahm im Land das Klagen zu,
nahm stärker zu als je zuvor:
Klagen, weil Riwalon gefallen,
Klagen, weil Blanchefleur gestorben,

Klagen um ihrer beider Kindchen,
das sie alle schützen sollte –
und es war nicht mehr am Leben.
Zu allem diesem Jammer
bedrückte sie die große Furcht
(die Morgan ausgelöst bei ihnen)
so sehr wie ihres Herren Tod.
Denn dieses ist die schwerste Last,
die in der Welt zu finden ist:
daß man ständig, Tag und Nacht
den Todfeind vor den Augen hat –
die Gefahr, die geht sehr nah,
da fühlt man sich lebendig tot!
In dieser Not der Lebenden
trug man Blanchefleur zu Grabe;
Klagen und ein großes Jammern
fanden statt an ihrem Grab.
Ihr müßt wissen: wilde Trauer
gabs dort reichlich, überreich!
Euch die Ohren vollzujammern
mit allzu traurigen Geschichten,
das darf ich und das will ich nicht;
es geht nicht in die Ohren ein,
wenn man *zuviel* von Leid erzählt –
es gibt nicht vieles, das so gut ist,
daß Übertreibung dem nicht schadet…
Drum wollen wir nicht lange klagen,
uns mehr bemühen beim Erzählen
von diesem elternlosen Kind,
des Geschichte nun beginnt.

Sehr oft wendet sich zum Schlimmen,
was in dieser Welt geschieht,
und nimmt vom Schlimmen wiederum
eine Wende hin zum Guten.

Recht und billig fragt sich in der Not
(was auch draus wird) der wackre Mann,
wie er sich wohl retten kann.

Solange er am Leben ist,
soll ers mit dem Leben halten
und sein eignes Leben schützen.
So handelte Rual, der Marschall.
Seine Lage war sehr schwierig,
doch dachte er in der Gefahr
an den Verlust fürs Land, den eignen Tod.
Die Abwehrmacht war ihm zu schwach,
ihn konnte seine Abwehrmacht
nicht schützen vor dem Feind,
so schützte er sich mit Verstand.
Er nahm sofort Verhandlung auf
mit Herren aus dem Lande seines Herrn,
erzwang von ihnen Friedensschluß,
denn ihnen blieb nur eines übrig:
sich ergeben und um Gnade bitten.
Sie erkannten Morgan mit dem Gut
und Leben an als ihren Herrscher;
durch einen klugen Friedensschluß
räumten sie den Kriegsgrund aus
zwischen Morgan, ihrer Seite,
bewahrten so die Landesherrschaft.

Rual, der loyale Marschall,
zog nach Haus, sprach seine Frau,
befahl der Edlen, todandrohend,
sie solle sich ins Bett begeben,
wie das der Brauch ist unter Frauen,
die sich in das Kindbett legen,
und daß sie nach bekannter Frist
behaupten solle, auch in Zukunft,
sie hätte dieses Kind geboren,
das ihr junger Herr war, letztlich.
Die Marschallin, die herrliche,
die gute, die getreue,
die reine Floraite,
Spiegel-Vorbild für die Frauenehre,
Edelstein an wahrer Güte,
sie ließ sich leicht zu dem bewegen,
das ihre Ehre fördern mußte.
Sie stellte sich mit Herz und Leib

aufs Stöhnen ein wie eine Frau,
die ein Kind gebären soll;
sie ließ, was in den Raum gehört,
in Ordnung bringen, arrangieren
für den Vorgang im Privaten;
sie wußte sehr genau Bescheid,
wie man sich dabei verhält,
stöhnte künstlich nach dem Muster:
zu tun, als wär sie durcheinander
im Gemüt, in ihrem Körper;
sie simulierte eine Frau,
bei der die Wehen bald beginnen,
und die sich völlig eingestellt hat
auf Mühen, die dazugehören.
Dann legte man das Kind zu ihr
mit einer solchen Heimlichkeit,
daß außer ihrer einen Amme
kein Mensch etwas davon erfuhr.
Es wurde gleich darauf verbreitet,
die edle Frau des Marschalls liege
im Kindbett, dies mit einem Sohn.
Das stimmte auch, traf zu bei ihr:
sie lag im Kindbett, mit dem Sohn,
der ihr die Sohnesliebe schenkte,
bis sie beide schließlich starben.
Ihr zeigte dieses süße Kind
so süße kindliche Gefühle
wie üblich zwischen Kind und Mutter.
Und so war es recht und billig –
ihr Denken kreiste auch um ihn
mit ihrer mütterlichen Liebe,
sie ließ darin so wenig nach,
als hätt sie selbst ihn in der Zeit
getragen, unter ihrem Herzen.
Wie die Quelle uns berichtet,
zogen vorher und danach
ein Mann und eine Frau noch nie
mit solcher Liebe ihren Herrn groß.
Uns allen wird sich später zeigen
(im Roman, der hiermit vorliegt),
wie viele väterliche Sorgen

und wieviel Mühe jeder Art
der Marschall auf sich nahm, für ihn.

Als nun die gute Marschallin
nach der Geburt erholt schien
und sie nach der Sechswochen-Frist
(die festgelegt ist für die Frauen)
dem erwähnten Kind zuliebe
in die Kirche gehen sollte,
da nahm sie ihn auf ihren Arm,
trug ihn so sanft, wie sichs für sie
gehörte, in das Gotteshaus.
Als sie voller Gottesfurcht
die *Einführung* gefeiert hatte,
der Opfergang beendet war
mit ihrem festlichen Gefolge,
da war für dieses kleine Kind
die heilge Taufe vorbereitet,
mit der es seine Christlichkeit
im Namen Gottes empfangen sollte:
was immer ihm geschehen werde,
es wäre, bliebe doch ein Christ...
Als nun der Priester seiner Taufe
bereit war, sie zu spenden,
da fragte er für dieses Kind,
wie das bei Taufen üblich ist,
wie sein Name lauten solle.
Die Frau des Marschalls trat beiseite,
sprach sehr diskret mit ihrem Mann
und fragte ihn, wie er denn wünsche,
daß man es benennen solle.
Der Marschall, der schwieg lange Zeit,
er überlegte angestrengt,
welcher Name passend wäre
bei der Lage dieses Kindes,
er überdachte dabei auch
die Lage des Kindes von Anfang an
(so wie er das erfahren hatte)
und wie sie sich bisher entwickelt.
»Herrin« sprach er, »hört! Nach allem,
was sein Vater mir erzählte

(wie es ihm mit Blanchefleur
ergangen war, mit welcher Trauer
ihr Sehnen sich bei ihm erfüllte,
mit welcher Trauer sie empfing,
mit welcher Trauer sie gebar),
da müssen wir es *Tristan* nennen.«
Denn *triste* bedeutet *traurig*...
Wegen seiner histoire
nannte man das Kindchen Tristan,
taufte es sogleich auf Tristan.
Es steckt *tristesse* im Namen Tristan.
Dieser Name paßte gut zu ihm,
er war in jeder Hinsicht angemessen.
Dies soll uns die Geschichte zeigen:
schauen wir, wie trist es war,
als seine Mutter ihn gebar,
schauen wir, wie früh ihm Not
und Mühe aufgebürdet wurden,
schauen wir, welch tristes Leben
ihm zu leben gegeben war,
schaun wir auf den tristen Tod,
der sein ganzes Herzeleid
beschloß mit einem Ende,
das alle Tode übertraf
und alle Traurigkeit vergällte.
Wer die Erzählung je studierte,
sieht genau, daß dieser Name
im Einklang war mit seinem Leben:
wie er hieß, so war der Mann,
er hieß so, wie er war: *Trist*an.
Und wer nun gerne wissen will,
aus welchen Gründen le loyal
das Gerücht in Umlauf setzte,
es sei das Kindchen Tristan
durch Probleme beim Entbinden
verstorben in der toten Mutter,
der soll es auch von uns erfahren:
es geschah aus Loyalität.
Der Loyale tat es deshalb:
er fürchtete die Feindschaft Morgans.
Denn wüßte der von diesem Kind,

so würde er das töten lassen,
sei es listig, seis brutal,
und das Land dem Erben rauben.
So gab denn der loyale Mann
den Waisen aus als eignes Kind,
und zog es so behutsam groß,
daß ihm die hohe Welt als Lohn
die Gnade Gottes wünschen soll –
am Waisen hätt er das verdient!

Sobald das Kind getauft war
mit dem Sakrament der Christen,
nahm die treffliche Marschallin
ihr liebes Kindchen wieder
in ihre liebevolle Pflege.
Sie wollte ständig wissen,
wollte sehen, ob sein Zustand
nichts zu wünschen übrig lasse.
Es dachte seine süße Mutter
an ihn mit solcher süßen Sorge,
daß sie es nicht mal dulden wollte,
daß er irgendwann einmal
auf etwas Hartes trete...
Als sie es so mit ihm gehalten,
bis er das siebte Jahr erreichte,
verstehen konnte und verstand,
was man sagte, was man zeigte,
da nahm sein Vater ihn, der Marschall,
und übergab ihn einem klugen Mann,
und schickte sie sogleich ins Ausland,
damit er fremde Sprachen lerne.
Jedoch er sollte auch sogleich
beginnen mit dem Bücherstudium,
sollte sich ihm erstmal widmen
mit Vorrang vor den andren Studien.
Dies war sein erster Abschied
von seiner Ungebundenheit,
und seine Führung übernahmen
Sorgen, auferlegt, und Mühen,
die man bisher vor ihm verborgen
und ihm vorenthalten hatte.

In diesen Jahren seines Blühens,
in denen Frohsinn wachsen sollte,
und er sollte voller Glück
zu seinem Lebensanfang schreiten,
da war sein schönstes Leben vorbei!
Als er begann, im Glück zu blühen,
sank auf ihn der Sorgen-Reif,
der vielen jungen Menschen schadet,
ließ sein Blütenglück verwelken.
In seiner ersten Freiheit wurde
seine Freiheit ganz gekappt;
die Disziplin des Bücherstudiums
wurde ihm zur ersten Last.
Und doch: er hatte dies begonnen,
und er gab sich diesen Studien
so völlig hin mit Geist und Fleiß,
daß er in sehr kurzer Frist
mehr an Büchern durchstudierte
als je ein Bub davor, danach.
Zu diesem doppelten Studieren
von Büchern und von Sprachen kam:
er verbrachte viele Stunden
mit Saitenspiel in jeder Art.
Er übte hier von früh bis spät
mit einem solchen steten Fleiß,
bis er es meisterhaft beherrschte.
Er lernte wahrlich unentwegt,
heute dies und morgen das,
heute gut, im Jahr drauf besser.
Und zu all dem übte er,
mit dem Schild und mit der Lanze
gewandt und schnell zu reiten,
im Rechtsgalopp, im Linksgalopp
das Streitroß anzutreiben;
beherzt ließ er es galoppieren,
voltierte und lâchierte es,
jambelierte mit den Schenkeln
sehr gekonnt, als wahrer Ritter.
Oft mouvierten sich die beiden:
Schwert-Parieren, zähes Ringen,
schnelles Laufen, weites Springen

und dazu den Wurf des Speeres –
dies tat er nach besten Kräften.
Auch berichtet uns die Quelle,
daß er einzeln und in Gruppen
jagen lernte, und dies besser
als ein jeder andre Mann.
Hofesspiele aller Art
kannte und beherrschte er.
Zu all dem war er so beschaffen,
daß kein junger Mann zuvor
zu größrem Glück geboren wurde.
Es war sein Wesen auserwählt
in Gesinnung und Verhalten.
Jedoch sein Glück war kontrastiert,
soweit ich las, von stetem Unglück;
leider zog er Unheil an…
Als er vierzehn geworden war,
da holte ihn der Marschall heim
und schlug ihm vor, er solle
durch wiederholtes Reiten, Reisen
die Herrn im Lande kennenlernen,
damit er volle Vertrautheit gewinne
mit Lebensformen des Herrenstandes.
Der Bewundernswerte tat dies
auf so bewundernswerte Weise,
daß in jenem Zeitraum damals
im gesamten Reichsgebiet
nie ein junger Mann gelebt hat,
der so trefflich war wie Tristan.
Ihm kam die hohe Welt entgegen
mit Freundesblick, Gewogenheit,
so wie das recht und billig ist
bei einem, der Vollendung sucht
und keine Unart dulden will.

Es war einmal, zu jener Zeit,
da geschah es, par hasard,
daß aus Norwegen, übers Meer,
ein Handelsschiff, und zwar allein,
das Land Parmenien erreichte,
daß es dort die Landung machte,

ans Ufer fuhr bei Canoël,
am château mit gleichem Namen,
in dem der Marschall ständig
seinen Wohnsitz hatte, auch
Tristan, der sein junger Herr war.
Als die fremden Handelsleute
ihre Waren ausgebreitet,
sprach sich gleich am Hof herum,
was es dort zu kaufen gab.
Dabei wurde auch berichtet,
was Tristan Unglück bringen sollte:
schöne Beizvögel seien dort
im Angebot, darunter Falken.
Man redete so lang darüber,
bis zwei der Söhne dieses Marschalls
(bei so was sind ja Jungen rührig!)
sich gemeinsam einig wurden,
sie sollten Tristan einbeziehn
(den sie für ihren Bruder hielten)
und sich an ihren Vater wenden,
um ihn zu bitten, ohne Schnörkel,
für sie (und das mit Blick auf Tristan)
einige Falken kaufen zu lassen;
dies werde der edle Rual erlauben,
denn er ließe sich nicht nehmen,
alle Wünsche seines Freundes
Tristan zu erfüllen,
denn er hätte ihn viel lieber,
stufe ihn viel höher ein
als irgendeinen anderen
des Hofstaats und der Herrn im Lande.
Er sorgte sich weit mehr um ihn
als um die eignen Kinder;
damit bewies er der Gesellschaft,
daß er völlig loyal war,
Ehre, Trefflichkeit besaß.
Er stand auf und nahm sogleich
Tristan, seinen Sohn, an die Hand –
er war hier ganz der Vater…
Auch gingen seine Söhne mit,
dazu reichlich Hofgefolgschaft

(teils aus Pflicht und teils zum Spaß),
und zog mit ihnen bis zum Schiff.
Woran man auch Gefallen fand,
was immer man sich wünschen mochte,
das fand man reichlich angeboten:
Preziosen, Seiden, feinste Kleider –
Ware häufte sich auf Ware!
Auch gab es schöne Beizvögel,
zahlreich waren Wanderfalken,
Zwergfalken und Sperber,
Habichte, bereits gemausert,
andre noch mit roten Federn –
von allem diesem sah man dort
ein großes Angebot. Sogleich
ward der Auftrag erteilt, für Tristan
Falken zu kaufen, Zwergfalken.
Und die als seine Brüder galten,
für die ward gleichfalls eingekauft;
man erwarb, mit Blick auf Tristan,
was jeder von den dreien wünschte.
Als sie nun erhalten hatten,
was sie gewünscht, und sie
gerade wieder gehen wollten,
da geschah es, par hasard,
daß Tristan unten in dem Schiff
ein Schachbrett hängen sah;
dessen Fläche und Beschläge
waren höchst gekonnt verziert,
vollendet embelliert;
daneben hingen Schachfiguren
aus edlem Elfenbein,
ganz meisterhaft geschnitzt.
Tristan, der Vortreffliche,
beschaute sie sich sehr genau.
»Oho!« rief er, »ihr wackren Händler,
Gott mit Euch! Beherrscht ihr denn
das Schachbrettspiel? So sagt es schon!«
Er redete in ihrer Sprache…
Sie schauten sich den Jungen
erneut und noch genauer an,
sobald sie ihre Sprache hörten,

die sonst keiner dort beherrschte;
sie musterten den jungen Mann
in jedem seiner Züge.
Kein Jüngling schien in ihren Augen
wie er vom Glück gesegnet,
von so vollendeten Manieren.
»Ja«, sprach einer, »lieber Freund,
von uns beherrscht weit mehr als einer
dieses Spiel. Wollt Ihr das prüfen,
so wird sich das leicht machen lassen.
Kommt her – ich fordre Euch heraus!«
Tristan rief: »Ich nehm es an!«
Schon saßen beide, übers Spiel
gebeugt. Der Marschall sagte: »Tristan,
ich kehre jetzt nach Haus zurück.
Du kannst bleiben, wenn du willst.
Ansonsten – Söhne, ihr kommt mit!
Dein Erzieher bleibe hier bei dir –
er passe auf, er gebe auf dich acht!«
Darauf ging der Marschall heim,
ihm folgten alle seine Leute –
außer Tristan und Erzieher,
der sich hier im Dienst befand.
Ich will euch über ihn berichten,
was wahr ist, aus der Quelle stammt:
kein Knappe war so sehr, war mehr
geadelt durch die courtoisie
und durch noble Herzensgüte;
er war Courvenal genannt.
Er hatte viel Qualitäten,
was gut war für die Unterweisung
dessen, der da viele Qualitäten
gewann durch seine Unterweisung.
  Der treffliche junge Mann,
Tristan, wirklich gut erzogen,
er saß und spielte die Partie
so gekonnt und elegant,
daß ihn die Fremden, allesamt,
nicht mehr aus den Augen ließen
und im Innern sicher waren,
sie hätten keinen jungen Mann

gesehn im Glanz so vieler Fähigkeiten.
Doch welche Eleganz er auch
beim Spielen zeigte, im Verhalten –
dies alles zählte kaum für sie:
sie staunten, daß ein junger Mann
derart viele Sprachen konnte –
und er sprach sie alle fließend!
Wohin sie auch gekommen waren –
sie hatten so was nie gehört!
Der courtoise Mann des Hofes
glänzte hin und wieder mit
Plauderei im Stil des Hofes,
mit unbekannten Schachbegriffen;
die beherrschte er sehr zahlreich,
mit denen schmückte er sein Spiel
vor ihnen. Und er sang, begeisternd,
subtile Melodien, Liebeslieder,
Kehrreim-Strophen, estampidas.
Courtoises Können solcher Art
präsentierte er so reichlich,
daß sich die Herren des Gewerbes
schließlich darin einig sahen:
gelänge es, mit einer Finte,
ihn fortzuschaffen, irgendwie,
so verdienten sie an ihm
viel Sklavengeld plus Renommee.
Da gab es keinen Aufschub mehr;
den Ruderern befahlen sie,
sich bereitzuhalten;
sie selber lichteten die Anker,
als würd es weiter nichts bedeuten.
Sie stießen ab und fuhren los,
derart sacht, daß Courvenal
und Tristan gar nichts merkten,
bis die Händler sie vom Hafen
eine gute Meile fortgebracht.
Die beiden hatten nämlich nichts
als dieses Spiel im Kopf,
so daß sie an nichts anderes
dachten als an dieses Spiel.
Als die Partie beendet war,

und zwar mit einem Sieg des Tristan,
und er schaute wieder auf,
da sah er, was geschehen war.
Noch nie sah man ein Menschenkind
von solchem Leid erfüllt wie ihn!
Auf sprang er, stand zwischen ihnen!
»Ah«, so rief er, »wackre Händler,
bei Gott, was fangt ihr mit mir an?!
Sagt, wo wollt ihr mit mir hin?!«
»Tja, Freund,« sagte einer von ihnen,
»das wird wohl keiner ändern können,
daß Ihr nun mit uns reisen müßt.
Zeigt Haltung, bleibt bei Laune.«
Tristan, der Ärmste, stimmte nun
so jammervolles Klagen an,
daß Courvenal, sein Freund, mit ihm
so herzzerreißend zu weinen begann,
sich so sehr verzweifelt zeigte,
daß die gesamte Schiffs-Mannschaft
durch ihn und durch den jungen Mann
verstimmt und wirklich böse wurde.
Sie plazierten Courvenal
in ein winzig kleines Beiboot
und legten ihm ein kleines Brot
für den großen Hunger rein,
dazu ein Ruder für die Reise,
und sagten, daß er fahren könne,
wohin auch immer er das wünsche;
Tristan müsse ihnen folgen.
Gesagt, getan. Sie fuhren weiter,
ließen ihn da einfach treiben,
in Angst und Bangen bleiben.

Courvenal trieb auf dem Meer...
Mannigfaltig war sein Schmerz:
Schmerz über die heikle Lage,
in der er Tristan sah,
Schmerz über die eigne Not,
denn er fürchtete den Tod,
weil er die Seefahrt nicht beherrschte,
er hatte das noch nie versucht.

Klagend sprach er zu sich selbst:
»Gott der Herr, was soll ich tun?!
Noch nie war meine Angst so groß!
Ich bin doch ohne Leute hier,
ich selbst verstehe nichts von Seefahrt!
Gott der Herr, du mußt mich retten,
sei mein Skipper, weg von hier!
In Erwartung Deiner Gnade
beginn ich, was ich nie begann.
Sei mein Skipper von hier weg!«
Und schon packte er sein Ruder.
In Gottes Namen fuhr er los
und kam nach einer kurzen Zeit
(es war dies eine Gottesgabe)
wieder heim, berichtete,
was ihm widerfahren war.
Der Marschall, seine schöne Frau,
sie beide quälten ihre Körper
mit solchem Jammern, solchem Klagen –
läg er tot vor ihren Augen,
so hätte sie dies Leid
nicht härter treffen können.
Und so zogen diese beiden,
vereint in tiefem Schmerz,
mit der gesamten Hofgesellschaft
an den Meeresstrand, um dort
um den verlornen Sohn zu weinen.
Viele beteten voll Inbrunst,
daß Gott ihm helfen möge;
es gab dort viele Klagerufe,
man klagte so und klagte so...
Als es auf den Abend zuging
und man sich wieder trennen mußte,
war das zuvor gemischte Klagen
zuletzt doch völlig unisono –
sie wiederholten stets das Gleiche,
riefen hier und riefen dort
nur noch diesen einen Satz:
»Beau Tristan, courtois Tristan,
ton corps, ta vie je recommande à Dieu!
Dein schöner Leib, dein schönes Leben,

seien Gott anheimgegeben.«

Die Norweger setzten unterdes
die Entführung weiter fort,
und sie legten alles *so* aus:
als hätten sie in seinem Fall
Wunsch und Willen durchgesetzt.
Doch alles dies durchkreuzte Er,
der alle Dinge graderückt,
sie graderückend grademacht,
dem Meer und Wind und Elemente
mit Furcht und Zittern dienstbar sind.
Nach Seinem Willen und Befehl
gerieten sie, im Sturmgewitter,
in Seenot, und dies derart schwer,
daß sie sich überhaupt nicht mehr
zu helfen wußten. Blieb nur eins:
sie ließen dieses Schiff halt treiben,
wohin barbarischer Sturm es schob,
indes sie selbst mit Leib und Leben
ohne jede Hoffnung blieben.
Sie hatten sich mit Haut und Haar
dem elenden Helfer ausgeliefert,
den man als *hasard* bezeichnet;
sie überließen es dem Fortgang,
ob sie überlebten oder nicht.
So konnten sie nichts weiter tun,
als mit der barbarischen See
hochzusausen wie zum Himmel
und gleich drauf wieder abzusacken
wie in Höllentiefen.
Die schäumenden Wogen warfen sie
mal hinauf und mal hinunter,
mal nach hier und mal nach dort;
es konnte sich kein einziger
auch nur für *einen* Moment
auf den Beinen halten.
Ja, so sah ihr Leben aus,
acht Tage und acht Nächte lang!
Und so hatten sie fast völlig
die Kraft und den Verstand verloren.

Da sagte einer unter ihnen:
»Ihr Herren, alle – helf mir Gott! –,
mir scheint, es ist von Gott gewollt,
daß wir in Todesängsten leben.
Daß wir auf dieser schäumenden See
mehr tot als lebend treiben,
das kommt allein von unsren Sünden
und der betrügerischen Tat,
die wir begingen, als wir Tristan
wie Räuber seinem Kreis entführten.«
Sie riefen »ja« aus einem Munde,
»du hast recht, genau das ist es!«
Sie berieten und beschlossen:
würde ihnen einmal Stille
des Windes und des Meers gewährt,
so daß sie an das Ufer kämen,
so würden sie ihn laufen lassen
(und zwar gern!), wohin er wolle.
Sobald beschlossne Sache war,
gemeinsam nichts als dies zu wollen,
da wurde ihre Leidensfahrt
augenblicklich angenehm.
Sogleich begannen Wind und Wellen
abzuflauen, sich zu glätten,
das Meer ging nicht mehr hoch,
die Sonne schien so hell wie vorher.
Sie schoben gleichfalls nichts hinaus:
schließlich hatte sie der Sturm
im Zeitraum von acht Tagen
zum Lande Cornwall hin verschlagen,
und sie waren zu der Zeit
sehr dicht vor einem Landestrand,
sahen dort kein Hindernis
und liefen an der Lände auf.
Den Tristan nahmen sie sogleich
und setzten ihn am Ufer aus
und drückten ihm ein Brot in die Hand
und dazu reichlich Proviant.
Sie sagten: »Freund, Gott sei dir gnädig;
möge Er dein Leben schützen.«
Und alle gaben ihm den Segen,

setzten gleich die Reise fort.

Wie erging es Tristan jetzt?
Tristan in der Fremde?! Ja,
er saß und schluchzte dort –
wenn was passiert, so können
junge Leutchen nur noch weinen...
Der Verbannte ohne Helfer
legte seine Hände aneinander,
hob sie flehentlich zu Gott.
»Oh Gott in Deiner Allmacht«, rief er,
»da Du so reich an Gnaden bist,
da so viel Güte in Dir ist,
Du liebster Gott, ich bitte Dich,
daß Du mir heute Deine Gnade
erweist und Deine Güte,
denn Du hast es zugelassen,
daß ich so fehlgeleitet wurde.
Führe mich noch heut dorthin,
wo ich unter Menschen bin.
Ich schaue rings um mich herum,
seh nichts Lebendges um mich her.
Die große Wildnis macht mir angst.
Wohin ich auch die Blicke richte,
dort ist für mich die Welt zuende;
wohin ich mich auch wenden mag,
ich sehe jeweils nichts
als Boden, der zu trocken ist,
als wüste, wilde Gegend,
wilde Felsen, wildes Meer.
Das macht mich bang, das tut mir weh.
Und mehr als all dies fürchte ich,
daß mich Wölfe, Bestien fressen,
wohin auch immer ich mich wende.
Zu all dem sinkt nun auch der Tag
schon ziemlich auf den Abend zu.
Falls ich hier noch etwas warte,
mich nicht von dieser Stelle rühre,
so ist das äußerst schlecht für mich.
Breche ich nicht eilends auf,
verbring ich diese Nacht im Wald,

dann ist es völlig aus mit mir.
Ich sehe hier in der Umgebung
viele hohe Felsen, Berge –
ich glaub, ich werd auf einen klettern
(sofern ichs kann) und schaun
(solange ich noch Taglicht hab),
ob es eine Behausung gibt,
in der Nähe oder Ferne,
in der ich Menschen finde,
deren Hausgenoß ich werde,
bei denen ich in Zukunft lebe,
wie immer das geschehen mag.«
So stand er auf, zog los von dort.
Er hatte Rock und Mantel an
aus Prunkstoff, der sehr teuer war,
und das Gewebe wunderschön.
Es war von Sarazenen
mit schmalen, feinen Seidenstreifen
nach einem heidnischen Verfahren
und mit dem Zauber ferner Länder
schön durchflochten und durchwirkt,
und es war so maßgerecht
auf seinen Körper zugeschnitten,
diesem schönen, wie noch nie
von Männern, Frauen feine Kleidung
zugeschnitten worden war.
Auch berichtet uns die Quelle,
daß dieser Prunkstoff grüner war
als das maiengrüne Gras...
Der Pelz, der hier das Futter war,
der war so weißer Hermelin –
der konnte gar nicht weißer sein!
Er machte sich sogleich bereit
(schluchzend und sehr tief betrübt)
zu seinem strapaziösen Marsch,
denn er konnte hier nicht bleiben.
Unter seinem Gürtel zog er
seinen Rock ein Stückchen höher,
rollte dann den Mantel auf,
legte ihn sich auf die Schulter
und eilte durch das offne Land,

durch Wälder auf die Wildnis zu.
Er hatte nur den Weg, den Pfad,
den er für sich selber trat –
mit seinen Füßen wegte er,
mit seinen Händen stegte er;
er war sein Pferd, mit allen vieren.
Über Sümpfe, über Felsen
stieg er stets den Hang hinauf,
bis er auf eine Höhe kam.
Dort entdeckte er durch Zufall
einen Pfad im Wald: gewunden,
schmal und grasbewachsen.
Den stieg er jenseits dann hinab:
trägt der ihn in klare Richtung…?
Er führte ihn nach kurzer Zeit
auf eine angenehme Straße;
sie war angemessen breit
und hin wie her zurechtgeritten.
Er setzte sich zum Rasten weinend
am Rande dieser Straße nieder.
Nun trug ihn gleich sein Herz zurück
zu seinen Lieben, in sein Land –
dort waren ihm die Menschen vertraut.
Das stimmte ihn erneut sehr traurig;
voller Schmerz begann er wieder,
Gott die ganze Not zu klagen,
schaute flehend hoch zum Himmel.
»Herr«, so rief er, »lieber Gott,
für meinen Vater, meine Mutter
bin ich nun doch ganz verloren!
Ich hätte das verwünschte Schachspiel
besser gar nicht angefaßt –
ich werde es für immer hassen!
Sperber, Falken, auch die kleinen,
die möge Gott verfluchen!
Die haben mich dem Vater entrissen,
ich mußte mich – die sind es schuld! –
von Verwandten und Bekannten trennen.
Und alle, die mir ständig
Glück und Segen wünschten,
denen ist das Herz nun schwer,

sind voller Trauer über mich.
Ach, liebe Mutter, wie du dich
mit Klagen quälst, das weiß ich wohl!
Vater, dein Herz ist voller Leid!
Ich weiß genau, ihr beiden seid
von all dem schweren Schmerz gebeugt.
Und wüßte ich, daß ihr es wißt,
daß ich körperlich gesund bin –
ach, Herrgott, das wäre
für euch beide wie für mich
die große Gottesgabe!
Denn ich weiß es ganz genau:
ihr werdet kaum noch, nie mehr froh,
solang ihr nicht, mit Gottes Hilfe,
erfahrt, daß ich am Leben bin.
Der Du hilfst in aller Not,
Gott der Herr, laß es so sein!«

Während er so saß und heftig
klagte, wie ich das erzählte,
entdeckte er, ein Stück entfernt,
wie zwei alte Pilger nahten.
Sie sahen gottgefällig aus,
hochbetagt und hochbejahrt,
dicht bebartet und behaart,
wie es wahre Gotteskinder
und Pilger in der Mehrzahl sind.
Die Männer auf der Pilgerschaft
trugen jeweils einen Umhang
mit Kapuze, ganz aus Leinen,
Kleidungsstücke, gut für Pilger;
außen waren an der Kleidung
Jakobsmuscheln angenäht und viele
Pilgerzeichen ferner Länder.
Und jeder von den beiden hielt
in seiner Hand den Pilgerstab.
Ihre Hüte, ihre Hosen
entsprachen ganz genau dem Stand.
Es trugen diese Gottesknechte
an den Beinen Leinenhosen,
die eine Handbreit oberhalb

der Fußgelenke endeten,
festgebunden um die Waden.
Füße, Knöchel waren bloß –
sie spürten jeden Schritt und Stoß.
Auch trugen sie auf ihren Rücken
(und daran zeigt sich Büßerleben!)
Palmenzweige, recht für Pilger.
Die Gebete und die Psalmen
(und was sie sonst an Frommem kannten),
die lasen sie – gerade jetzt.
Kaum daß Tristan sie erblickte,
sprach er vor sich hin, voll Furcht:
»Gütiger Herr des Himmelsheeres,
wo kann ich jetzt noch Hilfe finden?
Die beiden Männer, die dort kommen –
falls die mich gesehen haben,
so entführen die mich *auch*!«
Doch als sie näher zu ihm kamen
und er die Art der Stäbe
wie der Kleidung deutlich sah,
schloß er auf ihre Lebensform
und faßte sich erneut ein Herz –
er fühlte sich schon fast erleichtert.
Und er sprach aus vollem Herzen:
»Lob und Dank Dir, großer Gott!
Dies sind sicher brave Leute,
ich muß mich nicht vor ihnen fürchten.«
Die beiden sahen bald darauf
den jungen Mann vor ihnen sitzen.
Als sie näher zu ihm kamen,
sprang er, höfisch, auf vor ihnen,
kreuzte seine schönen Hände
vor der Brust. Die beiden Männer
faßten ihn genau ins Auge,
sahen: er war gut erzogen.
Sie gingen lächelnd auf ihn zu
und begrüßten ihn sehr freundlich
mit dieser freundlichen Begrüßung:
»Dieu vous garde, bel ami!
Bester Freund, wer du auch seist,
Gott nehme dich in Seinen Schutz.«

Verbeugung Tristans vor den Alten:
»Oui«, so sprach er, »Dieu bénie
la votre sainte companie!
Diese fromme Bruderschaft
segne Gott mit Seiner Kraft.«
Die beiden gaben ihm zur Antwort:
»Guter Bursch, wo kommst du her?
Andersrum: wer brachte dich?«
Tristan war sehr auf der Hut,
war für sein Alter recht gewitzt,
erzählte eine wilde Geschichte.
»Ihr frommen Herren«, sagte er,
»ich bin in diesem Land geboren.
Und wollte hier und heute,
ich und andre Leute,
im Walde eine Hetzjagd reiten,
jedoch verlor (weiß selbst nicht, wie)
beim Ritt die Jäger und die Hunde.
Die hier im Wald die Wege kannten,
die fanden sich weit besser zurecht –
bloß ich verritt mich, wo kein Steg war;
zuletzt verlor ich ganz die Richtung.
Mein Treffer war ein Todesritt,
der führte mich an eine Schlucht,
dort konnte ich mein Pferd nicht halten,
es wollte ständig abwärts, vorwärts,
schließlich gab es einen Sturz –
das Pferd und ich: ein wahres Knäuel!
Ich stieg nicht schnell genug
in meinen Bügel rein, vielmehr:
es riß den Zügel aus der Hand
und galoppierte in den Wald. –
So kam ich auf den kleinen Pfad,
der brachte mich hierher.
So kann ich keinem Menschen sagen,
wo ich bin, wohin ich soll.
Ihr guten Leute, seid so lieb,
und sagt mir nun, wohin des Wegs.«
Sie gaben ihm zur Antwort: »Freund,
so Gott es will, der Herr des Himmels,
werden wir noch heute Nacht

im Ort Tintagel sein.«
Tristan bat sie da sehr herzlich,
daß er sie begleiten dürfe.
»Selbstverständlich, guter Junge«,
sagten ihm die beiden Pilger,
»willst du nach dort, so geh hier fort...«
Tristan zog mit ihnen los.
Und sogleich begannen sie
viel zu reden und zu plaudern.
Tristan, höfisch fein erzogen,
hatte acht auf seine Worte;
sie fragten mal nach dem, nach jenem,
doch er gab allein zur Antwort,
was passend und was nötig war;
er hielt hier seine Grenzen ein
im Sprechen und Verhalten,
dies so gut, daß ihn die Weisen,
die betagten, ja die greisen,
als ein wahres Glückskind priesen,
und sie beschauten noch genauer
sein Verhalten, die Manieren,
die erfreuliche Erscheinung.
Und die Kleider, die er trug,
die musterten sie sehr genau,
denn die waren äußerst kostbar,
waren wunderschön gewirkt.
Sie sagten sich in ihren Herzen:
»Ah Herr, du lieber Gott,
wer ist der Junge, woher kommt er
mit so vollendeten Manieren?«
Sie gingen weiter, ihn studierend,
die Einzelheiten reflektierend,
vertrieben sich damit die Zeit,
gut eine welsche Meile weit.

Und kurz darauf geschah es:
die Hundemeute seines Onkels,
des Marke von Cornwall,
sie hatte zu diesem Zeitpunkt
(wie uns die rechte Fassung erzählt)
einen kapitalen Hirsch gehetzt –

in die Nähe dieser Straße.
Dort wurde er auch eingeholt,
verbellt, dort nahm er Front;
ihn hatte lange, schnelle Flucht
die letzte Kraft gekostet.
Schon waren auch die Jäger dort,
und zum Erlegen bliesen sie
Halali, lautstark auf den Hörnern.
Als Tristan das Verbellen sah,
sagte er zu seinen Pilgern
mit typischer Besonnenheit:
»Ihr Herren, diese Hunde,
dieser Hirsch und diese Jäger,
die sind es, die ich heut verlor.
Und nun finde ich sie wieder –
es sind die Leute, die ich kenne.
Entschuldigt mich, ich will zu ihnen.«
»Gott segne dich, mein Junge.
Das Glück sei stets auf deiner Seite.«
»Danke! Möge Gott euch schützen«,
sagte drauf der gute Tristan,
verbeugte sich und nahm sogleich
die Fährte auf zum Hirsch.
Der Mann, der Jäger-Meister war,
legte, nach dem Fangstoß, diesen Hirsch
zur Strecke auf der Wiese nieder –
auf allen vieren, wie ein Schwein!
»Meister, wie – was soll das sein?!«
rief der höfisch feine Tristan.
»Hört auf, bei Gott, was habt Ihr vor?!
Wo ward ein Hirsch je so zerwirkt?!«
Der Jäger richtete sich auf,
beschaute ihn und sagte:
»Wie hättest du es gern, mein Junge?
Hierzulande ist nur dies der Brauch:
man schlägt den Hirsch erst aus der Decke,
teilt ihn auf, der Länge nach,
vom Kopf her bis nach unten,
und danach wird er geviertelt,
so daß von den vier quarts zuletzt
jedes ungefähr so groß ist

wie das Viertelstück daneben.
So ist es Brauch in diesem Land. –
Bursch, verstehst du was davon?«
»Meister, ja!« gab er zur Antwort.
»Im Land, in dem ich aufgewachsen,
übt man einen andren Brauch.«
Der Meister fragte: »Und wie geht der?«
»Dort entbästet man den Hirsch.«
»Ich weiß nicht, was *entbästen* heißt,
wenn du es mir nicht zeigst, mein Freund.
Hier in diesem Königreich
beherrscht kein Jäger dies Verfahren;
ich hörte diesen Ausdruck nie
bei eignen Leuten oder Fremden.
Lieber Bursch, was heißt *entbästen*?
Sei so gut und zeig es mir.
Komm her, *entbäste* diesen Hirsch.«
Tristan sprach: »Mein lieber Meister,
da Ihr mich nach der Bast befragt,
will ich Euch – falls Ihrs erlaubt
und falls es Euch Vergnügen macht –
selbstverständlich gerne zeigen,
was in meinem Land die Bast ist –
soweit ich mir das eingeprägt.«
Der Meister sah den jungen Fremden
lächelnd an, mit Sympathie,
denn er war selbst ein Mann des Hofes
und kannte gut die Etikette,
die man genau beachten muß.
»Ja, mein lieber Freund, nur zu!
Tritt heran. Bist du zu schwach,
mein lieber Bursche, guter Freund,
so will ich dir mit allen hier
helfen, und wir legen Hand an,
um ihn so zurechtzudrehn,
wie es deinem Wunsch entspricht,
wie du es mit dem Finger zeigst.«

Der junge Tristan in der Fremde
nahm den Mantel von der Schulter,
legte ihn auf einen Baumstumpf;
seinen Rock zog er noch höher,

krempelte die Ärmel auf,
strich das schöne Haar zurück
hinter beide Ohren.
Die sich mit ihm zur Bast versammelt,
sie schauten ihn genauer an;
sein Benehmen, sein Verhalten,
alles nahmen sie zur Kenntnis,
sie fanden solchen Gefallen dran,
daß sie das wirklich gerne sahen
und sich bestätigten, von Herzen,
er sei in jeder Hinsicht edel,
fremd und teuer sei die Kleidung,
sein Körper sei ein wahrer Traum.
Sie alle gingen zu ihm hin
und wollten sehen, was er machte.
Tristan, dieser junge Meister
in der Fremde trat heran,
mit beiden Händen packte er den Hirsch
und wollt ihn auf den Rücken drehn,
was er jedoch nicht schaffte,
denn er war ihm viel zu schwer.
Höflich stellte er die Bitte,
ihm den Hirsch zurechtzulegen,
bereitzumachen für die Bast.
So geschah es augenblicklich.
Er stellte sich ans Haupt des Hirschs,
begann, ihn aus der Decke zu schlagen.
Dazu zog er einen langen Schnitt
vom Maul herab zum After,
wandte sich den Vorderläufen zu,
löste sie in dieser Reihenfolge:
zuerst den rechten, dann den linken.
Er packte nun die Hinterläufe,
zog auch hier die Decke ab,
begann danach, die Decke
von beiden Rippenwänden abzutrennen,
von allen Stellen, wo sie festhing,
und zwar von oben an nach unten,
und breitete die Decke aus.
Zurück nun zu den Vorderkeulen:
sie wurden von der Brust entbästet,

die dabei ganz gelassen wurde.
Die beiden Keulen legte er beiseite.
Und begann darauf, die Brust
aus dem Rücken abzulösen,
von den beiden Rippenwänden
(beiderseits aus je drei Rippen).
Dies ist die waidgerechte Bast:
wer die Brust recht lösen kann,
der läßt die Rippen immer dran.
Er fing erneut von hinten an,
entbästete sehr kunstgerecht
die beiden Hinterläufe –
in *einem* Stück, nicht einzeln.
Er ließ den Keulen, was ihnen gebührt:
ihr Wildpret, anderthalb Hände breit,
dies dort, wo – über die Lende –
der Rücken den Wedel erreicht,
den man als *queue* bezeichnet,
wo man die Kunst der Bast beherrscht.
Er trennte beide Rippenwände,
schnitt das Rückgrat los von ihnen,
danach den Pansen und den Dickdarm.
Nun wurde diese Arbeit schmutzig
für die schönen Hände, und er rief:
»Macht schnell, zwei Knechte her!
Bringt dies von hier nach dort
und bereitet uns das zu.«
So ward der Hirsch entbästet,
die Decke richtig freigemacht.
Die Brust, die Vorder-, Hinterkeulen,
die Rippenstücke hatte er ganz sauber
seitwärts aufeinander abgelegt.
Und damit war die Bast beendet.
Tristan, fremd und fern der Heimat:
»Meister, seht, dies ist die Bast,
so praktiziert man dies Verfahren.
Und nun tretet bitte näher,
Ihr und Eure suivants,
und macht die fourchiée.«
»Fourchiée?! Wie bitte, lieber Freund?
Was du mir nennst, das kenn ich nicht.

Du hast uns dieses Waidwerk *Bast*,
das fremd, doch sehr zu rühmen ist,
als großer Meister vorgestellt,
nun laß zum andren dies noch folgen,
kröne deine Meisterleistung;
wir würden es dir ewig danken.«
Tristan sprang sogleich davon,
schnitt eine Zwiesel handgerecht,
die jeder, der die fourchiée
beherrscht, als fourche bezeichnet.
(Hier besteht kein Unterschied:
fourche und *Gabel* sind das gleiche.)
Kam mit dem Gabelstock zurück,
separierte dann die Leber,
löste Magen (»Netz«) und Nieren,
und er schnitt vom Wildpretstück
den Wedel ab, der an ihm saß.
Dann setzte er sich in das Gras,
nahm dort die drei Gabelhappen
und band sie, mit dem »Netz«,
fest an seine fourche,
verzurrte sie – ihr wißt schon wie –
mit einem frischen Rindenstreifen.
Dann sagte er: »Ihr Herren, schaut!
Dies wird in unsrer Jägersprache
als die fourchiée bezeichnet:
die Happen hängen an der fourche,
und deshalb nennt man dies Verfahren
fourchiée, und das trifft zu,
denn dies gehört an eine fourche...
Die nehm ein Knecht nun in die Hand...
Das dauert aber!... Laßt es euch
deshalb befehlen: Die curée!«
»Curée?! Ah, Dieu bénie!«
so riefen alle, »was ist das?!
Dies kommt uns sarazenisch vor!
Was heißt curée, mein lieber Mann?
Sag nichts! Erklär uns nicht mit Worten,
was dies ist; mach uns das vor,
daß wirs mit eignen Augen sehn!
Sei so gut, als Mann des Hofes.«

Tristan war erneut bereit.
Er nahm die Luftröhre in den Griff
(ich mein das Stück zum Herzen hin),
und kappte, was an ihr noch hing.
Er schnitt das Herz zur Hälfte ab,
bis hin zum spitzen Ende
und nahm es in die Hände.
Er begann es aufzuteilen,
es überkreuz zu vierteln
und warf die Viertel auf die Decke.
Faßte nun die Röhre wieder an,
löste Milz und Lunge ab –
an der Röhre hing nichts mehr,
es lag dort alles auf der Decke;
kappte rasch die Luft- und Speiseröhre,
dort oben, wo die Brust sich wölbt,
und er löste gleich das Haupt
mit dem Geweih vom Hals, befahl,
dies alles zu der Brust zu tragen.
»Kommt schnell«, so rief er ihnen zu,
»schafft den Rücken rasch dorthin!
Und kommt ein armer Mensch hierher,
der das wünscht, verlangt,
so gebt ihm diesen Rücken mit –
oder haltet es wie üblich. –
Ich mache die curée wie folgt...«
Da traten die suivants heran
und schauten sein Verfahren an.
Tristan ließ sich holen, was er vorher
hatte zubereiten lassen.
Schon lag dies alles auf der Stelle,
gut bereitet, zubereitet,
wie er ihnen das befohlen.
Es waren nun die quarts
(alle viere von dem Herzen)
vierfach auf der Decke abgelegt,
gemäß dem Brauch des Waidwerks;
so lagen sie denn auf der Haut...
Er zerschnitt nun Milz und Lunge,
danach den Pansen und den Dickdarm
(und was sonst die Hunde fressen)

zu derart kleinen Portionen,
wie dies angemessen ist,
verteilte alles auf der Decke.
Sogleich begann er, lautstark
die Hunde herzurufen: »Ça, ça, ça!«
Sie waren augenblicks zur Stelle
und standen über ihrem Fressen.
»Seht«, so sprach der Wortgewandte,
»zu Hause in Parmenien
bezeichnet man dies als curée,
und ich sage euch, weshalb.
Es wird dies als curée bezeichnet,
weil auf diesen cuir gelegt wird,
was die Hunde fressen sollen.
Das Waidwerk hat aus diesem Grund
das besagte Wort *curée*
von *cuir* übernommen, so geprägt;
so führt man *curée* auf *cuir* zurück.
Und dies, wahrhaftig, wurde
zum Besten der Hunde ersonnen,
dieser Brauch hat sich bewährt,
denn was man ihnen drauflegt,
das mögen sie, weils blutig ist.
Und es hält die Hunde scharf!
Ja, beschaut euch diesen Bast-Brauch,
es ist kein weitrer Trick dahinter.
Seht selber, ob euch das gefällt.«
»Ah, Herr«, so riefen alle,
»keine Frage, Kind des Glücks!
Wir sehen das durchaus:
dies Verfahren ist von Vorteil
für die Hunde, für die Bracken!«
Darauf sprach der gute Tristan:
»So schafft nun eure Decke fort –
mir fällt dazu nichts weiter ein.
Doch seid in diesem Punkte sicher:
hätt ich euch besser dienen können,
so hätte ich das gern getan.
Nun schneide jeder Knecht sich Reiser,
umbündle seine Fleischportion;
tragt das Hirschhaupt auf den Händen,

überbringt es als présent
hofgerecht dem Herrn des Hofes –
ihr macht euch damit selber höfisch!
Doch ihr wißt ja selbst genau,
wie man ihn présentiert, den Hirsch –
drum présentiert ihn angemessen!«
Der Jäger-Meister, seine Knechte,
sie waren wieder mal verblüfft,
daß ein Mensch in jungen Jahren
Schritt für Schritt in klarer Kenntnis
so viel Waidmannskunst gezeigt
und derart gut Bescheid gewußt
bei Verfahren solcher Art.
Sie sagten: »Schau, du Kind des Glücks,
die verblüffenden Kapitel,
die du uns vorgetragen, vorträgst,
erscheinen uns sehr mannigfach,
doch sehn wir hier nicht noch den guten
Schluß, so schätzen wir gering,
was du bisher geleistet hast.«
So führten sie ihm ohne Umschweif
ein Pferd vor, und sie baten ihn,
mit ihnen, wegen seines Könnens,
in *seinem* Stil zum Herrn zu reiten,
die Jagdgebräuche seines Landes
bis zum Schlußpunkt vorzuführen.
Tristan sprach: »Das läßt sich machen.
Nehmt den Hirsch auf! Vorwärts, marsch!«
Er saß auf und ritt mit ihnen.
Daß sie miteinander ritten –
auf diese Chance hatten sie
bereits voll Ungeduld gewartet.
Sie begannen, Mann für Mann,
seine Vorgeschichte zu entwerfen:
aus welchem Land er stamme,
und wie er hergekommen sei;
sie hätten gerne auch von seiner
Herkunft, seinem Stand gehört.
Dies nahm Tristan, sehr verständig,
in seine Überlegung auf,
begann erneut, mit viel Verstand,

seine histoire zu erfinden;
weder so noch so betrachtet,
war kindhaft, was er da erzählte.
Mit viel Verstand erzählte er:
»Jenseits der Britannie liegt
ein Land, das heißt Parmenien.
Als Kaufmann lebt mein Vater dort
vor der Welt korrekt und recht,
wie das seinem Stand gebührt –
ich meine, wie es Händlern zusteht.
Doch wißt, seid euch darüber klar:
er ist keineswegs so reich
an Waren und Besitz
wie an innren Qualitäten.
Er ließ mich lehren, was ich weiß.
Nun kamen häufig Händler
dorthin aus fremden Königreichen,
von deren Sprachen und Gebräuchen
ich so vieles in mich aufnahm,
bis mein Gemüt begann,
mich stets in fremde Königreiche
hineinzubetteln, reinzulocken.
Und weil ich gerne neue Leute,
und fremde Länder sehen wollte,
so war ich in Gedanken ständig
nur auf *dies* hinaus, bis ich
meinem Vater denn entwischte
und mit Händlern einfach wegfuhr.
So bin ich in dies Land gekommen.
Nun habt ihr viel von mir vernommen,
kann sein, daß euch das nicht gefällt...«
»Ah, lieber Bursch«, so riefen alle,
»in dir war eine edle Regung!
Im Ausland leben, das tut vielen gut,
man lernt dort viel, was nützlich ist.
Lieber Freund, du schöne Jugend,
Gott benedeie jenes Land,
in dem zuvor noch kein marchand
ein so begabtes Kind aufzog.
Es hätt kein König, jetzt im Amt,
sein Kind noch besser aufziehn können!

Mein lieber Junge, sag noch eins:
wie nannte dich dein höfischer Vater?«
»Tristan«, sprach er, »*Trist*an heiß ich.«
»Deus adjuvet«, hieß es da, »bei Gott,
weshalb nur nannte er dich *so*?!
Du hättest besser *diesen* Namen:
Jeunesse belle et riante –
die schöne, strahlende Jugend!«
So ritten sie dahin, erzählten
einander dies und jenes:
die ganze Unterhaltung kreiste
allein um diesen Jungen;
ein jeder aus der Jagdgesellschaft
fragte, wie es ihm entsprach.
  Es dauerte da nicht mehr lang,
bis Tristan jene Burg erblickte.
Er brach von einem Lindenbaum
schöne Zweige für zwei Kränze.
Den einen setzte er sich auf,
den andren machte er dann größer,
bot ihn dem Jäger-Meister an.
»Hoho, mein lieber Meister,
sagt mir, welche Burg das ist.
Dies château wirkt königlich!«
»Dies ist Tintagel«, war die Antwort.
»Tintagel? Hei, welch ein château!
Dieu te garde, Tintagel,
und alle deine Bewohner!«
»Viel Glück dir, lieber Junge!«
sagten darauf die Begleiter,
»Heil und Segen seien mit dir!
Es möge dir so gut ergehen,
wie wir dir das herzlich wünschen!«
  So kamen sie zum Tor der Burg;
Tristan parierte hier sein Pferd.
»Ihr Herren«, sagte er zu ihnen,
»mir ist als Fremdem unbekannt,
welchen Namen jeder trägt...
So reitet eben Paar um Paar,
und bleibt ganz dicht beisammen,
bewahrt dabei die Form des Hirschs:

das Geweih sei an der Spitze,
danach – in seiner Spur – die Brust,
die Rippenstücke nach den Vorderkeulen;
dann müßt ihr euch formieren,
daß nach diesen Rippenstücken
die Hinterkeulen jeweils folgen;
dann müßt ihr darauf achten,
daß die curée und die fourchiée
bei diesem Ritt den Abschluß bilden –
so ist das völlig waidgerecht.
Und werdet bitte nicht zu schnell,
reitet langsam nacheinander.
Mein Meister hier und ich, sein Helfer,
wir werden miteinander reiten,
wenn euch das recht ist und gefällt.«
»Ja, mein Junge«, riefen sie,
»wir wollen alles, was du willst.«
»So sei es«, sagte er. »Nun leiht mir
ein Hifthorn angemessner Größe.
Beachtet nun das Folgende:
sobald ich anfang, hört mir zu,
und was ich blase, blast ihr nach.«
Der Meister sagte ihm darauf:
»Bester Freund, nun spiele, blase
genauso, wie es dir gefällt;
wir werden dich dabei begleiten,
ich und alle andren hier.«
»À la bonheur«, so rief der Junge,
»wunderbar! So soll es sein!«
Sie überreichten ihm ein kleines
Horn in hoher Lage. »Vorwärts!«
rief er, »marsch! Allez, en avant!«
Sie ritten ein in formation,
zu zweit und zweit, wie vorgesehn.
Als die formation im Hof war,
griff Tristan zu dem kleinen Horn
und blies es derart virtuos
und so sehr begeisternd,
daß alle, die da mit ihm ritten,
vor Freude kaum erwarten konnten,
ihn dabei zu unterstützen;

sie alle nahmen ihre Hörner
und bliesen wirklich schön
mit ihm, in seinem Ton:
er spielte ihnen herrlich vor,
sie folgten seinen Jagdsignalen
sehr genau in Kürzen, Längen.
Die Burg erfüllte sich mit Klängen.

Als der König, alles Hofgefolge
die unbekannten Jagdsignale
hörten, registrierten,
da störte sie das auf,
erschraken sie im Innersten,
denn so was hatte man noch nie
an einem Herrschersitz vernommen.
Die formation war mittlerweile
vor die Tür des Palas gezogen.
Viele Leute waren rausgelaufen,
von den Hörnern angelockt.
Sie alle fragten sich erstaunt,
was die Signale heißen sollten.
Auch war der rühmenswerte Marke
höchstpersönlich dort erschienen,
mit vielen courtoisen Herren,
um zu schauen, was da los war.
Als Tristan nun den König sah,
begann der ihm gleich besser
zu gefallen als die andren.
Sein Herz gab ihm den Vorrang –
sie beide waren blutsverwandt,
die nature zog ihn zu Marke...
Er ließ ihn nicht mehr aus den Augen,
setzte an zu einem Gruß, gekonnt;
in Hörnerklängen aus der Fremde
begann er eine neue Folge.
Er fing an, so hoch zu blasen,
daß in dieser Folge keiner
ihn so recht begleiten konnte.
Doch das fand ein rasches Ende:
der gut erzogne Fremde hörte
mit dem Blasen auf, verstummte.

Er verneigte sich vorm König
elegant und sagte höflich,
äußerst höflich, was ihm leicht fiel:
»Dieu garde le roi et sa suite!
Der liebe Gott beschütze
den König und seine suivants.«
Der heitergesinnte Marke
und seine ganze Hofgefolgschaft
bedankten sich beim jungen Mann
so freundlich und so trefflich,
wie das verdient, wer selber
trefflich ist, und riefen
alle wie aus einem Munde: »Ah,
Dieu donne une douce fortune
à cette douce créature –
Gott schenke schönste fortune
der so schönen créature!«
Der König musterte den Jungen,
ließ den Jäger-Meister kommen.
»Sag mal, wer ist dieser Junge
mit den wohlgesetzten Worten?«
»Ah, Herr, das ist ein Parmenois
und so erstaunlich courtois,
in jeder Hinsicht so vortrefflich,
wie ichs bei keinem Kind erlebt.
Er gibt vor, er heiße *Trist*an
und sein Vater sei ein Kaufmann.
Ich glaube ihm kein Wort davon.
Wann hätte sich ein Kaufmann je
bei aller seiner Geschäftigkeit
mit ihm so sehr beschäftigen können?
Kann sich mit ihm beschäftigen,
wer selbst geschäftig bleiben muß?
Ah Herr, er ist ja so vortrefflich!
Bedenkt allein die neue Kunst,
mit der wir grad vor Euch erschienen –
die übernahmen wir von ihm.
Und hört vom Können, das verblüfft:
wie der Hirsch erschaffen ist,
so wurde er Euch dargebracht.
Ward je so große Kunst erdacht?

Bedenkt: als erstes kommt das Haupt,
danach – in seiner Spur – die Brust,
dann die Keulen und so weiter –
das wurde nie so schön, so gut
dem Herrn des Hofes présentiert.
Und schaut nach drüben: saht Ihr je
so perfekte fourchiée?
Ich habe im gesamten Waidwerk
von solcher Kunst nicht mal gehört!
Außerdem: er zeigte vorher,
wie man den Hirsch *entbästen* muß.
Die Kunst gefällt mir derart gut,
daß ich weder Hirsch noch Reh
in vier quarts zerhacken will –
falls ich jemals wieder jage...«
So begann er seinem Herren
zu berichten, dies von Anfang an:
wie vollendet Tristan das Waidwerk
beherrscht, das höfische,
und wie er die curée
den Hunden vorgelegt.
Was der Jäger ihm erzählte,
nahm der König freundlich auf,
und er ließ den Jungen kommen,
die Jäger in Quartiere ziehn,
sich um Amt und Pflichten kümmern;
sie kehrten um und ritten fort.
Der Jäger-Meister Tristan
gab sein kleines Horn zurück,
sprang vom Sattel auf den Boden.
Die Pagen aus dem Hofgefolge
liefen auf den Jungen zu,
und sie hakten bei ihm ein,
conduierten ihn zur Krone.
Er ging auch unbegleitet schön...
Zudem war sein Erscheinungsbild
so, wie die LIEBE das gebot:
die Lippen waren rosenrot,
die Haut war hell, die Augen klar,
glänzend lockig war sein Haar,
die Enden waren kraus gezogen;

seine Arme und die Hände
wohlgestaltet und ganz hell;
sein Körper groß im rechten Maß;
seine Füße und die Beine
(die seine Schönheit deutlichst zeigten),
sie verdienten solches Lob,
wie dies ein Mann verdienen kann.
Sein Gewand – wie ich euch schon
erzählte – war im Stil des Hofes
auf seinen Körper zugeschnitten.
In Verhalten und Manieren
war er derart gut erzogen,
daß man ihn sehr gerne sah.
Marke schaute Tristan an:
»Heißt du Tristan, lieber Freund?«
»Ja Herr, Tristan. Dieu vous garde.«
»Dieu te garde, bel écuyer!«
»Merci«, so sprach er, »gentil rois,
edler König cornwallois –
Ihr und Eure Hofgefolgschaft,
Ihr mögt von Gottes Sohn
auf immer benedeiet sein!«
Das wurde von den Höflingen
reichlich remerciert.
Sie sangen nur noch den Refrain:
»Tristan, Tristan le Parmenois,
comme il est beau et comme courtois!«
Marke sprach erneut zu Tristan:
»Ich sag dir, Tristan, was du tun sollst.
Du mußt mir eine Bitte erfüllen,
du darfst mirs nicht verweigern.«
»Zu Befehl, mein gnädger Herr!«
»Du mußt mein Jäger-Meister sein...«
Dies weckte große Heiterkeit.
Indessen sagte Tristan:
»Herr, verfügt ganz über mich!
Was Ihr befehlt, das will ich sein!
Euer Jäger, Euer Dienstmann
will ich sein – soweit ichs kann!«
Da sagte Marke: »Gut, mein Freund.
Abgemacht, es soll so sein!«

Tristan gehört erneut zum Haus –
ohne das zu wissen, wie ihr merktet:
er glaubte, in der Fremde zu sein.
Sein Onkel, unvermutet nun als Vater,
Marke, reich an Trefflichkeiten,
verhielt sich ganz vortrefflich –
das war auch dringend angebracht.
Er bat die ganze Hofgefolgschaft
herzlich, gab ihr den Befehl,
zu diesem Jungen aus der Ferne
lieb zu sein und freundlich
und ihm die Ehre zu erweisen
mit Gespräch, Geselligkeit.
Dazu waren sie bereit,
allesamt, mit bestem Vorsatz.
So ward der gute Tristan Teil
der Hofgefolgschaft dieses Königs.
Der sah ihn gern, war seiner froh,
auch bei ihm war Herzensneigung,
er schaute gern und oft zu ihm,
denn Tristan war zu jeder Zeit
höfisch nobel im Verhalten
und bot bei jeder Gelegenheit
dem König seine Dienste an.
Wo Marke war, wohin er ging,
stets war Tristan da der zweite –
das akzeptierte Marke gern.
Er war ihm wirklich wohlgesonnen,
tat ihm Gutes an, wenn er ihn sah.
  Bei alledem geschah es
(noch innerhalb der ersten Woche),
daß Marke mit ihm jagen ritt
(viel Hofgefolge war dabei),
um sein Waidwerk anzuschaun
und sein Können zu bewundern.
Sein eignes Jagdpferd ließ ihm Marke
holen, übergab es ihm.
So gut war Tristan nie beritten,
denn es war stark, schön, schnell!
Auch ließ er ihm ein kleines Horn
in hoher Lage überreichen.

»Tristan, denk an meinen Befehl,
der dich zum Jäger-Meister machte,
und zeig uns deine Kunst des Waidwerks.
Nimm die Hunde, reite aus
und stell die Treiber an die Posten,
wo sie dir recht plaziert erscheinen.«
»Nein, Herr, so gehts leider nicht«,
sprach der courtoise Tristan.
»Befehlt den Jägern, aufzubrechen
und die Posten zu besetzen,
ihre Hunde loszulassen.
Die Jäger kennen sich im Land hier aus,
die wissen sehr viel besser,
wo der Hirsch hinzieht,
wohin er vor den Hunden flieht.
Sie kennen das Revier. Doch ich,
der hier noch niemals ausgeritten,
bin bloß ein Bursche von weither.«
»Tristan, bei Gott, du hast ganz recht.
Da würdest du wohl Fehler machen...
Die Jäger müssen selber losziehn
und selbst beschließen, was sie tun.«
Die Jäger ritten nun gleich aus,
mit den Hunden an den Koppeln,
verteilten Treiber auf die Posten,
die sie selbst am besten kannten,
und setzten an auf einen Hirsch
und jagten ihn par force
bis hin zur Abendstunde;
da stellten ihn die Hunde.
Genau zu diesem Zeitpunkt
kamen Marke und sein Tristan
und mit ihnen mancher Höfling
zum Erlegen angaloppiert.
Die Hörner bliesen laut Halali
mit vielen kurzen, langen Klängen;
sie bliesen derart schön,
es wurde Marke weich ums Herz,
mit ihm auch manchem andren dort.
Nach dem Fangstoß führten sie
zum erlegten Hirsch den Meister,

Tristan, den vertrauten Fremden,
und baten ihn, daß er die Bast
vom Anfang bis zum Ende zeige.
Tristan rief: »Das soll geschehn!«
Und traf gleich seine Vorbereitung.
Ich denke und ich meine hier,
es sei nicht nötig, daß ich euch
zweimal nacheinander
dieselbe Geschichte erzähle;
so wie ich euch zuvor von jenem
Hirsch erzählte, ganz genauso
entbästete er diesen hier.
Als sie die Bast und die fourchiée,
das Verfahren der curée
zu beobachten begannen,
erklärten sie aus einem Mund,
bei solchem Können halte keiner
eine Steigerung für möglich,
halte sie nicht mal für denkbar!
Der König ließ danach den Hirsch
aufnehmen, räumte das Revier.
Er selbst, sein Jäger Tristan
und alle die suivants,
sie ritten da zur Burg zurück
mit Hörnerklang und mit fourchiée.
Der gute Tristan war seither
als Höfling sehr beliebt bei ihnen.
Der König und die Hofgefolgschaft
behandelten ihn freundschaftlich.
Seinerseits war er bereit,
jedermann zu dienen –
hätt er den einen wie den andren
auf Händen tragen können,
so hätte er das gern getan.
Ein Segen, den ihm Gott geschenkt:
er wollte, konnte mit jedem leben.
Lachen, tanzen, singen,
reiten, rennen, springen,
ernst und ausgelassen sein –
dies konnte er mit ihnen allen.
Er lebte, wie man es erwartet

und wie Jugend leben sollte.
Wenn irgendeiner was begann,
war er dabei, von Anfang an.

Und dann ergab sich Folgendes:
eines Tages nahm Marke Platz
(es war kurz nach der Essenszeit,
wenn man Unterhaltung schätzt),
und er lauschte eine Zeit
dem Liede, das ein Harfner spielte;
er war ein Meister seines Fachs,
der beste, den man je gehört;
dieser Mann war ein Waliser.
Nun kam Tristan, Parmenois,
und setzte sich zu seinen Füßen,
und verfolgte so genau
die schöne Melodie des Liedes,
daß er nicht (bei strengster Strafe!)
Schweigen hätte wahren können:
sein Gemüt, es tat sich auf,
sein Herz ward von Gefühl erfüllt.
»Meister«, rief er, »Ihr spielt gut!
Ihr gebt die Noten richtig wieder,
wie erdacht, im Ton der Sehnsucht.
Britannen haben sie gesetzt
im Liede von Monsieur Guirun
und von seiner Liebsten.«
Der Harfner nahm dies in sich auf,
er hörte sich das alles an,
doch schien er für die Äußrung taub –
bis er das Lied vollendet hatte.
Er wandte sich dem Jungen zu:
»Wieso weißt du, lieber Sohn,
woher die Melodie hier stammt?
Kennst du dich in so was aus?«
»Großer Meister, allerdings.
Ich war hier einmal meisterhaft,
doch ließ mein Können derart nach,
ich wagte nicht vor Euch zu spielen.«
»Nein, mein Freund – dort ist die Harfe!
Laß hören, was man so

in deinem Land zu spielen weiß.«
»Ist dies, mein Meister, ein Befehl,
und gebt Ihr selber die Erlaubnis,
daß ich vor Euch Harfe spiele?«
»Ja, mein Freund, so spiel schon auf!«
Als er nun die Harfe nahm,
da lag sie gut in seinen Händen.
Wie ich das gelesen habe,
konnten sie nicht schöner sein:
weich und zart und schmal und lang
und so weiß wie Hermelin.
Mit ihnen spielte er sich ein,
zupfte probend viele Floskeln,
seltsam, lieblich, schön,
es stimmte sein Gemüt sich ein
auf seine Lieder der Britannie.
Er griff zu seinem Schlüssel,
drehte an den Saitenstiften,
accordierte höher, tiefer –
genau wie er dies haben wollte.
Und das war ganz rasch erledigt.
Tristan, dieser neue Spielmann,
übernahm sein neues Amt
mit bestem Vorsatz, viel Elan.
Seine ersten Probeläufe,
seine Mottos, Melodien
spielte er auf dieser Harfe
derart lieblich und so schön,
mit so schönem Saitenklang,
daß ein jeder dort hinzulief,
einer nach dem andren rief.
Das Hofgefolge kam sehr rasch,
wobei die meisten auch noch rannten,
doch keinem schien, er käm zu früh.
Und Marke saß und schaute zu,
und war in den Gedanken ständig
nur bei Tristan, seinem Freund,
und war darüber höchst erstaunt,
daß der so höfische Erziehung
und ein derart großes Können
so gut verbergen konnte,

obwohl es ihm durchaus bewußt war.
Nun fing Tristan richtig an,
ließ für sie ein Lied erklingen
von der äußerst stolzen Liebsten
Gralands, der ein schöner Mann war.
Er begann so gut zu spielen,
er harfte derart rühmenswert
die Melodie aus der Britannie,
daß da mancher stand und saß,
der seinen Namen glatt vergaß.
So begannen Herzen, Ohren
verrückt zu spielen, wirr zu werden,
aus der Fassung zu geraten...
Man dachte sich mal dieses,
man dachte sich mal jenes,
jedoch am meisten dachte man:
»Ah, gesegnet sei der Kaufmann,
der solch noblen Sohn gezeugt!«
Ja, er ließ die weißen Finger
mit äußerster Behendigkeit
in die Saiten greifen;
die erzeugten solche Klänge,
daß sie diesen Festsaal füllten.
Auch Augen waren ganz dabei:
sehr viele schauten nur dorthin,
starrten ihm auf seine Hände.
Schließlich war das Lied beendet.
Der gute König schickte jemand,
ließ ihn die Bitte überbringen,
noch ein weitres Lied zu spielen.
»Avec plaisir«, so sagte Tristan.
Mit vollen Griffen spielte er
noch eine Liebesmelodie
aus dem alten Babylon:
de Tisbé, la courtoise.
Dies harfte er so wunderschön,
er ward den Noten so gerecht
(wie das den wahren Meister zeigt),
daß der Harfner ganz verblüfft war.
Wo es jeweils passend schien,
ließ der virtuose Könner

auf betörend schöne Weise
Strophen seines chant einfließen.
Er sang die Melodie des Liedes
auf Britannisch und Walisisch,
auf Französisch, auf Latein
mit einer solchen Lieblichkeit,
daß keiner hätte wissen können,
was von beidem schöner sei,
was noch mehr Applaus verdiente:
sein Singen oder Harfenspiel.
Es begann da über ihn
und über seine Fähigkeiten
viel Gespräch und Diskussion.
Es waren alle überzeugt,
daß sie in diesem Reich noch nie
solch Geschick bei einem Mann bemerkt.
Man fragte hier, man fragte dort:
»Ah, was ist das für ein Junge?!
Wen haben wir da im Gefolge?!
Alle Pagen dieser Welt
kann man ganz vergessen
im Vergleich zu unserm Tristan!«
Als Tristan dieses Lied
in seinem Stil verklingen ließ,
sagte Marke: »Tristan, komm!
Der dir Unterricht erteilt hat,
der sei vor Gott geehrt,
und du mit ihm. Dies ist vollendet!
Deine Lieder werd ich gerne hören,
manchmal, zu der Schlafenszeit,
falls du noch nicht schlafen kannst.
Du tust mir gut, tust was für dich…«
»Herr, sehr wohl!« »Sag, spielst du
noch andre Saiteninstrumente?«
»Nein, Herr« sprach er. »Wirklich nicht?
Weil ich dir so lieb bin, Tristan,
stelle ich dir diese Frage.«
»Herr«, so sagte Tristan gleich,
»Ihr hättet mich nicht mahnen müssen
mit solchem Nachdruck, denn ich sag es,
weil ich Euch Antwort schuldig bin

und Ihr darauf besteht.
Herr, ich habe jede Art
von Saitenspiel mit Fleiß erlernt,
doch keins beherrsche ich so gut,
daß ich es nicht gern steigern würde.
Jedoch, ich habe diese Studien
nur eine kurze Zeit betrieben,
ich tat es nicht mal sieben Jahre,
dies mit Unterbrechungen –
nun ja, es war doch etwas mehr...
Ich lernte von Parmeniern
die Fiedel streichen, Leier drehn;
das Spiel der Harfe, Harfenzither
brachten mir zwei Meister bei,
Waliser, aus dem Lande Wales,
und mich lehrten zwei Britannen
(beide kamen sie aus London)
Leier und Sambioca spielen.«
»*Sambioca*?! Lieber Mann, was ist das?«
»Mein liebstes Saiteninstrument!«
»Seht nur«, rief die Hofgefolgschaft,
»Gott hat diesen jungen Mann
für ein Leben der Genüsse
mit Gnadengaben reich beschenkt!«
Marke fragte ihn noch weiter:
»Tristan, eben sangst du doch
auf Britannisch und Walisisch,
lingua latina, en français –
du kennst die Sprachen?« »Ja, Herr,
ziemlich gut.« Da drängte sich
jedermann vom Hof heran,
und wer von fremden Sprachen
der Nachbarländer etwas konnte,
der stellte ihn gleich auf die Probe,
der eine so, der andre so,
und dabei gab er höflich Antwort
auf alles, was sie fragten –
den Norwegern, Irländern,
Schotten, Dänen, Allemands...
Da wurde mancher herzlich neidisch
auf Tristans Fertigkeiten,

da wäre mehr als einer
am liebsten so wie er gewesen;
das Begehren vieler Herzen
sagte ihm (im Innern!) freundlich:
»Ah, Tristan, wär ich nur wie du...«
»Tristan, wirst ein schönes Leben führen...«
»Tristan, alle Bildung, die ein Mensch
in diesem Leben haben kann,
mit ihr bist du beschenkt...«
Indessen redete da alles
heftig durcheinander.
»Hört!« rief dieser, »hört!«, rief jener,
»alle Welt, sie höre her:
ein junger Mann von vierzehn Jahren
ist in jeder Kunst vollendet!«
Der König: »Tristan, hör mir zu!
An dir ist alles, was ich wünsche,
du kannst alles, was ich schätze:
Waidwerk, Sprachen, Saitenspiel –
nun laß uns auch Gefährten sein,
ich der deine, du der meine.
Am Tage reiten wir zur Jagd,
am Abend gehen wir zu Hause
höfischen Tätigkeiten nach:
harfen, fiedeln, singen –
das kannst du gut, so spiel für mich!
Ich spiele dir dafür dann zu,
was sich dein Herz nur wünschen mag:
schöne Kleidung, Pferde
schenk ich dir, soviel du willst –
so tu ich spielend was für dich!
Schau, mein Schwert und meine Sporen,
die Armbrust und mein goldnes Horn
vertraue ich dir an, mein Freund;
nimm sie in deine Obhut, Pflege
und bleibe höfisch frohgestimmt!«
So war der heimatlose Junge
an diesem Hofe ein vertrauter Diener;
man sah bei einem jungen Mann
nie solchen Segen wie bei ihm;
was er tat und was er sagte,

das alles schien – und war – so gut,
daß ihm die Menschen Freundlichkeit
erwiesen, wahre Herzlichkeit.
Damit sei hier genug erzählt,
lassen wir dies Thema ruhn
und wenden uns dem andren zu:
Was sein Vater, Marschall Don Rual,
le fidèle et très loyal,
unternahm, um ihn zu finden,
nachdem er ihn verloren hatte.

***

Don Rual, le très loyal,
er reiste gleich im Schiff übers Meer,
und zwar mit großem Fonds,
war er doch fest entschlossen,
nicht eher umzukehren,
bevor er keine klare,
sichre Nachricht hätte,
wo sich sein junger Herr befinde.
So legte er in Norwegen an.
Er suchte früh und spät
im gesamten Land
nach Tristan, seinem Freund.
Was half das schon, er war nicht dort,
sein ganzes Suchen war umsonst.
Weil er ihn da nicht finden konnte,
machte er sich auf nach Irland,
doch seht, dort konnte er nicht mehr
von ihm erfahren als vorher.
Inzwischen schrumpften seine Mittel,
sie erschöpften sich so sehr,
daß er abstieg, um zu laufen;
seine Pferde ließ er verkaufen.
Und er schickte seine Leute
mit dem Erlös davon nach Hause.
Er überließ sich selbst der Not,
ging eben betteln um sein Brot;
beständig Tristan suchend,

setzte er dies unbeirrt
gut drei Jahre lang und mehr
von einem Reich zum nächsten fort,
von einem Land zum anderen,
bis er zuletzt in solchem Maße
im Erscheinungsbild verlor,
in seiner körperlichen Schönheit,
daß keiner, der ihn nun erblickte,
mit Bestimmtheit sagen konnte,
er sei als Herr geboren worden.
Der werte Don Rual
ertrug die ganze Last der Schande
im Stile eines chemineau,
dem die Armut freilich nicht
den festen Willen rauben konnte –
wie sie das bei vielen tut!
Als es in das vierte Jahr ging,
befand er sich zu Dänemark
und suchte sehr genau auch dort
kreuz und quer, von Ort zu Ort.
Durch Gottes Gnade traf er
die beiden Pilgersleute,
denen Tristan, sein junger Herr,
im Wald auf der Straße begegnet war.
Er befragte sie sofort,
und sie konnten ihm berichten,
wann, wie lange her es war,
daß sie einen Knaben sahen,
genau wie nun von ihm beschrieben,
und daß er sie begleiten durfte;
worin er unverkennbar war
im Gesicht, mit seinem Haar,
in seinem Sprechen und Gebaren,
mit seinem Körper, seiner Kleidung
und daß er eine ganze Menge
Sprachen konnte, Fertigkeiten.
Sofort und auf der Stelle
erkannte er, daß *er* es war!
Er bat darauf die Pilger,
sie sollten ihm, um Gottes willen,
den Ort genau benennen,

wo sie ihn hätten gehen lassen –
soweit sie noch den Namen wüßten.
Sie berichteten Rual,
dies sei in Cornwall gewesen,
in der Nähe von Tintagel.
Wieder und wieder ließ er sich
den Ort benennen, fragte: »Cornwall –
in welcher Richtung liegt denn das?«
»Es grenzt«, so sagten jene gleich,
»an die Britannie, hintendran.«
»Ah, Herr des Himmels«, dachte er,
»hier zeigt sich Deine Gnade!
Wenn Tristan, wie ich nun erfahre,
auf diesem Weg nach Cornwall kam,
so ist er wahrlich heimgekehrt,
denn Marke ist sein Onkel.
Ja, führ mich hin, mein lieber Gott!
Ah, Gott der Herr, tu mir doch bald
durch Dein Gebot die Wohltat an,
daß ich Tristan sehen kann!
Die Nachricht, die ich hörte,
sie möge mir zum Glück geraten.
Die scheint mir, und die *ist* auch gut!
Die hat mir meine Schwermut
genommen und mich froh gestimmt!«
»Ihr frommen Herren«, sagte er,
»der Sohn der Jungfrau schütze euch.
Ich mache mich nun auf den Weg
und schaue zu, ob ich ihn finde.«
»Der die ganze Welt beherrscht,
Er führe Euch zu diesem Jungen!«
»Danke« gab Rual zur Antwort,
»laßt mich gehn, ich hab es eilig!«
Die beiden: »Freund, à Dieu, adieu…«
  Rual ging seine Straße weiter,
und er gönnte sich nicht mal
einen halben Tag lang Rast,
bevor er nicht das Meer erreichte.
Dort machte er – gezwungen – Rast:
es war kein Schiff zur Fahrt bereit.
Und als er dort Passage fand,

reiste er in die Britannie.
Durch dieses Land marschierte er
derart wild entschlossen,
daß für ihn kein Tag zu lang war,
daß er darauf verzichtet hätte,
in die Nacht hinein zu wandern.
Die Hoffnung durch die gute Nachricht
gab ihm dazu Kraft und Schwung;
sie ließ ihm die Strapazen
leicht erscheinen, ganz gering.
Kaum in Cornwall angekommen,
zog er gleich die Auskunft ein,
wo Tintagel liege.
Man zeigte ihm sofort den Weg.
So setzte er die Reise fort,
langte in Tintagel an,
an einem Samstag, früh am Morgen,
als es Zeit war für die Messe.
So stellte er sich vor die Kirche.
Dort gingen Leute hin und her,
er schaute aus in jede Richtung,
spähte mal nach hier, nach dort,
ob sich einer finden ließe,
der ihm für seine Frage
recht und passend schiene.
Er dachte ständig bei sich selbst:
»Die Leute laufen mir den Rang ab.
An wen ich mich auch wenden mag,
er wird sich, fürchte ich, zu gut sein,
mir Auskunft über ihn zu geben,
weil ich so verwahrlost bin.
Herrgott, sag mir, was ich tun soll.«

Nun nahte sich der König Marke
mit seiner Schar in vollem Glanz.
Die schaute der Getreue an,
doch sah nicht, den er sehen wollte...
Als der König im Begriff war,
vom Gottesdienst zur Burg zu gehen,
stellte sich Rual an diesen Weg,
zog dort einen alten Höfling
auf die Seite, ganz diskret.

»Ah, Herr, so habt die Güte,
mir zu sagen, ob Ihr wißt,
ob ein Page hier am Hof ist,
der beim König wohnen soll
und den man Tristan nennt.«
»Ein Page?!« fragte jener gleich,
»*Page* läßt sich nicht mehr sagen...
Ein Knappe ists im Herrendienst,
dem bald das Schwert verliehen wird
und den der König äußerst schätzt,
weil er so manche Kunst beherrscht,
so manche Fertigkeit besitzt
und die Lebensart des Hofes.
Er ist ein strammer junger Mann
mit hellgelocktem Haar,
mit vollendeten Manieren –
allerdings, er kommt vom Ausland.
Wir nennen ihn hier Tristan.«
»Mein Herr«, so fragte gleich Rual,
»gehört Ihr denn zur Hofgefolgschaft?«
»In der Tat.« »Bei Eurer Ehre,
tut ein kleines bißchen mehr
(denn Ihr tut sehr gut daran!),
sagt ihm, hier sei ein armer Mann,
der ihn sehn und sprechen wolle.
Macht ihm mit allem Nachdruck klar,
daß ich aus seiner Heimat komme.«
Jener gab an Tristan weiter,
es sei ein Landsmann angekommen;
Tristan ging sofort dahin.
Kaum, daß er ihn erblickte,
rief er aus, mit Herz und Mund:
»Unser Herr des Himmels sei
gebenedeit in Ewigkeit,
daß ich dich, Vater, sehen darf!«
Dies war der Anfang der Begrüßung;
dann sprang er lächelnd auf ihn zu
und küßte den loyalen Mann –
so solls ein Sohn beim Vater tun!
Das war auch völlig richtig so:
der war sein Vater, er sein Sohn.

Keiner von den Vätern, die heut leben,
und die je vor uns gelebt,
sie handelten an ihren Kindern
so väterlich wie er an ihm.
Ja, Tristan hatte in *einer* Person
Vater, Mutter, Onkel, Lehnsmann
und allen Anhang, je gewonnen,
fest in seine Arme genommen.
Er sagte, tief bewegt:
»Ah, guter, treuer Vater,
sag mir, ob die liebe Mutter,
die Brüder noch am Leben sind.«
»Ich weiß nicht, guter Sohn. Jedoch
sie lebten, als ich sie zuletzt gesehn,
nur mußten sie sehr großes Leid
ertragen wegen dir.
Doch wie es ihnen später ging,
darüber kann ich dir nichts sagen,
denn ich sah seit langer Zeit
keinerlei Bekannte,
ich war auch nie mehr in der Heimat –
seit der verfluchten Stunde nicht,
als mich dein ganzes Unheil traf.«
»Ah«, so rief er, »guter Vater,
was sind denn das hier für Geschichten?
Wo blieb die Schönheit deines Körpers?!«
»Ach, Sohn, du hast sie mir genommen.«
»So will ich sie dir wiedergeben.«
»Sohn, das mögen wir erleben!«
»Nun, Vater, komm zum Hof mit mir.«
»Nein, Sohn, ich folg dir nicht dorthin.
Du siehst doch selbst, ich wäre
in *dieser* Form nicht hofgerecht!«
»Vater, nein, dies *muß* geschehn!
Mein Herr, der König, soll dich sehn.«
Rual, der gute Mann des Hofs,
er sagte in Gedanken, im Gemüt:
»Meine Blößen stören nicht...
Wie ich auch vor den König trete:
er wird mich gerne sehen,
wenn ich von seinem Neffen,

der hier steht, genau berichte;
wenn ich alle diese Taten
von Anfang an erzähle,
wird glanzvoll, was ich trage.«
  Tristan nahm ihn an der Hand.
Die Sachen und die Kleidung sahen
unvermeidlich aus wie folgt:
ein bettelarmer kleiner Rock,
abgetragen und verschlissen,
an vielen Stellen eingerissen –
darüber trug er keinen Mantel;
die Kleidungsstücke, die der Gute
unter seinem Rocke trug,
sie sahen reichlich ärmlich aus,
abgenutzt und arg verschmutzt;
und völlig ungepflegt
das Haupthaar, und sein Bart
war derart dicht verfilzt,
als wäre er ein Wilder Mann;
auch ging der Rühmenswerte
mit bloßen Füßen, nackten Beinen;
dazu war er so verwittert
wie – unausweichlich – alle,
denen Hunger, Kälte, Wind
das Äußere entstellen.
So trat er auf vor Marke;
der beschaute sein Gesicht
und wandte sich an den Begleiter:
»Tristan, sag, wer ist der Mann?«
»Mein Vater, Herr«, so sagte Tristan.
»Ist das wahr?« »So ist es, Herr.«
»Er soll uns hier willkommen sein«,
so gab der Treffliche zurück.
Ruals Verbeugung, hofgerecht.
Und schon kam die Ritterschaft
scharenweise angelaufen,
mit ihr das ganze Hofgefolge,
und alle riefen zu Rual:
»Sire, Sire, Dieu vous salue!«
Ihr müßt nun wissen, daß Rual,
der bezüglich seiner Kleidung

gar nicht hofgerecht erschien,
dennoch, und das ist die Wahrheit,
körperlich und im Verhalten
ohne Makel, herrlich war!
Sein Körper war von wahrem Adel;
in den Gliedern, der Statur
war er hünenhaft gewachsen;
die Arme, Beine lang genug;
schön, gemessen war sein Gang,
sein Körper schönstens ausgeformt;
war nicht zu jung, war nicht zu alt,
war eben in den besten Jahren,
wenn das Alter wie die Jugend
dem Leben beste Kräfte geben;
er war in seiner Hoheit
jedem Kaiser ebenbürtig;
die Stimme klang posaunenhaft,
seine Rede war gestutzt;
als wahren Herren sah man ihn
vor all den hohen Herren stehn –
das war schon früher so bei ihm.
  Nun begann ein großes Raunen
unter Rittern und barons,
die Worte flogen hin und her.
»Ja«, so hieß es, »ist es *der*?
Ist *dies* nicht der courtoise Kaufmann,
von dem uns Tristan, der sein Sohn ist,
so viel Treffliches erzählte?!
Man hat von seiner Tüchtigkeit
Geschichten über Geschichten gehört –
weshalb erscheint der *so* am Hof?«
Sie redeten mal dies, mal das.
Ihn ließ der generöse König
in sein privates Zimmer führen;
man legte dort auf sein Geheiß
kostbare Kleidung für ihn bereit.
Tristan hatte ihn bald darauf
schonend gebadet, dann bekleidet.
Ein kleiner Hut lag auch bereit,
den setzte er sich auf, und wirklich:
er stand ihm ausgezeichnet –

sein Gesicht war einfach edel,
die Erscheinung eines Herrn!
Tristan nahm ihn an der Hand,
so freundlich, wie sich das gehörte,
und führte ihn zurück zu Marke.
Nun begann er allen sehr,
ja mächtig zu gefallen.
Und sie sagten zueinander:
»Hier habt ihr den Beweis, wie rasch
feine Kleider große Leute machen!
Diese Kleidung steht dem Kaufmann
gut, ja ausgezeichnet. Ah,
er *selber* ist ein wahrer Herr!
Vielleicht ist er von hohem Rang!
Um die Wahrheit zu bekennen,
er führt sich dementsprechend auf.
Schaut, wie herrenhaft er schreitet,
wie würdevoll er sich verhält
in diesen noblen Roben!
Allein an Tristan zeigt sich euch,
wie vortrefflich dieser Mann ist!
Wie hätte denn ein Mann des Handels
sein Kind so gut erziehen können,
wenn sein Herz nicht nobel wäre?«

Man hatte sich die Hände gewaschen,
der König war zu Tisch gegangen.
Er holte seinen Gast Rual
sofort an seinen Tisch und ließ ihn
hofgerecht und gut bedienen,
wie das dem Mann des Hofs gebührt.
»Tristan«, rief er, »rasch hierher,
bediene selber deinen Vater!«
Ich weiß genau, daß dies geschah.
Die Rücksicht, alle Ehre,
die er ihm erweisen konnte,
waren groß wie seine Liebe.
Und es aß Rual, der Gute,
mit großem Appetit,
denn Tristan stimmte ihn sehr froh –
Tristan war sein Liebesmahl:

daß er Tristan sehen konnte,
war ihm ein Genuß, ein großer!
Als man sich vom Tisch erhob,
begann der König ein Gespräch mit ihm;
er stellte ihm verschiedne Fragen,
sowohl nach seiner Heimat
als auch nach seiner Reise.
Und während er die Fragen stellte,
horchten alle Ritter auf
und folgten der Geschichte des Rual.
Der erzählte: »Herr, es ist nun
so gut wie dreieinhalb Jahre her,
seit ich meine Heimat verließ.
Wohin ich seither auch gereist,
ich fragte ständig nur nach *einem*,
das mich ganz und gar beschäftigt
und das mich hergeleitet hat.«
»Was war das?« »Tristan, der hier steht.
Ihr könnt mir glauben, Herr, daß Gott
mir auch noch weitre Kinder schenkte,
denen ich das Beste wünsche,
wie jeder Mann, der Kinder hat.
Drei Söhne! Wär ich für sie dagewesen,
so wär von ihnen ein Bestimmter
heute sicher schon ein Ritter.
Denn hätte ich für alle drei
nur halb soviel erduldet,
wie ich für Tristan erduldet habe,
obwohl er mir ein Fremder ist,
es wäre sehr, sehr viel gewesen!«
»Ein Fremder?!« fragte da der König.
»Erzähl uns, was das auf sich hat!
Er ist doch Euer Sohn, wie er betont?«
»Nein, Herr, kein Familienband.
Nur soviel: ich bin sein Lehnsmann.«
Tristan fuhr auf und starrte ihn an.
Der König wieder: »Nun erklärt uns,
weshalb, aus welchem Grunde Ihr
die Strapazen für ihn ertragen,
Frau und Kinder verlassen habt,
und zwar schon lang, wie Ihr behauptet,

wenn er gar nicht Euer Sohn ist?!«
»Herr, das weiß nur Gott. Und ich.«
»Nun, Freund, so weiht mich auch noch ein...«
sagte drauf der gute Marke,
»die Sache wundert mich doch sehr.«
»Wenn ich wüßte«, sprach der Treue,
»daß ich es nicht bereuen müßte
und daß es hier nicht ungehörig
wäre, all dies vorzutragen,
so könnte ich Euch wunders was
erzählen, Herr, wie sich die Sache
mit Tristan – der hier steht –
entwickelt hat und sich gefügt.«
Und sämtliche suivants,
Marke, seine baronie,
sie baten ihn sofort
alle wie aus einem Munde:
»Mann des Glücks und Mann der Treue,
sagt uns schon, wer Tristan ist!«
Rual, der Gute, sagte nun:
»Herr, es war vor längrer Zeit –
wie Ihr wißt und alle,
die damals hier gewesen sind –,
daß Riwalon, mein gnädger Herr,
bei dem ich Dienstmann war (und wäre,
wenn es Gott gefallen hätte,
ihm das Leben noch zu lassen!),
daß ihm von Eurer Tüchtigkeit
so viel, so viel berichtet wurde,
daß er mir die Landesherrschaft
zu treuen Händen übergab.
So kam er her in dieses Land,
er wollte Euch gern kennenlernen,
und er wurde hier ein Hofmann.
Ihr wißt ja selber recht genau,
wie die histoire scandaleuse
der schönen Blanchefleur verlief,
wie sie ihm zufiel als Geliebte,
und wie er sie von hier entführte.
Als sie ihren Wohnsitz nahmen,
in den Stand der Ehe traten

(dies geschah in meinem Heim,
wobei ich Zeuge war, mit vielen),
da gab er sie in meine Obhut.
(Seither war ich für sie der Vormund,
so gut ich das vermochte.)
Es geschah ganz kurz danach,
daß er in seinem Lande
die Verwandten, Lehensträger
zu einem Feldzug bat und rief,
und bald darauf schon brach er auf,
und ward in einer Schlacht getötet.
Ihr habt das zweifellos gehört.
Als diese Nachricht uns erreichte,
und es begriff die Wunderschöne,
was sich dort ereignet hatte,
da fuhr der tödliche Schmerz
so heftig in ihr Herz –
Tristan hier, den sie da trug,
ihn brachte sie im Schock zur Welt.
Und sie selbst verschied dabei.«
In dem Moment befiel den Treuen
derart tief gefühlter Schmerz,
daß er ihn deutlich zeigen mußte,
und so saß er denn und weinte,
als wäre er ein Kind.
Und nun ließ auch die Geschichte
all den anderen
die Augen übergehn;
dem guten König Marke,
dem ging es derart stark
mit Jammer aufs Gemüt,
daß ihm der Herzensschmerz
mit Tränen aus den Augen floß
und ihm die Wangen, Kleider näßte.
Die Geschichte war für Tristan
im tiefsten Innern schmerzlich,
und zwar aus diesem einen Grund,
daß er in dem loyalen Mann
den Vater *und* das Vater-Wunschbild
dergestalt verlieren mußte.
Da saß Rual, der Gute,

mit traurigem Gemüt,
berichtete der Hofgefolgschaft
vom bedauernswerten Kindchen,
wie sehr er das umsorgen ließ,
als die Mutter es geboren hatte;
und wie ers an geheimem Ort
verbergen und verstecken ließ;
und wie er das Gerücht verbreiten,
den Herrn des Landes sagen ließ,
es sei im Mutterleib verstorben;
und wie er seiner Frau befahl
(was ich euch bereits erzählte),
sie solle sich ins Bett begeben
als Frau, die sich ins Kindbett legt,
und daß sie nach bekannter Frist
den Herren stets versicherte,
daß sie dies Kind geboren hätte;
wie sie mit ihm zur Kirche ging,
wie er die Taufe dort empfing,
weshalb man ihn dann Tristan nannte;
wie er ihn ins Ausland schickte,
und alle seine Fertigkeiten
(mit den Händen, mit dem Mund),
wie er sie ihm vermitteln ließ;
und wie er ihn im Schiff zurückließ
und wie er ihm entrissen wurde
und wie er unter vielen Strapazen
hergekommen, nach ihm suchend.
  So saß er und erzählte
die Geschichte, von Anfang an.
Die beweinte und beweinte Marke,
die beweinten alle miteinander –
bis auf Tristan, ihn allein;
was er da erzählen hörte,
darüber konnte er nicht klagen –
die Sache traf ihn viel zu jäh!
  Was auch Rual, der gute Mann,
dem Hof an schmerzlichen Geschichten
vom Liebespaar erzählen mochte,
von Riwalon und Blanchefleur –
diese ganze histoire,

sie wog gering, allein
verglichen mit der Treue,
die er dem Kind der beiden
nach ihrem Tod erwiesen hatte –
wie, das habt ihr schon gehört.
Für die Hofgefolgschaft war dies
die größte Treue, die ein Lehnsmann
seiner Herrschaft je entgegenbrachte.

Als der Bericht beendet war,
fragte Marke seinen Gast:
»Stimmt das auch, was Ihr erzählt?«
Da legte ihm Rual, der gute,
einen Ring in seine Hand.
»Nehmt dies, Herr, als den Beweis
des Berichtes, der Geschichte.«
Der gute, brave Marke
hob den Ring, beschaute ihn.
Der Jammer, der ihn da ergriff,
der war so groß wie früher.
»Ah«, so rief er, »liebe Schwester,
den Ring, den hab ich dir geschenkt,
den hatte Vater mir geschenkt,
als er im Sterben lag.
Nun vertrau ich der Geschichte!
Tristan, komm und küsse mich!
Ja, solang wir beide leben,
werd ich dein Erbvater sein.
Deine Mutter Blanchefleur
und dein Vater Riwalon –
Gott sei ihren Seelen gnädig,
Er möge ihnen beiden
ewig lebendiges Leben schenken.
Weil alles so gekommen ist,
daß du mir zugefallen bist
durch die liebste Schwester mein,
werd ich für immer fröhlich sein,
wenn das der Herr im Himmel will.«

Er wandte sich an seinen Gast:
»Lieber Freund, nun sagt mir schon,
wer Ihr seid und wie Ihr heißt.«
»Rual, Herr.« »Wie – Rual?!« »Ja.«

Und sofort fiel Marke ein
(denn er hatte früher schon
viel von ihm erzählen hören),
wie weise und wie ehrenhaft
und wie loyal er sei,
und fragte: »Rual le très loyal?«
»Ja, Herr, so werde ich genannt.«
Der gute Marke nichts wie hoch!
Und küßte ihn! Und nahm ihn auf,
so glanzvoll, wie ihm das gebührte.
Die hohen Herren drängten sich
sogleich heran und küßten ihn
einer nach dem anderen,
embrassierten ihn sehr herzlich,
saluierten hofgerecht:
»Willkommen, würdiger Rual,
du wahres Weltenwunder!«
  Rual war dort willkommen.
Und schon hatte ihn der König
an die Hand genommen, führte ihn weg.
Sehr liebenswürdig bat er ihn,
an seiner Seite Platz zu nehmen.
Sie griffen die Geschichten auf
und sprachen vielerlei,
sowohl von Tristan
wie von Blanchefleur
und auch von jener histoire:
was Riwalon und Morgan
einander angetan
und wie das alles endete.
Die Unterhaltung führte bald dazu,
daß der König dem Rual erzählte,
durch welche schlaue Tat
Tristan hergekommen sei
und wie er dann erfunden habe,
sein Vater sei ein Kaufmann.
  Rual, der schaute Tristan an:
»Mein Freund, ich habe lange,
sehr geschäftig, sehr beschäftigt,
ganz im Stil von armen Leuten,
die marchanderie bis jetzt

in Blick auf dich betrieben.
Doch das alles fand ja nun
ein wahrhaft gutes Ende.
Dafür werd ich meine Hände
in Zukunft stets zu Gott erheben.«
Tristan sprach: »Ich seh das so:
diese Geschichten führen dazu,
daß sie mich spät erst glücklich machen.
Falls ich alles recht verstand,
wird Kurioses über mich erzählt:
ich höre meinen Vater sagen,
mein Vater, der sei lange tot.
Entzieht sich mir in *dem* Moment!
Ich muß nun ohne Vater leben –
zwei Väter hatte ich gefunden!
Ach, Vater, Vater-Wunschbild,
so seid ihr mir genommen worden.
Von dem ich behauptet, ich hätt in ihm
den Vater gefunden – grad an *den*
verlier ich meine beiden Väter:
ihn selbst und den ich nie gesehn.«
Da sprach der gute Marschall wieder:
»Was soll das heißen, Tristan, Freund?!
Sag das nicht, so stimmt das nicht!
Denn du bist durch meine Ankunft
im Range höher als du glaubtest,
es bringt dir ständig Ehre ein.
Du hast auch *weiterhin* zwei Väter –
meinen Herrn hier und mich selbst.
Er ist dein Vater, wie ich das bin.
Nimm halt meinen Vorschlag an,
so gewinnst du für die Zukunft
gleichen Rang mit Königen.
Red nicht weiter, tu nur dies:
bitt meinen Herrn und deinen Onkel,
er möge deine Rückkehr fördern
und dich hier zum Ritter machen;
du hast dann künftig Vollmacht,
für dich selber einzustehn.
Ihr Herren, legt dafür ein Wort ein,
daß mein Herr dies gerne tu!«

Sie stimmten allesamt dafür:
»Herr, die Sache geht in Ordnung!
Tristan hat genügend Kraft,
er ist ein voll erwachsner Mann.«
Der König fragte: »Neffe Tristan,
sag, wie stehst du selbst dazu?
Ist dir lieb, daß ich dies tu?«
»Lieber Herr, ich sag Euch, was ich will.
Hätt ich so herrlich viel Besitz,
daß ich ganz nach meinen Wünschen
so als Ritter leben könnte,
daß ich mich nicht des Titels *Ritter*,
noch er sich meiner schämen müßte
und der Rang des Rittertums
nicht durch mich verkleinert würde,
so wollt ich gerne Ritter sein,
um meine müßige Jugendzeit
zu beleben, auszurichten
auf Ehren, Würden dieser Welt.
Denn Ritterschaft, so wird gesagt,
muß stets von Kindesbeinen an
ihren Anfang nehmen,
sonst wird sie niemals seriös.
Daß ich die unerfahrne Jugend
so gut wie nie belebte
zu Würde und Vortrefflichkeit,
ist eine schlimme Unterlassung,
das mache ich mir selbst zum Vorwurf.
Dabei weiß ich schon sehr lange:
Bequemlichkeit und Ritterruhm,
sie passen gar nicht zueinander,
lassen sich nur schlecht verbinden.
Auch hab ich selber klar gelesen,
daß die Ehre Mühen fordert;
Faulheit ist der Tod der Ehre,
wenn man ihr zu lang, zu sehr
verfällt in seinen jungen Jahren.
Und seid in diesem Punkte sicher:
hätte ich vor einem Jahr
oder früher schon erfahren,
daß mein Status derart hoch ist,

so wäre ich schon längst ein Ritter.
Doch weil man damals dies verpaßte,
hole ich das nach, mit Recht,
ich habe allen Anspruch drauf,
mit meinem Körper, dem Gemüt.
Gott verhelf mir zu den Mitteln,
auf daß mein Wünschen sich erfülle.«
»Neffe, übernimm das selbst!
Sieh zu, wie du verfahren würdest,
wenn du König wärst und Herr
des gesamten Lands von Cornwall!
Jedoch: hier sitzt Rual, dein Vater,
der zu dir so loyal ist –
er geb dir Mittel, *sei* dir Mittel,
auf daß sich alles so erfüllt,
wie es deinem Plan entspricht.
Sehr geliebter Neffe Tristan,
leb nicht wie ein armer Mann,
denn du besitzt Parmenien,
und das wird stets dein eigen sein –
falls ich und dein Vater Rual das erleben.
Auch leist ich einen Sonderbeitrag:
mein Land, die Lehnsherrn, mein Besitz,
an all dem hast du teil,
mein lieber Neffe. Wenn du den Rang
deiner Ahnherrn haben willst,
und ist dein Ehrgeiz so beschaffen,
wie ichs von dir vernommen habe,
so schone nicht, was ich besitze!
Cornwall bringe dir Erlöse,
die Krone leiste dir Erträge.
Soll dich die Gesellschaft achten,
so zeig die Haltung eines Herrn –
ich stell dir herr-liche Mittel bereit!
Schau, dein Fonds ist kaiserlich,
drum bleib nicht hinter dir zurück;
bist du von dir nur überzeugt,
besitzt du angemessnen Ehrgeiz,
zu dem du dich vor mir bekannt,
so wirst du mir das bald beweisen.
Schau, find ich Rittersinn bei dir,

so findest du den Schrein bei mir,
gefüllt zu deiner freien Verfügung;
Tintagel wird, und zwar auf Dauer,
dein trésor sein und dein Schatz.
Galoppierst du mir voran
mit dem Sinn des Ritterherrn
und halt ich mit dem Schatz nicht Schritt,
so lös sich alles auf in nichts,
was ich besitze hier in Cornwall.«
  Nun wurde sich sehr viel verbeugt:
es verbeugten sich die Zeugen
dieser öffentlichen Erklärung.
Sie boten und entboten ihm
mit lautem Zuruf Ehr und Preis.
»König Marke«, riefen alle,
»du sprichst, wie das dem Hof gebührt.
Dein Entschluß geziemt der Krone!
Dein Mund, dein Herz und deine Hand,
sie mögen stets dies Land beherrschen.
Sei immer König über Cornwall!«
  Don Rual, der treue Marschall,
und Tristan, der sein junger Herr war,
sie ordneten und orderten
in Relation zu den Ressourcen,
die der König angeboten –
in diesem Rahmen blieben sie.

Nun disputier ich ihre Lebensalter,
das des Vaters, das des Sohns,
denn man legt uns ein Problem vor:
Weil das Alter und die Jugend
wenig Qualitäten teilen
(wo die Jugend Geld verschleudert,
hält das Alter es beisammen…) –
wie könnten sich die beiden Alter
dahingehend einig werden,
daß ein jedes dieser beiden
seine Wünsche so erfüllte,
wie dies zum Alter passen würde,
was denn hieße, daß Rual
beim Besitz das Augenmaß

und Tristan seinen Ehrgeiz
in vollem Maß erfüllen würde?
Meine rasche, klare Lösung:
die Neigung, die Rual und Tristan
zueinander fühlten,
war so völlig gleichgewichtig,
daß – im Guten, Bösen – keiner
zu etwas riet und raten wollte,
was der andre sich nicht wünschte.
Rual, bekannt durch reife Haltung,
machte Tristan Konzessionen,
und zwar im Blick auf seine Jugend;
Tristan beugte sich dafür
vor der Weisheit des Rual.
Das führte sie zu *einem* Ziel
des Wünschens, das gemeinsam war:
daß jeder wie der andre wünschte.
So waren diese beiden einig
in ihrem Willen, ihrem Wollen;
Alter, Jugend harmonierten
in der *einen* Qualität:
es stimmten Ehrgeiz, Weisheit überein.
In diesem Ausgleich wahrte
Tristan seine Kraft im Ehrgeiz,
Rual das Augenmaß im Reichtum,
so daß in dieser Lage jeder
seinem Status ganz entsprach.

So gingen denn Rual und Tristan
mit Umsicht ihre Sache an,
wie es beiden auch entsprach:
sie schafften binnen dreißig Tagen
Gewänder bei und Rüstungen,
die dreißig Ritter tragen sollten,
die der courtoise Tristan
zu seinem Anhang machen wollte.
Wer mich nach ihrer Kleidung fragt
und nach dem Festglanz ihrer Kleidung,
wie man die zusammenstellte,
so brauch ich nicht lang nachzudenken,
erzähl ihm, was die Quelle sagt.

Erzähle ich ihm etwas andres,
so widerlege er mich hier,
erzähle besser selbst davon.
  Ihre Kleider waren vierfach
zugeschnitten auf den Glanz,
und dieser Glanz war vierfach groß
in seiner tieferen Bedeutung:
der erste war der Ehrgeiz,
der zweite war der reiche Fonds,
der dritte war das Augenmaß –
das schneidert eins und zwei zurecht;
der vierte war der Geist des Hofs,
der nähte für die drei zusammen.
Alle viere handelten
genau nach ihrem Wesen:
der Ehrgeiz stellte Forderungen,
der reiche Fonds belieferte,
das Augenmaß entwarf, schnitt zu,
der Geist des Hofes nähte alle Kleider
und dazu décorations,
Wimpel und caparaçons –
kurz, alles was ein Ritter braucht,
was sich gehört für einen Ritter.
Was auf seinem Roß den Mann
als einen Ritter zeigen kann,
dies Zubehör war äußerst prächtig,
war derart prächtig, daß es auch
zu einem König passen würde,
der darin zum Ritter wird.
  Da der Anhang nun bereit ist
im Festglanz nach dem Augenmaß –
wo setz ich beim Erzählen an,
daß ich den werten Hauptmann Tristan
aus Anlaß seines Schwertleit-Festes
derart ausstaffiere,
daß man gerne davon hört,
es der Erzählung würdig ist?
Ich weiß nicht, wie es euch erzählen,
daß es gefällt, zufriedenstellt
und gut zu der Geschichte paßt.
Man hat zu meiner Zeit und früher

von profaner Prachtentfaltung,
von herrlich reicher Rüstung
so Überzeugendes erzählt –
wär meine Formulierungskunst,
die ich besitz, mal zwölf genommen,
und könnte ich die Künste spielen lassen,
und schiene das nicht übertrieben,
daß ich in diesem meinem Mund
ein Dutzend Zungen hätte,
von denen jede *so* erzählt,
wie *ich* erzählen kann,
so fände ich doch keinen Ansatzpunkt,
wie ich von dieser Glanzentfaltung
derart gut erzählen könnte,
daß früh Erzähltes übertroffen würde.
Ja, die Pracht des Rittertums,
sie wurde so verschieden dargestellt,
sie wurde so zerredet, literarisch,
daß ich hier nichts erzählen kann,
was irgendeinen freuen dürfte.

Hartmann von Aue:
oho, wie der Erzählungen
von außen wie von innen
mit Worten und Bedeutungen
durchfärbt und sie durchschmückt!
Wie er den Sinn von der histoire
durch Erzählung figuriert!
Wie klar, wie transparent
seine kleinen Wortkristalle
sind – und immer bleiben mögen!
Bescheiden kommen sie zu einem,
schmiegen sich bei einem an,
die wahren Kenner schätzen sie.
Wer gute Dichtung gut erfaßt
und sie auch richtig deuten kann,
muß dem von Aue seinen Kranz
und seinen Lorbeerzweig vergönnen.
Doch wer es mit dem Hasen hält
und im offnen Land der Sprache
loswetzt, weitum Futter sucht

bei den Hüpf- und Würfelwörtern,
wer sich auf das Lorbeerkranzje
Hoffnung macht, die keiner stützt,
der lasse *uns* den Anspruch prüfen –
wir sprechen bei dem Urteil mit!
Wir, die Blumen lesen helfen,
mit denen jener Lorbeerzweig
blumenbunt durchflochten wird,
wir wollen hören, was er wünscht.
Wer hier was fordert, hüpfe her
und flechte seine Blumen ein;
an diesen Blumen zeigt sich uns,
ob sie so gut zum Lorbeer passen,
daß wir ihn dem Aue nehmen,
den Zweig dann *jenem* überreichen.
Doch trat bisher noch keiner auf,
der ihn mit größrem Recht verdiente;
drum soll er ihn, bei Gott, behalten.
Wir lassen diesen Zweig nicht tragen,
wessen Sprache nicht sehr klar ist,
nicht geglättet, nicht verständlich –
auf daß nicht einer, der mit ihr
besonnen, aufrecht und verständig geht,
dabei ins Straucheln gerät.
Die dunkelste Geschichten (er)finden,
Dunkelmänner der Geschichten,
die mit Gauner-Ketten täuschen
und schwache Köpfe irreführen,
die Gold erzeugen für die Kinder
aus dem allerletzten Dreck,
die Perlenpulver, das nur Staub ist,
aus der Apothekerdose streuen,
die spenden uns den Schatten mit
dem Baumstumpf, nicht mit grünem Laub
des Mai, mit Zweigen und mit Ästen;
solch ein Schatten ist den Gästen
niemals Wohltat für die Augen.
Um die Wahrheit auszusprechen:
das erhebt nicht das Gemüt,
das beglückt auch nicht das Herz,
ihre Sprache ist nicht so,

daß noble Herzen zu ihr lächeln.
Die erwähnten Dunkelmänner,
sie brauchen Exegeten
als Begleiter der Geschichten –
unsereins versteht sie nicht,
wenn man sie nur hört und liest.
Wir haben freilich nicht die Muße,
nach dem Kommentar zu fahnden
in den schwarzen Zauberbüchern.
Doch gibt es andre Färbermeister!
Bligger von Steinach:
voller Anmut seine Sprache…
Die webten Damen an den Rahmen
aus Fadengold sowie aus Seide;
man könnte dies Gewebe mit
Borten aus Byzanz umfassen.
Erfüllung findet hier die Sprache.
Ihren Sinn, den klaren,
haben, glaube ich, die Feen
wunderschön gesponnen
und haben ihn in ihrer Quelle
gereinigt und geläutert –
er ist im wahrsten Sinn: ge-feet!
Seine Zunge, Harfe spielend,
besitzt zwei volle Gnadengaben:
es ist die Sprache, ist ihr Sinn.
Die beiden harfen miteinander
Geschichten wundersamer Pracht!
Schaut, wie dieser Meister der Sprache
inzwischen auf dem Gobelin
Wunder sichtbar werden läßt
als Erzählung voller Kunst;
wie er seine Messer wirft
mit dem Wirbelklang der Reime;
wie er Reime leimen kann,
als wenn sie so gewachsen wären.
Ich bin sogar der Überzeugung,
daß er sich Lettern-Bücher
angebunden hat als Flügel;
seine Sprache schwebt als Adler,
wenn ihr ihn nur richtig seht…

Wen hebe ich jetzt noch hervor?
Reich an Sinn und reich an Sprache
sind – und waren – viele...
Heinrich von Veldeke:
er erzählte aus dem vollen Sinn.
Und wie schön besang er Liebe!
Und wie klar umriß er Sinn!
Ich glaub, er schöpfte seine Weisheit
aus dem Quell des Pegasus,
aus dem schon stets die Weisheit floß.
Persönlich habe ich ihn nie gesehn,
doch höre ich die Besten sagen
(die zu seiner Zeit und meiner
zu den Meistern zählten, zählen),
sie verliehen ihm den Preis:
den ersten Setzling pfropfte er
der deutschen Sprache auf;
der bildete dann Seitenzweige,
von denen all die Blüten stammten,
aus denen man die Künste sog
meisterhafter Inventionen.
Es hat sich dieses Können
am Spalier so ausgebreitet,
sich derart fein verästelt,
daß alle, die nun dichten,
sich dort nach Herzenswunsch
die Blüten holen und die Reiser
für Texte und für Melodien.
Nachtigallen gibt es viele,
von denen will ich jetzt nicht sprechen,
sie zählen nicht zu unsrer Gruppe.
Drum sage ich mit Blick auf sie
nur wieder, was ich sonst schon sagte:
sie sind Meister ihres Fachs
und singen wahrlich rühmenswert
ihre süßen Sommerweisen.
Klar und schön sind ihre Stimmen,
versetzen in Begeisterung,
sie tun den Herzen richtig gut.
Die Menschen wären ohne Schwung,
sie lebten einfach so dahin

ohne liebsten Vogelsang:
der ermuntert einen häufig
(wenn Gemüt zur Liebe fand)
zu Liebem und zu Schönem
und zu mancherlei Gefühlen,
die noblen Herzen wohltun.
Es weckt die zarte Regung des Gemüts,
Gedanken voller Zärtlichkeit,
wenn liebster Vogelsang beginnt,
der Welt von Freude zu erzählen.
»Nun sprecht noch von den Nachtigallen!«
Die sind richtig eingestimmt
und können all ihr Sehnsuchtsleid
so gut benennen und besingen...
Doch welche soll ihr Banner tragen,
seit die von Hagenau,
die Dame, die sie alle führte
und die höchste Kunst des Singens
versiegelt trug in ihrer Zunge,
für die hohe Welt verstummt ist?
Ich denke oft und sehr an sie –
hier geht es mir um ihre Klänge,
die lieblichen, die schönen,
woher sie die so zahlreich nahm,
woher bei ihr das Wunder kam
so reicher Variationen.
Ich glaube fest, des Orpheus Stimme,
die über jeden Klang verfügt,
sie erklang aus *ihrem* Munde.
  Doch weil man sie nun nicht mehr hat,
gebt uns das, was wir jetzt brauchen!
Ein Kenner spreche zu dem Thema:
»Wer leitet nun die liebe Schar,
wer führt dies Hofgefolge an?«
Ich glaub, ich finde sie bestimmt,
die hier das Banner tragen soll:
die kann dies gut, die Meisterin,
die von der Vogelweide.
Ah, wie sie übers offne Land
die helle Stimme klingen läßt!
Welche Wunder sie vollbringt!

Ihr Stimm-Organ, wie schön es singt!
Wie sie den Gesang verwandelt –
ich denke hierbei an die Form,
die von Cithaeron stammt,
wo die Göttin Venus herrscht
auf dem Gipfel, in der Höhle.
Sie ist am Hof dort Kammerherrin.
Sie führ die Nachtigallen an!
Die leitet sie bewundernswert,
die weiß genau, wo sie
die Liebesmelodie zu suchen hat.
Sie und ihre compagnie,
sie mögen singen, und zwar so,
daß aus ihrer Sehnsuchtsklage,
aus ihrer Trauer Freude wird –
ich möchte so was noch erleben!

Nun habe ich genug der Worte
gemacht vor Leuten, die was gönnen,
über Leute, die was können,
und noch immer nicht ist Tristan
zum Schwertleit-Feste ausgestattet.
Wie statte ich ihn aus? Ich weiß nicht.
Es will der Geist hier nicht heran;
es weiß die Zunge nicht, was tun,
allein und ohne Rat des Geistes,
vom dem sie alle Vollmacht hat.
Was die beiden so verstört,
dies will ich euch erklären:
die beiden hat beirrt,
was Tausende verwirrt!
Kommt ein Mann der Redekunst
zu einem, der schlecht reden kann,
so verstummt in dessen Mund
das Reden, das er noch beherrscht.
Ich fürchte, das geschah mit *mir*!
Ich erlebe – und erlebte bisher –
so viele Dichter hohen Rangs,
daß ich nichts mehr dichten kann,
was mir nicht belanglos schiene
vor allem, was man heute dichtet.

Man dichtet heute so gekonnt,
daß ich allen Anlaß habe,
auf meine Sprache achtzugeben,
zu schauen, daß sie *so* geformt ist,
wie ich mir das wünschen würde
in Geschichten fremder Dichter –
nach dem Maßstab meiner Wertung
der Dichtkunst eines anderen.
Doch weiß ich nicht, wie hier beginnen.
Meine Zunge und mein Geist,
sie können mir nicht helfen;
die Wörter, die auf mich noch hören,
sind mir aus dem Mund genommen,
liegen nicht mehr auf der Zunge.
Ich weiß wirklich nicht, was tun,
es sei denn, ich tu grade *das*,
was ich bisher noch nie getan:
ich will mein Flehen, mein Gebet
zum allerersten Male
mit dem Herz und mit den Händen
zum Helikon hinübersenden,
hinauf zum Thron, der neunfach ist,
an dem die Quellen sprudeln,
aus denen alle Gaben fließen
der Sprache und des Geistes.
Der Herr und die neun Herrinnen:
Apollo und die Musen,
die neun Sirenen des Gehörs,
die dort am Hof der Gaben walten,
die Gnaden wägen, Gnaden spenden,
so, wie sie das den Menschen gönnen,
die schenken vielen derart reichlich
vom Wasser aus dem Quell des Geistes,
daß sie mir davon einen Tropfen
in Ehren nicht versagen können!
Doch wenn ich den erhaschen kann,
so halt ich meine Stellung dort,
wo man sie als Dichter hält.
Der besagte *eine* Tropfen
(und sei er noch so klein!),
der würde mir den Geist, die Sprache,

in denen nichts mehr grade ist,
gerade machen müssen,
begradigend geradebiegen!
Er muß mir meine Sprache
im Tiegel schmelzen, der sehr glüht,
im »Durchsatz« musischer Inspiration,
und muß sie mir dort läutern
zu einem neuen Wunderwerk
und wie das Gold Arabiens
»darstellen« in der reinsten Form.
Und diese Gottesgaben
des wahren Helikon,
des allerhöchsten Thrones,
von dem die Sprache entspringt,
die durch das Ohr erklingt,
die freundlich in das Herz hineinblickt,
die Dichtung transparent macht
wie den erlesnen Edelstein –
sie mögen meine Stimme
und mein Gebet erhören
droben in den Himmelschören –
wie ich das erbeten habe!
  Nehmt an, dies alles sei geschehn,
und mir sei alles das gewährt,
was ich an Sprache mir gewünscht,
besitze das in reichem Maße,
schmeichle damit allen Ohren,
spende jedem Herzen Schatten
mit allergrünsten Lindenblättern,
beweg mich sprachlich derart glatt,
daß ich auf Schritt und Tritt der Sprache
die Straße räume, reinige,
ja, daß ich auf der Straße nicht
ein Staubeskörnchen liegen ließe,
dies sofort von ihr entfernte,
so daß die Sprache nur auf Klee
und lichten Blumen schritte –
nicht einmal in *diesem* Fall
(ich bin nun mal ein solcher Kleingeist!)
würd ich den Geist auf etwas richten,
woran sich schon so viele Menschen

versucht – und übernommen haben.
Ja, ich werde drauf verzichten!
Denn brächte ich mein ganzes Können
ein für Ritter-Zubehör
(was weiß Gott schon viele taten!),
und ich würde euch erzählen,
wie Vulkan, berühmt und klug,
der solide Mann des Handwerks,
das Maschenpanzerhemd für Tristan,
Schwert und Beinschutz und noch mehr,
was ein Ritter haben muß,
mit seiner Hände Arbeit schuf
in schöner, meisterlicher Weise,
wie er auf dem Schild den Eber,
dem es nie an Kühnheit fehlte,
für ihn entwarf und ziselierte,
wie er den Helm für ihn kreierte
und auf seine Kuppe
den Flammen-Pfeil montierte
als Emblem des Liebesleids,
wie er für Tristan Stück um Stück
wunderschön und wundersam
detailliert gestaltete
und wie Madame Kassandra,
die weise Frau aus Troja,
ihr Können, ihren ganzen Geist
nur darauf verwendete,
für Tristan die Gewänder
herzustellen, herzurichten,
und dies mit Zeichen ihrer Kunst
der Prophetie, zu der sie ja
in höchstem Maß berufen war
(wie ich gelesen habe, war ihr Geist
im Himmel von den Göttern ge-feet) –
brächte mich dies etwa weiter
als vorher, da ich die Gefährten
Tristans ausstaffierte
für dessen Schwertleit-Fest?
Pflichtet ihr mir hierin bei,
so vertrete ich die Meinung,
ja bin gewiß: wenn man zum Reichtum,

zum Ehrgeiz auch noch Klugheit
hinzufügt, Geist des Hofes,
so werden diese vier so gut
wie niemand sonst zusammenwirken!
Ja, Kassandra und Vulkan, sie hätten
einen Ritter nie so exzellent
ausgestattet wie die vier.
  Weil diese vier in ihrem Glanz
das glanzvolle Schwertleit-Fest
auf diese Weise accomplieren können,
so vertrauen wir den vieren
Tristan, unsern Freund, an.
Die mögen ihre Hände für ihn rühren,
den Edlen für uns ausstaffieren
(weil dies nicht *besser* werden kann!)
mit jenem Material und Zuschnitt,
mit dem auch seine Reitgefährten
bestens ausgestattet wurden.
So werde Tristan vor den Thron geführt,
in den Kreis der Zeugen dieses Festakts:
in wirklich jeder Hinsicht
den Gefährten ebenartig,
ebenschmuck und ebenprächtig.
Ich spreche freilich nur von Kleidung,
die von Menschenhand genäht wird,
nicht von angeborner Kleidung,
die aus der Herzenskammer kommt,
die man als noblen Geist bezeichnet,
die Menschen enthusiastisch stimmt
und Leib und Leben würdig macht.
Solche Kleidung wurde den Gefährten
nicht gegeben, nur dem Herrn.
Ja, bei Gott, der hochgestimmte
Tristan, voller Ehrgeiz, trug
Kleider, nur für ihn gemacht:
sie waren überreich geschmückt
durch Haltung und durch Führung,
waren nicht zu übertreffen
durch Anstand und durch Trefflichkeiten.
Wiederum: an seiner Kleidung,
die von Menschenhand genäht war,

zeigte sich kein Unterschied,
da trug der edle Hauptmann
gleiche Kleidung wie sie alle.

So waren dieser Hochgesinnte,
der Schirmherr von Parmenien,
und seine sämtlichen suivants
gemeinsam in die Kirche gegangen
und hatten die Messe gehört
und hatten den Segen empfangen,
der üblich ist beim Schwertleit-Fest.
Nun wandte sich der König Marke
seinem Neffen Tristan zu,
legte ihm das Schwert, die Sporen an.
»Sieh«, so sprach er, »Neffe Tristan,
weil nun dein Schwert gesegnet ist
und weil du Ritter worden bist,
so denk an deinen Ruf als Ritter
und an dich selber: wer du bist,
deine Herkunft, deinen Adel,
dies sollst du dir vor Augen halten.
Bleib bescheiden, bleibe ehrlich,
such die Wahrheit, zeige Anstand,
sei immer freundlich zu den Armen
und vor den Reichen selbstbewußt;
pflege dein Erscheinungsbild,
achte, liebe alle Frauen;
sei generös und loyal,
sei dies in Zukunft immer neu!
Ich schwöre drauf, bei meiner Ehre:
es paßten Gold und Zobel
zu Lanze, Schwert nie besser
als generöse und loyale Haltung.«
Er reichte ihm sogleich den Schild.
Er küßte ihn. »Neffe, zieh dahin.
Und Gott in seiner Macht gewähre
dir Glück bei deiner Ritterschaft.
Sei immer höfisch, immer froh!«
  Und auf der Stelle überreichte
Tristan darauf den Gefährten
(genau wie ihm zuvor der Onkel)

Schwert und Sporen und den Schild.
Bescheiden, generös, loyal zu sein,
dies empfahl er ihnen allen –
doch sollte jeder selbst entscheiden.
Nun gab es keinen Aufschub mehr:
man führte Reiterspiele auf,
in formations – so denk ich mir.
Doch wie sie aus dem Zeltkreis ritten,
wie sie mit den Lanzen stachen,
wie viele Schäfte sie zerbrachen,
das mögen die valets berichten,
die trugen all den Bruch zusammen.
Ich mag dies attaquieren
nicht lauthals becriieren,
ich diene nur mit einer Bitte,
und dazu bin ich gern bereit:
daß sich ihrer aller Ehre
in jeder Hinsicht mehre,
und möge Gott auch Ritterleben
zu ihren Rittertaten geben.

***

Ertrug ein Mensch beständig Leid
in der Beständigkeit des Glücks,
so litt Tristan ständig Leid
in der Beständigkeit des Glücks.

Dies will ich euch erläutern.
Ihm war ein klares Ziel gesteckt,
und dies in doppeltem Aspekt:
im Leid und im Erfolg.
Denn alles, was er in die Hand nahm,
das gelang ihm meistens auch,
doch war bei dem Erfolg stets Leid,
auch wenn nicht eins zum andren paßt.
So waren beide contreparties:
steter Erfolg und ständiges Leid,
gesellt in diesem *einen* Mann.
»Gott mit Euch! Doch nun erklärt uns:

Tristan hat das Schwert genommen;
daß er zu Ritterwürden kam,
damit war er sehr erfolgreich –
laßt hören, welche Art von Leid
er hatte, von Erfolg gekrönt!«
In einer Sache, die – bei Gott –
stets schon einem jeden Herzen,
vor allem *seinem* naheging:
daß man seinen Vater umgebracht,
wie er Rual berichten hörte,
das quälte ihn im Innersten.
So waren jeweils Gutes/Böses,
Erfolg/Verlust und Freude/Leid
in *einem* Herzen stets Gewißheit.

In diesem Punkt stimmt jeder zu:
Feindschaft hegt ein junger Mann
mit größerer Entschiedenheit
als ein gestandner Mann.

Oberhalb der neuen Würden
kreisten über Tristan ständig
geheimer Kummer und das Leid
(was ihm freilich keiner ansah),
das ihm der Tod des Riwalon
und Morgans Überleben brachten –
dies Leid war ihm mit Kummer nah.
Der kummervolle Tristan
sowie sein treuer Helfer,
dem Treue auch den Namen gab:
le très loyal, ein Mann im Glück,
sie rüsteten sofort
eine Pracht von Barke aus
mit Zubehör, das prächtig war
und von allerbester Güte.
Danach traten sie vor Marke.
Tristan sagte: »Lieber Herr,
bitte gebt mir die Erlaubnis,
daß ich nach Parmenien reise,

wie Ihr empfohlen, und erkunde,
wie es um unsre Sache steht
bezüglich Land und Herren,
die, so sagt Ihr, mir gehören.«
Der König: »Einverstanden, Neffe.
Du wirst mir allerdings sehr fehlen!
Ich erfülle deine Bitte.
Reise nach Parmenien heim,
du und deine compagnie!
Falls du weitre Ritter brauchst,
so nimm sie, wie es dir beliebt.
Nimm Rösser, Silber und auch Gold
und was du sonst noch nötig hast,
wie immer dir das nötig scheint.
Doch wenn du Kameraden nimmst,
behandle sie so gut, mit Sold,
und im Geist der Kameradschaft,
daß sie dir gerne Dienste leisten,
dir loyal zur Seite stehn.
Liebster Neffe, handle, lebe
nach der Lehre deines Vaters,
des loyalen, der hier steht,
der dir bisher schon viel
an Liebe, Treue, Ehre schenkte.
Und wenn es Gott gewährt,
daß du dort alles grademachst,
deinen Rechtsfall gradebiegst,
dir zu Ehre, Nutz und Frommen,
so mußt du wiederkommen.
Ja, kehr zurück zu mir!
Eins gelobe und erfüll ich dir –
schau, ich geb dir drauf die Hand:
mein Vermögen und mein Land
teil ich stets gerecht mit dir.
Und wenn sich dir zum Glück ergibt,
daß du mich überleben wirst,
so sei dies alles dein Besitz.
Denn ich werde dir zuliebe
auf eine Ehefrau verzichten,
und zwar für mein gesamtes Leben.
Nun hast du, Neffe, klare Kenntnis

von meiner Bitte, meinem Plan.
Wenn du mich magst, wie ich dich mag,
ist mir dein Herz geneigt wie meines dir,
bei Gott, so laßt uns unser Leben lang
frohgestimmt zusammenleben.
Und nun erlaub ich dir zu gehn.
Der Sohn der Jungfrau schütze dich!
Nimm die Mission und deine Ehre
entschieden in die Hände!«
Sie brachen unverzüglich auf:
Tristan und sein Freund Rual,
sie beide mit suivants,
und segelten von Cornwall
wieder heimwärts nach Parmenien.

Oh, wenn ihr gerne hören möchtet,
wie die Herrn empfangen wurden,
erzähl ich euch (wie ichs gehört),
wie sie dort empfangen wurden...

Ihrer aller Kommandeur,
Rual, loyal und brav,
er setzte als erster den Fuß aufs Land
und legte Hütchen und Gewand
eines Herrn dort höfisch ab,
lief auf Tristan zu, mit Lächeln,
küßte ihn und sprach: »Mein Herr,
seid Gott willkommen,
Eurem Land und mir!
Macht Euch ein Bild, Herr: seht Ihr
dieses schöne Land am Meer?
Befestigte Städte, starke Forts
und viele schöne châteaux:
seht, die hat Euch Euer Vater
Riwalon vererbt, vermacht.
Seid Ihr entschlossen, auf der Hut,
so wird Euch nichts von dem entgehn,
was Euer Auge hier erblickt.
Dafür steh ich künftig ein!«

Diese Rede hielt er Tristan.
Sein Herz schlug hoch, er war sehr froh.
Und frohgestimmt hieß er die Ritter
willkommen, Mann für Mann:
er begann sie, höchst vollendet,
mit seinen wohlgesetzten Worten
zu saluieren und zu grüßen.
Und führte sie nach Canoël, zur Burg.
Die Städte, die châteaux,
die sich seit Riwalons Zeiten
in seiner Treuhandschaft befanden,
und zwar in dem gesamten Land,
die unterstellte er nun Tristan
(nach dem Grundsatz Loyalität)
und zugleich auch seine eignen,
die ihm von allen seinen Ahnen
durch Erbrecht zugefallen waren.
Wozu noch Weiteres berichten?
Er hatte Mittel, hatte Pfründen;
so bot er seinem Herrn die Mittel an,
mit ihm auch all den Seinen –
ganz der Mann der Mittel, Pfründen!
Solch Betätigen, Bemühen,
das er ihnen, freundlichen Gemüts,
auf jede Weise widmete
zu ihrer aller Gunsten –
so was sah ein Zeuge nie!

Wie nun? Wie ist mir das passiert?!
Mir ist ein Fehler unterlaufen!
Wo steht mir bloß der Kopf?
Die gute Frau des Marschalls,
Madame Floraite,
makellos und zuverlässig –
daß ich sie durch Verschweigen kränkte,
ist nicht die feine Art des Hofes...
Ich versprech dafür der Lieben
Besserung und Buße!
Die Höfische, Gute,
die freundlich Gesinnte,
die Würdigste, Beste –

ich weiß, daß sie die Gäste
nicht nur im Lippendienst empfing.
Jedem Wort von ihren Lippen
ging der beste Wille voraus;
ihr Herz, es hob so völlig ab,
als wenn es Flügel hätte;
ihr Wille, ihre Sprache,
die beiden waren sich ganz einig,
und sie überbordeten
beim Empfang der Gäste
gemeinsam – das weiß ich genau!
Die ganze Freude, die das Herz
der herrlichen Floraite
für ihren Herrn, ihr Kind empfand –
das Kind, von dem hier der Roman erzählt,
ich meine Tristan, ihren Sohn –,
auf diese Freude schließe ich
aus vielen, reich vorhandnen
Werten, guten Umgangsformen
der Herrlichen, von der ich las.
Dies alles zählte nicht gering,
und das bewies sie derart klar,
wie eine Frau dies zeigen soll.
So gab sie Order, ihrem Sohn
und den Gefährten alles recht
zu machen, sie zu ehren,
wie das Ritter nie erlebten.

Inzwischen wurden in Parmenien
landesweit die Herren
einberufen: die Herrenschicht,
die dort die große Zahl
der Städte und châteaux besaß.
Als sie nach Canoël
gekommen waren, zur Versammlung,
und die ganze Wahrheit
über Tristan hörten und verstanden
(die uns der Roman vermittelt,
wie ihr schon längst erfaßt habt...),
da flogen tausend Willkommensgrüße
von ihrer aller Lippen auf.

Die Herren dieses Lands begannen,
aus langem Leide zu erwachen
und sich – Wunder über Wunder! –
auf Freude einzustellen.
Aus Tristans, ihres Herren, Hand
empfing dann jeder einzelne
Lehen, Untertanen, Land,
beschwor als Lehensmann Gefolgschaft.
In dieser Zeit litt Tristan ständig
am Schmerz, den er verschwieg,
der sich verbarg in seinem Herzen
und dessen Anlaß Morgan war;
dieser Schmerz verließ ihn nie,
weder früh noch spät.
Deshalb hielt er Rat darüber
mit Verwandten, Lehensleuten,
verkündete, daß er von hier
in die Britannie eilen werde,
um aus seines Todfeinds Hand
sein Lehen zu empfangen,
um dadurch das Land des Vaters
mit größrem Rechte zu besitzen.
Das sagte er – und tat es auch.
Er verließ Parmenien,
er und seine compagnie,
so gut gerüstet, vorbereitet,
wie sichs für einen Mann gehört,
der zu gewagtem Handstreich
fest entschlossen ist.
Als Tristan zur Britannie kam,
da vernahm er par hasard,
doch erfuhr es zuverlässig:
Herzog Morgan reite dort
von Wald zu Wald auf Hatz.
Darauf ließ er Tempo machen,
sich die Ritter präparieren:
sie trugen unter ihrer Kleidung
Kettenhemden, Eisenteile,
doch so, daß nicht *ein* Kettenring
der Kleidung freilag, außerhalb.
Schon geschehen, schon gemacht…

Da drüber legte jeder Mann
den Reisemantel mit Kapuze an
und schwang sich so aufs Roß.
Sie ließen daraufhin den Troß
nach hinten reiten, und zwar langsam –
doch für keinen stehenbleiben...!
Die Ritter teilten sich nun auf.
Die größre Hälfte wurde
zurückgeschickt, im Ritt,
um den Troß zu sichern,
wo der auf seiner Straße zog.
Als dies geschehn, da zählten jene,
die mit Tristan weiterritten,
gut dreißig Ritter unter sich,
und jene auf dem Weg zurück
gut sechzig oder mehr.
Es dauerte nicht lang und Tristan
sah die ersten Hunde und Jäger.
Die letzteren befragte er,
wo sich ihr Herr befinde.
Das teilten sie ihm mit, sofort.
Und er gleich los in diese Richtung;
so entdeckte er sehr rasch
auf einer chasse des Waldes
viele Ritter der Britannie;
es standen für sie auf der Wiese
große tentes, auch Hütten:
mit Laubgezweig umflochten,
besteckt mit vielen schönen Blumen.
Sie hatten ihre Hunde, Falken
ganz in ihrer Nähe.
Höflich und nach höfischer Art
erwiderten sie Tristans Gruß,
zugleich auch den der formation.
Und erteilten ihm die Auskunft,
ihr Herr Morgan reite
im Wald, ganz in der Nähe.
Da sprengten sie sogleich dorthin.
Sie fanden denn auch Morgan
und viele britannische Ritter
hoch auf Kastilianern, reglos –

sie trabten auf ihn zu.
Morgan empfing die Gäste,
deren Absicht er nicht kannte,
freundlich und sehr gastlich –
wie man den Gast empfangen soll.
Auch sein Kreis von Herrn des Landes:
es galoppierte jeder einzeln
heran, um Tristan zu begrüßen.
Nach diesem Wirbel von Bewegung,
als die Grüßerei vorbei war,
wandte Tristan sich an Morgan:
»Herr, ich bin hierher gekommen
wegen meines Lehens; ich verlange,
daß Ihr es hier verleiht
und mir nicht verweigert,
worauf ich Anspruch habe.
So verfahrt ihr recht und höfisch.«
Morgans Antwort: »Sagt mir, Herr,
wo Ihr herstammt, wer Ihr seid.«
Tristan gab ihm gleich zur Antwort:
»Ich stamme aus dem Haus Parmenien,
und mein Vater hieß Riwalon.
Herr, ich werde dessen Erbe sein.
Ich selber heiße Tristan.«
Morgan sagte: »Herr! Womit Ihr
mir da kommt, das ist so albern,
daß man es besser unterdrücken
sollte, als es vorzutragen.
Ich brauche nicht lang nachzudenken:
wenn Ihr ein Anrecht bei mir hättet,
so wärt Ihr rasch belehnt –
falls bei Euch nichts störend wäre,
falls Ihr jemand wärt mit Anspruch
auf jede Form der Einkunft –
wo Ihr sie auch verlangen mögt.
Wir alle aber wissen genau
(es ist ja überall bekannt!),
auf welche Weise Blanchefleur
mit Eurem Vater aus dem Land zog,
zu welchen ›Ehren‹ sie dann kam,
und wie die Liebschaft endete.«

»Liebschaft?! Wie versteht Ihr das?!«
»Ich habe Euch genug gesagt.
In der Sache trifft es zu.«
»Herr!« war Tristans Antwort,
»was Ihr da sagt, das legt mich fest!
Ihr wollt mit Eurer Äußrung sagen,
ich sei nicht ehelich geboren
und hätte damit meinen Anspruch
auf mein Lehen ganz verloren!«
»Jawohl, Herr Rittersmann!
So mein ich das! Und andre auch.«
Tristan rief: »Ihr redet schlimm!
Ich war bisher der Meinung,
es wär gehörig, wär gebührlich,
wenn man einen schon verletzt hat,
daß man dem jedoch in Worten
Takt und Anstand zeigt.
Hättet Ihr noch Takt und Anstand,
Ihr hättet mir, nach der Verletzung,
diese Worte sparen können,
die neue Schmerzen wecken
und alte Schuld beleben.
Schließlich schlugt Ihr meinen Vater tot!
Doch damit erscheint Euch wohl
mein Leid nicht groß genug,
behauptet noch, daß meine Mutter
mich nicht als *Ehefrau* im Leibe trug!
Gott der Allmächtige steh mir bei!
Ich weiß, daß noble Männer mir –
die ich hier nicht benennen muß –
die Huldigung entgegenbrachten.
Hätten sie von solchem Fehltritt
gewußt, wie Ihr ihn vorgebt,
so hätte keiner von den vielen
die Hände zwischen meine gelegt!
Alle kennen sie die Wahrheit,
daß mein Vater Riwalon
meine Mutter Zeit des Lebens
als *Ehefrau* behalten hat!
Wenn ich das vor Euch persönlich
bestätigen, beweisen soll,

gut, dann bring ich den Beweis!«
Morgan: »Schert Euch doch zum Teufel!
Was bringt schon die Beweiserei?
Euer Hieb kann keinen treffen,
der dem Hof-Recht untersteht!«
Tristan rief: »Das wird sich zeigen!«
Das Schwert gezückt! Auf ihn losgaloppiert!
Von oben nach unten durchschlug er ihm
den Schädel und das Hirn –
erst an der Zunge kams zum Halten.
Und er stach sofort darauf
mit dem Schwert ins Herz hinein.
Da zeigte sich die ganze Wahrheit
des Sprichworts, das besagt:
Es ruht die Schuld, doch fault sie nicht.

Morgans compagnons,
die mutigen Britannen,
sie konnten nichts mehr für ihn tun,
konnten ihn durch rasche Hilfe
nicht vor dem Todessturz bewahren,
doch wehrten sie sich alle,
so gut es ging, für den Moment.
Sie wurden bald ein großes Heer;
die Kämpfer, noch nicht vorbereitet,
sie alle griffen ihre Feinde an
mit wilder Kampfentschlossenheit;
sich wappnen, Vorsicht wahren,
das tat da keiner, vielmehr dies:
in Haufen drangen sie auf Tristan ein,
vertrieben streitbar alle Fremden
aus dem Wald ins offne Land.
Dort wurde laut geschrien,
viel geweint, geklagt.
So flog der Tod des Morgan
(als wenn er Flügel hätte…)
mit sehr viel Klageleid umher,
gab die Trauerbotschaft weiter,
hinauf in Burgen, hinein ins Land.
Durch das ganze Land flog bald
nur noch dieser Klagesatz:

»Ah, notre Sire, il est mort! –
Gibts noch Hilfe für sein Land?
Ihr stattlichen Helden, kommt heran
aus Städten und von Burgen,
um den Feinden heimzuzahlen
fürs Leid, das sie uns angetan!«
Sie griffen deren Nachhut an
mit unaufhörlichen Attacken,
und wurden selber von den Fremden
in heftige Kämpfe verwickelt –
sie setzten oft zum Gegenstoß an
mit geschlossner formation
und machten viele kampfunfähig,
und zogen sich dann stets zurück
und eilten gradenwegs dorthin,
wo sie ihren Haupttrupp wußten:
so holten sie die Ritter ein.
Und dann biwakierten sie
auf einem Hügel, gut geschützt,
blieben dort die ganze Nacht.
Es wurde in der Nacht das Heer
des Landes derart kampfstark,
daß sie im ersten Morgengrau
die verhaßten Fremden wieder
im Angriff aus der Stellung trieben,
viele Kämpfer niederstachen,
mehrfach ihren Pulk durchbrachen
mit Lanzen und mit Schwertern,
die dabei nicht lange hielten.
Ja, das stimmt: die Lanzen, Schwerter
kamen nur sehr kurz zum Einsatz,
viele wurden da verbraucht
beim Keilstoß in die formation.
Doch war das kleinre Heer
so entschlossen in der Abwehr,
daß es sehr verlustreich war,
wo man in den Pulk eindrang.
Die Truppen beider Seiten
erlitten mehrfach, immer wieder
schwere, überschwere Verluste –
erlitten Verluste, brachten sie

vielen Gegnern bei, verlustreich.
Sie setzten das gemeinsam fort,
bis der Trupp, umzingelt,
sich immer schwächer wehrte;
er wurde kleiner, jener größer:
den ganzen Tag verstärkten die
ihre Kampfkraft, ihre Anzahl,
so daß die Fremden noch am Abend
erneut umzingelt wurden
in einer Wasserburg, in der
die Fremden sich verteidigten;
sie hielten sich hier über Nacht.
Doch ihr Trupp war eingekesselt,
von Heeresmacht umschlossen –
als stünden ringsum Palisaden!
»Die bedrängten Fremden,
Tristan und die Männer,
wie packten sie die Sache an?«
Ich erzähl euch, wie es ausging,
wie sie ihre Angst verloren,
wie sie von dort den Rückzug schafften,
den Sieg errangen über ihre Feinde.

Seit Tristan außer Landes war,
wie Rual ihm das empfohlen,
um sein Lehen zu empfangen
und schleunigst wieder heimzukehren –
seit dieser Zeit war für Rual
als Phantasiebild ständig
das im Herzen, ganz genau,
was Tristan jeweils so erlebte.
(Jedoch er hatte *nicht* empfohlen,
an Morgan Rache zu üben!)
Hundert Ritter bot er auf,
setzte sich sogleich auf Tristans
Spur, um ihn herauszuholen.
Bald, sehr bald darauf
kam er in der Britannie an
und erfuhr sofort genau,
wie es bisher gelaufen war.
Nach dem, was er im Lande hörte,

führte er den Trupp
zum Kessel der Britannen.
Als sich der Abstand so verkürzte,
daß sie die Feinde sehen konnten,
da setzte sich kein einziger
feige ab von seiner formation,
vorne nicht und hinten auch nicht:
sie *alle* kamen angeflogen
mit fliegenden Bannern!
Da gab es viel criieren
unter den suivants:
»Chevalier! Parmenie!
Parmenie! Chevalier!«
Banner um Banner galoppierte
durch die Schnüre ihrer Zelte:
Verluste und Verwüstungen!
Sie erledigten Britannen
durch Stiche in die tentes –
tödlich waren deren Wunden!
Sobald nun die Umschlossenen
die Banner ihres Lands erkannten,
ihr eignes Kriegsgeschrei vernahmen,
durchbrachen sie den Kessel
und ritten raus ins Freie.
Tristan galoppierte in den Kampf.
Die Herren dieses Landes
erlitten schwere Verluste.
Gefangennehmen, töten,
zusammenschlagen und erstechen –
dies begann den Kessel der Britannen
außen, innen aufzubrechen;
es machte die Belagrer mutlos,
daß die beiden groupes andauernd
den Kampfruf, Kampfschrei wiederholten:
»Chevalier! Parmenie!«
So gaben sie das Kämpfen auf:
nicht mehr Abwehr, nicht mehr Angriff!
Sie fochten überhaupt nicht mehr,
versteckten sich und flohen;
sie rannten, galoppierten
zurück zur Burg, zurück zum Wald;

Scharmützel wurden aus der Schlacht,
die beste Abwehr war die Flucht:
das stärkste Mittel gegen Tod...

Nach dieser défaitage saßen
die Ritter von den Pferden ab
und schlugen rasch ihr Biwak auf.
Die von ihrer Truppe
auf dem Feld gefallen waren,
die ließen sie zu Grabe tragen;
jene, die verwundet waren,
die ließen sie auf Bahren legen;
sie kehrten in ihr Land zurück.
Und damit hatte Tristan
sein Lehen, dieses Land für sich,
eigenmächtig übernommen –
Lehnsherr, Lehnsmann nun durch den,
von dem sein Vater *nichts* erhielt!
So hat er sich dies gradgemacht
und seinen Rechtsfall gradgebeugt,
hat sein Eigentum begradigt,
sein Gemüt geradgebogen;
sein Unrecht war nun rechtlich wirksam –
der Druck war vom Gemüt genommen.
Über seines Vaters Erbe,
sein ganzes Land verfügte er
so unanfechtbar selbstverständlich,
daß damals keiner Anspruch stellte
auf Besitz in seiner Hand.
Und sein Gemüt bewegte sich
sogleich zurück nach Cornwall,
wie dies sein Onkel ihm beim Abschied
empfohlen, ja geboten hatte.
Doch konnte er sich von Rual
nicht lösen im Gemüt:
mit väterlicher Treue
hatte ihm le très loyal
sehr viel Güte zugewendet.
Es hing sein Herz an Marke
und genauso an Rual;
sein Gefühl war ganz bei ihnen,

es schwankte zwischen diesen beiden.
Unser kluger Hörer frage:
»Wie stellt er das nur an,
unser kluger Tristan,
daß er *beiden* so gerecht wird
und jedem gibt, was ihm gebührt?«
Ihr alle wißt es ganz genau:
er kann es einfach nicht vermeiden,
sich zu lösen von einem der beiden
und zum anderen zu halten!
»Laßt hörn, wie soll das vor sich gehn?
Kehrt er zurück nach Cornwall,
so schmälert er Parmenien
in seinem öffentlichen Rang;
auch Rual wird dann geschmälert
in seinem Glücks- und Hochgefühl,
dazu in seinem ganzen Reichtum,
der Tristan mal beglücken sollte.
Hingegen: bleibt er dort,
so wendet er sich nicht
der Ehre zu, die höher ist,
befolgt nicht Markes Rat
an dem doch seine Ehre hängt.
Was soll er tun in dem Dilemma?«
Bei Gott, er kehrt zurück nach Cornwall!

Was bring ich hier nun weiter ein?
Als Tristan-ohne-Land
nach Cornwall heimgekommen war,
erreichte ihn sogleich die Nachricht,
die er äußerst ungern hörte:
der riesenstarke Morold
sei von Irland hergekommen
und fordere von Marke,
indem er mit dem Zweikampf drohe,
den Tribut von beiden Ländern:
von Cornwall wie von England.
Mit dem Tribut verhielt sichs so:
Der damals König war in Irland
(wie ich in der historia las,
und was die wahre Version erzählt),

der hieß Gormund der Kühne
und war in Afrika geboren,
wo sein Vater König war.
Als der starb, da fiel das Land
an ihn und seinen Bruder,
der das gleiche Erbrecht hatte.
Doch Gormunds Ehrgeiz war so groß,
er wollte derart hoch hinaus,
daß er mit keinem anderen
gemeinschaftlich besitzen wollte.
Sein Herz bestand darauf:
er solle Herr sein, ganz für sich!
Er suchte und er wählte aus
die Starken und die Mutgestählten,
die Besten für den harten Kampf,
die überhaupt zu finden waren,
die Panzerreiter und troupiers,
die er mit der Besoldung
und mit höfischer Gesinnung
für sich gewinnen konnte,
und übergab im Gegenzug
dem Bruder sein gesamtes Land.
Im Anschluß daran zog er fort
und erwirkte von den Römern,
den berühmten, herrschenden,
die Erlaubnis und die Vollmacht,
was er im Kampf erobere,
das dürfe er für sich behalten,
wofür er ihnen seinerseits
bestimmte Summen zahlen müsse.
Nun gab es kein Halten mehr!
Er zog mit einem starken Heer
über Land und übers Meer,
bis er nach Irland kam
und dieses Land besiegte
und seine Herren zwang,
ihn – gegen ihren Willen –
als Lehnsherrn, König anzunehmen;
es kam dann noch so weit mit ihnen,
daß sie ihm ständig helfen mußten,
durch militärische Aktionen

die Nachbarländer zu besiegen.
Es war in dem Zusammenhang,
daß er Cornwall wie auch England
seiner Herrschaft unterwarf.
Da war Marke noch nicht mündig
(durfte noch nicht Waffen führen),
und so verlor er an Substanz,
weil er Tribut an Gormund zahlte.
Dies half nun Gormund sehr;
auch schenkte ihm Besitz und Ehre,
daß er Morolds Schwester nahm –
und so wurde er gefürchtet.
Morold war in Irland Herzog
und hätte leicht (er wußte, wo!)
für *sich* ein Land besitzen können,
hatte er doch großen Mut,
Grundbesitz und viel Vermögen,
Geist und Körper eines Helden,
doch blieb er Gormunds bester Kämpfer...

Woraus nun der Tribut bestand,
den man aus beiden Ländern
an Irland zu entrichten hatte,
das erklär ich euch genau:
sie schickten für das erste Jahr
einhundertfünfzig Pfund in Bronze
und sonst nichts; fürs zweite Jahr
soviel an Silber, fürs dritte Gold;
im vierten Jahr kam Morold,
der Starke, von Irland herüber,
bereit zum Zweikampf wie zum Krieg.
In Cornwall und in England
wurden barons vor ihn zitiert
und andre gleichen Ranges.
In seiner Gegenwart
bestimmten sie durchs Los,
wer ihm sein Kind übergeben sollte;
es mußte fähig sein zu Diensten,
es mußte körperlich
so schön sein, so gepflegt,
daß es zum Dienst geeignet wäre.

Nur Knaben, keine Mädchen –
jedoch, es mußten dreißig sein,
aus jedem dieser beiden Länder.
Wobei sich niemand dieser Schmach
erwehren durfte als nur so:
durch einen Zweikampf oder
durch Krieg mit Landesaufgebot.
Sie konnten sich jedoch das Recht
nicht durch offnen Krieg erkämpfen,
beide Länder waren ja geschwächt.
Zugleich war Morold derart hart,
erbarmungslos, brutal,
da hätte es kein Mann gewagt
(der Morold ins Gesicht geschaut),
sein Leben auf das Spiel zu setzen –
kein Fitzchen mehr als eine Frau…!
War der Tribut nun auf den Weg
geschickt in Richtung Irland,
und es begann das fünfte Jahr,
so mußten jeweils beide Länder
stets zur Zeit der Sonnenwende
nach Rom Gesandte schicken,
die Rom auch akzeptierte,
damit sie dort entgegennahmen,
welche Empfehlung, Forderung
der Senat mit Machtbefugnis
einem jeden Land, das Roms
Regierung anerkannte,
entbieten, übermitteln ließe.
Denn man proklamierte dort,
teilte es auch schriftlich mit,
wie man rom-konform die loies
mit Landesrechten austarieren
und das Recht verwalten sollte.
Man mußte alle Direktiven
sehr genau befolgen!
Présentation und Zahlung der Steuer
erfolgten durch die beiden Länder
jeweils in dem fünften Jahr
an ihre Herrin, das würdige Rom –
jedoch erwies man Rom die Ehre

letztlich kaum, um so dem Recht
oder Gott Genüge zu leisten,
sondern weil es Gormund so befahl.

Und nun zurück zu der Geschichte.
Tristan wußte generell Bescheid
über dieses Leid von Cornwall,
ihm war von früher her bekannt,
im Rahmen welcher Übereinkunft
der Tribut erzwungen wurde,
doch nun erfuhr er *jeden Tag*
(wohin sein Ritt auch führen mochte,
vorbei an Städten, an châteaux)
durch Berichte von den Landesherrn
von Schmach und Leid des Landes.
Und als er wieder in Tintagel
eintraf, bei der Hofgefolgschaft,
schaut, da hörte, da vernahm er
in Gassen wie in Straßen
solche Äußerungen des Schmerzes,
daß ihn das sehr bedrückte.
Bald darauf erreichte Marke
und mit ihm den Hof die Nachricht,
daß Tristan eingetroffen sei.
Das stimmte alle froh –
ich meine »froh«, soweit es ihnen
all ihr Leid erlaubte.
Es waren Männer höchsten Rangs
aus dem gesamten Cornwall
allesamt zu diesem Zeitpunkt
dorthin zum Herrschersitz gekommen,
zum Akt der Schande, den ihr kennt:
die noblen Herrn des Landes
entschieden durch das Los
über den Ruin der Söhne.
So fand sie Tristan alle
knieend vor und im Gebet,
das jeder einzeln sprach,
nicht verschämt und nicht versteckt –
mit Tränen in den Augen,
mit tief empfundnen Schmerzen

im Körper und im Herzen,
auf daß der liebe Gott
die Würde und dazu den Sohn
beschützen und behüten möge.
Während sie beim Beten waren,
kam Tristan hergeschritten.
Wie war nun der Empfang für ihn?
Darauf ist die Antwort leicht:
um euch die Wahrheit zu berichten,
ward Tristan durch kein Menschenkind
der gesamten Hofgefolgschaft
(Marke gleichfalls eingeschlossen)
so herzlich in Empfang genommen,
wie dies *bestimmt* geschehen wäre,
wenn sie dies Leid verlassen hätte.
Tristan nahm es keinem übel.
Er ging beherzt dorthin,
wo man die Lose zog,
wo Morold und wo Marke saß.
»Ihr Herren«, sprach er, »allesamt –
ich red euch nicht persönlich an –,
die ihr beflissen Lose zieht
und eure Würde ausverkauft,
schämt ihr euch denn nicht der Schande,
die euch widerfährt, dem Lande?
So mannhaft ihr sonst allezeit
in allen Dingen alle seid,
so solltet ihr, wie sichs gehört,
euch selbst und euer Reich
in Rang und Glorie steigern
und in der Ehre fördern!
Statt dessen habt ihr eure Freiheit
mit schändlichen Tributen
euren Feinden ausgehändigt,
habt sie ihnen zu Füßen gelegt!
Und eure hochgeborenen Söhnchen,
die eure Freude werden sollten,
eure Lust und euer Leben,
die gebt ihr und die gabt ihr weg
als Knechte und als Sklaven.
Und dies, obwohl ihr hier an Druck

nichts weiter nachzuweisen habt,
an Zwang, als diesen *einen* Mann
und seine Drohung mit dem Zweikampf.
Mehr Gewalt wird nicht geübt!
Dennoch könnt ihr unter euch
nicht mal auf den *einen* kommen,
der gegen *einen* Mann sein Leben
in die Schale wirft der Waage,
seis zum Sieg, zur Niederlage.
Vorausgesetzt, daß er dann fällt:
wahrhaftig, dieser kurze Tod
und diese Not, die lange währt,
sie sind im Himmel wie auf Erden
von sehr verschiednem Wert.
Doch angenommen, daß er siegt,
daß Unrecht auf der Strecke bleibt,
so hat er für die Zukunft
hier die Ehre, *dort* auch Gottes Lohn.
Ja, es sollen Väter für die Söhne
(mit denen sie *ein* Leben sind)!
ihr Leben geben – dies will Gott.
Doch ist es gegen Sein Gebot,
wenn man die Freiheit seiner Söhne
weggibt in die Sklaverei,
indem man sie in Knechtschaft schickt
und selber in der Freiheit lebt.
Wenn ich euch das empfehlen darf,
im Blick auf Ehre und auf Gott,
so rate ich dazu, mit Nachdruck,
daß ihr einen Mann erwählt
(wo immer man den finden mag
in diesem Kreis von Herrn des Landes),
der zum Zweikampf fähig ist
und der sein Glück versucht,
ob er davonkommt oder nicht.
Fordert ihn zum Einsatz auf,
zuallererst im Namen Gottes,
auf daß ihm der Heilige Geist
das Glück gewähre und die Ehre lasse.
Er fürchte auch nicht allzusehr
die Riesengröße, Kraft des Morold.

Er setze sein Vertraun in Gott,
der keinen je im Stiche ließ,
der Recht auf seiner Seite hatte.
Beratet euch sehr rasch darüber,
findet schnellstens eine Lösung,
wie ihr euch dieser Schmach erwehrt,
euch vor dem *einen* Manne rettet.
Macht eurem Adel, eurer Ehre
in Zukunft keine Schande mehr!«
»Ah, Herr«, so riefen alle, »ja,
bei diesem Mann ist alles anders!
Mit dem wird keiner fertig!«
Tristan rief: »Genug der Worte!
Bei Gott, besinnt euch eines Bessren!
Durch eure Herkunft seid ihr schließlich
jedem König ebenbürtig,
seid von kaiserlichem Rang,
und wollt doch eure noblen Söhne,
die von eurem noblen Rang sind,
verleugnen und verschachern
und sie zu Knechten machen?
Wenn es *so* ist, daß ihr keinen
Mann dazu bewegen könnt,
daß er wegen eures Leids
und des Elends dieses Landes
in der gerechten Sache und
im Namen Gottes gegen diesen
einen Mann zu kämpfen wagt,
und geruht ihr daraufhin,
dies Gott und mir zu überlassen,
wahrlich, meine Herrn, so setz ich
meine Jugend und mein Leben
in Gottes Namen der péril aus
und führe diesen Kampf für euch.
Gott mög ihn euch zum Guten wenden,
verhelfe euch erneut zum Recht!
Doch sollte dieser Kampf für mich
nicht gerade gut verlaufen,
so schmälert dies nicht euer Recht;
falle ich in diesem Zweikampf,
so wird für euch die schlimme Lage

nicht erleichtert, nicht erschwert,
nicht vermindert, nicht vermehrt –
alles bleibt beim alten Stand.
Geht es aber glücklich aus,
so ist es wahrlich Gottes Wille –
dankt dann einzig Gott dafür!
Denn dieser Mann, dem ich allein
entgegentreten soll, wie ich nun weiß,
und zwar genau, der hat sich längst
in seiner Kraft, in seinem Mut
bewährt, in Kampf und Krieg.
Dagegen stehe ich mit Kraft
und Kampfmut erst am Anfang,
und ich bin im Ritterkampf
noch lange nicht so tüchtig,
wie wir das nun bräuchten.
Freilich habe ich im Kampf
zwei sieggewohnte Helfer
mit Gott und mit dem Recht –
die mögen mir zum Zweikampf folgen.
Auch zeige ich Entschlossenheit,
die gleichfalls gut ist für den Kampf.
Stehen diese *drei* mir bei
(soviel Erfahrung mir auch fehlt),
so baue ich auf diesen Beistand
und werd den *einen* überleben.«
»Herr«, so sagten alle Ritter,
»Gottes heilge Macht, die diese
ganze Welt erschaffen hat,
vergelte Euch den Rat, die Hilfe
und die Hoffnung, so beflügelnd,
die Ihr uns gegeben habt.
Herr, vernehmt nun das Ergebnis:
unsre Mittel helfen wenig weiter.
Wär das Glück uns hold gewesen
(das wir so oft schon auf die Probe
stellten, dies bei jedem Termin...)
so wär dies nicht bis heut verschoben!
Wir Männer von Cornwall haben
mehr als nur ein einziges Mal
über unsre Not beraten,

wir haben dies sehr oft erörtert,
doch fanden wir in unsrem Kreis
noch keinen, der den eignen Sohn
nicht lieber doch versklaven ließ,
als sein Leben zu verlieren
im Kampf mit diesem Teufelsknecht!«
Tristan rief: »Wie könnt ihr nur so reden!
Es sind doch Zeichen, Wunder geschehn!
Man hat es wiederholt gesehn,
daß die bescheidne Stärke
den dreisten Hochmut stürzen ließ!
Dies könnte sich auch jetzt erfüllen,
versuchte einer dieses Wagnis!«
Morold hörte zu, genau,
und es mißfiel ihm sehr, daß Tristan,
der ihm noch jugendlich erschien,
so lebhaft für den Zweikampf sprach;
er wurde ihm von Herzen feind.
Tristan weiter: »Meine Herren,
sagt hier alle eure Meinung –
was soll ich tun, was wünscht ihr nun?«
»Herr«, so sprachen alle,
»wenn es dazu kommen würde,
daß die Hoffnung, die Ihr wecktet,
die Erfüllung finden könnte,
so wär dies unser aller Wunsch.«
»Es ist euch recht?«, so fragte er.
»Weil dies bis jetzt und bis zu mir
aufgeschoben worden ist,
so will ich, falls es Gott gefällt,
auf die Probe stellen,
ob Gott – durch mich – für euch
noch etwas Glück geplant hat
und ob ich selber Glück verdiene.«
Hier setzte König Marke an,
mit allen Künsten, ihm das auszureden;
er hoffte, er könne bei ihm erreichen,
ihm zuliebe davon abzulassen,
wenn er befehle, dies zu unterlassen.
Doch nein, bei Gott, er blieb dabei!
Nicht durch Bitte und Befehl

ließ Tristan sich dazu bewegen,
ihm zuliebe davon abzulassen.
Vielmehr, Tristan ging zum Platz
des Morold, führte die Verhandlung weiter.
»Herr«, so sprach er, »sagt mir schon,
Gott helfe Euch, was macht Ihr hier?«
»Freund«, gab Morold gleich zur Antwort,
»was fragt Ihr das? Ihr wißt genau,
was ich hier mache und verlange!«
»Ihr Herren alle, hergehört –
mein Herr, der König, die Vasallen!«
so rief der kluge Tristan.
»Monsieur Morold, Ihr habt recht...
Ich weiß, erkenn es völlig an:
auch wenn es schändlich ist,
so ist dies doch ein Fall,
den niemand übergehen kann!
Man hat schon lange den Tribut
ohne Rechtsgrund hier aus Cornwall
und England hingeschickt nach Irland.
Dazu brauchte es viel Zeit
mit starkem Druck,
mit vielerlei Gewalt,
denn man zerstörte beiden Ländern
Burgen wie auch Städte
und fügte ihren Untertanen
so große, schwere Schäden zu,
bis das Unrecht, die Gewalt
zur übergroßen Belastung wurden
und zuletzt die tapfren Krieger,
die bis dahin überlebten,
sich jeder der Bedingungen
unterwerfen mußten,
denn sie fürchteten den Tod
und konnten nach der schweren Zeit
nicht anders handeln, auf die Dauer.
So ist dies alles großes Unrecht
(wie Ihr am heutgen Tage seht!),
seither stets begangen an den Ländern!
Es wäre längst schon Zeit gewesen,
der Erniedrigung der Länder

den Kampf, die Fehde anzusagen –
inzwischen wuchsen sie im Rang!
Ja, beide Länder sind gewachsen
an Menschen, eigenen und fremden,
an Städten und an Burgen,
an Reichtum und an Ehre.
Man drehe nun zurecht,
was bisher verdreht war,
denn unser aller Unterhalt
hängt künftig ab von der Gewalt.
Wenn wir überleben wollen,
so brauchen wir dafür den Kampf,
den Krieg. Die Ausgangslage
ist gut in punkto Untertanen:
in beiden Ländern sind sie zahlreich!
Was man uns das Leben lang
mit Gewalt genommen hat,
das gebe man an uns zurück!
Wir kreuzen selbst bei ihnen auf –
in dem Moment, da Gott uns läßt!
Was man in Irland von uns hat,
es sei nun wenig oder viel
(wenn man meinen Wunsch erfüllen,
meinen Rat befolgen will),
man muß es uns zurückerstatten
bis zum allerletzten Ring!
Noch immer gilt, daß unser Messing
zu rotem Golde werden kann...
Viele staunenswerte Dinge
sind auf Erden vorgekommen,
deren Chancen kleiner waren...
So könnten noble Herren-Söhne,
die man zu Knechten machte,
immer noch die Freiheit finden –
auch wenn sie so was nicht mal träumen...
Möge Gott mir dies gewähren,
ich wünsche es in Seinem Namen:
daß ich mit dieser meiner Hand,
gemeinsam mit den Herrn des Landes,
das Heeresbanner dort in Irland
aufpflanze, und zwar so,

daß jenes Land, daß jene Erde
von mir erniedrigt werde!«
  Morold sprach: »Herr Tristan,
würdet Ihr Euch nicht so sehr
um diese Dinge und Geschichten kümmern,
ich glaub, es wäre gut für Euch...
Was immer hier verhandelt wird,
wir geben nichts von all dem auf,
worauf wir rechtlich Anspruch haben!«
Er erhob sich, trat vor Marke:
»König Marke, nehmt das Wort!
Laßt hören: Ihr und alle jene,
die hier zugegen sind, weil sie
mit mir verhandeln wegen Söhnen –
macht mir klar, worum es geht!
Entspricht es euer aller Willen,
ja, macht ihr euch das ganz zu eigen,
was Herr Tristan, euer Anwalt,
in seiner Rede ausgeführt hat?«
»Ja, Herr. Was er spricht und tut,
das ist auch unser aller Entschluß,
ist unser Wille, unsre Absicht!«
Morold wieder: »Damit brecht ihr
mir und meinem Herrn
Euren Eid der Loyalität
und dazu noch jeden Abschluß,
der zwischen uns getroffen wurde.«
Tristan sprach als Mann des Hofs:
»Einspruch, Herr! Was für ein Ton?!
Es hört sich schlecht an, wenn man einem
die Eidestreue in Frage stellt!
Keiner unter allen hier
bricht den Eid der Loyalität!
Ein Versprechen, ein Vertrag
hatte zwischen uns Bestand,
wird auch weiter gültig bleiben:
daß von Cornwall wie von England
der Tribut, der ihnen auferlegt,
alljährlich – und dies ohne weitres –
nach Irland überbracht wird,
es sei denn, daß man sich zur Wehr setzt

im Zweikampf oder mit dem Landesheer.
Stehn die Länder weiterhin dazu,
indem sie diesen Treue-Eid erfüllen
durch Tribut *beziehungsweise* Kampf,
verhalten sie sich ganz korrekt. –
Herr, denkt nach in dieser Sache!
Geht mit Euch zu Rate, sagt mir dann,
was Ihr von beidem lieber seht.
Worauf Ihr dann auch setzen wollt,
auf Zweikampf oder auf den Krieg,
wir werden jetzt wie auch in Zukunft
den Vertrag genau erfüllen.
Schwert und Lanze müssen jedenfalls
entscheiden zwischen uns und Euch –
so trefft die Wahl denn zwischen beidem
und teilt sie uns dann mit.
Der Tribut wird abgelehnt!«
  Morold wiederum: »Herr Tristan,
das ist für mich ein klarer Fall!
Ich weiß genau, was ich hier will.
Mein Anhang ist zur Zeit so klein,
da ritte ich in einen Krieg,
ohne recht gerüstet zu sein.
Ich fuhr von Irland übers Meer
mit einem Trupp zu meinem Schutz
und kam in friedlicher Gesinnung
hierher in diese Reiche,
wie ich das früher schon getan.
Ich hätte *so was nie* erwartet!
Sah nicht das Ärgernis voraus
mit diesen Herrn im Lande!
Mir schien, man würd mich ziehen lassen
in rechtlicher, gütlicher Einigung –
doch *Ihr* habt mir den Krieg erklärt!
Darauf war ich nicht gefaßt!«
  Tristan sagte: »Herr, wenn Ihr
auf einen Länderkrieg hinauswollt –
so kehrt doch auf der Stelle um!
Reist heim, zurück in Euer Land!
Holt durch Boten Eure Ritter,
versammelt Eure Heeresmacht,

kommt wieder her! Dann sehen wir,
wie es läuft, was uns geschieht...
Solltet Ihr das freilich nicht
in diesem halben Jahr erfüllen,
so seid gewiß, daß wir bei Euch erscheinen.
Wir kommen mit voller Sicherheit!
Man hat uns früher schon klargemacht:
Gewalt verlangt nach der Gewalt
und ein Heer nach einem Heer!
Wenn man mit seinen Panzerreitern
ein Land und seine Rechte schänden,
aus Herren Knechte machen darf –
und so was soll dann rechtens sein,
nun, so traun wir Gott doch zu,
daß unser aller Schändung
auf Euch zurückschlägt, und zwar bald!«
Morold sprach: »Weiß Gott, Herr Tristan,
ich hörte läuten, daß ein Mann,
der solch Geschrei noch nie erlebte,
der solche Drohung nie vernahm,
durch Äußerungen dieser Art
in Furcht und Schreck geraten kann.
Ich schätze, daß ich so was übersteh!
Ich war schon häufiger zugegen,
wo Prahlerei und Arroganz
auf solche Weise Ausdruck fanden.
Ich bin der festen Überzeugung,
daß Gormund sich vor Eurer Fahne,
vor Eurer Macht nicht sorgen muß
um seine Leute, um sein Land.
Nein doch – diese Überheblichkeit
wird Irland gar nicht erst erreichen!
Falls man uns nicht den Vertrag bricht,
so wollen wir *hier* und eigenhändig,
wir beiden, ganz allein wir beiden,
auf einem Kampfesplatz entscheiden,
ob Ihr im Recht seid oder ich.«
  Tristan sprach: »Dies werde ich
mit Gottes Hilfe klären –
Er lasse *den* zu Tode kommen,
der von uns im Unrecht ist.«

Er streifte seinen Handschuh ab
und bot ihn Morold dar.
»Ihr Herren«, sagte er, »gebt acht!
Mein Herr, der König, und auch alle,
die hier sind, mögen dies vernehmen:
den Zweikampf mach ich zum Beweis
dafür, daß ich das Recht nicht brach.
Daß weder der Herr Morold hier,
noch jener, der ihn hergeschickt,
noch irgendeiner an der Macht
von England und von Cornwall
Tribut zu Recht erhob:
dies will ich *eigenhändig*
zu Findung und Beweis der Wahrheit
vor Gott, der Welt erbringen
durch Kampf mit diesem Herren hier,
der uns bis heut die ganze Schmach
und den Verdruß bereitete,
den beide Länder leiden mußten.«
Und augenblicklich flehten
im Lippendienst, aus Herzensgrund
viele noble Herren Gott an,
Er möge sich doch ihrer Schmach
annehmen, ihres Leides,
sie befreien aus der Knechtschaft.
So sehr nun allen dieser Zweikampf
Sorgen machte, so wenig ging er
Morold unter die Haut
oder griff ihm an das Herz –
er blieb von all dem unberührt.
Dieser kampferprobte Mann,
er schlug nicht dies Verfahren nieder,
sondern reichte Tristan selbst
mit einer schroffen Geste,
á fière contenance den Handschuh
als Pfand des Zweikampfs dar.
Dieses risque entsprach so ganz
seinem Wunsch; er traute sich zu,
es glanzvoll zu bestehn.
Dies alles wurde nun verbürgt;
der Zweikampf für die Herren wurde

auf drei Tage ausgesetzt.

Als nun der dritte Tag begann,
da kamen alle Herrn im Lande,
kam derart viel an Kriegsvolk,
daß der Strand am Meer von diesen
Truppen ganz bedeckt war.
Morold ging, um sich zu rüsten.
Ich will, mit Blick auf seine Rüstung
sowie auf seine Körperkraft,
meines Herzens Wahrnehmung,
die geschärfte Sicht des Geistes
durch allzu detaillierte Sicht
nicht belasten, nicht betäuben,
auch wenn man ihn in seinem Mut
sehr oft den Ersten nennt.
Es wurde mannigfach von ihm erzählt,
daß er für Mut, für Kraft, für Größe
als vollkommnes Bild des Ritters
in allen Reichen Lob erhielt.
Damit sei er genug gelobt!
Ich weiß ja, daß er fähig war
(damals und zu jeder Zeit),
im Zweikampf wie auch in der Schlacht
nach dem Ritterkodex völlig
der Körperkraft gerecht zu werden:
er brachte viel Erfahrung ein.
Der gute König Marke,
dem ging der Kampf so sehr
unter die Haut, ans Herz,
wie niemals eine Frau, entmutigt,
um einen Mann gelitten hat.
Er hatte nicht die kleinste Hoffnung,
daß Tristan überleben würde;
er hätte lieber jene Schmach
des Tributs erduldet, ständig,
wenn nur der Kampf vermieden würde...
Jedoch, es ging viel besser aus
in diesem Punkt, in jenem Punkt,
im Punkt Tribut, in puncto Held.
Tristan, dem Erfahrung fehlte

im Kampf auf Leben und auf Tod,
begann sich auch zu dieser Zeit
den Ringelpanzer anzulegen,
so gut er das vermochte:
seinen Leib und seine Glieder
umhüllte er zum Schutz mit Polstern,
darüber schöne Rüstungsstücke:
den Beinschutz und das Panzerhemd;
die waren hell und schimmernd
in dem Maße, wie der Meister
seine Sorgfalt, all sein Können
auf dieses Werk verwendet hatte.
Zwei schöne, starke Sporen
schnallte ihm nun Marke an
als Freund und treuer Dienstmann,
und es weinte dabei sein Herz.
Die Riemen, Gurte seiner Rüstung
band er alle eigenhändig.
Man brachte einen Waffenrock,
der war, wie ich erzählen hörte,
von damenhaften Händen
an den Säumen, in den Falten
und an allen seinen Enden
befremdend schön entworfen
und im Rahmen mit dem Webschwert
noch viel schöner ausgeführt.
Hoho, als er ihn überwarf –
wie verlockend, lobenswert
er in diesem Umhang war,
darüber ließ sich viel erzählen,
nur will ich nicht zu lange werden.
Die Erzählung würd zu breit,
wenn ich dies alles so erschöpfend
behandeln würde, wie ich sollte.
Doch müßt ihr noch dies eine wissen:
es paßte dieser Mann zum Umhang
besser (löblich, ehrenvoll!)
als der Umhang zu dem Mann;
wie schön, wie lobenswert
der Waffenrock auch immer war,
so war er doch der Würde dessen,

der diesen Waffenrock nun trägt,
kaum, fast gar nicht angemessen.
Marke hängte an den Gürtel
ein Schwert: sein Leben und sein Herz,
denn dies vor allem schützte ihn
vor Morold – und vor vielen später.
Es war in seinem Schwung herab
so balanciert, auf seinem Weg
so zielgerichtet, daß es nicht
zu hoch traf, nicht zu niedrig,
sondern mitten, wo es *beißt*!
Man brachte, auf Befehl, den Helm;
der sah aus wie ein Kristall
in seiner Helligkeit und Härte –
der glänzendste, der beste,
den je ein Ritter aufgesetzt.
Ich glaube, ein so guter Helm
kam vorher nie ins Land von Cornwall!
Es ragte obendrauf der Pfeil,
Zukunftszeichen der Frau LIEBE,
das sich bei Tristan später
erfüllen sollte in der Liebe –
wenn auch lange aufgeschoben.
Marke setzte ihm den auf:
»Neffe, ach, daß ich dich jemals sah,
das klag ich bitterlich vor Gott.
Wenn du mir zum Unglück wirst,
so sag ich allem Fehde an,
was einen Mann erfreuen kann!«
Ein Schild ward, auf Befehl, gebracht!
Es hatte eines Könners Hand
größten Fleiß auf ihn verwandt,
er war völlig silberhell,
um damit abgestimmt zu sein
auf Helm und Panzerringe.
Er war zudem poliert,
mit einem Glanz versehn
wie neugemachtes Spiegelglas.
Ein Eber war hier appliziert
aus Zobel, schwarz wie Kohle,
meisterhaft und schön geschnitten.

Sein Onkel hängte ihm den Schild um.
Der stand ihm gut, dem stolzen Mann,
der legte sich an dessen Flanke,
als wäre er dort festgeleimt –
jetzt und auch in alle Zukunft!
  Als so der rühmenswerte,
angenehme junge Mann
den Schild an seine Seite zog,
da strahlten die vier Rüstungsstücke
(Helm und Maschenpanzerhemd,
Schild und Eisen-Beinschutz)
einander derart glanzvoll an –
hätt es der Schmied drauf angelegt,
daß der Glanz von jedem Stück
den Glanz des andren steigere,
dadurch erneut an Glanz gewinne,
so hätt das Leuchten all der vier
kaum ausgeglichner wirken können!
Doch andrerseits: dies neue Wunder,
das sich darin, das sich darunter
als Gefahr und als Bedrohung
verbarg für seine Feinde,
hatte dies denn *keine* Bedeutung –
neben dem phantastischen Können,
das sich *außen* an ihm zeigte?
Ich seh dies klar im Tageslicht:
wie immer dieses äußre Bild
auch sei, es war das *innre* Bild
(als des Ritters figuration)
noch weitaus schöner entworfen,
gebildet und gemeistert
als jene äußre apparition.
Das Werkstück unter seinem Panzer
war in seiner Form, im Geist
aufs rühmlichste geplant.
Die Meisterschaft des Künstlers,
ha, wie schön erschien sie hier!
Die Brust, die Arme, seine Beine,
sie waren prächtig, herrlich, schön,
wohlgeformt, von wahrem Adel.
Die Rüstung, die ihn so umhüllte,

sie stand ihm gut, zum Jubeln gut!

Ein Knappe hielt sein Roß am Zügel:
in Spanien oder anderswo
ward nie ein schöneres gezüchtet!
Es war nirgends eingesunken,
war an der Brust und an der Kruppe
breit und schön gewachsen,
war an beiden Flanken stark,
war rundherum vollkommen.
Seine Hufe, seine Beine
folgten ebenfalls vollendet
dem Gesetz der Schönheit.
Die Hufe rund, die Beine grad –
schlank gewachsen alle viere
wie auf freier Wildbahn:
auserlesen und erlesen!
Vor dem Sattel, vor der Brust
war er so vollendet
wie ein ideales Streitroß.
Über ihm die weiße Schabracke,
so hell, so glänzend wie der Tag
und vom Glanz des Ringelpanzers;
sie war so herrlich und so lang,
daß sie glatt herunterhing,
bis unterhalb der Knie des Rosses.
Als Tristan so zum Kampf
(nach dem ritterlichen Kanon,
dem Ritual des Rechts-Streits)
rühmenswert gerüstet war,
da kamen sämtliche Experten
des Urteils über Mann und Rüstung
in diesem Punkte überein:
Mann und Rüstung hätten nie
ein bessres Bild ergeben!
So schön es hier erscheinen mochte,
es schien doch viel, ja weitaus schöner,
als er auf dem Streitroß saß
und den Lanzenschaft umfaßte:
da war dies Bild ein Augenschmaus,
war dieser Ritter eine Pracht –

überm Sattel. Drunter auch!
Die Arme und die Schultern hatten
genügend weiten Spielraum.
Wo man im Sattel sitzen muß,
da saß er fest in diesem Sattel,
in Sattelbögen eingepaßt.
Vor die Schultern dieses Rosses
waren seine schönen Beine
straff und gertengrad gestreckt.
Da paßte Roß, da paßte Reiter
so harmonisch zueinander,
als wären diese beiden
gemeinsam, ja in *einem* Stück
geboren, aufgewachsen.
Die Haltung Tristans auf dem Roß
war exzellent, er saß
fest im Sattel, sattelfest.
Dennoch, so vollendet er
in seiner Körperhaltung war,
so war doch seine innre Haltung
von schönem, bestem Stil;
noch nie umschloß ein Helm
so noblen Geist, so schöne Form.

Und so wurde beiden Kämpfern
ein Kampfplatz zugewiesen:
eine kleine Insel im Meer,
so nah am Ufer und am Heer,
daß sich den Blicken zeigte,
was auf dieser Insel geschah.
Man hatte vorher ausgemacht,
daß außer diesen beiden Männern
keiner dorthin kommen sollte,
bevor der Kampf beendet sei.
Das wurde denn auch eingehalten.
Und es wurden beiden Kämpfern
zwei Boote an das Ufer gestakt;
beide waren groß genug,
um ein Streitroß, einen Mann
in Rüstung leicht zu transportieren.
Die Boote lagen nun bereit;

Morold stieg in eins von ihnen.
Er nahm das Ruder in die Hand
und pullte rüber an das Ufer.
Sobald er auf der Insel war,
versorgte er sein kleines Schiff
und machte es am Ufer fest.
Er schwang sich rasch aufs Roß,
nahm die Lanze in die Hand,
ließ es auf der ganzen Insel
galoppieren, attaquieren,
hin und her lachieren;
seine attaques, sie waren
auf diesem Todeskampfplatz
derart leicht und sportbetont,
als wär dies alles nur zum Sport.
Als Tristan auf dem Boot war,
seine Sachen schon an Bord,
sein Streitroß, seine Lanze,
ging er am Bug in Positur.
»König«, rief er nun, »Herr Marke!
Macht Euch nicht zu große Sorgen
um mich und um mein Leben –
vertrauen wir hier ganz auf Gott!
Unsre Angst bringt hier nicht weiter.
Wie, wenn es besser läuft für uns,
als man uns dies vorausgesagt?
Über unsren Sieg und unser Glück
wird nicht durch Ritterkunst entschieden,
sondern nur durch Gottes Allmacht.
Gebt denn alle Vor-Furcht auf,
ich kann durchaus hier überleben!
Es belastet diese Sache
mein Gemüt nicht allzusehr.
Macht das auch so! Wahrt die Haltung!
Es geht nur *so* aus, wie es soll.
Wie immer meine Sache ausgehn,
wie die Entscheidung fallen mag,
vertraut an diesem Tag Euch selber
und die Herren Eures Landes
Dem an, Dem ich fest vertraue.
Gott selber zieh mit mir

auf den Kampfplatz, in den Kampf,
verschaff dem Recht sein Recht!
Gott muß wahrlich mit mir siegen
oder sieglos unterliegen.
ER nehm sich dieses Falles an.«
Er sprach den Segen über sie,
stieß das Boot vom Ufer ab
und fuhr in Gottes Namen los.
Ihn vertrauten viele, betend,
Gott an, mit dem Leib, dem Leben;
ihm schickten viele noble Hände
ihre Segenszeichen nach.
  Als er am Ufer angelegt,
ließ er sein Schiffchen treiben
und schwang sich gleich aufs Roß.
Morold war sofort zur Stelle:
»Was soll das heißen?! Sag es mir!
Warum, mit welcher Überlegung
hast du das Schiffchen treiben lassen?!«
»Ich tat es nur aus diesem Grund:
hier ist ein Boot und sind zwei Männer,
und darin gibt es keinen Zweifel:
falls sie hier nicht beide ›bleiben‹,
vielmehr einer von den beiden
den Tod erleidet auf der Insel,
so hat wohl jener, der hier siegt,
mit diesem einen Boot genug,
daß dich hierher zur Insel trug.«
Morold sprach: »Ich hab verstanden,
es führt kein Weg daran vorbei,
dieser Zweikampf muß erfolgen.
Doch würdest du darauf verzichten,
indem wir uns hier gütlich trennen,
und es wird ganz fest vereinbart,
daß ich auch künftig Anspruch habe
auf den Tribut aus beiden Ländern,
so schiene mir, dies wär dein Glück.
Denn mir täte ehrlich leid,
wenn ich dich töten müßte.
Kein Ritter, den ich je erblickte,
gefiel mir derart gut!«

Der mutige Tristan daraufhin:
»Soll Friede werden, dies auf Dauer,
muß künftig der Tribut entfallen.«
»Unmöglich!« rief der andere.
»Kein Friede unter *der* Bedingung!
So läßt sich das nicht gütlich schlichten!
Der Tribut muß mich begleiten!«
Tristan sagte: »So verhandeln
wir rechtlich ganz umsonst!
Morold, weil du sicher bist,
daß du mich erschlagen wirst,
so wehr dich, wenn du leben willst.
Etwas andres läuft hier nicht!«
Er warf sein Roß herum,
er machte aus der Kurve
eine zielbewußte Richtung.
Mit gesenkter Lanze
mit festem Willen seines Herzens
ritt er rasch geradeaus;
mit pumpenden Schenkeln,
mit Fußknöcheln, Sporen
nahm er die Pferdeflanken zwischen.
Was hätt der andre warten sollen,
des Leben auf dem Spiele stand?
Der tat genau, was alle tun,
die mit allen ihren Sinnen
auf das Heldentum hinaus sind:
wie es ihm sein Herz befahl,
machte er nun gleichfalls kehrt,
ritt rasch davon, noch schneller ran,
hob und senkte gleich die Lanze.
Und so kam er galoppiert,
wie vom Teufel transportiert.
Beide, Roß und Reiter, ritten
schneller als ein Zwergenfalke
im Renn-Galopp auf Tristan los.
Auch Tristan war sehr scharf auf ihn!
Sie kamen mit so gleicher Kampflust,
so gleichem Flugschwung auf sich zu,
daß ihre Lanzen brachen,
die in die Schilde stachen –

bestimmt in tausend Stücke!
Und schon war ein Gezücke
ihrer Schwerter; sie begannen,
von den Sätteln aus zu kämpfen.
Es wär ein Anblick für den Gott gewesen!
  Nun hör ich alle Welt erklären
(so steht es auch in der Geschichte),
daß dies ein Zweikampf gewesen sei,
und jedermann erklärt dazu,
hier seien nur zwei Mann gewesen.
Ich werde jetzt jedoch beweisen,
daß es eine Feldschlacht
zweier ganzer formations war.
Obwohl ich das mit keinem Wort
gelesen habe über Tristan,
werde ich dies glaubhaft machen.
Wie uns die richtige Tradierung
schon stets erzählte, noch erzählt,
hatte Morold Kraft für vier,
das macht: ein Rittertrupp von vieren.
Dies war die Streitmacht *einer* Seite.
Auf der andren war sie so:
erstens Gott und zweitens Recht,
drittens ihrer beider Knecht
und ihr braver Herrendiener,
Tristan, der sehr tüchtig war,
viertens Kampfentschlossenheit,
die in Bedrängnis Wunder wirkt.
Diese vier und jene vier,
also: acht, sie stelle ich
rasch auf zu beiden formations,
obwohl ich kaum formieren kann...
  Noch eben schien euch, die Geschichte
sei doch reichlich ungereimt,
weil acht Mann auf nur zwei Rössern
gar nicht hätten kämpfen können...
Doch ihr kennt ja nun die Wahrheit,
daß hier jeweils vier der Ritter
(sprich: ein Rittertrupp von vieren)
unter *einem* Helm zusammenprallten;
sie griffen sich zu diesem Zeitpunkt

zu Pferd in scharfem Schwertkampf an.
So kam denn eine Allianz
(Morold mit der Kraft von vieren!)
auf Tristan zu wie ein Gewitter.
Der todgeweihte Teufelsknecht
hieb derart kräftig auf ihn ein –
er hätte ihm mit Hieben fast
die Kräfte, das Bewußtsein geraubt.
Hätt ihn nicht der Schild gedeckt,
unter dem er mit Geschick
Deckung suchte, Zeit gewann,
ihm hätten Helm und Panzerhemd
und weitres Eisen nichts geholfen,
Morold hätte ihn getötet –
dies durch seinen Ringelpanzer!
Er deckte ihn mit Hieben ein,
daß Tristan nicht mal hochschaun konnte,
setzte ihm mit Hieben zu,
bis er es mit Hieben schaffte,
daß Tristan, drangsaliert von Hieben,
den Schild zu weit vom Körper hielt
und die Deckung so zu hoch nahm –
in dem Moment schlug Morold
in seinen Oberschenkel, so brutal,
daß dies beinah tödlich war:
im Beinschutz und im Kettenhemd
lag das Fleisch, der Knochen frei,
und es spritzte Blut heraus,
sprühte auf den Inselboden.
»Und jetzt?« rief Morold, »gibst du auf?!
Dir wird wohl völlig klar,
daß niemand unrecht handeln darf!
Dein Unrecht wird hier offenkundig!
Und jetzt: denk nach! Wie soll es gehn,
daß du noch weiterleben kannst?
Wahrlich, Tristan, diese Not,
sie ist dein sichrer Tod.
Wenn ich hier keine Wende bringe,
wird keine Frau und wird kein Mann
dich jemals heilen können:
du bist von einem Schwert verwundet,

das tödlich, weil *vergiftet* ist.
Kein Arzt und keine Heilkunst
erretten dich aus der Gefahr,
dies kann einzig meine Schwester,
Isolde, Königin von Irland.
Sie kennt diverse Pflanzen
und die Heilkraft aller Kräuter
und die Wissenschaft der Ärzte.
Nur sie allein kennt dies Geheimnis,
niemand sonst in dieser Zeit.
Wenn *sie* nicht heilt, so mußt du sterben.
Doch wenn du auf mich hören willst,
mir den Tribut versprichst,
so muß die Schwester, Königin,
dich heilen, höchstpersönlich,
und ich werde den Besitz
mit dir teilen, freundschaftlich;
worauf dein Wunsch sich richten mag,
ich werde dir nichts vorenthalten.«
Tristan: »Das Recht auf meiner Seite
und meine Ehre geb ich weder
für dich noch deine Schwester preis!
Ich brachte in der Freien Hand
die Freiheit zweier Länder her –
die wird mich auch zurückbegleiten,
es sei denn, daß ich wegen ihr
noch mehr verwundet, ja getötet werde.
Doch bringt mich diese eine Wunde
noch nicht in so bedrängte Lage,
daß alles hier entschieden wäre.
Der Kampf ist zwischen uns
überhaupt noch nicht entschieden!
Der Tribut: dein Tod! Oder meiner…
Etwas andres gibts hier nicht!«
Sofort griff Tristan wieder an. –
Nun stellt hier einer wohl die Frage,
ich selber schließe mich ihr an:
»Das Recht und Gott, wo sind sie nun,
diese Kampfgefährten Tristans?!
Ob die ihm noch helfen wollen?
Dies würde ich zu gern erfahren!

Sie lassen sich ja ziemlich Zeit.
Ihre Gruppe, formation
ist reichlich angeschlagen.
Wenn sie nicht mit Tempo kommen,
so kommen sie zu spät.
Sie sollen also voranmachen!
Hier reiten zweie gegen viere
und kämpfen um das nackte Leben –
das hat die Hoffnung aufgegeben,
und so packt es die Verzweiflung!
Sollen sie gerettet werden,
muß dies möglichst rasch geschehn!«
Das Recht und Gott, sie ritten ein
mit dem gerechten Urteilsspruch,
zum Heile ihrer formation,
zum Unheil ihrer Feinde.
Jetzt begannen sie sich alle
in gleicher Stärke zu formieren:
viere gegen viere;
ein Trupp ritt gegen einen Trupp.
Tristan, als er nun
seine Kampfgefährten sah,
da wuchs sein Mut, die Stärke;
ihm schenkte seine Allianz
Beherztheit, Kraft zum Kampf.
Seinem Roß gab er die Sporen;
er kam so heftig angaloppiert,
daß Tristan (und das wollte er!),
mit der Brust des Rosses attaquierend,
derart auf den Gegner krachte,
daß er ihn zu Boden warf
mit Roß und allem Drum-und-Dran.
Als Morold nach dem Sturz
ein wenig zu sich kam,
zurück zu seinem Streitroß wollte,
da war Tristan gleich zur Stelle,
schlug ihm seitlich an den Helm
daß der ihm wegflog, und zwar weit.
Und schon griff ihn Morold an,
schlug Tristans Roß die Schulter ab
(durch den caparaçon!), so daß es

unter ihm zusammenbrach,
und Morold nur noch eines blieb:
er sprang halt seitlich weg.
Morold, der gewitzte Mann,
schob den Schild auf seinen Rücken
(dies lehrte ihn Erfahrung),
streckte seine Hand nach unten,
packte wieder seinen Helm.
Routiniert, wie er ja war,
dachte er und plante er:
sitze er erneut im Sattel,
so setze er sich seinen Helm auf
und greife Tristan nochmals an.
Als er den Helm ergriffen hatte
und zu seinem Streitroß rannte,
und schon derart nah heran war,
daß seine Hand zum Zügel griff
und er mit Schwung den linken Fuß
hineinschob in den Bügel
und den Sattelbogen packte,
war er von Tristan eingeholt!
Der hieb ihm auf dem Sattelbogen
die linke Hand ab, samt dem Schwert,
daß beide auf den Sandplatz fielen,
mit Panzerringen, Drum-und-Dran.
Und während all dies runterfiel,
verpaßte er ihm wieder eins,
am obren Rand der Ringkapuze,
und drang dort sehr tief ein:
als er die Waffe ruckhaft rausriß,
blieb durch diesen starken Ruck
ein Stück des Schwerts zurück
in seiner Schädeldecke:
das sollte Tristan später
in Bedrängnis bringen, in Gefahr,
es sollt ihn fast das Leben kosten.
Als Morold, dieser hilflose ›Trupp‹,
völlig kraftlos, völlig wehrlos,
beim Gehen heftig taumelte
und sich dem Stürzen überließ,
fragte Tristan: »Und jetzt? Und jetzt?!

Gott steh dir bei… Sag schon, Morold,
kommt dir die Szene nicht bekannt vor?!
Mir scheint nur, *du* bist schwer verwundet!
Ich schätz, es steht nun schlecht um *dich*!
Was auch aus meiner Wunde wird,
nun bräuchtest *du* ein gutes Heilkraut!
Was immer deine Schwester Isolde
studiert hat in der Medizin,
du wirsts brauchen, um zu überleben!
Der gerechte, gütige Gott
und Gottes Forderung nach Wahrheit,
sie haben dein Unrecht klar erkannt,
durch mich dem Recht zum Recht verholfen.
Jetzt kümmre Er sich auch um mich!
Dein Hochmut ist zu Fall gekommen!«
Schon ging er auf ihn los,
griff zum Schwert und führte es
mit beiden Händen,
hackte seinem Feind den Kopf ab,
mitsamt der Ringkapuze.

Er ging zurück zum Landeplatz,
wo er das Boot von Morold fand.
Dort setzte er sich rein und fuhr
sofort zum Strand und zu dem Heer.
Er hörte dort, ganz nah am Meer,
großen Jubel, großes Klagen.
Jubel, Klage: ich erklär es euch.
Deren Glück an seinem Sieg hing,
für die war nun ein Tag des Glücks,
des großen Jubels angebrochen;
sie klatschten mit den Händen,
sie lobten Gott mit ihren Zungen,
sie sangen nun sogleich
zum Himmel viele Siegeshymnen.
Doch für die Leute aus der Fremde
(die verhaßten Gäste aus Irland,
die man nach Cornwall entsandt),
begann der Tag der großen Klage.
Von ihnen ward soviel geklagt,
wie von den anderen gesungen!

Sie rangen und sie wrangen
den Jammer zwischen ihren Händen.
Als die jammernden Fremden,
die klagenden Leute aus Irland,
in ihrer tiefen Trauer
zu ihren Schiffen gehen wollten,
kam Tristan auf sie zu und blieb
vor ihnen stehen, auf dem Strand.
»Ihr Herren«, sprach er, »fahrt hinüber
und holt euch den Tribut,
den ihr auf dieser Insel seht,
und bringt ihn heim zu eurem Herrn
und teilt ihm mit: mein Onkel,
König Marke, seine Herren,
sie machten ihm dies zum présent,
um damit auszurichten:
Entspricht es seinem Willen,
daß er zu wünschen geruht,
seine Gesandten herzuschicken,
um solchen Tribut zu fordern,
so lassen wir sie nie und nimmer
mit leeren Händen heimwärtsziehn;
mit Ehrengaben *solcher* Art
schicken wir sie ihm zurück –
so viel sie uns auch kosten mögen!«
  Während er die Rede hielt,
verdeckte er die ganze Zeit
die Wunde und das Blut
vor den Fremden mit dem Schild –
das sollte ihn dann später retten.
(So kehrten sie zurück, und keiner
hatte irgendwas davon bemerkt!)
Sie zogen auf der Stelle ab
und setzten über auf die Insel
und fanden dort statt ihres Herrn
einen zerstückelten Menschen vor;
den schafften sie von dort auch weg.

Als sie in ihre Heimat kamen,
da befaßten sich die Herren
mit dem présent, dem kümmerlichen,

durch sie dorthin geschickt –
ich mein die Stücke, alle drei;
die legten sie zusammen, denn
es sollte nichts verlorengehn,
trugen sie vor ihren Herrn,
überbrachten ihm – ich las sie vor –
die Botschaft, dies im Wortlaut.
Ich vermute, nehme an,
hab allen Grund, es anzunehmen:
König Gormund der Kühne
war aufgebracht und tief betroffen.
Er hatte allen Grund dazu:
mit diesem einen Mann verlor er
Herz, Gesinnung, Hilfe, Mut
und die Kampfkraft vieler Ritter.
Die Feuerscheibe seiner Ehre,
von Morold mutig hochgeschleudert
über allen Nachbarländern,
sie war herabgestürzt...
Noch heftiger jedoch das Leid,
der Jammer und die Klagequal
seiner königlichen Schwester.
Sie und ihre Tochter Isolde,
sie quälten sich auf manche Weise –
ihr wißt ja, daß die Frauen
ihre Körper Trauer spüren lassen,
wenn ihnen Leid zu Herzen geht.
Sie schauten diesen toten Mann
nur an, um Trauer zu beleben,
damit ihr Herzenskummer
desto größer würde.
Sie küßten ihm nun Haupt und Hand,
die ihnen Landesherren
unterworfen hatte,
wie ich bereits berichtet habe.
Die Wunden seines Hauptes
beschauten sie an Hals und Schädel
mit scharfem Blick, in tiefer Trauer.
Da fand die sehr verständige,
die kundige Königin
den Splitter in der Wunde.

Sie ließ ein feines Zänglein bringen;
damit faßte sie hinein
und zog den Splitter dort heraus.
Den schauten sie und ihre Tochter
voll Leid und voller Jammer an,
und sie beide nahmen ihn
und legten ihn in eine Truhe –
später sollte dieses Stückchen
Tristan fast das Leben kosten…

Der Herr Morold ist nun tot.
Würd ich lang und breit erzählen,
wie groß ihrer aller Trauer
und Klage war, was brächte das?
Es unterhielte uns nicht besser…
Wer könnt ihrer aller Leid beklagen?
Morold ward zu Grab getragen,
wie ein normaler Mensch begraben.
Gormund begann die Trauerzeit
und erließ sofort fürs ganze
Reich der Iren den Befehl:
man solle eifrig Ausschau halten
und einem jeden Lebewesen,
das von Cornwall rüberkomme
(gleich, ob männlich oder weiblich),
das Leben nehmen.
Dies Gebot und der Befehl
wurden derart streng beachtet,
daß kein Bewohner Cornwalls
zu irgendeinem Zeitpunkt
nach Irland eine Reise
unternehmen und
durch Angebot, durch Zahlung
von Lösegeld verhindern konnte,
daß es ihm ans Leben ging.
So wurden schließlich viele Menschen
schuldlos mit dem Tod bestraft.
Dies alles ohne wahren Grund,
denn Morold war nun tot, mit Recht:
er hatte nicht auf Gott vertraut
und nur auf seine Kraft gebaut,

bei allen seinen Kämpfen hatten
(dies zu einer jeden Zeit)
Gewalt und Hochmut mitgemacht –
die hatten ihn zu Fall gebracht.

***

Ich nehm den Faden wieder auf. –
Als Tristan an das Ufer stieß,
ohne Streitroß, ohne Lanze,
da drängten sich, zu Pferd, zu Fuß,
tausend Grüppchen an ihn ran
mit ihren Hoch- und Jubelrufen;
sie empfingen ihn begeistert.
Nie hatten König, Königreich
solch einen Freudentag erlebt
(und das darf man ihnen glauben),
denn ihnen hatte Tristans Hand
große Ehre eingebracht,
ihrer aller Schmach und Leid
hatte *er* allein beendet.
Jedoch, die Wunde, die er hatte,
die beklagten sie sehr heftig,
die weckte ihrer aller Mitleid.
Doch weil sie damit rechneten,
daß er von der Verwundung
bald genesen wäre,
gaben sie nicht viel darauf.
Sie führten ihn in ihrer Mitte
auf schnellstem Weg in den Palast.
Sie halfen rasch ihm aus der Rüstung,
versorgten und umsorgten ihn,
nach seinen (oder andrer) Wünschen.
Von den Burgen, Herrensitzen
ließ man Ärzte kommen –
die allerbesten, die man fand.
Und dann? Da waren sie, gerufen,
bewiesen ihm ihr ganzes Können
der Wissenschaft der Medizin.
Was nützte das, was half es ihm?

Es brachte keine Besserung.
Ihrer aller Kenntnisse
der Wissenschaft der Medizin,
die hatten keine Wirkung bei ihm!
Das Gift war so gemischt,
daß sie es überhaupt nicht mehr
entfernen konnten aus der Wunde;
es dehnte sich im Körper aus,
und sein Erscheinungsbild,
es wurde derart jammervoll,
daß man ihn kaum erkennen konnte.
Außerdem nahm diese Wunde
Gestank an, derart scheußlich,
daß das Leben ihm zur Last fiel,
er seinen eignen Körper haßte.
Doch bedrückte ihn am meisten,
daß er dauernd sah, genau,
wie er den bewährten Freunden
mehr und mehr zur Last fiel,
und er verstand den Ausspruch Morolds
immer besser. Freilich hatte er
früher schon gehört, dies öfter,
wie schön und wie vollendet
Isolde sei, die Schwester Morolds.
In allen Nachbarländern,
in denen man den Namen kannte,
galt ihr ein geflügelt Wort:
»Isolde ist kundig, Isolde ist schön,
sie leuchtet wie das Morgenrot!«
Tristan, der bedrückte Mann,
dachte ständig nach darüber,
zog den Schluß: falls er jemals
überleben sollte, so allein
durch die Künste dieser Frau,
die hier das Geheimnis kannte –
die Königin mit reichem Wissen.
Wie sich das nun machen ließe,
dazu fiel ihm noch nichts ein.
Jedoch, er dachte Folgendes:
wenn er ehso sterben müßte,
so wäre es genauso sinnvoll,

auf Leben *oder* Tod zu setzen,
statt auf diese Todesqual.
Und sogleich entschloß er sich,
auf jeden Fall dorthin zu reisen –
sich Gottes Willen zu ergeben,
zu überleben, falls ihm das bestimmt war...
Seinen Onkel ließ er rufen
und teilte ihm von Anfang an
(wie ein Freund bei seinem Freund)
die geheime Absicht mit,
und was er – nach dem Ausspruch Morolds –
zu tun entschlossen sei.
Das gefiel und das mißfiel dem.
Nun soll man, was belastend wirkt,
ertragen, wie es eben geht;
von zwei Übeln wähl der Mensch
das Übel aus, das kleiner ist –
dieser Grundsatz ist sehr hilfreich.
So kamen beide einvernehmlich
in allen Punkten überein,
wie er die Reise machen sollte
(so wurde sie denn auch gemacht!):
wie man verbergen müsse,
daß er nach Irland wolle,
wie man verbreiten müsse,
daß er in Salerno sei,
um sich dort heilen zu lassen.
Als dieser Plan beschlossen war,
wurde Courvenal gerufen.
Und sie teilten ihm gleich mit,
was ihr Wille, ihre Absicht war.
Courvenal war einverstanden,
erklärte, daß er ihn begleiten,
mit ihm sterben oder leben wolle.

Als es auf den Abend zuging,
machte man für ihre Reise
die Barke und ein Beiboot klar,
verstaute einen großen Vorrat
von Proviant und Lebensmitteln
und was sonst zum Schiff gehört.

Den bedauernswerten Tristan
brachte man mit vielen Klagen
derart heimlich auf das Schiff,
daß außer den Beteiligten
keiner was davon bemerkte,
wie er hier verfrachtet wurde.
Seinem Onkel Marke
vertraute er ganz rückhaltlos
Personal und Sachen an –
es sollte sich kein Panzerring
von einem andren lösen,
bevor man von ihm selbst
sichre Nachricht habe,
wie es ihm ergangen sei.
Seine Harfe ließ er kommen;
nur sie alleine nahm er mit
und sonst nichts aus dem Besitz.
Und sie stachen gleich in See;
es fuhren diese beiden nur
mit acht weitren Männern fort.
Sie hatten allesamt ihr Leben
als Pfand und Bürgschaft eingesetzt,
hatten auch bei Gott geschworen,
von Tristans, Courvenals Befehlen
nicht mal handbreit abzuweichen.
Als sie an Bord gegangen waren,
und Marke blickte Tristan nach,
war dies für Marke kein Vergnügen,
keine Lust, da bin ich sicher!
Diese Trennung ging ihm
unter die Haut und sehr ans Herz.
Jedoch: es sollte für die beiden
ein gutes, glückliches Ende nehmen…
  Als nun seine Herren hörten,
in welcher schlimmen Verfassung
Tristan Richtung Salerno
gereist sei, um dort zu genesen –
wär er ihr aller Sohn gewesen,
so hätte sie sein Leid nicht tiefer
berühren können, als es dort geschah.
Und weil er die Verwundung

im Dienst für sie erlitten hatte,
bedrückte sie sein Leid noch mehr.
Tristan fuhr beständig weiter,
ließ bei Tag und Nacht das Schiff
gegen Wind und Strömung rudern,
blieb bei seinem Kurs auf Irland,
den der Herr des Schiffs
genau für ihn bestimmte.
Und als das Schiff begann,
sich Irland soweit anzunähern,
daß man die Küste gut erkennen konnte,
gab Tristan seinem Steuermann
den Auftrag, Kurs zu nehmen
auf die Hauptstadt Dublin,
denn er wußte zuverlässig,
daß die kundige Königin
dort ihren Wohnsitz hatte.
So ging es rasch in Richtung Stadt.
Als der Schiffer auf sie zufuhr,
sie deutlich sah, erkannte –
»schaut, Herr«, rief er da zu Tristan,
»ich seh die Stadt, was schlagt Ihr vor?«
Tristan sagte: »Laßt uns dort
vor Anker gehn und bleiben,
den Abend hier verbringen,
dazu noch einen Teil der Nacht.«
Sie verankerten ihr Schiff,
erholten sich den Abend lang.
Und er ließ des Nachts sogleich
Kurs nehmen auf die Stadt.
Gesagt, getan. Und als sie sich
dieser Stadt so angenähert,
daß sie – ihrer Schätzung nach –
eine halbe Meile vor ihr lagen,
ließ Tristan sich das ärmlichste
aller der Gewänder bringen,
die im Schiff zu finden waren.
Sobald man ihm das angezogen,
ließ er sich sofort
aus dem Schiff ins Beiboot bringen,
ließ in ihm auch seine Harfe

und so viel Proviant verstauen,
daß er genug zu leben hätte
für drei Tage oder vier.
Dies alles wurde rasch erledigt
zu seiner vollen Zufriedenheit.
Courvenal ließ er nun kommen
und mit ihm die Mannschaft.
»Freund Courvenal, du übernimmst
diese Barke, die Besatzung;
behandle sie im Blick auf mich
freundlich – dies zu jeder Zeit.
Sobald ihr dann zu Hause seid,
zahle ihnen soviel Lohn,
daß sie unser Geheimnis
mit uns wahren, zuverlässig,
und keinem was davon erzählen.
Und begebt euch bald nach Hause.
Wende dich an meinen Onkel,
berichte ihm, daß ich noch lebe,
ja, daß ich mit Gottes Hilfe
weiterleben – und gesunden werde.
Er soll nicht leiden wegen mir.
Und sag ihm, er kann sicher sein:
ich komme wieder, dieses Jahr –
vorausgesetzt, daß ich genese.
Wenn sich alles gut entwickelt,
wird er bald davon erfahren.
Verbreit am Hof und bei den Herren,
im Laufe dieser Reise sei ich
meiner schweren Krankheit erlegen.
Mein Personal, das ich dort habe,
von dem laß keinen jemals gehn!
Sieh zu, daß sie dort auf mich warten,
bis zu jenem Zeitpunkt,
den ich dir eben mitgeteilt.
Sollte es jedoch der Fall sein,
daß mir im Ablauf eines Jahres
das Glück noch nicht gewogen war,
so gebt mich unbedenklich auf.
Erfleht von Gott mein Seelenheil,
und kümmert euch dann um euch selbst.

Nimm meine Leute mit und kehre
zurück nach Hause, nach Parmenien
und laß dich nieder bei Rual,
dem lieben Vater. Richt ihm aus,
er möge meine treue Liebe
an dir belohnen, liebend treu,
indem er dich so gut behandle,
so freundlich, wie er das vermag.
Des weitren trag ihm auf:
er möge mir die eine Bitte
erfüllen, daß er meine Leute,
die mir bisher gedient,
mit Dank entlasse, Ausgleich zahlend,
der ihrer Tätigkeit entspricht. –
Nun zu euch, ihr lieben Leute:
seid hiermit Gott befohlen,
nehmt euren Kurs auf, laßt mich treiben.
Ich muß in dieser Zeit
der Gnade Gottes harren.
Höchste Zeit, daß ihr nun fahrt,
Leib und Leben euch bewahrt –
es beginnt schon bald zu tagen!«
So fuhren sie mit vielen Klagen
und mit großem Jammer fort,
ließen ihn, mit vielen Tränen,
treiben auf der wilden See,
kein Abschied schmerzte sie so sehr!
Ein jeder loyale Mann,
der einen loyalen Freund hat
und weiß, wie man ihn lieben muß,
wahrhaftig, der versteht sehr wohl,
wie schwer es Courvenal ums Herz war.
Doch wie bedrückt auch immer
sein Herz war, sein Gemüt,
er hielt genau den Kurs.

Tristan blieb allein zurück.
Voller Elend, voller Furcht
trieb er mal nach hier, nach dort,
bis hin zum hellen Morgen.
Als die Bewohner Dublins

zwischen all den Wellen
das steuerlose Beiboot sahen,
erteilte man Befehl, ganz rasch
zu fahren und das Boot zu prüfen.
Die Späher fuhren gleich dorthin.
Sobald sie näherkamen
(ohne einen zu entdecken),
da hörten sie von drüben her
schön und ganz nach ihrem Geschmack
eine schöne Harfe klingen,
zu dieser Harfe einen Mann
auf derart schöne Weise singen,
daß sie sich angesprochen fühlten –
une merveille war dies für sie.
Sie verharrten auf der Stelle,
solang er Harfe spielte, sang.
Doch ihre Freude hielt nicht vor,
die sie dort durch ihn empfanden,
denn was er da vor ihnen spielte
mit den Händen, was er sang,
das kam nicht aus dem Herzensgrund,
sein Herz war nicht daran beteiligt.
Doch ists nicht Brauch beim Musizieren,
auch nur kurze Zeit zu spielen,
wenn das Herz nicht eingestimmt ist.
Wenn dies auch beinah üblich ist,
so ist doch die Musik nicht echt,
die man bloß mechanisch spielt,
nicht mit Herz und mit Gemüt.
Auch wenn es *nur* die Jugend war,
die Tristan zwang, sich nun für sie
mit Hand und Mund zu unterhalten,
indem er Harfe spielte, sang,
so wars für den geschundnen Mann
nichts als Schinderei und Qual.

Als er nicht mehr weiterspielte,
nahte sich das andre Boot.
Man griff zum Beiboot, schaute rein –
jeder wollte der erste sein!
Als sie nun bemerkten,
wie jämmerlich sein Aussehn

und sein ganzer Zustand war,
da fühlten sie sich fast beleidigt,
daß *der* mit Mund und Händen
ein Wunder dieser Art vollbracht!
Jedoch, sie nahmen ihn als Mann,
der sich mit Mund und Händen
verdient hat, daß man auf ihn eingeht,
und so baten sie nun Tristan,
ihnen zu berichten,
was ihm zugestoßen sei.
Tristan sprach: »Ich wills euch sagen.
Ich war ein höfischer Spielmann
und beherrschte ausgezeichnet
Lebensformen, Stil des Hofes;
sprechen, schweigen je nach Wunsch,
die Leier und die Fiedel spielen,
die Harfe und die Harfenzither,
scherzen oder spotten –
dies alles konnte ich so gut,
wie es der Beruf verlangt.
Damit verdiente ich genug,
bis mich der Reichtum maßlos machte
und ich mehr besitzen wollte,
als es meinem Stand entsprach.
So setzte ich denn auf den Handel,
der meine Existenz vernichtete.
Als Teilhaber gewann ich
einen reichen Kaufmann;
daheim in Spanien, da verstauten wir
alle Waren, die wir hatten,
auf einem, nur auf einem Schiff –
wir wollten zur Britannie...
Und prompt griff uns auf offner See
das Schiff einer Bande Piraten an;
sie raubten wirklich alles,
erschlugen meinen Kompagnon
und alle, Mann und Maus.
Daß ich alleine überlebte,
wenn auch mit dieser meiner Wunde,
dies verdanke ich der Harfe;
jeder sah mit ihr bestätigt,

was ich den Piraten sagte:
ich sei ein Spielmann von Beruf.
Ich konnte ihnen dieses Bötchen
mit Schwierigkeiten abgewinnen,
und soviel Proviant hinein,
daß ich bisher davon gelebt.
Vierzig Tage, vierzig Nächte
trieb ich ganz allein umher –
geschunden, und ich klagte sehr –,
wohin mich auch die Stürme schoben
und die wilden Wellen hoben,
einmal hierhin, einmal dorthin...
So weiß ich nicht, wo ich jetzt bin,
und weiß schon gar nicht mehr, wohin.
Ihr Herren, tut mir den Gefallen,
laßt mich sein, wo Menschen sind –
der Herr des Himmels dank es euch!«
»Freund«, so sagten ihm die Späher,
»deine schön gesungne Melodie,
sie soll dir nun zugute kommen.
Du mußt nicht länger treiben
ohne Hilfe, ohne Mittel.
Was immer dich hierher geführt,
ob Gott, ob Wasser oder Wind,
du wirst sein, wo Menschen sind.«
Sie taten das. Sie schleppten ihn
in seinem Boot (mit Ladung) ab
zum Hafen, wie von ihm erbeten.
Am Ufer machten sie sein Boot fest,
und riefen: »Spielmann, schau,
sieh nur, schau dir diese Burg an
und diese schöne Stadt hier vor uns –
erkennst du, welche Stadt dies ist?«
»Nein, ihr Herrn, ich kenn sie nicht.«
»So wollen wir es dir verraten:
Du bist in Irland, bist in Dublin!«
»Der Heiland sei dafür gepriesen,
daß ich nun unter Menschen bin
und daß mir einer unter ihnen
seine Freundlichkeit erweist,
mir in bestimmter Weise hilft...«

Die Späher gingen nun sogleich
in die Stadt, und sie begannen,
mit Berichten über Tristan
großes Aufsehn zu erregen.
Sie wiederholten die Geschichte,
sie hätten une merveille
erlebt mit einem Mann,
bei dem man so was kaum,
ja gar nicht hätt erwarten können.
Sie erzählten, was geschehen war:
bevor sie dorthin näherkamen,
vernahmen sie von drüben her
ein derart schönes Harfenklingen,
mit dieser Harfe auch ein Singen –
das hätte Gott wohl gern gehört
in Seinen Himmels-Chören!
Und sie erklärten, dabei sei dies
ein armer, geschundener Mensch,
ein Spielmann, tödlich verwundet.
»Nichts wie hin! Ihr seht ihm an,
er stirbt schon morgen oder heute!
Doch hat er, trotz der Schinderei
einen solchen Lebenswillen,
daß sich in allen Königreichen
kein Herz entdecken ließe,
auf das so schweres Mißgeschick
so geringen Eindruck macht.«
Die Stadtbewohner gingen hin
und führten Unterhaltungen
verschiedner Art mit Tristan,
und fragten ihn mal dies, mal jenes.
Doch in dieser heiklen Lage
wiederholte er vor jedem,
was er zuvor den Spähern erzählt.
So bat man ihn, die Harfe zu spielen.
Den Bitten, den Ermunterungen
folgte er mit allem Können,
tat dies nun aus ganzem Herzen;
wie immer er, mit Spielen, Singen
bei ihnen Beifall finden konnte,
das wollte er mit allen Kräften,

da setzte er sich ein – erfolgreich!
Als der bedauernswerte Spielmann
trotz schlechten körperlichen Zustands
begann, sein Harfenspiel, sein Singen
in aller Schönheit darzubringen,
begannen alle, mitzuleiden.
Sie ließen den Bedauernswerten
aus seinem Bötchen heben,
erbaten dann von einem Arzt,
ihn zu Hause aufzunehmen,
und sich um alles zu bemühen,
was ihm gut bekommen würde;
er möge ihn – sie zahlten es –
in Pflege und Behandlung nehmen.
Dies geschah, dies ward getan.
Doch als der Arzt ihn aufgenommen,
sich um seine Pflege
bemühte mit dem allerbesten
Wissen seiner Kunst,
da half das alles nichts!
Im ganzen Stadtgebiet von Dublin
war dies in aller Munde;
man lief in Scharen bei ihm rein
und raus, bejammerte sein Elend.
Zu dieser Zeit begab es sich,
daß ein Priester zu ihm kam
und Zeuge wurde seines Könnens
mit dem Mund und mit den Händen.
Was ihn betraf, beherrschte er
die Schule der Geläufigkeit,
großes Können mit den Händen
auf allen Saiteninstrumenten –
und konnte viele fremde Sprachen.
Er hatte seine Zeit und Kraft
der Lebensart und -form des Hofes
gewidmet und geweiht;
er war Erzieher der Königin,
gehörte ihrem Gefolge an,
hatte ihr seit Kinderjahren
den Verstand geschärft
in Blick auf viele gute Lehren,

mit vielen unbekannten Künsten,
die sie von ihm erlernt.
Mit großem Einsatz unterwies er
auch Isolde, ihre Tochter,
dies Mädchen, das vollkommen war,
von dem die ganze Welt berichtet,
von dem hier der Roman erzählt –
sie war ihr einzges Kind,
und sie hatte alle Sorgfalt
seit dem Tag auf sie verwendet,
an dem sie fähig wurde, mit dem Mund
zu lernen und mit ihren Händen –
in seiner Obhut war auch sie.
Er war ihr Lehrer (damals, später)
im Bücherstudium, Saitenspiel.
Als der bei Tristan nun soviel
schöne Kunst und Bildung fand,
empfand er tiefes Mitgefühl
mit dessen schlimmer Lage.
Es gab für ihn kein Zögern,
er ging zur Königin
und sagte ihr, daß sich ein Spielmann
in dieser Stadt befinde,
der ein geschundner Mann sei
und bei lebendgem Leibe tot.
Es würde nie ein zweiter Mensch geboren,
dessen Künste so erlesen seien,
der im Gemüt so heiter bleibe!
»Ah«, so rief er, »edle Königin,
wenn es sich nur machen ließe,
daß wir daran denken könnten,
daß wir ihn dort unterbrächten,
wohin Ihr schicklich kommen könntet,
um das Wunder zu erleben,
daß ein sterbender Mann
mit Schönheit, die von innen kommt,
singen, Harfe spielen kann,
obwohls für ihn in seiner Lage
kein Mittel, keine Hilfe gibt –
nein, Heilung gibt es nicht für ihn.
Sein Gastherr und sein Arzt,

der ihn bisher behandelt,
der hat die Pflege aufgegeben!
Mit keiner seiner Fertigkeiten
kann er ihm noch Hilfe bringen.«
»Schau«, so sprach die Königin,
»ich sag den Kammerdienern Bescheid:
falls er verträgt, verkraftet,
daß man mit ihm hantiert,
ihn unauffällig transportiert,
so werde er heraufgebracht.
Wer weiß, ob ihm in seiner Lage
noch irgendwelche Hilfe nützt,
sprich: ob ihn etwas heilen kann.«
  Dies geschah, dies ward getan.
Als nun die Königin das Unheil
in seinem vollen Ausmaß sah,
die Wunde, ihren Zustand,
fand sie sogleich das Gift in ihr.
»Ach, mein armer Spielmann,« sprach sie,
»deine Wunde ist vergiftet...«
»Wirklich?!« fragte Tristan gleich.
»Ich weiß, versteh nicht, was da los ist,
nur dies: mir kann die Kunst des Arztes
nicht Hilfe bringen, Linderung.
Ich weiß nicht mehr, was tun –
nur dies: mich Gott anheimzugeben
und, solang ich kann, zu leben.
Wenn jemand mir die Schmerzen nimmt,
wo es so schrecklich um mich steht,
dem lohn es Gott: Hilfe tut mir not,
ich bin lebendigen Leibes tot.«
Da fragte ihn die kundige Frau:
»Spielmann, sag, wie ist dein Name?«
»Herrin, Tantris ist mein Name.«
»Tantris, so verlasse dich auf mich;
ich werde dich ganz sicher retten.
Kopf hoch! Und ein Herz gefaßt!
Ich persönlich will dein Arzt sein.«
»Danke, schöne Königin!
Möge deine Zunge stets ergrünen,
dein Herz, es möge niemals sterben,

dein Können möge sich bewähren
und denen helfen, die da Hilfe brauchen.
Dein Name möge hier auf Erden
wertgehalten werden!«
»Tantris«, sprach die Königin,
»falls dein Zustand das erlaubte,
so hörte ich gern Saitenspiel.
Davon verstehst du, hör ich, viel.
Freilich bist du sehr geschwächt,
was ja kein Wunder bei dir ist.«
»Nein, Herrin, sagt so etwas nicht...
Kein Mißgeschick kann mich dran hindern,
das zu tun, so gut wie möglich,
womit man Euch zu dienen hat.«
So ließ man seine Harfe holen.
Auch ließ man augenblicklich
die Königstochter kommen,
der Liebe wahres Petschaft,
mit dem sein Herz dann später
versiegelt wurde und verschlossen
vor der ganzen Welt –
ausgenommen war nur *sie*!
Wirklich kam die schöne Isolde
und schaute achtsam zu,
als Tristan dasaß, Harfe spielte.
Nun spielte er sie weitaus besser,
als er das je zuvor getan,
denn er machte sich nun Hoffnung,
sein Unglück sei zu Ende.
Ah, er harfte, sang für sie
nicht wie einer ohne Leben!
Lebhaft setzte er sich ein,
wie einer, der begeistert ist.
Er machte es so gut für sie,
mit seinen Händen, seinem Mund,
daß er in dieser kurzen Zeit
ihrer beider Neigung fand –
so sehr, daß er sein Glück gemacht.
Doch während seines ganzes Spiels
da stank die schlimme Wunde ständig –
wie andernorts, so war es hier.

Soviel Gestank ging von ihr aus,
daß keiner auch nur eine Stunde
in seiner Nähe bleiben konnte.
Es sagte nun die Königin:
»Tantris, falls es sich ergibt,
daß sich dein Zustand so verändert,
daß der Gestank sich von dir löst,
man wieder bei dir bleiben kann,
so laß Isolde, dieses junge Mädchen,
deiner Obhut anbefohlen sein.
Sie hat in Büchern viel studiert
und dazu das Saitenspiel.
Sie versteht von allem viel,
gemessen an der Zeit,
die sie dem Studium widmete.
Besitzt du aber etwas mehr
an Kenntnis und an Fertigkeit
als ihr Erzieher oder ich,
so bringe es ihr bei – für mich.
Ich mache dir dafür, als Lohn,
deinen Körper ganz gesund,
dein Leben wieder völlig schön.
Ich kann dies geben und verweigern –
beides liegt in meiner Hand.«
»Ja, wenn es sich ergibt«
so sprach der kranke Spielmann,
»daß ich erneut gesunden werde
und vom Spielen leben kann –
ja, bei Gott, so werd ich leben!
Hochverehrte Königin,
weil Ihr für Euer Fräulein Tochter
diesen Plan entworfen habt,
so bin ich völlig sicher:
ja, ich werde leben!
Die Bücher habe ich studiert
in solchem Ausmaß, solchem Umfang,
daß ich mir zutrau, und das fest,
ihr so zu dienen, daß Ihr zufrieden seid.
Weiter kann ich von mir sagen:
kein Mann in meinem Alter spielt
so viele noble Saiteninstrumente.

Was Ihr dazu noch weiter wünscht,
was immer Ihr von mir erwartet –
da stehe ich zu Diensten,
soweit ich das vermag.«
Man wies ihm eine Kammer zu
und übernahm dort jeden Tag
die Behandlung und die Pflege,
um die er selber bat.
Jetzt vor allem wirkte sich
seine Klugheit günstig aus,
die er an Bord des Schiffes zeigte,
als er den Schild zur Seite hängte
und damit vor den Fremden
(vor den Männern Irlands,
als sie von Cornwall schieden),
seine Wunde ganz verdeckte.
Aus diesem Grund war ihnen völlig
unbekannt, daß er verwundet war.
Hätten sie auch nur ein bißchen
erfahren über seine Wunde
(die Iren wußten doch genau,
wie es um die Wunden stand,
die Morold mit dem Schwerte schlug,
das er in allen Kämpfen führte) –,
so wär es Tristan niemals so
ergangen, wie es ihm erging.
Seine kluge Umsicht,
sie half ihm, daß er überlebte.
Hieraus läßt sich schließen,
die Lehre ziehn: ein Mann,
der gerne den Verstand gebraucht
und der Vorausblick zeigt,
den führt die große Umsicht
oft zu günstigem Ergebnis.

Die Königin, die kundig war,
verwendete den Sachverstand
und all ihr Wissen nur darauf,
jenen Mann zu retten,
für dessen Leib und Leben
sie gern ihr eignes Leben

gegeben hätte und die Ehre.
(Sie haßte ihn noch mehr,
als sie sich selber liebte!)
Was immer ihr auch einfiel,
das bei ihm zu Wohlbefinden,
Hilfe, Heilung führen konnte,
daran dachte, dafür wirkte sie
vom Morgen bis zum Abend.
Das war nicht sehr verwunderlich:
sie erkannte nicht den Feind.
Hätt sie jedoch erfahren können,
um *wen* sie sich so sehr bemühte,
wem sie half aus Todesnot –
gäb es Schlimmres als den Tod,
so hätte sie ihm das gegeben –
sehr viel lieber als das Leben!
Doch so wollte sie allein das Gute,
erwies ihm nichts als guten Willen.

Wenn ich euch nun viel erzählen,
euch lange rezitieren würde
vom großen Können dieser Herrin
und welche wunderbare Heilkraft
bei ihr die Arzeneien hatten,
was sie für ihren Kranken tat,
was sollte das, was brächte das?
Ein Wort der hohen Sprachkultur
klingt in noblen Ohren besser
als eins der Apothekerdose.
Soweit mein Denken dies vermag,
werde ich mich davor hüten,
auch nur ein Wort vor euch zu sagen,
das unschön klingt in euren Ohren,
das euren Herzen widerstrebt.
Ich will mich lieber kürzer fassen,
und zwar in jeglichem Bereich,
bevor hier der Roman für euch
durch Wörter, die der Hof nicht schätzt,
nicht schicklich, nicht erquicklich wird.
Zur Arztkunst von Madame,
zur Genesung ihres Kranken

will ich euch nur kurz erzählen:
sie half ihm binnen zwanzig Tagen,
man hielt es wieder bei ihm aus –
wer vorher seine Nähe suchte,
den hielt die Wunde nicht mehr fern.

Seither ging die Königstochter
stets in seinen Unterricht.
Er war dabei gewissenhaft,
er hatte sehr viel Zeit für sie.
Das Beste seiner Kenntnisse,
theoretisch und auch praktisch
(ich will das hier nicht detaillieren),
das stellte er ihr im Detail vor,
damit sie, selbst entscheidend,
an Themen wählen konnte,
was ihr passend scheinen mochte.
Die schöne Isolde handelte so:
mit dem Allerbesten seiner
Kenntnisse und Fertigkeiten
befaßte sie sich auf der Stelle;
und weiter: sie vertiefte sich
in alles, was sie da begann.
Jedoch, was sie zuvor gelernt,
das half ihr jetzt entschieden;
vor dieser Zeit beherrschte sie
mit Händen, mit dem Mund bereits
die schönen Künste, Hofes-Formen;
die Schöne, sie beherrschte
die Sprache der von Dublin;
sie konnte Latein, français;
sie spielte rühmenswert die Fiedel
in der Technik der Franzosen;
sobald sie nur damit begann,
da konnten ihre Finger
sehr hübsch die Leier zupfen,
und auf der kleinen Harfe
mächtige Arpeggien spielen;
sie führte die Töne der Melodie
geschickt hinauf, herunter;
des weitren sang dies Kind des Glücks

mit schöner, klarer Stimme.
Die Bildung, die sie vorher hatte,
die brachte sie jetzt sinnvoll ein;
der Spielmann, ihr Erzieher,
sorgte für die weitre Bildung.
Zwischen allen diesen Fächern
beschäftigte er sie mit dem,
was wir als moralité bezeichnen.
Dies Fach lehrt ethisches Verhalten.
Damit sollten alle Damen sich
beschäftigen in jungen Jahren;
das schöne Studium moralité
hat Wirkung, die beglückt und läutert;
es befaßt sich ihre Lehre
mit Gott und mit der Welt –
mit ihren Regeln lehrt sie uns,
Gott zu gefallen und der Welt.
Sie ist für alle noblen Herzen
als eine Amme angestellt,
auf daß sie ihre Nahrung, ja
ihr Leben in der Lehre suchen.
Denn man hat nicht Reichtum, Ehre,
ohne moralité als Lehre.
Dies war die Hauptbeschäftigung
der Königstochter,
hiermit mouvierte sie den Geist
und die Gedanken häufig,
dies machte die Gesittung fein,
die Gesinnung schön und rein,
ihr Benehmen recht und gut.
So wurde denn die süße Kleine
in diesem einen halben Jahr
in ihrem Wissen und Benehmen
in solchem Maß gefördert,
daß alle Herren dieses Landes
schwärmten, wie vollkommen sie sei,
und auch ihr Vater, der König,
höchste Freude darüber empfand;
ihre Mutter stimmte das sehr froh.
Nun ergab sichs wiederholt,
wenn ihr Vater höfisch Frohsinn zeigte

oder fremde Ritter dort
bei Hof erschienen vor dem König,
daß man Isolde in den Palas
zu ihrem Vater holte,
und sie vertrieb ihm dort die Zeit
(mit ihm auch vielen anderen)
mit ihrer ganzen Hofes-Kunst
(wobei sie sich dezent verhielt...).
Die Freude, die sie Gormund machte,
die stimmte alle freudig.
Ob von hohem, von geringem Rang –
beides fanden sie an ihr:
Augenweide, die beglückte,
Lust der Ohren und des Herzens;
in der Brust und außerhalb
war die Freude allgemein.
Isolde, schön und herrlich,
sang für sie. Und schrieb, las vor.
Was ihrer aller Freude war,
das war für sie divertissement.
Sie fiedelte die Estampien,
Lieder, fremden Melodien,
die kaum fremder wirken konnten,
in der Stilart der Français
von Sens und Saint Denis –
von denen kannte sie sehr viele.
Ihre Leier, ihre Harfe
zupfte sie auf beiden Seiten
mit Fingern weiß wie Hermelin,
verdiente höchstes Lob damit.
In London oder an der Themse
spielten Damenhände nie
auf Saiten lieblicher als hier
la belle Isolde, la douce.
Sie sang die pastourellen,
Kehrreimlieder und rondeaux,
Canzonen und Capriccios
so schön, so schön – betörend schön!
Sie erfüllte viele Herzen
mit Gedanken voller Sehnsucht;
es wurden von ihr diverse

Gedanken, Wünsche hervorgelockt.
Man dachte an wahre Wunder bei ihr,
was ja, wie ihr wißt, geschieht,
wenn man solch ein Wunder sieht
an Schönheit und an Könnerschaft,
wie sie ihr gegeben waren.
Mit wem sonst kann ich diese Schöne,
dieses Kind des Glücks vergleichen,
als allein mit den Sirenen,
die mit dem Magnet aus Stein
die Schiffe zu sich ziehn?
So zog Isolde, wie mir scheint,
viele Gedanken, Herzen zu sich,
die sich völlig sicher wähnten
vor der Qual der Leidenschaft.
Jedoch die beiden Phänomene:
Gemüt und ankerloses Schiff,
sie lassen sich recht gut vergleichen:
beide sind sie äußerst selten
auf geradem Kurs,
sind oft in ungeschütztem Hafen,
bewegen sich heran und fort,
werden hin und her gewogt.
So treibt Begehren ohne Führung,
Gefühl der unbestimmten Liebe
dahin als ankerloses Schiff –
in genau der gleichen Weise!
Auch Isolde, kunstvoll, kundig,
die schöne Königstochter zog
aus so manchem Herzensschrein
Gedanken in sich herein
wie der Steinmagnet das Schiff
anzieht mit Sirenengesang.
Sie sang sich öffentlich und heimlich
durch Ohren und durch Augen
ins Gemüt so manchen Herzens.
Ihr Gesang, der öffentliche,
in diesem Saal, auch andernorts:
da war ihr schönes Singen,
ihr zartes Saitenklingen,
das hörbar und das öffentlich

durch der Ohren Königreiche
hinunterklang bis in die Herzen.
Als heimlicher Gesang hingegen
ihre wundervolle Schönheit,
die mit ihrer Lustmusik
heimlich und verdeckt
durch der Augen Fenster
in viele noble Herzen schlich,
den Zauberleim hinein verstrich,
der die Gedanken augenblicks
mit Sehnsucht und mit Leidenschaft
fing und fangend fesselte.
So hatte die schöne Isolde
durch Tristans Unterricht
viel dazugewonnen!
Sie besaß ein zartes Gemüt,
war gut in Führung und Betragen;
ihr Saitenspiel war schön, gekonnt,
sie hatte schöne Fertigkeiten:
sie konnte lesen, konnte schreiben,
konnte ihre Texte glätten
und Lieder, mélodies entwickeln...

Tristan war inzwischen gesund,
war ganz und gar geheilt,
und so hat sein Äußeres
wieder richtig Glanz bekommen.
Nun hegte er beständig Furcht,
daß einer aus der Hofgefolgschaft,
der Herren ihn erkennen könnte,
und ständig überlegte er,
unter welchem Vorwand er
seinen Abschied nehmen könnte,
um den Sorgen zu entkommen.
Er war sich klar: ein Grund genügte,
und Königin und Königstochter
würden ihn nicht reisen lassen.
Doch wurde ihm bewußt: sein Leben
sei sowieso zu jeder Zeit
fern von jeder Sicherheit.
So ging er denn zur Königin

und hielt ihr auf der Stelle
eine wohlgesetzte Rede –
das konnte er ja überall...
Er machte vor ihr einen Kniefall:
»Herrin, Eure Hilfe
und die Gastfreundschaft,
die Ihr mir erwiesen habt,
mög Euch Gott im Himmel lohnen.
Ihr seid so liebenswürdig
zu mir gewesen und so freundlich,
daß Gott Euch ewig dafür lohnen muß
und ich es Euch mit Dienst vergelte
bis ans Ende meiner Tage –
wo immer ich als kleiner Mann
Euer Loblied singen kann...
Hochverehrte Königin,
mit Eurer gütigen Erlaubnis
möchte ich nach Hause reisen;
die Entwicklung führt dazu,
daß ich nicht länger bleiben kann.«
Ihn lächelte die Herrin an.
»Dein Schmeicheln ist umsonst,
denn ich entlaß dich nicht.
Nein, du kommst von hier nicht weg
vor Ablauf dieses ganzen Jahres.«
»Bitte, edle Königin,
zieht doch in Betracht,
was gottgewollte Ehe ist
und Liebe, die von Herzen kommt.
Ich hab zu Haus ein Eheweib,
das ich liebe wie mich selbst.
Ich bin sicher, sie nimmt an –
nein, sie hat hier keinen Zweifel –
ich sei tatsächlich tot.
So bin ich in der Klemme, Not:
bekommt sie einen andren Mann,
so ist die Stütze meines Lebens,
ist all mein Glück dahin,
auf das ich meine Hoffnung setze,
und ich werde nie mehr froh!«
Die Kundige sagte: »Allerdings,

Tantris, dies ist höhere Gewalt!
Gemeinschaft solcher Art
darf ein guter Mensch nicht trennen.
Gott schenk euch beiden Gnade,
deiner Ehefrau und dir!
So ungern ich auf dich verzichte,
ich werd für Gott auf dich verzichten.
Den Abschied muß ich dir gewähren,
doch kannst du mir auch künftig dienen.
Ich und meine Tochter Isolde,
wir schenken dir für deine Reise,
für den Unterhalt ein Pfund
vom roten Barrengolde.
Empfang es von Isolde.«
  Der Mann in der Fremde legte
vor Königin und Königstochter,
vor der Mutter und dem Mädchen
die Hände huldigend zusammen:
die des Körpers, die des Herzens.
»Euch beiden«, sagte er, »sei Dank
und Lob durch Gott bereitet.«
  Und nun gab es kein Zögern mehr,
nach England reiste er von dort,
und von England unverzüglich
Richtung Cornwall – und nach Hause!

***

Als nun sein Onkel Marke
und seine Landesherren hörten,
er sei gesund zurückgekehrt,
da wurde einer wie der andre
(und das im ganzen Reich)
so recht von ganzem Herzen froh.
Sein Freund, der König, fragte ihn,
wie es ihm ergangen sei.
Und er erzählte die Geschichte,
dies so gut wie möglich,
vom Anfang bis zum Ende.
Da waren alle höchst erstaunt

und begannen zwischendurch
oft zu scherzen und zu lachen,
ein groß Gelächter anzustimmen
über seine Irlandreise
und über seine Todesfeindin,
die so gütig war, ihn zu erretten,
und über alles, was er so
unter denen angestellt...
Es hieß, sie hätten nie zuvor
so was Komisches gehört!
Als man über seine Reise
und über seine Heilung
viel und laut gelacht,
da fragten sie ihn dringlich
nach dem Mädchen Isolde.
»Isolde«, rief er, »*welch* ein Mädchen!
Was die Welt an Schönem rühmt,
ist nichts, mit *ihr* verglichen!
In ihrem Körper, im Verhalten
ist die lichte Isolde ein Mädchen
von solcher Anmut und Erlesenheit,
wie es noch *nie* von einer Frau
geboren wurde, *nie* geboren wird!
Die lautre, lichte Isolde
ist lauter wie arabisches Gold!
Was ich früher wirklich glaubte,
wie ich das in den Büchern las,
die von ihrem Ruhm berichten,
nämlich, daß Auroras Tochter,
die weitberühmte Helena,
daß sie, als *eine* Blume,
die Schönheit *aller* Frauen
in sich zusammenfaßte –
von diesem Glauben kam ich ab.
Isolde nahm mir diesen Glauben,
von jetzt an glaube ich nicht mehr
an Sonnenaufgang bei Mykene;
vollkommne Schönheit ging nie auf
in Griechenland, nur hier im *Westen*!
Mögen die Gedanken aller Männer
sich allein auf Irland richten,

um dort zu sehen, mit entzückten Augen,
wie eine neue Sonne
nach ihrem Morgenrot –
Isolde nach Isolde! –
von drüben her, von Dublin,
in alle Herzen scheint!
Die lichte Wunderschöne,
sie beleuchtet alle Reiche.
Was man zum Lob der Frauen sagt,
was man zu deren Lob erzählt,
das alles ist vor ihr ein Nichts!
Wer Isolde ins Gesicht blickt,
dem werden Herz, Gemüt geläutert
wie das Gold in Feuersglut:
Leib und Leben macht es lieb! –
Sie stellte keine andre Frau
in den Schatten, in das Dunkel,
wie das so mancher ausstreun mag:
ihre Schönheit, die verschönt,
sie verziert, sie krönt
die Frau – die *Frau an sich*!
Keine muß beschämt sein wegen ihr.«
  Als Tristan alles über seine Dame,
dies wunderschöne Kind von Irland,
aus seiner Sicht berichtet hatte,
da erfrischte die Erzählung
allen, die ihr hörend folgten,
die sie sich zu Herzen nahmen,
das Gemüt auf gleiche Weise
wie Maientau die Blüten:
die Gemüter blühten auf!
  Tristan, heiteren Gemüts,
nahm sein Leben wieder auf:
ein zweites Leben war ihm geschenkt,
er war ein neugeborner Mann,
erst jetzt fing seine Geschichte an!
Er fühlte sich belebt, beglückt!
Hof und König waren bereit,
seine Wünsche zu erfüllen,
bis die schlimme Umtriebigkeit,
sprich: der verdammte Neid,

der niemals ganz zur Ruhe kommt,
sich unter ihnen zu regen begann
und das Gemüt und das Verhalten
vieler Herren trübte,
und sie wurden auf ihn neidisch
wegen all der Ehrungen,
die ihm der Hof erwies,
die Körperschaft der Landesherren.
Sie begannen, sehr gefährlich
über seine Sachen zu reden
und brachten das Gerücht in Umlauf,
er sei ein Zauberer.
Zu den jüngsten Ereignissen
(wie er Morold, ihren Feind, getötet,
wie es ihm in Irland ergangen...)
begannen sie zu munkeln,
die hätte Zauberkraft bewirkt.
»Hört, hört!« so sprachen alle,
»macht euch klar und sprecht es aus:
wie konnte er den starken Morold
überstehn, wie konnte er Isolde,
die kundige Königin, irreführen –
seine *Todesfeindin*! – daß sie sich
persönlich um ihn bemühte,
bis er durch ihre Hand kuriert war?!
Aufgepaßt, ein fauler Zauber!
Der trompeur, wie schafft er es,
offne Augen zu täuschen
und alles zu erreichen,
was er erreichen will?!«
Die Berater Markes
faßten hierauf den Entschluß,
daß sie Marke früh und spät
mit dem wiederholten Vorschlag
in den Ohren liegen sollten,
er nehme eine Frau zur Ehe,
die ihm Tochter oder Sohn
als künftgen Erben schenke.
Marke sprach: »Es hat uns Gott
schon einen guten Erben geschenkt.
Er lebe lang, Gott helfe uns!

Solange Tristan leben wird –
das macht euch unumstößlich klar! –,
soll *niemals* eine Königin,
eine Herrin hier am Hof sein!«
   Da nahm ihr Haß noch weiter zu,
da wuchs noch mehr ihr Neid,
den sie empfanden gegen Tristan,
begann sogar bei vielen
derart heftig auszubrechen,
daß sie dies schon gar nicht mehr
vor ihm verbergen konnten,
ihm vielmehr wiederholt so sehr
mit Gebärden, Worten drohten,
daß er Mord befürchtete
und ständig in der Sorge war,
sie könnten zu gewisser Zeit
gewissermaßen konspirieren,
um ihn meuchlings zu ermorden.
So bat er seinen Onkel Marke,
er möge doch, in Gottes Namen,
seine Angst und Not bedenken
und die Forderung der Herren
im Lande akzeptieren;
er wisse nicht, wann dies sein Ende,
seinen Tod bedeuten könnte.
   Sein Onkel, dieser brave Mann,
sagte: »Neffe Tristan, schweig!
Auf so was gehe ich nicht ein!
Ich will als Erben dich allein!
Du darfst nun keine Angst mehr haben
um dich, um Leib und Leben:
ich werd dir sichren Schutz gewähren!
Ihr aller Neiden und ihr Haß –
bei Gott, was schadet dir denn das?!
Neid- und Haßgefühle muß
jeder Mann von Rang ertragen;
solang ein Mann beneidet wird,
kommt er zu Rang und Würden;
Neid und Würde: beide sind
genau wie Mutter, Kind:
der Rang gebiert und bringt mit sich

unaufhörlich Neid und Haß.
Wen verfolgt der Haß denn mehr
als einen Mann im Glück?
Es steht das Glück auf schwachen Beinen,
das keinen Haß erfahren hat.

Lebe darauf hin, erstrebe, daß
du *einen* Tag bist ohne Haß,
du wirst es doch nicht schaffen, daß
du je wirst leben ohne Haß.

Willst du hingegen bösen Menschen
nicht verhaßt sein, sing ihr Lied
und sei ein böser Mensch mit ihnen –
so verfolgt dich nicht ihr Haß.
Was immer auch geschehen mag,
Tristan, stell dich stets drauf ein,
heiteren Gemüts zu sein.
Denk in allererster Linie
an deinen Vorteil, deine Ehre
und empfiehl mir nie mehr wieder,
was dir zum Nachteil werden kann.
Was immer man hierzu noch sagt –
ich höre nicht auf sie und dich!«
»Herr, zu Befehl! Und damit
werde ich den Hof verlassen.
Ich kann mich nicht vor denen schützen.
Muß ich mit deren Feindschaft leben,
so kann ich nicht am Leben bleiben.
Und wenn ich alle Königreiche
zur Verfügung haben könnte,
so bliebe ich – bei solcher Angst! –
in Zukunft lieber ohne Land!«
  Als Marke sah, wie ernst ihms war,
gebot er ihm zu schweigen, sagte:
»Neffe, so gerne ich vor dir
mein Versprechen halten würde,
du machst es mir unmöglich!
Was immer sich hieraus ergibt,
ich trage keine Schuld daran.
Wo ich dir Folge leisten kann,

da steh ich freilich zur Verfügung.
Was erwartest du von mir?«
»Nun, beruft den Hofrat ein,
der Euch zu alledem bewegt hat,
und findet raus, was jeder will!
Fragt, was ihnen richtig scheint,
damit Ihr dann entsprechend handelt,
ihren Willen *so* erfüllt,
daß die Ehre nicht verletzt wird.«
Sie wurden alle gleich darauf
durch Boten einberufen.
Und sie entwarfen einen Antrag,
der auf Tristans Tod hinauslief:
Falls machbar, wär die schöne Isolde
durch Herkunft, Aussehn, Trefflichkeit
genau die rechte Frau für ihn.
So formulierten sie den Antrag!
Und dann traten sie vor Marke.
Einer, der sich drauf verstand,
trug als ihrer aller Sprecher
ihren Wunsch und Willen vor.
»Herr«, so sprach er, »wir empfehlen:
Die schöne Isolde von Irland
(wie man in allen Ländern weiß,
die unsrer, derer Nachbarn sind),
sie ist ein Mädchen, jung an Jahren,
auf dem der Geist der Frauen-Anmut
alles Glück versammelt hat,
das er ihr vermitteln konnte –
wie Ihr das selber wiederholt
über sie vernommen habt;
sie ist in Leib und Leben
ein wahres Kind des Glücks.
Könnte sie zu Eurer Frau
und zu unsrer Herrin werden,
so wäre dies für uns auf Erden
die beste Lösung des Problems.«
Der König: »Werdet deutlicher!
Hätte ich sie gern zur Frau,
wie sollte sich das machen lassen?
Bedenkt in dem Zusammenhang,

was zwischen uns und denen
geraume Zeit gelaufen ist:
uns hassen alle Herrn des Landes!
Gormund ist mir feind von Herzen,
dies mit Recht – ich bins ihm auch!
Wer könnte jemals zwischen uns
ein derart enges Bündnis stiften?«
»Herr«, so gaben sie zur Antwort,
»es kommt doch ziemlich oft
zu Problemen zwischen Ländern,
doch dann soll man beiderseits
eine Lösung suchen, finden,
soll durch Ehen zwischen Landeskindern
wieder Frieden schaffen.
So wird aus einer Feindschaft
vielfach große Freundschaft.
Zielt Euer Denken darauf ab,
so könnt Ihr noch den Tag erleben,
daß Irland Euch gehören kann.
Irland steht und fällt mit diesen
dreien: dem König und der Königin
und ihrem Einzelkind Isolde,
das allein die Erbin ist.«
  Marke gab darauf zur Antwort:
»Mich brachte Tristan wegen ihr
mächtig ins Sinnieren;
als er sie vor mir gepriesen,
ging sie mir ständig durch den Kopf!
Vorbei an allen andren Frauen
bin ich in meinem Denken
ganz und gar auf sie gerichtet!
Wenn ich *sie* nicht kriegen kann,
so wird auf dieser Welt
keine andre meine Frau –
bei Gott, so wahr ich lebe!«
Dies beschwor er – freilich nicht,
weil sein Gefühl weit mehr
der einen als der andren galt,
er leistete den Schwur aus List,
denn für ihn war ganz undenkbar,
daß sich dies erfüllen würde.

Der Königsrat ergriff das Wort:
»Herr, wenn Ihr befehlt,
daß Monsieur Tristan, der hier steht
und der Beziehung hat zum Hof der Iren,
dort als Gesandter Eure Sache
vertreten wird, so ist dies schon
rechtsverbindlich akzeptiert!
Er ist kundig, handelt klug,
hat in jeder Hinsicht Glück,
beherrscht dazu noch ihre Sprache –
er kann den Fall zum Abschluß bringen.
Der erreicht, was er erreichen soll.«
Marke: »Eine schlechte Empfehlung!
Ihr bemüht euch allzu sehr,
Tristan zu schaden, zu gefährden!
Er ist doch schon einmal für euch
gestorben und für eure Erben –
ihr werdet ihn ein zweites Mal
zu Tode kommen lassen!
Nein, ihr Herrn von Cornwall,
ihr selber müßt dorthin!
Kein weitrer Vorschlag gegen ihn!«
»Herr!« sprach Tristan wiederum,
»dieser Antrag ist nicht schlecht.
Wohin Euch auch die Neigung führt,
es wäre völlig in der Ordnung,
wenn ich kühner handeln würde,
entschiedener als jeder andre.
Ja, vielmehr: ich *muß* es tun!
Herr, dazu bin ich geeignet,
bestimmt macht das kein andrer besser.
Befehlt halt ihnen allen,
selbst mit mir dorthin zu reisen
und zurück, um Eure Interessen
zu wahren, Eure Ehre zu beschützen.«
»Nein, du begibst dich nie mehr wieder
in die Gewalt und Hand der Iren,
nachdem dich Gott zurückkehrn ließ!«
»Herr, wirklich, dies muß sein!
Ob sie leben, sterben werden,
mit ihnen muß ich dies erleben!

Ich brauche sie als Augenzeugen:
ob dies durch meine Schuld geschieht,
wenn Eurem Land der Erbe fehlt.
Befehlt, daß sie sich fertigmachen!
Ich selbst befehlige das Schiff,
ich persönlich lenke es
zum glücklichen Irland,
zurück nach Dublin,
dem Sonnenglanz entgegen,
der vielen Herzen Freude bringt.
Vielleicht wird doch die Schöne unser!
Bekämt Ihr, Herr, die schöne Isolde,
jedoch wir blieben tot zurück,
so wäre der Verlust gering...«
  Als die Herrn von Markes Hofrat
erfaßten, was sich hier ergab –
in allen ihren Jahren
waren sie noch nie so traurig
wie jetzt, in dieser Sache.
Es mußte sein! Es sollte sein!
Tristan ließ nun Leibsoldaten
des Königshofs benennen:
zwanzig wackre Ritter,
die besten für den Kampf;
sechzig Söldner warb er an,
vom eignen Land, von andren Ländern;
er bekam vom Hofrat, ohne Sold,
zwanzig barons des Landes;
so war die Zahl der combattants
hundert – und nicht *einer* mehr!
Mit denen reiste Tristan übers Meer,
die waren sein Begleittrupp.
Und er nahm Ressourcen mit
an Proviant und an Bekleidung
und an Zubehör fürs Schiff –
noch niemals war ein Schiff zur Reise
so vieler derart ausgerüstet!

Man liest zum Stichwort Tristan,
daß von Cornwall eine Schwalbe
hingeflogen sei nach Irland,

sich dort ein Frauenhaar beschaffte
für den Nestbau (doch ich weiß nicht,
wie sie erfuhr, daß dort das Haar lag...)
und es zurücktrug übers Meer.
Hat denn jemals eine Schwalbe
ein Nest gebaut mit solchem Aufwand,
daß sie übers Meer in fremde Länder
flog für ihren Baustoff,
wo sie doch im eignen Land
soviel zum Bauen fand?!
Bei Gott, für mich wird hier das Lied
zur Lüge, hier mogelt die Geschichte!
Genauso albern ist es, zu erzählen,
daß Tristan mit dem Trupp
in See stach auf gut Glück,
ohne sich da klar zu sein,
wohin, wie lang er fahren werde,
und nicht zu wissen, wen er suchte...!
Der so was schreiben, rezitieren ließ –
was stellte der nur mit den Büchern an?!
Wär die Brautfahrt so verlaufen,
ja, da wären sie doch alle
Tölpel, imbéciles gewesen:
der König, der sie ausgeschickt,
der Rat des Hofes, die Gesandten...

Tristan war auf Fahrt gegangen
und segelte genau auf Kurs,
er mit seinem Begleitertrupp.
Ein Teil davon war sehr bedrückt –
ich rede hier von den barons,
den zwanzig combattants
vom Rat des Hofs zu Cornwall –
sie hatten während dieser Reise
bodenlose Angst, sie warn in Not:
hielten sich schon fast für tot.
Und sie verfluchten mit dem Munde
des Leibs, des Herzens jene Stunde,
in der zum ersten Mal die Reise,
die Irlandfahrt zur Sprache kam.
Die Herrn des Hofrats waren ratlos,

wie sie ihr Leben retten könnten;
berieten hin, berieten her
und konnten dennoch kein Ergebnis
der Beratung finden, das ein Rat
gewesen wäre, für sie nützlich.
Das war allerdings kein Wunder!
In diesem Punkt, zu dieser Zeit
lag guter Rat, wie man das Leben
fristen könnte, ganz allein
bei einem von den beiden:
Klugheit oder coup de hasard.
Klugheit war hier freilich teuer,
indes ein coup de hasard
außerhalb der Phantasie lag –
beides ging den Herren ab...
Doch es meinten mehrere:
»Klugheit, Umsicht, das besitzt
dieser Mann in reichem Maße.
Wenn Gott uns Glück vergönnt,
kommen wir gut durch mit ihm –
falls er im blinden Wagemut,
von dem er allzu viel besitzt,
nicht Maß und Ziel verliert –
zu wagemutig, selbstbewußt,
denkt nicht an Folgen seines Handelns!
Er gäb kein halbes Fladenbrot
für unsern und für seinen Tod...!
Dennoch, unsre beste Chance
liegt allein in seinem Glück.
Sein Verstand, der kann uns lehren,
wie wir noch am Leben bleiben.«

Als sie nach Irland kamen,
gingen sie auf Reede
bei Wexford, jener Stadt,
in der, wie sie erfuhren,
der König residierte.
Tristan ließ den Anker werfen,
dies so weit entfernt vom Hafen,
daß sie von dort kein Bogenschuß
hätt erreichen können.

Ihn baten die barons des Landes,
um Gottes willen zu erklären,
auf welche Weise er gedenke
um diese Frau zu werben
(sie hatten um ihr Leben Angst!);
es scheine ihnen gut (das wäre es!),
zu sagen, was er plane.
Tristan: »Tut jetzt erst mal nichts!
Paßt auf, daß keiner von euch rausgeht
und gesehn wird von den Leuten!
Bleibt alle hier in dem Versteck!
Nur Männer der Besatzung sollen
oberhalb der Luke auf dem Deck
erkunden, wie die Lage ist –
von euch darf keiner sichtbar werden!
Schweigt und drängelt euch zusammen.
Ich selber führe die Verhandlung,
weil ich die Landessprache kann.
Wir werden schon sehr bald
mit feindlichen Parolen
der Stadtsoldaten konfrontiert –
denen lüg ich heut was vor,
ich werde lügen, was das Zeug hält!
Haltet euch hier drin versteckt.
Denn falls man euch bemerkt,
werden wir verstrickt in Kampf,
da greift das ganze Land uns an.
Solang ich morgen auswärts bin
(denn in aller Frühe
reit ich aus, cherchant l'aventure,
ob erfolgreich oder nicht),
soll Courvenal der Sprecher sein
an der Luke – und auch sie,
die hier die Sprache kennen.
Und eines prägt euch ein:
Kehre ich nach einer Frist
von drei, vier Tagen nicht zurück,
so wartet keinen Moment auf mich,
setzt euch ab, zurück übers Meer,
und rettet Leib und Leben!
So hätte ich allein der Frau

Tribut gezollt mit meinem Leben...
Dann geht für euren Herrn auf Brautfahrt,
wohin euch euer Ratschluß führt.
Dies ist beschlossen und verkündet!«

Der Marschall des Königs von Irland,
in des Befehls- und Machtbereich
dies alles lag, die Stadt, der Hafen,
kam von der Burg in voller Rüstung
kampfbereit herabgaloppiert,
gefolgt von einem größren Trupp
von Stadtsoldaten und von Spähern,
auf Grund der königlichen Order
(was der Roman bereits erzählte –
man schaue weiter vorne rein...),
nach der ein jeder zu verhaften sei,
der an Irlands Küste lande,
bis geklärt sei, und zwar völlig,
ob er aus Markes Land,
aus dessen Hofgefolge komme.
Die besagten Henker,
die verfluchten Meuchelmörder,
die schon so viele Morde
an Schuldlosen begangen hatten,
um ihren Herren zu gefallen,
die ritten in den Hafen ein
mit der Armbrust, mit dem Bogen
und mit sonstiger Bewaffnung;
sie glichen einer Räuberbande.
Tristan, Skipper dieses Schiffs,
warf sich einen Reiseumhang
mit Kapuze über – dies allein,
um nicht erkannt zu werden.
Man holte einen Pokal für ihn,
der aus rotem Gold getrieben
und in anglaiser Technik
rühmenswert gestaltet war.
So stieg er in ein Beiboot
und Courvenal ihm nach,
und er fuhr vom Schiff zum Hafen
und entbot ringsum den Gruß

mit Worten und mit Gesten
von ausgesuchter Höflichkeit.
Doch wie auch immer dieser Gruß war –
viele Stadtsoldaten rannten
zu kleinen Booten hin,
und viele schrien vom Ufer her:
»Kommt an Land! Kommt an Land!«
Schon fuhr Tristan in den Hafen.
»Sagt mir doch, ihr Herren«, rief er,
»wie tretet ihr denn auf?!
Was bedeutet dieser Aufmarsch?!
Das sind doch alles Drohgebärden!
Ich weiß nicht, was da auf mich zukommt!
Im Namen Gottes, seid so gut:
ist einer unter euch im Hafen,
der Macht erhielt in diesem Land,
der hör mir zu, der hör mich an!«
»Ja«, rief der Marschall, »ich bin hier!
Mein ›Aufmarsch‹ findet statt,
die ›Gebärden‹ sind so ›drohend‹,
weil ich entschieden wissen will,
was Eure Fahrt bezwecken soll!«
Tristan sagte: »Herr, ich steh Euch
dafür völlig zur Verfügung.
Wenn einer hier für Ruhe sorgte
und mich zu Worte kommen ließe,
so würd ich gerne darum bitten,
daß man mit höflichem Benehmen,
und wie es sich bei Herrn gebührt,
anhört, was ich sagen will!«
Sogleich gebot man für ihn Stille.
»Herr«, so Tristan, »unser Status,
unsre Herkunft, unser Land,
damit verhält es sich wie folgt,
ich will es Euch erklären:
Wir sind alle Handelsleute
und haben unsern Stolz darauf.
Kaufleute nennt man uns mit Recht,
mich und meine compagnons;
wir kommen aus der Normandie,
dort leben unsre Frauen, Kinder.

Wir Männer sind mal hier, mal dort,
wir reisen so von Land zu Land,
wir kaufen und verkaufen Waren,
machen Gewinne, leben davon.
Vor weniger als dreißig Tagen
verließen wir die Normandie;
ich, zwei andre Handelsschiffe,
wir drei, wir wollten miteinander
im Konvoi nach Irland reisen.
Gut eine Woche ist es her,
daß uns an einem frühen Morgen
fern von hier ein Sturm überfiel –
das machen Stürme oft mit uns!
Er hat uns drei getrennt –
mich allein von ihnen beiden.
Ich weiß nicht, was aus ihnen wurde;
ob sie nun leben oder tot sind,
Gott möge ihnen gnädig sein.
In dieser schweren Woche
war ich manche schlimme Strecke
unterwegs, in großer Not.
Doch gestern, gegen Mittag,
als sich der Sturm, der Wind gelegt,
erkannte ich die Berge, dieses Land.
Ich legte bei, um draußen zu ankern,
ich ruhte mich bis heute aus.
Doch heut, in aller Frühe,
mit Beginn des Morgengrauens,
setzte ich die Reise fort
mit Kurs hierher auf Wexford.
Hier gehts mir schlimmer als da draußen,
ich fürchte, ich bin noch nicht durch.
Dabei sah ich mich bereits gerettet,
denn ich kenne diese Stadt –
schon früher bin ich mal
mit Händlern hier gewesen!
Umso größer war die Hoffnung,
hier Schutz zu finden, hier zu überleben,
jedoch, mich haben Winde, Stürme
erst richtig in den Griff genommen.
Doch kann mich Gott noch retten –

da ich bei diesen Leuten dort
nicht in Frieden bleiben kann,
fahr ich wieder raus aufs Meer.
Auch dort ist alles gegen mich,
da ist die Flucht schon Kampf genug...
Geruht Ihr freilich, gute Erziehung
und Ehrgefühl an mir zu erweisen,
so mache ich Euch gerne ein Geschenk
(im Rahmen meiner Möglichkeiten),
für die Erlaubnis, kurz zu bleiben,
und daß Ihr mir und meiner Fracht
in diesem Hafen Schutz gewährt,
bis ich probiert hab und erprobt,
ob mir das Glück gewogen ist
und ich die andren meines Landes
ermitteln und entdecken kann.
Wenn Ihr mir dies erlauben wollt,
befehlt auch, daß man mich in Ruh läßt:
die kommen da herangebraust
mit ihren kleinen Booten –
ich weiß nicht, wer und was die sind!
Ich rudre sonst zu meinen Leuten
und pfeife auf euch alle!«
Da befahl der Marschall allen,
zurückzukehren an das Ufer.
Und fragte gleich darauf den Fremden:
»Was wollt Ihr dem König schenken,
wenn ich Euer Leben, Eure Fracht
in diesem Königreich beschütze?«
Der Mann des Auslands sagte ihm:
»Herr, ich schenk ihm jeden Tag –
bei entsprechenden Erlösen –
ein halbes Pfund von rotem Gold.
Und Ihr persönlich kriegt als Sold
und zur Belohnung den Pokal –
falls ich auf Euch bauen kann.«
»Ja, so ist es«, riefen alle,
»er ist hier Marschall, landesweit!«
Der Marschall nahm da sein Geschenk
(das schien ihm reich und rühmenswert),
erlaubte, in den Hafen einzulaufen.

Für Tristans Leben, seine Fracht
befahl er Sicherheit und Schutz.
Was waren beide herrlich und rot!
Ich mein das Schutzgeld und den Sold.
Herrlich und rot das Gold für den König,
rot und herrlich der Sold für den Marschall –
so war die Herrlichkeit verdoppelt.
Doch verhalf ihm dies dazu,
daß er Schutz und Ruhe fand!

So hatte Tristan Schutz erwirkt.
Bisher hat keiner rausbekommen,
welche Absicht Tristan hatte,
doch das sollt ihr jetzt erfahren,
damit euch der Roman nicht langweilt.
Seine Quelle sagt es glaubhaft,
daß es damals dortzulande
einen Drachen gab, dragon.
Dieses böse Teufelswesen
hatte in dem Land die Herren
mit verlustreichen Verlusten
so verlustreich überhäuft,
daß der König einen Eid schwor,
in rechtsverbindlichem Königswort:
Wer dem dragon das Leben nehme,
der erhalte seine Tochter –
sofern er Edler, Ritter sei.
Dies Versprechen, öffentlich,
und diese wunderschöne Frau,
sie stürzten Ungezählte in den Tod,
die dorthin zum Zweikampf kamen,
dabei ein böses Ende nahmen.
Alle Herren sprachen vom Gelöbnis!
Auch Tristan war dies wohlbekannt.
Dies allein bestärkte ihn,
den Ritt zum Drachen zu beginnen,
dies war seine größte Zuversicht;
weitre Hoffnung hatte er nicht.

»Es ist nun Zeit, und so brich auf!«
Er legte früh am nächsten Tag

die Rüstung an, wie sichs gehört
für einen Mann vor schwerem Kampf.
Er schwang sich auf ein starkes Roß,
er ließ sich eine Lanze holen,
dick, mit einem festen Schaft –
die stärkste und die beste Lanze,
die im Schiff zu finden war!
Er machte sich gleich auf den Weg,
ritt in offnem Land, auf Feldern.
In der Wildnis wechselte er
suchend mehrfach seine Richtung,
doch als die Sonne höherstieg,
trieb er an zu rascher Gangart
in Richtung Tal *Enfer guettand*;
wie man in den gesta liest,
war dies der Heimatort des Drachen.
  Nun sah er, ziemlich abseits,
vier Männer, dies in Rüstungen,
über Ackerland und Brachland
ein bißchen rascher als im sanften
Paßgang fliehend galoppieren,
und einer von den vieren
war Truchseß bei der Königin.
Der war, nein, *wollte* sein:
ami der Königstochter – dies
in jeder Hinsicht gegen ihren Willen.
Sobald ein Mann zu Felde ritt,
um Mut und Glück aufs Spiel zu setzen,
war der Truchseß prompt zur Stelle –
(am gleichen Ort, zur gleichen Zeit)
nur um das Gerücht zu fördern,
man hätte dort auch ihn erblickt
beim Ritt zur aventure.
Mehr war hier nicht dran,
er sah den Drachen nie,
machte vielmehr heldisch kehrt!
  Dies Trüppchen auf der Flucht
zeigte Tristan völlig klar,
daß der Drache in der Nähe sei;
er schlug die Richtung ein, im Schritt,
und sah nach einem kurzen Ritt,

was seinen Augen nicht gefiel:
den Drachen, der ganz grauslich war.
Der stieß aus seinem Rachen
wie ein wahrer Sohn des Teufels
einen Sturm von Rauch und Flammen
und machte auf der Stelle Front.
Tristan senkte seine Lanze,
setzte seinem Roß die Sporen,
galoppierte auf ihn los, so heftig,
daß ihm die Lanze in das Maul fuhr,
so daß sie noch den Schlund durchbohrte,
doch an der Herzwand steckenblieb;
er selber prallte mit dem Roß
derart auf an dem dragon,
daß er es tot zurückließ,
sich selber grad noch retten konnte.
Mit feurigem Schnauben, Keuchen
fiel der Drache übers Roß her,
und das Monster fraß es auf
von vorne bis zum Sattelknauf.
Indes war ihm die Lanzenspitze,
die ihn schmerzte, derart störend,
daß er vom Roß ließ und sich nun
zu einem Felshang wendete.
Tristan, Partner dieses Zweikampfs,
folgte ihm auf seiner Spur:
der Todgeweihte kroch vor ihm
mit einem solchen Ungestüm,
daß er im ganzen Wald mit seiner
gräßlichen Stimme zu hören war;
er brannte zornig Buschwerk ab
und schlug die Stubben aus der Erde.
So tobte der sich völlig aus,
bis ihn der Schmerz besiegte
und er sich schließlich in die Höhlung
einer Felswand schob.
Tristan zog sein Schwert –
ihm schien, der hätte aufgegeben.
Nein, es wurde schrecklicher,
als es zuvor gewesen war!
So groß auch die Gefahr war – Tristan

rannte auf den Drachen los;
der Drache fiel ihn gleichfalls an
und trieb ihn derart in die Enge,
daß er den Tod zu spüren glaubte.
Kein Lavieren ließ der zu –
in Angriff und Verteidigung
war Tristan in der Klemme.
Dem Drachen half ein großes Heer –
er setzte in dem Zweikampf
Rauch ein, und dazu noch Dampf
und weitre Helfertrupps
in Form von Hieben und von Feuer,
von Zähnen und von Krallen:
die waren äußerst spitz
und scharf geschliffen – schärfer
als ein Messer zum Rasieren.
Damit trieb er Tristan
in wildem Zickzack rundherum,
von den Bäumen in die Büsche.
Dort mußte er in Deckung gehn,
er spielte recht und schlecht auf Zeit,
denn ihm half der Kampf nicht weiter.
Und trotzdem hatte er versucht,
beim Drachen derart hart zu kontern,
daß der Schild vor seiner Hand
verbrannte, beinah ganz verkohlte:
der griff ihn so mit Feuer an,
daß er mit Mühe nur entkam.
Jedoch das ging nicht lange so,
das mordbegierige Reptil
kam recht bald an einen Punkt,
an dem es zu verzweifeln drohte;
die Lanzenspitze quälte es so sehr,
daß es nochmals niedersank
und sich vor Schmerzen krümmte.
Tristan ließ nicht auf sich warten,
er kam sogleich herbeigerannt,
er stach das Schwert bei seiner Lanze
bis zum Griff ins Herz hinein.
Waidwund war das Teufelwesen,
stieß aus seinem Todesschlund

ein Geräusch und einen Schrei,
derart greulich, derart grausig,
als stürzten Welt und Himmel ein;
dies Gebrüll, so mörderisch,
erschallte weit ins Land hinein –
Tristan machte einen Satz!
Doch als der Drache niedersank
und er merkte, daß er tot war,
stemmte er das Drachenmaul
unter großen Mühen auf.
Aus dem Rachen schnitt er ihm
von der Zunge mit dem Schwert
die Portion, die er sich wünschte,
schob sie zwischen Hemd und Brust,
ließ das Maul zusammenklappen.
Er wandte sich der Wildnis zu.
Er hatte dabei dies im Sinn:
er wollte irgendwo unterkriechen,
sich den Rest des Tags erholen
und erneut zu Kräften kommen;
abends wollte er zurück
zu seinen Landesherrn im Schiff.
Jedoch, die Hitze zwang ihn nieder,
die durch die ganze Plackerei
entstanden war, und durch den Drachen;
sie machte ihn so müde,
daß er in diesem Augenblick
kaum noch Kraft zum Leben hatte.
Doch nun sah er Wasser glitzern:
ein Becken, nicht zu breit, zu lang,
in das ein kühles Wässerchen
aus einer Felsenquelle floß.
Er sprang in voller Rüstung rein
und senkte sich bis auf den Grund –
über Wasser nur sein Mund.
Dort lag er diesen Tag, die Nacht.
Die böse Zunge, die er trug,
sie raubte ihm die ganze Kraft;
allein der Rauch, der ihm von ihr
entgegenschlug, der machte ihn
todesblaß und völlig kraftlos,

so daß er nicht mehr weiterkam –
bis ihn die Königin dort holte.

Der Truchseß, der – wie ich erzählte –
in sich den Kavalier, Geliebten
des beglückten Mädchens sah,
dem gerieten die Gedanken
auf das heftigste in Wallung,
als er das Drachen-Brüllen hörte,
das so grauslich und so lautstark
über Feld und Wald erscholl.
Er legte sich zurecht im Herzen,
wie alles abgelaufen war,
und dachte: »Wahrlich, der ist tot,
zumindest in solcher Todesnot,
daß ich ihn besiegen kann
mit einer sicheren Methode...«
Er stahl sich von den dreien weg,
ritt hinab von einem Abhang,
ließ das Pferd dann dorthin traben,
wo das Gebrüll erschollen war.
Als er das halbe Roß erreichte,
gönnte er sich eine Pause;
er saß auf durchpariertem Pferd,
dachte scharf, mit Scharfsinn nach. –
Ihm hatte dieser kurze Feldzug
Furcht und Schrecken eingejagt.
Er machte sich Mut (das brauchte Zeit!),
ritt dann (ohne rechte Absicht)
aufgeschreckt und ganz entmutigt
in die Richtung, in der er sah:
es waren Laub und Gras
abgeflämmt – und das vor *ihm*!
Er stieß nach einer kurzen Zeit
(ehe er sich des versah)
stracks auf den Drachen, wo der lag;
der Truchseß schrak im Sattel hoch
mit einer solchen Heftigkeit –
er hätte beinah kehrtgewendet
zur Attacke auf den Boden!
So nah war er herangekommen

und so dicht herangeritten!
Doch schon war er kampfbereit:
er warf sein Roß so rasch herum,
daß es mit ihm zu Boden ging
und sie aufeinander fielen.
Als er wieder obendrauf war
(ich meine: auf dem Boden),
da war er, wegen seiner Furcht,
noch gar nicht gut im Stande,
sich auch nur soweit zu bringen,
sich aufs Roß hinaufzuschwingen –
der jämmerliche Truchseß
ließ es stehn und büchste aus!
Weil keiner ihn dabei verfolgte,
hielt er ein, ging sacht zurück,
bückte sich nach seiner Lanze,
ergriff den Zügel seines Rosses,
führte es zu einem gestürzten Baum
stieg von dem aus in den Sattel
(schon war seine Schmach vergessen),
galoppierte weg von dort,
schaute dann zurück zum Drachen,
um ein Zeichen zu erkennen,
ob er lebendig oder tot sei.
Als er ihn tot sah, rief er:
»Welch ein Glück, wenn Gott es will!
Das ist der coup de chance für mich!
Ich bin genau zur rechten Zeit
zu meinem Glück hierher gekommen!«
Und schon senkte er die Lanze,
ritt los, gestreckt-gebremst,
gab die Sporen, galoppierte
auf ihn zu und attaquierte,
criierte attaquierend:
»Chevalier! Demoiselle!
Ma blonde Isolde, ma belle!«
Er stach zu mit solcher Wut,
daß der starke Eschenschaft –
seine Faust durchschrammte!
Daß er nun nicht weiterkämpfte,
geschah alleine aus Berechnung –

er dachte sich: »Wenn der noch lebt,
der diesen Drachen tötete,
so bringt mich doch nicht weiter,
was ich mir da eben vornahm.«
Er wandte sich ab und ritt umher
und suchte hier und suchte dort,
in der Hoffnung: falls er den
an einer Stelle so erschöpft,
so schwer verwundet finden sollte,
daß Kampf für ihn noch sinnvoll wäre,
so würde er mit ihm auch kämpfen,
um ihn totzumachen,
den Totgemachten zu verscharren.
Doch als er gar nichts von ihm fand,
dachte er: »Dann eben nicht...
Ob er tot ist oder lebt –
erhebe ich als *erster* Anspruch,
wird keiner mir den streitig machen.
Meine Verwandten, Lehensleute
sind derart angesehn, beliebt –
erhöbe einer gleichfalls Anspruch,
so käme er damit nicht durch!«
Er ritt, mit Einsatz seiner Sporen,
zurück zum Partner seines Zweikampfs,
sprang vom Sattel auf den Boden.
Er nahm den Kampf auf an dem Punkt,
an dem er unterbrochen war:
mit dem Schwerte, das er führte,
hieb er auf den Feind ein,
hackte heftig hier wie dort,
bis der dort wie hier zerhauen war.
Mehrfach setzte er am Nacken an –
den hätte er ihm gern durchschlagen,
jedoch, der war so dick und hart,
daß ihm die Arbeit mühsam wurde.
Er zerbrach an einem Baumstamm
seine Lanze, stieß ihr Vorderstück
dem Drachen in die Gurgel,
als wäre dies der Todesstich.

Er stieg auf sein spanisches Roß,
gab ihm die Sporen und ritt rasch
in Wexford ein mit bester Laune,
ließ nach draußen gleich vier Pferde
führen mit dem Schwerlastkarren,
der das Haupt befördern sollte,
und berichtete jedermann,
wie erfolgreich er gewesen sei
und was er an beklemmender,
bedrückender Gefahr bestanden habe.
»Meine Herren, werte Gesellschaft,
seid bitte nun ganz Ohr für mich,
nehmt das wahre Wunder zur Kenntnis,
was eines Mannes Tapferkeit,
was unbeugsamer Wille schafft
aus Liebe zur geliebten Frau!
Daß ich aus der Gefahr, in der ich steckte,
je herauskam, ja sie überlebte,
das wundert mich und wundert mich!
Ich bin mir freilich völlig sicher:
mit der Schwachheit jenes andren Mannes
hätt ich das niemals überstanden...
Ich weiß nicht, wers gewesen ist:
irgend so ein aventurier,
der ausritt, cherchant l'aventure,
der war, als Todeskandidat,
vor mir beim Drachen angekommen;
das hat ein böses End genommen!
Gott hat ihn vergessen,
nun sind sie aufgefressen –
Mann und Roß sind mausetot;
das Roß liegt noch zur Hälfte dort,
zerkaut und rundherum versengt.
Was soll ich viele Worte machen?
Noch nie hat außer mir ein Mann
für eine Frau so hart gekämpft!«
Er berief den Anhang ein,
kehrte zum dragon zurück
und zeigte ihnen seine Wundertat
und bat sie allesamt,
als Wahrheit zu bezeugen,

was sie hier gesehen hätten.
Er nahm das Drachenhaupt mit weg.
Verwandte, Lehensleute
lud er – auch durch Boten – ein,
ließ – im Galopp – den König rufen,
wies hin auf sein Versprechen.
Zu diesem Thema wurde
ein Landtag anberaumt, in Wexford.
Das Land, es wurde einberufen,
ich meine: die barons des Landes.
Sie alle hielten sich bereit
zu dem vom Hof bestimmten Termin.

Es wurde nun sogleich am Hof
den Damen Bericht erstattet –
die Schmerzen und die Qualen,
die sie dadurch erlitten, alle,
hat man bei Damen nie erlebt!
Das liebliche Mädchen, die schöne Isolde,
sie traf dies tödlich ins Herz.
Für sie der schlimmste Tag des Lebens.
Isolde, die Mutter, sagte ihr:
»Nein, schöne Tochter, nein, hör auf!
Nimm das nicht so sehr zu Herzen!
Egal, ob dies mit rechten Dingen
zuging oder nicht, wir werden
dies wohl noch unterlaufen können!
Es wird uns Gott davor beschützen.
Tochter, keine Träne mehr!
Für eine solche Farce
dürfen sich die hellen Augen
nie mehr wieder röten!«
»Ach, Frau Mutter«, sprach die Schöne,
»niemals darfst du deine Herkunft
und dich selbst entwürdigen!
Eh ich mich füge, stech ich lieber
ein Messer mitten in mein Herz!
Eh ich ihm zu Willen bin,
nehme ich mir selbst das Leben!
Der bekommt mit mir, Isolde,
nicht die Frau und nicht die Herrin –

nur über meine Leiche!«
»Nicht so, schöne Tochter, keine Angst!
Was er, was sonstwer dazu kundgibt,
das alles ist belanglos, völlig!
Und hätt es alle Welt beschworen –
der wird nie und nimmer dein Mann!«

Als es Nacht zu werden begann,
befragte diese kundige Frau,
weil ihre Tochter so bedrängt war,
die Geheimen Künste, deren
sie wunders viele kannte,
und so sah sie denn im Traum,
daß *nicht* geschehen war,
was das Gerücht im Land besagte.
Sobald es Tag zu werden begann,
sprach sie vernehmlich zu Isolde:
»Na, liebe Tochter, bist du wach?«
»Ja, verehrte Mutter«, sprach sie.
»So hab nicht länger Angst!
Ich habe gute Nachricht für dich:
er hat den Drachen *nicht* getötet,
ein Fremder wars, der ihn erschlug –
welche fortune hat ihn gebracht?
Steh auf, wir müssen schnell dorthin,
die Sache selber untersuchen! –
Brangaine, steh jetzt leise auf
und sage Paranís, in unserm Namen,
er solle rasch die Pferde satteln.
Wir müssen reiten, dies zu viert:
ich, die Tochter, du und er.
So rasch, wie das nur irgend geht,
führ er uns die Pferde
vor die geheime Pforte,
wo man vom Garten unsrer Burg
hinausblickt auf das Feld.«
  Als alles so geschehen war,
saß das Grüppchen auf und ritt
dorthin, wo dem Vernehmen nach
der Drache lag, getötet.
Als sie das halbe Roß entdeckten,

begannen sie, das Zaum- und Sattelzeug
zu mustern und zu untersuchen,
und sie machten sich bewußt,
daß sie in Irland nie ein solches
Zaum- und Sattelzeug gesehen hatten,
und zogen allesamt den Schluß,
daß der Mann – wer er auch sei –,
den dieses Roß nach hier getragen,
daß *der* den Drachen getötet habe.
Sie ritten unverzüglich weiter
und stießen auf den Drachen.
Der Kumpan des Teufels war
so grauslich und so riesengroß,
daß die blühend schönen Damen,
als sie ihn sahn, in ihrer Angst
totenbleich erschienen.
Die Mutter sprach zur Tochter:
»Ha, nun bin ich völlig sicher,
daß der Truchseß niemals wagte,
diesen Drachen anzugreifen!
Machen wir uns keine Sorgen!
Denn, wahrhaftig, liebe Tochter,
ich ahne, ahne, dieser Mann
ist irgendwo hier in der Nähe
versteckt – ob er nun tot ist oder lebt.
Das prophezeit mir mein Gefühl.
Wenn dir das recht ist, ziehen wir
von da vorn aus auf die Suche;
vielleicht gefällt es unserm Gott,
daß wir ihn finden, irgendwo,
und überwinden dann mit ihm
die abgrundtiefe Herzensnot,
die unsren Herzen tödlich droht.«
Sie faßten eilig den Entschluß.
Alle viere dieser Gruppe
ritten voneinander weg –
die suchte hier und jene dort.
Da kam es, wie es kommen mußte,
was Der Gerechte wollte:
daß die Königstochter Isolde
ihr *Leben*, ihren *Tod*,

ihre *Freude* und ihr *Leid*
zuallererst erblickte!
Ein Glanz ging aus von seinem Helm,
der verriet ihr, wo der Fremde war;
als sie den Helm dann wirklich sah,
kehrte sie um, holte die Mutter:
»Schnell, Herrin, reitet her!
Ich seh dort irgend etwas glänzen.
Es sieht genau aus wie ein Helm...
Ich glaub, ich habe ihn gefunden.«
»Tatsächlich«, sagte nun die Mutter,
»ich selber habe auch den Eindruck!
Gott will sich unser doch erbarmen!
Ich glaube, den wir suchen,
den haben wir gefunden!«
Augenblicklich riefen sie
die beiden andren zu sich her
und ritten dann zu viert dorthin.
Als sie sich auf ihn zubewegten
und ihn so liegen sahen,
dachten alle, er sei tot.
»Er ist tot«, so sagten die Isolden.
»Unsre Hoffnung ist vernichtet.
Der Truchseß, der hat ihn ermordet,
hat ihn meuchlerisch getötet
und in diesen Sumpf geschleppt!«
Alle viere saßen ab
und hatten ihn ganz rasch
herausgezogen, auf den festen Boden.
Sie lösten gleich den Riemen seines Helms,
schnürten seine Ringkapuze auf.
Die kundige Isolde
sah ihn an und sah ganz klar,
daß er zwar lebte, daß jedoch sein Leben
an einem seidnen Faden hing.
»Er lebt«, rief sie, »tatsächlich!
Schnell, befreit ihn aus der Rüstung!
Habe ich das Glück, daß er
nicht auf den Tod verwundet ist,
so kann hier noch geholfen werden!«
Als das Trio schöner Damen,

die blendenden compagnes,
als sie diesen Mann der Fremde
mit ihren schneeweißen Händen
aus seiner Rüstung befreiten,
da entdeckten sie die Zunge.
»Schau«, so rief die Königin, »sieh an!
Was ist denn das?! Was mag das sein?!
Brangaine, schöne Nichte, sprich doch!«
»Es kommt mir fast wie eine Zunge vor...«
»Da sagst du es, Brangaine!
Ich glaube, bin der Meinung,
daß sie ein Teil des Drachen war.
Unser Glück wacht wieder auf.
Herzenstochter, schöne Isolde,
todsicher weiß ich dies:
wir sind nun auf der rechten Spur!
Diese Zunge wars, die ihm
Kräfte und Bewußtsein raubte!«
Sie streiften seine Rüstung ab;
als sie an seinem Körper weder
Prellungen noch Wunden fanden,
da waren sie erleichtert.
Die kenntnisreiche Königin,
die kundige, sie nahm nun Theriak,
flößte das dosierend ein,
bis er ins Schwitzen kam. Sie sprach:
»Der wird gesund, der Mann!
Wenn der Gifthauch erst mal abzieht,
der von der Zunge auf ihn ausging,
so kann er Mund und Augen öffnen.«
Was auch bald darauf geschah:
er lag nicht lang, da wars soweit,
er blickte auf und sah sich um.
Als er den anmutsvollen Reigen
bei sich, ja, um sich her bemerkte,
dachte er sich im Gemüt:
»Ach, lieber Gott und Herr,
du hast mich also nicht vergessen.
Drei Lichter seh ich um mich her,
die schönsten dieser hohen Welt,
für viele Herzen Freude, Trost,

für viele Augen höchster Glanz:
Isolde, diese leuchtende Sonne,
und ihre Mutter Isolde,
dies beglückende Morgenrot,
und die stolze Brangaine,
dies schöne Licht des vollen Mondes...«
Und er erkühnte sich und sprach
mit schwacher, schwächlicher Stimme:
»Ach, wer seid ihr? Und wo bin ich?«
»Ah, Ritter, kannst du sprechen? Sprich!
Wir helfen dir in deiner Not!«
sprach, vernunftbegabt, Isolde.
»Ja, verehrte Frau und schöne Herrin...
Doch ich weiß nicht, wie mein Körper
mich so jäh im Stich ließ,
wie meine Kraft geschwunden ist...«
Die junge Isolde starrte ihn an:
»Das ist doch Tantris, der Spielmann,
so wahr ich ihn je gesehen habe!«
Die beiden andren Frauen gleich:
»Wahrhaftig, ja, so scheint uns auch!«
Es fragte die kundige Frau:
»Tantris, bist dus?!« »Herrin, ja.«
»Dann sag«, so sprach die kundige Frau,
»wo und wie bist du hierhergekommen?
Andersrum: was machst du hier?«
»Verehrteste der Frauen,
leider bin ich körperlich,
mit meiner Kraft noch nicht soweit,
daß ich Euch meine Geschichte
im einzelnen erzählen könnte.
Laßt mich doch, in Gottes Namen,
dorthin bringen oder tragen,
wo sich – für den Tag, die Nacht –
jemand um mich kümmern kann.
Wenn ich erneut zu Kräften komme,
ist sinnvoll, daß ich tu und sage,
was Euch recht ist, Euch gefällt.«
So faßten alle viere
Tristan mit den Händen an,
er wurde auf ein Pferd gehoben,

sie brachten ihn gemeinsam weg.
Sie schmuggelten ihn *so*
durch das geheime Türchen,
daß von ihrem Ausflug,
Ausritt keiner etwas merkte.
Sie pflegten und kurierten ihn! –
Die Zunge, die ich schon erwähnte,
die Rüstung und ihr Zubehör –
kein Fitzchen davon blieb zurück:
sie hatten alles mitgenommen,
den Harnisch wie den Mann.

Als nun der nächste Tag begann,
da wandte sich ihm die Königin zu.
»Nun, Tantris«, sprach sie, »sage mir
(bei all der Wohltat, die ich dir
diesmal, letztes Mal erwiesen,
indem ich zweimal dich gerettet,
und: weil ich für dich einsteh,
wie du, gewiß, für deine Frau),
wann bist du nach Irland gekommen,
wieso hast du den Drachen getötet?«
»Das will ich Euch erzählen, Herrin.
Vor wenigen Tagen kam ich
(von heute an gerechnet: drei),
ich und weitre Händler,
mit einem Schiff hier in den Hafen.
Da kam ein Räubertrupp herab –
aus welchen Gründen, weiß ich nicht –,
der hätte uns die Fracht, das Leben
geraubt, wenn ich das nicht
mit meiner Fracht verhindert hätte.
Unsre Lage ist wie folgt:
wir müssen häufig fremde Länder
zur Heimat machen, sie bewohnen,
und wissen nicht, wem trauen –
wir werden Opfer vieler Übergriffe!
So bin ich davon überzeugt:
es wäre gut für mich, wenn ich
es irgendwie erreichen könnte,
daß mich die Länder anerkennen.

Beziehungen in fremden Ländern
machen einen Kaufmann reich.
Seht, Herrin, daran dachte ich
(mir ist seit langem das Gerücht
im Lande über den dragon bekannt),
und schlug ihn tot aus diesem Grund:
Ich meine, daß ich nun bevorzugt
von den Herren dieses Landes
Schutz und Schirm erhalten werde.«
Isolde sagte: »Schutz und Schirm,
sie mögen dich dein Leben lang
begleiten! Deine Ehre lebe!
Du bist bei guten Konditionen
hergekommen – dies für dich und uns.
Nun überlege, was dein Herz sich wünscht –
das wird vermittelt, wird erfüllt
durch meinen Mann. Und durch mich selbst.«
»Danke, Herrin. So empfehl ich
mein Schiff und meine Person
gänzlich Eurem Schutz an.
Seht zu, daß ich es nicht bereue,
daß ich Fracht und Leben
Eurem Schutz empfohlen habe.«
»Tantris, nein, du bist hier sicher!
Um dein Leben, deine Fracht
mußt du dir keine Sorgen machen.
Meinen Schutz und Schirm – gib acht,
ich versprech dirs in die Hand!
Solange ich leb, wird dir in Irland
nie mehr wieder Leid geschehn! –
Nun schlag mir nicht die *eine* Bitte ab
und leiste mir gewisse Hilfe
in einem Fall, an dem zur Zeit
mein Ansehen hängt und all mein Glück.«
Und sie erzählte ihm, was ich
bereits erzählt hab: welche Sprüche
der Truchseß mache, zu der Tat,
wie energisch und wie dringlich
er Anspruch auf Isolde erhebe;
wie er Lüge und Betrug
erhärten wollte durch den Rechts-Kampf,

falls jemand ihm entgegentrete,
um selbst den Anspruch zu erheben.
»Verehrte Herrin«, sagte Tristan,
»darüber macht Euch keine Sorgen.
Ihr habt mir zweimal Leib und Leben
mit Gottes Hilfe zurückgegeben;
dies Leben soll Euch nun mit Recht
Hilfe leisten bei dem Streitfall
wie bei andren Schwierigkeiten –
vorausgesetzt, ich bin gesund.«
»Das lohn dir Gott, mein lieber Tantris.
Auf dies Gelöbnis bau ich gern.
Ich wiederum erkläre dir:
Erfüllt sich der monströse Anspruch,
so sind wir beide, ich und Isolde,
lebenslang tot, lebendigen Leibes!«
»Herrin, nein, vergeßt den Fall!
Weil ich nun Euren Schutz genieße,
Euch meine Person und meine Fracht
anempfahl auf Ehre und Gewissen,
ich hierin rechtlich sicher bin –
liebe Herrin, faßt Euch doch!
Verhelft mir noch einmal zu Kräften,
und ich alleine klär den Fall! –
Doch sagt mir, Herrin, wißt Ihr dies:
die Zunge, die man bei mir fand,
blieb die zurück, schuf man die weg?«
»Nein, nein! Ich hab sie hier,
und was dir sonst gehört. Sie selber,
meine schöne Tochter Isolde,
und ich, wir nahmen alles mit.«
  »Das kommt uns sehr gelegen!
Nun, hochverehrte Königin,
macht Euch keine Sorgen mehr.
Gebt mir meine Kraft zurück,
und alles wird erledigt sein.«
  Königin und Königstochter,
sie beide, ohne Unterschied,
nahmen sich nun seiner an,
und alles, was (nach ihrem Wissen)
die Heilung und Erholung

seines Körpers fördern konnte,
das war für sie ein Werk der Muße.

Seine Schiffsbegleitung
litt inzwischen sehr;
viele waren so bedrückt,
sie meinten schon, dies sei ihr Ende;
keiner wagte, an sein Leben zu glauben,
weil sie im Lauf der beiden Tage
nichts von ihm erfuhren.
Doch hatten sie den Schrei gehört,
den der Drache ausgestoßen,
und alles redete darüber:
es blieb ein Ritter auf der Strecke,
sein Roß liegt noch zur Hälfte da...
Und die Seinen dachten gleich:
»Wer außer Tristan könnt das sein?
Es gibt hier keinen Zweifel:
er wäre längst zurückgekommen,
wär er nicht zu Tod gekommen.«
Gleich faßten alle den Entschluß,
schickten Courvenal nach dort,
er solle sich das Pferd beschaun.
Das tat er; Courvenal ritt hin,
fand das Roß, erkannte es;
und dann ritt er weiter;
den Drachen fand er auch sofort,
doch als er dort nichts fand
von allen seinen Sachen,
von Kleidungs- und von Rüstungsstücken,
stieg starker Zweifel in ihm auf.
»Ah«, so dachte er, »Herr Tristan,
bist du lebendig oder tot?«
»Ach«, so rief er, »ach, Isolde,
ach, daß der Lobpreis deines Namens
Cornwall je erreichte...!
War deine Schönheit, war dein Adel
zu solchem Unglück vorbestimmt
für den aus glücklichstem Geschlecht,
der je zum Waffendienst geweiht ward,
dem du zu sehr gefallen hast...?«

So kehrte er zum Schiff zurück.
Mit Weinen und mit Klagen
stellte er die Lage dar,
wie er sie vorgefunden hatte.
Diese Meldungen begannen
vielen zu mißfallen –
jedoch nicht ihnen allen;
die Meldung, die bedrückend war,
war nicht für jeden Herrn bedrückend,
für manchen war sie sehr berückend.
Freilich sah man vielen an,
daß es sie sehr traurig stimmte –
dies war eigentlich die Mehrheit.
So war die Meinung, war die Haltung
in Gut und Böse kontrastiert.
Diese Gegensätze führten
zu Getuschel und Geraune
auf dem zweigeteilten Schiff.
Der Bericht, so widersprüchlich,
er war den zwanzig barons
nicht sehr zu Herzen gegangen;
sie meinten, nun sei Zeit zur Rückkehr.
Und stellten allesamt den Antrag
(ich rede nur von jenen zwanzig),
Tristan keine weitre Frist zu lassen,
und alle rieten sie dazu,
diese Nacht noch wegzufahren.
Andere hingegen rieten
zu bleiben, um noch etwas mehr
darüber rauszukriegen,
wie es ihm ergangen sei.
So wurden sie nicht einig:
die einen wollten gerne weg,
die andren wollten bleiben.
So wurde dies vertagt, mit dem Entschluß
(weil sein Tod ja weder
sicher war noch nachgewiesen),
noch länger dortzubleiben,
um wenigstens zwei Tage lang
nachzufragen, nachzuforschen.
Bedauern unter den barons…

Inzwischen fand der Landtag statt,
der zu Wexford anberaumt war,
dorthin von Gormund einberufen
betreffend Rechtsstreit zwischen
seinem Fräulein Tochter/Truchseß.
Gormunds persönlicher Umkreis,
seine Verwandten, Lehensleute,
die er, um ihre Empfehlung zu hören,
zur Versammlung einberufen,
sie alle waren da zur Stelle.
Die nahm er erst einmal beiseite,
bat den kleinen Kreis um Rat,
so dringend und so dringlich
wie einer, dessen ganze Ehre
auf dem Spiel stand – und nichts andres!
Auch berief er zur Versammlung
seine liebe Frau, die Königin.
Ja, sie konnte ihm nur lieb sein,
denn in dieser *einen* Person
hatte er zwei Gnadengaben,
die allerbesten, die ein Mann
bei seiner Lieben finden kann:
die Schönheit und die Weisheit.
Sie war so reich damit gesegnet,
daß sie ihm wahrlich lieb sein konnte!
Die verehrte, schöne, kundige
Königin, sie war zur Stelle.
Ihr Liebster, der König, führte sie
aus der Versammlung gleich beiseite:
»Sag mir, was empfiehlst du mir?
Dieser Fall belastet mich tödlich…«
»Nur Mut«, so sagte ihm Isolde,
»wir werden uns zu schützen wissen –
ich habe alles unterlaufen!«
»Wie das denn? Sag es, Herzensfrau,
ich möchte mich mit dir darüber freuen!«
»Was unser Truchseß da behauptet…
also, der hat *nie* den Drachen getötet!
Jedoch, der dies getan, den kenne ich!
Sobald das ansteht, da beweis ich das.
Macht Euch frei von aller Furcht.

Kehrt gleich zurück in die Versammlung.
Sagt, verkündet ihnen allen:
Sobald Ihr den vom Truchseß
zu erbringenden Beweis gehört,
gesehn, erfüllt Ihr gern den Eid,
den Ihr den Herrn geschworen habt.
Befehlt dann allen, Euch zu folgen
und setzt Euch zu Gericht.
Habt keinerlei Befürchtung mehr!
Laßt den Truchseß Klage erheben,
laßt ihn sagen, was er sagen will.
Doch wenn die Zeit gekommen ist,
so bin ich mit Isolde da!
Sobald Ihrs fordert, spreche ich
für Euch, Isolde und für mich.
Und nun laßt es genug sein...
Ich werde meine Tochter holen;
wir kommen aber gleich zurück, wir zwei.«
  Sie ging denn ihre Tochter holen,
der König in den Saal zurück.
Dort saß er zu Gericht,
und mit ihm viele der barons,
der combattants des Landes;
eine ganze Menge Ritter
war dort in Ritter-Gala!
Sie waren nicht so sehr dabei,
um ihrem König Ehre zu erweisen,
sie wollten vielmehr miterleben,
was sich schließlich als der Kern
des Gerüchtes zeigen würde.
Sie alle waren drauf gespannt.

Die beiden herrlichen Isolden,
die nun Seit an Seite
in den Festsaal schritten,
sie empfingen jeden dieser Herren
einzeln, die Begrüßung abgestuft.
Es wurde währenddes im Kreise
zur Herrlichkeit der beiden
viel gesagt und viel gedacht:
Gedanken, Worte reich hervorgebracht!

Doch wurde vom Erfolg des Truchseß
weitaus mehr gesprochen als
von Belangen dieser Damen.
Man dachte, sprach mit Blick auf sie:
»Schaut euch das an, macht euch das klar:
wenn dieser Unglücksrabe,
der nie sein Glück gemacht,
dies Kind des Glücks zur Frau bekommt,
so geht für ihn die Sonne auf des Glücks,
wie sie diesem oder jenem Mann
mit einer Frau nicht schöner aufgehn kann!«
Dabei schritten sie zum König;
der stand vor ihnen auf und bat sie
freundlich, bei ihm Platz zu nehmen.
»Truchseß«, fragte er, »was ist
dein Begehren, dein Verlangen? Sprich!«
»Äußerst gern, Herr König«, sprach er.
»Ich verlange, Herr, begehre,
daß Ihr dem Land in meiner Person
erfüllt, was königlicher Brauch ist.
Falls Ihr dabei bleiben wollt –
Ihr habt als die Belohnung ausgesetzt,
habt mit Eurem Eid versprochen:
Welcher Ritter den dragon
eigenhändig töten würde,
dem würdet Ihr dann als Belohnung
Eure Tochter Isolde geben.
Der Eid hat viele Männer ruiniert!
Ich selber gab nicht viel darauf,
denn ich liebte diese Frau
und setzte oft mein Leben
größeren Gefahren aus als andre,
bis es mir dabei zuletzt
gelang, den Drachen totzuschlagen.
Falls es genügt in diesem Fall:
hier liegt sein Haupt, beschaut es Euch!
Ich brachte den Beweis hierher.
Nun erfüllt, was Ihr verspracht.
Königswort und Königseid:
bleibt wahr und werdet wahrgemacht!«
»Truchseß«, sprach die Königin,

»wenn jemand derart reichen Lohn,
wie meine Tochter Isolde es ist,
unverdient erhalten will –
wahrhaftig, das geht viel zu weit!«
»Hoho«, rief da der Truchseß, »Herrin,
Ihr handelt schlecht! Wieso verhandelt *Ihr*?!
Mein Herr, der hier das Urteil sprechen wird,
der kann sich doch wohl *selber* äußern!
Der spreche, gebe mir die Antwort.«
Der König: »Herrin, sprecht nur weiter,
für Euch, Isolde und für mich.«
»Danke, Herr, das werd ich tun.«
Und es sprach die Königin:
»Truchseß, deine Liebesgefühle
in Ehren, sie sind schön und gut,
auch bist du innerlich ein Mann,
hast eine gute Frau verdient.
Doch wer so hohen Lohn verlangt,
ohne ihn verdient zu haben –
wahrhaftig, das ist unerhört!
Du selber hast für dich den Anspruch
auf eine Heldentat erhoben,
mit der du *nichts* zu tun hast,
wie mir das zugeflüstert wurde.«
»Herrin, wie verhandelt Ihr?!
Ich legte den Beweis hier vor!«
»Du hast ein Haupt von dort geholt,
das hätt auch leicht ein andrer Mann
bringen können – gesetzt den Fall,
er hätte Isolde gewinnen wollen.
Für eine solche Nichtigkeit
ist sie freilich nicht zu haben!«
Die junge Isolde: »Wahrlich nicht!
Für eine derart kleine Leistung
werd ich nie zu kriegen sein!«
»Hoho, Fräulein Königstochter«,
rief wiederum der Truchseß,
»daß Ihr Euch in meiner Sache
mit einer solchen Bosheit äußert
zu Gefahren, die ich oft
aus Liebe zu Euch bestanden habe...!«

»Es möge gut zu Buche schlagen,
daß Ihr mich liebt«, so sprach Isolde,
»ich hab Euch nie gemocht, geliebt.
Das wird auch, wahrlich, nie geschehn!«
»Ja, ich verstehe!« rief er aus.
»Ihr handelt so wie alle Frauen!
Ihr seid alle so geschaffen,
so geartet und gesinnt:
Das Böse scheint euch jeweils gut,
das Gute scheint euch jeweils bös.
In dieser Haltung seid ihr stark!
Ihr seid verdreht in jeder Weise:
für euch sind Dumme alle klug,
für euch sind Kluge alle dumm;
das Gerade macht ihr krumm
und aus Krummem wieder Grades;
ihr habt den großen Irrtum
an euer Leithund-Seil gelegt;
was euch haßt, das liebt ihr,
was euch liebt, das haßt ihr.
Weshalb seid ihr so eingestellt,
weshalb liebt ihr so heftig
jede Form des Widerspruchs,
den man so oft an euch erlebt?
Wer euch will, den wollt ihr nicht,
doch wollt ihr den, der euch nicht will.
Ihr seid das irritierendste Spiel,
das auf dem Spielbrett möglich ist!
Der Mann hat den Verstand verloren,
der ohne sichre Bürgschaft je
sein Leben für die Frau riskiert. –
Doch, wahrlich, was Ihr sagt,
was meine Herrin sagt, das zählt nicht!
Es wird ganz anders hier entschieden!
Sonst bricht man mir den Eid!«
Die Königin sprach wiederum:
»Truchseß, deine Sprüche sind enorm,
sind gut geklopft – für einen
mit Sinn für gut geklopfte Sprüche!
Sie wecken ganz den Anschein,
als wären sie in trauter Damenrunde

erdacht in einer Kemenate.
Und hast sie *so* auch vorgetragen,
wie ein Kavalier das tun soll.
Du kennst zu gut den Stil der Damen,
du hast es hier zu weit gebracht,
hast so den Stil des Manns verloren.
Auch bist du allzusehr verliebt
in jede Form des Widerspruchs.
Mir scheint, du fühlst dich wohl dabei.
Du hast das gleiche Damenwesen
streng ans Leithund-Seil gelegt.
Was dich haßt, das liebst du,
wer dich nicht will, den willst du –
dies ist unser Damen-Spiel!
Weshalb läßt du dich darauf ein?!
Bei Gott, du bist ein Mann –
laß uns unsren Damenstil!
Du bist hier nicht sehr gut beraten!
Folge deinem Mannes-Sinn
und liebe, was dich liebt,
begehr, was dich begehrt –
dieses Spiel verspricht auch Glück!
Du wiederholst mit allem Nachdruck,
daß du Isolde haben willst,
sie hingegen will dich nicht.
So ists nun mal. Wer kann das ändern?
Sie läßt sehr viel von dem verfallen,
was sie doch sehr leicht haben könnte.
Viele mag sie überhaupt nicht,
die sie äußerst gerne mögen –
von denen stehst du auf Platz eins.
Diese Haltung hat sie von mir:
ich selber hab dich *nie* gemocht.
Genau dies weiß ich von Isolde:
sie übernahm hier meine Haltung.
Bei ihr vergeudest du viel Liebe!
Diese Schöne, diese Reine,
sie wäre ja für alle da,
wenn sie jeden haben sollte,
der sie haben wollte.
Truchseß, du bestehst darauf,

daß mein Herr aus freien Stücken
bei dir erfüllt, was er geschworen.
Schau zu, daß du nur *deinen* Sprüchen
und *deiner* Sache so gerecht wirst,
daß du nichts preiszugeben hast!
Kümmre dich um deine eignen Dinge!
Ich weiß vom Hörensagen: diesen Drachen,
den hätt ein andrer Mann erschlagen.
Bedenk, was du hier sagen willst...«
»Wer soll das sein?!« »Ich kenn ihn gut.
Ich stelle ihn, sobald ichs muß.«
»Es gibt ihn nicht, den Mann,
der sich in dieser Sache rausnimmt
zu glauben, er könne mir die Ehre
streitig machen durch Betrug.
Wenn einer Rechts-Kampf will mit mir –
ich werd in diesem Fall mein Leben
nach des Hofes Konditionen
(und dies Hand in Hand versprochen!)
exponieren und riskieren,
und das hier und auf der Stelle!«
Die Königin sagte: »Abgemacht!
Ich will persönlich dafür bürgen,
daß du den Nachweis bringen kannst,
indem ich dir zum Kampf den Mann
stelle, der den Drachen tötete –
und zwar, ab heute, in drei Tagen;
im Moment ist das nicht möglich.«
Der König sagte: »Das genügt.«
Und alle Herren stimmten zu:
»Truchseß, wirklich, das genügt.
Diese Frist ist nicht zu lang.
Tritt vor, verpflichte dich zum Kampf,
und unsre Herrin tu das gleiche.«
Der König nahm nun ihnen beiden
das Versprechen ab, mit Bürgschaft,
diesen Kampf ums Recht verbindlich
am dritten Tage durchzuführen. –
Und das Kapitel war beendet.

***

Die beiden Damen gingen fort
und nahmen die Behandlung, Pflege
ihres Spielmanns wieder auf.
Die Bemühungen der beiden
waren freundlich, liebevoll
nur darauf gerichtet,
ihm Hilfe zu verschaffen.
Und so war er bald genesen,
zeigte wieder Farbe, Glanz.
Isolde starrte ihn dauernd an,
und sie beschaute höchst genau
die Gestalt und sein Verhalten;
unauffällig blickte sie
in sein Gesicht, auf seine Hände,
besah sich seine Arme, seine Beine,
an denen offenkundig wurde,
daß er sich camouflierte.
Sie studierte ihn von Kopf bis Fuß;
was an einem Mann ein Mädchen
sehen soll, gefiel ihr gut an ihm,
und sie pries ihn im Gemüt.
Als nun die Schöne, Gute
die so prächtige Figur,
sein so vornehmes Verhalten
genau betrachtete und wahrnahm,
sprach ihr Herz ganz im geheimen:
»Gott, Herr der Wunderwerke,
wenn sich ein Mangel zeigen sollte
am dem, was Du getan hast, tust,
und wie Du uns gestaltet hast,
so haftet dem ein Makel an,
daß dieser herrenhafte Mann,
den Du mit einer solchen Pracht
des Körpers ausgestattet hast,
daß der, so ständig unterwegs,
von einem Reich zum nächsten Reich
den Unterhalt verdienen muß.
Es wäre recht und billig,

wenn einem, dessen Sache *so* steht,
ein Land, ein Reich zu Diensten wäre.
Diese Welt ist schon verrückt:
schwache Männer herrschen
in so vielen Königreichen –
und nicht ein einziges für *ihn!*
Ein Mensch mit einer solchen Statur,
mit einer solchen Trefflichkeit,
der sollte Reichtum, Ehre haben!
Unrecht ist ihm widerfahren!
Du gabst ihm, Gott, die Lebensform,
die nicht zu der Erscheinung paßt!«
So plädierte oft das Mädchen.
Inzwischen hatte ihre Mutter
dem Gemahl vom Kaufmann erzählt,
vom Anfang bis zur Gegenwart,
wie ihr das selbst vernommen habt:
So und so sei dies verlaufen,
und er verlange nichts zum Lohn,
als daß man ihm in Zukunft
verbindlich Schutz gewähren möge,
und zwar für einen jeden Zeitpunkt,
an dem er dieses Königreich bereise.
Vertraulich hatte sie ihm dies
vom Anfang bis zum Schluß erzählt.

Unterdes befahl das Mädchen
Paranís, dem Knappen,
die Rüstung und das Eisenzeug
auf Hochglanz zu polieren
und sich um dessen Siebensachen
zu kümmern, dies mit aller Sorgfalt.
Das alles wurde ausgeführt:
mit frischem Glanz und gut gepflegt
war eins aufs andere gelegt.
Aus eignem Antrieb ging das Mädchen
dorthin, beschaute Stück für Stück.
Und hier erging es denn Isolde,
wie es Der Gerechte wollte:
daß *sie* vor all den anderen
zum zweiten Mal entdeckte,

was ihr Herz sehr quälen sollte.
Es war ihr Herz nach dort gerichtet,
es war ihr Blick nach dort gezogen,
wo seine Rüstungsstücke lagen,
und irgendwie gefiel es ihr,
sie nahm das Schwert in ihre Hände –
junge Damen, Jünglinge
sind begierig und begehrlich
und, weiß Gott, auch viele Männer!
Sie zog es aus der Scheide, sah es an,
beschaute es mal hier, mal dort,
entdeckte die Beschädigung.
Sie begann, die Scharte
lang und sehr genau zu prüfen,
und sie dachte im Gemüt:
»Der liebe Gott, er steh mir bei…
Ich glaub, ich hab das Stück, das fehlt
und das in diese Scharte paßt –
ja, ich prüf das gleich mal nach!«
Sie holte es, sie hielt es rein:
da paßte das verfluchte Bruchstück
genau in diese Scharte;
sie waren sich dort derart einig,
als wären sie aus *einem* Stück –
was sie auch gewesen waren,
vor nicht mal ganz zwei Jahren…
Ihr wurde kalt ums Herz
wegen jenes alten Leides:
vor lauter Zorn, vor lauter Schmerz
ward ihr Gesicht in raschem Wechsel
totenbleich und feuerrot.
»Ah«, so rief sie, »weh mir! Hilfe!
Isolde hat kein Glück!
Wer hat nur die verfluchte Waffe
von Cornwall aus hierhergebracht?!
Mein Onkel ward damit getötet.
Der ihn getötet, der hieß Tristan.
Wer gab es diesem Spielmann? –
Sein Name ist doch Tantris…
Und schon begann sie über beide
Namen nachzudenken,

beider Klangbild zu vergleichen...
»Herr Gott«, so sagte sie zu sich,
»die Namen setzen mir sehr zu...
Verstehe nicht... Was ist mit ihnen los?
Sie sind sich nah in ihrem Klang.
Tantris«, sprach sie, »Tristan...
Das klingt doch sehr vertraut...«
Als sie begann, die Namen
in ihrem Munde durchzuspielen,
da fielen ihr die Lettern auf,
aus denen man sie beide bildet,
und fand sogleich im *einen* Namen
dieselben wie im *anderen;*
nun begann sie, beide Namen
in ihre Silben aufzutrennen,
und setzte eine vor die andre,
kam so dem Namen auf die Spur,
und ging der Sache auf den Grund.
Von vorn nach hinten las sie: Tristan,
von hinten her nach vorne: Tantris.
Der Name war damit geklärt.
»Ach ja«, sprach nun die Schöne,
»wenn sich die Sache so verhält,
dann hat mein Herz mir diese Täuschung,
den Betrug beim Namen genannt...
Seit ich ihn genauer ansah,
seit ich Erscheinung und Verhalten
und alles, was zu ihm gehört,
in jedem Punkt ins Herz aufnahm –
wie war mir all die Zeit schon klar,
daß er ein *Herr* sei, von Geburt!
Dies konnte *er* nur fertigbringen:
von Cornwall aus hierher zu seinen
Todfeinden zu reisen – und wir,
wir haben zweimal ihn gerettet!
Gerettet?... Er ist nicht zu retten!
Dies Schwert wird ihm ein Ende machen!
Schnell jetzt, räch dein Leid, Isolde!
Wenn er getötet liegt vom Schwert,
mit dem er deinen Onkel getötet,
so ist der Racheakt vollzogen!«

Sie nahm das Schwert in beide Hände,
ging und beugte sich hinab
zu Tristan, der im Badezuber saß.
»Also, Tristan… *bist* du es?!«
»Nein, Herrin, ich bin Tantris.«
»Dann bist du – hier bin ich gewiß –
Tantris *und* Tristan! Diese beiden
sind ein todgeweihter Mann!
Was mir Tristan angetan,
das laste ich dem Tantris an:
dein Leben für das Leben meines Onkels!«
»Nein, schöne junge Dame, nein!
Was habt Ihr vor, um Gottes willen?
Denkt bei mir an Euren guten Namen!
Ihr seid Herrin, eine Jungfrau –
wo man von Eurer Bluttat spricht,
dort ist die wunderschöne Isolde
in ihrem Ansehn tot für immer.
Die Sonne, die in Irland aufgeht,
die viele Herzen schon erfreute,
die wird dann ja erloschen sein!
Und, ach, die zarten Hände –
ein Schwert in ihnen, paßt denn das?!«
Nun kam die Königin
zur Tür herein, die Mutter:
»Was ist hier los?! Was soll denn das?!
Tochter, was soll das bedeuten?!
Sind das die Sitten feiner Damen?!
Hast du den Verstand verloren?
Ist das ein Scherz, ist das dein Ernst?
Was soll das Schwert in deiner Hand?«
»Ah, Frau Mutter, denkt zurück
an unser beider Herzensqual!
Dies hier ist der Mörder, Tristan,
der deinen Bruder umgebracht!
Nun haben wir gute Gelegenheit,
unsre Rache an ihm zu nehmen,
dies Schwert durch ihn zu bohren!
Besser kriegen wirs nie wieder!«
»Der ist Tristan? Woher weißt dus?«
»Ich weiß genau, er ist der Tristan.

Dies Schwert ist sein. Beschau es dir!
Und sieh dies Bruchstück, das dazugehört,
und urteil selbst, ob er es ist!
Ich paßte eben dieses Eisenstück
in die verfluchte Scharte ein,
ach, und sah, daß beide
einig scheinen, wie aus *einem* Stück!«
»Ah«, rief ihre Mutter, »Isolde,
woran hast du mich da erinnert?!
Weh, daß ich je geboren wurde!
Wenn dies hier wirklich Tristan ist –
wie konnt ich mich so täuschen lassen?!«
Isolde hielt das Schwert erhoben,
trat zu ihm, war über ihm.
Die Mutter rannte auf sie zu.
»Halt«, rief sie, »Isolde, halt!
Du weißt doch, was ich ihm gelobte!«
»Ist mir egal! Dies ist sein Tod!«
Tristan: »Grace, ma belle Isolde!«
»Igitt, Verbrecher!«, rief Isolde.
»Igitt! Und du erbittest Gnade?!
Du hast kein Recht auf ›grace‹!
Du mußt mir jetzt dein Leben lassen!«
»Nein, Tochter«, rief da ihre Mutter,
»es sieht nun leider nicht so aus,
als wenn wir Rache nehmen könnten,
außer, wenn wir hier bereit sind,
unser Ehrenwort zu brechen!
Handle nicht zu überstürzt!
Er hat sich mit der Fracht, dem Leben
in meinen Schutz begeben.
Wie immer das geschah – ich habe ihm
umfassend Schutz und Schirm gewährt.«
»Danke, Herrin«, sagte Tristan.
»Herrin, macht Euch stets bewußt:
ich habe mich mit Fracht und Leben
in Eure Schutzherrschaft begeben;
entsprechend habt Ihr sie gewährt.«
»Du lügst«, rief da die Junge.
»Ich weiß genau, worum es ging!
Sie hat Tristan nie und nimmer

Sicherheit und Schutz versprochen
für sein Leben, für die Fracht!«
Schon schnellte sie zu ihm heran.
In diesem Augenblick rief Tristan:
»Ah, grace, belle Isolde, grace!«
Freilich war schon ihre Mutter,
die redliche Königin, zur Stelle,
da mußte er sich nicht mehr fürchten.
Und überhaupt: hätt er nun
gefesselt im Badezuber gelegen,
und wär Isolde dort *allein* gewesen,
so hätte sie ihn *nicht* getötet!
Die Schöne, Gute, die in ihrem
weiblichen Gemüt noch nie
Bitternis und Herzensgalle hatte,
wie konnte sie den Mann erschlagen?
Selbst wenn sie in ihrem Leid
und freilich auch im Zorn
den Anschein weckte, daß sie dies
durchaus zustande brächte?
Sie hätt es wahrlich leicht geschafft,
wär sie nur beherzt gewesen.
Ihr fehlte freilich wiederum
entsprechende Verbitterung.
Doch war ihr Herz nicht ganz so gut,
daß es nicht wilden Zorn verspürte,
als sie den hörte und den sah,
der ihr solch Leid bereitet hatte.
Sie hörte diesen Todfeind, sah ihn
und konnte ihn trotzdem nicht töten.
Bei ihr war sanfte Weiblichkeit
und riß sie von der Tat zurück.
Die beiden Gegensätze führten
einen harten Kampf in ihr;
die Gegensätze, contrepieds
Zorn und Weiblichkeit,
vertragen sich nicht gut,
wenn sie sich zu fassen kriegen.
Sobald Isoldes Zorn
den Todfeind töten wollte,
trat sanfte Weiblichkeit hinzu:

»Nein«, so sprach sie sanft, »laß sein.«
So war ihr Herz gemütsgeteilt:
das *eine* Herz war gut und bös.
Die Schöne warf das Schwert zu Boden,
doch hob sie es gleich wieder auf.
Zwischen Gutem und dem Bösen
wußte sie sich im Gemüt
für *keins* von beidem zu entscheiden.
Sie wollte und sie wollte nicht,
sie wollte tun, sie wollte lassen.
So ließ sie Zweifel schwanken,
bis doch die sanfte Weiblichkeit
dem Zorn den Sieg abtrotzte,
so daß der Todfeind überlebte
und Morold keine Rache fand.
So warf sie denn das Schwert von sich,
und weinend rief sie: »Ach, daß ich
diesen Tag erleben mußte!«
Die Kundige, die Mutter, sprach:
»Meine Herzenstochter,
deine Herzensqualen sind,
leider, mein, und dies in größrem,
stärkrem Ausmaß, als sie dein sind;
Gott sei Dank, sie gehen *dir*
nicht derart nah wie *mir*.
Mein Bruder, leider, der ist tot –
das war bisher mein größtes Leid.
Nun hab ich Angst vor einem Leid
durch dich, mein Töchterlein,
das mich noch mehr als *jenes* quält –
ich lieb dich mehr als alles andre!
Lieber geb ich diese Feindschaft auf,
als selber zu erleben, über dich,
was mir äußerst unlieb wäre.
Ich kann leichter und kann besser
ein Leid als deren *zwei* ertragen.
Mein Streit mit diesem Unglücksraben,
der uns beansprucht durch den Zweikampf,
der steht für mich zur Zeit wie folgt:
Widmen wir dem Fall nicht alle Kraft,
so werden wir – dein Vater, der König,

und ich und du – das Ansehn
für alle Zeit verloren haben
und werden nie mehr wieder froh.«
Da sagte jener Mann im Zuber:
»Verehrte Damen, beide,
es stimmt, ich hab euch Leid bereitet,
doch *nur* durch höhere Gewalt.
Wenn ihr euch recht besinnt (das müßt ihr!),
so wißt ihr, diese höhere Gewalt
bestand in tödlicher Bedrohung;
der unterwirft sich *keiner* gern –
solang ein Mann sich retten kann.
Wie immer es auch damals ausging,
wie immer auch für euch, zur Zeit,
die Lage ist in Sachen Truchseß –
schiebt das einfach alles weg!
Ich bring die Sache gut zu Ende –
das heißt, wenn ihr mich leben laßt
und der Tod mich nicht dran hindert.
Herrin Isolde, nochmals: Isolde,
ihr beide seid – das weiß ich wohl –
beständig verständig, seid im Glück,
seid verschwiegen und diskret.
Könnt ich mich euch beiden
mit einer Sache anvertrauen,
und würdet ihr vor mir
eure Drohgebärden dämpfen,
dazu die Feindschaft, die ihr ja
gegen Tristan lange hegtet,
so hätt ich gute Nachricht für euch!«
Isolde (sprich: die Mutter) schaute
ihn lange an und wurde rot,
die hellen Augen füllten sich.
»Ach«, so sagte sie, »nun hör ich
und weiß es auch, daß Ihr es seid!
Ich war die ganze Zeit nicht sicher.
Nun habt Ihr den Beweis erbracht,
ohne daß ich fragen mußte.
Ach, Herr Tristan, ach,
daß ich jemals über Euch
Gewalt erhielt, so leicht wie jetzt,

und sie nicht *so* ist, daß ich sie
auf eine Weise nützen könnte,
die mir weiterhelfen würde!
So viele Formen der Gewalt gibt es!
Ich glaub, ich könnte meinem Todfeind
durchaus Gewalt antun,
dürfte insofern das Recht
beugen bei dem Bösewicht...
Lieber Gott, ja, *will* ich denn...?
Wahrhaftig, ja... so glaube ich...«

Währenddessen kam Brangaine,
die stolze und die kluge,
sehr gepflegt und gut gekleidet,
mit einem sanften Lächeln
unauffällig in den Raum –
und sah das blanke Schwert dort liegen
und beide Damen sehr verstört.
»Wie bitte?!«, fragte die Diskrete.
»Wie versteh ich dies Verhalten?!
Was macht ihr drei nur für Geschichten?!
Weshalb sind diese Damenaugen
so tränennaß, so trübe? Und das Schwert,
das hier liegt – was soll das heißen?!«
»Schau«, sprach die gute Königin,
»Brangaine, meine Herzensnichte,
schau, wie sehr man uns getäuscht hat!
Zu blindlings haben wir die Schlange
aufgezogen statt der Nachtigall,
haben Korn gemahlen für den Raben,
auf das die Taube Anspruch hat.
Wir haben, Herr des Himmels,
den Feind wie einen Freund gerettet,
haben hier mit unsren Händen
Tristan, unsern Todfeind, zweimal
vor einem schweren Tod bewahrt.
Da! Da sitzt er! Das ist Tristan!
Ich kann mich freilich nicht entscheiden,
ob ich mich rächen soll, ob nicht.
Nichte, was empfiehlst du hier?«
»Herrin, haltet Euch zurück!

Eure Güte, Euer Verstand,
die sind von viel zu hohem Rang
für die Regung, für die Absicht,
solch einen Frevel zu begehen,
ja, so in Raserei zu kommen,
daß Ihr beschließen könnt,
einen Totschlag zu verüben,
dies auch noch an einem Mann,
dessen Ihr Euch angenommen,
indem Ihr Schutz und Schirm gewährtet.
Das konntet Ihr nicht ernsthaft wollen –
hierin muß ich Gott vertrauen.
Außerdem, Ihr müßt bedenken,
mit Blick auf ihn, welchen Rechtsstreit
Ihr da austragt, dies um Eure Ehre!
Dürft Ihr Eure Ehre für das Leben
irgendeines Todfeinds geben?«
»Was soll ich tun nach deiner Meinung?«
»Nun, Herrin, das liegt ganz bei Euch!
Geht raus, und laßt ihn aus dem Zuber
steigen. Ihr könnt indes beraten,
was Euch am günstigsten erscheint.«
Und schon gingen alle drei
zur Beratung in ihr Zimmer.
Isolde, die Verständige, sprach:
»Nun, ihr beiden, äußert euch –
was mag er meinen, dieser Mann?
Er erklärte vor uns beiden,
wenn wir von der Feindschaft ließen,
die wir lange gegen ihn gehegt,
so hätt er gute Nachricht für uns.
Was heißt das nur? Ich bin überrascht.«
Brangaine: »Also, ich empfehle,
daß ihn keiner irgendwie
in eine ernste Lage bringt,
bevor wir wissen, was er will.
Vielleicht ist seine Absicht gut
bezüglich eurer beider Ehre.
Man soll sein Mäntelchen
stets nach dem Winde hängen…
Wer weiß, er kam vielleicht nach Irland

in einer Sache, die euch ehrt.
Beschützt ihn denn in dieser Frist.
Zudem: preist ewig Gott dafür,
daß der beleidigende Anspruch
durch den Betrug des Truchseß
mit Tristans Hilfe abgewiesen wird.
Gott, Er war uns gnädig
bei unsrer Sucherei:
denn wäre er zu diesem Zeitpunkt
nicht rasch gefunden worden – Gott,
so wäre Tristan tot gewesen!
Und, beim Heiland, junge Herrin Isolde,
dann liefe der Prozeß wohl schlechter...
Und keinen Affront ihm gegenüber!
Falls er in diesem Punkt was merkt,
sich daraufhin durch Flucht entzieht,
so handelt er mit vollem Recht.
Deshalb gebt euch beide Mühe:
behandelt ihn so gut, wie sichs gebührt.
Dies ist meine Empfehlung an euch.
Leistet ihr auch Folge aus dem Grund:
Tristan, der ist hochgeborn wie ihr,
ist höfisch fein, ist klug,
ist in jeder Hinsicht vollendet.
Wie auch immer eure Gefühle
für ihn sind – behandelt ihn höflich.
Was immer er auch vorhat – glaubt mir,
ihn führte ernste Absicht her.
In seinem Planen, seinem Handeln
gehts um eine ernste Sache.«
Sie standen auf und gingen raus
und kamen in den Raum,
wo Tristan saß, auf seinem Bett.
Er wußte, was er sich schuldig war,
sprang hoch, sofort, und auf sie zu,
und warf sich gleich vor ihnen hin
und lag den höfisch Süßen
als Flehender zu Füßen.
Noch während er sich hinwarf,
sprach er: »Gnade, all ihr Schönen,
erweist mir eure Gnade!

Haltet mir zugute, daß ich
für eure Ehre, euren Vorteil
in euer Reich gekommen bin.«
Die schönen compagnes,
das Trio der schönen Damen,
sie rissen ihre Blicke von ihm los
und schauten nun einander an.
Sie standen, und er lag so da.
»Herrin«, sagte nun Brangaine,
»der Ritter liegt zu lange dort.«
Die Königin, sie sprach sofort:
»Wie soll ich jetzt mit ihm verfahren?
Mein Herz, es läßt nicht zu,
daß ich mich mit ihm versöhne.
Weiß nicht, was tun, was richtig ist...«
Brangaine sagte wiederum:
»Nun, liebe Herrin, hört auf mich –
auch mein gnädiges Fräulein Isolde.
Todsicher weiß ich es,
daß ihr ihn, bei wachen Sinnen,
in Anbetracht des alten Schmerzes
schwerlich lieben könnt.
Und doch, versprecht ihm beide,
daß er des Lebens sicher sei.
Dann dürfte er gewisse Dinge
vortragen, die ihm nützen werden.«
Die Damen sprachen: »Einverstanden.«
Und gleich gebot man ihm, sich zu erheben.
Als das Versprechen sie gegeben,
setzten sie sich, alle vier.

Tristan nahm den Faden auf.
»Seht, Herrin«, sprach er, »Königin,
da Ihr mit mir nun ausgesöhnt seid,
werde ich für Euch erwirken,
und zwar bis morgen abend
(ich sag dies ohne Hintergedanken!),
daß Eure Tochter, die Euch lieb ist,
einen edlen König zum Mann erwählt,
der als Gemahl gut zu ihr paßt:
er ist stattlich, generös,

ist mit Lanze, Schild
ein edler Ritter ersten Rangs;
er stammt aus königlichem Hause.
Und zu all dem hat er noch
mehr Macht, als sie ihr Vater hat.«
»Wahrhaftig«, sprach die Königin,
»dürfte ich der Sache trauen,
würd ich Folge leisten, tun,
was immer man von mir verlangte.«
»Herrin«, sagte Tristan, »ich gewähr Euch
Sicherheit, sofort, in diesem Punkt:
Erbringe ich nicht den Beweis,
sobald wir Frieden geschlossen haben,
so laßt mir diesen Schutz entziehn
und mich nicht mehr am Leben bleiben.«
Die Kundige: »Brangaine, sprich –
wie denkst du, was empfiehlst du?«
»Nun, mir scheint sein Angebot gut;
ich empfehl, daß Ihr es tut.
Schiebt die Bedenken jetzt beiseite,
steht beide auf, gebt ihm den Kuß.
Ich gelte wenig, bin nicht königlich,
doch folge ich dem Friedensschluß –
mit Morold war auch *ich* verwandt.«
So gaben ihm die drei den Kuß,
jedoch die junge Isolde tat es
nach langem Widerstreben...

Als damit Friede geschlossen war,
sprach Tristan wieder zu den Damen:
»Der gütige Gott ist mein Zeuge,
ich war in meinem Herzen
noch nie so froh wie jetzt.
Ich habe sämtliche Probleme
vorweggenommen, vorbedacht,
die für mich entstehen könnten,
so daß ich damit rechnen darf
(ich *rechne* nicht damit, ich *weiß* es!),
bei euch Vertrauen zu gewinnen.
Laßt sämtliche Bedenken fallen!
Zu eurer Ehre, eurem Vorteil

reiste ich von Cornwall her nach Irland.
Nach meiner ersten Reise,
bei der ich hier die Heilung fand,
seither habe ich vor Marke,
meinem Herren, unablässig
Lobeshymnen auf Euch angestimmt,
bis ich, durch mein Empfehlen,
sein Gemüt so sehr auf Euch gelenkt,
daß er sich zu einem Schritt erkühnte,
der ihm schwerfiel. Ich sage Euch, warum.
Erstens angesichts der Feindschaft,
zweitens wollte er – und dies
mir zuliebe – keine Ehe schließen,
damit ich einst nach seinem Tode
seine Erbschaft übernähme.
Doch davon brachte ich ihn ab,
er schloß sich meiner Meinung an.
So faßten wir denn beide
den Entschluß zu dieser Reise.
Deshalb kam ich her nach Irland,
deshalb machte ich den Drachen tot.
Und weil ihr eure Mühe
sehr segensreich auf mich verwendet,
darum soll die junge Herrin
Herrscherin und Königin
zu Cornwall und zu England sein.
So kennt ihr nun den Grund der Reise,
ihr suivants, vom Glück gesegnet,
ihr drei, die ihr beglückend sei.
Jedoch behaltet es für euch.«
»Nun sagt mir«, sprach die Königin,
wenn ich *selbst* den Frieden schließe
und meinem Herrn davon berichte,
begeh ich damit einen Fehler?«
»Herrin, nein«, so sagte Tristan,
»er hat ein Recht, dies zu erfahren.
Nur seid dann halt darauf bedacht,
daß mir das keinen Schaden bringt.«
»Nein, Herr, seid künftig ohne Angst!
Kein Grund mehr, Euch zu fürchten…«

Die Damen gingen damit fort,
sie wollten unter sich sein.
Und sie unterhielten sich
über Glück, Erfolg bei ihm
in allem, was er unternahm.
Von seiner Klugheit sprachen alle:
von einem Standpunkt aus die Mutter,
vom anderen Brangaine.
»Sieh, Mutter«, sagte nun die Tochter,
»auf welch kuriose Weise ich
herausfand, daß er Tristan heißt.
Als ich klarsah bei dem Schwert,
da nahm ich mir die Namen vor,
Tantris und Tristan.
Als ich begann, sie durchzuspielen,
kams mir so vor, als wenn die Namen
gewisse Ähnlichkeiten hätten.
So begann ich aufzumerken
und genau zu untersuchen,
und mir fiel auf: die Lettern,
aus denen man die beiden Namen bildet,
sie waren ganz und gar dieselben.
Ob ichs von vorn, von hinten las,
es ergab sich immer nur
Tantris oder *Tristan*;
in jedem steckte jeweils beides.
Nun Mutter, trenne
diesen Namen Tantris auf
in ein *tan* und in ein *tris*,
sprich erst das *tris*, danach das *tan*,
so sagst du: *Tristan;*
sprich das *tan* aus vor dem *tris*,
so sagst du wieder: *Tantris*.«
  Die Mutter schlug ein Kreuz.
»Gott segne mich«, so sagte sie,
»wo hast du das bloß her?«

Als die drei nun unter sich
dies und das besprochen hatten,
ließ die Königin den König
holen, und der kam dorthin.

»Also, Herr, gebt acht!
Ihr müßt uns eine Bitte erfüllen,
die wir drei mit Nachdruck äußern.
Tut Ihrs, ist das gut für uns.«
»Ich leiste Folge, wo es sein muß.
Was ihr wünscht, ist schon getan...«
»So habt Ihr *mir* dies überlassen?«
fragte ihn die Königin. »So ist es.
Was ihr auch wollt, es soll geschehn.«
»Danke, Herr, das reicht durchaus...
Der meinen Bruder einst getötet,
Tristan, ihn hab ich in der Burg.
Dem sollt Ihr Freundlichkeit
und Eure Huld gewähren.
Sein Auftrag ist von solcher Art,
daß die Versöhnung günstig ist.«
Der König: »Wahrlich, die Empfehlung
leit ich mutig an dich weiter.
Morold steht mir nicht so nah wie dir,
er war dir als dein Bruder
in engrem Grade blutsverwandt.
Wie du wünschst: gibst du die Rache
an ihn auf, so tu ichs auch.«
  Sie beschrieb dem König
Tristans Auftrag ganz genauso,
wie er ihn selbst beschrieben hatte.
Dieser Auftrag war dem König
sehr willkommen. Er sagte ihr:
»Sieh zu, daß er auch redlich handelt!«
  Königin Isolde schickte
Brangaine aus nach Tristan.
Kaum war er eingetreten,
warf er sich dem König zu Füßen.
»Herr und König, Gnade!«, sprach er.
»Steht auf, Herr Tristan! Tretet näher.
Gebt mir den Kuß«, sprach Gormund.
»Ich vergebe zwar nicht gern,
doch vergebe ich die Kampfwut,
weil die Damen sie vergaben.«
Tristan fragte: »Herr, bezieht
der Friedensschluß auch meinen

Herrn und seine beiden Länder ein?«
»Ja, Herr«, sagte Gormund ohne Zögern.
Nach der Versöhnung führte
die Königin Tristan zur Tochter,
bot ihm den Platz an neben ihr
und forderte ihn auf, von Anfang an
dem König nochmal die Geschichte
zu erzählen, dies zur Gänze,
wie sich alles zugetragen,
dies sowohl beim Drachen,
als auch beim Werben König Markes.
Er wiederholte es von Anfang an.
Der König fragte: »Herr Tristan,
wie kann ich hier denn sichergehn,
daß dieses Werben ernst gemeint ist?«
»Ganz einfach, Herr. Ich habe in der Nähe
alle Fürsten meines Herrn.
Sagt mir, welche Sicherheiten
Ihr verlangt – sie werden Euch gewährt,
solang mir *einer* dieser Fürsten bleibt.«
Darauf ging der König fort.
Tristan und die Damen blieben
allerdings zurück, ganz unter sich.
Tristan nahm den Paranís beiseite:
»Mein Freund, geh in die Stadt hinunter,
dort liegt ein Schiff im Hafen.
Geh dorthin als ein Vertrauter
und frage, welcher unter ihnen
auf den Namen Courvenal hört.
Dem flüstre dann gleich zu,
er solle sich zu seinem Herrn begeben.
Doch sag sonst *keinem* was davon;
hol ihn diskret; du bist ja Höfling.«
Dies, ihr Herren, machte Paranís;
er brachte ihn so sehr diskret,
daß keiner ihn bemerkte.
Als sie zur Kemenate kamen
und vor die Damen traten, neigte
allein die Königin als Gruß den Kopf
und niemand sonst in diesem Raum;
er wurde nicht beachtet, weil er

nicht als Herr gekleidet war...
Als Courvenal nun Tristan sah,
umringt von einem Damenflor
und gesund und heiter,
da sagte er ihm, en français:
»Alors, beau doux Sire,
was macht Ihr nur, um Himmels willen,
daß Ihr Euch, so sehr vergnügt,
in diesem Himmelreich
verborgen haltet, ja versteckt,
und uns den Ängsten überlaßt?
Wir glaubten uns bereits verloren!
Bis eben hätte ich geschworen,
Ihr wärt nicht mehr am Leben.
Ihr habt uns schweren Kummer gemacht.
Eure Mannschaft, die Begleiter,
haben heut noch drauf geschworen,
und sind ganz sicher, Ihr wärt tot.
Man konnt sie nur mit Müh und Not
bereden, bis heut abend zu warten,
doch sind sie übereingekommen,
nächste Nacht schon loszufahren.«
Die Königin: »Kein Grund dazu.
Er lebt, ist heiter und gesund!«
Tristan fing nun an, mit ihm
britannisch zu sprechen: »Courvenal,
kehr rasch zurück, bericht dort unten,
meine Sache stehe gut,
ich würde alles so beenden,
wie das unser Auftrag sei.«
Und er erzählte ihm nun gleich
die Geschichte des Erfolges,
gründlich, doch so glatt wie möglich.
Nach dem Bericht von Glück und Mühsal
sagte er zu Courvenal: »Nun rasch!
Geh hinunter in den Hafen,
richte meinen Herrn des Landes aus,
selbstverständlich auch den Rittern:
Ein jeder halt sich morgen früh
bereit mit seinen Sachen,
geschniegelt und bekleidet

mit den allerschönsten Roben,
die ein jeder mit sich führt,
und warte dann auf meinen Boten.
Sobald ich den dorthin geschickt,
kommt zu mir, zum Hof, beritten. –
Ich schick dir einen morgen früh,
dem gib die kleine Truhe mit,
in der die Kostbarkeiten liegen
und dabei auch meine Kleider –
die vom allerbesten Schnitt.
Kleid dich selbst so gut wie dies
dem Ritterherrn vom Hof gebührt.«
Verbeugung Courvenals; er ging.
Brangaine: »Wer ist bloß dieser Mann?
Er findet allen Ernstes,
hier drinnen sei ein Himmelreich!
Ist er Ritter oder nur Soldat?«
»Was immer Ihr in ihm auch seht –
er ist ein Ritter und ein Untertan.
Ihr könnt hier völlig sicher sein:
der Herrin Sonne blendete
noch nie ein trefflicheres Herz.«
»Ah, sei das Glück ihm immer hold!«
sagten Königin und Königstochter
und Mademoiselle Brangaine,
die höfisch war und wohlerzogen.

Als Courvenal das Schiff erreichte,
erfüllte er den Auftrag,
wie er ihn erhalten hatte,
sagte ihnen, was man ihm gesagt
und wie er Tristan vorgefunden.
Da führte sich ein jeder auf
wie jemand, der schon tot gewesen,
jedoch vom Tode auferweckt ward.
Ja, so freuten sie sich alle!
Doch freute etliche noch mehr
der Friedensschluß mit ihren Ländern
als Tristans Ruhmesblatt.
Die neidischen barons begannen
erneut mit dem Geraune,

dem Gemunkel, wie schon früher:
wegen dieses glänzenden Erfolges
warf man Tristan weiterhin
Machenschaften vor als Zaubrer.
Es sagte einer wie der andre:
»Aufgepaßt, ein Schwarzes Wunder,
was dieser Mensch an Wundern wirkt!
Lieber Gott, was steckt in ihm,
daß er alles, was er anfängt,
zu einem guten Ende bringt?«

Und nun war der Tag gekommen,
der bestimmt war für den Zweikampf;
viele aus dem Herrenstand,
aus der Landes-Körperschaft
warn im Festsaal vor dem König.
Es gab dort manche Diskussion
unter wackren Rittersleuten:
sie fragten, wer als Stellvertreter
Fräulein Isoldes diesen Zweikampf
mit dem Truchseß führen würde;
man sprach mit Blick auf den und jenen,
doch war halt keiner unter ihnen,
der in diesem Punkt was wußte.
Unterdessen hatte Tristan
die Truhe und die Kleidung bekommen.
Drei Gürtel hatte er, gesondert,
für die drei Damen rausgenommen:
Königin und Kaiserin
erhielten niemals einen bessren!
Die Truhe war zum Rand gefüllt:
Kopfschmuck, Spangen für die Kleider,
Ringe, seidne Beuteltäschchen –
dies alles war von solchem Wert,
daß selbst im Überschwang des Herzens
keiner hätt erdenken können,
was dies noch übertroffen hätte.
Dies alles blieb jedoch beisammen,
abgesehn von dem, was Tristan
für eigenen Bedarf entnahm:
einen Gürtel, der ihm paßte,

Kopfschmuck, eine kleine Schließe –
so was konnte er sich leisten...
»Ihr Schönen«, sprach er, »alle drei,
verfügt nun über diese Truhe
und das, was sie enthält,
ganz nach euer aller Belieben.«
Als dies gesagt war, ging er raus.
Er legte seine Kleidung an,
verwandte große Sorgfalt drauf,
gab sich wirklich alle Mühe,
sich so mit ihr zu embellieren,
wie das ein hochgemuter Ritter soll.
Alles stand ihm traumhaft gut!
Als er wieder zu den Damen ging
und sie begannen, ihn zu mustern,
da ließen ihn die Damen
in den Gedanken zirkulieren.
Allen drein erschien er
voller Glanz und Glücksgeschenken;
die drei, vom Glück gesegnet,
dachten nun, zur gleichen Zeit:
»Wahrhaftig, dieser Mann
ist eine maskuline créature;
seine Kleidung, die figure,
sie machen ihn zum Bild vom Mann;
sie passen bestens zueinander,
um seine Sache steht es gut!«
  Inzwischen hatte Tristan seine
compagnie erscheinen lassen;
sie war nun da und nahm im Saal
die Plätze ein in dem Gestühl.
Die Gesellschaft ging umher
und beschaute sich genau
die Wunder-Garderobe, die
an allen hier zu sehen war.
Es erklärten viele Iren,
so schöne Kleidung sei noch nie
getragen worden von so vielen.
(Daß die barons so schweigsam waren,
den Herrn im Lande das Gespräch
verweigerten, lag nur daran:

sie kannten nicht die Landessprache.)

Und somit ließ der König
durch einen Boten die Königin
bitten, nun am Hofe zu erscheinen,
gemeinsam mit der Tochter.
»Isolde«, sprach sie, »also, gehn wir!
Herr Tristan, Ihr bleibt hier!
Ich werde Euch bald holen lassen –
dann nimmt Brangaine Eure Hand,
ihr beiden folgt uns in den Saal.«
»Gerne, Herrin, Königin.«
So erschien die Königin Isolde,
dies beglückende Morgenrot,
und führte an der Hand die Sonne,
das lichte Mädchen Isolde,
das Wunder von Irland.
Neben ihrer Morgenröte ging sie
in gleichem Schritt, in gleichem Tritt
sanft und unbeirrt dahin,
in jeder Hinsicht schön geformt,
lang, rank-gedrechselt, schlank
(betont durch ihre Kleidung!),
als hätte sie die Liebe
sich selbst geschnitzt als Ködervogel –
Träume fanden hier Erfüllung,
das läßt sich nicht mehr übertreffen.
Sie trug ein Kleid und einen Umhang
aus glänzend golddurchwirkter Seide
im Zuschnitt der Franzosen:
das Kleid war dort, wo seine Seiten
zu den Hüften runtergleiten,
französisiert, sprich: eng gemacht,
dicht an den Körper rangezogen
durch ein gewebtes Band: das lag
genau auf Höhe eines Gürtels;
das Kleid war ihr vertraulich nah,
es legte sich an ihren Körper,
es trug an keiner Stelle auf,
es schmiegte sich dem Körper an
von oben bis nach unten,

war zuletzt im Faltenwurf
vor den Füßen so gestaut,
wie ihr alle euch das wünscht.
Ihr Umhang war sehr sorgsam
mit weißem Hermelin gefüttert,
dies in schmalen Streifen,
flottierend überfangen.
War nicht zu kurz und nicht zu lang,
wellte sich am untren Ende
nicht bodenwärts und nicht empor.
Als Saum ein höfisch feiner Zobel,
im Schnitt der Herrin »Rechtes Maß«,
nicht zu schmal und nicht zu breit,
schwarz und grau gesprenkelt,
(dabei waren Grau und Schwarz
derart fein vermischt,
daß keines deutlich überwog);
der Zobel folgte rundherum
der Kurvenform des Hermelins,
dort, wo sich der Zobel anschmiegt,
beides gut zusammenpaßt.
Wo die Agraffen hingehörten,
dort war eine feine Kordel
mit hellen, applizierten Perlen;
der linke Daumen dieser Schönen
steckte hinter dieser Kordel;
dagegen war die rechte Hand
hinabgesenkt – ihr kennt das ja! –
dorthin, wo man den Mantel schließt;
sie hielt ihn, höfisch elegant,
zusammen mit zwei Fingern;
von dort bis an den untren Saum
schlug sich der Mantel selbst zurück,
so daß man dies und jenes sah...
ich mein das Futter und den Stoff!
Man sah die Innen- und die Außenseite,
sah innerhalb verborgen lauern
das Bild, das sich die Liebe
in der Gestalt, in diesem Geist
so schön gedrechselt hatte.
Was hier gedrechselt und genäht war,

das ergab noch nie ein schönres
Lebendes Bild als dieses hier.
Geflügelte Räuberblicke flogen,
dicht wie Schnee im Wind,
räubernd von ihr weg und hin zu ihr.
Ich denke mir, Isolde hat
so manchem Mann sein Selbst geraubt.
Sie trug auf ihrem Haupt
einen goldnen Kronreif,
schmal, wie sichs gehörte,
kunstvoll hergestellt;
Juwelen waren eingesetzt,
auserlesne Edelsteine,
sehr hell trotz ihrer Kleinheit,
die schönsten dieses Landes:
Smaragde, Hyazinthe,
Saphire, Chalcedone;
sie waren so gekonnt
eingefaßt, an vielen Punkten,
daß Goldschmiedskunst in ihrem
höchsten Können nie zuvor
Edelsteine besser eingefaßt!
Gold und Gold, das leuchtete
einander an im Wettstreit:
der Kronreif und Isolde.
Wenn ein weltgewandter Mann
die Steine nicht gesehen hätte,
so hätt er nie versichern können,
daß dort ein Kronreif sei –
so völlig, nicht mehr unterscheidbar
glich ihr Haar dem Gold.
So schritt Isolde neben der Isolde,
die Tochter neben ihrer Mutter,
frohgestimmt und unbeschwert.
Strecken, Schwingen ihrer Schritte
waren nicht zu lang, zu kurz,
und harmonierten miteinander.
Sie war in ihrer Körperhaltung
aufrecht und geradheraus,
da glich sie einem Sperber –
wie ein Papagei geputzt…

Sie ließ die Blicke schweifen
wie ein Falke auf dem Ast:
nicht zu sanft und nicht zu heftig
schlugen sie die Beute;
ihre beiden Augen jagten
so diskret und so dezent,
auf eine derart liebe Weise,
daß dort kaum ein Auge war,
dem Isoldes Spiegel-Paar
nicht wonne-, wundervoll erschien.
Diese Sonne, wonnespendend,
leicht schreitend neben ihrer Mutter,
verbreitete ringsum den Glanz,
erfreute die Gesellschaft im Saal.
Es waren beide miteinander
auf schönste Art damit beschäftigt,
in doppelter Manier zu grüßen:
mit gesprochnem Gruß,
mit stummer Verneigung.
Das war so zwischen beiden
ausgemacht und abgestimmt:
die Mutter sprach die Grüße aus,
stumm verneigte sich die Tochter.
Das machten beide sehr gekonnt,
damit waren sie beschäftigt...
Als nun Isolde und Isolde,
die Sonne und ihr Morgenrot,
an des Königs Seite
Platz genommen hatten,
da schaute sich der Truchseß um
und fragte mal nach hier, nach dort,
wo denn der Großmächtige,
der Kampf-Anwalt der Damen sei.
Er kriegte dazu keine Antwort.
Da rief er die Verwandten zu sich –
sie umgaben ihn in großer Schar.
So trat er vor den König hin
und stellte sich dem Hofgericht.
»Nun, Herr, hier stehe ich
und fordere mein Kampfrecht ein.
Wo ist er denn, der wackre Kriegsmann,

der da glaubt, er könne mich
um meine Ehre bringen?
Noch hab ich Anhang, Lehensmänner!
Auch ist mein Anspruch hier begründet.
Das Landrecht wendet bei mir an,
wie sichs gehört, und ich gewinne!
Gewalt macht mir nur wenig Angst,
es sei denn, sie geht aus von *Euch!*«
»Truchseß«, sprach die Königin,
»ist dieser Zweikampf unvermeidlich,
dann weiß ich nicht so recht, was tun.
Ich bin darauf nicht vorbereitet.
Wenn du vom Zweikampf Abstand nimmst,
ihn aufgibst unter der Bedingung,
daß für Isolde dieser Vorgang
künftig null und nichtig wird,
so, Truchseß, wäre dies durchaus
zu *deinem* Vorteil wie zu *ihrem*.«
»Nichtig?!« fragte er darauf.
»Herrin, ja, Ihr gäbt wohl auch
ein Spiel auf, das gewonnen ist...
Wie immer Ihr plädiert – ich glaube,
ich werde mit Gewinn und Ehre
die Partie für mich beenden.
Ich hätte große Mühen
sinnlos aufgewandt,
zöge ich mich jetzt zurück!
Herrin, ich will Eure Tochter!
Alles läuft darauf hinaus.
Da Ihr den Mann so sehr gut kennt,
der den dragon getötet hat,
so stellt ihn! Und genug der Worte!«
»Truchseß«, sprach die Königin,
»ich höre schon, es geht nicht anders,
ich muß hier meine Interessen wahren.«
Sie winkte Paranís herbei.
»Geh«, so sprach sie, »hol den Mann.«
Da schauten sie sich alle an,
die Ritter und barons;
unter ihnen viel Geraune,
viel Gefrage, viel Gerede,

wer denn wohl der Kämpfer sei,
jedoch das wußte keiner dort.
Schon kam die stolze Brangaine,
der glänzend-volle Mond,
mit sanften Schritten in den Saal
und führte an der Hand
Tristan, den Begleiter.
Die stolz war, gut erzogen,
paßte, als Begleitung, gut zu ihm:
sie war in Wesen und Verhalten
den Menschen fast zuviel des Guten;
die Gesinnung stolz und frei.
Neben ihr schritt der Begleiter
auf eine Art, die Stolz verriet.
Die Erscheinung zeigte rühmlich,
verwunderns- und bewundernswert
die gesegnete Vollendung,
die den Ritter prägen soll;
was beim Ritter Lob verdient,
dies alles war an ihm vollkommen.
Sein Erscheinungsbild, die Kleidung
in schönster Harmonie bei ihm:
beides miteinander ergab
das Inbild eines Ritterherrn.
Kleider trug er aus cyclat,
die waren ungewöhnlich prachtvoll,
rühmenswert, aus fernen Ländern!
Die wurden nicht vom Hof gestellt...
Das Gold war nicht hineingewebt,
wie das an Höfen üblich ist;
die seidnen Bahnen waren außen
kaum zu sehn; sie waren
von Überfang zu Überfang
mit goldnen Fäden so gesättigt,
so in das Gold versenkt, daß dort
die Stickerei kaum sichtbar war.
Es war ein Netz von kleinen Perlen
auf das Tuch gestickt;
die Maschen waren nur so weit
wie eine Hand an Breite zeigt;
es leuchtete cyclat

durch sie hindurch wie Kohlenglut.
Das Umhangfutter war Dimit,
violetter als la violette,
leuchtend wie das Blau de l'iris.
Und die besagte Seide lag
in ihrem Strich, im Faltenwurf
so dicht und so geschmeidig an,
wie das zu Prunkstoff bestens paßt.
Dies stand dem rühmenswerten Mann
auf schönste, rühmenswerte Weise,
war ganz und gar nach seinem Wunsch.
Er trug auf seinem Haupt ein meisterliches
Glanzstück meisterlicher Arbeit,
ein wunderschönes Kränzeken,
schimmernd wie das Kerzenlicht;
von dort aus leuchteten wie Sterne
die Topase und Sardine,
Chrysolithe und Rubine;
es war so licht und so luzid,
es hatte Haupt und Haar
mit hellstem Glanz umschlossen.
So kam er in den Saal geschritten,
herrlich schön und hochgestimmt;
sein Verhalten vornehm, fein;
die Erscheinung herrlich schön;
er war in jeder Hinsicht
von reichem, vollem Glanz.

Man machte ihm den Weg frei,
wo er den Saal betrat.
Sogleich gewahrten ihn
die Herrensöhne aus Cornwall;
begeistert liefen sie dorthin,
wo beide gingen, Hand in Hand,
Brangaine und Tristan,
empfingen und begrüßten sie,
sprachen auf sie ein;
ihn und die Begleiterin
nahmen sie in ihre Mitte,
conduierten sie feierlich
bis vor den Königsthron.

König, Königin, Königstochter
zeigten vollendete Höflichkeit:
sie standen auf, begrüßten ihn.
Verbeugung Tristans vor den drein.
Dann begrüßten diese drei
die compagnie des Tristan
so vornehm und so höflich,
wie sichs bei hohen Herrn gehört.
Schon drängten sich die Ritter
scharenweise ran, begrüßten
die Fremden, deren Kommen
sich keiner zu erklären wußte.
Jene freilich erkannten sofort
ihre Vettern, Verwandten dort,
von Cornwall aus nach Irland
als Tribut geschickt;
so mancher lief mit Tränen des Glücks
auf Vettern, auf Verwandte los;
es gab da sehr viel Glück und Schmerz,
ich gehe hier nicht ins Detail.
Der König holte, als er herschritt,
Tristan selbander zu sich her,
ich meine: ihn und die Brangaine,
bot beiden Platz zu seiner Seite an,
wobei er freilich dafür sorgte,
daß Tristan ihm noch näher saß.
Auf der andren Seite saßen
Königin und Königstochter;
Soldritter und barons,
Tristans combattants,
sie setzten sich nun auf den Boden,
doch so, daß jeder das Gesicht
des Gerichtsherrn sehen konnte
und alles, was geschah.
Die Hofgefolgschaft dieses Landes
begann nun, über Tristan
viel zu raunen, viel zu reden.
Ich weiß genau, in diesem Saal
begann aus manchem Mannesmund
eine wahre Lobesquelle
über alles, was ihn anging,

zu entspringen und zu sprudeln;
auf verschiedne Art und Weise
erging man sich im Lob, im Preise;
viele sprachen da wie folgt:
»Wo schuf Gott dem Ritterstand
je eine bessere figure?
Oho, wie glorios ist er
angelegt auf Ritterkampf,
auf jede Form des Krieges!
Wie sind die Kleider, die er trägt,
so glanzvoll angefertigt!
So majestätische Gewandung
sah man bisher in Irland nie!
Die suivants sind ebenfalls
in königlichem Glanz gekleidet.
Und, wahrlich, sei er, wer er sei,
in Herz und Reichtum ist er frei!«
An solchen Sprüchen gabs genug.
Und der Truchseß schaute
mit essigsaurer Miene drein.
Das ist die Wahrheit, völlig rein!

Der Befehl nun, in den Saal zu rufen,
auf allen Plätzen ruhig zu sein,
der wurde ausgeführt. Als keiner mehr
ein Wort sprach, nicht einmal ein halbes,
sprach der König: »Truchseß, sprich,
welchen Anspruch meldest du hier an?«
»Herr, ich habe den dragon getötet.«
Da stand der Fremde auf und sprach:
»Das habt Ihr nicht getan!« »Ich habe
es getan! Ich werd es hier beweisen.«
Tristan: »Und mit welchem Beweis?«
»Ich brachte dieses Haupt mit – seht!«
»Majestät«, sprach Tristan nun,
»da er hiermit dieses Haupt
zum Mittel des Beweises macht,
befehlt, daß man hineinschaut.
Findet man darin die Zunge,
geb ich meinen Anspruch auf,
stelle meinen Rechtsstreit ein.«

So ward das Drachenmaul geöffnet –
und nichts darin gefunden.
Tristan ließ sogleich die Zunge
holen. Und schon war sie da.
»Ihr Herren«, sprach er, »schaut
und prüft, ob sie vom Drachen stammt.«
Da stimmte jedermann ihm bei
und gab ihm recht in diesem Punkt.
Nur der Truchseß ganz allein,
der wollte Einspruch hier erheben,
jedoch er wußte nur nicht, wie.
Dieses Jammerbild begann
mit der Zunge, mit den Lippen,
mit Gedanken und mit Worten
zu stammeln und zu stottern,
konnte weder sprechen noch schweigen,
wußte nicht, wohin mit seinen Händen.
»Meine Herren«, sagte Tristan,
»haltet fest: es war wohl ein Mirakel,
wie sich dies zugetragen haben soll!
Als ich den Drachen getötet hatte
und ihm, mit nur geringer Mühe,
aus dem toten Maul die Zunge
rausgeschnitten und sie mitgenommen –
daß er ihn *dann* getötet hat!«
Die Herren waren sich ganz einig:
»Mit solcher landesweiten Prahlerei
legt man keine Ehre ein!
Was immer man hier sagen mag,
es ist für jeden von uns klar,
sofern man angemessen urteilt:
Der als *erster* dorthin kam,
und die Zunge dort entnahm,
der hat den Drachen auch getötet.«
Das Urteil wurde gleich bekräftigt.
Als der Betrüger unterlag
und der Fremde ohne Trug
vom Hofgericht sein Recht bekam,
sagte Tristan: »Majestät,
erinnert Euch an das Versprechen:
Eure Tochter steht mir zu.«

»Ja, Herr, das geb ich zu –
in Blick auf das, was Ihr verspracht.«
»Einspruch, Herr«, rief der Betrüger,
»legt Euch nicht drauf fest, bei Gott!
Wie immer dies verlaufen ist,
Betrug war mit von der Partie,
und die Lüge kam hinzu.
Bevor ich mir jedoch die Ehre
durch ein Unrecht rauben lasse,
muß man sie mir schon im Kampf,
in einem Zweikampf nehmen!
Ich besteh auf diesem Kampf!«
Die kundige Isolde sprach:
»Truchseß, du plädierst umsonst.
Mit wem willst du den Rechtskampf führen?
Dieser Herr hier will nicht kämpfen.
Im Hinblick auf Isolde hat er
das erreicht, was er gewollt hat.
Er wäre dümmer als ein Kind,
kämpfte er mit dir um nichts!«
»Wieso denn, Herrin?« fragte Tristan.
»Bevor der lügt, wir hätten
mit Gewalt sein Recht gebeugt,
will ich lieber mit ihm kämpfen!
Herr und Herrin, redet ihm hier zu,
befehlt ihm, daß er sich zurückzieht,
schnellstens seine Rüstung anlegt,
sich fertigmacht. Ich tu dies auch.«
  Als der Truchseß einsah,
daß die Verhandlung auf den Kampf
hinauslief, rief er die Verwandten
zu sich und seine Lehensmänner,
ging beiseite, sprach mit ihnen,
verlangte Hilfe, dies mit Rat und Tat.
Doch ihnen schien sein Fall
in einem solchen Ausmaß schmählich,
daß er da wenig Zuspruch fand.
Alle sagten sie sogleich:
»Truchseß, dein Gerichtsverfahren
hatte einen schlimmen Anlaß,
entsprechend schlimm ist auch sein Ende.

Worauf hast du dich eingelassen?!
Willst du für ein Unrecht
einen Rechtskampf führen,
so geht es dir bestimmt ans Leben.
Wie können wir dir Hilfen geben?
Rat und Ehre passen nicht hierher.
Verlierst du noch dein Leben,
zur Ehre, die verloren ist,
so wird der Schaden noch viel größer.
Wir denken alle, sehn das klar:
der Mann, der mit dir fechten soll,
der ist beim Kämpfen sehr beherzt.
Wenn du ihn forderst, ists dein Tod.
Was dir der Teufel eingeflüstert,
das brachte dich um deine Ehre;
nun rette wenigstens dein Leben!
Frage nach, schau zu, ob einer
diese Schande, den Betrug
durch irgendeine Stellungnahme
beizulegen fähig ist.«
Da fragte dieser Schwindler:
»Wie, meint ihr, kriege ich das hin?«
»Hier raten wir dir kurz und bündig:
geh wieder rein, erkläre,
dein Anhang hätt dich aufgefordert,
auf diesen Anspruch zu verzichten,
du würdest davon Abstand nehmen.«
Der Truchseß folgte ihrer Weisung,
ging wieder rein und sagte dann,
die Verwandten, Lehensmänner,
sie rieten ihm zum Distanzieren,
so wolle er sich distanzieren.
»Truchseß«, sprach die Königin,
»daß ich es noch erleben darf, daß du
ein Spiel, das ganz gewonnen ist,
letztendlich doch noch aufgibst...«
Es wurde im gesamten Festsaal
viel Spott in diesem Stil getrieben;
man ließ den armen Truchseß
zithern, geigte ihm dann heim...
Sie warfen ihn in ihrem Spott

von Mann zu Mann als Spielball zu;
der Spott nahm laute Formen an...
So fand mit öffentlicher Schande
der Betrug sein Ende.

Als dieser Fall entschieden war,
rief der König in den Saal
zu seinen combattants
des Landes (Rittern und barons),
dieser Mann sei Tristan,
und er erzählte ihnen
(wie er dies selbst vernommen hatte),
weshalb er hier in Irland sei:
er habe ihm versprochen,
mit Hilfe durch die Fürsten Markes
auf Dauer den Vertrag zu schließen –
dies in allen Punkten,
die er bestimme, als der König.
Die Hofgefolgschaft Irlands
war glücklich über den Bericht;
die Herrn des Lands bekundeten,
ihnen sei der Friedensschluß
genehm; er sei auch opportun,
weil der lange Krieg der Länder
laufende Verluste bringe.
Der König bat nun und befahl,
daß Tristan ihm in dieser Sache –
wie er das versprochen habe –
rechtlich Sicherheit verschaffe.
Das geschah auch: Tristan
und alle Herren seines Königs
machten nun durch ihren Eid
Cornwall, das gesamte Land,
zur Morgengabe der Isolde,
beschworen alle, daß sie landesweit
Herrin über England werde.
  Gormund übergab sogleich
aus seiner Macht Isolde
in Tristans, ihres Feindes, Macht.
Ich sag »ihr Feind« aus diesem Grund:
immer noch war sie ihm feind.

Tristan nahm sie an die Hand.
»König«, sprach er, »Herr von Irland,
wir bitten Euch, meine Herrin und ich,
daß Ihr – für sie und auch für mich –
alle Ritter oder Pagen,
die aus Cornwall und aus England
hierher kamen als Tribut,
daß Ihr sie freigebt: sie gehören
mit gutem und mit vollem Recht
in die Obhut meiner Herrin
als der Königin der Länder.«
»Es sei so!« sprach der König. »Gerne!
Ich bin völlig einverstanden,
daß sie alle mit Euch reisen.«
Dies erfreute viele Herzen.

***

Tristan ließ zu seinem Schiff
ein zweites Schiff besorgen –
doch es durfte nur ihm selber
und Isolde vorbehalten sein,
sonst nur dem, den er bestimme.
Als es gleichfalls seeklar war,
machte Tristan sich bereit zur Reise.
(Von allen Ecken und Enden,
wo man die Exilierten
bei Hof und bei den Herren fand,
ließ man sie durch Boten holen.)
Während Tristan, seine Herren
des Landes für die Reise
bereitstellten, bereitmachten,
währenddessen stellte
die Königin, die kundige,
in einem kleinen Glasgefäß
den Liebestrank zusammen;
der wurde so subtil
ersonnen und bereitet,
mit solcher Wirkungskraft versehen:
wenn jemand ihn mit einem trank,

der konnte zwanghaft nur noch
jenen über alles lieben
und jener nur noch ihn allein,
und beide hatten nur gemeinsam
ein Glück, *ein* Leid, *ein* Leben, *einen* Tod.
  Die kundige Frau, die nahm den Trank,
sie sprach vertraulich mit Brangaine:
»Brangaine, meine liebe Nichte,
nimm die Sache nicht zu schwer:
du wirst mit meiner Tochter reisen,
stell dich innerlich drauf ein...
Nun hör *genau*, was ich dir sage:
nimm dies Gefäß mit diesem Trank,
laß es nicht aus deinen Augen,
behüt es mehr als jeden Besitz!
Sieh zu, daß *niemand* auf der Welt
von seiner Existenz erfährt;
verhüt mit *aller* Entschiedenheit,
daß irgend jemand davon kostet.
Und hierauf achte ganz besonders:
sobald sich Marke und Isolde
im Liebesakt vereinigt haben,
so schenke ihnen diesen Trank ein,
als wär er Wein, und laß sie ihn
gemeinsam leeren. Verhüt, daß ihn
ein dritter kostet – das hat Gründe!
Trink dies auch *selber* nicht mit ihnen!
Dieser Trank, der ist ein *Liebestrank!*
Mache dir das stets bewußt!
  Ich befehle dir Isolde
mit Liebe und mit Nachdruck an;
mein bestes Leben ist in ihr.
Ich und sie, wir sind dir anvertraut;
du bürgst mit deinem Heil dafür. –
Und nun weißt du Bescheid!«
»Liebe Herrin«, sprach Brangaine,
»ist dies euer beider Wille,
so muß ich gerne mit ihr reisen,
die Ehre schützen und so weiter,
so gut ich das nur irgend kann.«

Tristan, alle seine Leute
nahmen Abschied, hier wie dort,
sie brachen auf in Wexford –
es war ein Freudenfest!
Aus Liebe zu Isolde
folgten ihm nun König, Königin
und sämtliche suivants
hinunter in den Hafen.
Seine amie (dies noch nicht ahnend...),
sein ungeahnt getreues Herzeleid,
Isolde, licht und wunderschön,
sie war in dieser ganzen Zeit
an seiner Seite, heftig weinend.
Beide, Vater und die Mutter,
verbrachten voller Traurigkeit
die sehr begrenzte Zeit;
es begannen viele Augen
naß und rot zu werden:
Isolde brachte vielen Herzen Leid,
sie weckte in sehr vielen Herzen
geheimgehaltne Schmerzen:
sie beweinten herzerweichend
Isolde, ihrer Augen Wonne,
es war da allgemein Geweine,
da weinten allgemein
viele Herzen, viele Augen,
offenkundig und geheim.
Als nun Isolde und Isolde,
die Sonne und ihr Morgenrot,
und zudem der volle Mond,
die leuchtende Brangaine –
als sie sich trennen mußten,
die eine von den beiden,
da sah man Jammern, Leiden.
Die liebevoll-loyale Bindung
wurde schmerzhaft aufgelöst.
Isolde küßte diese beiden
oft, zu wiederholten Malen.
Nun hatten die aus Cornwall
und auch die aus Irland
(die Begleitung dieser Damen...)

Abschied voneinander genommen,
und sie stiegen auf das Schiff.
Tristan ging zuletzt an Bord.
Die lichte junge Königin,
die Blüte von Irland,
Isolde, ging an seiner Hand –
traurig, sehr betrübt.
Vor den Landesherrn verneigten sich
die zwei, erflehten Gottes Segen
für alle, die dem Lande dienten.
Sie stießen ab, sie fuhren los.
Mit lauten Stimmen fingen sie
zu singen an, ein erstes, zweites Mal:
»In Gottes Namen reisen wir.«
Und so fuhren sie dahin...

Nun war auf Tristans Weisung
den Damen zur Behaglichkeit
für die Reise eine Schiffskajüte
(als Raum allein für sie!)
zur Verfügung freigestellt.
Und dort hielt sich die Königin
mit ihren jungen Damen auf,
jedoch ein Mann war nie dabei –
außer Tristan, manchesmal.
Er ging zuweilen dort hinein
und tröstete die Königstochter,
wenn sie weinend dasaß.
Sie beweinte und beklagte,
daß sie auf diesem Weg ihr Land,
deren Menschen sie ja kannte,
verlassen mußte, auch Verwandte,
und mit fremden Leuten reiste,
ohne Wohin und Wie zu kennen.
Dann sprach ihr Tristan immer Mut zu,
und das mit größter Zärtlichkeit;
bei einer jeden Gelegenheit,
wenn er zu ihr und ihrem Leid kam,
da nahm er sie in seine Arme,
sehr zärtlich und sehr sanft,
doch stets nur in der Weise

eines Lehnsmanns bei der Herrin.
Der liebevoll-loyale Mann,
er bildete sich ein, er wäre
für die Schöne Trost im Unglück,
doch sooft es dazu kam,
daß er sie in die Arme nahm,
dachte Isolde jedesmal
an ihres Onkels Morold Tod,
und sagte ihm dann stets:
»Laßt das, Kapitän! Distanz!
Nehmt Eure Hände weg von mir!
Ihr seid ein lästger Mann.
Weshalb faßt Ihr mich dauernd an?!«
»Wie, Schöne, mach ich etwas falsch?«
»Ja, Ihr – ich bin Euch feind.«
»Verehrte«, fragte er, »warum?«
»Den Onkel habt Ihr mir getötet.«
»Das ist durch Friedensschluß geschlichtet!«
»Egal – ich kann Euch nicht ertragen!
Wenn Ihr nicht wärt, so wäre ich
ohne Leid und ohne Kummer.
Ihr, nur Ihr allein habt mir
mit tromperie, Verschlagenheit
diesen Kummer aufgebürdet.
Was ließ Euch nur von Cornwall aus
nach Irland reisen, mir zum Schaden?
Die mich als Kind schon aufgezogen,
denen habt Ihr mich entluchst,
und bringt mich nun – weiß nicht, wohin.
Ich weiß nicht, warum ich verkauft bin,
und weiß nicht, was hier aus mir wird.«
»Schöne Isolde, nein, so faßt Euch!
Ihr habt doch allen Grund, viel lieber
mächtge Königin zu sein im Ausland
als ohne Eigentum und Rang zu Hause;
Ansehn, Behaglichkeit in fremdem Land,
beschämende Armut im Vaterland,
das ist ein spürbarer Unterschied!«
Das Mädchen: »Ach, Tristan, Kapitän,
was Ihr mir auch sagt – ich hätte
lieber ein bescheidnes Leben

mit Wohlsein und Behaglichkeit
als Unbehagen, Mühsal
bei einem großen Reichtum.«
»Das ist schon richtig«, sagte Tristan,
»wenn man aber Reichtum
mit Behaglichkeit verbinden kann –
diese beiden Güter des Glücks
laufen besser im Gespann
als jedes nur für sich allein.
Nun sagt mir: wäre es dazu
gekommen, daß Ihr diesen Truchseß
zum Ehemann genommen hättet,
wie wäre es gelaufen? Ja gewiß,
›glücklich‹ wärt Ihr dann gewesen...!
Und nun dankt Ihr mir *so* dafür,
daß ich Euch zu Hilfe kam,
indem ich Euch von ihm erlöste?«
»Ihr werdet lange warten müssen,
eh ich mich dafür bedanke...
Ihr habt mich zwar von ihm erlöst,
doch seither habt Ihr mich so sehr
mit Kummer – ja, verchluttert,
daß mir jetzt lieber wär, ich hätte
den Truchseß mir zum Ehemann genommen,
statt fortzuziehn mit Euch.
Er mag durchaus ein Schwächling sein –
doch wäre er nur kurz bei mir gewesen,
er hätte seine Schwachheit aufgegeben,
für mich. Und daran hätt sich mir gezeigt,
bei Gott, daß ich ihm lieb gewesen wäre.«
Tristan sagte: »Diese Sätze
sind für mich doch une surprise...!
Daß sich jemand *gegen* seine nature
als stark erweist, das fordert
viel Arbeit an sich selbst.
Die hohe Welt, sie glaubt nicht dran,
daß Schwäche Stärke werden kann.–
Verliert nur, Schönste, nicht den Mut!
Ich werde Euch in kurzer Zeit
einen König geben, als Gemahl,
bei dem Ihr Freude, Lebensglanz,

Reichtum, Trefflichkeit und Ehre
für alle Zukunft finden werdet.«

Und ihre Schiffe glitten so dahin...
Sie beide hatten frischen Wind
und Wasser, das nicht untief war.
Nun war die Schar der Damen
(Isolde, ihre Hofgefolgschaft)
frischen Wind und starken Seegang
noch keineswegs gewöhnt,
und so litten sie recht bald
an ungewohnter Übelkeit.
Tristan, Kapitän, befahl denn,
auf die Küste Kurs zu nehmen,
und eine Rast zu machen.
Als man im Zwischenhafen war,
ging fast alles Schiffsvolk
an Land, um sich dort zu mouvieren.
Und Tristan ging sogleich
zu seiner schönen Dame,
zu Begrüßung und Besuch.
Und als er bei ihr Platz genommen
und sie sich dies und jenes sagten
aus den persönlichen Bereichen,
da wünschte er, man möge ihm
zu trinken bringen. Freilich waren,
abgesehen von der Königstochter,
nur junge, kleine Damen dort.
»Schaut«, rief eine, »hier steht Wein,
in diesem kleinen Glasgefäß!«
Nein, es war kein Wein darin,
obwohl es ähnlich aussah:
es war der fortgesetzte Schmerz,
das pausenlose Herzeleid,
an dem sie beide starben –
doch davon wußte sie noch nichts...
Das Kind stand auf, ging rasch dorthin,
wo jener Trank im Glasgefäß
verwahrt war, im Versteck.
Sie bot ihn Tristan, ihrem Kapitän,
der bot ihn seinerseits Isolde.

Sie trank nach langem Widerstreben
und gab ihn Tristan, und er trank,
und beide wähnten, es wär Wein.
In dem Moment erschien Brangaine
und erkannte gleich das Glas
und wußte, was geschehen war.
Sie zuckte, sie erschrak so sehr,
daß sie alle Kraft verlor,
schon sah sie aus wie eine Tote.
Mit totem Herzen ging sie hin,
nahm das verfluchte Todesglas
und trug es raus und warf es
ins tobende, barbarische Meer.
»Ach, ich Arme«, rief sie, »ach,
daß ich jemals auf die Welt kam!
Ich Arme brach mein Ehrenwort,
meine Ehre ist verloren!
Mög es Gott auf ewig reuen,
daß ich diese Reise machte,
daß mich der Tod nicht zu sich nahm,
als ich zu der verwünschten Reise
mit Isolde ausgeschickt ward.
Weh euch, Tristan und Isolde,
der Trank ist euer beider Tod!«
Als nun das Mädchen und der Mann,
Isolde und Tristan, *beide*
den Trank getrunken hatten – schon
war der Menschheit Unrast da,
Liebe, Fallenstellerin der Herzen,
stahl sich hinein in beider Herzen.
Bevor sie etwas davon merkten,
hißte sie die Siegesfahne,
unterwarf sie ihrer Macht.
Die vorher zwei und zwiegeteilt,
sie wurden *eins* und ungeteilt.
Zwischen beiden gab es *nichts* mehr,
das sie voneinander abstieß,
Isoldes Feindschaft war dahin.
Die Friedensstifterin, Frau Liebe,
hatte ihrer beider Sinne
von Feindschaft so gereinigt,

mit Liebe so vereinigt,
daß einer für den anderen
durchklart war wie das Spiegelglas.
In beiden schlug *ein* Herz.
Ihr Kummer war sein Schmerz,
sein Schmerz bereitete ihr Kummer.
Sie waren beide völlig eins
in Freude und in Leid, jedoch
versteckten sie sich voreinander,
das tat der Zweifel, tat die Scham:
sie schämte sich, er ebenfalls,
sie zweifelte an ihm, er an ihr.
Wie blind auch ihrer beider Herzen
nach der *einen* Lust begehrten,
so war doch für die zwei der Anfang
schwer und der Beginn. Dies hielt
die Lust vor ihnen noch versteckt.

Tristan, als er Liebe spürte,
dachte er sofort
ans Ehrenwort, das er gegeben,
und wollte sich entziehn.
Er dachte unablässig: »Nein,
Tristan, laß es sein, besinn dich,
nimm es gar nicht erst zur Kenntnis!«
Doch sein Herz, es wollte halt zu ihr...
Er kämpfte gegen sein Verlangen,
begehrte gegen sein Begehren auf.
Er wollte zu ihr hin und fort von ihr.
Der Mann, der in der Falle war,
er machte in der Schlinge wiederholt,
sehr oft vergebliche Versuche,
und setzte das noch lang so fort.
Der loyale Mann empfand
sehr stark die Qual, die doppelt war:
schaute er Isolde ins Gesicht,
und begann die süße LIEBE
sein Herz und seine Sinne
mit ihrer Hilfe zu verstören,
so dachte er sehr stark an EHRE,
die zog ihn weg von dort;
doch schon ging LIEBE auf ihn los,

seine Herrin im ererbten Amt,
und zwang ihn wieder zur Gefolgschaft.
Seine Treue, seine Ehre,
sie forderten ihn sehr;
LIEBE forderte noch mehr,
sie tat ihm mehr als weh:
sie quälte ihn noch stärker
als beide: Treue und die Ehre.
Sein Herz, es sah sie lächelnd an,
doch seine Augen riß er von ihr los.
Wenn er sie freilich gar nicht sah,
so war dies seine größte Qual.
Er überlegte immer wieder
(wie es der Gefangne tut),
wie er ihr entfliehen könnte,
und er dachte wiederholt:
»Wend dich andren Frauen zu!
Wandle dies Begehren um!
Denk woanders an die Liebe!«
Jedoch da war und blieb die Schlinge.
Er wandte sich Verstand und Herz zu,
suchte Änderung in ihnen,
doch es gab in ihnen nur
ISOLDE und die LIEBE.
Auch Isolde ging es so:
sie machte gleichfalls oft Versuche,
dies Leben wurde ihr zur Plage.
Als sie den Vogelleim der LIEBE,
der Verführerin, entdeckte
und merkte, daß die Sinne
tief schon darin steckten,
da wollte sie auf festen Grund,
sie wollte raus und weg. Jedoch
es klebte schon der Leim an ihr,
zog sie zurück, hinab.
Die Schöne wehrte sich beständig,
doch kam mit keiner Regung weiter;
sie wollte ungern Folge leisten,
mit Füßen und mit Händen
versuchte sie es hier und dort,
regte sich, bewegte sich,

doch gerieten Hände, Füße
jedesmal noch tiefer
in die blinde Süße
der Liebe zu dem Mann.
Die verleimten Sinne
konnten sich in keiner Richtung
wegen, stegen oder brücken,
nicht einen halben Schritt weit oder Fuß –
die LIEBE war stets mit dabei!
In welche Richtung auch Isolde
denken mochte, was sie dachte –
in ihrem Denken war nichts andres
als LIEBE und TRISTAN.
Doch blieb alles im geheimen.
Ihr Herz und ihre Augen
befanden sich im Widerstreit.
Die Scham riß Blicke von ihm los,
die Liebe zog ihr Herz zu ihm.
Der verstörte Trupp:
Mädchen/Mann und Liebe/Scham,
war bei ihr ganz führungslos.
Das Mädchen wollte diesen Mann,
doch löste sie den Blick von ihm;
die Scham, sie wollte lieben,
doch zeigte sie das keinem.
Was brachte das? Scham und Mädchen
(so lautet ein geflügelt Wort),
die zwei entgleiten einem,
die gibt es nur mal kurz am Anfang,
die leisten nicht lang Widerstand.
Isolde gab den Kampf denn auf
und tat, was sich für sie ergab:
die Besiegte lieferte
dem Manne und der Liebe
den Körper und die Sinne aus.
Zuweilen blickte sie hinüber
und beschaute ihn verstohlen.
Die hellen Augen und ihr Herz,
sie stimmten völlig überein;
ihr Herz und ihre Augen,
sie warfen sich ganz heimlich, zärtlich

räubernd auf den Mann.
Und innig, sanft erwiderte
der Mann die Blicke.
Als die Liebe ihn nicht freigab,
zog er sich ebenfalls zurück.
Der Mann, das Mädchen machten sich
zu jeglicher Gelegenheit,
bei der das möglich war mit Anstand,
im Wechselspiel zum Augenschmaus.
Die Liebenden erschienen sich
sehr viel schöner als zuvor:
das Gesetz, das Recht der Liebe!
So ist es heuer, wars im Vorjahr,
so bleibt es, wo die LIEBE herrscht,
bei allen Liebespaaren:
daß sie einander mehr gefallen,
als es noch am Anfang war,
sobald in ihnen Liebe wächst,
die Blüten und dann Früchte trägt
von liebesschönen Dingen.
Die früchtereiche Liebe
macht schöner nach dem Anbeginn;
die Liebe trägt dies als den Samen,
und der erhält für sie den Namen.

Liebe läßt schöner scheinen als zuvor,
und dies erhält der Liebe Gesetz;
läßt Liebe so erscheinen wie zuvor,
verfällt sehr bald der Liebe Gesetz.

Die Schiffe stachen wieder in See
und fuhren beschwingt dahin –
freilich hatte LIEBE
an Bord zwei Herzen
abgebracht von ihrem Kurs.
Die beiden waren gedankenschwer,
beide waren sie belastet
von dem lieben Leid,
das da Wunder wirkt wie folgt:
das Honigsein vergällt es,
das Süßsein verbittert es,

das Feuchtsein entflammt es,
das Mildsein verätzt es,
die Herzen entherzt es,
die ganze Welt verkehrt es.
Dies hatte Tristan und Isolde
große Schmerzen zugefügt.
Sie quälte *eine* Drangsal
in befremdlicher Weise:
es konnte keiner dieser beiden
Behaglichkeit und Ruhe finden,
solang sie sich nicht sahen;
sobald sie sich dann sehen konnten,
ging es ihnen wieder nahe,
denn die beiden konnten
ihr Verlangen nicht vereinen.
Die Scheuheit war der Grund, die Scham,
die ihnen Lustgefühle nahm.
Wenn sie sich gelegentlich
heimlich mit verleimten Augen
gegenseitig sehen konnten,
so glich ihr beider Äußres
dem Zustand ihres Herzens, Kopfes.
Der LIEBE, dieser Schminkerin,
schien es nicht damit getan,
daß man sie in noblen Herzen
heimlich und verborgen trug,
sie wollte auch an den Gesichtern
ihre Herrschaft sichtbar machen.
Dies zeigte sich bei jedem anders;
die Schminke hielt nicht lang bei ihm,
nicht lange hielt bei ihr die Schminke;
wechselweise wurden sie
völlig bleich und dann sehr rot;
sie wurden rot und wieder bleich,
betont durch Schminken der Frau LIEBE.
Sogleich erkannten alle beide
(und das gehört sich hier auch so!),
daß ein gewisses Etwas Liebe
in den Sinnen dieser beiden
dem andren zugewendet war.
Und sie begannen gleich,

im Zeichen ihrer Liebe zu handeln,
Zeit, Gelegenheit zu suchen
für Geflüster und Gespräch.
Das Jägerpaar im Dienst der LIEBE
legte wechselseitig Schlingen,
wiederholt, und spannte Netze,
legte sich mit Frage, Antwort
Meutenposten, Fangplatz an.
Sie hatten sich sehr viel zu sagen.
Isoldes Anfang der Erzählung
war ganz im Stile eines Mädchens:
sie kam dem Liebsten, dem ami
auf weitem Umweg näher.
Zuerst erinnerte sie dran,
wie er einsam und verwundet
in einem kleinen Beiboot
auf Dublin zugetrieben kam,
wie ihn die Mutter zu sich nahm,
wie sie ihn dann rettete
und was sich weiter so ergab,
wie sie selbst, von ihm belehrt,
erst richtig schreiben lernte
und Latein und Saitenspiel.
Sie sprach (in einem weiten Kreis,
den sie ihm vor Augen führte)
über seinen Mut, den er
vor allem beim dragon bewiesen.
Und wie sie zweimal ihn erkannte:
im Wasserloch, im Badezuber.

Ihr Gespräch war ausgewogen:
sie sprach zu ihm und er zu ihr.
»Ach«, so sprach Isolde, »als sich mir
diese große Chance bot –
Herrgott, wie schaffte ich es nur,
daß ich Euch nicht im Bad erschlug?
Hätt ich gewußt, was ich jetzt weiß,
ja, es wäre Euer Tod gewesen!«
»Weshalb denn das, Isolde, Schöne?
Was verstört Euch? Und was wißt Ihr?«
»Was ich jetzt weiß, verstört mich.
Was ich jetzt seh, das tut mir weh.

Mich bedrücken Meer und Himmel;
Leib und Leben, sie belasten mich.«
Sie stützte sich nun auf und lehnte sich
an ihn mit ihrem Armgelenk –
und damit fing die Kühnheit an!
Ihre spiegelblanken Augen
füllten sich diskret mit Tränen...
ihr Herz, es wurde ihr schwer...
die schönen Lippen blähten sich...
langsam sank der Kopf herab...
Und ihr Freund, er nahm sie
hilfreich in die Arme,
nicht zu fest und nicht zu schwach –
wie es einem Fremden zusteht.
Er fragte sanft und leise:
»Nun, Schöne, Liebe, sagt es mir:
Was verstört Euch? Was beklagt Ihr?«
Isolde, Ködervogel der Frau LIEBE:
»A-ma-re, das ist meine Not,
a-ma-re drückt mir aufs Gemüt,
a-ma-re fügt mir Schmerzen zu.«
Nachdem sie dies »a-ma-re« mehrfach
wiederholt, da überdachte Tristan
die Bedeutung dieses Wortes,
trieb es prüfend in die Enge.
Er begann, sich klarzumachen,
daß amare *lieben* heißt,
amare *wie bitter!*, a mare *oh Meer!*
Die Zahl der Deutungen schien Legion!
Eins von dreien schloß er aus,
befragte nur die andren zwei;
er sprach nicht über Liebe,
die Schirmherrin der beiden,
ihr beider Hoffen, ihr Begehren,
er sprach nur über *Meer* und *bitter*.
»Isolde, Schöne, ich vermute,
Eure Not sind *Meer* und *bitter*,
Euch riechen Meer und Wind zu stark.
Ich glaube, beide sind Euch *bitter*.«
»Nein, Herr, nein, was sagt Ihr da?!
Keines von den beiden stört mich,

mir stinken weder Luft noch Meer,
allein a-ma-re tut mir weh.«
Weil ihm nur *dieses* Wort blieb,
verstand er die Bedeutung: *lieben*.
Vertraulich sagte er zu ihr:
»Schöne, ja, so gehts mir auch,
a-ma-re und Ihr, Ihr seid meine Not.
Herzensherrin, liebe Isolde,
Ihr allein, die Liebe zu Euch,
Ihr habt mir den Verstand, die Sinne
verwirrt, sie mir geraubt.
Ich bin so sehr, so weit
abgekommen von dem Kurs –
ich finde nie zu mir zurück!
Alles, was mein Auge sieht,
wird mir lästig, zur Belastung,
gibt mir nichts, ist mir egal;
es gibt in dieser Welt nur eins,
das meinem Herzen lieb ist: das seid *Ihr*.«
»Herr, Ihr seid es so bei *mir*.«
  Als die Liebenden bei sich
das *eine* Denken, *eine* Fühlen,
das *eine* Verlangen entdeckten,
wurde beiden ihre Leidenschaft
zum Geheimnis wie zur Offenbarung.
Ein jeder schaute, jeder sprach
den anderen mit größrer Kühnheit an:
der Mann das Mädchen, das Mädchen den Mann.
Distanz war zwischen ihnen fort:
er küßte sie, sie küßte ihn
mit Zärtlichkeit, die innig war.
Dies war beglückender Beginn
der Linderung durch Liebe.
Sie schenkten ein, sie tranken
Beglückung, die von Herzen kam.
So oft sie die Gelegenheit ergreifen
konnten, kam es zwischen ihnen
zu geheimem Hin und Her,
und dies so sehr dezent,
daß keiner in der Welt des Schiffs
ihre Neigung, ihr Verlangen spürte,

außer einer, der dies sowieso
bekannt war: der kundigen Brangaine.
Die schaute wiederholt diskret
und unbemerkt hinüber,
entdeckte ihre Heimlichkeiten
und dachte sich so manchesmal:
»Oh weh! Jetzt bin ich im Bilde...!
Die ersten Zeichen einer Liebe...!«
Und sie begann sogleich an beiden
zu sehn, wie ernst es ihnen war,
entdeckte im Erscheinungsbild
Zeichen innren Leidens
der Gemüter, ihrer Herzen;
das Leid der beiden störte sie,
denn sie bemerkte unablässig:
amaren und amouren,
seufzen, lamentieren,
grübeln und pensieren,
die Farben variieren.
Vor lauter Grübeln hatten sie
ganz den Appetit verloren,
bis der Mangel und das Leid
ihre Körper ganz besiegten,
so daß Brangaine Angst bekam
aus diesem Grund, der Furcht verfiel,
dies wäre ihrer beider Ende,
und sie dachte: »Raff dich auf,
find heraus, was da geschieht!«
Sie setzte sich zu ihnen eines Tages,
diskret und als Vertraute;
die Stolze und die Kluge sprach:
»Hier ist sonst niemand, nur wir drei –
sagt, ihr beiden, was verstört euch?
Ich sehe euch zu jeder Zeit
in Grübelein verfallen,
hör euch seufzen, klagen, jammern.«
Tristan: »Könnte ich das wagen,
ich würde Euch das sagen...«
»Ja, Herr, nur zu! So sprechts schon aus!
Sagt mir, was Ihr sagen wollt.«
»Verehrte, Beste«, sprach er,

»ich wage hier nicht, mehr zu sagen,
bevor Ihr Euch dafür verbürgt,
und zwar durch Ehrenwort und Eid,
daß Ihr uns zwein, die hilflos sind,
Güte, Freundlichkeit erweisen wollt.
Andernfalls sind wir verloren.«
Brangaine hob die Schwurhand,
gelobte und verbürgte
mit ihrem Ehrenwort und Eid,
sich ihnen ganz zu unterstellen.
»Beste, Treue«, sagte Tristan,
»nun denkt zuerst an Gott,
danach an Euer Heil.
Macht Euch unser Leid bewußt
und die Beklemmung unsrer Not.
Ich Armer und die arme Isolde –
ich weiß nicht, was mit uns geschah!
Wir zwei, wir haben binnen kurzem
durch ein verwunderliches Leid
beide den Verstand verloren.
Vor lauter Liebe sterben wir
und finden dennoch nicht die Zeit,
die günstige Gelegenheit,
denn Ihr, Ihr stört uns unablässig!
Wahrhaftig, wenn wir sterben,
seid Ihr alleine schuld daran!
Unser Tod und unser Leben
sind in Eure Hand gegeben.–
So, Ihr wißt damit Bescheid…
Brangaine, hochverehrtes Mädchen,
nun müßt Ihr Eurer Herrin und mir
Gunst erweisen, Hilfe leisten!«
Brangaine zu Isolde: »Herrin,
ist der Grund für Euren Kummer
solche Qual, wie er sie nennt?«
Isolde: »Ja, mein Herzcousinchen.«
Brangaine sprach: »Das reue Gott!
Daß der Teufel seinen Spott
mit uns auf solche Weise trieb!…
Nun sehe ich: es geht nicht anders,
ich kann mich, euch zuliebe,

nur *so* verhalten, daß da Leid für mich
entsteht und Schande für euch beide.
Doch ehe ich euch sterben lasse,
verschaff ich lieber die Gelegenheit
zu allem, was ihr anstelln wollt.
Unterlaßt nicht wegen mir,
was ihr aus eignem Antrieb
nicht lassen wollt für euer Ansehn.
Doch soweit ihr euch beherrschen,
jenem Akt entsagen könnt,
so übt Entsagung. Dies empfehl ich.
Außer uns, zu dritt, darf niemand
von dem Skandal erfahren;
verbreitet ihr das irgendwie,
so gehts an eure Ehre;
erfährt das außer uns noch einer,
seid ihr verloren, ich mit euch.
Herzensherrin, schöne Isolde,
Euer Leben, Euer Tod,
die seien ganz in Eurer Hand;
verfügt nun über Tod und Leben,
wie es Euch beliebt.
Ihr müßt von diesem Zeitpunkt an
wegen *mir* nichts mehr befürchten.
Was euch recht scheint – macht es doch!«

In dieser Nacht, in der die Schöne lag
und sich in quälenden Gedanken
sehnte nach dem Herz-ami,
da kamen in den Raum
ihr ami und ihre Ärztin
(Tristan und die LIEBE)
leise reingeschlichen:
die LIEBE, diese Ärztin,
führte an der Hand
ihren Kranken (Tristan), fand
dort Isolde (ihre Kranke) vor.
Sie nahm sogleich die beiden Kranken,
gab ihn ihr und gab sie ihm
wechselseitig als Arznei.
Was andres hätte diese beiden

im gemeinschaftlichen Leiden
vereinigen und trennen können,
als Vereinigung der beiden,
die Schlinge ihrer beiden Sinne?
Die LIEBE, Schlingenlegerin,
schlang die Herzen dieser zwei
in eins, mit ihrer süßen Schlinge
und dies mit derart großem Können,
mit solcher Wunder-Wirkungskraft,
daß sie in allen ihren Jahren
in ihr gefangen blieben.

Ich weiß es: Tristan und Isolde,
die beiden voller Ungeduld,
sie nahmen sich da gegenseitig
viel von ihrem Leid und Kummer,
als sie das Ziel erreichten ihres
einen gegenseitigen Verlangens.
Vorüber war nun das Begehren,
das Gedanken in die Enge treibt.
Wonach die Liebenden begehren,
das trieben diese beiden oft;
sobald die Stunde dafür kam,
sich die Gelegenheit ergab,
da gaben und da nahmen sie,
liebevoll und treu gestimmt,
für sich selbst und für die Liebe
willig den Tribut und Zins.
Auf dieser Reise, dieser Fahrt
fühlten sie sich innigst wohl.
Als ihre Scheu verflogen war,
da wurde ihr intimes Leben
über alle Maßen herrlich.
Und dies war klug und sinnvoll, denn:
die sich vorm anderen verstecken,
nachdem sie sich dem andren zeigten,
die dann ihrer Scham verfallen,
sich zurückziehn in der Liebe,
die bestehlen nur sich selbst.
Je mehr man, gegenseitig, sich versteckt,
desto mehr bestiehlt man sich,

vermischt das Schöne mit dem Leid.
Doch diese beiden Liebenden,
sie spielten keineswegs Versteck;
auch im Sprechen und im Blicken
waren sie intim.
Sie vertrieben sich die Reisezeit
mit einem Leben des Genusses.
Doch war das nicht umsonst zu haben:
sie litten an der Zukunftsfurcht.
Sie nahmen in der Furcht voraus,
was sich später denn erfüllte,
was ihnen sehr viel Freude nahm
und mancherlei Bedrängnis brachte:
der Umstand, daß die schöne Isolde
einem Mann gehören sollte,
dem sie nicht gehören wollte.
Und noch ein Leid bedrückte beide:
Isolde war nun nicht mehr Jungfrau.
Das brachte ihnen Leid,
das ließ die beiden leiden.
Doch die Belastung war für sie
zu ertragen, und zwar leicht,
denn sie erfüllten unbefangen
wechselseitig ihr Verlangen,
oft, ja ständig wiederholt.
Als sie nun so nah
auf Cornwall zugefahren waren,
daß man dies Land gut sehen konnte,
waren alle froh darüber.
Alle waren hoch erfreut,
außer Tristan und Isolde,
es machte *ihnen* angst und bange.
Ihr Wille, wäre der geschehn,
sie hätten *nie mehr* Land gesehn!
Die Furcht um ihren guten Ruf,
die machte ihre Herzen wund.
Sie fanden beide keine Lösung,
was sich unternehmen ließe,
um Isolde, nun als Frau,
dem König zu verweigern.
Wie sehr auch junge Liebende

wegen ihrer jungen Jahre
um guten Rat verlegen sind –
die junge Frau fand eine Lösung…

***

Sobald die Liebe bei den jungen Leuten,
den unerfahrenen, ihr Spiel gewinnt,
da zeigt sich uns bei jungen Leuten,
wie List, wie Täuschung schon beginnt…

Lieber ohne jeden Umschweif:
Isolde, in den jungen Jahren,
kam auf eine List und Täuschung,
die im Moment am besten war:
nichts weiteres zu unternehmen,
als von Brangaine zu erbitten,
in der ersten Nacht
bei Marke, ihrem Herrn, zu liegen,
mit ihm intim zu sein
ohne Plauderei, Geschrei.
Die beste Weise der Verweigerung,
denn sie war Jungfrau und war hübsch…
Auf diese Weise lehrt die LIEBE
ehrenwerteste Gesinnung,
entschieden Täuschung zu versuchen,
obwohl sie gar nicht wissen dürfte,
was zur Täuschung solcher Art
und zum Betrug vonnöten ist.
Die Liebenden, sie taten dies:
sie baten die Brangaine
so lang mit solchem Nachdruck,
bis sie es zuletzt erreichten,
daß sie ihnen fest versprach,
sie werde das vollziehn.
Doch fiel ihr das Versprechen schwer;
mehr als einmal wurde sie ganz rot
und todesblaß, weil diese Bitte sie
in eine schlimme Lage brachte.

Die Bitte war auch ungewöhnlich...
»Liebe Herrin«, sprach Brangaine,
»Eure Mutter, meine Herrin,
die hochverehrte Königin,
befahl Euch meiner Obhut an;
drum hätt ich Euch auf dieser Reise,
auf der verwünschten Fahrt
vor diesem Leid bewahren sollen,
doch wegen meines Leichtsinns
ertragt Ihr Schmach und Leid.
Ich muß darüber nicht sehr klagen,
kann ich die Schmach mit Euch ertragen;
ja, es wäre ganz in Ordnung,
wenn ich die Schmach *allein* ertrüge –
wärt Ihr dann nur von ihr befreit...
Allmächtger Herr des Himmels,
wie konntest Du mich so vergessen!«
Da sprach Isolde zu Brangaine:
»Stolze Cousine, sag mir schon:
Was meinst du? Was verstört dich?
Ich frage mich erstaunt, was du beklagst.«
»Herrin, nun, vor kurzem hab ich
ein Glasgefäß vom Schiff geworfen...«
»Ja, das stimmt. Was stört dabei?«
»Ach«, so sprach sie, »dieses Glas...
ja, der Trank, der darin war,
der ist euer beider Tod!«
»Wieso, Cousine?« fragte da Isolde.
»Was hat das auf sich?« »Das ist so...«
Sie erzählte beiden die Geschichte
vom Anfang bis zur Gegenwart.
Tristan sprach: »Das walte Gott...
Ob dies nun Leben brachte oder Tod –
es hat mich angenehm vernichtet...
Wie *jener* Tod wird, weiß ich nicht –
dieser Tod ist schön für mich.
Wenn die verlockende Isolde
für immer *so* mein Tod sein sollte,
so wollt ich mich aus freien Stücken
mit ewiggleichem Sterben beglücken.«

Laßt uns weitre Worte sparen:
wollen Liebe wir erfahren,
so läßt sichs nicht ersparen,
daß wir auch Leid erfahren.

So gut es uns auch gehen mag
in der Liebe, laßt uns stets dabei
eingedenk der Ehre sein.
Will einer nur die Sinnenlust
(und dies einzig und allein!),
so ist dies nichts als Ehrverlust.
Wenn Tristan auch das Leben,
das er führte, sehr gefiel,
so schuf die Ehre doch Distanz;
sein Ehrenwort bestand darauf,
es stets zu respektieren,
zu Marke seine Frau zu führen.
Ehrenwort und Ehre – beide
setzten ihm Verstand
und Herz sehr unter Druck.
Die vorher bei der Liebe
ohne Sieg geblieben waren,
als er ihnen Liebe vorzog,
diese beiden ohne Sieg,
sie besiegten nun die Liebe.

Tristan schickte Boten
in zwei bâteaux an Land,
ließ Marke gleich Bericht erstatten,
wie die Werbung um die Schöne
in Irland ausgegangen sei.
Marke rief sofort zusammen,
die er zusammenrufen konnte;
gleich eilten tausend Boten los,
um Ritterherren einzuladen.
Man empfing in großer Zahl
die eignen Leute und die Fremden.
Das Schlimmste und das Beste,
das Marke mit den zwein empfing,
an denen sein weitres Leben hing,

dies empfing er derart herzlich,
wie ein Mann sein Allerliebstes
mit Recht empfangen soll.
Marke ließ zu diesem Zeitpunkt
den barons des Lands bestellen,
daß alle binnen achtzehn Tagen
am Hofe zu erscheinen hätten,
und zwar so, daß sie zu ihm
auf seinem Hochzeitsfest gut paßten.
Dies geschah auch, dienstbeflissen.
Sie reisten hin mit allem Pomp,
und prächtge Gruppen kamen
von Ritterherren und von Damen,
um ihren Augenschmaus zu sehn,
die leuchtende Isolde.
In erstaunlichem Gedrängel
wurde sie genau gemustert,
und man erklärte nur dies eine:
»Isolde, Isolde la blonde,
merveille de tout le monde –
Isolde ist ein wahres Wunder
für die gesamte Welt!
Es ist wahr, was man von diesem
verehrten Mädchen so erzählt:
sie spendet, wie die Sonne,
der hohen Welt nur Wonne.
Kein Königreich erhielt zuvor
ein derart wonneschönes Mädchen!«

Sie erhielt die Morgengabe:
es wurde ihr das Recht verbrieft,
indem man Cornwall und England
in ihre Hand gab, dies zum Pfand,
doch so, daß Tristan Erbe bleibe,
falls sie keine Erben gebäre.
Man erkannte sie als Herrin an.
Sie, Brangaine, Tristan,
sie hatten vor der Nacht,
in der sie mit dem Herrn der Ehe,
mit Marke, in das Bett gehn sollte,
mit allem Fleiß dafür gesorgt,

den Raum und die Gegebenheiten
herzurichten mit Geschick
und alles bestens zu bereiten.
In Markes eignem Zimmer
war keiner außer diesen vieren:
der König selbst und diese drei.
Marke hatte sich ins Bett gelegt;
Brangaine trug die Kleider
der Königin Isolde –
es waren ihrer beider Kleider
wechselweise ausgetauscht.
Tristan führte nun Brangaine
zur Statt des Schmerzes und der Qual;
die Lichter löschte Herrin Isolde;
Marke riß Brangaine an sich.
Ich weiß nicht, wie ihr die Eröffnung
des Vollzugs gefiel –
sie litt derart geschmeidig,
daß nicht ein Schrei zu hören war.
Was ihr Gespiele mit ihr trieb,
mit welchem Wunsch er sie bedrängte,
sie gab dem nach. Sie zahlte aus
mit Bronze und mit Gold –
und zwar so, wie *er* das wollte.
Ich bin der festen Überzeugung,
daß zuvor noch nie geschah,
daß man Verbindlichkeit in Gold
durch derart schöne Bronze
erfüllte, bei der Bett-Vergütung.
Ich wette meinen Kopf darauf:
man hat seit Adams Zeiten nie
Falschgeld derart echt geprägt,
noch nie so anerkannte Fälschung
zu einem Mann ins Bett gelegt!

Während diese beiden lagen,
in ihr Bettspiel ganz vertieft,
war die ganze Zeit Isolde
voller Sorge, voller Furcht.
Unaufhörlich dachte sie:
»Lieber Gott, beschütze mich

und hilf, daß mein Cousinchen
mir nicht untreu wird...
Wenn sie womöglich dieses Bettspiel
zu lang, zu intensiv betreibt,
kriegt sie, fürcht ich, so viel Spaß,
daß sie dort leicht bis morgen bleibt!
Damit werden wir dann alle
bloßgestellt und zum Gespött!«
Nicht doch: die Gedanken und Gefühle,
sie waren bei ihr lauter, redlich.
Nachdem sie an Isoldes Stelle
ihre Pflicht geleistet hatte,
die Verbindlichkeit erfüllt,
verzog sie sich aus seinem Bett.
Isolde war gleich griffbereit;
sie setzte sich dorthin ans Bett,
als wäre sie dieselbe Frau.
Der König wollte nun den Wein.
Er folgte so der Tradition,
denn damals war es Brauch,
den man stets befolgte:
nachdem ein Mann mit einem Mädchen
geschlafen, es entjungfert hatte,
daß jemand dann mit Wein erschien
und sie beide trinken ließ –
gemeinsam, ohne Unterschied.
Auch dort erfüllte sich der Brauch.
Sein Neffe Tristan brachte rasch
beides: Licht und Wein.
Der König trank, die Königin...
(Allerdings erzählen viele,
hier sei noch was vom Trank gewesen,
der bei Tristan und Isolde
zur Passion der Herzen führte.
Nein, es gab nichts mehr von jenem Trank:
Brangaine hatte ihn ins Meer geworfen!)
Nachdem sie diesen Brauch erfüllt,
beide nach dem Brauch getrunken,
da legte sich die neue Königin
Isolde unter innrem Zwang
und mit verborgnem Schmerz

des Herzens, des Gemütes
zum König, ihrem Herrn, ins Bett.
Der griff nun sein Vergnügen auf,
er riß sie fest an sich heran –
für ihn war Frau gleich Frau!
So erschien auch sie ihm gleich
von handgerechtem maniement.
Für ihn war eine wie die andre!
Bei jeder dieser beiden
fand er Gold und Bronze.
Aus dem Bett und rein ins Bett
erfüllten sie Verbindlichkeiten
auf eine Art, daß ihm nichts auffiel.

Isolde wurde nun von Marke,
ihrem Herrn der Ehe,
sehr geliebt und hoch verehrt,
wurde von Landesherren
gepriesen und geehrt.
Weil man viele Fertigkeiten,
Glücksgeschenke bei ihr sah,
sang auf sie sein Lob- und Preislied,
wer zum Loblied fähig war.
  Es war zu dieser Zeit,
daß sie und ihr ami
vielerlei Vergnügen hatten,
Lust am Abend wie am Morgen,
denn keiner faßte irgendwie
Verdacht, hier dachte niemand
irgend etwas Böses,
denn schließlich war sie pausenlos
und überall in seiner Obhut
und lebte ganz nach ihren Wünschen.
Doch machte sie sich bald Gedanken
über ihre Lage, dachte nach:
da niemand ihr Geheimnis
und die Betrugsmanöver
kannte, außer der Brangaine,
so bräuchte sie sich künftig wenig Sorgen
um ihren guten Ruf zu machen,
wenn nur Brangaine nicht mehr wäre…

Sie hatte große Sorgen,
sie war sehr von Furcht erfüllt:
falls Brangaine für den König
irgendeine Liebe hegte,
könnte sie ihn die Geschichte
ihrer Schande wissen lassen,
wie die sich ergeben hätte.
Die sorgenvolle Königin
zeigte in der Hinsicht klar,
daß man Skandal und Schande
mehr als Gott befürchtet.
Sie ließ zwei Knappen kommen,
beide aus dem Ausland England,
verlangte Ehrenwort und Eid
von ihnen, Ehrenwort und Eid.
Bei angedrohter Todesstrafe
befahl sie ihnen außerdem,
was immer sie von ihnen wolle,
das müßten sie erledigen,
und dies vor allem: ganz geheim!
Und sie nannte ihren Auftrag.
Es sprach die Mörderin zu ihnen:
»Prägt euch beide meinen Plan ein!
Ich schick ein Mädchen mit euch los;
nehmt es mit und reitet zu dritt
wie Vertraute, und dies zügig,
zu irgendeinem Punkt im Wald
(dies mag nun fern sein oder nah),
der euch dafür geeignet scheint,
wo keiner was zu suchen hat,
und schlagt ihr dort den Kopf ab.
Und merkt euch alles, was sie spricht!
Was sie auch sagt, das meldet mir!
Und bringt mir Ihre Zunge mit! –
Ich sag euch rechtsverbindlich zu
(wie immer ichs zustande bringe),
daß ich euch schon morgen
mit großer Prachtentfaltung
zu Rittern mache; ihr erhaltet
Lehensgüter, Schenkungen,
solange ich zu leben habe.«

Der Kontrakt ward abgeschlossen.

Isolde nahm Brangaine beiseite.
»Brangaine«, sprach sie, »schau mich an:
sehe ich nicht furchtbar schlecht aus?
Keine Ahnung, was mir fehlt...
Mein Kopf, er tut mir schrecklich weh...
Du mußt uns Heilkraut holen.
Uns bleibt nur übrig, in der Lage
ein gewisses Mittel anzuwenden,
sonst geht es mir ans Leben...«
Brangaine, die getreue, sagte:
»Herrin, Euer Leiden
betrübt mich wirklich sehr.
So wartet denn nicht mehr!
Laßt mich zu der Stelle bringen,
wo ich das Gewisse finde,
das bei Eurem Zustand hilft.«
»Gut! Hier sind zwei Knappen –
reit mit denen; sie führen dich.«
»Herrin, gern. Ich gehe schon...«
Sie saß auf und ritt mit ihnen.
Als sie jenen Wald erreichten,
in dem es wunschgemäß in Fülle
Kräuter, Pflanzen, Gräser gab,
da wollte sie aus ihrem Sattel.
Jedoch man führte sie noch weiter
in unbebautes, wüstes Land,
und als sie – weg vom offnen Land –
tief hier eingedrungen waren,
packten sie die Noble,
die Edle, die Getreue,
drückten sie zum Boden nieder,
zeigten Mitleid und Bedauern,
zückten beide ihre Schwerter.
Brangaines Schreck war derart groß,
daß sie hinsank auf den Boden
und ziemlich lange liegenblieb.
Ihr bebten Herz und Glieder,
sie blickte voll Entsetzen hoch.
»Ihr Herren, Gnade!« sagte sie.

»Bei Gott, was habt ihr vor?!«
»Nun, Ihr sollt hier Euer Leben lassen.«
»Weh mir, weshalb? So sagt es mir!«
Einer fragte: »Was habt Ihr
der Königin bloß angetan?
Sie läßt Euch töten. Das geschieht nun.
Eure, unsre Herrin Isolde
hat Eure Tötung angeordnet!«
Brangaine faltete die Hände,
sagte weinend: »Nein, ihr Herren,
im Namen Gottes, eurer Güte,
schiebt auf, was euch befohlen ist,
und laßt mich noch so lange leben,
daß ich euch Rede stehen kann.
Ihr habt mich dann ja rasch getötet...
Ihr sollt es meiner Herrin melden,
sollt selber wissen, daß ich nie
etwas gegen sie als Herrin tat,
bei dem sich nur vermuten ließe,
daß ihr damit Leid geschähe,
es sei denn jene Bagatelle,
die hier wohl auszuschließen ist:
als wir beiden Irland verließen,
da hatten wir beiden zwei Gewänder.
Die hatten wir uns ausgesucht
und sie zur Seite gelegt,
getrennt von andrer Kleidung.
Die brachten wir aus Irland mit:
zwei Hemden, weiß wie Schnee.
Als wir dann die hohe See
erreicht, mit Kurs auf dieses Land,
da wurde ihr so sonnenheiß,
daß sie an jenen Tagen kaum
was anderes am Leib vertrug
als dieses eine Hemd,
das so weiß war und so rein.
Ihr wurde dieses Hemd sehr lieb.
Weil sie es dauernd trug,
wurde es ganz abgetragen,
und schmutzig war sein Weiß;
dagegen hatte ich das meine

in ein reines, weißes Schutztuch
eingeschlagen und in einer Truhe
gut verpackt, für mich allein.
Als nun meine Herrin hier war,
sich den König zum Gemahl nahm,
und sie sollte bei ihm schlafen,
nun, da war ihr Hemd nicht mehr
so sauber, wie sich das gehörte,
wie sie das selber wollte.
Daß ich ihr zwar das meine lieh,
davor halt *einmal* zögerte,
mich nur *soweit* vor ihr vergaß –
es könnte sein, daß sie dies stört,
doch weiß es Gott, daß ich sonst nie,
zu keinem andren Zeitpunkt,
ihrem Wunsch, Befehl nicht nachkam.
Tut dies, in Gottes Namen, beide:
grüßt sie höflich, wie es sich gehört
zwischen junger Dame, Herrin.
Und: möge Gott in Seiner Gnade
ihre Ehre und ihr Leben
behüten und beschützen.
Und: mein Tod sei ihr verziehn. –
Die Seele geb ich Gott anheim;
verfügt nun über meinen Körper.«
  Da schauten sich die Männer
voller Mitleid an:
das bitterliche Weinen
der Unschuld weckte Mitgefühl.
Es gereute beide sehr,
ihnen tat es leid,
daß sie es versprochen hatten,
diese Mordtat zu begehn.
Als sie an ihr nichts fanden,
weiterhin nichts finden konnten,
das Meuchelmord begründet,
ihren Tod rechtfertigt hätte,
berieten sie sich, diese zwei,
und kamen überein:
was auch für beide draus entstehe,
sie wollten sie am Leben lassen.

Sie banden die Getreue gleich
hoch oben fest an einem Baum
(bis zum Zeitpunkt ihrer Rückkehr),
damit die Wölfe sie nicht rissen,
und schnitten auf der Stelle
einem ihrer Vogelhunde
die Zunge raus und ritten fort.
Dann berichteten die beiden
der mordbegierigen Isolde,
sie hätten – wenn auch mit Bedauern
und Schmerz – Brangaine umgebracht;
sie erzählten ihr dann beide,
die Zunge hier, die wär von ihr.
Isolde fragte: »Sagt mir nun,
was erzählte euch das Mädchen?«
Von Anfang an erzählten sie,
was erzählt war von Brangaine,
und verschwiegen nichts davon.
»Ja, hat sie weiter nichts erzählt?«
»Herrin, nein.« Isolde rief: »Hah,
der Bericht ist alarmierend!
Ihr verfluchten Meuchelmörder,
was habt ihr bloß gemacht?!
Ihr beiden, ihr müßt hängen!«
»Großer Gott«, so riefen sie,
»was soll denn das jetzt heißen?!
Wir müssen uns sehr wundern, Herrin!
Ihr habt uns doch mit großem Druck,
durch Flehen, Drohn soweit gebracht,
daß wir Brangaine totgemacht.«
»Wieso ist hier von *Flehn* die Rede?!
Ich hab euch meine Dienerin
dem Schutz, der Obhut anempfohlen,
sie auf dem Weg dorthin zu schützen,
wo sie mir etwas holen sollte,
das mir in meinem Zustand hilft.
Gebt sie mir nur ja zurück!
Sonst wird es euch das Leben kosten!
Ihr verfluchten Meuchelnattern
werdet beide aufgeknüpft!
Nein, verbrannt auf *einem* Rost!«

»Wahrhaftig, Herrin«, sagten beide,
»Euer Herz und Euer Gemüt,
die sind nicht redlich, sind nicht ehrlich,
Ihr redet mit gespaltner Zunge!
Herrin, schiebt die Untat auf.
Bevor wir unser Leben lassen,
bringen wir sie Euch zurück,
und zwar gesund und heiter.«
Isolde sagte gleich,
heiße Tränen weinend:
»Nun lügt mir nichts mehr vor!
Lebt Brangaine? Ist sie tot?«
»Sie lebt noch, unbegreifliche Isolde.«
»Ah, so bringt sie her zu mir,
mit der Aussicht, daß ich euch
erfülle, was ich euch versprach.«
»Herrin Isolde, wird gemacht!«
Einer mußte bei ihr bleiben.
Der andre ritt sogleich dorthin
zurück, wo man Brangaine ließ,
brachte sie zur Herrin Isolde.
Als sie vor Isolde trat,
da nahm Isolde sie in ihre Arme,
gab ihr einen Kuß, nein, viele
auf die Wangen, auf die Lippen.
Den beiden reichte sie als Sold
etwa zehn Pfund Barren-Gold,
mit der Bedingung, diesen Vorgang
beiderseits geheimzuhalten.

Seit die Königin Isolde
Brangaine in der Todesnot
als zuverlässig und verläßlich
befunden hatte, im Gemüt
als redlich und als ehrlich
und sie im Feuertiegel
wie das Gold gefeint,
seither waren diese beiden
in den Herzen, in den Köpfen
Freundinnen von solcher Treue,
daß es zwischen ihnen beiden

keine Differenzen gab:
eine freute sich des Herzens,
des Gemüts der anderen.
Brangaine, sie gehörte fest zum Hof,
der Hof war voll des Lobes über sie;
sie war mit jedermann gut Freund,
keiner ließ sie gallig werden,
nicht äußerlich, nicht innerlich;
sie war Beraterin und Beistand
des Königs und der Königin –
nichts von dem entging Brangaine,
was im Beratungsraum geschah;
in ihren Diensten für Isolde
war sie ständig sehr bemüht;
sie diente ihr, wie sie das wünschte
in Blick auf Tristan, den ami.
Das machten sie so sehr diskret,
daß dabei kein einziger
irgendwelchen Argwohn schöpfte;
ihr Verhalten, Sprechen, ihr Erzählen
und was sonst von ihnen kam,
das wurde nicht speziell beachtet,
niemand hegte hier Verdacht.
Sie fühlten sich so gut, so wohl,
wie das zwei Liebenden gebührt,
deren Ort und Zeit der Treffen
dem Wunsch, dem Willen ganz entsprechen.
Zu jeder Zeit, auf jede Weise
waren sie ami, amie
im Jagdrevier der Liebe.
Sie fingen oft bei Tage an,
sich offnen Auges zu verstricken
mit ihren liebevollen Blicken –
unter Leuten, in der Menge,
wo die Blicke Zeichen geben,
ja ganze Dialoge sind,
in denen die geliebte Liebe
volle Übereinkunft findet.
Das trieben sie so Tag und Nacht
und kamen doch nicht in Gefahr.
Im Gehen, Sitzen und im Stehen

waren beide im Verhalten
und in ihren Äußerungen
offenherzig, frank und frei.
Sie fingen an, in den Gesprächs-Stoff,
den sie gekonnt verfertigten,
bisweilen, unterweilen
Klebwort-Fäden einzuschießen;
man sah im Sprechgewebe oft
den Fadenleim der Liebesworte –
wie Fadengold in Seidenborte.
Doch niemand kam auf den Gedanken,
die Wörter in der ›Zufalls‹reihung
könnten von der Liebe sprechen –
höchstens von Verwandtschaft,
von der man wußte, daß sie nah war
zwischen Marke und Tristan.
Damit verkauften sie sehr viel,
damit ermogelten sie Liebesspiel,
damit spielte ihre Liebe
das Urteil vieler Herzen aus,
von denen keins erkennen konnte,
welcher Art die Liebe war.
Die war bei ihnen völlig klar!
Ihr beider Geist, der zwei Gemüt,
sie waren stets nur eins und eins,
ja und ja, nein und nein.
Ja und nein, nein und ja,
das gab es dort ganz einfach nicht:
beide waren sie in *beiden,*
alles war in ihnen *eins.*
So verbrachten diese zwei
ihre Zeit sehr angenehm,
einmal so und einmal so:
manchmal waren sie sehr froh,
manchmal auch verstimmt –
so will es Liebe bei den Liebenden.
Die braut in ihren Herzen
zum Schmerz das Wohlbehagen,
zur Freude Kummer und das Leid.
Wenn sich für Tristan, seine Dame
Isolde in den Liebesdingen

Gelegenheit nicht finden ließ,
so hieß das: Leid. Ob so, ob so,
sie waren traurig, waren froh.
Auch ihnen blieb es nicht erspart,
daß zuweilen Streit entstand –
ich meine: Streiten ohne Feindschaft.
Wenn nun freilich jemand vorbringt,
Streit sei doch nicht angebracht
bei einem Paar, das sich so liebt,
so bin ich hier – im Ernst – ganz sicher,
daß der nicht wahre Liebe fand.
Denn dies ist üblich bei der LIEBE,
so erhitzt sie Liebende,
so entflammt sie ihr Gemüt.
Wenn der Streit sie heftig schmerzt,
so stiftet Treue eben Frieden,
und die Liebe wird wie neu,
und die Treue festigt sich.
Wie jedoch ihr Streit beginnt,
sie sich versöhnen ohne Helfer,
das habt ihr oft genug gehört.
Liebende, die häufig
jeweils eng beisammen sind,
die fassen leichthin den Verdacht,
jemand werde mehr geliebt
und stehe näher als man selbst,
und machen um den kleinsten Argwohn
eine Riesen-Streit-Geschichte,
und aus einem kleinen Kummer
eine herrliche Versöhnung.
So was muß durchaus geschehn,
das soll man ihnen zugestehn,
dadurch soll die Liebe wachsen,
sich verjüngen, sich erneuern,
soll treue Liebe neu entflammen;
Liebe, sie wird arm und alt,
kühlt ab, wird kalt,
wenn ihr dieses Feuer fehlt;
sobald sich Streit bei ihr verflüchtigt,
wird sie nicht mehr grün.
Sooft es unter Liebenden

zu irgendeinem Streitlein kommt,
stiftet frische, immerjunge Treue
jedesmal den Frieden;
dies erneuert treue Liebe,
dies läutert Liebe wie das Gold.

So verbrachten Tristan und Isolde
ihre Zeit mit Freud und Leid;
es waren Freud und Leid bei ihnen
in quirliger Geschäftigkeit –
sprich: Freude ohne Leid der Herzen.
Die beiden hatten bisher nie
Herzeleid und auch noch nicht
ein Unglück von der Art erlebt,
das einem in das Herz hineinblickt.
Sie verschwiegen ihr Verhältnis
und hielten ihr Geheimnis
sorgsam, sorgenvoll geheim,
und setzten das noch lang so fort.
Sie waren beide hochgestimmt,
sie waren ganz von Herzen froh.
  Isolde, als die Königin,
sie war zu dieser Zeit beliebt
bei Herren ihres Landes,
und Tristan war sogar
Gesprächsstoff bei den Herrn im Lande:
er war bekannt, war ein Begriff,
war im gesamten Königreich
gefürchtet, und zwar ungeheuer.
Tristan war gut aufgelegt!
Mit kriegerischen Ritterkämpfen
verbrachte er sehr viele Stunden;
seine Tage in der Muße
füllte er mit Beizjagd aus;
er ritt zur Pirsch, zur Hatz,
wenn sich der Zeitpunkt so ergab.

In diesem Zeitraum kam ein Schiff
nach Cornwall, in den Hafen Markes.
Da ritt ein Ritter raus und runter,
ein edler irischer Baron;

sein Name war Gandin,
er war höfisch, prächtig, mächtig,
die Erscheinung derart männlich,
daß von seinen Heldentaten
das ganze Irland schwärmte.
Er ritt in Kleidung voller Pracht,
mit ritterlicher Prachtentfaltung,
im Stil des ritterlichen Herrn
allein hinauf zu Markes Burg,
ohne Schild und ohne Lanze.
Er trug auf seinem Rücken
eine kleine Harfenzither,
die mit Gold und Edelsteinen
verschönt war und verziert:
sie war perfekt cordiert.
Und als er abgesessen war,
da schritt er in den Palas,
grüßte, wie es sich gehörte,
Marke und Isolde.
Ihr ami und Kavalier
war er in mancher Weise
zu mancher Zeit gewesen,
und er war nur wegen ihr
von Irland hergereist nach Cornwall.
Sie erkannte ihn sofort:
»Dieu vous salue, Monsieur Gandin!«
sprach gewandt die Königin.
Gandin: »Merci, ma belle Isolde,
schön und schöner noch als Gold
in den Augen von Gandin…!«
Isolde teilte nun dem König
flüsternd mit, wer der hier sei.
Es erschien dem König albern,
er war darüber sehr verwundert,
daß er die Zither *hinten* trug.
Das war für alle recht befremdlich;
alle, ohne Unterschied,
nahmen lebhaft Notiz davon.
Dennoch, Marke gab sich Mühe,
ihm die Ehre zu erweisen,
dies in Blick auf eigne Ehre,

auf die Bitte von Isolde –
sie bat ihn wiederholt mit Nachdruck,
ihm die Ehre zu erweisen,
er komme doch aus ihrem Land...
Der König ließ sich gern drum bitten,
er bot ihm gleich den Platz
an seiner Seite an und fragte
dies und das zu Landesherren,
zu Damen und zum Leben am Hof.
Als das Essen nun bereitstand,
die Gefolgschaft sich die Hände wusch
und man auch ihm das Wasser reichte,
da wurde er von allen Seiten
gebeten, seine Harfenzither
abzunehmen, abzulegen –
er ließ sich nicht dazu bewegen.
Der König und die Königin,
sie ließen es dabei bewenden,
doch sie empfanden das als reichlich
ungehörig, ungereimt.
Doch damit war es nicht genug:
man begann dies, unter sich,
auszulachen, zu verspotten.
Der Ritter mit der Harfenzither,
der Herr im lächerlichen Aufzug,
er achtete darauf nicht weiter,
er hatte an des Königs Seite
Platz genommen, um zu essen;
er trank und aß in rechtem Maß.
Als man die Tische rausgetragen,
erhob er sich, entfernte sich,
setzte sich zu Markes Herren.
Die unterhielten sich mit ihm
und waren angestrengt bemüht,
ihm Hofgeschichten zu erzählen.
Der König, höfisch nobel,
Marke, reich an Trefflichkeit,
er bat ihn offiziell – falls er
die Harfenzither spielen könne –
ihnen das Vergnügen zu gönnen,
seinem Spiel zu lauschen.

Der Gast sprach: »Herr, ich mag nicht.
Es sei denn, daß ich weiß, wofür.«
»Herr, wie ist das zu verstehn? –
Wollt Ihr was von meinem Besitz,
so steht Euch alles zur Verfügung.
Gebt uns Proben Eurer Kunst
und Ihr bekommt, was Ihr Euch wünscht.«
Der Ire sagte: »Abgemacht!«
Und spielte eine Melodie,
die ihnen allen schmeichelte.
Der König bat ihn denn sogleich,
noch eine weitere zu spielen.
Der Betrüger lachte auf –
doch lautlos und in sich hinein.
Er sprach: »Mich bringt der Lohn dazu,
für Euch zu spielen, was ich soll.«
Und spielte diesmal doppelt so gut.
Als das zweite Stück gespielt war,
trat der Ire vor den König,
in der Hand die Harfenzither.
»Herr, nun denkt daran,
was Ihr mir versprochen habt.«
»Selbstverständlich«, sprach der König.
»Sagt mir schon, was wollt Ihr haben?«
»Isolde!« sprach er. »Gebt sie mir!«
»Das geht auf keinen Fall, mein Freund!
Alles, was Ihr außer ihr
verlangt, es steht Euch zur Verfügung.«
»Glaubt mir, Herr«, so sprach Gandin,
»ich will weder groß noch klein,
ich will Isolde, sie allein!«
»Wahrhaftig, das geht wirklich nicht!«
»Herr, Ihr haltet also nicht,
was Ihr versprochen habt?
Wird durch Zeugen ausgesagt,
daß Euer Wort nichts gilt,
so könnt Ihr, von dem Zeitpunkt an,
in keinem Land mehr König sein.
Laßt Euch das Königsrecht verlesen:
findet Ihr dies nicht bestätigt,
so geb ich meinen Anspruch auf.

Wenn Ihr, wenn irgendwer behauptet,
Ihr hättet nichts versprochen,
ah, dann setz ich meinen Anspruch durch
gegen Euch und gegen Unbekannt!
Wie auch der Hof mein Urteil spricht:
ich stehe voll und ganz
für einen Rechtskampf zur Verfügung,
sofern mein Anspruch nicht erfüllt wird!
Ihr persönlich oder sonstwer hier,
man reite auf den Kampfplatz ein mit mir –
ich will bei dem Termin beweisen,
daß *mir* die schöne Isolde gehört!«
Der König schaute hin und her,
hielt Ausschau ringsumher,
ob er einen finden könnte,
der dem die Stirn zu bieten wagte,
doch war da keiner, der sein Leben
bereit war, auf das Spiel zu setzen;
auch Marke selber wollte
nicht um Isolde kämpfen,
denn Gandin war derart kräftig,
derart männlich, derart mutig –
es setzte sich hier *keiner* ein.

Monsieur Tristan war indessen
in den Wald zur Pirsch geritten;
kaum hatte er sich auf den Rückweg
vom Wald zum Hof begeben,
da erfuhr er unterwegs
die schlimme Neuigkeit, man hätte
Gandin Isolde ausgeliefert.
Dies traf zu: sie wars tatsächlich!
Es hat Gandin die schöne Frau
(die herzzerreißend weinende,
mit allen Zeichen der Verzweiflung)
vom Hof zum Landeplatz geführt;
man hatte ihm auf diesem Platz
ein großes tente errichtet,
das prächtig war, so recht für Herren.
Dort ging er mit der Königin hinein,
um drinnen sitzend abzuwarten,
bis die nächste Flut erfolgte

und das Schiff dann wieder
flott sei und flottiere –
es lag fest auf Sand und Kies.

Als Tristan nun nach Hause kam,
noch Genaueres zum Vorfall
mit der Harfenzither hörte,
schwang er sich sogleich aufs Roß,
nahm die Harfe in die Hand,
kam sehr bald schon, im Galopp,
in Gegend und Bereich des Hafens.
Dort schwenkte er – berechnend – ab
zu einem Busch, band dort sein Roß
mit Sorgfalt fest an einem Ast
und hängte auch sein Schwert daran.
Mit seiner Harfe lief er los
und kam zum großen tente
und sah tatsächlich beim baron
die betrübte Arme
in seinen Armen sitzen,
die weinende Isolde.
Der sprach tröstend auf sie ein,
doch half das alles wenig –
bis sie diesen einen Mann
mit seiner Harfe sah…!
Gandin begrüßte ihn wie folgt:
»Dieu te garde, beau harpiste!«
»Merci, gentil chevalier!
Herr, ich bin«, so sprach er weiter,
»so schnell wie möglich hergerannt.
Man teilte mir soeben mit,
daß Ihr aus Irland kommt.
Herr, ich komme auch von dort.
Bei Eurer Ehre, nehmt mich bitte
wieder mit, zurück nach Irland!«
Der aus Irland sagte gleich:
»Ich versprech es dir, mein Freund.
Nun setz dich hin, spiel mir was vor.
Gelingt es dir, Madame zu trösten,
und hört sie mit dem Weinen auf,
so schenk ich dir das schönste

Kleidungsstück aus diesem tente.«
»Herr, abgemacht!«, so sagte Tristan.
»Falls der Kummer nicht so groß ist,
daß kein Mann durch Musizieren
ihre Tränen trocknen kann,
so bin ich voller Zuversicht,
daß sie sich wieder fassen wird.«
Und er begann zu musizieren,
spielte nun auf seiner Harfe
eine Melodie, so richtig schön,
die sich Isolde in das Herz stahl,
die ihr Denken so durchdrang,
daß sie ihr Weinen ließ und nur
an *einen* dachte: den ami.
  Als die Melodie gespielt war,
war bereits die Flut gekommen,
und das Schiff war wieder flott.
Und die Besatzung rief sofort
vom Schiff herunter an den Strand:
»Herr, Herr, nun geht an Bord!
Denn kommt Monsieur her, Tristan,
und Ihr seid noch an Land,
so wirds uns schlecht ergehn!
Dieses Land und dessen Herren,
sie sind voll in seiner Hand!
Vor allem ist er selbst, so hört man,
von einem derart großen Mut,
ist derart tapfer, derart kühn,
daß er Euch leichthin schaden kann!«
Die Worte kränkten den Gandin,
und er rief, höchst ungehalten:
»Soll mich doch der Teufel holen,
wenn ich aus diesem Grund so früh,
so schnell das Schiff besteigen sollte!
Lieber Freund, nun spiel mir erst mal
die Melodie des Dido-Liedes.
Du spielst die Harfe derart gut,
daß ich dies belohnen werde.
Spiel schön die Harfe, für Madame!
Mein Lohn dafür: ich nehme dich
von hier aus mit, und zwar mit ihr.

Zudem erhältst du auf der Stelle
das dir versprochne Kleidungsstück,
das allerbeste, das ich habe.«
»Herr, abgemacht«, so sagte Tristan.
  Der Spielmann setzte wieder an;
er begann auf seiner Harfe
wieder richtig schön zu spielen,
so daß Gandin ihm sein Gehör
sehr gern und willig schenkte,
und deutlich sah er, daß Isolde
vom Harfen hingerissen wurde.
  Als die Melodie gespielt war,
wollte er, Gandin,
die Königin zum Schiff geleiten,
es war jedoch die Strömung, Flut
vor dem Schiffsdeck derart stark,
da hätte man zu diesem Zeitpunkt
nur auf einem hohen Roß
zum Deck an Bord gelangen können.
Gandin: »Was machen wir denn jetzt?
Wie kommt Madame aufs Schiff?«
»Schaut, Herr«, sagte ihm der Spielmann,
»weil ich ja ganz sicher weiß,
daß ihr mich mitnehmt auf die Reise,
laß ich nichts von dem zurück,
was ich besitze, hier in Cornwall.
Ich hab ein Streitroß in der Nähe,
ich schätze, es ist hoch genug,
daß ich Madame und Eure Freundin
auf derart rücksichtsvolle Weise
an das Schiffsdeck bringen kann,
daß das Meer sie nicht berührt.«
»Lieber Spielmann«, rief Gandin,
»mach schon, führ dein Streitroß her!
Bekommst auch gleich dein Kleidungsstück!«
  Tristan holte schnell das Roß,
und sobald er wieder da war,
hängte er die Harfe auf den Rücken.
»Nun, Herr aus Irland«, sagte er,
»reicht mir Madame heran.
Ich bringe sie – vor mir – an Bord.«

»Nein, Spielmann«, sprach Gandin,
»du darfst sie nicht berühren,
ich will sie selber überführen.«
»Ach, Herr«, so sprach die schöne Isolde,
»daß er mich nicht berühren darf,
das kann hier wohl kein Thema sein!
Macht Euch in diesem Punkt nichts vor:
wenn mich nicht der Spielmann bringt,
komm ich auf keinen Fall an Bord.«
Da reichte ihm Gandin Isolde.
»Gib acht auf sie, mein Freund,
überführ sie rücksichtsvoll,
mein Lohn wird dir stets sicher sein.«
  Sobald Isolde vor ihm saß,
galoppierte er ein Stückchen
von ihm weg. Gandin, dies sehend,
rief ihm ungehalten nach:
»Heda, Narr, was soll das heißen?!«
»Aber nicht doch… Narr Gandin!
Ihr *selber* steht nun da als Narr!
Was Ihr mit Harfenzither-Spiel
dem König Marke abgeluchst,
das hol ich mit der Harfe heim!
Betrüger, seid nun selbst betrogen!
Tristan hat Euch nachgestellt,
bis er Euch überlistet hat.
Hübsche ›Kleidung‹ schenkt Ihr, Freund!
Ich habe hier das beste ›Stück‹,
das im Zelt zu finden war!«

Tristan ritt auf seiner Straße.
Gandin war über alle Maßen
traurig, voller Trauer;
die Scham der Niederlage
schmerzte ihn zutiefst.
Mit seiner Scham, mit seinem Leid
fuhr er nach Hause, auf dem Meer.
  Die beiden Weggenossen,
Tristan und Isolde, kehrten heim.
Ob sie unterwegs, ganz unter sich,
irgendwo zur Freude fanden,

in der Blumenwiese rastend,
dazu hab ich keine Vermutung;
was mich betrifft, verzichte ich
auf Vermutung und Verdacht...
  Tristan brachte nun Isolde
zurück zu seinem Onkel Marke,
und heftig wies er ihn zurecht:
»Herr«, so rief er aus, »bei Gott,
wo Ihr die Königin so liebt,
da war es heller Wahnsinn,
sie – mir nichts, dir nichts – wegzugeben
für Zither- und für Harfenspiel!
Die hohe Welt, sie darf hier spotten!
Wo war je eine Königin
zu haben für ein Zitherspiel!?
Seht Euch künftig vor,
paßt mehr auf meine Herrin auf!«

***

Das Ansehn Tristans und sein Ruhm,
sie florierten nun verstärkt
am Hof und bei den Herrn des Landes;
man feierte an Tristan
den Verstand, die Fähigkeiten.
  Tristan und die Königin,
sie waren wieder munter, froh,
und mit vereinten Kräften
schenkten sie einander Lust.
  Tristan hatte seinerzeit
einen compagnon,
der war ein edler baron,
des Königs höchster Truchseß
(er wies den Herren Plätze an),
sein Name lautete Meriadoc.
Der pflegte seinerzeit mit Tristan
Freundschaft, gutes Einvernehmen
in Hinblick auf die schöne Königin,
der er heimlich zugetan war –
wie viele Männer vielen Damen,

die das kaum zur Kenntnis nehmen.
Tristan und der Truchseß,
die beiden teilten sich zumeist
gemeinsam eine Unterkunft
und waren gern beisammen.
Weil Tristan hübsch erzählen konnte,
war beim Truchseß schon Gewohnheit,
nachts neben ihm im Bett zu liegen,
damit er ihm entspannt erzählte.
Eines Nachts geschah nun dies:
er hatte in Gesellschaft Tristans
viel und vielerlei
geplaudert und erzählt
und war darüber eingeschlafen.
Tristan, dieser Liebende,
stahl sich ganz diskret davon
auf seinen Äse-Wechsel;
das brachte sehr viel Herzeleid
für ihn und für die Königin.
Weil er sich völlig sicher fühlte
und glaubte, nicht verbellt zu werden,
hatte ihm die Unglücksgöttin
Fallen, Spurlaut, Stöbern
auf jene Fährte angesetzt,
die er häufig zu Isolde
hochgestimmt gegangen war.
Der Weg war diese Nacht beschneit.
Außerdem schien zu der Zeit
der Mond sehr hell und klar.
Tristan fühlte sich keineswegs
bespäht und nachgestellt,
er ging halt völlig unbekümmert
dorthin, wo er ein Stelldichein
mit ihr haben sollte.
Sobald er in der Kemenate war,
nahm Brangaine sich ein Schachbrett,
und sie lehnte es vors Licht.
Sie ließ die Türe offenstehn,
(wie konnte sie das nur vergessen!),
als sie wieder schlafen ging.

Indes und während dies geschah,
sah der Truchseß Meriadoc
im tiefen Schlaf in seinem Traum
jenen *Eber* aus dem Walde laufen.
Fürchterlich und furchterweckend
kam er an den Hof des Königs,
schäumend und die Hauer wetzend,
und kampfentschlossen lief er los
auf alles, was er dort erblickte.
Sogleich kam eine große Menge
von Hofgefolgschaft angerannt,
und viele Ritter liefen
um den Eber, rundumher,
und doch war keiner unter ihnen,
der ihm zu widerstehen wagte.
Der Eber raste mit Geschnaube
unaufhaltsam durch den Palast.
Wo Markes eignes Zimmer war,
dort durchbrach er denn die Türen,
und was als Bett des Königs galt,
das stieß er auseinander,
befleckte mit dem Geifer
das Bett und alles Bettzeug,
das dem Königsbett gebührte.
Dies alles sahen Markes Männer,
doch keiner setzte sich hier ein…

Sobald nun Meriadoc erwacht war,
holte er den Traum ins Herz,
denn er quälte ihn doch sehr.
Sofort rief er nach Tristan,
um ihm mitzuteilen,
was er im Traum gesehen hatte,
jedoch es gab ihm keiner Antwort.
Nun rief er wieder, gleich nochmal
und faßte mit der Hand hinüber,
doch als er hier ins Leere griff,
und keinen neben sich im Bett fand –
da faßte er sofort Verdacht
in Richtung Treffen, Stelldichein.
Freilich, über die geheime

Verbindung Tristan/Königin
hatte er noch keine Ahnung –
kein Verdacht in dieser Richtung...
Doch ansonsten hatte er
auf ihn ein freundschaftliches Zörnchen –
denn war er Tristan nicht sehr lieb?
Und trotzdem hatte der ihn nicht
eingeweiht in sein Geheimnis...
Meriadoc stand nun gleich auf
und legte sich die Kleidung an.
Sehr gemach ging er zur Türe
und schaute zu ihr raus
und sah vor ihr die Fährte Tristans.
Er folgte nun sogleich der Spur
weiter durch ein Obstgärtlein;
auch führte ihn der Mondenschein
über Gras und über Schnee
(wo Tristan schon gegangen war)
bis zur Tür der Kemenate.
Dort hielt er an; Befürchtungen...
Und ihm mißfiel sofort,
daß er die Tür so offen fand.
Er vollzog nun in Gedanken
lange Tristans Ausflug nach,
erwog das Böse wie das Gute.
Und nun kam ihm in den Sinn,
Tristan wäre wegen einer
bestimmten jungen Dame hergekommen.
Doch *der* Verdacht war rasch zerstreut,
und er schöpfte gleich Verdacht,
er wär dort drinnen wegen
der Königin! Der Verdacht
verließ ihn, kam erneut zurück.
Schließlich machte er sich Mut
und ging sehr leise in den Raum,
und sah kein Licht und keinen Mondschein,
denn von der Kerze, die dort brannte,
von der sah er so gut wie nichts:
es war das Schachbrett vorgelehnt.
So ging er immer weiter rein,
und tastete mit beiden Händen

an Mauern und an Wänden,
bis er zum Bett der beiden kam,
und weil er hörte, was sie trieben,
begriff er gleich den Stand der Dinge.
Dies schmerzte ihn zutiefst
und tat in seinem Herzen weh,
denn in ihm war für Isolde
stets Ergebenheit wie Liebe –
und nun war alles jäh durchschossen
von einem Faden Schmerz und Haß.
Er empfand nun für Isolde
Haß wie Schmerz und Schmerz wie Haß –
ihn quälte dies, ihn quälte das.
Er fand hier keine klare Richtung,
wie er in diesem Fall
auf eine Weise handeln könnte,
die schicklich und die wirksam wäre:
ihn reizten Schmerz und Haß
zur groben Ungehörigkeit,
ihr Verhältnis aufzudecken,
es überall bekannt zu machen!
Doch davon bracht ihn Tristan ab,
das heißt, die Furcht, die er vor ihm
haben müßte, wenn er Tristan
nur ein *bißchen* reizen würde!
  So kehrte er denn um, zurück.
Als ein tief betroffner Mann
legte er sich wieder hin.
Und bald darauf kam Tristan wieder;
er sank ganz leise auf sein Bett.
Und schwieg. Es schwieg der andre.
Beide sprachen nicht ein Wort –
das war bisher fast nie geschehn,
das waren sie noch nicht gewohnt.
Dies Verhalten, so befremdend,
ließ Tristan deutlich spüren,
daß in dessen Sinn inzwischen
ein Verdacht entstanden war;
von nun an unterzog er,
was er sprach und was er tat,
einer strengeren Kontrolle,

als er dies zuvor getan.
Freilich war es schon zu spät:
sein Verhältnis war entdeckt,
sein Geheimnis war bekannt.

Der eifersüchtge Meriadoc
nahm diskret den König beiseite
und sagte ihm, daß hier am Hofe
über Tristan und Isolde
ein Gerücht entstanden sei,
das den Herren dieses Landes
ganz und gar mißfallen dürfte;
er mög die Augen offenhalten
und sich dabei beraten lassen,
was in diesem Fall zu tun sei;
seine Ehe, seine Ehre
würden hier im Ernst berührt.
Er teilte ihm jedoch nicht mit,
daß er den wahren Tatbestand
mit voller Klarheit kannte.
Der gütigste und loyalste
Marke in der noblen Schlichtheit
war hier überaus erstaunt,
es wollte ihm nicht in den Kopf,
daß ihm künftig der Polarstern
seiner Freude, sprich: Isolde,
wegen irgendeines Fehltritts
verdächtig bleiben sollte.
Dennoch ließ es sein Gemüt
leiden und bedrückte es,
und unablässig, unaufhörlich
war er in steter Wachsamkeit,
um bei ihnen rauszufinden,
was sie überführen könnte.
Was sie sagten, was sie taten,
das registrierte er genau,
doch konnte er bei ihnen nichts
entdecken, was Beweiskraft hatte,
denn Tristan hatte der Isolde
berichtet vom Verdacht des Truchseß
und ihr Vorsicht anempfohlen.

Doch Marke wollte Klarheit finden,
tat dies bohrend und entschieden,
gab acht auf sie bei Tag und Nacht.
Eines Nachts, als er mit ihr
geschlafen hatte, führten sie
in buntem Wechsel ein Gespräch,
und dabei stellte, hängte er
listig eine Schlinge
für die Königin – und wirklich
fing er sie in ihr!
»Nun, Herrin«, sprach er,»sagt,
wie denkt Ihr, was empfehlt Ihr mir?
Ich werde, schon in kurzer Zeit,
eine Wallfahrt unternehmen,
und dieser Ritt kann lange dauern.
In wessen Obhut, wessen Schutz
wollt Ihr in diesem Zeitraum sein?«
»Gott behüte – diese Wallfahrt
hat wohl einen tiefren Grund...!
In wessen Obhut wär ich besser
(auch die Herrn in Eurem Lande)
als in Eures Neffen Hand,
der gut für uns zu sorgen weiß?
Herr Tristan, Eurer Schwester Sohn,
der ist mutig und ist klug,
zeigt auf jede Weise Umsicht.«
Diese Antwort ließ in Marke
begründeten Verdacht aufsteigen –
sie gefiel ihm überhaupt nicht!
Er legte Fallenplätze an für sie
und Meuten-Stände für die Hatz –
er verstärkte seine Aufsicht.
Und berichtete dem Truchseß,
was er herausgefunden hatte.
Der Truchseß gab zur Antwort:
»Wahrhaftig, Herr, so ist es!
Ihr könnt selber daraus schließen,
daß sie die Leidenschaft zu ihm
nicht mehr zu verbergen weiß!
Drum ist es eine große Dummheit,
daß Ihr ihn in der Nähe duldet.

Wenn Euch die Frau, die Ehre lieb sind,
laßt ihn nicht länger in der Nähe!«
Dies bedrückte Marke sehr.
Der Zweifel, der Verdacht,
der seinem Neffen gelten sollte,
der quälte ihn zu Tode, ständig,
obwohl er ihn noch nicht ertappen
und von einem Fehltritt nichts
in Erfahrung bringen konnte.

Die überlistete Isolde
war erleichtert. Fröhlich lachend,
ja, in einem Freudentaumel
erzählte sie Brangaine
von der Wallfahrt des Gemahls
und erst recht von seiner Frage,
wen sie als Beschützer wähle.
Brangaine: »Meine liebe Herrin,
belügt mich nicht und sagt mir schon,
bei Gott: Wen habt Ihr da gefordert?!«
Isolde sagte ihr die Wahrheit,
genau wie alles abgesprochen war.
»Ah, Naivling!« rief Brangaine.
»Weshalb nur habt Ihr so gesprochen?!
Was hier auch ausgehandelt wurde
– das hört man doch –, war eine Falle!
Ich weiß genau, daß die Methode
vom Truchseß ausgetüftelt wurde.
Sie horchen Euch damit nur aus!
Paßt in Zukunft besser auf!
Fängt er noch einmal damit an,
verfahrt, wie ich Euch instruiere,
und sagt in dem Fall: So und so...«
Sie instruierte ihre Herrin,
welche Antwort günstig wäre,
um diese Falle zu vermeiden.

Marke hatte währenddes
an einem Leid, das doppelt war,
ständig schwer zu tragen:
es ließen ihn der Zweifel

leiden, der Verdacht,
den er hatte, haben konnte.
Isolde, seine Herzensliebe,
hatte er dringend im Verdacht;
Zweifel hegte er an Tristan,
an dem er doch kein Zeichen
des Betrugs entdecken konnte,
des Bruchs der Loyalität.
Tristan, sein Freund, Isolde, seine Freude,
sie waren nun sein größtes Leid,
bedrückten ihm Verstand und Herz.
Auf sie und ihn fiel sein Verdacht,
er hegte Zweifel an den beiden;
diesem Leide, so ver*beidet*,
ward er gerecht in einer Art,
in der es Der Gerechte will.
Wenn er nämlich mit Isolde
Liebe machen wollte,
kam ihm der Verdacht dazwischen;
dem wollte er dann jeweils nachgehn,
um Gewißheit zu erlangen;
doch weil die ihm versagt blieb,
tat ihm wieder Zweifel weh,
und alles war genau wie eh.

Was, freilich, geht der Liebe näher
als Zweifel und Verdacht?
Was beklemmt so sehr wie Zweifel
das Gemüt des Liebenden?
Er weiß dann nicht, wohin mit sich!
Sobald er von gewissem Fehltritt
erfährt mit eignen Ohren, Augen,
so könnte er durchaus beschwören,
er sei auf sichrem Boden,
doch wird so was im Handumdrehn
wieder aufgehoben,
weil der Liebende was merkt,
das ihn erneut ins Zweifeln bringt,
was ihn wieder irremacht.
Auch wenn es alle Welt so hält,
so mangelt es hier sehr an Klugheit,

ja, ist schon große Narretei,
wenn man an der Liebe zweifelt.
Keiner fühlt sich wohl beim Liebsten,
an dem er Zweifel hegen muß.
Doch ist es ganz und gar verfehlt,
wenn man Zweifel und Verdacht
zur Gewißheit bringen will.
Denn sobald er das erreicht,
daß aus Zweifel Wahrheit wird,
so wird gleich der Beweis, die Wahrheit,
wonach er vorher eifrig pirschte,
zur Herzensqual, die größer ist
als alle andren Herzensqualen!
Die beiden Qualen vorher,
die zwar das Gemüt bedrückten,
sie werden ihm dann leicht erscheinen!
Wenn er sie wieder haben könnte,
so nähme er Verdacht und Zweifel an,
um den wahren Tatbestand
nie mehr wieder aufzudecken.
So bringt das Übel nichts als Übel,
bis das noch Schlimmere geschieht,
und wenn dies dann noch schlimmer wirkt,
scheint gut, was vorher übel schien.
Wie schwer auch Zweifel auf der Liebe lastet,
er wird ihr nie so sehr zur Last,
daß er nicht leichter zu ertragen wäre
als Haß aus dem Beweis der Wahrheit.
Doch niemand kommt daran vorbei:
Liebe bringt den Zweifel mit sich,
der Zweifel, er gehört zur Liebe,
mit ihm kann Liebe überleben;
solange sie den Zweifel hegt,
solang kann ihr geholfen werden.
Sobald sie erst Beweise sieht,
berührt es sie in ihrem Wesen.
Auch entspricht dem Brauch der Liebe,
was in ihr die allerstärkste
Verwirrung und Verworrenheit bewirkt:
wenn alles ihrem Wunsch entspricht,
da mag sie nicht von Dauer sein

und gibt sich selber sehr leicht auf.
Doch wo sie auch den Zweifel sieht,
da setzt sie sich von ihm nicht ab,
will eilig, dringlich zu ihm hin,
sie folgt ihm, Fallen stellend, nach
und drängt damit noch mehr zu ihm –
dies eher wegen Herzeleid
als wegen Lust, die sie dabei
aufspürn und verspüren kann.
  Diesen Brauch des Widersinns
befolgte Marke ganz entschieden.
Er verwandte, früh und spät,
seinen ganzen Sinn darauf,
den Zweifel, den Verdacht
aus freien Stücken zu beenden,
um darauf, aus freisten Stücken,
mit dem erwiesnen Tatbestand
an seine Herzensqual zu kommen.
Darauf wollte er hinaus!

Und wieder wars in einer Nacht
(wie er dies mit Meriadoc
gemeinschaftlich geplant),
daß er noch einmal eine List
anwenden wollte bei Isolde,
um sie mit dieser List
noch besser auszuforschen.
Doch es geschah das Gegenteil!
Die Schlinge, die er ausgeklügelt
und ausgelegt, um sie zu fangen,
mit dieser fing die Königin
den König, ihren Herrn der Ehe –
gemäß Brangaines Instruktion.
Ja, Brangaine half entschieden!
Hier wirkte sich für beide aus,
daß List gebraucht wird gegen List.
  Der König riß die Königin
sehr fest an seine Brust
und gab ihr ungezählte Küsse
auf die Augen, auf die Lippen.
»Schönste«, sprach er, »nichts ist mir

von Herzen lieb, nur Ihr allein!
Und daß ich von Euch scheiden soll –
Gott im Himmel ist mein Zeuge –,
das raubt mir den Verstand!«
Die instruierte Königin
sie setzte List nun gegen List.
Seufzend sagte sie zu ihm:
»Ach Gott... oh je... Ach und weh...
Ich habe dauernd angenommen,
diese leidige Geschichte
sei nur so zum Spaß erzählt...
Nun höre ich, nun seh ich ein,
daß sie völlig ernst gemeint ist!«
Sie setzte an, und sie begann,
mit ihren Augen, ihrem Mund
zu zeigen, wie enorm sie litt,
zu weinen, derart herzzerreißend,
daß sie dem Mann in seiner Einfalt
seinen ganzen Zweifel nahm,
so daß er hätte schwören können,
daß ihr dies von Herzen komme.
Denn die Damen, und zwar alle
(wie sie das auch selber sagen!),
zeigen nur das *bißchen* Galle,
zeigen nur das bißchen Lug,
zeigen nur das bißchen Trug,
daß sie zu Tränen fähig sind,
sooft es ihnen richtig scheint,
auch ohne Absicht und Gefühl.
Isolde weinte herzerweichend.
Marke, arglos, sprach zu ihr:
»Meine Schöne, sagt es mir,
was Euch verstört, weshalb Ihr weint!«
»Ich habe allen Grund zu weinen!
Es zwingt mich große Not, zu klagen!
Ich lebe hier, als Frau, im Ausland,
und habe nur dies *eine* Leben
und an Verstand, was ich bekam.
Ich habe beides hingegeben
an Euch, an meine Liebe zu Euch,
so daß ich nun in meinen Gedanken

überhaupt nichts andres schätzen
und lieben kann als Euch allein!
Ihr seid mein Liebstes auf der Welt!
Dabei weiß ich genau, daß Ihr
mir nicht so sehr gewogen seid,
wie Ihr das vormacht und behauptet.
Daß Ihr es jemals übers Herz bringt,
wegzureisen und mich hier
in diesem fremden Land zu lassen,
daraus kann ich doch nur schließen,
daß ich Euch nicht viel bedeute.
Drum wird mein Herz und wird mein Kopf
auch nie mehr wieder glücklich sein!«
»Wieso denn, Schöne?« fragte er.
»Ihr habt doch hier in Eurer Hand
Landesherrn und Untertanen –
sie gehören Euch und mir.
Ihr gebietet über sie!
Sie stehn Euch zu Gebot!
Was Ihr befehlt, ist schon getan!
Solange ich auf Reisen bin,
so lange mög Euch *der* beschützen,
der Euch gut behüten kann:
mein Neffe, der höfische Tristan.
Er zeigt Umsicht und ist klug,
gibt sich in jeder Weise Mühe,
Euch Freuden, Euch die Ehren
zu machen und zu mehren.
Er besitzt mein volles Vertrauen,
ich habe allen Grund dazu.
Ihm seid Ihr lieb, wie ich es bin,
er ist für Euch da wie für mich.«
»Herr Tristan?!« fragte die schöne Isolde.
»Wahrhaftig, ich wär lieber tot
und wollte eher begraben liegen,
als dazu bereit zu sein,
Schutz bei ihm zu suchen.
Dieser Mann der leeren Worte,
der ist mir doch zu jeder Zeit
mit seiner Heuchelei zur Seite,
umschmeichelt mich auf jede Weise,

macht mir vor, ich sei ihm lieb.
Gott kennt wahrlich sein Gemüt,
ER weiß, wie ›lieb‹ und ›treu‹ er handelt,
und ich, ich weiß es ganz genau:
weil er den Onkel totgemacht
und bei mir die Feindschaft fürchtet,
deshalb, allein aus *dieser* Furcht,
geht er so zärtlich mit mir um,
so heuchlerisch und schmeichlerisch,
so voller Falschheit im Verhalten,
und macht sich vor, er könnte so
meine Zuneigung erwerben.
Doch hat es nur geringe Wirkung,
sein Schmeicheln bringt nichts ein.
Und, weiß Gott, wenn *Ihr* nicht wärt
und ich nicht mehr um Euretwillen
als wegen meiner eignen Ehre
freundlich zu ihm wäre,
so sähe ich ihn wahrlich nicht
mit Augen einer Freundschaft an.
Doch weil ichs nicht vermeiden kann,
ihn zu hören und zu sehen,
darf es einzig *so* geschehen,
daß dabei mein Herz und meine
Treue nicht beteiligt sind.
Ich habe mir – das ist die Wahrheit –
mit Blicken ohne Herz,
mit Täuschung auf den Lippen
oft, zu wiederholten Malen
große Mühn um ihn gegeben –
nur aus Angst vor diesem Tadel:
daß Damen vorgeworfen wird,
sie haßten Freunde ihrer Männer.
Deswegen habe ich ihm oft
mit Täuschung in den Blicken,
mit Lippen ohne Herz
seine Zeit so sehr umgaukelt,
daß er durchaus geschworen hätte,
mir käme alles aus dem Herzen.
Herr, verlaßt Euch nicht darauf!
Euer Neffe, Monsieur Tristan,

der beschützt mich keinen Tag!
Falls ich Euch darum bitten darf,
so könnt Ihr mich doch unterwegs
selbst beschützen – setzt das durch!
Wohin Ihr wollt, dort will ich hin,
es sei denn, Ihr verwehrt es mir,
und mein Tod verhindert dies.«
So heuchelte die heuchlerische
Isolde vor dem Mann, Gemahl,
bis sie ihm durch Heuchelei
Zorn und Zweifel abgerungen
und er glatt geschworen hätte,
es sei ihr voller Ernst.
Marke, dieser Zweifelnde,
war erneut auf seinem Weg;
die Gefährtin hatte ihm
Zweifel und Verdacht genommen.
Was sie sprach und was sie tat,
es war alles wohlgetan...
Sofort berichtete der König
dem Truchseß ganz genau,
so plausibel wie nur möglich
von ihrer Antwort und Geschichte,
wonach es denn in ihrem Falle
keine Spur von Falschheit gebe.
Das mißfiel dem Truchseß sehr,
das setzte seinem Herzen zu.
Doch instruierte er ihn weiter
und sagte ihm, wie er Isolde
erneut auf Probe stellen sollte.

Des Nachts, als Marke wieder ruhte,
sein Bettgeplauder mit ihr führte,
da legte er mit neuer Frage
auf dem Fangplatz Schlingen aus
und lockte sie erneut hinein.
»Schaut, Frau Königin, ich glaube,
der Punkt kann dringlich für uns werden:
so laßt mich sehn und prüfen,
wie Damen Land beschützen können.
Ich muß aus meinem Land verreisen,

und Ihr müßt hier verweilen
bei meinem Anhang, den ich habe.
Ob Verwandter, Lehensmann –
wer für mich das Gute will,
der muß Euch Reichtum, Ehre bringen,
sofern Ihr das von ihm verlangt.
Doch wer Euch von den Damen, Herren
lästig wird, allein durch Nähe,
und wen Ihr gar nicht sehen wollt –
die schickt dann einfach alle weg.
Gegen Euren Willen sollt Ihr
weder Menschen hören
noch Dinge sehn, die Euch
zur Belastung werden können.
Wem Ihr im Herzen nicht gewogen seid,
den werde ich schon gar nicht lieben,
nicht im Herzen, nicht im Kopf.
Nehmt dies als die reine Wahrheit.
Ihr müßt froh und heiter sein!
Lebt so, wie Euch das richtig dünkt,
ich bin damit ganz einverstanden.
Und weil mein Neffe Tristan
Eurem Herzen so zuwider ist,
werde ich ihn binnen kurzem
vom Hof entfernen, der Gefolgschaft,
sobald ich guten Anlaß finde.
Er soll abziehn nach Parmenien,
sich um die eignen Dinge kümmern!
Das muß so sein – für ihn, fürs Land.«
  Isolde sagte: »Danke, Herr,
dies sind gute, klare Worte!
Weil ich bei Euch nun sicher bin,
daß Ihr bereit seid, abzulehnen,
was meinem Herzen Kummer macht,
so scheint mir dafür angebracht,
daß ich Euch entgegenkomme
(soweit ich das nur irgend kann),
wo Euren Augen was genehm ist
und Eurem Herzen wohlgefällt
und Eure Ehre fördern kann –
daß ich dazu beständig

Rat und Unterstützung biete.
Doch Ihr müßt wissen, was Ihr tut!
Weder heute noch in Zukunft
wird mein Wunsch und Vorschlag sein,
daß Ihr Euren Neffen
je von Eurem Hof entfernt;
das ginge mir an meine Ehre.
Man würde gleich darauf erklären,
und zwar am Hof wie unter Herren,
ich hätt Euch das empfohlen
wegen Feindschaft aus dem Grunde,
daß er meinen Onkel totschlug.
Es würde viel dahergeredet,
das eine Schande wär für mich
und keine Ehre wär für Euch.
Dem pflicht ich niemals bei,
daß Ihr – und das nur mir zuliebe –
Eure Freunde jemals ablehnt
oder irgendwen bekümmert,
ja ihm (weil ich das wollte) feind seid,
dem Ihr gewogen bleiben müßt.
Vor allem macht Euch eins bewußt:
wenn Ihr Euch von hier fortbegebt,
wer schützt dann Eure beiden Länder?
Die finden in der Hand der Frau
nicht Wohlstand und nicht Sicherheit;
wer zwei Königreiche richtig
und ehrenhaft verwalten muß,
der braucht viel Klugheit und auch Mut.
Nun gibt es hier in beiden Ländern
außer Tristan keinen Herrn,
der beiden Ländern nützlich wäre –
falls Ihr Monsieur heranziehn würdet...
Außer ihm kommt keiner in Frage,
dem man im Tun und Lassen folgt.
Wird es nötig, Krieg zu führen
(womit man ja nun täglich rechnet,
in alle Zukunft rechnen kann),
so ist es – ohne ihn – leicht möglich,
daß wir da Mißerfolg erleben.
Und dann wird mir Monsieur

Tristan dauernd vorgehalten,
vorwurfsvoll und boshaft.
Und immer wieder wird es heißen:
»Wäre Tristan hier gewesen,
so hätten wir in dieser Zeit
nicht solchen Mißerfolg erlebt!«
Und es werden *mir* dann alle
in der öffentlichen Meinung
die Schuld dran geben, weil ich ihm
Eure Gunst entzogen hätte,
Euch zum Nachteil, ihnen auch.
Herr, man unterläßt das besser.
Denkt darüber nochmal nach,
erwägt das eine wie das andre:
laßt mich mit Euch reisen oder
befehlt, daß er die Länder schützt.
Wie mein Herz auch zu ihm steht –
ich hab ihn lieber hier im Land,
als daß uns ein andrer Mann
durch Versäumnis ruiniert.«
Der König sah nun ein,
daß es ihr mit ganzem Herzen
um Tristans Ehre ging, und er
verfiel sofort, wie schon zuvor,
dem Zweifel, dem Verdacht.
Und damit war er noch einmal
in der Galle seines Zorns
versunken und versackt.

Was sie hier besprochen hatten,
schilderte Isolde der Brangaine,
wiederholte Frage, Antwort,
vergaß dabei auch nicht ein Wort.
Brangaine war es gar nicht recht,
daß sie so gesprochen hatte,
daß dies Gespräch verlaufen war...
Und sie erklärte ihr erneut,
was zu sagen sei, im Gegenzug.
Als nächste Nacht die Königin
zu ihrem Herrn ins Bett ging,
da nahm sie ihn in ihre Arme,

umhalste ihn und küßte ihn,
preßte ihn mit aller Kraft
an ihre zarten, sanften Brüste,
begann ihn, nun zum zweiten Mal,
mit Frage und mit Antwort
reinzulocken in die Wörterfalle.
»Tut mir den Gefallen, Herr,
und sagt mir eins: als Ihr
davon gesprochen habt,
Ihr würdet, mir zuliebe, Monsieur
Tristan nach Parmenien schicken –
habt Ihr die Angelegenheit
in vollem Ernst geplant?
Falls ich hier gewiß sein könnte,
so würde ich Euch dafür danken,
heute und mein Leben lang.
Ich vertrau Euch voll und ganz –
wie ich das kann, wie ich das muß.
Doch zugleich befürchte ich,
man stellt hier auf die Probe...
Was Ihr mir vorgetragen habt –:
wenn ich hier Gewißheit hätte,
daß Ihr aus meinem Umkreis
entfernen würdet, was ich hasse,
so würde ich daran erkennen,
daß ich Euch lieb bin.
Ich hätte mich mit dieser Bitte
gern schon längst an Euch gewendet,
wäre mir das nicht so schwer gefallen.
Denn mir ist völlig klar,
was ich bei ihm erwarten muß,
wenn ich lang mit ihm zu tun hab.
Herr, bedenkt auch diesen Punkt
(doch keineswegs, weil ich ihn hasse):
soll er hier die Länder schützen,
während Ihr auf Reisen seid,
und es stößt Euch etwas zu –
was ja auf Reisen leicht geschieht –
so raubt er mir die Ehre und das Land.
Nun habt Ihr völlig klar vor Augen,
was ich bei ihm befürchten muß.

Und Ihr: denkt nach in dieser Sache,
wohlgesonnen, eng verbunden,
und befreit mich von Monsieur
Tristan. Ihr tätet gut daran.
Schickt ihn in sein Land zurück
oder weist ihn an, mit Euch zu reisen
und daß mich während dieser Zeit
der Truchseß Meriadoc beschützt.
Doch wenn Ihr dazu neigen solltet,
daß Ihr mich reisen ließt mit Euch,
so ließe ich die Länder hier
von irgendwem regieren, schützen,
wenn ich nur mit Euch reisen könnte!
Sei es, wie es sei – verfügt
nur über mich und diese Länder,
wie Euch das richtig scheint.
Dies ist mein Wille und mein Wunsch.
Wenn ich nur daran denken dürfte,
Euren Willen zu erfüllen,
so sind mir diese Herrn im Lande
völlig einerlei!« So setzte sie
dem Gemahl mit leeren Worten zu,
bis sie ihn wieder dahin brachte,
daß er seinen Zweifel preisgab,
noch einmal den Verdacht aufgab
im Blick auf ihr Gefühl und ihre Liebe,
und er die Königin erneut
von einer jeden Schuld
an einem Fehltritt völlig freisprach.
Den Truchseß Meriadoc hingegen
hielt er in allen Punkten
für einen Mann der Lüge,
obwohl der ihm die Fakten
und den wahren Sachverhalt
zu Isolde mitgeteilt.

Als der Truchseß nun erkannte,
daß sein Plan sich nicht erfüllte,
sondierte er mit neuem Ansatz.
Es war an diesem Hof ein Zwerg,
dessen Name war, so hieß es,

Melot, petit von Aquitaine,
der konnte, wie behauptet wurde,
aus den Sternen nachts in etwa
schließen auf verborgenes Geschehn.
Doch will ich nichts von ihm behaupten,
was ich nicht dem Buch entnehme.
Nun find ich freilich über ihn
in der authentischen Version
nur dies: er war intelligent,
gewitzt und wortgewandt,
ging beim König aus und ein,
und gleichfalls in der Kemenate.
Meriadoc gab ihm den Auftrag:
Sooft er bei den Damen sei,
Tristan und die Königin
im Auge zu behalten;
falls er ihm in dieser Sache
helfen könnte, den Beweis
für ihre Liebe zu erbringen,
so werde er in alle Zukunft
dafür belohnt, geehrt durch Marke.
  Und er legte, früh und spät,
zu diesem Zwecke auf dem Fangplatz
die getarnten Schlingen aus;
er stellte ihnen ständig nach
bei ihrem Sprechen und Verhalten
und hatte bald auch schon die Liebe
des Liebespaares aufgespürt,
denn sie zeigten wechselseitig
ein so zärtliches Verhalten,
daß Melot dort auf der Stelle
den Tatbestand der Liebe sah.
Sofort berichtete er Marke,
dort liege wirklich Liebe vor.
Melot und Meriadoc und Marke
verfolgten weiterhin die Sache
bis sie, in vollem Einverständnis,
auf Folgendes verfielen:
Monsieur Tristan, werde er
vom Hofe ferngehalten,
so könnte jeder an den beiden

den wahren Tatbestand erkennen.
Was denn auch sofort erfolgte,
genau wie da beschlossen:
der König bat sogleich den Neffen,
und zwar im Namen seiner Ehre,
er möge nun nicht weiter
in die Kemenate gehn
und sich nicht mehr dorthin begeben,
wo eine von den Damen sei;
der Hof verbreite ein Gerücht
(dem es vorzubeugen gelte!),
das für ihn, die Königin
Skandal und Schande bringen könnte.
Worum er bat, was er befahl,
das wurde augenblicks befolgt:
Tristan mied nun jeden Ort,
an dem sich nur die Damen trafen;
die Kemenate und den Palas
betrat er überhaupt nicht mehr.
Daß Tristan sich so sehr zurückhielt,
nahm der Hof erstaunt zur Kenntnis.
Man gab hier Kommentare ab,
die kränkend für ihn waren:
ihm gingen oft die Ohren über
von immer neuen Kränkungen.
Beide, Tristan und Isolde,
verbrachten ihre Zeit mit Sorgen.
Bei ihnen waren Trauern, Klagen
das große Werk der Mußestunden;
sie hatten Leid und nochmals Leid:
Leid infolge Markes Verdacht,
Leid, weil sie nicht mehr
Gelegenheiten finden konnten,
sich nur zu zweit zu treffen.
Von Stund zu Stunde wurde
die Lebenskraft bei diesen beiden
unaufhaltsam schwächer;
ihr beider Äußeres begann,
blaß und bleich zu werden;
der Mann erbleichte durch die Frau,
es ließ der Mann die Frau erbleichen,

Isolde durch den Tristan,
Tristan durch Isolde.
Das brachte beiden schweres Leid.
Es überrascht mich kaum,
daß ihr Leid gemeinsam,
daß ungeteilt ihr Schmerz war –
schließlich hatten diese beiden
ein Herz nur, *ein* Gemüt;
ihr beider Unglück, beider Glück
ihr beider Tod, ihr beider Leben,
die waren ganz *in eins* verwoben;
was einen dieser beiden störte,
das spürte auch der andere;
was den einen hoch entzückte,
beglückte auch den anderen;
die beiden waren miteinander
in Glück und Unglück völlig *eins.*
Ihre *eine* Herzensqual
war ihnen derart deutlich
ins Gesicht geschrieben,
daß ihre äußere Erscheinung
die Liebe augenfällig machte.
Und Marke, er begriff sofort,
sah völlig klar an ihnen,
daß beiden das Getrenntsein,
das Fernsein an die Herzen griff;
sie würden sich zu gerne treffen,
wenn sie nur wüßten, wo und wie…
Um die Vermutung zu erhärten,
befahl der König seinen Jägern,
sich mit ihren Hundemeuten
bereitzumachen für den Wald.
Und ließ den beiden übermitteln,
ließ es auch am Hof verbreiten,
er wolle zwanzig Tage jagen;
wer was von der Jagd verstehe
oder wer sich etwas Zeit
mit ihr vertreiben wolle,
der möge sich hier vorbereiten.
Er nahm von seiner Herrin Abschied,
empfahl, nach Lust und Laune

im Hause froh zu sein und fröhlich.
Und im geheimen gab er
Melot, dem Zwerge, den Befehl,
auf dem Fangplatz für Isoldes
und Tristans sehr geheime Treffen
getarnte Schlingen auszulegen;
er werde ihm das stets vergelten.
Er selber ritt zum Jagdrevier,
gefolgt von großem Hörnerklang.
Sein Jagdgeselle Tristan
war zu Haus geblieben;
er hatte seinem Onkel sagen lassen,
er sei krank. Der liebeskranke
Waidmann wollte gleichfalls
zu seinem Jagdrevier!
Beide, Tristan und Isolde,
sie waren weiterhin bedrückt.
Sie dachten nach, sehr angestrengt,
wo sie eine Chance hätten,
wie es sich ergeben könnte,
daß es sich noch mal machen ließe,
daß sie sich wieder sehen könnten.
Jedoch, sie fanden keine Lösung.

Mittlerweile suchte
Brangaine Tristan auf,
denn sie war sich klar darüber,
daß das Leid in seinem Herzen
zur schweren Belastung wurde.
Sie klagte ihm, er klagte ihr.
»Ach, Liebe, sagt mir, welche Hilfe
diese schlimme Lage zuläßt.
Wie schaffen es die arme Isolde und ich,
daß wir nicht so zugrunde gehn?
Ich weiß nicht, wie sichs schaffen läßt,
daß wir am Leben bleiben.«
»Wie soll ich Euch da helfen können?«
fragte darauf die Getreue.
»Daß es Gott doch ewig reue,
daß wir je geboren wurden!
Wir verloren alle drei

unsre Freude, unsre Ehre;
wir finden nie mehr wieder
die alte Unbefangenheit.
Ach Isolde, Tristan, ach,
daß ich euch je erblickte,
wo doch euer ganzes Leiden
allein durch mich entstanden ist!
Weiß keinen Rat und keine List,
mit denen euch zu helfen wäre –
ich kann nichts finden, was euch nützt!
Todsicher aber weiß ich dies:
wenn ihr noch eine kurze Zeit
unter Aufsicht, unter Druck bleibt,
so bringt euch das in ärgste Not.
Weil Bessres nicht zu haben ist,
so folgt zumindest der Empfehlung
(ich meine für die Zeit, da Ihr
von uns ferngehalten werdet):
Sobald Ihr merkt, es gibt für Euch
Gelegenheit, die günstig ist,
so nehmt Euch einen Ölbaumzweig,
schneidet ihn dann, längs, in Späne
und markiert sie, doch nur so:
ritzt ein T in eine Seite
und in die andre ritzt ein I;
es sollen nur die Initialen
eurer Namen auf dem Span sein –
dies zumindest. Auch nicht mehr.
Geht dann in den Obstbaum-Garten.
Ihr kennt den kleinen Bach,
der aus der Quelle fließt
und weiter Richtung Kemenate –
werft einen Span in dieses Bächlein
und laßt ihn weitertreiben
bis vor die Tür der Kemenate.
Wir treten oft vor diese Tür,
ich und Isolde, voller Trübsinn,
beweinen unser Herzeleid.
Sobald wir dort den Span erblicken,
ziehen wir sogleich den Schluß,
daß Ihr dort bei der Quelle seid.

Wo der Ölbaum Schatten spendet,
dort haltet Ausschau und paßt auf:
die Verliebte kommt zu Euch,
meine Herrin, Eure Liebste –
ich ebenfalls, sofern es geht
und Eurem Wunsch entspricht.
Herr, die kurze Spanne,
die ich noch zu leben habe,
sie wird vergehen mit euch beiden,
indem ich für euch lebe,
eurem Leben Hilfe gebe.
Hätte ich für *eine* Stunde,
in der ich für euch beide,
für eure Freude leben könnte,
tausend meiner Stunden hinzugeben,
ich würde damit euer Leiden lindern.
Mein Leben gäbe ich dafür!«
»Danke, Schöne«, sagte Tristan,
»ich habe nicht den kleinsten Zweifel
an Eurer Treue, Eurer Ehre –
von beidem war noch nie so viel
eingepflanzt in *einem* Herzen!
Blühte mir noch einmal Glück,
ich gäbe es sehr gern dahin
für Eure Freude, Eure Ehre!
Auch wenn es nun beschwerlich ist,
mein Glücksrad sich nur mühsam dreht –
wenn ich nur wüßte, wo und wie
ich meine Stunden, meine Tage
für Eure Freude opfern könnte,
ich wollte gleichfalls kürzer leben;
glaubt mir das, vertraut darauf!«
Und schluchzend fügte er hinzu:
»Hilfsbereite, liebe Frau!«
Und damit nahm er sie
eng und fest in seine Arme;
ihre Augen, ihre Wange
küßte er, vom Leid gepackt,
oft, zu wiederholten Malen.
»Schöne«, sprach er, »tut das Rechte,
handelt als loyaler Mensch,

laßt mich und die verehrte Isolde,
leidend an der Leidenschaft,
Euch anempfohlen bleiben.
Bedenkt uns zwei gemeinsam
mit Gutem, sie und mich.«
»Herr, das werd ich gerne tun.
Wenn Ihr gestattet, geh ich nun.
Tut, was ich empfohlen habe,
und leidet nicht zu sehr.«
»Gott möge Euren guten Ruf
und Euren schönen Leib erhalten.«
Verbeugung, weinend, der Brangaine,
und tief betrübt ging sie davon.
Tristan, Mann der Trauer,
der schnitt und warf die Späne,
wie dies Beraterin Brangaine
als Lösung vorgeschlagen hatte.
Die Quelle und der Ölbaum-Schatten:
hier traf er seine Herrin Isolde
(ganz allein, die Lage war günstig!)
in acht Tagen gut achtmal,
ohne daß es jemals einer merkte,
ohne daß es je ein Auge sah.
Freilich, eines Nachts geschah es,
als Tristan wieder in die Richtung ging,
daß ihn, ich weiß nicht wie, Melot,
der verfluchte Zwerg,
dies Werkzeug des Teufels,
durch einen schlimmen Zufall sah,
und er schlich ihm nach dorthin,
und sah ihn zu dem Ölbaum gehn
und nicht lange bei ihm warten,
bis eine Dame zu ihm kam,
und er nahm sie in die Arme.
Wer jedoch die Dame war,
das konnte er nicht sicher sagen.

Und schon am nächsten Tage,
ein wenig vor der Mittagsstunde,
schlich Melot erneut auf seinen Weg,
und er hatte seine Brust

mit vorgetäuschten Klagen,
mit Arglist vollgestopft,
und so trat er auf vor Tristan.
»Wahrhaftig, Herr«, so sagte er,
»ich kam in großen Ängsten her.
Seid Ihr doch derart dicht
von Spähern, Spitzeln hier umgeben,
daß ich mich, wahrlich, unter großen
Gefahren hergeschlichen habe,
indem daß mir die treue Isolde,
die vortreffliche Königin,
von Herzen leid tut, denn sie ist
leider, jetzt in dem Moment,
in arger Klemme, wegen Euch.
Sie trug mir auf, zu Euch zu gehn;
sie konnte keinen andren finden,
der in dieser heiklen Sache
in solchem Maß geeignet wäre.
Sie bat mich, sie befahl es mir,
daß ich Euch Grüße von ihr bringe,
und zwar aus ganzem Herzen,
und Euch sehr dringlich bitte,
daß Ihr sie dort noch heute trefft –
ich weiß nicht wo, Ihr wißt es gut –,
wo Ihr zuletzt bei ihr gewesen,
und daß Ihr dabei pünktlich seid,
zur bekannten Stunde, Zeit,
wenn Ihr Euch sonst dorthin begebt.
Weiß nicht, wovor sie warnen will,
jedoch, Ihr könnt mir völlig glauben:
ihr Leid und Euer Unglück –
ich hab noch nie so Schmerzliches
miterlebt wie diesbezüglich.
Herr, Monsieur Tristan,
ich gehe nun, mit Eurer Erlaubnis.
Ich richt ihr Eure Wünsche aus.
Ich wage nicht, hier noch zu bleiben;
wenn mich bei diesem Botengang
die Hofgefolgschaft sehen würde,
so könnt mir Schaden draus entstehn.
Sie erklären (glauben es sogar!),

was zwischen Euch und ihr geschah,
sei nur durch *mich* vermittelt worden.
Dazu will ich vor Gott erklären –
und vor euch beiden –, daß dies nie
durch Zutun meinerseits geschah.«
Tristan fragte: »Träumt Ihr, Freund?!
Was erzählt Ihr mir denn da?!
Welchen Argwohn hat der Hof?!
Was hätten sie und ich getan?!
Weg hier, rasch, zum Teufel mit Euch!
Doch seid Euch über eines klar:
was die auch denken und erklären –
hielt mich nicht in erster Linie
mein Ehrgefühl zurück,
so kämt Ihr nicht mehr an den Hof,
um dort als Nachricht zu erzählen,
was Ihr im Traume hier erlebt!«

Melot ging fort und ritt sogleich
zu Marke in das Jagdrevier,
und er versicherte ihm dort,
daß er den schlüssigen Beweis
in diesem Fall erbringen könne,
und er erzählte: So... und so...,
was geschehn war an der Quelle.
»Ihr könnt den Nachweis selber sehn!«
sprach Melot. »Herr, wenn Ihr wollt,
so reiten wir heut nacht dorthin.
Ich bin in diesem Punkte sicher:
wie immer sie das schaffen werden,
heut nacht erscheinen beide dort.
Dann könnt Ihr selber sehen,
was sie miteinander treiben.«
Der König ritt mit ihm dorthin,
um seinem Herzleid aufzulauern.
Als sie in der Abendstunde
in den Obstbaum-Garten kamen,
um ihre Tätigkeit aufzunehmen,
da fanden Marke und Melot
keinen Ort für ein Versteck,
der als Fang- und Fallenplatz

gut und günstig für sie wäre.
Doch es stand dort bei der Quelle
ein mittelgroßer Ölbaum,
niedrig, doch passabel breit;
es kostete die beiden Mühe,
auf diesen Baum hinaufzuklettern.
Sie saßen obendrin und schwiegen.

Als es Nacht zu werden begann,
schlich Tristan wieder auf die Fährte.
Kaum war er im Obstbaum-Garten,
nahm er seine Botenspäne
und warf sie in die Strömung
und ließ sie weitertreiben.
Sie meldeten mit Dringlichkeit
der begehrenden Isolde,
ihr Geliebter sei nun da.
Tristan schritt, vorbei an der Quelle,
zur Wiese mit dem Schatten
des Olivenbaums. Er blieb
dort stehen, in Gedanken;
er erwog in seinem Herzen
sein Unglück voller Heimlichkeiten.
So kams, daß er den Schatten
von Melot und Marke sah,
denn der Mond schien hell
durch das Baumgeäst herunter.
Als er den Schatten dieser beiden
in aller Deutlichkeit erblickte,
machte ihm das große Furcht,
denn er erkannte hier sofort
den Hinterhalt, die Schlingenfalle.
»Gott der Herr«, so dachte er,
»beschütz Isolde und auch mich!
Wenn sie nicht gleich an diesen Schatten
den Fang- und Fallenplatz erkennt,
kommt sie geradenwegs zu mir!
Wenn dies geschieht, so wird es
Leid und Jammer für uns bringen.
Gott der Herr, in Deiner Gnade,
gewähr uns weiter Deinen Schutz!

Behüt Isolde auf dem Weg,
lenke jeden ihrer Schritte,
warn die Gute irgendwie
vor diesem Hinterhalt, der Falle
(für uns beide angelegt),
bevor sie etwas sagt und tut,
bei dem man sich was Schlimmes denkt.
Ja, Herrgott, erbarme Dich
ihrer und auch meiner!
Dir seien unser Ansehn, Leben
heute nacht anheimgegeben.«

Seine königliche Herrin
und ihrer beider Freundin,
die makellose Brangaine,
sie beide gingen nun allein,
um Tristans Zeichen zu erspähn,
in den Garten ihrer Leiden,
in dem sie immer wieder
(sofern sie keiner sehen konnte)
gemeinsam ihren Schmerz beklagten;
dort schritten sie denn auf und ab,
trauernd, klagend und besprachen
die Geschichte ihrer Leidenschaft.
Und es bemerkte die Brangaine
sehr bald die Botenspäne
im fließenden Gewässer;
sie winkte ihre Herrin näher.
Isolde griff sie und beschaute sie,
sie las *Isolde*, sie las *Tristan*.
Und sie nahm sogleich den Umhang,
zog ihn über ihren Kopf,
schlich durch Blumen und durch Gras
dorthin, wo Baum und Quelle waren.
Als sie nah genug heran war,
daß sich beide sehen konnten,
blieb Tristan stehn, wie angewurzelt –
was er noch nie zuvor getan!
Wenn sie vorher zu ihm ging,
kam er ihr stets ein Stück entgegen.
Nun fragte sich Isolde

verwundert und mit Nachdruck,
was dies wohl zu bedeuten habe.
Ihr Herz, es wurde schwer,
sie begann, ihr Haupt zu senken
und furchtsam ging sie auf ihn zu:
große Angst auf ihrem Weg...
Als sie nun, mit höchster Vorsicht,
dem Baum ein wenig näherkam,
sah sie Schatten dreier Männer –
und wußte nur von *einem* dort.
Daran erkannte sie sofort:
ihr wurde nachgestellt, ein Fangplatz!
Hinzu kam das Verhalten Tristans –
dies mit Blick auf sie.
»Ah, das ist ein Mordanschlag!«
dachte sie. »Was soll draus werden?
Wer legte hier die Fallen aus?
Es steckt bestimmt mein Mann dahinter –
wo immer der versteckt sein mag!
Ich fürchte sehr, wir sind verraten!
Herr des Himmels, schütze uns!
Hilf, daß wir von hier
mit Anstand auf den Rückweg kommen.
Herr, behüte ihn und mich!«
Und weiter dachte sie bei sich:
»Weiß Tristan von der bösen Sache
oder weiß er nichts davon?«
Sie zog jedoch sogleich den Schluß,
er hätt den Fallenplatz erkannt;
sein Verhalten zeigte es.
  Sie blieb in großem Abstand stehn:
»Herr Tristan, ich bin sehr verstimmt,
daß Ihr Euch meines schlichten Gemüts
so gewiß, so sicher seid,
daß Ihr – und das zu *dieser* Zeit! –
darauf besteht, mit mir zu sprechen.
Daß Ihr auf Euer Ansehn achtet
vor Eurem Onkel und vor mir,
dies wäre als Benehmen schicklich
und würd zu Eurer Loyalität
und meinem Ansehn besser passen,

als derart spät noch ein Gespräch
anzusetzen und mir solche
Heimlichkeiten zuzumuten!
Nun erklärt mir, was Ihr wünscht.
Ich stehe hier und habe Angst.
Allein, Brangaine ließ nicht locker –
nachdem sie heute von Euch kam –
mit ihrem Bitten, dem Empfehlen,
zu Euch hierher zu kommen
und Eure Klage anzuhören.
Daß ich der Empfehlung folgte,
ist ein verhängnisvoller Fehler.
Jedoch, sie sitzt hier in der Nähe.
Ich bin zwar meiner Sache sicher,
doch wo die bösen Menschen lauern,
da gäbe ich wahrhaftig lieber
einen Finger meiner Hand,
ehe einer rausbekäme,
daß ich mich hier bei Euch befinde.
Man hat schon derart oft Gerüchte
über Euch und mich verbreitet!
Sie würden alle darauf schwören,
wir beiden wären schwer belastet
durch eine Liebschaft des Betrugs.
Am Hof ist der Verdacht verbreitet.
Gott selber aber weiß genau,
wie meine Gefühle für Euch sind.
Ich gehe noch ein bißchen weiter:
es möge Gott mein Zeuge sein,
daß ich von meinen Sünden
nie anders los- und ledigkomme,
als durch das Maß und durch die Art
meiner Gefühle Euch gegenüber.
Und ich erklär vor Gott: noch nie
bekam ich Lust auf einen Mann,
und jeder Mann ist jetzt und künftig
aus meinem Herzen ausgesperrt,
außer jenem *einen*, der von mir
die erste Rosenblüte
der Jungfräulichkeit erhielt.
Daß mich Marke, mein Gemahl,

derart stark verdächtigt
in Blick auf Euch, Herr Tristan,
weiß Gott, da macht er einen Fehler,
denn letztlich weiß er sehr genau,
wie meine Gefühle für Euch sind.
Die mich in dies Gerede brachten,
weiß Gott, die sind sehr vorschnell,
die kennen mein Gefühl doch gar nicht!
Ich hab Euch hunderttausendmal
Freundschafts-Gesten vorgeführt
aus Liebe, die ich zu dem *einen*
empfinde, den ich lieben soll,
und nicht aus Arglist – wie Gott weiß!
Es schiene mir sehr angebracht
(und das wär es in der Tat!),
es würde sehr mein Ansehn fördern,
wenn ich allen Knappen, Rittern
(verwandt, befreundet mit Herrn Marke)
die Honneurs erweisen würde.
Jedoch man legt es bei mir falsch aus!
Ich will Euch dennoch keine Feindschaft
zeigen wegen ihrer aller Lügen.
Herr, was Ihr mir zu sagen habt,
das sagt mir, denn ich will jetzt gehn.
Ich kann hier nicht länger bleiben.«
Tristan: »Hochverehrte Herrin,
ich habe nicht den kleinsten Zweifel,
daß Ihr nur sagen, machen würdet,
was edler Anstand, guter Ruf gebieten –
wenn man Euch darin unterstützte.
Doch die Verleumder lassen Euch nicht,
die Euch, die mich so sehr verdächtigt
und die uns, ohne jeden Grund,
um meines Herrn Gunst gebracht –
bei Unschuld, die erwiesen ist,
wie Gott sehr klar erkennen muß.
Hochverehrte, treffliche
Königin, so macht Euch klar,
bezieht in die Gedanken ein,
daß ich vor Euch, daß ich vor ihm
in keiner Weise schuldig bin,

und gebt auch meinem Herrn den Rat,
seinen Zorn und seine Feindschaft,
die er grundlos mir erweist,
daß er beides höflich, höfisch
verberge – zumindest für die Dauer
der kommenden acht Tage;
solange möge er, mögt Ihr
euch so zu mir verhalten,
als wärt ihr gnädig mir gewogen;
ich mache mich in dieser Frist
fertig für die Reise weg von hier.
Mein Herr, der König, Ihr und ich,
wir ruinieren unser Ansehn!
Wenn ihr euch weiter so verhaltet,
in Blick auf mich, indes ich reise,
so sagen dazu unsre Feinde:
›Hier war bestimmt was dran…
Schaut nur, wie in diesem Fall
Monsieur Tristan Abschied nahm –
der König war ihm gar nicht gnädig…!‹«
Isolde: »Nein, Monsieur Tristan,
lieber würde ich den Tod erleiden,
als meinen Herrn zu bitten,
mir zuliebe was zu tun,
das in Verbindung stünd mit Euch.
Es ist Euch wohlbekannt,
daß er mir schon lange
wegen Euch sehr böse ist,
und wüßte er, wär ihm bekannt,
daß ich jetzt hier bei Euch bin,
alleine, dies noch in der Nacht,
da käm ich derart ins Gerede,
daß er mir nie mehr wieder
Freundlichkeit erwiese, Ehre. –
Ob Argwohn einfach so entsteht,
das weiß ich wirklich nicht;
ich frag mich aber, dies erstaunt,
aus welchem Anlaß mein Herr Marke
diesen Argwohn fassen konnte,
wer ihm dies eingeredet hat,
wo mir doch niemals auffiel

(worin wir Frauen ja sehr rasch sind!),
daß sich in Eurem Verhalten zu mir
eine schlimme Absicht zeigte
oder daß ich mich vor Euch
unbesonnen, falsch verhielt.
Ich weiß nicht, was uns hier verriet,
weiß nur: es steht um unsre Sache
ganz erbärmlich schlecht;
dies möge der allmächtige Gott
beizeiten in Erwägung ziehn
und für gerechten Ausgleich sorgen.
Nun Herr, wenn Ihr gestattet:
ich will gehn. Und Ihr geht auch!
Was Euch belastet, Euch bedrückt,
das wisse Gott, es tut mir leid.
Ich hätte wahrlich Grund genug,
Euch Feindschaft zu erweisen,
doch stelle ich dies nun zurück.
Mir tut es leid, daß Ihr zur Zeit
nur wegen mir so sehr
belastet seid, ganz ohne Grund.
Drum verzeih ich diesen Vorgang...
Und wenn der Tag gekommen ist,
da Ihr dies Land verlassen müßt,
Herr, so mög Euch Gott beschützen;
der Königin des Himmels,
der mögt Ihr anbefohlen sein. –
Zu Eurer Bitte, Eurem Auftrag:
wüßte ich, daß meiner Empfehlung
Erfolg beschieden wäre,
vollbrächte ich mit Rat und Tat
alles, was erwarten ließe,
daß dies zu Eurem Vorteil wäre.
Doch habe ich die große Furcht,
daß mein Herr dies falsch versteht.
Wie dies auch immer enden,
wie sehr mich dies gefährden mag,
ich will es Euch zugute halten,
daß Ihr mit meinem Herrn und mir
kein falsches Spiel getrieben habt.
Was auch draus wird, ich setze mich,

so gut ich kann, für Eure Bitte ein.«
»Danke, Herrin«, sagte Tristan.
»Und was Ihr dort als Antwort hört,
das gebt mir augenblicklich weiter!
Doch fällt mir irgend etwas auf,
verlasse dann vielleicht das Land,
ohne Euch zuvor zu treffen –
was immer dann mit mir geschähe,
höchst vortreffliche Königin,
so möget Ihr gesegnet sein
von allen Himmelsscharen. Gott
weiß sehr genau: auf Meer und Erde
war niemals eine Frau so makellos.
Herrin, Euer Leib und Eure Seele,
Eure Ehre, Euer Leben,
sie seien Gott anheimgegeben!«
So nahmen beide Abschied.
Seufzend, trauernd
ging die Königin zurück,
amarend und amourend,
mit geheimgehaltnen Schmerzen
ihres Leibes und im Herzen;
Tristan, Mann der Trauer,
ging gleichfalls trauernd fort,
und heftig weinte er;
der traurige Marke,
der droben in dem Baume saß,
den stimmte all dies traurig,
ihn machte tief betroffen,
daß er vom Neffen, seiner Frau
so Schlimmes denken konnte.
Die ihn dazu verleitet hatten,
die verfluchte er von Herzen,
mit dem Mund wohl tausendfach.
Gegen Zwerg Melot
erhob er schweren Vorwurf,
weil ihn der Zwerg betrogen hatte,
die makellose Frau verleumdend.

Sie kletterten vom Baum herunter
und ritten voller Jammer, Leid
zurück zu ihrer Jagd.

Marke und Melot, sie beide
litten auf verschiedne Weise:
Melot infolge des Betrugs,
den er begangen haben sollte,
Marke wegen jenes Argwohns,
weil er den Neffen, seine Frau
und zu allermeist sich selbst
in einem solchen Maß belastet
und am Hof, auf Herrensitzen
dem Gerede ausgesetzt.

Sogleich am nächsten Morgen
ließ er allen Jägern sagen,
sie sollten bleiben, weiter jagen.
Er selber ritt zur Burg zurück.
»Herrin, Königin, erzählt mir,
womit habt Ihr die Stunden,
Eure Zeit inzwischen so verbracht?«
»Herr, mein Werk der Mußestunden
war Leid, das gar nicht nötig war.
Jedoch in meiner freien Zeit:
die Harfe und die Leier zupfen...«
»Leid, das gar nicht nötig war?!
Was war denn das? Wie kam denn dies?«
Isolde sprach mit sanftem Lächeln:
»Wie es auch kam... es kam dazu,
kommt heut dazu, in Zukunft auch:
trauern, grundlos lamentieren –
das ist bei mir, bei Damen Brauch.
So machen wir die Herzen rein
und unsre Augen wieder klar...
Wir machen aus dem Nichts
klammheimlich sehr viel Leid,
doch plötzlich schieben wir das weg!«
So setzte sie das scherzend fort.
Doch Marke dachte drüber nach,
erwog in jeder Hinsicht
ihre Worte, die Bedeutung.
»Nun, Herrin«, sprach er, »sagt mir:
weiß hier jemand, wißt Ihr selbst,
wie Tristans Zustand ist?

Als ich kürzlich von hier wegritt,
hörte ich, er wäre krank.«
»Ja, es stimmt, was man Euch sagte«,
gab die Königin zur Antwort;
sie meinte das mit Blick auf Liebe,
sie kannte seine Krankheit gut,
und daß sie von der Liebe kam.

Der König fragte weiterhin:
»Was wißt Ihr hier...? Von wem?«
»Ich weiß allein, was ich vermute,
nach dem, was mir Brangaine
noch vor kurzer Zeit
über seine Krankheit sagte.
Sie sah ihn gestern noch
und trug mir auf, die Klage Tristans
vor Euch zu wiederholen, wörtlich,
indem ich Euch, in Gottes Namen, bäte,
nicht mehr in solchem Ausmaß
vorzugehen gegen seine Ehre,
indem Ihr die Beleidigungen
dieses Mannes mäßigtet
für einen Zeitraum von acht Tagen
(bis dahin sei er reisefertig),
und daß er Euren Hof
ehrenvoll verlassen
und aus dem Lande reisen dürfe. –
Der Wunsch ist an uns zwei gerichtet.«
Sie wiederholte Tristans Bitten,
wie an der Quelle von ihm gestellt
und wie sie Marke im Verlauf
des Gespräches selbst gehört.

Der König: »Herrin, Königin,
es sei in Ewigkeit verdammt,
der mich dazu verleitet hat!
Daß ich ihn je verdächtigte,
dies schmerzt mich zutiefst,
hab ich doch vor kurzer Zeit
begriffen, daß er schuldlos ist.
Ich ging der Sache auf den Grund.
Hochverehrte Königin,
liebt Ihr mich auch weiterhin,

so sei – für Euch – der Zorn vorbei.
Was Ihr getan wünscht, sei getan.
Stellt uns einander gegenüber
und legt für uns die Sache bei.«
  Die Königin sagte: »Herr, ich will
mir hier nicht große Mühe geben,
denn legte ich dies heute bei,
so kehrtet Ihr schon morgen wieder
zurück zu Eurem alten Verdacht.«
»Nein, bestimmt nicht! Nie und nimmer!
Ich werde nie mehr wieder tun,
was ihm an seine Ehre geht,
und ich werde Euch, die Herrin,
wegen Höflichkeit im Umgang
nicht noch einmal verdächtigen.«
  Er versprach es ihr verbindlich.
Tristan wurde gleich geholt,
und mit voller Überzeugung
wurde die Verdächtigung
gütlich ausgeräumt.
Isolde wurde Tristan
im Handschlag der Verpflichtung
erneut zur Obhut übergeben.
Er gewährte Schutz und Hilfe,
umsorgte sie in jeder Hinsicht;
sie und ihre Kemenate,
sie waren fest in seiner Hand.
Tristan und Isolde, seine Dame,
sie führten nun ein gutes Leben,
fanden die Erfüllung ihrer Lust,
sie setzten nach der schweren Zeit
ihr Leben wunschlos glücklich fort –
wenn auch nur für kurze Zeit
ohne immer neues Leid.

***

Ich sag mit Recht und öffentlich,
daß keine Art von Nessel
so brennt und derart böse ist

wie der böse Nachbarsmann,
daß nichts derart gefährlich ist
wie ein falscher Hausgenosse.
Mit Falschheit mein ich dies:
wo man Freunden Freundschaft vortäuscht
und im Herzen Feindschaft hegt,
ist man in übelster Gesellschaft,
denn der falsche Hausgenosse
hat ständig Honig auf den Lippen
und Gift im Stachel-Hinterteil;
dort bringt der giftige Neid
dem Freund in jeder Angelegenheit,
die er hört und die er sieht,
nichts als Niederlagen bei –
und doch schützt *keiner* sich vor ihm!
Wenn hingegen einer offen
den Feind in seinen Hinterhalt
geraten läßt, um ihm zu schaden,
so zähle ich das nicht zur Falschheit;
solang er offne Feindschaft zeigt,
schadet er nicht allzuviel;
doch nistet er sich ein im Haus,
so sei man vor ihm auf der Hut!

So nisteten sich ein:
Melot und Meriadoc. Oft, ja häufig
suchten sie nun wieder Tristans Nähe,
jedoch mit Falschheit in den Herzen;
einer wie der andre bot ihm
mit Falschheit und mit Hinterlist
die vertrauten Dienste an.
Tristan hatte sich schon stets
davor geschützt, mit Nachdruck,
er schützte ebenfalls Isolde.
»Seid wachsam, Herzenskönigin,
paßt auf Euch auf – dies auch für mich –
bei allem, was Ihr sagt und tut;
wir sind von drohenden Gefahren
umgeben und umstellt.
Zwei giftge Nattern gibt es da
in Gestalt von Tauben, die uns beide

unablässig sanft umgurren –
vor denen haltet Eure Sinne
gut beisammen, schönste Königin!
Denn wo die Hausgenossen
beköpft sind wie die jungen Tauben,
beschwänzt sind wie die Natternbrut,
da schlage man das Kreuz vor Hagel
und segne sich vor jähem Tod.
Verehrte Herrin, schöne Isolde,
nehmt Euch namentlich in acht
vor Melot, der Natter,
und dem Köter Meriadoc!«
  Die beiden waren wirklich so:
hie die Natter, dort der Köter!
Was die Liebenden auch machten,
wohin sie sich auch immer
begeben mochten – diese beiden
stellten ihnen dauernd nach,
wie die Natter und der Köter;
vom Morgen bis zum Abend
wirkten sie auf Marke ein,
intrigierend, denunzierend,
bis er wiederum begann,
in der Liebe einen Schwenk zu machen,
die Liebenden wieder zu verdächtigen,
wieder ihren Heimlichkeiten
nachzuforschen, Fallen zu stellen.

Eines Tages: Aderlaß bei Marke –
ein Rat der falschen Hausgenossen...
Isolde, Tristan waren bei ihm;
sie merkten nicht, daß ihnen hier
ein Unheil von bestimmter Art
als Fangnetz vorbereitet war,
sie ahnten keinen Hinterhalt.
Sich gesellig unterhaltend,
lag denn das vertraute Grüppchen
den ganzen Tag bequem im Raum –
kein lautes Wort und kein Spektakel...
Nach dem zweiten Tag, zur Nacht,
als der Hofstaat draußen war

und Marke schlafen wollte,
da lagen in der Kemenate
(wie zuvor schon arrangiert)
nur Marke und Isolde
und Tristan und Brangaine
und Melot und eine junge Dame.
Es waren hier die Kerzenlichter
wegen ihrer Helligkeit
gedämpft durch Bettvorhänge.
Als zur Matutin
das Geläut begann, da zog sich
Marke völlig schweigend an,
den Gedanken überlassen,
befahl Melot dann, aufzustehn
und mit ihm zur Mette zu gehn.
Als Marke fortging von dem Bett,
da nahm Melot sein Mehl,
bestreute so den Estrich:
sollte jemand an das Bett
des Marke gehen, von ihm weg,
so würden dies die Spuren zeigen.
Darauf gingen beide fort.
Ihre Andacht konnte sich
aufs Beten wenig konzentrieren...
  Brangaine sah sofort am Mehl,
daß ein Fangplatz angelegt war.
So tapste sie zu Tristan hin,
sie warnte ihn und ging zurück
und legte sich erneut ins Bett.
Für Tristan war die Schlingenfalle
im tiefsten Innern lästig:
es war das Herz in seinem Leib
voll Begehren nach dem Weib,
und er dachte drüber nach,
wie er zu ihr gelangen könnte.
Er handelte gemäß dem Wort,
daß Liebe keine Augen hat,
daß Lust vor nichts zurückschreckt,
sobald sie es ganz ernst meint.
»Hah«, so dachte er bei sich,
»Herrgott, was mache ich

mit der verfluchten Falle?!
Dies Wettspiel, es verlangt von mir
einen wahrlich hohen Einsatz!«
So stellte er sich auf sein Bett
und überlegte hin und her,
mit welchem Trick er rüberkäme.
Schon war dort soviel Helligkeit,
daß er das Mehl sofort entdeckte.
Nun schien ihm die Distanz
für einen Sprung doch allzu groß,
er wagte nicht den Gang hinüber;
er mußte sich für das entscheiden,
was von beidem besser war.
Er setzte seine Füße parallel
und schnellte, ohne Anlauf, ab.
Tristan, blind im Liebesdrang,
ging im combat, beim Ritterstoß,
weit über seine Kraft hinaus.
Er sprang zum andren Bett hinüber,
verlor das Wettspiel in der Tat,
denn ihm platzte seine Ader;
das sollt ihm viele Schwierigkeiten
und auch viel Leid bereiten...
Es besudelte sein Blut
(wie das bei Blut so üblich ist)
das Bett, das ganze Laken,
befleckte es an vielen Stellen.
Er lag nur eine kurze Zeit –
und Purpurseide, soie changeante
des Bettzeugs auf dem Bett,
sie waren ganz und gar besudelt.
Und er sprang – zurück wie hin –
auf sein Bett und lag dort bis
zum hellen Tag und dachte nach.

Nun kam Marke bald zurück
und schaute auf den Estrich,
musterte den Fallenplatz –
und es war dort nichts zu sehn.
Doch als er dann hinüberging
und Spuren suchte auf dem Bett,

da sah er Blut und nochmals Blut.
Das bedrückte sein Gemüt.
»Was bitte, königliche Herrin,
was soll das hier bedeuten?
Wie kam dies Blut aufs Bett?«
»Die Ader platzte mir. Da lief es aus.
Ist grad erst wieder zugegangen...«
Er wollte Tristan daraufhin
eigenhändig untersuchen –
nur so, als wäre dies ein Scherz...
»Aufstehn«, sagte er, »Herr Tristan!«
Und er schlug das Tuch zurück
und sah dort Blut – wie drüben.
Da schwieg er, sagte nicht ein Wort.
Er ließ ihn liegen und ging fort.
Die Gedanken, all sein Denken,
sie wurden damit sehr belastet;
er dachte, dachte als ein Mann,
dem es dämmert – nicht erheiternd...
So hatte er nach langer Jagd
sein herzbewegendes Leid gestellt.
Doch vom Geheimnis dieser beiden
und vom wahren Hergang,
davon wußte er nicht mehr,
als das Blut ihm sichtbar machte,
doch reichte dies Indiz nicht aus.
Mit seinem Zweifel, seinem Argwohn,
die er zuvor ganz aufgegeben,
mit denen war er wieder im Joch.
Weil er auf dem Estrich keine
Spuren fand vor seinem Bett,
da wähnte er, sein Neffe hätte
einen Fehltritt nicht begangen;
weil er jedoch die Königin
und sein Bett mit Blut befleckt sah,
da überfielen ihn sofort
böse Gedanken, böse Gefühle –
wie üblich unter Zweifelnden.
Er wußte nicht, wohin mit seinem Zweifel.
Er glaubte dies, er glaubte das,
er wußte nicht mehr, was er meinen

oder was er glauben sollte.
Zu diesem Zeitpunkt hatte er
in seinem Bett die Spuren
des Ehebruchs gefunden,
doch keine Spuren *vor* dem Bett.
Ihm wurde damit der Beweis
erbracht, zugleich entzogen.
Mit diesen zwein war er betrogen;
diese beiden: wahr und unwahr,
sie nahm der Argwohn in sich auf,
und er schloß sie wieder aus.
Er wollte sie nicht schuldig sprechen,
sah ihre Unschuld nicht erwiesen.
Dies Dilemma griff
dem Zweifelnden ans Herz.

Marke, in die Irre geführt,
war jetzt in vollem Maße
beschwert von Überlegungen,
auf welche Weise er sich hier
selbst geraderücken könnte
und den Verdacht geradebiegen,
wie er dieser Zweifelsbürde
los und ledig würde,
wie der Hof von krummen
Gedanken abzubringen sei,
denen er doch selbst verfiel:
über seine Frau Isolde
und über seinen Neffen Tristan.
Er berief die Fürsten ein,
an deren Treue er stets glaubte,
erzählte ihnen vom Verdruß
und sagte ihnen, ein Gerücht
sei dort am Hof entstanden,
und welch große Furcht er habe
um seine Ehe, seine Ehre,
erklärte (was er selbst nicht glaubte):
seit der Vorwurf gegen beide
offen ausgesprochen wurde,
ein Gerücht sei unter Landesherren,
daß er – ernstlich! – mit der Königin

nicht freundlich, nicht intim sein könne,
bevor sie ihm nicht öffentlich
bewiesen hätte, sie sei schuldlos, treu.
Er brauche ihrer aller Empfehlung,
wie er bezüglich der Verfehlung
den Zweifel nichtig mache
(in ihrem Sinne oder nicht...),
wie das seine Ehre fordre.
Sein Anhang, seine Lehensleute,
sie empfahlen ihm sofort,
daß er nach England, London
ein Konzil berufe
und dort der hohen Geistlichkeit,
den gelehrten antistites,
die das kanonische Recht vertreten,
von seiner Wirrnis zu berichten.
Es wurde dies Konzil sofort
nach London einberufen,
und zwar auf Ende Mai,
nach der Woche mit dem Pfingstfest.
Gemäß der Ladung König Markes,
die teils Bitte, teils Befehl war,
kamen zur besagten Sitzung
große Scharen Kleriker und Laien.
Auch Marke kam dorthin. Es kam
Isolde. Auf den beiden
lasteten die Furcht, die Sorge.
Isolde hatte große Furcht,
Leben, Ehre zu verlieren,
und Marke hatte große Sorge,
daß er, in Gestalt der Frau,
sein eignes Glück und seine Würde
erheblich einzuschränken hätte.

Als Marke im Konzil den Vorsitz
übernommen hatte, klagte er
seinen Landesfürsten, wie sehr ihm
das Schandgerücht zu schaffen mache.
Und er bat sie äußerst dringlich,
im Namen Gottes und bei ihrer Ehre:
soweit sie sachverständig seien,

möchten sie für ihn ein Mittel,
ein geeignetes Verfahren finden,
das ihm bei dieser Verfehlung
Urteil, Strafe formuliere
und den Fall bereinige –
in diesem oder jenem Sinne.
Dazu gaben einige Herren
ihre diversen Meinungen kund,
mal positiv, mal negativ,
dieser so und jener anders.
Und es erhob sich einer der Fürsten
unter den Versammelten,
durch Verstand und Lebensreife
auserwählt zu gutem Rat,
vornehm, im gesetzten Alter,
mit grauem Haar und klugem Kopf;
der Bischof von der Themse
hielt sich fest an seinem Krummstab.
»Herr und König, hört mich an!
Uns Fürsten hier aus England
habt Ihr zum Konzil berufen,
weil Ihr des loyalen Ratschlags
aufs äußerste bedürftig seid.
Zu diesen Fürsten zähl ich auch,
ich habe meinen Platz bei ihnen.
Des weitren bin ich alt genug,
daß ich – und zwar für *meine* Person –
tun und lassen – *und* auch reden darf,
mit Recht, was ich zu reden habe.
Jeder rede hier für seine Person!
Herr, so trage nun auch ich
die Meinung vor – für meine Person.
Erscheint Euch meine Meinung richtig,
vermögt Ihr sie zu teilen,
so leistet ihr und meinem Rat auch Folge.
Mylady und Monsieur Tristan
wirft man gewisse Verfehlungen vor,
doch sind sie weder durch Indizien
noch durch Zeugen überführt,
soweit ich hierzu informiert bin.
Wie könnt Ihr diesen krummen Verdacht

durch krumme Tour geradebiegen?!
Wie könnt Ihr Urteil sprechen
über Euren Neffen, Eure Frau,
das deren Leben, Ehre angeht,
ohne daß man sie da eines
Vergehens überführt hat,
wohl auch niemals überführen kann?
Ein gewisser Jemand klagt bei Tristan
diesen Verdacht und jene Schuld ein,
doch bringt dafür nicht den Beweis,
wozu er rechtsverpflichtet wäre.
Ein gewisser Jemand bringt
auch Isolde leichthin ins Gerede –
und kann es nicht beweisen!
Da ihr vom Hofe so entschieden
ein Fehltritt vorgeworfen wird,
so müßt Ihr von der Königin
getrennt sein, dies von Tisch und Bett,
und zwar bis an den Tag, an dem sie
beweist, daß sie nicht schuldig ist –
dies vor Euch wie vor den Ländern,
in denen das Gerücht sich hält
und täglich mehr verbreitet wird.
Leider ist nun mal das Ohr
sehr empfänglich für Gerede,
egal, ob richtig oder nicht.
Ob es wahr ist oder unwahr –
was als Gerücht in Umlauf kommt,
was auf Beschuldigung hinausläuft,
das animiert, das stimuliert
zur jeweils schlimmeren Version.
Wie immer sichs bei ihr verhält,
ob das nun wahr ist oder nicht –
der Verdacht, der Schuldvorwurf
fand so großen Widerhall,
daß dies für Euch zur Kränkung wurde
und der Hof es übelnimmt.
Herr, ich empfehl Euch folgendes:
da Mylady, die Königin,
wegen eines solchen Fehltritts
ins Gerede kam,

so lade man sie hierher vor,
bringe sie vor unsre Instanz,
damit man Eure Klage
und die Verteidigung von ihr
hofgerecht zur Kenntnis nimmt.«
Der König: »Herr, ich leiste Folge.
Was Ihr empfohlen habt, in Eurer Rede,
das scheint mir angemessen, annehmbar.«
Man lud Isolde vor. Sie kam
zu dem Konzil, in den Palast.
Als sie Platz genommen hatte,
tat der Bischof, der ergraute,
der weise von der Themse,
was ihm der König aufgetragen.
Er erhob sich und er sprach:
»Herrin Isolde, treffliche Königin,
meine Rede soll Euch nicht belasten.
Der König, mein Herr, befiehlt mir,
hier sein Anwalt zu sein; nun muß ich
vor Euch den Auftrag auch erfüllen.
Gott selber möge mein Zeuge sein:
was Eurem Ansehn nicht entspricht,
was Eure Reinheit ihres Lobs beraubt,
das bringe ich mit Widerstreben
ans Licht und damit vor Gericht.
Bliebe mir das bloß erspart!
Verehrte, gute Königin,
Euer Mann und Euer Gemahl,
er läßt mich Euch verklagen,
nach öffentlicher Beschuldigung.
Ich weiß nicht, er weiß gleichfalls nicht,
was hier geahndet werden soll,
jedoch an Hof und Herrensitzen
brachte man Euch in Verbindung
mit seinem Neffen Tristan.
Königliche Herrin, will es Gott,
seid Ihr bezüglich dieses Vorwurfs
losgesprochen von der Schuld!
Allerdings, er hegt Verdacht,
weil der *Hof* das so behauptet:
was meinen *Herrn* betrifft, so hat er

an Euch nur Gutes stets gefunden.
Durch Gerüchte, die der Hof verbreitet,
ist sein Verdacht auf Euch gefallen
und nicht, weil ein Beweis erbracht ist.
Er klagt Euch *deshalb* an,
damit sein Anhang, seine Lehnsherrn
hören und zur Kenntnis nehmen,
wie er mit unser aller Hilfe
dies Gerücht, die Unwahrheit
zunichte machen kann.
Mir scheint es gut, wenn es geschieht:
daß Ihr ihm wegen des Verdachts
vor dieser unserer Instanz
Rede, Antwort steht.«
Da sie das Wort erhalten hatte,
erhob sich die kluge Isolde,
die äußerst kluge Königin,
begann zu sprechen, ohne Anwalt:
»Eminenz, Herr Bischof,
barons des Landes, Herren des Hofs –
ihr alle habt das Recht zu wissen:
soweit ich diese Kränkung meines Herrn
und meiner selbst zurückweisen muß,
da weis ich dies entschieden zurück!
Das gilt für jetzt, gilt jederzeit!
Hohe Versammlung, ich weiß durchaus,
daß ich vor einem Jahr am Hof
von Landesherrn beschuldigt wurde,
mich bäurisch grob verhalten zu haben.
Nun ist euch allen wohlbekannt,
daß niemand derart glücklich ist,
stets in Einklang mit den Wünschen
der hohen Welt zu leben –
ohne böse Unterstellung.
Von daher wundert es mich nicht,
wenn diese Sache mich belastet.
Ich habe keinen Schutz durch Schweigen,
ich *muß* ganz einfach bezichtigt werden,
mich grob und falsch verhalten zu haben,
denn ich befinde mich im Ausland
und kann, als Eideshelfer, keine Freunde

zusammenrufen und Verwandten;
mich unterstützt da leider keiner,
der sich mein Leid zu eigen macht.
Ihr alle, einer wie der andre,
ob von geringem, hohem Rang,
ihr seid nur allzu gern bereit,
mich als bäurisch grob zu sehn.
Wüßte ich, was hier zu tun ist,
was ich an Mitteln bräuchte,
damit ich meine Unschuld
zur Geltung bringen könnte,
um euer aller Gunst zu finden,
wie das meinen Gatten ehrt,
so wär ich gern dazu bereit.
Was empfehlt ihr mir zu tun?
Welch Verfahren ihr auch vorseht,
ich bin bereit zu jedem Beitrag,
um bei euch allen diesen Argwohn
künftig zu zerstreuen
und – was weitaus wichtiger ist –
um die Ehre meines Herrn
und die meine zu erhärten.«
Der König: »Herrin, Königin,
ich lasse es mit Recht dabei bewenden.
Könnt Ihr mir den Nachweis bringen,
wie Ihr das vorgeschlagen habt,
so verschafft uns hier Gewißheit.
Tretet unverzüglich vor,
verpflichtet Euch zum Nachweis
durch das glühende Eisen,
wie wir Euch unterweisen.«
Das tat denn auch die Königin:
ging die Verpflichtung ein, den Nachweis
in der ihr vorgeschriebnen Form
nach den folgenden sechs Wochen
zu führen in der Stadt Caerleon.
Der König, die barons des Landes
(das Konzil), sie gingen auseinander.
Isolde blieb allein zurück,
voller Sorge, voller Leid.
Sorge, Leid, die beiden,

hatten sie sehr fest im Griff;
sie sorgte sich um ihren Ruf,
zugleich hielt sie das Leid im Griff,
das geheime, weil sie ihre
Unwahrheit als wahr beweisen sollte.
Bei dieser doppelten Belastung
sah sie keinen Weg zu handeln.
Sie begann, die schwere Belastung
dem gnädigen Gott anheimzustellen,
Der hilfreich ist in allen Nöten;
sie befahl Ihm rückhaltlos
(mit Gebet und auch mit Fasten)
die Bedrängnis an und ihre Not.
In dieser Sache schlug Isolde
ihrem Herzen eine List vor,
die sich sehr auf Christi
höfische Haltung verließ.
Sie schrieb und schickte Tristan
einen Brief, in dem sie ihm gebot
(ganz gleich, wie er das schaffe!),
nach Caerleon zu kommen, früh
an jenem Tag, an dem sie landen werde,
sich dort am Strand um sie zu kümmern.

Und das geschah. Tristan kam
dorthin in Pilgerkleidern;
er hatte sein Gesicht
verschmiert, dazu verkleistert,
hatte Leib und Kleid verschandelt.
Als Marke und Isolde kamen,
das Schiff zur Lände fuhr,
sah ihn dort die Königin,
erkannte ihn, trotz allem, gleich.
Als das Schiff ans Ufer stieß,
da ordnete Isolde an,
im Namen Gottes
vom Pilger zu erbitten –
falls er dazu geeignet sei,
genügend Kräfte dafür hätte –,
sie vom Deck des Schiffs herab
auf den Hafenstrand zu bringen;

es solle sie in diesen Tagen
keiner von den Rittern tragen...
So riefen allesamt zum Strand:
»Tretet näher, frommer Mann,
tragt Madame ans Ufer!«
Er befolgte den Befehl
und ließ sich seine Herrin
in die Arme legen, trug sie
vom Schiff zurück auf festen Boden.
Isolde flüsterte ihm zu,
wenn er auf festem Boden sei,
solle er sich fallenlassen,
und zwar mit ihr gemeinsam –
ohne Folgen zu bedenken...
Das tat er. Als er aus dem Wasser
heraus auf festen Boden trat,
da sank der Pilger auf den Boden,
fiel *so* (als wär es ohne Absicht!),
daß mit dem Sturz ein Schwung entstand,
der ihn in ihre Arme,
sodann an ihre Seite warf.
Da gab es denn kein Halten mehr:
ein großer Trupp von Personal
kam mit Stöcken und mit Knüppeln
angerannt, um diesem Pilger
einen Rüffel zu erteilen.
»Nein«, rief Isolde, »laßt das sein!
Nein, der Pilger kann doch nichts dafür!
Ihm fehlt die Kraft, er ist zu schwach,
er fiel nur aus Versehen hin!«
Darauf sprach man ihr mit Nachdruck
Dank und Anerkennung aus
und pries sie ganz von Herzen,
daß sie an diesem Ärmsten
nicht grausam Rache nahm.
Isolde sprach mit feinem Lächeln:
»Doch wäre es verwunderlich,
wenn dieser Pilgersmann mit mir
sein Späßchen hätte haben wollen?«
Dies wurde ihr als trefflich,
als höfisch angerechnet;

verschiedne Männer sagten
viel zu ihrem Lob und Preis.
Und Marke schaute ständig zu
und hörte diese, jene Meinung.
Isolde freilich ging noch weiter:
»Ich weiß nicht, was draus werden soll...
Ihr alle seht hier völlig klar,
daß ich nicht graderücken kann,
daß außer Marke *nie* ein Mann
von mir im Arm gehalten wurde
und daß noch *nie* ein andrer Mann
neben mir gelegen hat...«
Sie begannen mit dem Ritt
und setzten bis nach Caerleon
ständig ihre Scherze fort
über jenen vagabond.
Zahlreich waren in der Stadt
barons und Herren (geistlich, weltlich)
und jede Menge Bevölkerung.
Bischöfe und Prälaten,
die dort die Messe lasen
und Feuer, Eisen segneten,
sie waren schon nach kurzer Zeit
mit allem Nötigen bereit;
das Eisen lag im Feuer...
Die gute Königin Isolde,
sie hatte all ihr Silber, Gold,
ihren Schmuck und was sie sonst
an Kleidern hatte und an Pferden,
geopfert für die Gnade Gottes,
damit dann Gott nicht weiter
der erwiesnen Schuld gedenke
und ihr Ansehn wieder stärke.
Sie war bereits im Münster
und hatte hier die Messe
gehört mit frommem Gemüt.
Die Kluge und die Gute war
im Denken ganz auf Gott gerichtet.
Sie trug auf ihrer Haut
ein Hemd, das rauh und hären war,
darüber dann ein Kleid aus Wolle,

klein und kurz – es endete
handbreit über ihren Knöcheln;
bis zu ihren Ellenbogen
warn die Ärmel hochgestreift;
Arme, Füße waren nackt.
Viele Herzen, Augen schauten
zu ihr voll Mitgefühl und Schmerz.
Ihre Kleidung und ihr Körper
wurden sehr genau gemustert...
Nun war das Reliquiar zur Stelle,
auf dem sie schwören sollte,
und man wies Isolde an,
sich vor Gott und vor der hohen Welt
schuldig zu bekennen des Vergehens.
Nun hatte Isolde Ansehn, Leben
ganz Gottes Gnade anheimgegeben.
Sie machte Herz und Hand bereit
zum Schwur aufs Reliquiar –
mit Furcht, die angemessen war;
die Schwurhand und ihr Herz,
die gab sie Schutz und Schirm
anheim von Gottes Segen.
Es gab da nun verschiedne Herren,
die so grob, so taktlos waren,
daß sie den Eidestext am liebsten
für die Königin entworfen hätten,
um ihr zu schaden, sie zu stürzen.
Der Truchseß Meriadoc
(die bittre Zornesgalle...!)
wirkte so und so und überhaupt
drauf hin, daß sie den Schaden hätte.
Freilich gab es auch so manchen,
der sie (und so sich selber) ehrte
und dies für sie zum Guten kehrte.
So fand um diese Eidesformel
hin und her das Tauziehn statt:
der eine für, der andre gegen sie –
wie in solchen Fällen üblich...
»Herr und König«, so die Königin,
»was immer hier geredet wird,
mein Eid muß einen Wortlaut haben,

der Euch gefällt, zufriedenstellt.
Und deshalb urteilt bitte selbst
(was ich auch sage oder mache),
ob ich mit meinem Eidestext
Euren Beifall finden kann –
es reden hier zu viele drein!
So hört, was ich Euch schwören will:
...daß mit meinem Körper niemals
ein andrer in Berührung kam,
und auch, daß mir zu keiner Zeit
(außer Euch) kein andrer Mann
in den Armen lag, zur Seite,
abgesehn von einem, der sich nicht
leugnen läßt, auch nicht durch Eid,
den Ihr mit eignen Augen
in meinen Armen saht,
den armen Pilger meine ich...
Mein Herr der Himmelsscharen
und alle Heilgen dieses Schreins,
sie mögen mir bei diesem Urteil
zum Segen und zum Heil verhelfen...
Hab ich etwas ausgelassen,
so bessre ich die Formel nach –
wie Ihr das wünscht, ob so, ob so...«
»Herrin«, sagte nun der König,
»mir scheint, dies reicht durchaus –
falls ich alles recht verstehe.
Nun nehmt das Eisen auf die Hand.
Nach Eurer Formulierung eben
helf Euch Gott in dieser Not!«
»Amen«, sprach die schöne Isolde.
Sie faßte es in Gottes Namen an
und trug es, und verbrannte sich nicht.
So wurde offenbar gemacht,
der ganzen Welt als wahr erwiesen,
daß der allmächtige Jesus Christ
drehwendig wie ein Ärmel ist.
Wenn man ihn nur richtig bittet,
paßt ER sich und schmiegt sich an,
so angepaßt und derart glatt,
wie er das sein soll, laut Gesetz.

ER ist bereit, für alle Herzen
ehrlich zu verfahren, zu betrügen;
ob im Ernstfall, ob im Scherz –
ER ist stets *so*, wie man es will.
Das zeigte sich ganz offenkundig
bei der geschickten Königin.
Was ihr half, war der Betrug
und ihr vergifteter Eid,
der, vor Gott geschworen,
ihr zur Ehrenrettung wurde.
Sie wurde auch in hohem Maße
von Marke, ihrem Herrn Gemahl,
verehrt und geliebt,
wurde von den Landesherren
gepriesen und verherrlicht.
Sobald der König merkte,
daß sie was von Herzen wünschte,
war dies bereits sein eigner Wunsch;
er bot ihr Einkunft und Besitz.
Sein ganzes Herz und sein Gemüt,
sie waren nur auf *sie* gerichtet –
ohne irgendwelche Falschheit.
Sein Zweifel, sein Verdacht,
die waren wieder abgetan.

***

Tristan, Isoldes compagnon:
nachdem er sie zu Caerleon
ans Ufer getragen, dort getan,
was sie von ihm gewünscht,
reiste er, am selben Tag,
von England aus nach Southern Wales,
zum Herzog Gillain.
Der lebte dort als Junggeselle,
war jung und reich und mächtig,
frisch und frei und fröhlich:
ihm war Tristan höchst willkommen.
Er hatte viel von ihm vernommen,
früher schon: von Heldentaten,

von erstaunlichen Erfolgen.
Gillain war sehr darum bemüht,
ihm alle Ehren zu erweisen,
ihn zu erfreuen, zu verwöhnen.
Sobald er denn bei etwas meinte,
es könnte Tristan Freude machen,
bemühte er sich gleich darum,
war er da mächtig hinterher.
Freilich: Tristan, Mann der Trauer,
er war zu einer jeden Zeit
in seinem Denken festgelegt
auf traurige Gedanken
über sein destin…

Eines Tags ergab es sich,
daß Tristan bei Gillain saß,
voller trauriger Gedanken,
und er seufzte sehr, sehr tief.
Gillain, dem fiel das auf.
Er befahl, sein Hündchen
Petitcru zu ihm zu bringen,
sein Herzensglück aus Avalon,
die Freude seiner Augen.
Es geschah, was er befahl.
Edle, teure Purpurseide
(aus fremdem Land, ein wahres Wunder)
in den Maßen seines Tisches
wurde vor ihm ausgebreitet,
ein Hündchen wurde draufgesetzt. –
Es war ge-*fee*-t, wie ich erfuhr:
aus Avalon, dem Land der Feen,
hatte eine Göttin dies
aus Neigung und aus Liebe
dem Herzog zugeschickt.
Es war durch derart große Kunst
ausgezeichnet, und zwar doppelt:
in Farbe und in Zauberkraft,
daß keine Zunge so beredt
und kein Herz so kunstreich war,
seine Schönheit und sein Wesen
schriftlich, mündlich zu vermitteln.

Dank einer unbekannten Technik
war seine Farbe so durchmischt,
daß niemand klar bestimmen konnte,
welche Farbe es nun wirklich hatte.
Es war derart schillerhaarig,
daß ein jeder sagen mußte:
schaute man es brustwärts an,
so war es weißer als der Schnee,
seitwärts grüner als der Klee,
hüben röter als das Karmesin,
drüben gelber als der Safran,
unten glich es dem Lasur,
oben drauf war es Mixtur,
und zwar derart schön gemischt,
daß keine dieser Farben
eine andre übertraf:
dort gab es weder Grün noch Rot,
Weiß, Schwarz, Gelb, Blau,
doch einen Anteil all der Farben
in *dieser* Form: changierend glänzend.
Schaute man das Zauberwerk
aus Avalon von hinten an,
so konnte selbst der klügste Mann
seine Farbe nicht bestimmen –
sie war so kunterbunt,
so völlig irritierend,
als herrschte *keine* Farbe vor.
Es hing ihm um das Näckchen
ein Kettchen, das aus Gold bestand,
und daran hing ein Glöckchen,
so süß und hell im Klang –
wenn es anfing zu erklingen,
wurde Tristan, Trauermann,
den Kummer und die Trauer
um sein destin gleich los,
und er saß befreit,
vergaß nun ganz sein Leid,
das er um Isolde trug;
der Klang des Glöckchens war so süß,
daß es jedem, der es hörte,
seinen Kummer völlig nahm

und zerstreute, was ihn störte.
Tristan hörte, schaute sich
dies wunderschöne Wunder an,
begann das Hündchen wie das Glöckchen
zu betrachten, zu studieren,
im Detail zu reflektieren:
das Hündchen, sein bizarres Fell,
das Glöckchen, seinen süßen Klang...
Beides nahm ihn wunder,
jedoch erschien ihm hier
das Wunder mit dem Hündchen
sehr viel mehr verwunderlich
als das vom süßen Glöckchenklang,
der ihm in seine Ohren drang,
ihn von seiner Traurigkeit befreite.
Es erschien ihm als miracle,
daß er mit klaren Augen
in allen diesen Farben
seine Augentäuschung fand –
so genau er sie beschaute,
keine fiel ihm in die Augen.
Behutsam griff er hin
mit beiden Händen, streichelnd.
Als er begann, es zu berühren,
da kam es Tristan gleich so vor,
als fasse er Seide aus Palma an –
so zart war es an jeder Stelle!
Wie immer er auch mit ihm spielte,
es knurrte nicht und bellte nicht,
und es neigte nicht zum Beißen.
Auch fraß es nicht und trank es nicht,
wie die Geschichte ihm das nachsagt.
Sobald es rausgetragen war,
da wurden Tristans Trauern, Klagen
wiederum so frisch wie vorher,
ja, seine Trauer war noch größer,
derart groß, daß er nun alles,
was er vorher hier studierte,
auf die Frage konzentrierte,
mit welcher Fingerfertigkeit
oder welchem Kunstgriff

er für die königliche Herrin
vom Hündchen Petitcru
Besitz ergreifen könnte,
auf daß ihr die Sehnsuchtsbürde
angemessen leichter würde.
Doch ihm gelang nicht, auszuspähn,
wie dies durch Bitte oder List
mit Erfolg geschehen könnte,
war ihm doch durchaus bekannt,
daß es Gillain für nichts auf Erden
hergegeben hätte –
außer für sein eignes Leben.
Diese lästigen Gedanken
nahm er ständig sich zu Herzen –
jedoch, man merkte ihm nichts an.

Wie uns die verbürgte historia
über Tristans Heldentat berichtet,
wohnte seinerzeit ein Riese
in der Nachbarschaft
von Southern Wales:
war dünkelhaft und überheblich,
besaß ein Haus auf der rivage
und hieß Urgan le velu.
Diesem Riesen waren Gillain,
sein Southern Wales zu Dienst verpflichtet:
es wurde ihm Tribut entrichtet,
damit er seine Untertanen
unbehelligt leben ließ.
  Nun wurde an den Hof gemeldet,
Urgan, der Riese, sei gekommen
und hätte alles eingetrieben,
was er als Schutzgeld fordere,
er lasse Rinder, Schafe, Schweine
vor sich her nach Hause treiben.
Sogleich berichtete Gillain
seinem Freunde Tristan:
also, diese Schutzgebühr
sei von Anfang an mit Arglist
und Gewalt erhoben worden.
Tristan sprach: »Nun sagt mir, Herr –

falls ich Euch davon befreie,
indem ich rasch dazu verhelfe,
daß Ihr, solang Ihr lebt, nicht weiter
die Schutzgebühr entrichten müßt,
wie säh dann die Belohnung aus?«
»Wahrhaftig, Herr, ich gäbe Euch
aus freien Stücken, was ich habe!«
Tristan machte den nächsten Schritt:
»Herr, versprecht Ihr mir das fest,
so werde ich für Euch erreichen
(wie immer ich das schaffen werde),
daß Ihr nach einer kurzen Zeit
Urgans für immer ledig seid –
oder ich verlier mein Leben.«
»Wahrhaftig, Herr, ich werde Euch geben,
was Ihr auch wünscht. Was Ihr befehlt,
ist schon erledigt.« Und Gillain
versprach es in die Hand.
Für Tristan wurden augenblicklich
sein Roß, die Rüstung hergeholt.
Sofort befahl er, ihn dorthin zu führen,
wo der Teufelssohn mit seinem Raub
nach Hause ziehen werde;
augenblicklich, ohne Umweg,
wurde Tristan an die Strecke
des Urgan gebracht, im Wald.
Der grenzte an das Reich des Riesen,
und zwar dort, wo stets der Raub
über eine Brücke zog.
Raub und Riese kamen bald,
doch Tristan war schon vorher da
und hielt die Herde auf, den Raub.
Als Urgan, der todgeweihte Riese,
die Stockung an der Brücke sah,
lief er aufgebracht dorthin
mit einem reichlich langen
stahlarmierten Balken;
er trug ihn hoch emporgerichtet.
Als er den Ritter vor der Brücke
in der schönen Rüstung sah,
da schrie er, ungehobelt:

»Freund zu Roß, wer seid Ihr?
Weshalb laßt Ihr mein Eigentum
nicht über diese Brücke ziehn?
Gnad Euch Gott für diese Tat!
Ihr zahlt dafür mit Eurem Leben –
oder Ihr müßt Euch ergeben!«
Der auf dem Roß, er gab zur Antwort:
»Freund, mein Name lautet Tristan!
Und damit du völlig klar siehst:
dich und deine Stange,
euch fürcht ich nicht die Bohne!
Drum trolle dich schön brav...
Doch sei dir halt darüber klar:
dein Raub kommt hier nicht weiter –
sofern ich das verhindern kann!«
»Jaja, Herr Tristan«, rief der Riese.
»Ihr bildet Euch ja ein, Ihr hättet
Morold von Irland besiegt,
mit dem Ihr Euren Zweikampf
aus einem Grund, der nichtig war,
das heißt: in großem Unrecht geführt
und den Ihr aus Hoffahrt getötet habt.
Auch ist bei mir die Lage anders
als bei Gandin aus Irland,
den Ihr gestört habt mit Musik,
wobei Ihr ihm die Schöne raubtet,
die erblühende Isolde,
die er sich erkämpfen wollte.
Nichts davon! Ich wohn auf der rivage
und mein Name ist Urgan le velu!
Runter von der Straße!«
Und mit beiden Händen
begann er augenblicklich,
zu einem wilden,
weiten Schleuderwurf
auf Tristan maßzunehmen;
er stimmte seinen Wurf im Schwung,
im Winkel und im Ziel
genau auf seine Absicht ab,
auf diese Weise Tristans Leben
ein Ende zu bereiten.

Doch als er mit dem Balken
den Schleuderwurf auf ihn begann,
versuchte Tristan, wegzuschwenken,
jedoch gelang der Schwenk nicht ganz,
der Riese traf das Roß vor seiner
Kruppe und halbierte es.
Ein Jubelschrei des bösen Riesen,
er rief zu Tristan, mit Gelächter:
»Nun stehe Gott Euch bei, Herr Tristan!
Habts nicht so eilig, wegzureiten...
Geruht noch, kurz auf mich zu warten,
für den Fall, daß ich durch Flehen
bei Euch erreich, daß ich mein Lehen
aus diesem Lande ohne Störung
in Ehren weitertreiben darf...«
Tristan war ins Gras gesprungen:
ihm war sein Roß zerschlagen worden...
Mit der Lanze griff er an;
er stach Urgan mit dieser Lanze
eine Wunde in das Auge:
der Todgeweihte war gestellt!
Urgan, der böse Riese,
ritt eilig nun zu Fuß
zur Stelle, wo der Balken lag.
Als er mit der Hand dort hingriff,
hatte Tristan schon die Lanze
weggeworfen, galoppierte
zu Fuß mit seinem Schwert heran;
er traf ihn so, wie er das wollte:
er schlug ihm die erwähnte Hand,
die zum Balken greifen wollte,
ab, daß sie am Boden blieb,
verpaßte ihm noch einen Hieb
auf den Schenkel, kehrte um.
Urgan, der schwer lädierte Mann,
griff runter mit der linken Hand,
riß den Balken wieder an sich,
lief auf seinen Gegner zu;
er rannte hinter Tristan her
rundherum, von Baum zu Baum,
in vielen sehr riskanten Schwenks –

so ward das Strömen seines Bluts,
das aus der Wunde strömte,
derart stark, daß dieser Teufelsmann
große Furcht zu kriegen begann,
er werde mit dem Blut
in kurzer Zeit die Kräfte
verlieren und die Lebensgeister.
So ließ er Raub und Ritter stehn,
und er packte seine Hand
und kehrte auf dem schnellsten Weg
nach Haus zurück, in seine Burg.

Und Tristan stand im Walde,
allein mit seinem Herdenraub;
es gefiel ihm überhaupt nicht,
daß Urgan entkam, noch lebte.
Er ließ sich nieder in das Gras,
er überlegte, dachte nach,
erwog mit dem Verstand:
weil er für seine große Tat –
abgesehn vom Raubtribut –
keinen Nachweis bringen konnte,
so brächt ihn die riskante Mühe,
die er auf sich genommen hatte,
nicht das kleinste Schrittchen weiter;
er dachte sich, Gillain
hielte sein Versprechen nicht,
für das es keine Zeugen gab.
Er machte sich gleich auf den Weg,
lief zügig auf der Spur,
die Urgan getrampelt hatte;
hier waren Erde und das Gras
den ganzen Weg von Blut gefärbt.
Als er das château erreichte,
schaute er sich um, genau,
wo Urgan zu finden sei,
jedoch, er fand ihn nirgendwo
und keinen sonst, der Leben zeigte,
denn der wunde Riese hatte,
wie die Geschichte uns erzählt,
seine abgeschlagne Hand

im Saal auf einen Tisch gelegt,
war von der Burg ins Tal hinab
gelaufen, um dort Kräuter auszugraben,
die er für seine Wunden brauchte
und deren Wirkung auf die Heilung
er kannte, sehr genau.
Er hatte hier wie folgt geplant:
würde er zur rechten Zeit
die Hand, die noch nicht abgestorben,
mit dem Arm zusammensetzen,
im Verfahren, das er kannte,
so käme er hier glimpflich ab:
ein Auge weg, die Hand zurück...
Doch dazu sollte es nicht kommen,
denn Tristan tauchte sehr bald auf
und erblickte dort die Hand;
als er sie unverteidigt sah,
da nahm er sie und kehrte um –
genau auf seinem Weg hierher.
Urgan kam heim und stellte fest,
daß seine Hand verschwunden war;
das brachte Leid und weckte Zorn.
Die Arznei, die schmiß er hin
und brach gleich auf, verfolgte Tristan.
Der war schon über jene Brücke weg,
doch deutlich hatte er gehört:
der galoppierte ran, um ihn zu fassen!
Die Hand des Riesen versteckte er
unter einem gestürzten Baum.
Seine Angst vor diesem bösen
Riesen brach erst richtig durch;
es gab hier eben keinen Zweifel,
daß einer sterben müßte:
seis der Riese, seis er selbst.
Er wandte sich in Richtung Brücke,
trat ihm entgegen mit der Lanze,
stach sie rein in ihn, daß sie zerbrach.
Im Moment des Lanzenstichs
war der verfluchte Urgan gleich
zum Schlag bereit mit seinem Balken.
Er schlug mit solcher Wucht nach ihm:

hätt er sogar aus Erz bestanden,
er hätt das niemals überstanden!
Jedoch der Schlag trug viel zu weit.
Ihm verhalf zum Überleben,
daß Urgan so kampfbegierig war;
so war der ihm zu nah gekommen,
so hatte denn, im Schwung, der Schlag
über Tristan weit hinausgeführt.
Bevor der böse Mann erneut
ausholen konnte mit dem Balken,
hatte Tristan ihm, mit einer Finte,
in ein Auge reingestochen
und versetzte ihm (es stimmt!)
einen Stich ins andre Auge;
von nun an schlug Urgan
wortwörtlich: blindlings um sich!
Er legte derart los mit Schlägen,
daß Tristan floh, dann stehenblieb,
den Riesen ziellos tapsen ließ –
der führte Schläge mit der Linken...
So kam es, daß er derart nah
an den Rand der Brücke stampfte,
daß Tristan zu ihm ›galoppierte‹,
wobei er für die Rittertat
alle Kräfte aktivierte:
er kam dorthin im *Renn*-Galopp
und brachte ihn mit beiden Händen
zum Sturz von dieser Brücke:
von oben stieß er ihn hinab,
so daß die böse Riesenlast
an einem Fels zerschellte.

Tristan, Mann des Siegessegens,
nahm sogleich die Hand an sich
und schritt in raschem Tempo los
und traf sehr bald den Herzog,
Gillain, der ihm entgegenritt.
Dem hatte äußerst leid getan,
daß Tristan sich der Sache angenommen
und den Zweikampf übernommen,
denn es schien ihm ganz undenkbar,

daß er überleben würde,
wie er überlebte. Als er ihn
eilig kommen sah, da rief er froh:
»Ah, bienvenu Tristan distingué!
Mann des Glückes, nun erzählt schon,
wie geht es Euch? Seid Ihr noch heil?«
Tristan ließ ihn nun sogleich
die tote Hand des Riesen sehn,
erzählte ihm die ganze Wahrheit,
von seinem Glück und dem Erfolg
bei diesem Unternehmen.
Gillain, er war nun äußerst froh.
Sie ritten wieder an die Brücke
und fanden – wie das Tristan
wahr und glaubhaft dargestellt –
einen ganz zerschellten Mann
und starrten den mit Staunen an.
Und sie gingen gleich drauf fort.
Sie trieben frohgemut die Herde
des Raubes in das Land zurück.
Von dem Ereignis wurde viel
erzählt im Lande Southern Wales;
Tristan wurde überall
gelobt, gepriesen und geehrt:
mit solcher Dreiheit wurde
die Heldentat nur *eines* Mannes
in Southern Wales noch nie gefeiert!

Als nun Gillain und Tristan,
der Mann des Siegessegens,
in die Burg zurückgekehrt,
da wiederholten sie nochmal
die Geschichte des Erfolges,
und Tristan, nun als Wundermann,
mahnte seinen Herzog an:
»Herr und Herzog, laß Euch nun
ans Ehrenwort, an das Versprechen
erinnern, das wir uns gegeben
und das Ihr mir bekräftigt habt.«
»Mit dem größten Vergnügen, Herr,
erfüll ich dies. So sagt mir schon:

was wär Euch recht? Was wünscht Ihr Euch?«
»Herr Gillain, ich wünsch von Euch,
daß Ihr mir Petitcru vermacht.«
»Da hab ich einen bessren Vorschlag!«
Tristan fragte ihn: »Und zwar?«
»Also – Ihr laßt mir das Hündchen
und nehmt Euch meine schöne Schwester,
dazu die Hälfte vom Besitz.«
»Nein, Herr und Herzog Gillain,
denkt an Euer Ehrenwort!
Ich nähme lieber dieses Hündchen
als alle Länder, alle Reiche –
ließe man mir freie Wahl...
Ich hab Urgan le velu
getötet wegen Petitcru!«
»Wahrhaftig, Monsieur Tristan,
wenn Ihr das lieber haben wollt
als das, was ich Euch vorgeschlagen,
so halte ich mein Wort
und gebe, was Euch lieb ist.
Ich will hier keineswegs
falsch sein oder List gebrauchen.
Auch wenn ich dies nicht gern erfülle –
was Ihr befehlt, das soll so sein!«
Und er ließ darauf das Hündchen
zu sich und Tristan bringen.
»Seht nun, Herr, ich sage Euch,
und will es auch bei meinem
ganzen Seelenheil beschwören:
außer meinem Leben, meiner Ehre
verfüg ich über *nichts*, erwarb
ich *nie*, was mir so sehr gefällt
und das ich Euch nicht lieber gäbe
als mein Hündchen Petitcru.
Nun nehmt es an, behaltet es.
Möge Gott Euch damit glücklich machen.
Wahrlich, Ihr habt mir mit ihm
die beste Kurzweil meiner Augen,
viel Herzensfreude weggenommen!«

Als Tristan über dieses Hündchen
frei verfügen konnte,
da wären ihm (im vollen Ernst!)
Rom und alle Königreiche,
alle Länder, alle Meere
nichts dagegen wert gewesen!
Es war sein Herz noch nie so froh
wie damals – außer mit Isolde...
Einen Spielmann aus Gallois
gewann er als Vertrauten –
der war geschickt, gewitzt.
Den unterwies er in der klügsten
und besten Art des Vorgehns,
mit dem er dieses Hündchen
der Königin, der schönen Isolde,
übergäbe, um sie zu erfreuen;
er verbarg es dem Galloiser
geschickt in dessen Harfenzither.
Er schrieb ihr einen langen Brief,
erzählte, wo und wie er dies
für sie errungen habe, gab ihn mit.
Der Spielmann tat, was ihm gesagt war,
befolgte diese Instruktionen,
begab sich auf die Reise,
kam schließlich in Tintagel an,
im château des Königs Marke,
ohne daß ihm auf der Straße
etwas zugestoßen wäre.
Er nahm Kontakt auf mit Brangaine,
übergab ihr Hund und Brief;
sie gab dies an Isolde weiter.
Isolde schaute sich genau
in allen seinen Einzelheiten
dies wunderschöne Wunder an,
das sie in diesem Hündchen fand.
Dem Spielmann gab sie gleich
als Botenlohn und Sold
fünf Pfund Barrengold.
Sie schrieb und schickte Tristan
einen seitenlangen Brief,
berichtete genau und klar,

daß Marke, ihr Gemahl, ihm wieder
gewogen sei und zugetan,
und daß er nun – mit Blick auf ihn –
nicht mehr an jenen Vorfall denke;
er solle kommen, unbedingt,
sie hätte alles beigelegt.

Tristan folgte diesem Vorschlag,
er kehrte gleich nach Haus zurück.
König, Hof und Landesherren
erwiesen ihm nun wieder alle Ehren,
ja, er wurde dort am Hofe
nie zuvor so sehr geehrt;
ihn ehrte auch Meriadoc,
doch kam es ihm und dem Kumpan,
petit Melot, nicht aus dem Herzen.
Die vorher seine Feinde waren,
was sie an Ehren ihm erwiesen,
damit verband sich wenig Ehre…
Bitte, äußert euch dazu:
Wo sich allein semblant zeigt,
ist dort Ehrung oder nicht?
Ich sage dazu nein und ja:
Nein und Ja sind beide hier –
Nein bei dem, der Ehr erweist,
Ja bei jenem, der geehrt wird.
Die beiden sind in diesen beiden,
man findet hier das Ja und Nein.
Und worauf läuft dies nun hinaus?
Es ist Ehre ohne Ehre…

Nun erzählte Königin Isolde
dem Gemahl von ihrem Hündchen:
Die Mutter hätt es ihr geschickt,
die kundige Königin von Irland,
mit der Empfehlung, diesem Hündchen
aus kostbaren Substanzen,
mit Werken eines Goldschmieds,
so ganz nach Wunsch ein allerliebstes
Hundehüttchen herzustellen.
Das wurde ihm mit schönster Seide

ausgelegt, auf dem es ruhte.
So hatte es Isolde
Tag und Nacht vor Augen,
für sich allein und in Gesellschaft;
wo sie auch war, wohin sie ritt,
sie hatte sich daran gewöhnt,
es niemals aus dem Blick zu lassen;
man brachte, nein, man *trug* es ständig
dorthin, wo sie es sehen konnte.
Doch wie es uns die Quelle sagt,
tat sie das nicht bloß zum Vergnügen,
sie tat es, um die Leidenschaft
zu schüren, denn sie liebte Tristan,
der ihr dies aus Liebe schickte.
Sie hatte kein Vergnügen dran,
sie fand hier keinen Trost.
Schon im allerersten Moment,
als bei der treuen Königin
das Hündchen abgegeben wurde,
und sie vernahm das Glöckchen,
das ihre Traurigkeit verscheuchte,
schon da bedachte sie sofort,
was Tristan, dem Geliebten,
mit ihr aufgebürdet sei,
und sie faßte den Gedanken:
»Aber, aber – wenn ich mich so freue,
was mach ich Treulose denn da…?!
Worüber werd ich jemals froh
für eine Zeit, für kurze Frist,
indes er traurig ist, durch mich,
er, der sein Glück, sein Leben
für mich der Trauer übergeben?
Woran kann ich mich freuen ohne ihn,
dessen Trauer, dessen Glück ich bin?
Worüber kann ich jemals lachen,
wo sein Herz doch nie
sein Vergnügen haben kann,
wenn mein Herz nicht mit dabei ist?
Er lebt doch nur durch mich allein.
Könnte ich denn ohne ihn
fröhlich und in Freuden leben,

und er selber wäre traurig?
Es lasse Gott in seiner Güte
niemals zu, daß im Gemüte
Freude ist, die er nicht teilt!«
  Sofort brach sie das Glöckchen ab,
jedoch das Kettchen ließ sie dran.
Damit verlor das Glöckchen alle
Wesensart und Wirkungskraft;
es ertönte nie mehr wieder
mit seiner alten Zaubermacht;
so lang man es auch hören mochte –
es heißt, daß es seither nie mehr
irgendwem den Herzenskummer
abnahm, ihn beendete.
Dies war Isolde völlig gleich,
sie *wollte* nicht mehr fröhlich sein.
In ihrer Leidenschaft und Treue
hatte sie ihr Glück, ihr Leben
der Sehnsucht, Tristan hingegeben.

Wieder hatten Tristan und Isolde
die Gefahr, die Angst besiegt,
gehörten wieder fest zum Hof,
der sie auf jede Weise ehrte:
ihr Ansehn auf dem höchsten Punkt!
Sie beide waren wie zuvor
Vertraute ihres Herren Marke.
Und sie versteckten die Gefühle.
Ergab sich keine Gelegenheit,
nur zu zweit beisammen zu sein,
so fanden sie bereits die *Absicht* gut –
für Liebende oft Linderung...
Die Hoffnung und die Zuversicht,
wie man das erreichen kann,
was einem sehr am Herzen liegt,
dies schenkt den Herzen jederzeit
frisches Verlangen, blühende Fülle.
Dies ist die wahre Partnerschaft,
dies ist die Krönung der Vernunft
bei Neigung und bei Liebe:
wenn der Akt nicht möglich ist,

wie ihn sich die Liebe wünscht,
so möge man darauf verzichten
und nehm die Absicht für die Tat.
Wo eine feste Absicht ist,
doch Mangel an Gelegenheit,
da soll man mit der festen Absicht
sein Verlangen vorerst dämpfen;
Gespielen und Gefährten der Liebe,
sie sollen nie nach dem verlangen,
was die Gelegenheit nicht bietet,
sonst sind sie nur auf Unglück aus.
Wenn man nicht kann und dennoch will:
das ist ein höchst fatales Spiel;
wenn man gut kann, so wolle man:
da hat man Glück im Spiel,
da entsteht kein Herzeleid.
Wenn die Gespielen Tristan und Isolde
Gelegenheit nicht finden konnten,
ließen sie Gelegenheit verstreichen,
weil die vereinte Absicht blieb.
Die Absicht, sie verband die zwei
mit ständiger Geschäftigkeit
auf sanfte, zarte, schöne Weise.
Vereinte Neigung, vereintes Gefühl,
das schien den beiden süß und gut.
Die beiden Liebenden versteckten
ihre Liebe vor dem Hof
und vor Marke permanent
so gut und konsequent,
wie das die blinde Liebe zuließ,
die diese zwei ergriffen hatte.

Freilich sind Verdacht auf Liebe
und seine Saat verhext, wie folgt:
wo immer man den Samen sät
und Würzelchen sich bilden können,
dort ist Verdacht so fruchtbar,
so fruchtreich und so früchtereich –
hat er nur *etwas* Feuchtigkeit,
geht er so gut wie gar nicht ein,
das heißt: geht überhaupt nicht ein!

Der geschäftige Verdacht
begann bei Tristan und Isolde
sehr stark ins Kraut zu schießen
und ihnen mitzuspielen;
hier gab es *zuviel* Feuchtigkeit
durch Zeichen ihrer Zärtlichkeit,
in der man schlüssige Beweise
der Liebe stets vor Augen hatte.
Es hatte völlig recht, der sagte:
Wie streng auch Aufsicht immer sei,
sie sind doch gerne beieinander:
das Auge und das Herz,
der Finger und der Schmerz.
Wohin das Herz gewendet ist,
dort schweifen gerne räuberisch
die Augen hin, des Herzens Leitgestirne;
es streckt der Finger sich, die Hand
sehr oft, zu wiederholten Malen
zum Punkt, an dem der Schmerz sitzt.
So hielten es die Liebenden.
Sie wollten es und konnten es
bei aller Angst nicht unterlassen,
mit vielen liebevollen Blicken
(dies sehr oft, ja viel zu häufig)
den Verdacht zu kultivieren.
Leider – wie ich dies soeben vorlas –
war das Auge, Freund des Herzens,
beständig auf das Herz gerichtet,
griff die Hand stets nach dem Schmerz.
Sie begannen, wechselweise,
ihre Augen, Herzen oft so sehr
mit Blicken zu verstricken,
daß sie sich vielfach, wiederholt
aus ihrer Blickerei nicht mehr
so gut befreien konnten,
daß Marke nicht in ihren Blicken
(weil er sie stets im Auge hatte)
Balsam der Liebe gesehen hätte.
Sein Blick kam nicht von ihnen los.
Er sah sehr häufig, insgeheim,
die Beweise in den Blicken –

dies freilich in nichts anderem
als in der *Weise* ihres Blickens:
das war derart liebevoll,
so zärtlich und so sehnsuchtsvoll,
daß es ihm ans Herz griff,
weil solcher Zorn in ihm entstand,
solche Eifersucht und solcher Haß,
daß ihm das eine wie das andre:
Zweifel *und* Verdacht,
alles nichts bedeutete.
Denn ihm hatten Schmerz und Zorn
Verstand und Fassung ganz geraubt;
es war ein Tod für den Verstand,
daß seine herzgeliebte Isolde
einem *andren* ihre Liebe
schenkte und nicht ihm allein.
Schließlich war ihm nichts
so wichtig wie Isolde –
hierin blieb er sich auch treu.
Wie groß sein Zorn auch werden mochte –
ihm blieb sein liebes Weib so lieb,
ja, lieber als sein eignes Leben;
wie groß auch seine Liebe zu ihr war,
ihn brachten die Belastung
und dieser rasend starke Schmerz
zu einer solchen Raserei,
daß er aus der Balance kam
und völlig seinem Zorn erlag.
Es mochte Täuschung, Wahrheit sein –
das war ihm nun bedeutungslos!

In dieser Krankheit, dieser Blindheit
ließ er sie im großen Saal
vor dem Thron erscheinen
in Gegenwart des ganzen Hofstaats.
Er sagte zu Isolde, öffentlich,
daß der Hof es hörte, sah:
»Meine Herrin, Isolde von Irland,
die Herrn im Lande wissen genau,
wie dringend Ihr seit langer Zeit
mit Blick auf meinen Neffen

Tristan verdächtigt werdet.
So habe ich für Euch diverse
Fangplätze, Fallen angelegt,
für den Fall, daß Ihr Euch, mir zuliebe,
beschränken wolltet in der Narretei;
doch Ihr wollt von ihr nicht lassen.
Ich bin als Mann nicht solch ein Narr,
daß ich bei Euch nicht seh und merke
(ob in kleinem oder großem Kreis) –
Euer Herz und Eure Augen –
daß die zu einem jeden Zeitpunkt
an meinem Neffen hängen!
Ihm erweist Ihr, schenkt Ihr
mehr Zärtlichkeit als mir.
Aus dem Verhalten schließe ich,
daß *er* Euch lieber ist als *ich*.
Wie immer meine Aufsicht sei,
sowohl bei Euch als auch bei ihm,
es bringt mir überhaupt nichts ein!
Soviel ich hier auch unternehme,
es ist doch ganz umsonst getan!
Ich habe euch, mit euren Körpern,
so häufig voneinander ferngehalten,
daß ich mich nur noch wundern kann,
daß Ihr so lang, die ganze Zeit,
im Herzen stets vereinigt bleibt.
Eure liebevollen Blicke,
die habe ich schon oft getrennt,
doch kann ich bei euch beiden
die *Liebe* nicht mehr trennen.
Freilich sah ich euch zu vieles nach!
Nun bringe ich die Sache auf den Punkt:
ich kann die Schande und das Leid,
die ihr mir bereitet habt
mit dieser leidigen Erfahrung,
nicht mehr in eurer Gesellschaft ertragen!
Ich nehm von diesem Zeitpunkt an
die Entehrung nicht mehr hin!
Doch will ich mich für den Skandal
an euch nicht derart rächen,
wie ich das rechtens sollte,

wenn ich mich rächen wollte.
Neffe Tristan, Herrin Isolde,
daß ich euch zwein den Tod
oder irgend Herzeleid bereite,
*da*für seid ihr mir zu lieb –
das geb ich freilich ungern zu...
Doch weil ich an euch beiden sehe,
daß ihr euch nach wie vor
(völlig gegen meinen Willen!)
mehr liebt als mich,
so lebt von nun an miteinander –
wie das eurem Wunsch entspricht.
Schränkt euch nicht ein aus Angst vor mir.
Da eure Liebe derart groß ist,
so üb ich, ab sofort, bei euch
keinen Druck aus, keinen Zwang,
und zwar in keiner Hinsicht.
Nehmt einander an die Hand,
verlaßt mir Hof und Land!
Soll mir schon Leid durch euch geschehn,
so will ich das nicht hören, sehn.
Die Gemeinschaft von uns drein,
sie kann nicht mehr bestehen bleiben:
euch beide lasse ich in ihr,
nur ich allein verlasse sie,
egal, wie ich mich von ihr löse...
Diese Gemeinschaft, sie ist böse,
ich möchte mich von ihr befrein.
Ein König, der mit Wissen teilhat
an einer Liebescommunauté,
der benimmt sich bäurisch grob.
Reist nun beide – Gott mit euch! –,
lebt euer Leben, eure Liebe,
wie das eurem Wunsch entspricht.
Die communauté ist nun zu Ende!«
  Dies verlief und dies geschah,
wie es Marke angeordnet;
Tristan, seine Herrin Isolde
verbeugten sich mit halben Schmerzen
und leichtem Leid im Herzen
vor ihrer beider Herrn, dem König,

danach vor den suivants.
Die liebestreue communauté,
sie nahm sich bei den Händen,
ging sogleich zum Hof der Burg.
Brangaine, ihrer Freundin,
wünschten beide gute Gesundheit
und baten sie zu bleiben,
die Zeit am Hofe zu verbringen,
bis ihr zu Ohren komme,
ob sich etwas für sie beide tue.
Das legten sie ihr sehr ans Herz.
Tristan nahm zehn Pfund
von Isoldes Barrengold
für beider täglichen Bedarf,
für ihren Proviant.
Man brachte ihm zudem,
was er gefordert für die Reise:
seine Harfe und sein Schwert,
sein Horn, die Armbrust für die Pirsch.
Des weitren hatte er
unter seinen Bracken
eine kleine, schnelle ausgesucht,
die Hudent genannt war;
er führte sie persönlich an der Leine.
Sein Personal befahl er Gottes Schutz an
und ließ es wieder in die Heimat reisen,
zu seinem Vater Rual –
ausgenommen Courvenal,
der ihn begleiten sollte.
Ihm übergab er auch die Harfe;
die Armbrust nahm er selbst an sich,
das Horn und ebenso den Hund –
Hudent, nicht Petitcru!
So ritten sie zu dritt vom Hof.

Die makellose Brangaine
blieb verlassen zurück,
voller Jammer, voller Trauer.
Das traurige événement,
der äußerst schwere Abschied
von ihren zwei Gefreunden,

dies griff ihr, mit dem Schmerz,
so sehr ans Herz,
daß schon ein großes Wunder war,
daß sie den Kummer überlebte.
Es trennten sich die beiden
von ihr in großem Schmerz,
erteilten ihr jedoch den Auftrag
(wegen ihrer klugen Absicht),
für eine *kurze* Zeit bei Marke
zu verweilen und zu bleiben,
um in beider Sinn bei Marke
die Versöhnung zu betreiben.

***

So ritten diese drei gemeinsam
durch Wälder, über offnes Land
fast zwei Tagereisen weit
beständig auf die Wildnis zu.
Dort kannte Tristan schon seit langem
in schroffem Berge eine Höhle,
früher par hasard gefunden:
damals war er in der Gegend
zur Jagd geritten und dabei
führte ihn der Weg dorthin.
Man hatte diese Höhle schon vor langem,
als noch Heiden in der Gegend lebten
(vor des Corinäus Jahren,
als Riesen dort die Herrscher waren),
in den schroffen Berg gemeißelt;
hier fanden Riesen eine Zuflucht,
wenn sie sich zurückziehn wollten,
um sich der Liebe hinzugeben.
Wo immer man solch eine Höhle fand,
sie war mit einer Bronzetür verschlossen
und war der Liebe zugeeignet:
La caverne aux gents amants,
das heißt: Der Höhlenbau der Liebenden.
Der Name paßte zum Objekt...
Zudem berichtet uns die Quelle,

die caverne, sie sei im Grundriß
weit und rund, im Aufriß hoch,
schneeweiß und überall poliert;
das Gewölbe war hoch oben
vollendet abgeschlossen:
auf dem Schlußstein eine Krone,
auf allerschönste Art geschmückt
mit der Arbeit eines Goldschmieds,
reich mit Edelsteinen granuliert.
Unten war der Estrich
aus Marmor, grün wie Gras,
glatt und klar und kostbar.
In der Mitte stand ein Bett,
das aus Kristall-Gestein
präzis und schön gemeißelt war,
hoch und breit, gut abgehoben
und ringsum Lettern eingemeißelt –
die gaben gleichfalls kund,
daß dieses Bett der Göttin
LIEBE zugeeignet sei.
Hoch oben in der caverne
waren kleine Fensterchen
eingemeißelt, wegen Licht –
es fiel mal hier, mal dort herein.
Dort, wo man aus- und einging,
war eine Tür aus Bronze eingesetzt.
Und draußen, oberhalb der Tür,
drei Lindenbäume, reich an Ästen –
weiter droben keine mehr.
Doch rund und rundum abwärts,
da standen Bäume ohne Zahl,
die dem Berg mit ihren Ästen
und ihren Blättern Schatten gaben.
Auf einer Seite eine plaine,
dort sprudelte eine fontaine,
eine frische, kühle Quelle,
luzide wie die Sonne;
drei Linden standen über ihr,
schön und rühmlich rühmenswert,
und sie beschützten diese Quelle
vor Regen wie vor Sonne.

Lichte Blumen, grünes Gras,
die diese plaine illuminierten,
befanden sich im schönsten Streit:
Gras wie Blumen leuchteten
um die Wette miteinander.
Auch gab es – zu der Jahreszeit –
die schönen Vogelmelodien;
der Gesang war schön im Klang
wie anderswo, nein: weitaus schöner!
Aug und Ohr, sie fanden dort
ihre Weide, ihren Schmaus:
das Auge seine Augenweide,
das Ohr den Ohrenschmaus.
Dort gab es Sonne und auch Schatten,
die Luft war sanft,
die Lüftchen waren mild.
Diesen Berg mit seiner Höhle
umgaben Felsen, keine Felder,
Wildnis, wüstes Land
gut eine Tagereise weit;
es gab dort keinen Zugang
durch Wege oder Steige.
Doch war dies unwegsame Gelände
an jenem Grenzpunkt nicht so schwierig,
daß Tristan hier nicht Zugang fand,
er und seine Liebesgefährtin,
um in diesem Felsenberg
ihre Unterkunft zu finden.

Als sie die bezogen hatten,
schickten sie Courvenal zurück,
um am Hofe zu verbreiten
(und wo es sonst noch nötig wäre),
Tristan und die schöne Isolde
seien leidvoll und gefahrvoll
wieder heimgekehrt nach Irland,
um vor den Landesherren öffentlich
ihre Unschuld zu beweisen.
Courvenal, er sollte sich
sogleich am Hof dort niederlassen
(gemäß Brangaines Weisungen…),

sollte dieses ehrliche Mädchen,
die Freundin dieser beiden,
ihrer Freundschaft, Liebe
in aller Ehrlichkeit versichern.
Weiter sollte er herausbekommen,
was zu hören sei von Markes Plänen;
falls er einen schlimmen Plan
für einen bösen Anschlag
auf ihrer beider Leben hätte,
solle er dies unverzüglich melden.
Ferner solle er beständig
Tristan und Isolde
in sein Erwägen einbeziehn
und alle zwanzig Tage
erneut zu ihnen kommen,
um ihnen zu berichten,
was sie ermuntern könnte.
Was kann ich euch noch mehr erzählen?
Er tat, was ihm befohlen war.
Da hatten sich Isolde, Tristan
schon häuslich eingerichtet
in der Wildnis-Klause.

Viele Leute sind inzwischen
voller Neugier, Wißbegier
und plagen sich mit dieser Frage ab:
wie Tristan und Isolde,
die beiden Liebesgefährten,
in dieser Wildnis Nahrung fanden.
Hier will ich sie begradigen
und ihre Neugier gradebiegen:
es schauten sich die beiden an,
und *darin* fanden sie die Nahrung!
Der Ertrag der Augenweide
war Nahrung für sie beide;
sie lebten in der Höhle
von nichts als Lust und Liebe:
die liebenden suivants
machten sich geringe Sorgen
um ihre nourriture;
unterhalb der Kleidung

hatten sie im Innersten
die allerbeste Nahrung,
die in der Welt zu finden ist –
die bot sich ihnen gratis an
und war bei jeder Mahlzeit frisch.
Es war dies schiere Treue,
balsamisch duftende Liebe,
die da Leib und Seele
auf schönste Art zusammenhält;
sie sättigt das Gemüt, das Herz.
Dies war ihre beste Nahrung!
Sie dachten wirklich nie
an andre Speisen als nur die,
in der das Herz Begehren,
das Auge seine Weide fand
und die dem Körper gut bekam.
Hiervon hatten sie genug!
Die Liebe, Erbes-Feldarbeiterin,
folgte ihnen Schritt und Tritt,
zog zu jeder Stunde mit,
erfüllte den Bedarf an allem,
was Leben wunschlos glücklich macht.
Es wurde ihnen nicht zur Last,
daß sie so einsam in der Wildnis
lebten ohne andre Menschen.
Wen hätten sie noch holen sollen,
was sollte da noch einer mehr?
Sie waren in gerader Zahl,
es gab nur *eine* dort und *einen*.
Hätten sie noch einen mehr
zur graden Zahl hinzuerwählt,
sie wären ungerad gewesen
und mit dem ungeraden Dritten
überladen, überlastet...
Die Gesellschaft dieser beiden
war für sie so heeresgroß,
daß Artus, Mann des Glücks,
auf keiner seiner Burgen
mehr Gäste hätte haben können
zum Fest, auf dem für beide
mehr Lust, Genuß entstanden wäre.

In keinem Lande hätte man
entdecken können, was erfreulich war,
so daß es damals dieses Paar
als Zusatz noch erworben hätte –
und sei es billig wie ein Glasring!
Was man in allen andren Ländern
hätt erdenken können, um dies Leben,
wunschlos glücklich, zu ergänzen,
das hatten sie dort alles längst;
sie hätten für ein *bessres* Leben
nicht einen Pfifferling gegeben –
höchstens einen für ihr Ansehn…
Was hätten sie dort mehr gebraucht?
Sie hielten Hof, sie hatten Mittel,
die jede Freude möglich machten.
Ihre treue Hofgefolgschaft,
das waren ihre grünen Linden,
der Schatten und die Sonne,
die rivière, die Quelle,
Gräser, Blätter, Blumen, Blüten,
die den Augen schmeicheln;
zu Diensten war der Vogelsang:
die kleine, melodische Nachtigall,
die Drossel und die merle
und weitre Vögelein des Waldes,
der Zeisig und die alouette –
die bedienten diese beiden
um die Wette und im Wettstreit;
so diente die Gefolgschaft ständig
ihren Ohren, ihren Sinnen.
Ihr großes Fest, das war die Liebe,
die ihr Glück vergoldete,
die ihnen, als hommage,
an einem Tage tausendfach
die Tafelrunde König Artus'
und die suivants vermittelte.
Hätten sie für Leib, Gemüt
noch bessre Nahrung brauchen können…?
Dort war der Mann doch bei der Frau,
war ebenso die Frau beim Mann!
Was hätten sie noch mehr gebraucht?

Sie hatten, was sie haben sollten
und waren dort, wohin sie wollten. –
Nun merkt hierzu so mancher an,
was wirklich ungehörig ist,
was ich nicht akzeptieren kann:
behauptet, dies Gesellschaftsspiel
bräuchte auch noch *andre* Nahrung.
Da zweifle ich, ob dem so ist,
mir scheint, die reicht hier völlig aus!
Wenn es aber einen gibt,
der für diese Lebensform
bessre Nahrung aufgespürt,
der teil uns die Erkenntnis mit! –
Ich habe zu gewisser Zeit
ein Leben solchen Stils geführt –
da schien mir so was auszureichen!

Laßt euch nicht dadurch verstimmen,
wenn für euch entschlüsselt wird,
im Blick auf welcherlei Begriffe
die caverne im Felsgestein
so angelegt war, wie sie war.
Sie war, wie ich soeben vorlas,
weit und rund, im Aufriß hoch,
schneeweiß und überall poliert.
Das Innen*gewölbe* bedeutet:
edle Einfalt in der Liebe.
Einfalt paßt sehr gut zur Liebe,
die keine Winkel haben soll;
der Winkel, den die Liebe zeigt,
ist der Betrug, die Hurerei;
die *Weite* ist die Kraft der Liebe,
denn ihre Kraft ist unbegrenzt;
die *Höhe* ist der Höhenflug,
der sich hochschwingt in die Wolken;
dem ist freilich nichts zu schwer,
solange er nach oben strebt,
wo sich die höchsten Trefflichkeiten
zum Schlußstein wölben, im Metallguß.
Doch, nebenbei, trifft immer zu:
stets sind höchste Trefflichkeiten,

steingeschmückt und perlengranuliert,
so verziert mit Lobeswörtern,
daß wir, dem Irdischen verhaftet
(deren Geist nicht immer hoch
hinaus will, überm Estrich schwebt,
der nicht abhebt, auch nicht festklebt),
daß wir nach oben staunend blicken,
um dort das Kunstwerk zu erschauen
aus den Trefflichkeiten jener,
deren Ruhm herunterstrahlt,
die über uns in Wolken schweben
und ihren Glanz heruntersenden –
die staunen wir als Wunder an.
Und damit wachsen uns die Flügel,
mit denen das Gemüt dann flügge wird,
im Fluge Lob für Trefflichkeit erringt.
  Die Wand war *weiß* und völlig *glatt*:
dies ist das Wesen der Lauterkeit;
deren Glanz und reine Helligkeit,
sie darf nicht fleckig sein von Farben;
es soll an ihr auch kein Verdacht
Beulen oder Mulden bilden.
Der *Estrich* aus Marmor
gleicht im Grün, in seiner Festigkeit
der inneren Beständigkeit;
von der Farbe, von der Glattheit her
paßt der Begriff zu ihr am besten;
es soll Beständigkeit zu Recht
übergrün sein wie Gras,
glatt und klar wie Glas.
Mittendrin das Bett
der kristallnen Liebe,
mit Recht der LIEBE zugeeignet.
Er hat ihr Wesen wesenhaft erkannt,
der dies Kristallgestein für sie
zu ihrer Bettstatt meißelte:
die Liebe soll ja auch kristallen,
durchsichtig und durchklart sein!
  Innen an der Bronzetür
ließen sich zwei Riegel schieben;
eine Stange war von innen

mit großem Sachverstand
durch die Wand hinausgeführt –
dort war es, wo sie Tristan fand.
Die bewegte nun den Griff,
der ging von außen her nach innen,
schob die Riegel nach rechts und links.
Kein Schloß, kein Schlüssel war hier dran,
ich erkläre euch, aus welchem Grund.
Dort war aus diesem Grund kein Schloß:
ein Werkstück an der Tür
(ich mein, an ihrer Außenseite),
um sie zu öffnen, sie zu schließen,
dies wär der Inbegriff von Falschheit.
Geht man hinein zur Tür der Liebe,
ohne *eingelassen* zu sein,
so zählt das nicht zur Liebe,
ist vielmehr Falschheit, ist Gewalt.
Deshalb ist dort das Tor der Liebe,
ist die Bronzetür davor,
die niemand öffnen kann,
der sie nicht mit Liebe öffnet.
Sie ist, nebenbei, aus Bronze,
damit kein Werkstück möglich ist
(das durch Kraft wirkt, durch Gewalt,
durch Kunstverstand, durch List,
durch Unwahrheit, durch Falschheit),
mit dem sie sich beschädigen ließe.
Und innen waren beide Riegel
(jeder als der Liebe Petschaft)
in entgegengesetzter Richtung
rechts und links in die Wand geschoben;
aus Zedernholz besteht der eine,
der andere aus Elfenbein.
Nun hört, was diese zwei bedeuten.
Das eine Petschaft aus der Zeder,
das bedeutet in der Liebe
die Klugheit und die Weisheit;
das andere aus Elfenbein
die Reinheit und die Keuschheit.
Mit diesem Petschaft, so verdoppelt,
mit diesen lautren Riegeln

ist das Haus der LIEBE geschützt,
Falschheit, Gewalt sind ausgeschlossen.
Der versenkte, der getarnte Griff,
der von außen rein die Stange
zum Übertragungshebel führte,
war eine kleine Spindel aus Zinn.
Der Übertragungshebel war aus Gold,
ganz wie es sich gehört.
Griff und Übertragungshebel,
sie konnten für den hohen Zweck
nicht besser angefertigt sein.
Das Zinn ist die Gedanken-Richtung
auf die Herzensdinge.
Das Gold, es ist Erfolg;
Zinn und Gold, sie passen hier gut.
Die Gedanken kann ein jeder
nach seinen Intentionen formen,
sie schmaler oder breiter,
kürzer oder länger machen,
sie erleichtern, sie belasten,
mal so, mal so, mal her, mal hin,
mit kleiner Mühe wie das Zinn;
der Schaden bleibt dabei gering.
Wer jedoch mit rechter Güte
Gedanken auf die Liebe richtet,
den bringt nun in der Tat der Griff
aus Zinn (das ja nicht teuer ist)
zum goldenen Erfolg,
zum schönen succès.

Es waren hoch in der caverne
drei Fensterchen (nicht mehr!)
durch den massiven Fels genau
und schlicht gemeißelt worden –
dort, wo das Sonnenlicht hereinkam.
Das erste Fenster ist die Güte,
das zweite ist die Demut,
das dritte nobles Benehmen;
es lacht durch diese drei herein
der schöne Glanz, der Segensglast
der Ehre, Krönung allen Lichts,
und beleuchtet die caverne

des irdischen bonheur.
Es hat auch tiefere Bedeutung,
daß die caverne so völlig einsam
in der weiten Wildnis lag,
denn damit läßt sich gut vergleichen,
daß ihrem Wesen nach die Liebe
nicht einfach auf der Straße liegt
und auch nicht im offnen Land:
sie verbirgt sich in der Wildnis,
zu ihrer Klause sind die Wege
mühevoll und schwierig;
es liegen Berge um sie her,
kreuz und quer verteilt,
die zu manchem großen Umweg zwingen;
auf die Steige, rauf wie runter,
stürzten derart viele Felsen,
daß wir geschundnen Menschenkinder,
wenn wir den Pfad nicht recht verfolgen
und nur *einen* Fehltritt machen,
daß wir dann nie mehr wohlbehalten
nach Hause kommen können.
Wer jedoch so glücklich ist,
durch die Wildnis in die Höhle
zu kommen, dessen Mühe hat sich
gelohnt auf höchst beglückende Weise;
er findet, was sein Herz erfreut:
alles, was das Ohr zu hören verlangt,
und alles, was dem Aug gefallen muß,
das gibt es reichlich in der Wildnis.
Drum wär er ungern anderswo…

Ich weiß dies, schließlich war ich dort!
Ich habe gleichfalls in der Wildnis
dem Federwild, dem Rotwild,
dem Hirsch, dem Reh
an vielen waldigen rivières
nachgestellt auf weiten Wegen,
doch hab ich so nur Zeit vergeudet,
sah niemals beim Entbästen zu;
meinen Mühen und Strapazen
fehlte letztlich der succès.

Ich fand an der caverne den Griff,
sah die Mechanik an der Tür,
ich bin sogar gelegentlich
zur Bettstatt aus Kristall geschritten,
bin oft auch zu ihr hingetanzt
im Reihen, oft auch von ihr weg –
ich habe nie auf ihr geruht.
Jedoch den Estrich um sie her
(obwohl er harter Marmor ist),
den habe ich so sehr zerschrammt:
hätt ihn die Grünheit nicht gerettet,
in der er trefflich sich erfüllt,
aus der er ständig sich erneuert,
so hätte man in diesem Estrich
der Liebe wahre Spuren aufgespürt.
Ich habe ferner an den hellen Wänden
häufig meine Augen weiden lassen
und habe zum Metallgebilde,
zum Schlußstein des Gewölbes
oft angestrengt hinaufgeblickt,
hab am Glanzstück dort hoch oben,
so bestirnt mit Lobeswörtern,
die Augen häufig müdgeschaut.
Die sonnenhellen Fensterchen,
die haben oft den Glanz des Lichts
in mein Herz hineingeschickt.
Ich kenne die caverne schon längst,
seit meinem elften Lebensjahr,
obwohl ich nie in Cornwall war.

Die liebestreuen suivants
(Tristan und seine amie),
sie hatten sich in Wäldern,
auf offnem Lande, in der Wildnis
die Zeit der Arbeit und der Muße
aufs angenehmste eingeteilt.
Sie waren in der ganzen Zeit
ständig beieinander.
Morgens, in der Zeit des Taus,
spazierte sie zur Aue,
in der die Blumen und das Gras

noch kühl vom Taue waren;
sie mouvierten sich danach
auf der kühlen prairie;
sie gingen hin und her auf ihr,
erzählten sich dabei Geschichten
und lauschten, während sie gingen,
auf das süße Vogelsingen.
Dann schritten sie, in andrer Richtung,
zur kühlen, rieselnden Quelle
und lauschten dem Geräusch,
dem zarten, leisen Plätschern;
dort wo sie weiterfloß zur plaine,
dort setzten sie sich hin, zur Rast,
dort hörten sie dem Gluckern zu
und blickten in das Fließen,
und konnten nun auch dies genießen.
Sobald jedoch die helle Sonne
langsam immer höher stieg,
die Hitze von ihr niedersank,
da schritten sie zur Linde
mit ihren linden, kühlen Lüftchen;
auch sie bereitete Genuß
auf ihrer Haut, in ihren Herzen;
sie beglückte Augen, Sinne;
die süße Linde, sie versüßte ihnen
Luft und Schatten mit den Blättern;
in ihrem Schatten warn die Lüftchen
süß und lind und kühl;
die Bank an dieser Linde war
ein Rasen, derart schön
bemalt mit Gräsern, Blumen,
wie bei keiner andren Linde.
Dort lehnten sie sich aneinander,
die leidenschaftlich Liebenden,
erzählten sich von Leidenschaften
der Menschen, die in alten Zeiten
von Leidenschaft vernichtet wurden.
Sie erzählten, diskutierten,
sie beklagten, lamentierten,
was Phyllis von Trazien,
was der armen Canace

geschehen war im Namen der Liebe...
wie das Herz der Byblis brach,
weil sie ihren Bruder liebte...
wie die Königin Dido
von Tyrus und von Sidon,
leidenschaftlich liebend,
an Leidenschaft zugrunde ging...
Mit solchen Geschichten waren sie
beschäftigt in gewissen Stunden,
doch wenn sie die Geschichten wieder
vergessen wollten, dies gemeinsam,
so spazierten sie zur Klause
und griffen wieder auf,
was bewährt war als Vergnügen:
sie ließen Harfenspiel erklingen,
zugleich mit ihrem Singen –
voller Leidenschaft und Schönheit;
sie waren – und dies wechselweise –
tätig mit den Fingern, Zungen:
sie harften und sie sangen
Melodien und Lieder der Liebe;
sie variierten hier ihr Lust-Spiel,
wie es ihnen so gefiel;
griff der eine zu der Harfe,
so wars der andere gewöhnt,
dazu den Liedestext zu singen –
voller Schönheit, Leidenschaft.
Wenn der Klang des Harfenspiels
und das Erklingen des Gesangs
miteinander harmonierten,
klang es derart schön dort drin,
daß mit vollem Recht die Klause
benannt war nach der süßen LIEBE:
La caverne aux gents amants...
Was in den alten histoires
über die caverne
früher mal erzählt war,
das ward mit ihnen wieder wahr;
die wahre Herrin dieses Baus,
sie hatte hier erst recht
auf der Liebe Spiel gesetzt;

was dort zuvor an Lustbarkeiten,
an Liebesspielen stattgefunden,
das fand nicht *diesen* Höhepunkt,
es war dies in der Liebe
nicht derart unverfälscht und klar,
wie es das Spiel der beiden war;
sie verbrachten ihre Zeit mit Lieben
so gut, daß Paare niemals besser waren!
Sie taten einzig und allein,
wozu sie ihre Herzen drängten.
Im Lauf des Tages trieben sie
Kurzweil von verschiedner Art.
Wenn sie Lust dazu verspürten,
ritten sie zuweilen
hinein in diese Wildnis,
um mit der Armbrust Federwild
und andres Wild zu jagen
und ebenso – an vielen Tagen –
das Rote Wild zu hetzen
mit Hudent, dem Laufhund,
der anfangs keiner Fährte
folgen konnte, ohne Laut zu geben.
Ihn hatte Tristan freilich
sehr rasch drauf abgerichtet,
dem Hirsche wie dem Reh
und dem diversen Wild
durch Wald, durch offnes Land
spurentreu zu folgen,
ohne wieder Laut zu geben.
Damit verbrachten sie so manchen Tag,
nicht weil es um die Strecke ging,
die sich mit einer Jagd ergibt,
sondern wegen Zeitvertreib,
der sich dabei ergeben muß;
ich weiß genau, sie setzten
den Laufhund und die Armbrust
mehr ein zu ihrer Herzenslust
und weil sie sich mouvieren wollten,
als wegen nourriture.
Beschäftigung und Tätigkeit
war jeweils so, zu jeder Zeit,

wie sie ihnen Laune machte,
wie sie ihrer Lust entsprach.

In jener Zeit, da dies geschah,
hatte der traurige Marke
ständig sehr viel Unglück;
seine Frau und seine Ehre,
sie ließen ihn sehr trauern;
ihm wurden Körper und Gemüt
tagtäglich mehr belastet;
an Rang verloren Ehre und Besitz.
So ritt er denn in jenen Tagen
zur Hatz genau in diesen Wald,
doch mehr, um Traurigkeit zu lindern
als mit der Hoffnung auf succès.
Als sie den Wald erreichten, leinten
die Jäger ihre Hunde an.
Sie sahn ein Rudel stehen, ließen
dorthin die Meute los, zur Hatz.
Und schon nach kurzer Zeit
trennten diese Hunde von dem Rudel
einen wundersamen Hirsch ab,
der trug die Mähne wie ein Pferd,
war groß und stark und weiß,
sein Geweih war zierlich, kurz,
es war ganz knapp entsprossen,
als hätt der alte Hirsch die Stangen
erst vor kurzem abgeworfen.
Den hetzten sie, par force,
gemeinsam, um die Wette,
bis die Sonne unterging.
Da verloren sie die Fährte,
und der Hirsch entschwand vor ihnen,
entfloh von hier nach dort,
von wo er hergekommen war:
aus dem Gebiet um die caverne –
floh dorthin und überlebte so.
Marke war nun sehr verstimmt,
die Jäger waren es weit mehr,
daß ihnen dies mit einem Hirsch passierte,
der ihnen wundersam erschienen war

in seinem Äußren, mit der Mähne...
Drum waren alle tief verärgert.
Sie pfiffen ihre Hunde zurück,
legten sich dort nieder für die Nacht –
sie waren alle ganz erschöpft.
Tristan und Isolde hatten
den ganzen Tag den Lärm gehört,
der in den Wald gedrungen war,
Hornsignale, Hundebellen,
und sie hatten gleich gedacht,
dies könnte einzig Marke sein.
So wurden ihre Herzen schwer;
sie hatten beide Angst, sofort,
sie wären ihm verraten worden.

Am andren Tage, in der Frühe,
bevor er Morgenrot erspähte,
brach der Jäger-Meister auf.
Er befahl dem Jagdgefolge,
abzuwarten, bis es Tag war
und auf seiner Spur zu jagen.
Eine Bracke, die ihm recht schien,
nahm er an die Führungsleine,
ließ sie treu der Fährte folgen;
stetig führte sie ihn weiter
durch Gelände ohne Fährten:
über Fels und harten Boden,
über trocknes Land und Gras –
dort war vergangne Nacht der Hirsch
vorausgezogen, war geflohn.
Dem blieb sie treu auf seiner Fährte,
bis sie durch die Schluchten waren
und die Sonne höher stand;
so kam er zur fontaine
auf Tristans plaine.

An jenem Morgen waren Tristan
und die Gespielin Hand in Hand
aufgebrochen zum Spaziergang;
in aller Frühe, noch im Tau,
gelangten sie von dort

auf die blütenreiche Aue,
in das wonnevolle Tal.
Alouette und Nachtigall
musizierten mit zwei Stimmen,
saluierten ihr Gefolge;
sie hoben beim Begrüßen
Tristan und Isolde hervor.
Die ungezähmten Waldesvöglein
hießen in ihrem Vogel-Latein
die beiden äußerst süß willkommen –
so manchem süßen Vögelein
waren sie willkommen;
zum Gruß des Liebespaares
hatten alle wonnevolle
Mühn auf sich genommen;
sie sangen von den Zweigen
wonnigliche Melodien
mit vielen Varianten;
zur Wonne dieser beiden
sangen viele schöne Stimmen
die première, deuxième partie
ihrer Strophen, Kehrreim-Strophen.
Sie empfing die kühle Quelle,
hoch in beider Augen steigend,
schön in ihren Ohren klingend,
floß murmelnd auf sie zu,
empfing sie mit Gemurmel:
sie murmelte ganz süß
zur Begrüßung dieses Paares.
Auch die Linden grüßten sie
mit süßen, süßen Lüftchen,
erfreuten außen das Gehör
und innen das Gemüt.
Der Bäume fleurie,
die leuchtende prairie,
und Blumen, übergrünes Gras
und alles, was da in der Blüte stand,
das lachte sie beständig an.
Auch grüßte sie auf Schritt und Tritt
der Tau mit seiner Süße,
er kühlte ihre Füße

und tat den Herzen wohl.
Als sie das voll genossen hatten,
kehrten sie gemach zurück
in ihren Höhlenbau, besprachen,
was zu tun sei, in der Lage…
Hatten sie doch beide Angst
und fürchteten – was auch geschah –,
daß irgendeiner irgendwie,
den Hunden folgend, kommen könnte
und ihr Geheimnis dort entdeckte.
Tristan faßte einen Plan,
auf den sich beide einigten;
sie gingen zu ihrem Bett zurück
und legten sich dort wieder hin,
doch voneinander abgerückt –
genau wie Mann und Mann
und nicht wie Mann und Frau.
So lagen Körper und Körper
in ungewohnten Positionen.
Auch hatte Tristan sein blankes Schwert
zwischen sie und sich gelegt.
Er lag nach hier und sie nach dort,
sie lagen (eins *und* eins) getrennt.
Und schliefen so gemeinsam ein.

Der Jäger, über den ich vorlas,
und der nun an der Quelle war,
der sah im Tau die Tritte,
wo Tristan und die Herrin
vor ihm weggeschlendert waren,
und zog sofort den Schluß, dies müßten
die Siegel dieses Hirsches sein.
So saß er ab und ging zu Fuß
und folgte auf dem Pfad der Fährte,
die sie vor ihm getreten hatten –
bis hin zur Türe der caverne.
Dort warn zwei Riegel vorgeschoben,
und so kam er hier nicht weiter.
Weil ihm dieser Weg versperrt war,
ging er die Umrundung an,
stieg aufwärts, immer rundherum,

fand schließlich, par hasard,
ein verstecktes Fensterchen
in der Kuppel der caverne.
Dort lugte er voll Furcht hinein,
entdeckte, auf den ersten Blick,
der LIEBE Hofgefolge:
nur *eine* Frau und *einen* Mann.
Er sah ein Wunder in den beiden!
Schien ihm doch bei dieser Frau,
daß noch keine Frau zuvor
eine derart auserlesne
créature zur Welt gebracht.
Doch schaute er nur kurz zu ihr,
denn schon bemerkte er das Schwert,
das dort lag, so völlig blank –
er schreckte hoch, entfernte sich.
Bedrohlich schien ihm dies:
er sah hier irgendwas
aus dem Bereich der Barbarei...
Dies begann, ihm Angst zu machen.
Er kehrte um, den Fels hinab
und ritt zurück zur Hundemeute.

Mittlerweile hatte Marke
weiten Vorsprung vor den Jägern
gewonnen auf der Spur des Jägers,
erreichte ihn nun, ungeduldig.
»Hört«, so rief der Fallensteller,
»König, Herr, ich melde Euch
das Neueste: ich hab soeben
eine wahre merveille entdeckt!«
»Welche merveille? Nun sag es schon!«
»Eine caverne der Liebe...!«
»Wie hast du sie gefunden? Wo?!«
»Herr, in dieser Wildnis hier.«
»In dieser wüsten Wildnis?!« »Ja!«
»Ist ein lebendges Wesen dort?«
»Ja, Herr, es sind in ihr
ein Mann und eine Göttin.
Sie liegen da auf einem Bette
und schlafen um die Wette.

Der Mann scheint ein normaler Mann,
doch hab ich meine Zweifel dran,
ob sie, die bei ihm schläft,
ebenfalls ein Mensch ist –
ist schöner noch als eine Fee!
So Schönes konnte hier auf Erden
aus dem Gebein und Fleisch von Menschen
keinesfalls geboren werden!
Ich weiß nicht, welchen Grund dies hat:
es liegt ein Schwert dazwischen,
hell und glänzend – blank gezogen!«
Der König: »Bringe mich dorthin!«
Der Jäger-Meister führte ihn von dort
durch Wildnis auf der eignen Spur
zum Punkt, an dem er abgesessen.
Der König sprang dort in das Gras,
begab sich auf den Pfad des Jägers;
der blieb zurück und wartete.
  Marke kam bald an die Tür,
schwenkte ab und stieg darauf
nach der Instruktion des Jägers
außen an dem Fels empor,
und wo der auf den Gipfel zulief,
stieg er gleichfalls rundumher,
fand ebenfalls ein Fensterchen.
Zu seiner Freude, seinem Leid
warf er einen Blick hinein:
auch er sah dort die beiden hoch
auf der kristallnen Bettstatt liegen;
sie schliefen weiter wie zuvor.
Er fand sie wie der Jäger vor:
voneinander weggedreht,
der eine hier-, der andre dorthin;
das blanke Schwert lag zwischen ihnen.
Er erkannte Frau und Neffen.
Sein Herz in ihm, sein ganzer Körper,
sie wurden kalt vor Leid,
und ebenso aus Freude.
Die abgerückten Positionen,
sie weckten Freude, schufen Leid.
Ich meine Freude, weil er wähnte,

er wäre nicht betrogen worden;
ich meine Leid, denn *dies* war sein
Verdacht. Er sagte sich im Herzen:
»Gnädigster Herr des Himmels,
was mag dies zu bedeuten haben?!
Wenn zwischen ihnen hier geschah,
was ich schon lange im Verdacht hab –
was liegen sie so abgewandt?
Ein Weib soll dem Geliebten
ständig in den Armen liegen,
soll an seinem Körper kleben.
Weshalb liegt dieses Paar nun *so*?«
Und weiter sagte er zu sich:
»Ist etwas an der Sache dran?
Besteht hier Schuld? Besteht sie nicht?«
Und schon war wieder Zweifel da!
Er sagte: »Schuld? Ganz sicher: *ja*.«
Er sagte: »Schuld? Ganz sicher: *nein*.«
Er trieb das zwischen beidem weiter,
bis der Mann, vom Weg gekommen,
an der Liebe dieser beiden
wieder einmal Zweifel hegte.
Die Liebe, Friedensstifterin,
sie kam mit sanftem Schritt zu ihm;
sie war mit kurioser Sorgfalt
geschminkt und aufgeputzt.
Es war da auf dem Weiß
in ihrem Angesicht
die schönste Farbe aufgetragen,
das goldene Dementi: *Nein*.
Und dieses Wort, es leuchtete
dem König ein, ins Herz hinein;
das andre Wort, sein Schmerz,
das unerwünschte *Ja*,
das sah dort Marke überhaupt nicht,
das war völlig ausgelöscht,
da war kein Zweifel, kein Verdacht;
die Liebe übergoldete
(mit Gold, doch ohne Rechenschaft),
sie lenkte mit Verführungskraft
seine Blicke und sein Denken

*dort*hin, wo der Ostertag
seines ganzen Glückes lag.
Er verschlang sie mit den Augen:
Isolde, Wonne seines Herzens,
sie war ihm vorher, früher
niemals derart schön erschienen.
Ich weiß nun nicht, von welchem Akt
hier die Geschichte fabuliert,
der sie erhitzte, wie es heißt –
es leuchtete ihr Schönheitsglanz
(sie wirkte süß, sie wirkte lose...)
wie die Lilie bei der Rose
weiterhin zum Mann hinauf.
Ihre Lippen glommen, glühten
genauso wie die Kohlenglut.

Ja, nun fällt mir wieder ein,
welcher Akt sie so erhitzt hat:
wie ich oben vorgelesen,
war Isolde an dem Morgen
im Tau zur Aue hinspaziert –
deshalb glühte sie noch so...!
Und es drang auch von der Sonne
ein kleiner Lichtstrahl dort hinein,
der ihre Wangen leuchten ließ,
ihr Kinn und ihre Lippen...
Schönheit, die verdoppelt war,
trug hier ein Spiel aus, miteinander,
Glanz und Glanz vereinten sich:
die Sonne *oben, sie* als Sonne,
sie gaben hier ein Fest der Wonne,
ein großes, um Isolde
glanzvoll herauszustellen.
Ihr Kinn, die Lippen und ihr Körper,
sie waren wirklich wonnevoll,
so lieblich, so erregend,
daß sie Marke *sehr* gefiel.
Er verlangte, er begehrte,
sie liebevoll zu küssen.
Liebe legte ihre Fackel an,
Liebe entflammte diesen Mann
mit der Schönheit ihres Körpers.

Die Schönheit dieser Frau
lockte seine Sinne
zu ihrem Leib, um sie zu lieben;
sein Blick kam nicht mehr von ihr los;
mit innerer Erregung sah er,
wie herrlich, aus dem Kleid heraus,
ihr Hals, die Brüste schimmerten,
ihre Arme, ihre Hände.
Sie hatte keinen Kopfputz auf,
nur die couronne aus Klee.
Noch nie erschien sie dem Gemahl
so lockend, so verlockend...
Als er nun merkte, daß die Sonne
von oben durch die Fensteröffnung
ihr Gesicht beschien, da bangte er,
dies könnte ihrem Äußeren
schädlich sein, ihm schaden.
Gräser, Blumen, Blätter riß er ab,
verbüschelte damit das Fenster
und schlug ein Kreuz für seine Schöne,
erflehte ihren Schutz vom lieben Gott,
und schluchzend ging er fort.
Als ein Mann der Traurigkeit
kam er zurück zu seinen Hunden,
beendete die Jagdpartie;
er befahl sogleich
den Jägern, mit den Hunden
zur Burg zurückzukehren.
Dies tat er einzig aus dem Grund,
daß keiner sonst zur Klause käme
und die beiden dort entdeckte.

Kaum war der König wieder fort,
wachten Isolde und Tristan auf.
Sie begannen, sich umzusehn,
hielten Ausschau nach der Sonne,
doch schien die Sonne bloß
durch zwei der Fensterchen herein;
sie wandten sich dem dritten zu:
weil hier kein Licht zu ihnen kam,
erstaunte sie das sehr.

Sie warteten nicht länger ab,
sie standen beide auf, gemeinsam,
stiegen außen hoch am Fels,
und sogleich entdeckten sie
die Blätter, Blumen, Gräser
vor diesem Fensterchen.
Auch sahen beide in dem Sand
des Höhlenberges und davor
Tritte, Spuren eines Menschen –
sie führten her und führten weg…
Dies versetzte sie in Schrecken,
dies machte ihnen große Furcht,
sie dachten gleich, daß Marke
irgendwie gekommen sei
und sie gesehen habe –
der Verdacht lag nah für sie.
Freilich hatten sie dabei
keinerlei Gewißheit,
dafür die große Zuversicht:
wer immer sie gefunden hatte –
zu diesem Zeitpunkt sah er sie
voneinander abgewendet
und nur in *dieser* Weise liegend.

Sofort berief der König
am Herrschersitz, im Lande
Verwandte und Berater ein,
um Rat zu suchen, Rat zu holen.
Er erzählte, teilte mit –
wie ich euch eben noch erzählte –,
wie er sie vorgefunden habe,
und gab kund, daß er bei Tristan
und Isolde nie mehr wieder
an einen Fehltritt glauben würde.
Sogleich verstanden die Berater,
mit welcher Absicht er sich trug
und daß die Rede darauf rauslief,
daß er sie wiederhaben wollte.
Sie zeigten Klugheit und empfahlen,
was ihm aus dem Herzen kam,
was er selber wünschte:

daß er seine Frau Isolde
und seinen Neffen holen lasse,
da ihm ja nichts bekannt sei,
das ehrenrührig wäre,
daß er Verdächtigungen dieser beiden
nie mehr zur Kenntnis nehmen würde.
So lud man Courvenal vor
und setzte ihn als Boten ein
zu diesen beiden: schließlich
vertrat er ihre Sache.
Der König ließ nun Tristan,
erst recht der Königin versichern,
er sei gewogen, zugeneigt,
und sie sollten wiederkommen,
und keiner werde künftig Übles
gegen sie zur Kenntnis nehmen.
Courvenal, er ritt zu ihnen,
gab Markes Absicht wieder;
den Liebenden genügte dies,
sie wurden ganz von Herzen froh.
Doch sie empfanden ihre Freude
weitaus mehr mit Blick auf Gott
und auf ihr öffentliches Ansehn,
als aus einem andren Grund.
Sie kehrten auf dem Weg zurück
zu ihrem alten Rang.
Jedoch in allen ihren Jahren
wurden beide nie mehr wieder
so vertraut, wie sie es waren;
sie fanden nie mehr so wie früher
die Ausgangslage für ihr Glück.
Andrerseits war Marke,
waren Hof und Hofgesellschaft
um ihre Ehre sehr bemüht,
doch konnten sie dafür nie wieder
frei und offen handeln.
Der Zweifler Marke bat mit Nachdruck,
ja befahl Isolde, Tristan,
sie sollten nun – mit Blick
auf Gott und auf ihn selbst –
gemeinsam Anstand wahren,

sollten nun die süßen Schlingen
ihrer liebevollen Blicke
meiden und vermeiden, auch die alte
Vertrautheit und Vertraulichkeit
der Gespräche unterlassen.
Der Befehl war schmerzhaft für das Paar.

Marke war nun wieder froh.
Er hatte wieder, zum Vergnügen,
an seiner Frau Isolde alles,
was sein Herz begehren mochte –
körperlich, und nicht als Ehre.
Er fand bei seiner Ehefrau
keine Neigung, keine Liebe
und auch keine Ehrerbietung,
wie sie Gott entstehen ließ;
es blieb nur *dies*: man nannte sie
in dem Bereich, in dem er König war,
Herrin, Königin in seinem Namen.
Damit gab er sich zufrieden,
erwies ihr stets Gewogenheit –
so als würde sie ihn lieben...
Es war dies jene törichte
Verblendung eines Herzens,
von der das Sprichwort sagt:
»Der Liebe Blindheit blendet
des Leibes und des Herzens Augen.«
Sie blendet Augen und Verstand:
was *diese* klar erblicken,
*da*von will er gar nichts wissen!
So geschah es auch mit Marke.
Todsicher wußte er
und sah genau, daß seine Frau
Isolde mit dem Herz, dem Kopf
ganz und gar der Liebe
verfallen war zu Tristan –
und trotzdem wollte ers nicht *wissen*.
Wem läßt sich nun die Schuld dran geben,
daß er in dieser Weise
ehrlos mit ihr lebte?
Der würde wirklich unrecht tun,

der Isolde dies als Form
des Betrugs zum Vorwurf machte –
sie *betrog* ihn nicht (auch Tristan nicht!),
er sah es doch mit *eignen* Augen an!
Vielmehr: wußte, ohne es zu sehen,
daß sie keine Liebe für ihn empfand –
und *trotzdem* hatte er sie gern.
»Weshalb, Herrgott, warum
verspürte er zu ihr noch Neigung?!«
Aus diesem Grund, aus dem es heute
viele tun: Begierde und Begehren,
sie nehmen vieles hin,
was ihnen zugemutet wird.
Hoho, wieviele *Isolden*
und *Markes* sieht man *heute noch*
(was man wohl nicht beweisen muß...),
deren Herzen, deren Augen
blinder sind, nein: gleichfalls blind!
Es ist nicht kein einziger,
es ist ja tausendeiner
der Blindheit so verfallen,
daß er von dem nichts wissen will,
was ihm klar vor Augen liegt,
und *das* für ein Dementi hält,
was er weiß und was er sieht.
Wer hat ein Mittel gegen seine Blindheit?
Denken wir an Den Gerechten,
so dürfen wir den Damen
hierin keine Schuld zuweisen;
sie bleiben schuldlos vor den Männern,
solang sie denen vor Augen führen,
was sie machen oder treiben;
wo man den Fehltritt selber sieht,
da wird der Mann von einer Frau
nicht betrogen, überlistet,
da hat vielmehr Begierde
dem Blick den Rücken zugekehrt.
Begehren, dies ist das Dementi,
das aller Welt, und zwar beständig,
völlig klar vor Augen liegt.
Was immer man zur Blindheit sagt –

es blendet keine Blindheit
so schmerzhaft und so schmerzlich
wie Begierde und Begehren.
Auch wenn wir das nur ungern sagen,
so trifft doch dieses Sätzlein zu:
»Schönheit ist die höchste Gefahr!«
Die gefährliche Schönheit
dieser blühenden Isolde,
sie machte Marke völlig blind:
äußerlich und innerlich,
in seinen Augen, im Verstand.
Er konnte nichts an ihr vermerken,
was er bei ihr rügen wollte.
Vielmehr: was er von ihr wußte,
war nur das Allerbeste!
Um diesen Einschub zu beenden:
er war so gern mit ihr im Bett,
daß er völlig übersah,
was ihm, durch sie, an Leid geschah.

Was in einem Herzen ständig
verschlossen und versiegelt liegt,
läßt sich nur mühsam unterdrücken.
Man treibt nur allzu gern,
was den Gedanken schmerzlich ist;
es grast das Auge liebend gern
auf seiner Augen-Weide;
das Herz, das Auge: beide
weiden häufig auf der Trift,
auf der sie einst ihr Glück erlebt.
Wer ihnen dieses Spiel verleiden will,
bei Gott, der macht es ihnen lieb!
Je strenger man sie fernhält, desto
stärker zieht das Spiel sie an,
desto fester kleben sie daran.
So wars bei Tristan und Isolde:
wenn es soweit gekommen war,
daß ihre Lust, ihr Wohlgefühl
durch die Aufsicht ganz verhindert,
durch Verbot vereitelt wurden,
so frustrierte, quälte das.

Das verlockende Verlangen wurde
beiden nun erst recht zum Schmerz,
es schmerzte sie noch mehr als früher.
Ihr Verlangen nach dem andren
wurde quälender für sie,
frustrierender als je zuvor.
Die bergesschwere Bürde
der verwünschten Aufsicht
lastete auf den Gemütern
schwer wie ein Berg aus Blei.
Die Aufsicht, die verfluchte
Maschinerie, Feindin der Liebe,
die raubte ihnen den Verstand.
Und insbesondere Isolde,
sie war frustriert, sie war in Not:
Tristans Fernsein war ihr Tod.
Je stärker ihr Gemahl ihr die
Vertraulichkeit verbot mit Tristan,
desto stärker waren die Gedanken
und Wünsche auf ihn festgeschrieben.

Es war zu einer Mittagsstunde,
als heiß die Sonne schien –
auf ihre Ehre, leider feindlich...
Sonnen zwei verschiedner Arten
strahlten dieser Königin
in ihr Herz, in ihre Sinne:
die *Sonne* und die *Liebe*.
Die Leidenschaft, die heiße Stunde
quälten sie im Wettstreit.
Sie glaubte diesem Streit,
dem innern und dem äußern Zustand
mit einem Einfall zu entkommen
und fiel erst richtig rein...
Sie begann, im Obstbaum-Garten
Gegebenheiten zu sondieren.
Sie suchte für den Treffpunkt Schatten –
Schatten, der dem Treffpunkt
Schirm und Schutz gewähre:
wo Kühle wäre, Einsamkeit.
Sobald sie dies gefunden hatte,

ließ sie dort ein Bett aufstellen
und machen – sorgsam, prachtvoll!
Leinenlaken, courtepointe,
Purpurseide, soie changeante –
es wurde königliches Bettzeug
üppig auf das Bett gebreitet.
Als das Bett bereitet war,
dies mit höchstem Können,
legte sich la blonde
in ihrem Hemd hinein.
Die jungen Damen wies sie an,
sich zurückzuziehn, gemeinsam –
nur Brangaine durfte bleiben.
Ein Bote wurde hingeschickt zu Tristan:
Er setze alles dran, Isolde
zu besuchen, dies sofort.
Er tat genau, was Adam tat:
die Frucht, die *seine* Eva bot,
die nahm er, aß mit ihr den Tod.
  Er kam. Brangaine ging
zu den Damen, setzte sich zu ihnen,
voller Sorge, voller Angst.
Sie befahl den Kammerdienern,
alle Türen abzuschließen,
keinen mehr hereinzulassen –
es sei denn, sie erlaube das.
Die Türen wurden zugemacht.
  Als Brangaine wieder Platz nahm,
dachte sie hierüber nach
und fand es traurig, im Gemüt,
daß weder Furcht noch Aufsicht
bei ihrer Herrin Wirkung zeigten.

Während sie darüber nachsann,
trat ein Kämmrer vor die Tür,
und als er grade vor ihr stand,
da kam der König her, herein
(er wirkte äußerst ungemütlich!)
und fragte nach der Königin.
Es sagten alle jungen Damen:
»Sie schläft, Herr. Glaube ich…«

Brangaine, ganz gedankenwirr,
die ärmste, sie schrak auf und schwieg,
es sank der Kopf auf ihre Schulter,
ihr waren Herz und Hand gelähmt.
Der König weiter: »Sagt mir schon,
wo schläft sie denn, die Königin?«
Man führte ihn nun in den Garten.
Und Marke ging sofort dorthin,
wo er sein Herzeleid entdeckte:
Frau und Neffen, beide fand er
in wechselseitiger Umarmung,
eng und fest umschlungen,
an seiner Wange ihre Wange,
an seinen Lippen ihre Lippen.
Was er weiter sehen konnte,
was ihn die Decke sehen ließ,
was am obren Ende
vom Laken nicht bedeckt war:
ihre Arme, ihre Hände,
ihre Schultern, Oberkörper,
die waren derart dicht
ineins gefügt, gepreßt:
wär aus Bronze oder Gold
ein Doppelwerk gegossen worden,
man hätte es nicht noch genauer
fügen können oder dürfen.
Tristan und die Königin,
sie schliefen schön und tief –
weiß nicht, nach welchem Akt...
  Als der König nun sein Unglück
so offenkundig sah, da war ihm
zum ersten Mal sein Herzeleid
in vollem Ausmaß gegenwärtig.
Begradigt war der Mann nun wieder!
Verdacht und Zweifel, seine alte
Überlast, die war er los:
kein Vermuten mehr – er *wußte*!
Was er schon immer haben wollte,
das war ihm *alles* nun gegeben!
Ich habe freilich die Vermutung,
es wäre ihm doch mehr bekommen,

zu vermuten als zu wissen.
Der Punkt, an dem er stets bemüht war,
loszukommen von der Zweifelsqual,
hier war er tot, lebendgen Leibes.
Und so ging er schweigend fort.
  Die Berater, Lehensleute
ließ er diskret zusammenkommen.
Er begann mit der Eröffnung,
er sei darüber unterrichtet –
diese Meldung sei verläßlich –,
daß Tristan und die Königin
im Bett beisammenlägen;
sie müßten alle mit ihm kommen,
um nachzuschaun, betreffs der beiden,
und falls man sie dort auch so fände,
so müßte er dort, auf der Stelle,
das Recht zum Urteilsspruch erhalten,
nach der Rechtsform dieses Landes.

Es war genau in dem Moment,
als Marke fortging von dem Bett
und nur ein kleines Stück entfernt war,
daß Tristan aus dem Schlaf erwachte,
ihn fortgehn sah von ihrem Bett.
Er stöhnte: »Ah, was habt Ihr bloß
gemacht, verläßliche Brangaine?!
Bei Gott, Brangaine, ich vermute,
der Schlaf wird uns das Leben kosten.
Wacht auf, Isolde, ärmste Frau,
Herzenskönigin, wacht auf!
Ich fürcht, wir sind hier in der Klemme!«
»In der Klemme? Wie denn, Herr?«
»Mein Herr stand über uns gebeugt.
Er sah uns beide, ich sah ihn!
Er geht gerade von uns weg,
und ich weiß es so genau
wie daß ich sterben muß:
er will in dieser Sache
Zeugen, Eideshelfer holen!
Er will auf unsren Tod hinaus!
Herzensdame, schöne Isolde,

wir müssen uns jetzt trennen,
und wahrscheinlich werden wir
nie mehr so gute Möglichkeiten
finden für das Glück wie früher.
So prägt denn Eurem Gedächtnis ein,
welche Liebe, so vollkommen,
wir bisher einander zeigten;
seht zu, daß sie erhalten bleibt!
Bewahrt mich stets in Eurem Herzen!
Was immer auch mein Herz erlebt,
Ihr werdet ständig darin bleiben!
Isolde, sie muß immerdar
in Tristans Herzen sein!
Herzgeliebte, seht nur zu,
daß mich Entfernung, Fremde
von Euch nicht distanzieren.
Vergeßt mich nicht! In keiner Not!
Douce amie, belle Isolde –
gebt mir zum Abschied einen Kuß!«
Sie wich ein kleines Stück zurück,
und seufzend sagte sie zu ihm:
»Herr, unser Herz und unser Kopf,
die sind schon viel zu lange,
viel zu eng und viel zu innig
bemüht gewesen umeinander,
als daß sie je erfahren würden,
was Vergessen zwischen ihnen hieße.
Ob Ihr mir fern seid oder nah,
es soll in meinem Herzen *niemals*
ein Leben, etwas Lebendes geben,
außer Tristan, meinem Leib und Leben.
Herr, ich hab Euch lange Zeit
Leib und Leben ausgeliefert;
seht zu, daß keine andre Frau
mich jemals von Euch trennt,
wir beiden künftig nicht mehr
in der Treue, in der Liebe
so beständig, so lebendig sind,
wie wir das lang, für lange Zeit
in reiner Form gewesen sind.
Und nehmt hier diesen Ring;

er sei für Euch ein Unterpfand
der Treue, liebenden Gedenkens;
falls Ihr irgendwann einmal
auf den Gedanken kommen solltet,
eine andere als mich zu lieben,
soll Euch der Ring daran erinnern,
wie mein Herz sich derzeit fühlt;
dann denkt an diesen Abschied,
wie sehr er uns im Herzen,
im Körper nahgegangen ist;
erinnert Euch der schweren Stunden,
die ich wegen Euch erlitten,
und laßt Euch keine näherkommen
als Isolde, Eure Liebste!
Vergeßt mich nicht für eine andre!
Wir beide haben Lust und Leid
in solcher innigen Gemeinschaft
bis zu dieser Zeit geteilt –
wir müssen die Erinnerung daran
lebendig halten bis zum Tod.
Herr, es ist durchaus nicht nötig,
daß ich Euch so dringlich mahne –
wenn Isolde je mit Tristan
ein Herz und *eine* Liebe war,
so ist dies stets lebendig,
so bleibt dies stets beständig.
Doch bitte ich Euch herzlich:
in welches Land Ihr reisen mögt,
Ihr solltet *Euch, mein Leben*, schützen!
Denn sobald ich hier verwaist bin,
bin *ich, Euer Leben*, ganz dahin.
Mich, Euer Leben, werde ich
Euch zuliebe, nicht für mich,
behüten – achtsam, sorgsam...
Denn Euer Leib und Leben liegt,
das seh ich klar, allein in mir:
ein Leib, *ein* Leben, das sind wir.
Denkt stets mit aller Kraft an mich,
Isolde, Euren Leib.
Laßt mich in Euch mein Leben sehn,
sobald das irgend möglich ist,

und seht erst recht in mir das Eure;
Ihr führt das Leben von uns beiden.
Kommt her und gebt mir einen Kuß.
Tristan und Isolde, Ihr und ich,
wir beide sind für alle Zeiten
ein ungeteiltes Wesen.
Mein Kuß soll Siegel sein:
ich bin Euer, Ihr seid mein,
und das getreu bis in den Tod –
*ein*Tristan*eine*Isolde!«
Als dieser Abschied besiegelt war,
machte sich Tristan auf den Weg,
voll Jammer und mit großem Leid.
Isolde, sein Leib, sein zweites Leben,
sie blieb zurück mit großem Schmerz.
Die beiden Liebesspielgefährten
hatten sich noch nie zuvor
unter solcher Qual getrennt.

Inzwischen war der König angekommen
und hatte eine große Zahl
von Herrn des Hofrats mitgenommen.
Sie kamen allerdings zu spät,
sie fanden keinen als Isolde.
Die lag noch wie zuvor im Bett –
und dachte nach, sehr angestrengt.
Als nun der König außer
seiner Isolde keinen fand,
nahmen ihn die Herrn des Rates
sogleich diskret auf Seite.
Sie sprachen: »Herr, Ihr macht hier
einen wirklich schweren Fehler,
da Ihr, zu wiederholtem Male,
Eure Frau und Eure Ehre
für nichts und wieder nichts
mit schändlicher Beschuldigung
durch die Instanzen zieht und zerrt.
Ihr haßt die Ehre, Eure Frau
und, zu allermeist, Euch selbst.
Wie könnt Ihr jemals glücklich werden,
solang Ihr Euer Glück derart

in Eurer Frau verächtlich macht
und sie bei Hof, auf Herrensitzen
zum Thema von Gerede macht,
ohne ihr noch nachzuweisen,
was gegen ihre Ehre wäre?
Was werft Ihr Eurer Königin denn vor?!
Weshalb nur macht Ihr die so schlecht,
die keine Schlechtigkeit an Euch beging?
Herr, bei Eurer Ehre,
tut es nie mehr wieder!
Weicht aus vor solchen Schändlichkeiten,
um Eurer und um Gottes willen.«
So wirkten alle auf ihn ein,
bis er sich ihrer Meinung anschloß,
den Zorn nochmal verrauchen ließ
und fortging ohne Racheakt.

***

Tristan kam zu den Quartieren,
rief alle seine Leute zusammen
und machte sich mit ihnen rasch
in Richtung Hafen auf.
Das erste Schiff, das er dort fand,
mit dem stach er sogleich in See
und reiste in die Normandie,
er und seine suivants.
Freilich blieb er dort nicht lange,
empfahl ihm doch sein innrer Sinn,
eine Lebensform zu suchen,
die Linderung verschaffen könnte
und Trost in seiner Trauer.
Beachtet diese curiosité:
Tristan floh vor Mühsal, Leid,
doch suchte Leid und Mühsal;
er floh vor Marke und dem Tod,
doch suchte tödliche Gefahr,
die ihn im Herzen tötete:
die Trennung von Isolde.
Was halfs, daß er den Tod dort floh,

um sich dem Tod hier anzuschließen?
Was halfs, daß er vor seiner Qual
von Cornwall floh,
wo sie ihm ständig, Tag und Nacht
im Nacken saß?
Für diese Frau bewahrte er
sein Leben, während dieses Leben
vergiftet war durch diese Frau;
für sein Leben, seinen Leib
war nichts Lebendiges sein Tod,
außer Isolde, seinem wahren Leben;
ihn hielten Tod *und* Tod im Griff.
Nun dachte er sich, wenn ihm jemals
diese Qual im Erdenleben
so erträglich werden sollte,
daß er sie überleben könnte,
so wäre das im Kriegsdienst möglich.
Ihm erzählten Landesherren,
es herrsche großer Krieg
im Lande Allemagne –
das gab man Tristan weiter.
So ritt er zur Champagne,
von dort hierher nach Allemagne.
Dem Zepter und der Krone
diente er hier derart glanzvoll,
daß im Römischen Reich noch nie
ein Söldner unter der Fahne kämpfte,
der voller Mut mit Rittertaten
jemals solchen Ruhm errang.
In tapferen Aktionen
hatte er viel Glück,
Erfolg, succès, doch dies
führe ich nicht weiter aus.
Würd ich alle seine Taten,
die man aufgeschrieben hat,
verbuchen, samt und sonders,
so würde der Roman monströs.
Die unbewiesenen Geschichten,
die werf ich in den Wind – als Spreu;
mit der authentischen Geschichte
ist mir reichlich Mühe auferlegt!

Tristans Leben und sein Tod,
sein lebender Tod, Isolde la belle,
erlitt nur Schmerzen, Qualen.
An jenem Tage, da sie Tristan
und seinem Schiff mit Blicken folgte –
daß ihr das Herz dabei nicht brach,
das machte nur, daß er noch lebte;
sein Leben half ihr überleben;
sie konnte Leben oder Sterben
nicht ohne ihn erwerben;
ihr waren Leben, Tod vergiftet;
nicht sterben konnte sie, nicht leben.
Der Glanz in ihren glänzenden Augen,
der verleugnete sich selbst
sehr oft, zu wiederholten Malen;
in ihrem Mund die Zunge
verstummte oft in dieser Qual.
Es war da weder Tod noch Leben,
und dennoch waren beide da;
sie waren freilich durch das Leid
in ihren Rechten so entrechtet,
daß sie keins von beiden wählte.
  Als sie das Segel schwinden sah,
da sagte sich ihr Herz:
»Ach, mein Herr Tristan, ach,
mein Herz klebt völlig an Euch fest,
und meine Blicke folgen Euch –
und dennoch eilt Ihr von mir weg.
Warum so eilig weg von mir?!
Ich weiß doch sehr genau, daß Ihr
Euer Leben hinterlaßt,
wann immer Ihr Isolde flieht,
denn Euer Leben, das bin ich!
Ihr könnt so wenig ohne mich
nur einen Tag lang leben,
wie ich ohne Euch nicht leben kann.
Unser Leib und Leben,
sie sind so fest verstrickt,
sie sind so dicht verwoben,
daß Ihr mein Leben mit Euch nehmt
und mir das Eure hier zurücklaßt.

Es wurden nie zuvor zwei Leben
so sehr ineins vermischt!
Wir zwei, wir bieten uns beiden
das Leben an, den Tod,
denn keiner von uns zweien kann
so richtig leben oder sterben,
wenn dies der andre nicht gewährt,
und so ist die arme Isolde
nicht lebendig, nicht recht tot –
kann nicht nach dort, nicht weg von dort.
Nun, mein Herr, Herr Tristan,
da Ihr für alle Zeit mit mir
ein Leib seid und *ein* Leben,
da müßt Ihr mich auch *so* beraten,
daß ich Leib und Leben zuerst
für Euch, danach für mich bewahre.
Beratet mich… Was schweigt Ihr denn…?
Wir bräuchten guten Rat…
Was red ich ohne Sinn, Verstand?!
Mein Verstand und Tristans,
sie reisen dort gemeinsam fort.
Isoldes Leib, Isoldes Leben,
sie sind den Segeln, sind den Winden
anvertraut, anheimgegeben.
Wo kann ich mich nun finden?
Wo kann ich mich nun suchen, wo?
Ich bin nun hier und bin auch dort
und bin doch weder dort noch hier.
Wer wurde je so irrgeführt?
Wer wurde je so aufgeteilt?
Ich sehe mich dort auf dem Meer
und bin zugleich hier auf dem Land;
ich reise dort mit Tristan
und wohne hier bei Marke.
Ich werde hin und her gerissen
zwischen Tod und Leben.
Durch diese zwei bin ich vergiftet.
Ich stürbe gern, wenn ich nur könnte,
doch läßt es der nicht zu,
der dies mein Leben mit sich führt.
Freilich kann ich jetzt für ihn,

für mich nicht richtig leben,
weil ich mit ihm nicht leben darf.
Er läßt mich hier und fährt dahin,
und dabei weiß ich: ohne ihn
bin ich im Herzens-Innern tot.
Bei Gott, dies sag ich ohne Not:
mein Leid, es ist doch aufgeteilt,
ich trage es nicht ganz allein,
ich hab soviel davon wie er –
nein, eher hat er *noch* mehr Leid!
Sein Elend und sein Schmerz
sind größer als bei mir;
der Abschied, den er von mir nimmt,
bedrückt mir das Gemüt,
bedrückt das seinige noch mehr;
tut es mir im Herzen weh,
daß ich ihn hier entbehren muß,
so schmerzt ihn das noch weitaus mehr;
beklag ich ihn, beklagt er mich –
doch klagt er nicht mit Recht wie ich;
ich sage mir mit vollem Recht,
daß mein Trauern und mein Klagen
um Tristan sehr berechtigt ist,
denn mein Leben ist in ihm.
Dagegen liegt in mir sein Tod.
So klagt er letztlich ohne Not.
Ihm fällt es leicht, von mir zu reisen,
um Leben, Ehre zu erretten,
denn würd er lange bei mir bleiben,
so käm er lebend nicht davon.
Deshalb muß ich auf ihn verzichten.
Wie sehr es mich bedrücken mag –
er soll um meinetwillen,
nicht um sich selbst in Sorge sein.
So sehr mich quält, daß er mir fehlt,
so ist mir doch entschieden lieber,
daß er nicht hier, dafür lebendig ist,
als wenn er bei mir wäre,
und ich müßte damit rechnen,
daß ihm, bei mir, was zustieß.
Bei Gott, wer seinen Vorteil

auf Kosten des Geliebten sucht,
der zeigt ihm wenig Liebe.
Auch wenn er mir Verderben bringt,
so bleib ich gerne Tristans Liebste,
stürze ihn nicht ins Verderben.
Geht alles glücklich für ihn aus,
so ist mir gleich, wenn ich beständig leide.
Gerne schränke ich mich ein
in allen meinen Dingen
und lebe ohne mich und ihn,
damit er überlebt, für mich und sich!«

Als Tristan – wie ich das zuvor
rezitierte – ein halbes Jahr,
nein mehr, in Allemagne war,
da wollte er entschieden
zurück in seine Heimat,
um etwas von dem mitzukriegen,
was die Herren dieses Landes
erzählten über seine Herrin.
Er faßte einsam den Entschluß,
aus Allemagne wegzureisen,
und kehrte auf dem Weg zurück,
den er nach hier gekommen war:
zurück zur Normandie,
von dort aus nach Parmenien,
zu den Söhnen des Rual.
Er hoffte, ihn dort anzutreffen,
ihm zu berichten von der Not,
doch leider war Rual schon tot,
er und Floraite, seine Frau.
Die Söhne, die er hinterlassen hatte,
von denen sollt ihr nun erfahren,
daß sie über Tristans Kommen
von ganzem Herzen glücklich waren;
ihr Empfang, der ihm zuteil ward,
der war herzlich, völlig ehrlich;
seine Hände, seine Füße,
seine Augen, seine Lippen,
die küßten sie ihm immer wieder.
»Herr«, so sagten sie ihm gleich,

»Gott hat uns in Eurer Person
den Vater und die Mutter heimgeschickt!
Gütiger, getreuer Herr,
nun laßt Euch wieder bei uns nieder
und übernehmt nun wieder alles,
was Euch und uns gehören sollte,
und laßt uns miteinander leben,
wie Ihr mit unserm Vater lebtet,
der Euer Herrendiener war –
was wir für immer bleiben wollen.
Unsre Mutter, Eure Freundin,
und unser Vater, sie sind tot.
Doch Gott hat unsre ganze Not
gnädig bedacht, indem er Euch
erneut zu uns hierher gebracht.«

Tristan, diesen Trauermann,
versetzte das in tiefe Trauer,
er war völlig außer sich.
Er ließ sich zu den Gräbern führen.
Dort ging er trauernd hin,
stand länger über ihnen
und weinte, klagte sehr,
hielt seine Trauerrede.
Er sagte, tief bewegt:
»Es wisse der allmächtige Gott,
falls es jemals dazu kommt
(wie ich das als Kind schon hörte),
daß Loyalität und Würde
begraben werden in der Erde,
so liegt dies beides hier begraben.
Weiter: sollen Ehre, Loyalität
mit Gott Gemeinschaft haben, wie es heißt,
so hege ich hier keinen Zweifel,
so ist es wahrlich keine Frage:
sie stehn vor Gottes Angesicht.
Rual und Floraite,
denen Gott vor der Gesellschaft
Würde, Glanz verliehen hat,
die sind gleichfalls dort gekrönt,
wo Gottes Kinder Kronen tragen.«

Ruals gesegnete Söhne,
sie stellten Tristan nun
in freier, ehrlicher Entscheidung
die Burgen, den Besitz, ihr Leben
zur Verfügung, waren bereit,
ihm Dienst zu leisten, so gut sie konnten.
So waren sie ihm jederzeit
als Herrendiener untertan;
was er befahl, das ward getan,
in jeder Angelegenheit,
in der sie das vollbringen konnten.
Besuche machten sie mit ihm,
um Damen, Ritter zu bewundern,
›servierten‹ ihm an vielen Tagen
Turnierspiel, Pirsch und Hatz –
jede Kurzweil, die er wünschte…

Es gab ein Herzogtum, gelegen
zwischen England, der Britannie,
denn es grenzte so ans Meer;
es hieß Arundel.
Es gab dort damals einen Herzog,
höfisch, kühn und hochbetagt;
wie es die historia sagt,
hatten ihm die Nachbarländer
Gerichtsbezirke, Grenzgebiete
hart bekriegt, dann weggenommen;
sie hatten ihn geschlagen,
auf dem Land wie auf dem Meer.
Er hätt sich gern zur Wehr
gesetzt, jedoch, er konnte nicht.
Er hatte von der Ehefrau
einen Sohn und eine Tochter;
in Erscheinung, innrem Wesen
waren sie vollendet.
Nachdem der Sohn das Schwert erhalten,
war er als Ritter sehr aktiv;
er hatte, gut drei Jahre lang,
viel Ruhm erworben, hohen Rang.
Die Schwester, Jungfrau, war sehr schön,
sie hieß: Isolde aux mains blanches;

ihr Bruder: Cahedin le noble,
ihr Vater, Herzog: Jovelin,
und ihre Mutter, Herzogin,
sie war Karsíe genannt.
Als man in Parmenien
Tristan unterrichtete,
es werde Krieg geführt
im Herzogtum Arundel,
da beschloß er, seinen Kummer
dort ein wenig zu vergessen.
Er reiste von Parmenien
sofort, direkt hin nach Arundel,
und dort zu dem château,
wo er den Landesherrscher traf –
es war Carhaix genannt.
Dorthin zog er zuallererst;
ihn empfingen Herrscher, Hofgefolgschaft
als Helden – üblich in bedrängten Lagen...
Sie kannten ihn sehr gut vom Hörensagen –
wie uns die Quelle hier berichtet,
war Tristan durch die Heldentaten
bekannt auf allen Inseln
im Ozean des Okzidents.
So war man glücklich über ihn.
Und es vertraute sich der Herzog
seinem Rat und seiner Weisung an;
er bat ihn, Land, Ressourcen
als Regent zu übernehmen.
Sein Sohn, der höfisch noble Cahedin,
war Tristan rückhaltlos ergeben;
worin er dessen Ansehn
gefördert sah und dessen Ehre,
darum bemühte er sich sehr,
sein Denken war darauf gerichtet.
Die beiden waren füreinander
zu jedem Zeitpunkt, allezeit
um die Wette und im Wettstreit
bemüht, sich Dienste zu erweisen;
die zwei gelobten, nur zu zweit,
treue Waffenbrüderschaft
und hielten an ihr fest

bis an beider Lebensende.

Tristan, der hier landesfremd war,
zog Cahedin heran
und suchte so den Herzog auf,
ließ sich genau von ihm berichten,
auf welchen Routen seine Feinde
den Krieg ins Land getragen hätten,
bei welchem Angriffspunkte er
den schwersten Verlust erlitten habe,
der ihm die Niederlage brachte.
Als ihm in allen Einzelheiten
zur Lage dieses Kriegs berichtet
und ihm genau beschrieben war,
zu welchen Punkten seine Feinde
mit Sack und Pack geritten waren –
nun verwaltete der Herzog
ein château, ein starkes,
das dem Feind im Wege lag.
In diese Burg zog Tristan ein
(auch Cahedin, sein Kampfgefährte)
mit einem kleinen Rittertrupp.
Sie waren nicht so ausgestattet,
daß sie zu irgendeinem Zeitpunkt
eine Feldschlacht schlagen konnten,
es reichte grade dazu aus,
um jeweils, zu bestimmter Zeit,
heimlich, ja verstohlen
mit Beutezügen, Feuerbränden
der Region des Feinds zu schaden.
Tristan schickte heimlich
einen Boten nach Parmenien,
ließ ihn den geschätzten suivants
(den Söhnen des Rual) vermelden,
daß es ihm an Rittern fehle
(die hätt er nie so sehr gebraucht!),
sie sollten *ihre* Trefflichkeit
und Ehre fördern über ihn,
indem sie ihm Verstärkung schickten.
Sie brachten ihm in *einem* Trupp
fünfhundert caparaçons dorthin,

auf beste Weise ausgerüstet,
mit großem Vorrat Proviant.
Als Tristan nun erfuhr,
aus seinem Land sei Hilfe angekommen,
da ritt er ihnen selbst entgegen,
führte sie des Nachts die ganze Strecke,
brachte sie ins Land auf eine Weise,
daß keiner etwas davon merkte –
außer denen, die verbündet waren
und ihn hierbei unterstützten.
Er ließ die Hälfte in Carhaix.
Dort wies und ordnete er an,
diszipliniert dort drin zu bleiben
und gänzlich den zu ignorieren,
der dorthin käme, um zu kämpfen,
bis man erfahre, zuverlässig,
daß Cahedin und er dort kämpften;
dann erst sollten sie den Ausfall wagen,
auf diesem Weg ihr Glück versuchen.
Er übernahm sogleich die andre Hälfte,
führte sie nun weiter auf dem Marsch,
brachte diesen Trupp noch in der Nacht
in die Burg, die ihm unterstand,
befahl auch der Besatzung hier,
den Trupp so gut versteckt zu halten
wie die Besatzung zu Carhaix.
Am nächsten Morgen, als es tagte,
hatte Tristan unter seinen Rittern
wiederum die Wahl getroffen:
nicht weniger als hundert.
Die andren ließ er in der Burg.
Er bat nun Cahedin,
er solle seinen Männern sagen,
falls man ihn zur Burg verfolge,
möge man für ihn was tun,
indem man ihm zu Hilfe komme –
von dort wie von Carhaix.
Dann ritt er Richtung Grenzgebiet;
er machte dort ganz offen
Beutezüge und ließ Feuer legen –
dort, wo er wußte, daß der Feind

Stellungen bezogen hatte.
Es flog noch vor der Nacht
die Nachricht durch das Land,
es sei der stolze Cahedin
in aller Offenheit
zu einem Feldzug losgeritten.
Roger von Dolde
und Nautenis von Hantes
und Rigolin von Nantes,
die die Feinde führten,
sie hörten ungern diese Nachricht.
Die gesamte Heeresmacht,
die sie durch Boten in der Nacht
sammeln konnten, sammelten sie.
Und sogleich am nächsten Tag,
etwa um die Mittagsstunde,
als ihr Heer versammelt war,
zogen sie in Richtung Carhaix.
An Rittern waren unter ihnen
vierhundert oder mehr;
die rechneten ganz fest damit,
in Carhaix zu biwakieren,
wie das schließlich schon des öftren,
ja wiederholt geschehen war.
Tristan folgte ihrer Spur
mit dem Gefährten Cahedin.
Als jene völlig sicher waren,
daß zu diesem Zeitpunkt keiner
den Kampf mit ihnen wagen würde,
sprengten sie von überall heran.
Sie hatten keineswegs erwartet,
so früh schon auf den Feind zu stoßen.
Als die Feinde nun erkannten,
daß hier ein Kampf bevorstand,
begannen sie sogleich den Kampf:
sie kamen her als Gegenpulk.
Schon stießen Lanze und Lanze,
Roß und Roß, Mann und Mann
derart heftig aufeinander,
daß es zu schweren Verlusten kam.
Sie brachten hier wie dort Verluste bei:

hier Tristan, Cahedin,
dort Roger, Rigolin.
Wonach man mit dem Schwerte,
mit seiner Lanze auch begehrte,
das fand, das holte man sich dort.
Sie riefen sich Parolen zu –
dort: »Chevalier Hantes,
Dolde und Nantes!«,
hier: »Carhaix und Arundel!«
Als jene im château erkannten,
daß der Kampf nicht von der Stelle kam,
da ritten sie rasch zu den Toren raus
und rein in den Pulk – vom Rücken her!
Sie machten in erbittertem Kampf
von vorn und hinten Feinde fertig:
durchbrachen in sehr kurzer Zeit
die Einheit, einmal hin und her,
ritten keilend zwischen ihnen
wie der Eber zwischen Schafen.
Auf die Wimpel und die Wappen
die ihre größten Feinde führten,
setzten Tristan, sein Gefährte
Cahedin nun die Attacke an.
Dort nahm man Roger, Rigolin
und Nautenis gefangen;
es wurden deren suivants dabei
schwere Verluste zugefügt.
Tristan von Parmenien
und seine Herren ritten los
mit diesem Ziel: Gefangenschaft
und Sturz und Tod der Feinde.
Als die Feinde nun erkannten,
daß Gegenwehr ganz zwecklos wurde,
war jeder nur auf *eins* hinaus:
wie man sich in dieser Lage
durch Fliehen und mit Listen
retten konnte und sein Leben fristen.
Fliehen, flehen oder sterben
entschieden dort den Kampf.
Als des Feindes Streitmacht
völlig défaitiert war,

und die Gefangnen waren
zu ihrem Ort gebracht und dort bewacht,
da sammelten Tristan und Cahedin
alle ihre Reiterkämpfer,
ihren ganzen Trupp und ritten
erst richtig in das Land hinein.
Wo sie auch den Feind entdeckten,
und Ressourcen von ihm kannten
(ob Stadt, ob Burg, ob Landbesitz),
dies war verloren, bei der Lage!
Ihre Opfer, ihre Beute
wurden nach Carhaix geschickt.
Als das Grenzgebiet der Feinde
völlig unterworfen war
und der Zorn gekühlt durch Rache,
das ganze Land in ihrer Macht,
da schickte Tristan unverzüglich
die suivants aus seinem Lande
wieder heimwärts nach Parmenien;
er sagte ihnen herzlich Dank,
weil er durch ihre Hilfe
victoire und Ruhm errungen hatte.
Als sie abgezogen waren,
riet Tristan, mit Voraussicht,
den Gefangnen zu gestatten,
daß sie dem Herzog huldigten,
Besitz von ihm zu Lehen nehmend,
den er als Lehen wiedergebe,
mit der Erklärung, ihnen zu verzeihen.
Die Verlierer sollten dann besiegeln,
daß diese Feindschaft, dieser Kriegsgrund
von ihrer Seite aus Arundel
künftig keinen Schaden bringe. –
So kamen allesamt davon,
die Kommandeure, ihre Männer.
Und Tristan wurde nun erneut
am Hof dort, auf den Herrensitzen
mit Lob und Ehrung überhäuft;
es rühmten Hof und Landesherren
seine Weisheit, Tapferkeit.
Ihm standen beide Seiten

völlig zur Verfügung.

Cahedins Schwester Isolde,
die mit den weißen Händen,
die Blumenblüte der Lande,
sie war selbstbewußt und klug,
in Ansehn, Anerkennung hatte sie
derart hohen Rang errungen,
daß sie die Landesherrn für sich
gewonnen hatte, und sie rühmten
nur noch ihren Glückszustand!
Als Tristan sah, wie schön sie war,
belebte das nur seinen Kummer;
der alte Schmerz in seinem Herzen,
der wurde wieder neu.
Sie erinnerte ihn lebhaft
an die andere Isolde,
die strahlende von Irland.
Und nur weil sie *Isolde* hieß –
wagte er den Blick auf sie,
so stimmte ihn ihr Name stets
so freudlos, derart traurig,
daß man dem Gesicht den Schmerz
in seinem Herzen ansehn konnte.
Jedoch er liebte diesen Schmerz,
den hatte sein Gemüt sehr gern,
der schien ihm angenehm und süß,
dieses Leiden war ihm lieb,
weil er sie eben gerne sah.
Er sah sie gern aus diesem Grund:
ihm war die große Trauer,
die ihn la blonde verspüren ließ,
lieber noch als jede Freude.
Isolde war ihm Glück und Leid,
ja, Isolde, die Verstörung,
sie tat ihm wohl, sie tat ihm weh.
Je mehr Isolde ihm sein Herz
im Namen von Isolde brach,
desto lieber sah er die Isolde.
Häufig sagte er zu sich:
»Ah, Dieu bénie! Wie sehr bin ich

verwirrt durch diesen Namen!
Er beirrt und er verwirrt
den Augenschein, die Augentäuschung
meiner Blicke, meiner Sinne!
Ich ernte hier kuriose Not!
Isolde lacht und äfft
die ganze Zeit in meinen Ohren,
doch wo Isolde ist, das weiß ich nicht.
Mein Auge, das Isolde sieht,
genau das sieht Isolde nicht!
Mir ist Isolde fern und nah.
Ich fürcht, ich bin zum zweiten Mal
ver-*isolde*-t worden!
Ich wähne, daß aus Cornwall
Arundel geworden ist
und aus Tintagel dies Carhaix
und Isolde aus *Isolde*.
Sobald man dieses Mädchen
namens Isolde auch nur erwähnt,
so scheint mir (und zwar lebhaft!),
ich hätt Isolde wiedergefunden.
Ich bin hier ganz verwirrt!
Wie kurios, was mir geschieht:
ich wünsch mir schon so lange Zeit,
daß ich Isolde sehen kann;
nun bin ich, wo Isolde ist,
und bin doch gar nicht bei Isolde,
so nah mir auch Isolde scheint.
Ich seh Isolde alle Tage
und seh sie nicht. Was ich beklage!
Isolde habe ich gefunden,
doch freilich nicht la blonde,
die liebreich lieblos zu mir ist.
Isolde ists, die mein Gemüt
auf den Gedanken brachte,
der mir mein Herz zerdachte;
es ist Isolde von Arundel
und nicht Isolde la belle –
die sieht mein Auge leider nicht.
Doch was mein Auge künftig sieht,
was ihres Namens Siegel trägt,

dem allen werd ich allezeit
Liebe schenken und Ergebenheit,
dem lieben Namen danke sagen,
der mir so oft schon Wonne,
ein wonnevolles Leben schenkte.«
  Solche Überlegungen
trug Tristan sich oft selber vor,
sobald er seinen lieben Kummer sah,
Isolde aux mains blanches.
Sie entfachentflammte sein Gemüt
mit jener glosenden Glut,
die ihm schließlich Tag und Nacht
im Herzen unter Asche lag.
Er dachte überhaupt nicht mehr
an Kriegsdienst oder Ritterkampf;
sein Herz und seine Sinne,
sie kannten nur noch Liebe
und ihren Zustand des Gemüts.
Er suchte den Gemütszustand
in kurioser Selbstverpflichtung:
er schrieb es seinem Denken vor,
er *wollte* Liebe, Liebeshoffnung
empfinden zu Isolde, diesem Mädchen,
er wollte die Gemütsverfassung
ohne Zwang zur Liebe *zwingen*,
hoffend, daß die Sehnsuchtsbürde
durch sie dann etwas leichter würde.
Er setzte wiederholt bei ihr
die verliebten Blicke ein,
schickte sie so oft zu ihr hinüber,
daß sie völlig klar erkannte,
daß er sein Herz an sie verlor.
Doch hatte sie sich oft zuvor
Gedanken über ihn gemacht;
sie hatte über ihn viel nachgedacht,
seit sie hörte, mitbekam,
daß man ihn mit Lob fast überhäufte,
am Hof und an den Herrensitzen –
seither war ihr Herz ihm zugewandt.
Als Tristan dann gelegentlich
Blicke auf sie wagte,

um seine chance bei ihr zu prüfen,
da warf sie jeweils diesem Mann
so verliebte Blicke zurück,
daß er zu überlegen begann,
mit welcher Art von Mitteln
er sein Ziel erreichen könnte,
daß sein schweres Herzeleid
auf diese Art beendet würde.
Und er war darauf bedacht,
sie spät zu sehen oder früh,
wann immer das nur möglich war.

Cahedin merkte schon sehr bald,
wie die beiden Blicke tauschten,
und führte ihn dort öfter hin
als er dies zuvor getan,
schließlich hatte er die Hoffnung:
ging sie seinem Herzen auf den Leim,
so nähm er sie zur Frau und bliebe,
und damit hätte er durch Tristan
landesweit den Krieg beendet...
Seine Schwester, die Isolde,
bat er denn mit allem Nachdruck,
sie möge so mit Tristan reden,
wie er dies, redend, selber tue;
und ohne Wissen, ohne Weisung
des Vaters keinen weitren Schritt!
Isolde kam der Bitte nach,
denn sie entsprach ganz ihren Wünschen:
sie war noch freundlicher zu Tristan.
Gespräche und Gebärden – alles,
was Gedanken Schlingen legt,
was im Herzen Liebe hegt,
das ließ sie nun von allen Seiten,
auf jede Weise auf ihn wirken,
bis sie ihn wiederum entflammte,
so daß ihr Name, der bisher
in seinen Ohren lieblos klang,
ihm von nun an liebreich schien.
Er hörte und er sah Isolde
viel lieber, als ihm lieb war.

Genauso wirkte er auf sie:
sie sah ihn gerne, war ihm zugetan.
Er mochte sie, sie mochte ihn.
Und bald gelobten sie einander
Liebe und Verbundenheit,
und wirklich, sie bemühten sich
in dieser Hinsicht jederzeit,
soweit sichs schicklich machen ließ.

Eines Tags saß Tristan da,
und es bedrängten ihn Gedanken
zu seinem Schmerzens-Erbe.
In seinem Herzen überdachte er
das viele Leid, so vielerlei,
das sein zweites Leben, die Isolde,
la blonde, die Königin,
der Schlüssel seiner Liebe,
wegen ihm ertragen hatte,
wie sie, trotz aller Last,
dennoch so verläßlich war.
Er nahm die Sache gar nicht leicht,
nein, es ging ihm unter die Haut,
daß er trotz Isolde eine andre
aus Liebe in sein Herz schloß,
ja, daß er dies nur *denken* konnte!
Leidend sagte er zu sich:
»Was mach ich Ungeheuer da?!
Todsicher weiß ich dies:
mein Herz, mein Leben, die Isolde
(die mich in den Wahnsinn trieb!),
die schätzt nichts und die liebt nichts
auf dieser Erde als nur mich,
und es wird ihr weiterhin
nichts lieb sein außer mir,
und ich, ich lieb und schätze
ein Leben, das sie nicht berührt.
Was hat mich auf den Kopf gestellt?!
Worauf hab ich mich eingelassen,
ich ungetreuer Tristan?!
Ich liebe *zwei* Isolden,
ich bin den *beiden* zugeneigt,

doch ist mein zweites Leben, die Isolde,
nur *einem* Tristan zugeneigt.
Diese eine, sie will keinen
Tristan außer mir allein.
Doch ich bemüh mich sehr
um eine andere Isolde.
Weh dir, du Mann im Wahnwitz,
du irrgelaufner Tristan!
Laß ab von diesem blinden Wahnsinn,
gib diesen Wahngedanken auf!«
Und er bekehrte sein Verlangen,
er löste sich von Liebe und Gefühl
für dieses Mädchen, die Isolde.
Und doch, er zeigte ihr so viele
Gesten voller Zärtlichkeit,
daß ihr schien, hier seien alle
Beweise seiner Liebe.
Doch es verhielt sich da ganz anders.
Es kam so, wie es kommen mußte:
Isolde hatte der Isolde
gemüthaft Tristan abgenommen;
Tristan war in dem Gemüt
zum Liebes-Erbe heimgekehrt;
sein Herz, sein Kopf befaßten sich
jetzt nur noch mit dem alten Leid.

Jedoch, er zeigte höfisch Stil:
sobald er diesem Mädchen ansah,
daß das schmerzliche Verlangen
in ihr zu überwiegen begann,
da gab er sich die größte Mühe,
ihr Erfreuliches zu bieten:
er erzählte bunte Geschichten,
er sang für sie, er schrieb für sie,
er trug ihr vor – bedachte alles,
was sie unterhalten konnte;
er leistete ihr Gesellschaft,
er verkürzte ihr die Zeit,
zuweilen mit dem Munde
und manchmal mit den Fingern:
für diverse Saiteninstrumente

erfand und komponierte Tristan
Weisen, Melodien von Liedern,
die seither sehr beliebt sind;
er komponierte zu der Zeit
Tristan, die noble Liedmelodie,
die man in allen Ländern,
solange diese Welt besteht,
sehr schätzen und sehr lieben wird!
Häufig, oft geschah auch dies:
saß der Hofstaat mal beisammen,
er, Isolde, Cahedin,
der Herzog und die Herzogin,
hohe Damen und barons,
so erfand er chants,
höfische Liedchen, kleine rondeaux
und sang als Kehrreim stets dazu:
»Isolde m'aimée, Isolde m'amie,
en vous ma mort, en vous ma vie.«
Und weil er dies so gerne sang,
war es ihrer aller Meinung,
ja, war man überzeugt davon,
er dächte hier an *ihre* Isolde,
und alle warn sehr froh darüber,
und es freute keinen mehr
als den Gefährten Cahedin.
Der führte ihn hinaus, hinein
und bot ihm jedesmal den Platz
neben seiner Schwester an.
Ihr Herz erfreute sich an ihm;
sie nahm sich seiner wieder an,
war weiterhin um ihn bemüht.
Die hellen Augen, der Verstand,
sie wirkten weiter auf ihn ein.
Das schwache Ding Jungfräulichkeit
kehrte hier gelegentlich
der Keuschheit und dem Anstand
offnen Augs den Rücken zu:
öfter, und dies öffentlich,
legte sie die Hände in die seinen –
so, als tät sie dies
nur ihrem Bruder zu Gefallen.

Was der sich auch denken mochte,
sie hatte ihre Freude dran...
Das Mädchen zeigte sich dem Mann
von der besten, schönsten Seite,
sanft lächelnd, freundlich lachend,
plaudernd und causierend,
schmeichelnd, kokettierend,
bis sie ihn erneut entflammte
und er zum zweiten Mal begann,
in Gedanken, im Gemüt
wankend zu werden in der Liebe;
er schwankte, ob er bei Isolde
wollte oder doch nicht wollte.
Freilich setzte es ihm zu,
wenn sie so lieblich zu ihm war,
er stellte sich sehr oft die Frage:
»Will ich oder will ich nicht?!
Ich glaube: nein. Ich glaube: ja.«
Doch schon war Treue wieder da:
»Nein, Herr Tristan! Blicke doch
auf deine Liebe, Treue zu Isolde,
erinnre dich genau
an deine liebe, treue Isolde,
die nicht mal fußbreit von dir wich!«
Schon war er, auf der Stelle,
von den Gedanken abgebracht,
geriet erneut in solche Wehmut
aus Liebe zu Isolde,
seiner Herzens-Königin,
daß er Gebärden und Verhalten
sogleich von Grund auf änderte,
so daß er, wo er nun auch war,
nichts anderes als Trauer zeigte.
Und wenn er wieder zu Isolde kam,
die Unterhaltung mit ihr aufgriff,
so vergaß er ganz sich selbst,
saß bei ihr und seufzte ständig.
Sein geheimgehaltnes Leid,
das wurde derart offensichtlich,
daß der ganze Hofstaat meinte,
nur Isolde sei der Grund

für seinen Kummer, seine Trauer.
Und damit hatten sie auch recht:
Tristans Trauer und sein Leid,
dies war nichts andres als Isolde.
Isolde war sein ganzes Unglück –
doch war es überhaupt nicht *sie*,
die sie alle dafür hielten,
sie mit den weißen Händen –
es war Isolde la belle,
und nicht die aus Arundel.
Doch damals glaubten sie das alle.
Dies glaubte auch Isolde selbst
und wurde damit irrgeführt.
Zu keiner Zeit verspürte Tristan
eine derart starke Liebe
zu einer seiner Isolden,
daß *sie* ihn nicht noch stärker liebte!
Die zwei verbrachten ihre Zeit
mit Leid, das nicht gemeinsam war.
Es sehnten sich die beiden,
es spürten diese zwei auch Schmerz,
doch stimmte das nicht überein.
Ihre Neigung, ihre Liebe,
sie waren keineswegs gemeinsam.
Tristan und das Mädchen Isolde,
sie gingen nicht in einer Spur
von Liebe, die gemeinsam war:
Tristan wollte, in der Not,
eine andere Isolde,
jedoch Isolde wollte
keinen andren Tristan:
die mit den weißen Händen,
sie mochte und sie liebte ihn,
sie war bei ihm mit Herz und Kopf,
und seine Trauer tat ihr weh.
Und wenn sie ihn gelegentlich
im Gesicht erblassen sah,
und er dabei auch noch
tief zu seufzen begann,
da schaute sie ihn innig an
und seufzte mit ihm auf.

Als wahre Freundin trug sie
ständig mit ihm seine Trauer,
obwohl sie ihr so wenig galt.
Sein Leiden quälte sie so sehr,
daß ihn das wegen ihr noch mehr
bedrückte als mit Blick auf sich.
Die Neigung, Güte, die sie ihm
liebend treu entgegenbrachte,
die stimmte ihn sehr traurig.
Es war ihm zum Erbarmen,
daß sie ihr Gefühl umsonst
der Liebe nur zu *ihm* gewidmet,
als sie, vergeblich hoffend,
ihr Herz an ihn gehängt.

Jedoch, er zeigte höfisch Stil,
indem er sich stets Mühe gab,
sie mit Gesten und Gesprächen
(so angenehm er das nur konnte)
aus dem Zustand dieses Leids
herauszuholen mit der besten Absicht,
doch war sie schon in dieses Leid
zu weit, zu tief hineingeraten.
Und je mehr er sich hier zwang,
je größer seine Mühe wurde,
desto mehr entflammte er
(und dies von Stund zu Stunde)
das Mädchen Isolde,
bis sie schließlich soweit war,
daß LIEBE über sie den Sieg errang,
so daß sie ihm in solchem Maße
durch Gesten, Wörter, Blicke
ihre Zärtlichkeit erwies,
daß er bereits zum dritten Male
seiner Zweifelsqual verfiel
und das Schifflein seines Herzens
gedankenwirr dahintrieb,
ohne jeden klaren Kurs.
Was ja nun kein Wunder war…
Die Verlockung, die dem Mann
immer, immerzu (weiß Gott!)

lächelnd im Gesichtsfeld liegt,
die blendet Augen und Verstand,
zieht stets das Herz zu sich heran.

Liebende, sie können hier
aus dem Erzählten folgern,
daß man viel leichter fernes Leid
erträgt in Liebe aus der Ferne,
als der Liebe nah zu sein,
doch ohne Nähe einer Liebe.
Wahrhaftig, ja, soweit ichs sehe:
liebste Liebe kann man leichter
fern entbehren, fern begehren
als nah begehren, nah entbehren.
Man löst sich eher von der fernen Liebe,
als sich der nahen zu enthalten.
Hier verhedderte sich Tristan...
Er begehrte die entfernte Liebe,
litt großes Ungemach um eine,
die er nicht hörte und nicht sah,
und hielt sich von der Nahen fern,
die er so oft vor Augen hatte.
Zu jeder Zeit begehrte er
die leuchtende, la blonde
Isolde von Irland und entzog sich
der mit den weißen Händen,
dem stolzen Mädchen von Carhaix;
nach jener quälte er sich ab,
von der hier hielt er sich zurück.
So irrte er von beiden ab;
er wollte, und er wollte nicht
Isolde und Isolde;
diese floh und jene suchte er.
Das Mädchen Isolde hatte ihm
Sehnsucht, Liebe, Ehrlichkeit
geschenkt in schöner Einfalt;
sie wollte den, der Abstand hielt,
sie jagte den, der vor ihr floh.
Er war dran schuld: sie war getäuscht.
Mit diesem Doppelspiel der Augen
und seines Mundes hatte ihr

Tristan soviel vorgemacht,
daß sie sich seines Herzens
und Kopfes völlig sicher wähnte.
Von allen Doppeldeutigkeiten,
die Tristan sich bei ihr erlaubte,
war dies die allergrößte,
die das Herz am meisten zwang,
sich in Tristan zu verlieben –
daß er so gerne dies hier sang:
»Isolde m'aimée, Isolde m'amie,
en vous ma mort, en vous ma vie.«
Es lockte dies ihr Herz zu ihm,
dies weckte ihre Liebe.
Sie machte sich den Vers zu eigen
und folgte ihm auf seiner Flucht
mit derart großer Zärtlichkeit,
bis sie ihn – im vierten Ansatz –
mit Liebe fing auf seiner Flucht
und ihn an sich heranzog,
so daß er ihr erneut verfiel
und nun wieder Tag und Nacht
über sich und auch sein Leben
nachsann und ins Grübeln kam
und voller Angst sinnierte:
»Herr Gott, ach, wie sehr bin ich
mit Liebe in die Irr gelaufen!
Dies Glück, das mich so sehr verstört,
das mir Verstand und Leben raubt
und das mich so belastet –
soll mir dies auf Erden
in Zukunft je gelindert werden,
so geht das nur mit *neuer* Liebe.
Ich hab es schließlich oft gelesen
und weiß auch selbst, daß eine Liebe
die Kraft der andren Liebe nimmt.
Des Rheines Strömen, Strömung,
dies ist nirgendwo so stark,
daß mit diversen Wasserläufen
nicht *so*viel wegzuleiten wäre,
daß er sich beinah ganz verströmt
und nur geringe Kraft behält:

so kann der riesige Rhein
zu winzig kleinem Rinnsal werden.
Auch hat kein Feuer solche Macht,
daß man es nicht zerteilen kann
(sofern man dies nur richtig will!),
dies zu diversen Feuerchen,
bis es schließlich nur noch flackert.
So ists mit einem, der da liebt,
der treibt ein Spiel, das ähnlich ist:
der kann seinen Liebesdrang
auch so oft, so sehr zerleiten
in diverse Wasserläufe,
kann liebendes Gemüt nach hier,
nach dort zerteilen und verteilen,
bis es schließlich derart schwach wird,
daß es nicht mehr schaden kann.
So kann es auch für mich gut enden,
wenn ich meine Neigung, Liebe
an mehr als nur die eine Frau
verteile – und verströmen lasse.
Richt ich meine Sinne
auf mehr als nur die *eine* Liebe,
so werde ich dadurch wahrscheinlich
ein trauerloser Tristan werden…

Ich will das gleich einmal versuchen:
will mir Fortuna gnädig sein,
so ist es Zeit für den Beginn,
denn die loyale Liebe,
die ich empfind für meine Herrin,
sie kann mir nicht von Vorteil sein,
sie zehrt mir Leib und Leben auf,
indes sie mir für Leib und Leben
Erfüllung doch nicht schenken kann.
Diesen Kummer, dieses Leid
erdulde ich zu sehr umsonst!
Ah, schöne amie, liebe Isolde,
unser gemeinsames Leben ist
allzu deutlich aufgeteilt.
Es ist nicht mehr wie früher,
als wir *ein* Wohl, *ein* Weh,
ein Glück, *ein* Leid

zu zweit erlebten und gemeinsam.
Das ist nun leider nicht mehr so –
ich bin traurig, Ihr seid froh.
Meine Sinne, sie begehren
danach, mit Euch zu lieben,
doch Eure Sinne, fürchte ich,
begehren ziemlich schwach nach mir.
Ach, die Lust, der ich für Euch
entsage, ach, die stillt Ihr nun
sooft Ihr das nur wünscht –
Ihr seid aus diesem Grund gepaart!
Marke, Euer Ehemann, und Ihr,
stets seid Ihr als Paar zu Hause!
Doch ich bin einsam und alleine!
Ich glaub, ich werde nie mehr wieder
Erfüllung bei Euch finden,
und kann mich dennoch niemals
mit meinem Herzen von Euch lösen.
Was habt Ihr mich von mir geraubt,
wo Ihr mich kaum begehrt,
ja, mich in Zukunft leicht entbehrt?
Ah, schöne Königin Isolde,
mit wieviel und wie vielem Leid
geht mir das Leben so dahin mit Euch,
ich bin Euch nicht einmal so wichtig,
einen Boten zu mir herzuschicken,
um etwas über mein Leben zu hören...!
Zu mir den Boten...? Ach, was red ich!
Wohin wohl sollt sie mir den schicken
und wie erfahren, wie mein Leben ist?
Wo ich doch schon derart lange
von unsteten Winden getrieben werde,
wie soll man mich da finden können?
Ich seh hier keine Möglichkeit!
Sucht man dort, so bin ich hier,
sucht man hier, so bin ich dort.
Wie bin ich zu finden, oder wo?
Wo man mich findet...? Wo ich bin!
Die Länder laufen doch nicht weg!
Ich bin in diesen Landen –
dort möge man auch Tristan finden!

Ja, wenn halt einer dies begänne,
der müßt mich suchen, bis er mich findet.
Wer einen Reisenden suchen will,
dem ist nun mal kein festes Ziel
für seine Suche vorgegeben,
der muß sich auf Gedeih, Verderb
für sein Bemühn die Richtung suchen,
wenn er hier was erreichen will.
Meine Herrin, an der mein Leben hängt,
weiß Gott, sie hätte, mich zu holen,
durch Boten längst diskret
suchen sollen in ganz Cornwall,
England, France, der Normandie,
in meinem Heimatland Parmenien
und wo auch immer, laut Gerüchten,
ihr Liebster, Tristan, sei – dies wäre
längst schon alles abgesucht,
hätt sie Wert auf mich gelegt!
Doch legt nur wenig Wert auf mich,
die ich mag und die ich liebe –
mehr als Leib und Seele!
Für *sie* nur meid ich alle andren Frauen,
doch ich selbst soll sie entbehren.
Ich kann von ihr nicht das begehren,
was mir in dieser Welt Beglückung
schenken sollte, Glück im Leben.«

Ulrich von Türheim

Tristan

Eine Fortsetzung

Ein großes Unglück stieß uns zu,
dies Unglück trifft hier den Roman,
denn er gerät damit in Not:
der gelehrte Gottfried starb,
der dieses Buch begonnen hat.
Seine Lebenszeit trug Früchte
in der hohen Kunst des Werkes –
dieser Mann war ein Poet!
Dieses Werk der Dichtung ist
voll poetischen Geschehens,
ist unverschnörkelt, höchst gekonnt.
Wer es kunstverständig liest,
verleiht ihm allerhöchsten Rang:
es ist glänzend formuliert!
Ach, von Herzen kommt die Klage,
daß ihm der Tod den Lebenslauf
leider vor der Zeit zerstörte,
da er dies Werk vollenden konnte.
Doch weil es so gekommen ist,
daß ihn der Tod dahingerafft,
so habe ich es übernommen,
dieses Buch zum Schluß zu bringen;
ich erzähle es zu Ende,
und zwar mit meinem besten Können.
Konrad, Schenk von Winterstetten,
forderte mich herzlich auf,
ich sollt ihm den Gefallen tun.
Mir geben Herz und Kopf den Rat,
ihm *so* zu dienen in der Sache,
daß meine Arbeit ihn beglückt,
daß ihm Huld von *der* gewährt wird,
die seine Herzensdame ist.
Würde ich ihn derart preisen
und mit hoher Sprache schmücken,
wie es ihm gebühren würde,
so wäre das mit Blick auf sie
so reichlich, daß es viele störte;

ich kenne keinen auf der Welt,
der ihn im Schenken übertrifft...

Ihr habt bestimmt ja schon gehört,
welche große Last an Leiden
Tristan auf sich nehmen mußte,
und was geschehn ist mit Isolde.
Tristan sagte zu sich selbst:
»Laß ab von diesem Wahnsinn
und gib nun die Gedanken auf,
die dein Seelenheil verderben,
deine Ehre ganz entehren.
Lasse deinem Onkel Marke,
dem edlen König, seine Frau
Isolde in der Residenz,
und lieb die von Carhaix,
die dich nicht so sehr berührt.«
»Herz, weil du es mir empfiehlst,
nehm ich Abstand von Isolde,
wende mich Isolde zu –
ich mein die mit den weißen Händen.
Isolde, die in Irland lebt,
sie werde meinem Herzen fremd.
Die LIEBE hat mir oft
schwere Lasten aufgebürdet.«
Dem Gefährten Cahedin
tat er seinen Wunsch und Willen kund,
sagte: »Lieber guter Freund,
halte dich an dein Versprechen.
Denk zurück an deine Bitte
für Isolde, deine Schwester. Schau,
sie gesteht mir Qual der Sehnsucht.
Ich denke nach bei Tag und Nacht,
ich überlege jeden Punkt:
wie ich erwirke, was sie ehrt,
und wir uns ehelich verbinden.
Ich will hier mit ihr seßhaft werden.«
»Seßhaft werden?! Ja, das wäre
für mich ein wahrlich schöner Tag!
Was ich an Kummer je erlitt,
das lös sich auf in Wohlgefallen!

Tristan, dafür biet ich dir
alle meine Dienste an,
und wir beiden machen uns
eine wunderschöne Zeit.
Tristan, was du auch verlangst
(und das finde ich heraus!),
das alles machen wir gemeinsam!«
»Das lohn dir Gott! Für deine Worte
darf ich dir nichts schuldig bleiben!
Doch erfülle mir die Bitte –
du tust dir selber damit Gutes –,
die Sache ist nicht ungebührlich:
deinen Vater, deine Mutter,
frag sie bitte nach der Meinung.«
»Meine Eltern denken so:
sie sind in dieser Hinsicht froh.
Wie hätte ihnen größres Glück
in dieser Welt begegnen können?
Komm, wir gehen zu Isolde,
der hellen, schönen, edlen,
die in ihren jungen Jahren
durchaus dies Glück verdient,
daß dein Herz ihr Liebe schenkt
und sie zur Ehefrau erwählt,
dich ganz in ihre Hände gibt.«
»So brich denn auf, ich warte hier.
Und sprich in meinem Sinne!« »Wie?
Ich sage alles, was du willst...
Kein Dienst für dich wird mir zu schwer.«
»So wiederhole, was ich sagte,
bitt die reine Jungfrau Isolde
sie möge mir gewogen sein.
Ich werde nur von Leiden frei,
wenn sie mir das Leid verleidet,
mich von Leiden trennen läßt.«
Cahedin brach damit auf
zur Familie, die er liebte,
fand sie alle drei beisammen.
Höflich kam er gleich zur Sache:
»Ich möchte eure Meinung hören.
Ich habe Tristans Wunsch verstanden

und habe dies genau durchdacht:
er bittet euch um ihre Hand –
um die Isoldes, meiner Schwester.
Und erklärt, er wolle künftig
aus freien Stücken bei uns bleiben.
Er sollte etwas davon haben,
daß er uns zu Diensten stand
und für uns als Ritter focht.
Ah, noch *nie* hat Ritterdienst
ein derart hohes Lob gefunden,
wie im Falle dieses Tristan.
Seinem Rang entspricht der Ruhm.
Keiner reicht an ihn heran.«
»Bravo, edler Mann des Glücks!«
rief die schöne Herzogin.
»Cahedin, mein liebster Sohn,
weil du dies so gerne siehst:
Isolde, diese schöne Jungfrau,
wollen wir an Tristan geben.
Wenn er bei uns seßhaft wird,
sind wir für alle Zukunft sicher.
So gehe hin und hole Tristan,
sage ihm, er soll sich eilen;
wie es seinem Wunsch entspricht,
verbinden wir ihn mit Isolde.
Was er befiehlt, erfüllen wir.
Nur ein Abschluß schließt hier ab!
Mein Gedanke ist wie folgt:
solange der Vertrag nicht steht,
kann die Sache sehr leicht scheitern,
doch ist das erst mal abgeschlossen,
läßt sich nichts mehr daran ändern.
Geh, und bringe Tristan her;
er wird bekommen, was er wünscht.«
Und Cahedin ging Tristan holen.
Der empfing ihn sehr erleichtert:
»Sag mir, daß die Sache gut ging!
Daß du so lange weggeblieben,
hat mich zuerst verstimmt.
Hast du die Bitte überbracht?
Wie wurde sie denn aufgenommen?«

»Also, keine Bitte wurde
jemals besser aufgenommen!
Wirklich! Tristan, geh dorthin,
wo dein Wunsch Erfüllung findet –
falls du zu deinen Worten stehst.«
»Es trifft noch *mehr* zu, Cahedin,
als meine Klage das verriet!«
Und gemeinsam gingen sie.
Tristan wurde gut empfangen
von Hausherr, Herrin und Isolde.
Die Mutter wies Isolde an,
Tristan höflich zu begrüßen,
sich seinem Herzen einzuschmeicheln.
Isolde sprach: »Das tu ich gern.
Geriet er wegen mir in Druck,
so würde ich dies gerne lindern,
wenn ich das Lindern richtig lerne...«
Darauf gleich die Herzogin:
»Herr Tristan, teilt uns bitte mit:
ist die Sache rechtsverbindlich,
wie uns Cahedin versichert?
Dann geben, gönnen wir sie gern!
Ihr müßt dafür dann bei uns bleiben,
für immer, bis zum Lebensende.«
»Ich nehm Isolde gern zur Frau,
behalt sie nach dem Eherecht.«
»Herr, so hört die Eidesformel!«
sprach die Herzogin voll Umsicht.
Man brachte die Reliquie her.
Auf ihr schwor Tristan einen Eid:
er sei Isoldes Ehemann.
Und Tristan machte einen Scherz,
der sie alle lachen ließ:
»Junge Dame, nehmt Ihr mich?«
»Sagte ich jetzt *nein*, mein Herr,
so wäre mir der Vater böse,
also laß ichs lieber bleiben...
Was Vater wünscht, das ist mein Wunsch!«
Das hörten ihre Eltern gern.
So erfolgte nun der Abschluß,
wie sie es zuvor geplant.

Die Herrin sagte drauf zu Tristan:
»Sohn und Tochter, geht jetzt fort
und legt euch beide in das Bett.
Wir haben künftig allen Grund
zur Freude, die von Herzen kommt.«
Und so legten sie sich nieder:
Tristan und Isolde.
Es sprach die fromme Herzogin
mit Inbrunst ihren Segen aus
und empfahl das Paar der Liebe:
der Gottesliebe und auch der,
die manches Herz begehren läßt.
Sie überließ die zwei sich selbst
und dachte, beide würden eins.
Jedoch vereinten sie sich nicht
(das wurde später offenkundig):
Tristan stand nicht seinen Mann.
Die Jungfrau in den schönsten Jahren
ließ er einfach bei sich liegen,
berührte sie an keiner Stelle,
er wurde nicht intim mit ihr.
Isolde, der er abgeschworen,
sie kam ihm wieder in den Sinn.
Ich glaube, sie verwies dabei
auf den Liebestrank, dies Wunder.
Vieles ging ihm durch den Kopf,
er dachte hin, er dachte her,
jedoch sein Herz, es blieb dabei:
es begehrte unablässig
Isolde la blonde.
Die Herrin Liebe rechne hier
den Verlust auf, den Gewinn,
wer treu bleibt und wer untreu wird.
Wozu – was meint ihr – trieb sie wohl
mit der verdoppelten Isolde
Tristan derart in die Enge?
Sie tat dies, weil sie treulos ist,
sie hat gern öfter mal was Neues.
Die festen und bewährten Partner,
die vermag sie nicht zu halten,
doch die neuen Partner auch nicht!

Die Herrin LIEBE lebt davon,
daß alles sich vertauschen läßt.
Wer den Verstand beisammenhält,
der sehe zu, daß er sie flieht,
und wende sich der Liebe zu,
die echt ist und die nicht vergeht
und deren Sinn nach Treue steht.
Tristan dachte: »Ach, Isolde,
welch ein Wunder war mein Wunsch,
es möge sich das Wunder fügen
einer Ehe mit Isolde Weißhand?
Isolde, du bist mein, *Isolde*!
Tot war meine Liebe, Treue,
Isolde, als ich dich verwarf
und um die zweite Isolde warb.
Sei du, Isolde, meine Frau...!
Viel Liebe hast du mir geschenkt
und hast für mich auch sehr gelitten.
Ich weiß genau, *du* bist Isolde,
der ich die Ehe schuldig bin.
Ich fühl mich wohl in deiner Nähe –
bald! Du bist in meinem Herzen.
Ach, die Sehnsucht meines Herzens
wird zum Schmerz, ich will zu dir.
Du weißt, Isolde, dies ist wahr:
Niemals kann ich dich vergessen,
du, Isolde, hast mein Herz
ganz alleine im Besitz!«
Und die Jungfrau dachte arglos:
»Ich fürcht, der liebe Tristan kommt
mit jungen Damen nicht zurecht.
Das habe ich nun klar erlebt!
Nahm er Isolde, la blonde,
bisher auf *diese* Weise, steht er
seinen Mann nicht in der Liebe.
Nein, ich finde es nicht richtig,
was man einer Jungfrau antut –
mir wurde oft vorausgesagt,
wie man Entjungferung vollzieht...
Nein, *so was* tat er mir nicht an,
behandelt mich mit Feingefühl,

vermutet wohl, ich sei zerbrechlich.«
So was dachten sich die beiden.
Darauf sprach der edle Tristan:
»Isolde, stehen wir jetzt auf,
laß uns unter Menschen sein.«
»Gern, mein lieber Herr Gemahl;
was Ihr tut, ist wohlgetan;
Euer Wille ist mein Wille.«
»Das lohn dir Gott, Isolde, Schatz!«
Dieses Wort ließ sie erröten,
es löste aus, daß sie sich schämte.
Und weil sie eine Jungfrau war,
mußte sie ein bißchen weinen...
Was brachte sie damit zum Ausdruck?
Nun ratet, welches von den beiden:
sie weinte um das Ja, das Nein?
Wie ich vermute, wars das Nein.
Zu gerne hätte sie das Ja!
War böse, weil es keiner bot...

Die reine, schöne Jungfrau Isolde
schlüpfte nun in Frauenkleidung,
band Frauenkopfputz in das Haar,
korrekt, wie es dem Brauch entspricht.
Sie beide traten auf als Paar,
das sich, wie üblich, Liebe zeigt.
Und die Leute nahmen an,
es wär geschehn, was nicht geschah –
Tristan blieb Isolde fremd,
Isolde blieb es auch für Tristan.
Die Liebliche, die Schöngeformte,
war so stolz und so vernünftig,
daß sie ihr Leid mit Haltung trug
und keiner etwas davon merkte,
daß ihr was fehlte beim Geliebten.
Tristan hielt es lange so,
damit blieb die Jungfrau Jungfrau.
Isolde dachte wieder nach:
»Es ist mir eine große Qual,
neben einem Mann zu liegen,
der nicht tut, was üblich ist,

was Männer, Frauen stets schon trieben,
sobald sie beieinander lagen.«
Sie dachte nach in dieser Nacht,
brachte es dann auch zum Ausdruck,
sagte: »Tristan, Herr,
du weißt, was richtig ist und falsch –
warum verhältst du dich dann so?
Bis heute hast du mich noch nie
geküßt, hast mich noch nie umarmt.
Was einer Ehefrau gebührt –
*da*vor bin ich bei dir sicher!
Tristan, bitte, sage mir,
aus welchen Gründen dies so ist.«
»Herrin, noch vor kurzer Zeit
habe ich vor Gott geschworen,
aufgrund des mächtigen Gebotes:
Nehm ich mir jemals eine Frau,
so halte ich mich fern von ihr,
und zwar für eine Jahresfrist.
Ich tu es nicht, um dich zu quälen;
sobald das Jahr zu Ende geht,
da werd ich dein Verlangen stillen.«
»Lieber Tristan, hör mich an:
häufig kam mir schon zu Ohren,
daß ein Mann und seine Frau
zwei Seelen, *einen* Körper haben;
es sollte zwischen ihnen beiden
Vereinigung und Einheit sein.
Doch haben wir uns nicht vereint.
Dein Herz, es liebt mich nicht,
wie es mich lieben sollte –
es ist Isolde la blonde,
die dies Gebot erlassen hat,
das deinem Ansehn nicht entspricht.
Ich hab dies Nein und liege hier,
doch sie ist fern und hat das Ja!
Zwar paßt das Ja nicht zu dem Nein,
doch nehme ich den Zustand hin
bis zum angesetzten Zeitpunkt.
Ich halte das geheim, mit Umsicht,
so daß es nie zur Sprache kommt,

bis Jahr und Tag verstrichen sind;
bis dahin unternehm ich nichts.«

Der Herzog und die Herzogin
planten beide einen Ausflug,
um sich gemächlich zu mouvieren –
letztlich bloß zum Zeitvertreib;
nur im Umkreis einer Meile
wollten sie zur Pirsch und Hatz.
Das ließ er seinem Anhang sagen,
damit sie alle dorthin kämen,
das Vergnügen mit ihm teilten.
So manche respektable Gruppe
von Frauen und von Männern
ritt dorthin, zum Amüsieren.
Die Kavaliere, ihre Damen
(die jeweils von dem Wohnsitz kamen)
mußten – eine wie der andre –
auf einem ziemlich schmalen Weg
durch eine feuchte Senke reiten.
Dabei ritt die edle Jungfrau
unbegleitet, wo es eng war.
Die schöne und die edle Dame
war vertieft in die Gedanken
an den Kummer, der ihr nachging,
der sie unablässig quälte;
im Weg war eine Mulde,
diese Mulde war voll Wasser,
Isoldes Reitpferd stapfte rein –
auf ewig sei dies Pferd verflucht!
Ihr spritzte Wasser unters Kleid,
bis an ihre süße Stelle.
Isoldes Lache war zu hören,
zugleich verwünschte sie die Lache.
Sie führte nun ein Selbstgespräch.
Das geschah mit diesen Worten:
»Ich hab in dem Moment gemerkt,
daß dieses Wasser kühner ist
als Tristan, dieser kühne Mann,
der noch nicht die Kraft gezeigt,
mich so richtig anzufassen,

nicht hier und auch nicht dort,
wie dieses Wasser es gewagt hat.
Ich habe ein gewisses Etwas,
intime Stelle meines Körpers,
zu der kein Mannespfad sich bahnte.
Mir wäre es sehr recht gewesen:
von den Knöcheln zu den Waden,
von den Knien an die Hüfte:
die Männer greifen gern dorthin –
es steigre Lust, erklären sie.
Er ließ die Brüste unberührt,
er riß mich nie an sich heran;
Arme, Beine: nie verflochten!
Wo er mich so wenig schätzt,
weshalb dann sollte er dies tun:
das Spiel der Liebe zu beginnen,
das Männer, Frauen stets schon spielten?
Ich glaub, im Dunkeln treibt man es.
Beglückt den Leib, entzückt Gemüt,
so heißt es – freilich nicht für mich …«
Es fragte Cahedin sofort:
»Schwester, *was* hast du gesagt,
von ganzem Herzen so beklagt?!«
»Ich habe nicht gesprochen, Bruder.
Falls ich was sagte, war es nichts!«
»Doch, du mußt es sagen, Schwester!
Ich hab genau gehört: du klagtest.«
»Bruder, nein, ich sag es nicht.«
»Wenn du es nicht sagen willst,
so ist es zwischen uns auf immer
aus mit der Geschwisterliebe.«
»Nun, dann sag ichs lieber doch:
mir tut von Herzen weh,
daß mein Herr Tristan zwar
mein Gemahl ist, mir jedoch
vorenthält, was mir gebührt,
so daß ich bisher Jungfrau blieb.«
»Schwester, das beklage ich
von Herzen vor dem lieben Gott,
Der mich, die ganze Welt behütet:
daß er so häufig bei dir liegt

und zuläßt, daß du Jungfrau bleibst.
Das wird ihn noch sein Leben kosten!
Isolde, liebe, gute Schwester,
Tristan tats aus diesem Grund:
er will sich von dir trennen,
weil er Isolde liebt,
aus Irland die, la blonde.«
Dies sagte er sogleich dem Vater,
seiner Mutter ebenfalls.
»Was, meint Ihr, soll ich hier jetzt tun?
Ich nehme das bei ihm nicht hin!«
»Also, trage dies als Klage
dem Anhang vor – Verwandten,
Lehensträgern; vorher frage
Tristan, was dies heißen soll;
fordre ihn in aller Freundschaft
zu einem Sinneswandel auf,
daß er Isolde gut behandle;
gesetzt den Fall, er tut das nicht,
und es belastet dich, mein Sohn:
bericht es dem Familienrat.«

Und so ritt Cahedin
*dort*hin, wo er Tristan fand.
Und kam sogleich zur Sache:
»Lieber Tristan, sage mir,
weshalb nur hast du das getan,
was Isolde mir verriet?
Sie sagt, sie sei noch immer Jungfrau.
Drum künd ich dir die Freundschaft auf.
Und, wahrhaftig, glaub es mir:
das wird dich noch das Leben kosten!«
Tristan sprach: »Das trifft mich nicht.
Selbst wenn du mich töten würdest,
mir sonstwie deine Feindschaft zeigtest,
ich sag dies ohne böse Absicht:
die Isolde, sie ist mein!
Sie ist zu schön! Nie und nirgends
war eine Frau so attraktiv!
Elle est belle et très jolie!
Sie trägt den Lorbeerkranz der Schönheit

höchst verdient. Und oft genug
läßt mich die Sehnsucht nach ihr leiden.
Ist eine wahre Königin...!
Von ganzem Herzen lieb ich sie,
unaufhörlich, ohne Maß.
Cahedin, du darfst mich töten,
wenn nicht jedes Wort hier stimmt!
Ihr Körper ist wahrhaftig schön –
ich wollt, du hättest sie gesehn.«
»Tristan, gut, das soll geschehn!
Deines Herzens Morgenstern,
deiner Augen Maienglanz,
die möchte ich sehr gerne sehn.«
»Cahedin, mein lieber Freund,
in dem Moment, wo dies geschieht,
da sagst du selbst: sie ist sehr schön!«
»Ihre Schönheit muß ich sehn!
Wenn dein Leben dir noch lieb ist:
rasch den Zeitpunkt zum Beweis!«
»Gut, dann setze ich die Frist:
sechs Wochen, und zwar spätestens.
Erbringe ich nicht den Beweis,
sei dir mein höchst lebendges Leben
ausgeliefert auf den Tod.«
»Das reicht mir, Tristan, völlig aus.
Was dir mein Herz an Feindschaft zeigte,
das sei mit Freundschaft nun beendet.«

Nun hatte es sich so ergeben,
daß auf der Fläche für das Lager,
wo Blumen wuchsen und das Gras,
zwei Zelte standen (und nicht mehr),
im grünen Klee dort aufgeschlagen:
die Herzogszelte, schätze ich...
Als das Völkchen eingetroffen,
erhielt man gute Unterkunft:
so manche Hütte sah man dort
aus grün belaubten Ästen.
Man ritt zur Pirsch, zur Hatz;
manche schleuderten den Stein,
gekonnt, doch spielerisch;

manche warfen Speere weit;
manche ritten gruppenweise,
sahen zu beim Flug des Falken;
unter Damen gab es dort
Wettstreit, doch nicht kampfbetont;
wer sich Damen anschaun wollte,
konnte dort viel Schönheit sehn.
  Tristan ritt mit seinem Freund,
dem hochgestimmten Cahedin,
um eine Stelle auszusuchen
fürs Blatten, Armbrustschießen.
Er begann auf einem Blatte
anzulocken; er besaß
verschiedne solcher Fähigkeiten...
Als sie so im Walde waren,
kam ein Rehlein auf sie zu,
das war gescheckt wie eine Elster!
Sie vergaßen glatt zu schießen,
wo sie auf der Lauer lagen –
keiner von den beiden schoß,
die Schönheit schützte dieses Reh...
Es kam so nah auf beide zu,
daß es sie unterscheiden konnte
und den einen klar erkannte,
zu dem man es hierher geschickt –
ist das nicht ein wahres Wunder?!
Es schlenkerte aus einem Ohr
Brief und Ring in Tristans Schoß.
Als er den Glanz des Goldes sah,
erkannte er den Ring genau.
Das Reh verbeugte sich vor Tristan,
lief von ihm gleich wieder fort.
Tristan las den Brief an ihn,
las jede seiner Zeilen.
Soll ich euch sagen, was er las?
»Ach, mein Tristan, bel ami,
an mir, Isolde, dieser Armen,
verlorst du deinen Ruf der Treue.
Tristan, habe doch Erbarmen
mit mir, Isolde, die so leidet.
Tristan, denk daran: ich habe

nur wegen dir viel Schmerz erlitten.
Tristan, Freund, was ich verlange
bei deiner Ehre eines Ritters:
erlöse mich vom Herzensschmerz!
Dein Helm, dein Schild: sind sie berühmt
und willst du, daß es dabei bleibt,
so werde mir – und ihnen auch – gerecht!
Wenn du nicht schnellstens zu mir kommst,
werde ich verrückt vor Sehnsucht.
Tristan, denke doch zurück:
als wir in der caverne gelegen,
ein bedrohtes Glück genossen,
da blieb dein Körper mir nichts schuldig. -
Tristan, schau, dies ist das Reh,
das ich im Walde aufgezogen –
es war, gehetzt, zu mir geflohn,
dort wo mein Zelt gestanden hat.
Ich half dem Reh, es überlebte,
und seither blieb es lang bei mir.
Eines Tages: großes Klagen
(ein Anblick, den ich häufig zeigte),
ich sehnte mich nach dir und schluchzte,
[da begann das Reh zu] weinen,
zeigte so sein Mitgefühl.
Ich fragte es: ›Und wenn du mir
auch deine Hilfe leisten würdest?
Daß du mich tröstest, sehe ich…‹
In meinem großen Liebeskummer
sank ich nieder und schlief ein.
Die Liebe gab mir diesen Brief,
sie schlug das Reh als Boten vor –
ich tat, was sie mir nahelegte,
schickte diesen Brief zu dir.
Tristan, daß du mir so fehlst,
das tut mir weh, von Herzen.
Was bleibt mir da noch mehr zu sagen?
Wenn du nicht *bald* kommst, bin ich tot.
Tristan, die dich liebt, Isolde,
schenkt dir als Glücks- und Segenswunsch:
Es schütz dich Gott, die Gottesmutter.«
Das war alles, was im Brief stand.

Cahedin sprach gleich darauf:
»Tristan, was hast du gelesen?
Sag es, falls das schicklich ist,
sonst dürfte ich das nicht verlangen.
Kommt dieser Brief von jener edlen,
der hellblonden Isolde?!«
Tristan wurde langsam rot,
jedoch sein Leuchten, es verblich,
sogar sein Liebesschmerz entwich...
Und mehrfach wechselte die Farbe.
Was Cahedin so höflich wünschte,
schlug er ihm nicht gerne ab,
er reichte ihm das Blatt des Briefs:
»Schau nur selber, Cahedin:
den Brief hat mir die Königin
geschickt, die schöne Isolde.«
Kurz darauf sprach Cahedin:
»Nachdem ich dies gelesen habe,
kannst du vor mir sicher sein!
Willst du die Königin besuchen,
so lasse das nur bald geschehn!
Laß uns reisen, ganz bestimmt!«
»Gerne, Cahedin. Nur bin ich
zu arm für diese Liebesreise!«
»An Vaters Geld wird nicht gespart!
Mein Vater stattet uns gut aus,
er gibt uns Reisepferde, Kleider,
jede Menge Gold und Silber -
nimm davon soviel du willst!«
»Cahedin, das ist ein Wort!
Gott möge dich dafür belohnen.
Glücklich hast du mich gestimmt!
Du handelst als loyaler Mann,
honorierst Loyalität.
Wir sollten hier nicht länger weilen,
sollten diesen Ort verlassen.
Reit mit mir zu deinem Vater.
Ich werde ihm die Bitte stellen,
freundlich zugeneigt zu hören,
was ich von ihm haben möchte.«
»Er muß uns alles zugestehn!

Wir werden hohe Pfänder geben -
versprechen ihm in seine Hand,
schwören dann den Doppeleid:
Wir halten uns an das Versprechen
und kehren möglichst bald zurück.«
»Ich weiß, daß du verläßlich bist
und so den Eid nicht brechen wirst.«
Sie hielten sich an Händen,
und die beiden Freunde traten
vor den Herzog, eng umhalst.
Tristan, vornehm, wohlerzogen,
wurde da recht kühl empfangen.
Es begann der noble Tristan,
die Bitte höflich vorzutragen.
So hört, wie er dabei verfuhr.
Er sprach mit Nachdruck seinen Dank aus,
sagte: »Lieber gnädiger Herr,
viel Gutes habt Ihr mir erwiesen;
ich habe allen Grund, zu glauben,
daß Ihr mir weiter Gutes tut.
Ihr habt mich öfter schon beglückt,
Gott möge Euch dafür belohnen.
Ich leistete kaum Dienst dafür,
ich hol das nach – läßt man mich leben...
Gewährt mir gnädigst die Erlaubnis:
ich möchte in mein Land zurück. –
Ja, mein Land! Wie es auch heiße...
Verwandte, meine Lehensleute,
die bringe ich für Euch zum Einsatz,
sobald Euch einer Schaden tut.«
»Ich weiß genau, was du im Sinn hast:
Tristan, du willst weg von uns!
Dies ist der wahre Grund der Reise!
Du brachtest meiner Tochter Schande!
Hast ihren schönen Leib entschönt,
hast sie gezeichnet mit der Schande!«
Der höfisch feine Courvenal:
»Mein Herr Tristan hat Euch selber
keinen Schaden angetan!
Herr, ganz ohne jeden Grund
seid Ihr feindlich gegen ihn.

Mit Verlaub, so laßt ihn also
heimreiten in sein Land!«
»Vater, laßt mich, Cahedin,
und Tristan Abschied nehmen.
Sein Leben gab er mir zum Pfand:
ich darf ihn töten, wenn Isolde,
die seinige, nicht schöner ist
als Isolde, meine Schwester.«
»So bringt er mich nicht davon ab,
daß ich befehle, ihn zu töten.
Meine, deine und Isoldes
Ehre hat er ruiniert,
er raubte unser hohes Glück,
deshalb erwartet ihn der Tod.
Isolde, diese lichte Schönheit,
wie konnte er sie so verachten,
daß es ihn im Lauf des Jahres
niemals zu ihr hingezogen,
um bei ihr herauszufinden,
ob sie wolle oder nicht?«
Da sprach Isolde, schöne Jungfrau
mit den hellen Händen:
»Tristan ist als Gast im Ausland!
Schändlich, wer ihm etwas tut!
Vater, ändre deine Haltung
und begehe keine Schandtat -
an meinem Tristan könntest du
all dein Seelenheil verwirken!
Höfisch fein und treu ist Tristan,
sein Körper macht mir wieder gut
[.......................]
und hohe Stimmung niederdrückte.«
»Tochter, was dir gut erscheint,
das werde ich dir nicht verweigern. -
Nun sagt mir: wann genauer
kommt ihr zwei bestimmt zurück?
Zwei Eide müßt ihr darauf schwören:
sobald der Fall erledigt ist,
kehrt ihr unverzüglich heim.«
Tristan sprach, der junge Mann:
»Wir kommen her, so schnell es geht.

Arglist schadet unsrer Würde –
brächen wir das Ehrenwort,
so krankte unsre Ritter-Ehre.
Ich weiß sehr wohl: ein Ehrenmann
wird keiner, der sein Wort nicht hält.
Der Termin, der festgesetzt wird,
bindet uns - nach bestem Können.
Der Zeitraum unsrer Frist beträgt
bis zu einem Vierteljahr.«
»Solange will ich gerne warten.
Brecht nur auf! Ich rüst euch aus
mit Reisepferden und mit Kleidung.
Was immer ihr auch haben wollt,
ich überreiche es euch gern:
schwere Seide, feines Leinen,
Purpurseide, dunkles Wolltuch –
laßt euch daraus Kleider schneidern.
Oder wollt ihr rote Wolle?«
»So generös, wie Ihr es seid,
war noch kein Herr bei seinen Rittern!«
sagte ihm der edle Tristan,
»Gott laß es mich durch Dienst entgelten.«
Sie wurden zur geplanten Reise
unverzüglich unterstützt,
die viere in den Ritterdiensten:
Cahedin und Tristan
und, als Gefährten dieser beiden,
Courvenal und Paligan.
Manche sind der falschen Meinung,
daß sie keine Knechte hatten,
doch sie waren wohlversorgt.
Sie nahmen zwanzig Knechte mit,
die waren (nach dem Knechte-Status)
gut beritten und bekleidet.
Die Ritter hatten Reisepferde,
jedes schön, von sanftem Gang.
Jeder Sattel, jeder Zaum –
ihr ganzes Reitzeug war solide;
die Saumtiertaschen vollgepackt
mit einem übergroßen Reichtum;
sie hatten teure Kleidung mit,

das Gewebe golddurchwirkt;
mit allem, was ein jeder brauchte,
waren sie gut ausgestattet.
  Nun begann das große Klagen;
man weinte diesen schönen Rittern
viele, viele Tränen nach.
So manche Dame setzte sich –
der war wohl einer derart nah,
daß sie nach ihm trauern mußte;
was Glück war, wurde bittres Leid.
Isolde, herrliche Erscheinung,
sagte nun zu Tristan:
»Ach, mein lieber Tristan,
ach, mein sehr geliebter Mann,
wie tust du meinem Herzen weh,
weil du jetzt von mir scheidest –
wegen einer andren Isolde!
Mein Glück, es geht daran zugrunde,
schon liegt es ganz dahingestreckt!
Wenn du nicht bald schon wiederkommst,
werd ich meines Lebens nie mehr froh.
Es füge sich mein Schicksal so,
daß ich dich, Herr, bald wiedersehe.
Gott helfe mir, daß dies geschieht,
und zwar in möglichst kurzer Zeit.
Wie halte ich das Warten aus,
mein Tristan, den ich herzlich liebe?
Ich sah noch keinen andren Mann,
nach dem ich je Verlangen hätte.«
Er küßte sie sehr liebevoll.
»Isolde, Schöne«, sagte er,
ich habe mich nicht recht verhalten.
Was ich dir an Leid getan,
vergiß es doch, in Gottes Namen.
Ich bin mir meiner Schuld bewußt.
Gott gebe, daß ich deine Liebe
durch meine Taten bald verdiene –
sonst mög ich künftig keinen Tag
des Lebens mehr im Glanz erleben.
Er, der die ganze Welt beglückt,
Ihm vertraue ich dich an.

Deinen guten Ruf, dein Leben –
keiner kann dies besser schützen!«
Tristan nahm von ihr dann Abschied
für seine Reise nach Tintagel,
zur blendend schönen Isolde,
zur Belohnung höchster Liebe.

***

Er gab Courvenal den Auftrag,
die Schiffsvermittlung aufzusuchen.
»Doch nimm dich dabei sehr in acht:
sage keinem, wer wir sind!«
»Ach, mein lieber, guter Herr,
ich kenne Euren Plan so gut,
daß ich schon weiß, was passend ist;
ich tu das Rechte, meide Falsches.«
Der höfisch noble Courvenal
ritt darauf zur Schiffsvermittlung.
Ob er dabei erfolgreich war...?
Aber ja! Mit ihm war Glück.
Als er zur Meeresküste kam,
traf er dort auf einen Schiffer,
der war ihm noch nicht bekannt.
Als der Schiffsherr ihn erblickte,
sagte er, gut aufgelegt:
»Seid willkommen, Gott und mir!«
»Das lohn Euch Gott. Wo kommt Ihr her?
Guter Mann, so sagt es mir!«
»In den sechs vergangnen Tagen
kam ich vom Landeplatz Tintagel.
Dort residiert das Königspaar
in angemessnem Wohlbefinden.
Ich habe dort viel Glanz gesehn,
der von Frauen, Männern ausging.
Händler habe ich von dort
hierher befördert, reichste Waren.
Nun geh ich dem Gewerbe nach:
ich warte, bis da jemand kommt,
der meinen Dienst in Anspruch nimmt.

Ob dieses oder jenes Ziel –
ich werde ihn dorthin befördern.«
»So sagt mir, lieber Schiffsherr,
denkt Ihr eventuell daran,
dorthin zu fahren, wo Ihr herkommt?
Ich zahlte Euch zum Lohn dafür
originale Sterling-Münzen
mit rechtem Feingehalt, Gewicht.
Ich hab dort mächtige Verwandte!«
»Mit Verlaub – darf ich mal fragen:
ist die compagnie denn groß?«
»Darum müßt Ihr Euch nicht kümmern,
denn ich zahl mit gutem Geld.«
»Herr, das sei denn Eure Sache,
ich stell nicht gern Bedingungen.
Was für mich dabei herausspringt,
das überlaß ich Eurer Großmut.«
  Tristan kam nun angeritten,
fragte nach dem Stand der Dinge.
»Courvenal, wie weit bist du?
Hast du den Schiffsherrn ausgezahlt?«
»Dieser Schiffsherr will nur haben,
was ich mit Vergnügen gebe.«
»Bevor ich hier nicht weiterkäme,
gäb ich lieber tausend Mark!«
Der gewitzte Schiffsherr sagte:
»Herr, Ihr werdet gut bezahlen!
Gott wird uns den Beistand leisten,
daß wir die Hafenbucht erreichen.
Zu meiner Armut sagt Ihr: Schach!
So wahr ich lebe, weiß ich das:
Ihr werdet mir so reichlich geben,
daß ich zum reichen Manne werde.
Also, stellt Euch darauf ein,
daß Eure Reise hier beginnt.
Meinem Dienst entsprech die Geste…
Nun, ihr edlen bachelors,
bringt denn gleich die Rösser her
und alle aufgepackten Lasten.
Will es Gott, so seid ihr bald
mit meiner Hilfe – stets zu Diensten! –

am Reiseziel, das ihr bestimmt.«
Der Schiffer weiter, kundig, klug:
»Wenn alles hier verladen ist,
weist mich an, zu welchem Ziel
ich mein Schiff dann steuern soll.
Ich bringe euch sofort dahin,
in diesem Punkt bin ich ganz sicher.«
  Tristan gab darauf zur Antwort:
»Herr des Schiffes, kennt Ihr Lytan?
Steuert gradenwegs drauf zu,
wie Euch das die Erfahrung lehrt.«
»Seit langem kenn ich Lytan gut –
zahl jährlich dort viel Hafengeld.
Thynas hat dort seinen Amtssitz –
ein äußerst couragierter Mann!
Ein Held mit besten Eigenschaften!
Er ist der Seneschall des Königs –
wann immer wir auch vor ihn treten,
sein Empfang wird freundlich sein.«
»Stimmt das wirklich?« fragte Tristan.
»Ja doch, Herr.« »So legt gleich ab!«
Der Schiffsherr tat wie ihm befohlen,
stach in See, im Namen Gottes.

In kurzer Zeit erreichte er
Lytan, dort wo Thynas
seinen Sitz am Hafen hatte.
Der hielt dort prüfend Ausschau,
woher das Schiff wohl kommen könnte.
Schließlich fragte er den Schiffer:
»Wer sind denn diese Fremden?«
Der Schiffer aber konnte ihm
von keinem Mann den Namen nennen.
Doch Thynas, renommierter Mann,
erkannte Tristan wieder, sagte:
»Herr, in meinem Heimatland
mögt Ihr Gott willkommen sein!
Eure Ankunft nahm von mir –
hab ich den Ansatz einer Laune,
die mich nicht auf Freude stimmt.
Seid nun tausendfach willkommen!

Ich habe hier entdeckt,
was mich wirklich hoch beglückt!
Ich lach Euch an, es kommt von Herzen!«
»Thynas, das vergelt dir Gott!
Dein Wille war mir stets Befehl.
Erweis mir vollends deine Treue.
Wie geht es meiner Herrin,
der Königin Isolde?
Deine loyale Hilfe
verschuf mir häufig ihre Liebe;
Thynas, ich wär umgekommen,
hätte ich dich nicht gehabt…!
Mein Freund, die schöne Frau Isolde
entscheidet nun – sie hat die Macht –,
ob ich sterbe oder lebe.
Es ist ein Mann hier, der wird prüfen,
ob ich von ihr die Wahrheit sagte.
Zeigt sich meine Herrin so,
wie ichs bei ihr vorausgesagt,
so komme ich am Tod vorbei.
Thynas, und so bitt ich dich
(schon früher ward ich dir zur Last!),
daß sie nicht vor mir zurückscheut.
Ich komme morgen, eh es tagt,
heimlich in den dichten Dornbusch,
mit mir der Mann, dem ich geschworen,
sie sei schöner. Deshalb
sind mir Isolde, ihre Sippe feind.
Bitte sie, dorthin zu kommen
und mir aus der Gefahr zu helfen,
die sehr groß ist. Gib Isolde
diesen Ring. Wenn sie ihn sieht,
weiß sie, ohne jeden Zweifel,
daß ich hier im Lande bin.
Ich hab ein hohes Pfand versetzt:
es geht um meinen Ruf, die Würde.
Sie lös es aus! Sonst muß sie mich
zu ihrem Schmerz verlieren – ganz!«
Thynas sprach: »Das mache ich.
Ich erfülle deinen Auftrag
(hast meine Treue angeschirrt),

ich kenne euer Glück und Leid.«
Thynas ritt sofort davon
und erfüllte sein Versprechen.
Er schob den Goldring auf den Finger
und erreichte Burg Tintagel.
Der König und die Königin
waren heiter, ungetrübt.
Thynas ging hinein zu ihnen;
sie spielten beide auf dem Brett.
Thynas, ganz der Mann des Hofes,
sagte: »Herrin, Königin,
darf ich im Spiel der Dritte sein?«
»Ists dem König recht – sehr gern!
Den Einsatz, den ich hier verliere,
gönn ich keinem mehr als dir.«
Thynas saß denn vorgebeugt,
er spielte artig mit den beiden,
das Gold an seinem Finger glänzte.
Als die Königin den Ring sah,
sagte sie sich in Gedanken:
»Ganz bestimmt ist Tristan hier!«
Sie hörte mit dem Spielen auf,
ging dorthin, wo sie allein war.
Thynas merkte es genau:
die Königin Isolde hatte
diesen Ring sehr wohl erkannt.
Isolde ließ nun Thynas kommen.
Sie befragte ihn mit Nachdruck –
er sei zu diesem Dienst verpflichtet,
dürfe ihr das nicht verschweigen –,
ob Tristan denn gekommen sei?!
»Ich habe eine gute Nachricht –
falls ich Botenlohn erhalte.«
»Den geb ich gerne«, sprach Isolde.
»Herrin, also Tristan ist
in meinem Festen Haus zu Lytan.
Er hat Euch diesen Ring geschickt –
ich schätze, daß Ihr ihn gut kennt.
Er ist in großen Schwierigkeiten,
Herrin; morgen kommt er
noch vor Tag ins Dorngebüsch.

Herrin, glaubt, was ich Euch melde:
er erleidet Herzensqual.
Mit ihm ist einer hier im Lande,
der Euch vergleichen wird.
Bitte stellt Euch morgen ein
im schönsten Glanze der Erscheinung!«
»Thynas, ja, bei Gott, das tu ich!
Ich komme morgen, früh am Tag,
mit derart festlichem Gefolge,
daß einer, der im Dornbusch weilt,
die Wahrheit eingestehen muß,
er hätte solchen Glanz der Schönheit
bei einer Frau noch nie gesehn!«
  Mit fester Absicht ging
Isolde la blonde zum König;
sie umarmte ihn sehr zärtlich,
sprach: »Mein lieber Herr Gemahl,
sollen wir nicht, zum Vergnügen,
zwei Tage in die Weiße Heide
zum Beizen, Pirschen und zur Hatz?
Das gehört sich für die Krone...
Wir halten uns auf Burg Tintagel
schon wieder viel zu lange auf...«
»Herrin, was du dir auch wünschst,
was deinem Herzen wohlgefällt,
das sei dir völlig zugestanden.«
Er ließ die Jäger zu sich kommen.
»Reitet zu der Roten Heide,
nehmt dabei die Hunde mit;
ich will mir dort die Zeit vertreiben,
gemeinsam mit der Hofgefolgschaft.
Schaut zu, daß ich an jedem Posten
die Treiber recht plaziert seh,
sonst werde ich sehr ungehalten!«
Die Jäger sprachen: »Zu Befehl!«

An jenem Morgen, als es tagte,
ließ Marke dem Gefolge sagen,
es solle losziehn, und zwar rasch!
Es machte sich die Hofgefolgschaft
in großer Eile auf den Weg.

Tristan hatte sich inzwischen
in jenem Dorngesträuch versteckt.
Von Sorgen waren sie geplagt,
bis der Hofstaat endlich kam.
Als Cahedin die Leute sah:
»Tristan, was kommt da heran?!
Ich hab große Angst davor.«
»Beruhige dich, die tun dir nichts.
Wetten, daß dir nichts passiert?
Es sind die königlichen Köche.«
»Tristan, was bedeutet dies?!
Dort rückt noch weitres Volk heran!«
»Cahedin, es sind diverse
Leute aus der Hofgefolgschaft...«
»Wenn man uns nur ja nicht findet,
wie wir in den Dornen lauern...
Wir sind ganz und gar geliefert,
findet man uns im Versteck!«
»Cahedin, sei guten Mutes!
Mach dir klar, es wird dir keiner
Schande oder Leid antun –
darauf gebe ich mein Wort!«
Man ritt am Dorngebüsch vorbei,
und keiner wollte es durchsuchen...
Der Fremde faßte wieder Mut,
seine Angst verlor sich ganz:
»Wir können sicher überleben,
wenn die Leute, die dort kommen,
eingestellt sind wie die eben.«
»Vor denen wird uns Gott beschützen«,
sagte ihm der edle Tristan.
»Cahedin, mein lieber Mann,
kein Grund, daß du dich fürchtest –
es sind Kapläne, die des Königs,
sie tragen die Reliquien.«
»Was kommt nun, Tristan, auf uns zu?
Schon wieder eine große Schar!«
»Das sind die wunderschönen Damen
der Königin Isolde!
Sie tragen leuchtend rote Lippen
hier am Dorngebüsch vorüber...«

Die schönen, hohen Damen ritten
würdevoll am Busch vorbei,
die Kleider prächtig, gut geschneidert.
Ein Ritter jeweils als Begleiter,
der sie aufs schönste unterhielt –
die diese Damen conduierten,
was die nicht so parlierten...!
Sie ritten hin zum Lagerplatz.
Und wieder fragte Cahedin:
»Tristan, schau, wer kommt denn da?!«
»Ein wahrer Schatz der Trefflichkeit!
Ja, reitet her, ihr schönen Damen,
denn ihr seid höfisch, makellos!
Brangaine und Gymele
sind belles, sind courtoises...«
In guter Haltung ritten sie heran;
sie sollten vor dem Dornbusch warten,
bis Isolde kommen würde.
Ihre schönen roten Lippen
besprachen dort, in vielen Punkten,
wie sich arrangieren ließe,
daß Tristan und die Königin
für eine Zeit beisammen wären...
Zu Tristan sagte Cahedin:
»Es will zum zweiten Male tagen!
Zwei Sonnen scheint es mir zu geben...!
Gott erweist mir Seine Gnade,
daß ich den hellen Glanz erblicke,
dessen Reinheit derart groß ist,
daß ihn mein Auge nicht erträgt...
Seit Gott aus Adams Rippe Eva
schuf, gab es noch keine Frau
von der Schönheit der Isolde.
Tristan, Kompliment zum Glück!
Du wirst an Glück nicht übertroffen,
du hast den schönsten Teil des Glücks,
denn diese strahlende Isolde
ist eine *Schönheit*, une merveille!«
Tristan war enthusiastisch:
Isolde kam zum Niederwald!
Die Gute, Schöne, Edle

glitt vom Sattel auf den Boden,
ließ sich auf der Wiese nieder.
Außer Antret und den Damen
war sonst keiner mehr bei ihr.
Sie trug ihm eine Bitte vor:
»Mein lieber Vetter, reite los
und bring mir meine Truhe her –
ich ließ sie in der Burg zurück.
Und präg dir meine Worte ein,
richt dem König aus: ›Ich warte hier‹.«
Antret unterließ es nicht,
Isoldes Auftrag zu erfüllen.

Wie sie ihn empfangen habe...?
Freundlich und höchst liebevoll –
wie sichs bei Liebenden gehört!
Innig küßte sie den Mann.
»Tristan... Gott willkommen!
Mein Kummer ist nun ganz vorbei,
ich halte den in meinen Armen,
den ich mehr als alle Welt
mit meinem ganzen Herzen liebe. –
Ich muß jetzt, Tristan, wieder gehn,
ich wag nicht länger hierzubleiben.
Doch komme bald zu mir:
überquere nicht den Fluß –
auf *dieser* Seite steht mein tente,
mein großes, zwischen kleinen Zelten.
Ich schiebe vor, ich hätte Schmerzen
und wolle meine Ruhe haben...«
  Brangaine sah nun, in der Ferne,
daß der schlimme Antret kam;
weil er ihr Böses angetan,
dies oft, gab sie der Königin
den Hinweis: »Meine liebe Herrin,
Ihr reitet besser weg von hier!
Antret, voller Niedertracht,
hätt Euch gerne bloßgestellt...«
  Isolde ritt sogleich davon.
Tristan war sehr unglücklich.
Er ging in sein Versteck zurück.

Antret zeigte große Eile,
erreichte schon die Königin,
sagte: »Meine liebe Herrin,
Ihr braucht nicht zu warten,
denn mein Herr, der König, will
auf einer andren Straße reiten,
nicht auf dieser. Macht es Euch
bequem auf dieser schönen Wiese.«
»So behandelt er mich immer...
Ist meine Stimmung nun gedrückt,
so liegt das – ah, der König war
richtig bös mir gegenüber!
Daß er auf andrer Straße ritt,
entgegen meiner klaren Bitte,
das heißt für meine Freude: Schach!
Antret, mir ist ziemlich elend...
Antret, wäre ich nur dort,
wo ich mein Zelt errichten ließ –
ich zweifle, ob ichs dorthin schaffe,
ich fühle mich ja derart krank...«
»Ich wünsch Euch gute Besserung.
Wenn Ihr jetzt auch furchtbar leidet –
der Partner wird Euch schon erlösen...«
  Inzwischen hatte die Königin
ihren Lagerplatz gefunden.
(Ihr Liebster läßt sie bald gesunden...)
Als sie nun ihr Zelt erreichte,
hob Antret sie vom Pferd herab
und trug sie in das Zelt hinein.
Isolde sagte: »Ach, das Leben
kann viel zu früh sein Ende finden...«
  Die Dame lag und dachte nach,
war voller Freude, voller Leid;
in ihrem Herzen wohnte beides:
Herzensfreude, Herzeleid.
Herzensfreude...? Herzeleid...?
Wie erfüllt sich Weiblichkeit?
Um die bedacht, erwog sie nun,
wie *beides* sich verbinden ließe:
ihr Tristan, *seine* Isolde,
seine Liebste, *ihr* Geliebter...

Wer die zusammenführen will,
der muß reichlich List erbringen,
Klugheit und Geschicklichkeit.

Der Tag ging auf den Abend zu.
König Marke kam geritten,
er war in allerbester Stimmung,
er hatte bei der Jagd Erfolg.
Er befahl, daß Jung und Alt
aufs beste unterhalten würden
mit einem bunten Mischprogramm:
Rezitieren oder Singen,
Tanz im Schreiten oder Springen,
galant Hofieren, Saitenspiel...
So gab es eine Menge Kurzweil.
Was auch immer man sich wünschte,
das fand man, wenn man suchte –
Langeweile gab es nicht!
»Nun sag, wie ist es so verlaufen,
Antret? Wo ist die Königin?«
Darauf Antret: »Ach, mein König«
(er sprach mit falschem Zungenschlag),
»es geht ihr furchtbar schlecht.«
»Weshalb?« »Weil Ihr es unterlassen habt,
am Dorngebüsch vorbeizureiten.«
»Antret, du berichtest da,
was mir nicht gefallen will
und mir allen Frohsinn raubt.
Ihr tente – wo ist es aufgeschlagen?«
»Überm Fluß, und an der Quelle.
Der Trubel hier hat sie gestört.
Dort stehen Bäume in der Blüte,
und überhaupt: dort duftet es!«
»Wenn es taktvoll möglich ist,
würd ich gern Isolde sehn.«
Brangaine kam in dem Moment.
»Brangaine, sag, was soll ich tun?
Wie befindet sich Isolde?«
»Ich ließ sie beinah tot zurück.
Der Hexenschuß bringt sie noch um.«
»Ich möcht sie gern besuchen«,

sprach der König, »falls es geht.
Mich bedrückt, daß sie so leidet.«
»Gnädiger Herr, es ist schon gut...«,
sprach die muntere Brangaine,
»Frauen darf man nicht besuchen,
wenn sie an der Krankheit leiden.
Ich selber werde Euch berichten,
ob ihr Zustand sich bis morgen
verschlimmert oder doch verbessert.«
»Wenn du das für mich tust, Brangaine,
bleibe ich dir stets verpflichtet.
Richte nun Isolde aus:
Was sie quält, das tut mir weh.«
»Herr, das mach ich ganz bestimmt«,
versicherte die junge Frau.
Dann ging sie ganz alleine weg –
dorthin, wo sie Isolde traf:
die war lebendig, gar nicht tot!
Sie überbrachte gute Nachricht:
ihr Leiden lasse Marke leiden,
was sie quäle, schmerze ihn.
»Brangaine, mir gehts wieder gut,
wenn Tristan zu mir kommt...«

Und Tristan kam sogleich
mit Cahedin, dem compagnon.
Paranís erspähte sie
unter einem Baum, im Schatten.
Tristan lockte auf dem Blatt,
zärtlich. Paranís begriff
sofort: Tristan war am Treffpunkt!
Isolde überbrachte er
die Meldung, Tristan stehe
unter einem Baum, ganz nah!
»Herrin, sorgt dafür, daß niemand
hier im Zelte bleibt, der nicht
Verständnis hat für Eure Sache.«
Da sprach die kluge Königin:
»Wir drei Frauen und du selbst –
sonst weiß keiner von der Sache.
Mir gehe es, wie Gott es will.

In Seinem Namen will ich gehen
und mir meinen Tristan holen.
Aufsicht und Bewachung,
Befragung und Ermahnung –
was immer ich für ihn erleide...
ja, ich möchte Tristan sehn,
ihn herzlich in die Arme nehmen!«
Isolde schritt hinaus,
die wunderschöne Königin,
um Tristan, den Geliebten,
abzuholen, der am Baum stand.
Sie handelten als Liebespaar:
umarmten sich und küßten sich,
die Münder steckten sie zusammmen.
Womit...? Das sag ich nicht. Nur dies:
man müßte sprachlos bleiben,
wenn es nicht den ›Steckling‹ gäbe...
»Isolde, meine liebe Herrin,
begrüßt nun meinen Kameraden,
diese glänzende Erscheinung –
er hat den Rang für deinen Kuß,
er ist von fürstlichem Geblüt,
er stammt aus allererstem Hause.«
Darauf die Königin: »Ja gern!
Seid Gott und mir willkommen...
Eure gehorsamste Dienerin...«
»Cahedin, vom Glück gesegnet –
wir sollten hier nicht länger weilen –
im Zelt wird es uns wohlergehn!«
  Isolde sagte Cahedin:
»Setzt Euch zu den Mädchen hin.
Findet Ihr Entgegenkommen,
so sehe ich das ohne Neid...«
Er setzte sich darauf zu ihnen,
musterte die jungen Damen:
welcher von den beiden er
Liebeskummer klagen könnte...?
Einer trug er es dann vor;
ihr Name war Gymele
la belle, dazu von hohem Rang.
Zu ihr sagte Cahedin:

»Meine liebe, schöne Dame,
nehmt, um Gottes willen,
mein Werben hier im guten auf.
Meine Augen sahen nie
ein Mädchen, das mich derart stark
anzog! Edles Fräulein, bitte
laß mich heut nacht zu dir ins Bett.«
»Herr, das sei Euch abgelehnt.
Wärt Ihr zehn Wochen schon bei mir,
der Antrag wäre noch verfrüht.
Will weder Euch noch einen andren.
Ich geb mich keinem einfach hin
bei derart ungewisser Zukunft.
Ich will weiter Jungfrau bleiben ...«
Isolde, lebhaft, heiter:
»Worüber wird denn da verhandelt?!
Das Mädchen, das du lieber hast,
muß diese Nacht bei dir verbringen.«
»Herrin, gebt mir jenes Mädchen,
dem ich mein Liebesleid geklagt.
Nähme ich die andere,
wär dies der LIEBE gar nicht recht.«
»Herrin, weder kann noch darf ich
meine Ehre so gefährden!
Mein Herz ist nicht von jener Art,
daß ich seinetwillen täte,
was mir später Kummer machte.«
»Komm her, Gymele, hör mir zu ...
Ich verschaffe dir ein Mittel,
das dich Jungfrau bleiben läßt.
Geh zur Truhe, bücke dich,
nimm das kleine Kissen raus –
wenn mich die Qual der Sehnsucht
nach Tristan packt, so nehm ich das
und leg es unter meinen Kopf,
und augenblicklich werde ich
das Leiden los, das mich verstört.
Mich lenkt dann überhaupt nichts ab –
solang ich auf dem Kissen liege,
schlaf ich ohne Unterbrechung.
Schieb dies Kissen Cahedin

unter seinen Kopf, und er
verschläft die ganze Zeit.
Gebrauche diese List, Gymele,
und du wirst Jungfrau bleiben.«
»Danke, Herrin, wird gemacht!«
»Und hiermit geh ich von euch fort.
Gott geb euch eine gute Nacht!«
Und sie entfernte sich darauf.
Gymele tat, wie ihr Isolde,
die Königin, empfohlen hatte:
schob Cahedin das hübsche, kleine
Kissen unter seinen Kopf.
Da wurde er so sehr betäubt,
daß er nicht mehr zu sich kam.
Gymele lag und lächelte:
lag im Bett mit einer Jungfrau
und berührte die nicht mal...

Ihr wollt nun sicher hören, wie
Tristan und Isolde lagen?
Ich gehe davon aus, daß beide
sich liebten, voller Leidenschaft.
In Bann geschlagen von der Liebe
waren sie im Sinnenrausch.
Es war die schönste Liebesnacht,
die je ein Paar erlebte...
Tristan und Isolde trieben
voller Eifer miteinander,
was sie beide glücklich machte.
Sie verflochten Arme, Beine.
Für beide: großes Liebesglück!
Oha, wie gekonnt
küßten ihre Münder sich!
Voller Liebe sich umarmen,
Liebe schenken, Liebe nehmen –
das konnten sie, mit Zärtlichkeit!
Da lag denn dieses Liebespaar –
beschäftigt auf das allerschönste!
Sie wogen sich die Liebe ab,
daß beide gleichen Anteil hatten;
wer derart ausgewogen ist,

der ist sehr vom Glück begünstigt.
Die beiden trafen in das Schwarze,
wo das Ziel für sie gesetzt war.
Wenn man so liebt, wie sichs gehört,
wo Liebe sich die Lust erobert,
reicht nichts an Liebesglück heran.
Ich könnt von Liebe viel erzählen,
nur will ich den Roman nicht dehnen.
Die Liebe ist das allerschönste!
Läßt man sich richtig auf sie ein,
so reicht an Liebe nichts heran.
Die Königin Isolde
lag bei ihrem Tristan…
Es wurde schon sehr viel geliebt –
doch die hier beieinander lagen,
sie waren wirklich unvergleichlich!
  Die Nacht, sie wurde rasch zum Tag.
Im schnellen Lauf der Zeit entstand
für beide Leid: kein Lieben mehr…

Gymele, kecke, junge Dame,
lag wie folgt bei Cahedin:
es zeigte sich der Tag, und er
hatte sie noch nicht berührt.
Mit voller Absicht zog die Jungfrau
das Kissen wieder zu sich her.
Und Cahedin erwachte.
Er fragte sich: »Was war denn das?!
Soll ich die Wahrheit eingestehn,
so hat mein Ruhm hier schlappgemacht;
dies schöne Mädchen lag bei mir,
und ich hab es nicht berührt.
Was mir im Morgenlicht so dämmert,
darüber komm ich nicht hinweg.
Wenn ich zum Mann erschaffen wurde,
so zeigt sich davon nichts bei mir!
Cahedin, vom Glück verlassen,
du wirst in dieser Welt nie mehr
wahren Überschwang erleben!
Fortuna nahm mir alles Glück;
die schöne Jungfrau lieh sich mir,

um Liebeszinsen zu empfangen;
ihr Darlehn hab ich nicht getilgt –
die Welt entzieh mir den Kredit!
So denke ich nun hin und her:
wie krieg ich wieder ihre Liebe?
Sie muß sich keine Sorgen machen:
vor dieser Jungfrau flieh ich nicht...«
  Gymele kam zurück und sagte:
»Glückwunsch zu der Liebesgabe,
die ich von Euch empfing! Für immer
sei mein Dienst die Gegenleistung.
Noch keine Frau hat sich beim Mann
so wohlgefühlt wie ich bei Euch!
Vor Liebeswonne starb ich fast!«
Schamrot machten ihn die Worte.
Sie sagte: »Tristan und Isolde,
sie sind aufgestanden...«
Cahedin wagte, tief beschämt,
die Jungfrau gar nicht anzuschaun.
»Mir ist da etwas unterlaufen,
das ich nie verkraften werde.
Mög mein Fall sich so entwickeln,
daß ich durch Dienste Eure Liebe
zurückgewinne, edle Herrin.«
»Meinen Leib habt Ihr verspielt!
Notiere, LIEBE, den Skandal!
Wenn eine Frau im schönsten Alter
sich einem jungen Manne schenkt
und er sie dennoch nicht entjungfert –
das steht dem Manne übel an!
Doch ich erhebe keine Klage;
weil Euch mein Körper nicht gefiel,
gefällt mir auch nicht *Euer* Körper.
Ich wär nicht gerne Eure Frau –
Ihr seid ja ganz und gar verschlafen!«
»Herrin, unterlaßt den Hohn,
obwohl ich ihn mit Recht verdiene.
Lebendig wär ich gern begraben,
wenn nur nicht diese Schande wäre!«
»Herr Cahedin, so helf Euch Gott!
Wird lange dauern, eh ich wieder

tue, was Ihr von mir wünscht…
Ich wurde einzig auf *Befehl*
zu Euch ins Bett gelegt…
Und Ihr ließt mich von Euch gehn,
ohne mich in Not zu bringen;
so muß folglich die Versöhnung
zwischen uns von Dauer sein.«
»Ach, ich ärmster Cahedin,
daß je mein Auge auf Euch fiel!
Die Liebe brach mir den Kontrakt:
erst vermittelte sie Euch,
dann entzog sie so die Lust,
daß ich Euch nicht mal berührte
und Euch als Jungfrau von mir ließ.
Solang ich lebe, werde ich
ständig diesen Fall beklagen.«

Nun sahen Tristan und Isolde,
daß der Tag beginnen wollte.
Isolde sagte: »Tristan,
sehr geliebter Mann, steh auf!
Tristan, du mußt fort von hier!
Der Abschied, der uns nun bevorsteht,
der tut mir weh in Herz und Sinnen.
Küsse mich! – Behüt dich Gott.«
»Isolde, nun vergiß auch nicht,
wie wir unsern Abschied nahmen…
So sei denn Gott befohlen
und der Gottesmutter.«

***

Tristan kam zum Schiff zurück,
forderte den Schiffsherrn auf,
er mög ihm den Gefallen tun
und bald schon weiterfahren.
Der Schiffer sagte: »Wird gemacht!«
und stach in See, im Namen Gottes.
Bei seiner Fahrt auf hoher See
grämte Tristan sich um sie:

»Dort ist sie und ich bin hier…
Dennoch sind wir beieinander…«
Er legte sich als Trost zurecht,
um seine Qualen zu erleichtern:
»Letztlich weiß ich doch ganz klar,
daß niemand ihr das Leben raubt…«
Er sagte: »Cahedin, mein Freund,
ich will nicht länger traurig sein,
will wieder guten Mutes werden…
Warst du bei einer Frau mal glücklich?
Dann denke gern daran zurück
und bleibe ihr für immer treu.«
Der gab zur Antwort: »Tristan, Freund,
bereits seit meiner Pagenzeit
werbe ich um eine Frau;
solange ich am Leben bin,
bleibe ich bei meinem Wunsch:
daß sie mir ihre Liebe schenkt –
so wie damals, in der Jugend.
Wir waren in den jungen Jahren
ein Herz und eine Seele,
und wir wollten Lust und Leid
gemeinsam tragen, wie es sich
gehört bei zweien, die sich lieben.
Die Familie gab sie einem Mann,
der mit Recht nach hohem Ruhm strebt,
Nampotenis ist sein Name,
und sein Land heißt Gamorat,
an der Grenze von Arundel.
Wir sind von gleichem Adelsrang,
er genießt ein hohes Ansehn.
Ich bin ganz sicher, daß es keine
schönre Frau gibt als Casíe.
Jedoch drei hohe Mauern halten
die geliebte Frau umschlossen:
der Tribut an ihre Schönheit!
Nampotenis trägt die Schlüssel,
das wurde mir als wahr bestätigt.
Wenn sie nur könnte: Lohn der Liebe…
Ich setze, Tristan, hier voraus,
vertrauensvoll, daß du mir hilfst –

ich dürfte darauf Anspruch haben...«
Tristan gab darauf zur Antwort:
»Ich helfe dir, so gut es geht.
Kannst du vertraulich mit ihr reden?«
»Ha, zweimal täglich, wenn ich wollte!!
Er reitet aus zur Pirsch, zur Hatz;
die Schlüssel trägt ihr Mann allein,
er nimmt die mit sich in den Wald.«
»Lege alles darauf an,
daß sie dem Mann die Schlüssel stiehlt,
von jedem einen Abdruck macht,
in Wachs, das sie dir übergibt.
Bewacht er sie auch noch so streng,
ich helfe dir, wenn sie dies tut.
Ich werde es bestimmt erreichen,
daß sie dein Verlangen stillt.«
»Sie läßt mich nicht im Stich!
Ihr Herz ist mir so sehr gewogen,
dies weiß ich klar, daß sie als Frau
erfüllen wird, was ich begehre.«
»Sind wir erst dort, so find ich raus,
an wem sie hängt, mit ganzem Herzen«,
so sagte Tristan, Mann der Liebe.
Er befragte seinen Schiffer,
wann sie wohl das Land erreichten:
»Auf dem Meer wird mir ganz übel.
Gib dir wirklich alle Mühe!«
»Noch heute abend, morgen früh
werden wir das Land erreichen. –
dafür verpfände ich mein Leben.«
»Wohlgesprochen, lieber Meister!
Sobald ich lande, werde ich
deine Dienste so belohnen,
daß du auf deine Kosten kommst.«
Als Tristan auf dem Festland war,
winkte er den Schiffsherrn auf die Seite,
gab ihm zehn Pfund Barrengold.
»Mir hat noch nie in meinem Leben
ein Mann so reichen Lohn gegeben.«
Tristan: »Gottes Gnade kommt hinzu.
Du hast mir gut gedient.«

Inzwischen trug Freund Cahedin
schwer an seinem Liebesleid:
»Tristan, lieber, guter Freund,
nun hilf: dort vorne ist die Burg,
auf der sie lebt, die mich schon stets
in ihren Bann geschlagen hat.«
»Nun, sende einen Boten hin,
der dort geschickt erkunden soll,
ob der Hausherr fortgeritten.
Darauf soll dein Mittelsmann
der Herrin deine Ankunft melden,
von deinem Liebesleid berichten –
es sei noch immer völlig frisch.«
Augenblicks geschah das alles.
Der Bote sprach den Mittelsmann;
der tat darauf, was Cahedin
ihm aufgetragen. »Ja, mein Dienstherr
ritt zur Hatz in einen Wald.
Und ich melde meiner Herrin
des Freundes Ankunft, sein Begehr.«
Der Mittelsmann, er tat loyal,
was Cahedin von ihm verlangte:
»Herrin, schenkt mir Botenlohn –
Cahedin ist in der Nähe!
Er möchte Euch sehr gerne sehen –
falls Ihr einverstanden seid.«
»Wenn ich die Wahrheit sagen soll:
ich seh ihn lieber als er mich!
Mein Bester, so beeile dich!
Bitte ihn, sofort zu kommen.
Ihn zu sehen, ist mein Wunsch.
Er soll haben, was er will –
sofern sich mir die Chance bietet.«
Der Bote kam zu Cahedin.
Als er diese Nachricht hörte,
war er aus vollem Herzen froh.
Und so sagte er zu Tristan:
»Mein Bote ist zurückgekehrt;
die Nachricht, die er überbrachte,
tat meinem Herzen wirklich wohl:
Casíe, die Schöne, Gute,

ließ ihm die Botschaft überbringen,
daß ich sie treffen möge.«
Sofort ritt Cahedin davon.
Er fand die Herrin seiner Liebe
stehend vor, im Späh-Versteck.
Und er rannte auf sie zu,
um ihr sofort zu sagen, wie
ihn seine Liebe zu ihr hetze!
Sie empfing ihn liebenswürdig:
ein *Muß* der Herrin beim Verehrer,
der ihr manchen Dienst geleistet,
weil er ihre Gunst erhofft.
Mit Geschick begann er da,
wie ihn Tristan instruiert hat:
»Sagt mir, meine liebe Herrin,
könnte es auch möglich sein,
daß Ihr mich in der Burg empfangt?«
Die schöne Dame gab zur Antwort:
»Aber gerne mach ich das!«
Cahedin befolgte weiter
Tristans Instruktionen:
»Ich habe einen Trick gelernt –
wenn Ihr mir dabei zur Hand geht,
ist bald mit unserm Leiden Schluß.«
»Cahedin, wie geht der Trick?
Wie der auch läuft, ich wend ihn an,
für dich, so gut ich's kann.
Was Frauen je für Männer wagten –
es ist so gut wie schon getan!
Ich tue alles, was du willst.«
»Entwende deinem Mann die Schlüssel,
drücke sie dann insgeheim
in Wachs, das du zuvor gewärmt.
Nimm einen jeden der drei Schlüssel,
mache einen guten Abdruck:
nach der Wachsform kann ich dann
neue Schlüssel produzieren...«
Casie begann zu lachen
und sagte, liebend loyal,
daß sie das gerne machen würde.
»Morgen komme ich hierher zurück,

werf die Platte Wachs hinunter,
im Graben wirst du sie dann finden.
Und entzieh dich bitte nicht…«
»Herrin, ich entzieh mich nicht!
Was immer mir geschehen mag –
ich komme morgen früh!«
»Tu es, lieber Cahedin!
ER möge dich behüten, dessen
rechte Hand den Segen spendet.«
  Cahedin entfernte sich.
»Sage mir, mein Freund im Glück«,
so fragte ihn der schöne Tristan,
»liebt dich deine Herzensliebste,
die Casie, auch ehrlich?«
»Verehrung ihrer Herzensgüte!
Was ich wünsche, will sie tun.
Sie hat den Zielpunkt meines Glücks
als Zeichen in mein Herz gesetzt –
ich, Cahedin, der Glückliche,
finde morgen schon das Wachs
im Graben liegen vor dem Tor –
und dies keineswegs versteckt!«
»Du hast Grund zum Hochgefühl,
mein compagnon, den ich sehr mag,
du kannst auf die Erfüllung hoffen!«
  Am Morgen, da der Tag begann,
ritt Cahedin gezielt dorthin,
um sich das Wachs zu holen.
Er fand es, denn es lag bereit,
wie ihm Casie versprochen hatte.
Er ließ das Wachs nicht einfach liegen…
Er hob es auf und ritt zurück.
Er sagte: »Tristan, nun schau her!
Wenn dir jemand Schlüssel macht,
so unterrichte mich darüber.«
»Ich zeige dir den Weg zum Schmied.
Der Bursche ist sehr zuverlässig;
sein Haus liegt an der Straße;
er machte mir so manchen Schlüssel.«
Als Cahedin zu diesem Schmied kam,
und der den Wunsch verstanden hatte:

»Herr, ich nehm den Auftrag an.
Die Schlüssel sind schon übermorgen
fertig, und sie werden passen.
Wohin ich sie auch liefern soll,
ich bringe sie – erwartungsvoll.«
Und er lieferte die Schlüssel;
sie brachten diesen beiden
Glück, das Ende ihres Glücks.
Ach, daß diesen beiden Freunden
ein so großes Unheil naht...!
Es zeigte Cahedin die Schlüssel
Tristan, seinem guten Freund:
»Hab mit meiner Not Erbarmen,
befreie mich vom Liebesleid,
begleit mich bitte zu Casie –
sie ist ein Blütenzweig der Schönheit!
Ich weiß genau, daß Nampotenis
heute auf der Pirsch, der Hatz ist;
das hat ein Bote mir berichtet.
Laß uns im Stil des Hofes reisen,
vor ihr den hohen Rang erweisen...«
»Ich folge dir, in deinem Stil.
Ich würde gern dein Herzblatt sehn...
Bin schon fertig, also los!
Nur ein Knecht begleite uns,
der unsre Pferde dann bewacht.
Gott behüte dich und mich«,
sagte Tristan. Und zwei Männer
verlor damit die hohe Welt;
sie erlitt dadurch nur Schaden,
wie immer man hier rechnen mag –
wobei ja Tristan, Cahedin
nicht zu überbieten wären...
Als die beiden soweit kamen,
daß sie Scharíze sehen konnten,
ließen sie die Pferde stehn,
und gingen auf die Brücke zu.
Cahedin trug die couronne –
die wehte ihm der Wind davon,
so daß sie in den Graben fiel.
Verflucht sei die couronne,

wär sie nie geflochten worden:
sie löste großes Unglück aus!
Cahedin schloß die Tore auf.
Er war des Glückes Hausgenosse:
sah seinen Mai im hellen Glanz!
»Sei Gott willkommen, Cahedin,
dein Freund Tristan ebenfalls.
Ich seh euch zwei besonders gern!«
sprach die liebesschöne Frau.
»Ich liebe dich schon lange Zeit,
ich bin dir herzlich zugeneigt.
In der Burg ist sonst kein Mann –
ist der Hausherr ausgeritten,
wartet seine Burg auf ihn
ohne auch nur *einen* Mann!
Wegen meines schlimmen Gatten
führe ich ein schweres Leben.
So folg mir, Cahedin, mein Freund,
begeben wir uns in ein Bett.
Das macht mir dann mein Unglück wett,
das ich so lang ertragen mußte.
Was immer sich danach ergibt –
ich werde alles auf mich nehmen.«
Die liebe Frau, der edle Mann,
sie trieben es – ihr wißt schon, was.
  Indes saß Tristan bei den Damen,
unterhielt sie auf das beste
als ein Spielmann, bis das Paar
vom Liebesspiel genug bekam,
der Mann es nicht mehr wiederholte.
  Nun mußten sich die beiden trennen,
das war für sie ein großer Schmerz –
sie sollten sich nie wieder sehn!
Wo immer man es liest und hört,
daß ein Paar zusammenkam,
als dies zum letzten Male war,
da tut mir solche Trennung weh…
  Cahedin und Tristan
saßen auf und ritten fort.
Und nun nähert sich ihr Unglück
und das Ende ihres Lebens.

Die beiden sahen linkerhand
eine schöne Quelle fließen;
vor ihr saß Tristan ab
und legte sich zum Schlaf ins Gras.
Nampotenis war inzwischen
heimgekehrt und fand die Burg
verschlossen – dieser wackre Held
war sehr auf seinen Ruf bedacht...
Er sah die elende couronne
vor sich im Graben liegen;
er sagte weiter nichts dazu,
bis er die Burg betreten hatte:
»Sagt mir, Herrin, wer war hier?!
Ich sah ein Zeichen unterwegs:
Ihr habt bei einem Mann gelegen!«
»Wie hätte das denn gehen sollen?!
Ihr habt die Tore selbst verschlossen,
heute früh, vor Eurem Ausritt.
Herr, Ihr solltet *das* nur sagen,
was einem, der sich Ritter nennt,
nicht den hohen Ruf gefährdet.«
Er schrie: »Sagt, wer ist der Mann,
bei dem Ihr heut gelegen habt?!«
Mit Drohen wurde sie verhört,
bis sie ihm völlig eingestand,
was ihr mit Cahedin passiert war.
Dieses kränkende Geständnis
ging ihm derart an das Herz,
daß ihn die Eifersucht ergriff.
»Her das Pferd! Das ist sein Tod!«
Und so jagte er ihm nach;
er hörte einen seiner Hunde
bald darauf im Walde bellen;
ihm zeigte das Verbellen an,
leider, daß Cahedin und Tristan
in seiner Nähe waren.
Tristan wurde nun gewahr:
acht Männer, wohlberitten,
preschten schwungvoll auf ihn zu.
Bevor sie in der Nähe waren,
saßen beide schon im Sattel.

»Welcher von euch beiden raubte
mir den guten Ruf der Ehre?!«
wollte Nampotenis wissen.
Darauf Tristan, höfisch edel:
»Herr, es stehen hier zwei Männer,
die haben Euch noch nie gekränkt,
und sie hatten das nie vor.
Sollte dies nun *für* uns sprechen,
werdet Ihr uns auch nicht kränken.«
»Ich erfuhr von einem Vorfall,
der mein Herz auf immer
jeden Hochgefühls beraubt.
Ach, ich bin ganz krank vor Scham,
ach, wie schmerzt mich diese Schmach!
Ich gebe Leben und Besitz
für euer beider Leben hin!
Es ist hier nicht mehr möglich,
Frieden wiederherzustellen!«
Er zog das Schwert und schlug
mit aller Kraft auf Cahedin.
Tristan sah ihm das nicht nach,
er schlug ihm eine tiefe Wunde,
wo die Brust das Herz umschloß.
Ich glaub, die Wunde fiel so aus,
daß er ihm das Herz zerteilte –
die Wunde ließ ihn stürzen, tot.
Cahedin erwehrte sich
auf eine Weise, die das Leid
heranholt und das rasche Ende:
elend war sein Todessturz.
Tristan mußte, schwer bedrängt,
den Kampf alleine weiterführen.
Sein Kampf entwickelte sich so
wie noch nie ein Kampf zuvor,
und wie das künftig nie geschieht:
sieben blieben übrig, die
sein Leben noch gefährden konnten –
drei erschlug er kurzerhand,
viere wurden so verwundet,
daß er vor ihnen sicher war.
Doch leider kam er nicht davon:

ein Ritter preschte nun heran –
die Lanzenspitze war vergiftet.
In Tristan stieß er sie hinein;
Tristan wurde gleich bewußt,
daß diese Wunde tödlich sei,
daß er werde sterben müssen.
Er durchhieb den Lanzenschaft;
als er die Spitze aus sich rausriß,
schrie er laut; er schleuderte
sie in den Ritter, und der starb:
vorn hinein und mittendurch
durchpflügte ihn die Todesfurche.
Weil Cahedin als Toter lag,
erfüllte Tristan große Trauer;
er hob den toten Mann vom Boden,
trug ihn auf dem Rücken fort,
legte ihn dann auf sein Pferd,
führte so den Toten mit –
bis in die Stadt Carhaix.
Jung und alt, das ganze Volk
begann die große Totenklage,
es schied sein Tod sie ganz vom Glück.
Der Herzog und die Herzogin
zeigten allertiefste Trauer
um ihren sehr geliebten Sohn –
ich glaube, daß man heute noch
um den Tod des Mannes trauert.
  Isolde Weißhand zeigte sich
tief betrübt um diesen edlen Mann.
Als sie herausfand, daß bei Tristan
der Stich zum Tode führen mußte,
war ihre Klage so verzweifelt,
ward ihr Herz so angegriffen,
daß sie tief in Ohnmacht sank;
sie verlor vor Schmerz die Fassung.
  Mit großer Anteilnahme wurde
Cahedin zu Grab getragen.
Die Gefolgschaft klagte sehr,
als man diesen edlen Ritter
der Erde übergeben hatte.
Und alle zogen dann davon.

Mußte je ein Mensch zuvor
ein schlimmeres Geschick erleiden?

Inzwischen lag der edle Tristan
auf den Tod verwundet, krank.
Und er sagte seinem Gastherrn,
der wohnhaft war in dieser Stadt –
diesen Kaufmann bat er dringlich –
freundlich sagte er zu ihm:
»Erfülle meine Bitte,
Gaviol – ich schätze dich –
reise nach Tintagel, tus für mich,
berichte dort der Königin:
die Lanze, die mich niederstreckte,
war, so fürchte ich, vergiftet.
Bitt sie, daß sie zu mir kommt.
Wenn sie *nicht* kommt, bin ich tot.
Ich setze völlig auf Isolde:
daß sie mich nicht sterben läßt,
wenn sie mein Leben retten kann.
Verleihe dieser Bitte Nachdruck.
Ein *weißes* Segel zeige an,
daß sie dich zurückbegleitet.
Ihr Kommen wird mein Leben retten.
Doch falls du sie nicht bringen kannst,
Gaviol, so achte sehr darauf,
daß man das *schwarze* Segel setzt.
Wenn du es willst, bin ich gerettet,
wenn du es willst, bin ich des Todes.«
»Wie immer ich Euch retten kann,
ich tu es gerne, lieber Herr.
Ich überbring der Königin
Eure Bitte, Euren Auftrag.«
»So wahr dir Gott helfe – reise denn!
Komm zurück, sobald du kannst.
Die Kosten, die für dich entstehn,
sie werd ich dir vergüten – doppelt.«
Der Kaufmann wollte ihm zuliebe
jede Mühe auf sich nehmen,
war bereit in kurzer Frist,
reiste bald schon nach Tintagel.

Er traf die Königin dort an
und überbrachte ihr die Botschaft.
Die Nachricht traf Isolde schwer,
denn *keine* Frau hat je zuvor
einen Mann so sehr geliebt.
Sie sagte: »Was mir auch geschieht,
ich muß auf jeden Fall zu Tristan.
Halte diesen Fall geheim,
Gaviol. Ich komme morgen
pünktlich, wenn der Tag beginnt.«
»Liebe Herrin, es ist wichtig,
daß Ihr jene Salbe mitnehmt,
die Tristan überleben läßt.
Und nehmt Brangaine mit –
sie hat ein gutes, treues Herz.«
»Brangaine kann mich nicht begleiten –
kein Tod hat mich so mitgenommen
wie der Todesfall Brangaines;
sie schmerzte meine Qual so sehr,
daß sie vor Leid gestorben ist...
Ich nehme kein Gefolge mit,
ich reise ganz allein dorthin.
Bevor mein Auge Tristan sieht,
da wird es für mein Herz, den Kopf
nichts mehr geben, das mich freut.«
  Isolde, belle et blonde,
war bald drauf reisefertig.
Sie nahten sich in kurzer Zeit
dem Hafen von Carhaix.
Als die Bevölkerung erfuhr,
daß sie bald schon landen würden,
forderte Isolde Weißhand
von Tristan einen Botenlohn:
seine Isolde sei gekommen!
»Herrin, laßt mich bitte wissen:
welche Farbe hat das Segel?«
»Es ist so schwarz wie Kohle.«
Damit tat die Weißhand Schlimmes,
damit nahm sie ihm das Leben –
sie sah das Segel auf dem Schiff
gesetzt: es war so weiß wie Schnee!

Tristan traf die Nachricht tödlich –
er drehte sich zur Wand und starb.
Isolde hat sich schwer versündigt,
sie hat ihn – ohne Not – getötet.
Und bald erfuhr Isolde la blonde,
er sei in den Tod getrieben worden.
Isolde dachte sich: »Mein Leben,
es soll mit Tristan enden.«

Die Totenbahre stand bereit,
man trug den Leichnam in die Kirche.
Großes Klagen der Gefolgschaft!
Isolde setzte sich zur Bahre –
der Weißhand waren alle feind,
denn sie war schuld an Tristans Tod.
Und nun kam Isolde la blonde
geschritten zu der Totenbahre,
auf der ihr Tristan lag…
Beim Anblick dieser Totenbahre –
daß ihr nicht vor Leid das Herz brach,
dies war ein großes Wunder.
Die hellen Wangen überströmte
eine Flut aus ihren Augen.
Isolde stellte der Isolde
die schmerzerfüllte Frage:
»Weshalb sitzt Ihr bei dem Toten,
den Ihr auf dem Gewissen habt?
In Gottes Namen: geht hier weg!
Meuchelmord habt Ihr verübt!
Geht und setzt Euch drüben hin.«
»Wie Ihr wünscht – dann eben dort.«
Sie legte sich auf seine Bahre
(nicht die mit den weißen Händen,
es war Isolde la blonde),
und so fand sie ihren Tod.
Isolde und Tristan waren tot –
er durch sie und sie durch ihn.
Mich schmerzt noch heute ihre Not,
weil treue Liebe es erzwang,
daß sie aus dem Leben schied.

Inzwischen hatte König Marke
viele große und kleine Schiffe
zur Eilfahrt auf dem Meer versammelt.
Während er auf hoher See war,
erreichte ihn die Nachricht,
daß Isolde gestorben sei –
und auch sein Neffe Tristan!
Er litt so sehr am Tod Isoldes,
daß er nur knapp am Leben blieb.
Er befragte diesen Boten,
was zu ihrem Ende führte.
»Herr, ist Euch denn unbekannt,
weshalb sie Leidenschaft beherrschte?
Der Grund ist der verfluchte Trank,
den ihr die eigne Mutter gab –
sie tranken ihn, von Durst gequält,
und liebten sich für immer.«
»Weh mir, weh mir, weh und ach!«
rief Marke voller Jammer aus,
»als dies Unheil sie ereilte,
weshalb nur sagte mir das keiner?!
Aus diesem Anlaß war ich Tristan
äußerst feind – doch ohne Grund.
Vor unserm Herrgott werde ich
nie mehr im Leben Gnade finden.
Ach, Isolde, Tristan,
fände ich euch nur am Leben –
alles, was euch Freude machte,
gestünde ich euch zu, für immer!«
Und mit großer Heftigkeit
schlug sich Marke an die Brust.
»Herr des Himmmels, laß sie mich
vor der Beerdigung noch sehn!
Bis zu meinem Lebensende
werd ich ständig klagen müssen.«
Und er rang so fest die Hände,
daß ihm die Gelenke knackten.
Aus Trauer um den Sohn der Schwester
geriet er völlig außer Fassung.

Er war im Hafen eingelaufen,
bewegte sich in Richtung Stadt.
Als er in ihrer Nähe war,
vernahm er mächtiges Geläute.
Er kam zur Kirche, und er sah
die Toten auf der Bahre liegen.
»Ist das Isolde?! Ist das Tristan?!
Ach, daß ich je geboren wurde!
Ach, ich habe sie verloren,
ach, ich armer Marke, ach!«
Er befahl, zwei Särge rasch
heranzuschaffen, aufzustellen;
die beiden wurden eingesargt.
Und man trug sie fort, zum Schiff.
Marke legte bald schon ab,
fuhr zurück auf hoher See;
seine Ehefrau, den Neffen
überführte er nach Cornwall.
Als Marke nach Tintagel kam,
begann er mit der Totenklage.
Er ließ die Toten nach dem Ritus
zum Kloster der Familie schaffen.
Ich kann die Trauer kaum beschreiben,
die seine Leute überkam,
als die Toten da bestattet wurden.
(Sie lagen nicht im selben Grab:
wenn stimmt, was mir die Quelle sagt,
so dürften es zwei Gräber sein.)
Der edle Marke schrie vor Trauer
auf und schluchzte sehr,
als man die edlen Toten
Tristan und Isolde
in die Erde senkte.
Es waren die schönen Toten
auf ehrenvolle Weise
bestattet in zwei Marmorsärgen.
Tiefe Trauer trug der König
um die beiden Liebenden;
die übermäßige Traurigkeit,
in die er klagend sich versetzte,
sie hätt sein Herz zerreißen mögen.

»Ach!« so rief er oft und laut,
»darf ich euch denn nie mehr wieder
in dieser Welt zu sehn bekommen?
Herrgott, was habe ich
um diese Liebenden gelitten!
Worauf wartest du denn noch,
Tod, brich mir nur das Herz!
Ach und weh und ach – mein Glück
verdorrte nun zum Leid.
Ich sehe sie im Grabe –
ich habe nichts so sehr geliebt!
Empfange, Gott, was sie verließ,
wie Deiner Gnade dies geziemt,
befiehl dem Engel Michael,
sie in sein Geleit zu nehmen.
Hilf mir doch, barmherzger Gott,
daß sie das bessre Leben finden.«
  Einen Weinstock, einen Rosenstock
befahl der König herzubringen,
und er pflanzte beides ein:
den Weinstock auf die hehre Frau,
den Rosenstock auf Tristan.
Als dies geschehen war, da warf man
Erde auf die beiden Särge,
es füllte sich das Grab mit Erde...
Warum nur stirbt ein Mensch dahin,
der Reichtum, Schönheit, Jugend hat,
noble Haltung, Trefflichkeit?
Was man je von Rittern las,
bei Tristan traf dies alles zu –
hier erreichte Rittertum
die höchste Form der Anerkennung.
Tristans Leben will ich rühmen:
war wohlerzogen und bescheiden,
war loyal und generös;
wenn er Ruhm erringen sollte,
nahm er jede Mühe auf sich;
kundig war er, höfisch fein;
er verhielt sich stets korrekt
im Ernstfall wie im Ritterspiel –
heißa, viele edle Taten

vollbrachte Tristan eigenhändig
auf Turnieren und bei Kämpfen;
es war zu seiner Lebenszeit
keiner so berühmt wie er –
sein Ruhm stand *über* allem Ruhm;
so lang ich lebe, hörte ich
(schriftlich, mündlich überliefert)
noch nie von einem, der so hoch
gelobt war wie der edle Tristan.
Wollte Gott, es gäb noch heute
einen, dem solch Lob gebührte!
Dem Tode zeig ich meine Feindschaft –
weshalb nur tut es unser Herr,
daß er die Ehrenmänner rafft,
die Bösewichter nicht beachtet?
Wirklich wahr, es ist erstaunlich!
Ich, Ulrich von Türheim,
ich ließe tausend Böse sterben
anstelle *eines* Ehrenmannes...

Tristan und Isolde:
es liebten sich die beiden noch,
als sie in der Erde lagen.
Hört euch an, auf welche Weise:
die Rose und die Rebe wuchsen
mit ihrem Wurzelwerk zusammen.
»Wie könnte so was je geschehn?!«
werden hier nun viele fragen,
»es ist doch ganz unmöglich,
wenn sich noch die Toten lieben
und weiter zueinander wollen!«
Es ist als wahre Begebenheit
von Anfang an so überliefert,
daß es bei *diesem* Paar geschah.
Wenn ich nun behaupten wollte,
daß ich dies *selbst* gesehen hätte,
ich würde nicht die Wahrheit sagen –
die histoire bekundet dies!
Dies Buch als Höhepunkt der Liebe;
es mögen echte Liebende
den Roman entsprechend lieben...

Wo gab es größre Fülle der Liebe
als zwischen Tristan und Isolde?
Die LIEBE zeigte an den beiden:
wenn sich zwei lieben, sind sie *eins.*
Sind sie das? Ich denke, ja.
Isolde, Tristan litten sehr –
sie durch ihn und er durch sie;
es war sein Tod der Tod der Herrin.
So möge Gott Erbarmen zeigen
mit diesen armen Liebenden,
ER nehm sie auf ins Himmelreich –
ich wünsche ihnen das von Herzen.
Sie wärn auf Erden reich gewesen,
hätt Liebessold sich ausgezahlt,
doch LIEBE zahlte elend aus:
weiß nicht, wofür Isolde büßte,
als sie Tristans Todeswunde
nicht weiterleben ließ.
Wo zeigte sich je größre Liebe
als bei der Königin Isolde,
die Abschied nahm von dieser Welt,
weil Herzeleid sie dazu zwang?
Ihr Tod erbarmt mich heute noch.
Gott laß sie in den Himmel kommen,
sie haben das durchaus verdient.
Wo Liebe *Liebe* will von Liebe,
muß Gott sich gnädig zeigen.

Damen, die das Buch hier lesen,
mögen mir nun Gutes wünschen
und mir danken für den Teil,
den ich zum Buch hinzuerzählt.
Ich tat es einem Mann zuliebe,
der sicher aller Ehren wert ist;
es strebt sein Herz nach hohem Ruhm;
vom Morgen bis zum Abend sinnt er
nur darauf, das Rechte zu tun,
um der Gesellschaft zu gefallen;
der Dame, der er lang gedient,
befehle Gott, ihn zu belohnen;
sein Leben steht und fällt mit ihr.

Nun hört noch weiteres zu Marke:
er schwor hier bei dem Heiligen,
daß er den Lebensstil des Ritters
Gott opfern wolle für die Gnade,
daß Er dem Paar die Schuld vergebe,
falls es gegen Seinen Willen
auch nur gering verstoßen hätte.
Für Isolde und für Tristan
gründete er dann ein Kloster
mit einer reichen Stiftung:
er gab sein ganzes Eigengut
dem Kloster, dingte ihm
so manchen Laien mit viel Geld.
Er ließ die neue Klosterkirche
die Gräber in die Mitte nehmen;
er wies die Maurer an, den Bau
nach dieser Planung zu errichten.
Marke war von Furcht erfüllt
vor dem Zeitpunkt, da der Tod
komme, ihm das Leben nehme.
Viel gefastet und gebetet –
wie einer, der die Gnade sucht,
wenn er selbst einmal verscheidet;
für sich selbst und für das Paar
wollte er das ewige Leben.
Man sah die Rose und die Rebe
über ihrem Grab verflochten –
sie hätten sich kaum inniger
durchwachsen können, wechselweise.
Seit dem Anbeginn der Welt
hat man niemals mehr erfahren,
daß sich zwei Menschen nach dem Tode
derart liebten wie die beiden –
wo hat es eine derart große
Liebe, Treue je gegeben?!
Den edlen Tristan übertraf
keiner in der treuen Liebe.
Man laß ihm dies zugute kommen
(ihr solltet es ihm innig wünschen):
falls Tristan weiter in der Hölle ist,
so spreche Gott ihn aus ihr los

und nehm ihn auf in Seinem Reich –
auch die Königin Isolde!
Ihre treue Liebe zwang sie
zu einem jähen Tod.
Mit Seiner rechten Hand der Gnade
führe Gott sie aus der Not.
Was Tristan und Isolde litten,
nun wißt ihrs bis zum Schluß.
Gott laß uns in den Himmel kommen,
wenn wir von hinnen scheiden müssen –
so entgehen wir der Hölle,
lernen sie erst gar nicht kennen.
Gott lasse uns in den Besitz
gelangen Seiner reinen Gnade,
und wir verdienen Seinen Segen,
wenn der Engel alle unsre
Missetaten wiegen soll;
und so empfange uns
Seine Trinität. Amen.

Anhang

Zur Übertragung

Dieses Buch ist keine Erweiterung der *Trilogie des Mittelalters* zu einer Tetralogie; es mag nach der Trilogie gelesen werden oder vor ihr, es mag in Bücherregalen zur Trilogie oder zu Einzelbänden der Trilogie gestellt werden, aber: es bleibt ein Buch für sich. Das zeigen schon die Text-Proportionen: hier dominiert die Übertragung.

Die Entscheidung, nach dem *Parzival* des Wolfram von Eschenbach auch Gottfrieds Roman zu übersetzen, ergab sich nicht erst nach Beendigung der Trilogie: Gottfrieds Text begleitet mich seit Mitte der sechziger Jahre. Damals hatte ich (freiwillig) Übersetzungen des *Parzival*- und des *Willehalm*-Romans gelesen, in Ausgaben, die ich antiquarisch erworben hatte und die ich noch besitze. Gottfrieds Versroman aber hatte ich (und das ebenfalls freiwillig!) im überlieferten, im wissenschaftlich edierten Text gelesen – von der ersten bis zur letzten Zeile, wie mir Bleistiftnotizen zeigen. Diese Edition liegt nun auch meiner Übertragung zugrunde: Gottfried von Straßburg, *Tristan und Isold.* (Herausgegeben von Friedrich Ranke. Berlin 1963.)

»Gelesen« – dieses Verb ist allerdings ein Euphemismus! Denn dieser Text kann nur mühsamst erarbeitet werden. Damals ließ ich mir dabei helfen von einer Übersetzung ins Englische: *Tristan.* Gottfried von Straßburg. (Translated by Arthur T. Hatto. Harmondsworth 1960.) Auch heute sehe ich hier die bisher beste Übertragung des mittelhochdeutschen Versromans – Hatto übersetzte ihn allerdings in Prosa.

Nach dieser ersten Durchquerung des literarischen Subkontinents drehte ich dem Mittelalter für etwa ein Jahrzehnt den Rücken zu – bis Oswald von Wolkenstein mein Interesse weckte... Und über Oswald kam ich auf Neidhart, den aus dem Reuental... Danach der Sprung zu Wolfram aus Eschenbach... Zuweilen, zwischendurch, wieder Lektüre des *Tristan*-Romans, kapitelweise und – to be honest – in der englischen Übersetzung. Schließlich übertrug ich zwei Ausschnitte für das Neidhart-Buch: Vorübungen, wie sich im Rückblick zeigt. Es folgte eine Phase der Deklarationen: Eigentlich, ja eigentlich müßte »man« noch den Tristan übersetzen... Und ich schaute in ältere und neuere Übersetzungen; die Erfahrungen, die ich dabei machte, sie förderten entschieden meinen Entschluß, eine Neuübersetzung zu wagen.

»Mitarbeit Lambertus Okken« heißt es auf dem Titelblatt. Wie verlief diese Kooperation? Okken hatte mir bereits bei Übertragungen von Wolkenstein-Liedtexten geholfen, er hatte das Typoskript des Neidhart-Buchs kritisch gegengelesen – diesmal aber war die Zusammenarbeit am entschiedensten.

Ich erarbeitete eine erste Fassung dieser Übersetzung, benutzte dabei auch das dreibändige Werk, das Okken (Mediävist der Rijksuniversiteit Utrecht) publiziert hat: Kommentar zum Tristan-Roman Gottfrieds von Straßburg. Amsterdam, 1984/85 und 1988.

Meine erste Übersetzung (bereits im alternierenden metrischen Schema) schickte ich portionsweise zu Okken, er arbeitete die Vorlage durch, schrieb Korrekturvorschläge, Ergänzungen, Erläuterungen an den Rand. Auf dieser Grundlage erarbeitete ich eine zweite Fassung, dann diese dritte. Ich habe sie Okken nicht vorgelegt, das war so verabredet. Seine Ratschläge habe ich durchweg befolgt, doch in einigen Punkten beharre ich auf meinen Entscheidungen.

Eine andere Form der Zusammenarbeit bei Ulrichs Fortsetzung: *Tristan.* (Herausgegeben von Thomas Kerth. Tübingen 1979) Dieser Text ist – soweit ich sehe – noch nie übersetzt worden, ich kenne nur Inhaltsangaben. So habe ich Bert Okken um eine Interlinearübersetzung gebeten. Auch hier: an wichtigen oder fraglichen Stellen notierte er kurze Kommentare. Weitreichende Form der Zusammenarbeit! Ohne diese Hilfe aus Utrecht wäre ich vor dem *Tristan*-Projekt ausgewichen. So wiederhole ich hier formell und offiziell, was im Gespräch längst geschehen ist: ich sage herzlich Dank.

Herausforderung eins. »Man darf nicht wünschen und kann nicht hoffen, im neuen Wortgebilde der Übertragung alle Eigenschaften und Merkmale des Urgedichtes zugleich verändert und doch nicht verändert wiederzufinden. Tatsächlich liefe es dann darauf hinaus, daß die derart ideale Übertragung – das Original selbst wäre; oder daß man diese Forderung am vollkommensten dann erfüllen würde, wenn man – überhaupt nicht übersetzte.« Hans Hennecke, *Übersetzung im Dienst der Weltliteratur.*

Einige Anmerkungen zum Vers – im Original und in der Übertragung.

Gottfried wurde viel gefeiert als Meister des eleganten, regelmäßigen, harmonischen Versbaus. Inzwischen sieht man deutlicher, daß dabei auch eine redigierte Fassung gefeiert wurde: die von Ranke – er hat vielfach das Metrum geglättet.

Man ging im 19. Jahrhundert und noch zu Beginn dieses Jahrhunderts davon aus, daß ein Dichter des 13. Jahrhunderts im Metrum das gleiche Ordnungsdenken gezeigt hat wie ein deutscher Ordinarius. Weil Diskrepanzen zwischen der Heuslerschen Verslehre und den überlieferten Versen trotz aller Glättungen unübersehbar, unüberhörbar sind, hat man die angestrengtesten und skurrilsten Harmonisierungsversuche unternommen.

Die Normalform des Kurzzeilen-Verses der »mittelhochdeutschen Reimpaardichtung« sieht schematisiert so aus:

(x)/ x́ x/ x́ x/ x́ x/ x́ v

Das klassische Ebenmaß sehen Philologen wie Ranke vor allem dokumentiert in der Bewahrung der unbetonten Auftaktsilbe. Es schien ihm (und schien Vorgängern) offenbar unvorstellbar, daß Gottfried eine Verszeile mit einem Akzent beginnt und nicht mit höflichem Anlauf. Bei mündlichem Vortrag des Werkes waren solche Unregelmäßigkeiten nicht das geringste Problem, nicht einmal, wenn ein Versroman im Sprechgesang vorgetragen oder womöglich gesungen wurde – Musiker können leicht ausgleichen. Dennoch, man ging davon aus, daß Gottfried die Auftaktsilbe heiligte. Damit wurden Fetischisten der Metrik zu phantastischen Konstrukten gezwungen. Bevorzugte Rettungsformel war dabei die »versetzte Betonung«, was bedeutet: Versakzent und Wortakzent sollen nicht mehr identisch sein.

Zwei Beispiele. Das erste: »aller der lantherren leben«. Ich würde das so betonen: »áller der lánthèrren lében«. Leicht schwingender Versrhythmus. Aber Metriker sehen das anders: »allér der lánthèrren lében«. Klingt reichlich verkrampft, das traue ich einem musikalischen Dichter wie Gottfried nicht zu.

Gleich das zweite Beispiel, ein kurzes: »hoeret« als Zeilenbeginn. Der Wortakzent liegt auf der ersten Silbe »hóeret«. Aber das wäre eine metrische Ursünde: Zeilenbeginn ohne Auftaktsilbe. Also nötigt man den Wortakzent, sich eine Silbe weiterzubegeben und so den Platz für die geheiligte Vorsilbe freizugeben: »hoerét«. Ich halte so was für Spuk. Hier wird starres Ordnungsdenken auf Gottfried rückprojiziert. Aber: ein metrischer Text bleibt im Klang lebendig, wenn Regelmäßigkeit angereichert wird mit kalkulierter Unregelmäßigkeit. Das heißt: der Rhythmus darf nicht maschinenhaft gleichförmig wirken. Und schon erweitert sich der Spielraum des Metrums: Zeilen mit und Zeilen ohne Auftakt, alternierender und pulsierender Rhythmus...

»Hörét, lesét« einige Zwischenbemerkungen... Die Übertragung eines dichterischen Werks dokumentiert nicht nur den jeweiligen Stand philologischer Kenntnis, sie demonstriert auch Mentalität. Dies kann Mentalität des Übersetzers, Mentalität seiner (akademischen) Hauptberufs-Gruppe, Mentalität auch seiner Zeit, seiner Epoche sein. Das heißt: das jeweilige Konzept, das Kunst-Ideal von Literatur kann stilisierend einwirken auf die Übertragung. Zum Beispiel: hat der Übersetzer eine Vorliebe für klassisch ebenmäßige Dichtung eines konstant »hohen Tons«, so wird eingeebnet, geglättet, wird Widerspruch abgeschwächt, wird Dunkles aufgehellt, wird »Ungehöriges« retuschiert, wird vor allem Wert gelegt auf »klassische« Gleichförmigkeit des Verses.

Kurzer Seitenblick: solche Mentalität hat sich nicht nur (ablesbar) ausgewirkt auf Binnen-Übersetzungen aus dem Mittelhochdeutschen ins Neuhochdeutsche, sie ist besonders deutlich bei Shakespeare-Übertragungen. Es ist hier auch eine Frage der Mentalität, ob man Rauhheiten, ja Ruppigkeiten von Sprache und Metrum hereinnimmt in die Übertragung, ob man Sprünge und Brüche nachvollzieht, nachbildet, oder ob man Irritierendes eliminiert durch Stilisieren, indem man – zum Beispiel – störende oder dunkle Metaphern entschärft durch Übersetzung ins Begriffliche.

Das ist häufig genug auch bei Wolfram von Eschenbach und Gottfried von Straßburg geschehen... Und damit Ende dieses Einschubs.

Herausforderung zwei. Heimito von Doderer: »Eine Übersetzung muß nicht nur dem Original mit Liebe und Sorgfalt nachkommen und nahekommen: sie muß ihm voraus sein. Sie muß einen ganz neuen Reiz des Werkes sichtbar machen, der latent in ihm war, aber in der ursprünglichen Sprache nicht so sehr zur Geltung kommen konnte. Jede wirkliche und wirksame Übertragung muß in irgendeiner Hinsicht das Original übertreffen.« Hohoo!

Ich komme zu einer weiteren Spielregel dieser Übersetzung: ich wollte Gottfrieds Silbenzahl pro Zeile möglichst nicht überschreiten. Im Idealfall hat eine Zeile neun Silben, aber Gottfried ist auch hier nicht so gleichmäßig oder gleichförmig, wie ihm das zugeschrieben wurde – die Zahl schwankt zwischen fünf und zwölf Silben pro Zeile. Dies sind freilich Extremwerte; der Durchschnitt liegt zwischen acht und zehn Silben. Ich gehe selten unter acht Silben, bin froh, wenn ich ein wenig »Stauraum« gewinne, denn, wie ich schon im Kleingedruckten zur Übertragung des *Parzival*-Romans schrieb: Wörter des Mittelhochdeutschen sind oft kürzer als Wörter des Neuhochdeutschen, und vielfach fehlten Flexionssilben – so brauche ich Platz zum Ausgleich. In meiner Übertragung gibt es denn auch etliche Zeilen mit fünf Hebungen, aber eine ähnliche Zahl von Zeilen mit nur drei Hebungen, und gelegentlich nur mit zweien. So hoffe ich, die Gesamtzahl der Silben des Originals nicht allzu sehr überschritten zu haben.

Herausforderung drei. »Ich sage nicht, daß eine wörtliche Übersetzung unmöglich ist, sondern lediglich, daß sie keine Übersetzung ist. Sie ist eine meist zeilengerecht angelegte Anordnung von Wörtern, die uns hilft, den Text in der Originalausgabe zu lesen. Sie steht dem Wörterbuch näher als der Übersetzung, die immer ein literarischer Vorgang ist. In jedem Fall impliziert die Übersetzung eine Umwandlung des Originals. Diese Umwandlung kann nur literarischer Natur sein.« Octavio Paz, *Übersetzung. Wortkunst und Wörtlichkeit.*

Weiteres Stichwort: der Reim. (Auch) diese Übertragung ist nicht durchgängig gereimt. Fehlt damit Entscheidendes?

Unser Verhältnis zum Reim ist anders als noch im vorigen Jahrhundert. In der modernen Lyrik hat er weithin an Bedeutung verloren, andererseits ist heute jeder Schlager gereimt, fast jede Tischrede bei Familienfesten. Und beim Aufsagen von gereimten Texten schwingt fast immer Reim-Ironie mit. Der Reim ist für uns kaum noch Charakteristikum festlicher Sprach-Entfaltung, für uns entstehen eher Assoziationen an triviale Texte. Und Assoziationen an die Schule: Interpretieren und (früher) Auswendiglernen von vorwiegend gereimten Gedichten. Beim Auswendiglernen halfen die Reime – sie griffen ineinander wie Glieder eines Reißverschlusses. So konnte man, reimbetont, in früheren Generationen lange Balladen auswendig, von Schiller oder Uhland. Was bei der Länge einer Ballade noch möglich ist (selbst wenn es auf uns zuweilen komisch wirkt), das wird bei der Ausdehnung eines Versromans heute zur Crux. Wir würden bei einer gereimten Übersetzung mit rund 10000 Reimpaaren konfrontiert!

Also: Verzicht auf den Reim. Und befreit vom Reimzwang atmet die Erzählsprache auf. Dennoch: unübersehbar, unüberhörbar tauchen Reimpaare auf. Wie in der *Parzival*-Übertragung, sind sie Erinnerungs-Markierungen, die in unregelmäßigen Abständen bewußt machen sollen, daß auf den Reim prinzipiell verzichtet wurde. Ich habe gereimt, wo Reime sich von selbst ergaben – also eine Zufallsverteilung. Häufig sind freilich auch Reimpaare, die bewußt plaziert wurden. Beispielsweise, wenn Gottfried durch Reime betonte – etwa am Ende einer Handlungssequenz. Oder wenn er belehrend hervorhob – und der Meister hatte einen Hang zum Didaktischen. Durch Reime verhinderte Gottfried zuweilen auch, daß allzugroßer Ernst entstand. (siehe 9239)

Auch ohne konsequentes Reim-Schema: ich versuche, möglichst viele Klangqualitäten der Sprache des Straßburger Meisters zu reproduzieren im Neuhochdeutschen. Zahlreich seine Wortspiele, Sprachklangspiele. Dabei scheut auch Gottfried nicht immer vor dem Kalauer zurück. Als Übersetzer mußte ich konsequent bleiben: selbst wenn die Übertragung eines Wortspiels an den Rand der Albernheit führt – ich bin ihm hier nicht nur nachgefolgt, ich mußte ihm (nach einer Formulierung von Voß) zuweilen auch »nachstraucheln«.

Herausforderung vier. »In erster Linie ist der Übersetzungsvorgang also ein Erläuterungsmechanismus, er expliziert (oder genauer: macht explizit), soweit er kann, was dem Original semantisch implizit ist, und macht es graphisch sichtbar. Der Übersetzer versucht, an den Tag zu bringen, ›was schon da ist‹. Eine solche Explikation arbeitet notwendigerweise mit Zusätzen, das heißt, sie kann die jeweilige Einheit des Originals nicht einfach ersetzen, sondern sie muß sie in einen illustrativen Kontext stellen, in ein Feld aktualisierender und wahrnehmbarer Ver- und Abzweigungen.« George Steiner, *Nach Babel.* Aspekte der Sprache und der Übersetzung.

Gottfrieds Sprachwitz, Sprachlust, Sprachbesessenheit zeigt sich auch im Umgang mit französischen Lehnwörtern. Wie in der Übertragung des *Parzival*-Romans, setze ich für französische Wörter und Formulierungen des 13. Jahrhunderts französische Wörter und Formulierungen des 20. Jahrhunderts ein – nach Möglichkeit aus demselben Wortstamm. Zum Teil jedoch haben sich die Bedeutungen der Wörter so sehr verändert, daß hier das scheinbar Nächstliegende am weitesten in die Irre führt.

Gottfried übernimmt nicht nur Wörter, er kombiniert französische Verben mit deutschen Endsilben, und auch hier gibt es für mich keinen faulen Kompromiß: solche Verbindungen müssen rekonstruiert werden. Ein Beispiel: »saluieren«. Darin steckt die damalige französische Lautform des Verbs für »grüßen«, das heutige saluer; daraus aber wird, nach Gottfrieds Vorlage, ein »saluieren«. Wie käme ich dazu, derart Charakteristisches zu ignorieren oder: darüber hinwegzugehen, nivellierend? Die Übertragung darf nicht zum Service verkümmern. Bei Lesern, die mir auch in dieses Text-Abenteuer folgen, setze ich voraus, daß sie eine Wortbildung wie »saluieren« oder »criieren« nicht abschreckt, sondern erst einmal amüsiert. In den meisten Fällen vermittelt schon der Kontext den Sinn.

Das französische Lehnwort, das Gottfried am häufigsten verwendet, ist die »aventiure.«

Ich nehme es als Stichwort zur Erörterung eines weiteren Problems der Übersetzung: wie verfahren mit Begriffen, die einen weiten Bedeutungsfächer besitzen?

Dieses Wort wiederzugeben mit dem heutigen französischen »aventure« wäre mehr als nur irreführend, es würde vorsätzlich in die Irre führen. Denn »aventiure« kann zwischen A wie Abenteuer und Z wie Zufall sehr viel bedeuten. Soll ich, darf ich die jeweilige Bedeutung des französischen Worts mit einem deutschen Wort wiedergeben? Auch in diesem Fall: es ist ein bewußt, ein betont plaziertes französisches Wort, also kann ich nicht retuschieren. Hat »aventiure« die Bedeutung Geschichte, Erzählung, Quelle der Erzählung, so setze ich histoire ein (und historia, wenn Gottfried historje schreibt). Ist mit aventiure ein Ereignis gemeint, so heißt es: événement. Ist ein Wunder gemeint: merveille. Ist Erfolg gemeint: succès. Ist Vergnügen gemeint: plaisir. Ist Glück gemeint: bonheur. Ist der schiere Zufall gemeint: hasard. Und so weiter...

Französisch sind vielfach auch die Namen bei Gottfried. Wie im *Parzival*-Roman, habe ich in einigen Fällen die überlieferten Namensformen heutiger Schreibweise zumindest angenähert.

Zum Beispiel: Tristans Mutter heißt in Handschriften des *Tristan*-Romans oft Blanscheflur. Diese Form ist in der Fachliteratur festgeschrieben, aber ich übersetze nicht für die Fachwissenschaft (Hatto: »Was sich Gelehrte kaum je fragen: wie übersetzen wir das?«). Meinen Lesern möchte ich derart verhunzte Namensformen nicht vorsetzen. Blanscheflur als besonders krasses Beispiel: in dieser Schreibversion steckt blanche fleur, die weiße Blume, und da assoziierte man im Mittelalter sofort: die Lilie. Blanchefleur: diesen wunderschönen Namen habe ich unter der Übermalung wieder freigelegt.

Von Blanscheflur zu Isot as blanschemains: auch hier liegt die Verballhornung auf der Hand. Dennoch, sie wird auch in modernen Übersetzungen in falscher Buchstabentreue reproduziert, obwohl jeder Wissenschaftler weiß, was hier gemeint ist: Isolde Weißhand. Auch die Verballhornung dieses Zusatznamens restituiere ich: Isolde aux mains blanches.

Schwieriger ist die Lage beim Namen des Liebhabers und späteren Ehemanns der Blanchefleur: Riwalin ist überliefert, auf der letzten Silbe betont. Dennoch: das Schriftbild weckt (ich habe es mehrfach bei potentiellen Lesern getestet) Assoziationen an eine Rivalin oder an eins der zahlreichen Heilmittel, deren Bezeichnungen auf -in enden. In Okkens Kommentar finde ich eine alte bretonische Variante des Namens: Rhiwallon. Und ich leite ab: Riwalon. Klingt (heute!) erheblich besser, liest sich vor allem schöner: Blanchefleur und Riwalon...

Kleine Korrekturen auch bei anderen Namen. Aus Brangäne mache ich in französisierender Schreibweise: Brangaine. Aus Floräte (sieht häßlich, gräßlich aus!): Floraite... Namenskorrekturen bis hin zum Feen-Schoß-Hündchen. Petitcrieu heißt es beispielsweise in Handschriften, und gemeint ist: Kleinwuchs oder Kleingewachsen, also: Petitcru.

Herausforderung fünf. »Der Übersetzer muß den impliziten ›Sinn‹, die denotative, konnotative, schlußfolgernde, intentionale und assoziative Reichweite der Bedeutungen aktualisieren, die im Original impliziert, aber nicht ausgesprochen oder nur teilweise ausgesprochen sind, weil der Leser und Hörer, aus dessen Muttersprache das Original stammt, sie unmittelbar mitversteht.« George Steiner.

Noch einmal: der weite Bedeutungsfächer einiger Wörter, Begriffe – diesmal im deutschen Sprachbereich.

Ein mittelhochdeutsches Wort, das im Erzähltext häufig auftaucht, ist »maere«. Ich übersetze es mit: Quelle, Bericht, Erzählung, Roman, mit: Gerücht, Unterhaltung, öffentliche Erklärung. Ich habe keine Liste geführt, es können weitere Entsprechungs-Begriffe hinzugekommen sein. Wenn man sich erst einmal entschlossen hat, den Bedeutungsfächer zu öffnen, darf man nicht zögerlich, nicht ängstlich sein.

Für solche Wörter, solche Begriffe mit weitem Bedeutungsfächer (im Fachidiom: polysem) gibt es in unserer Zeit nur wenige Beispiele. Die Entwicklung engt bei zunehmender Spezialisierung die Bedeutung ein. So sind nur einige polyseme Wörter übriggeblieben. Ein Wort, das schon in Gottfrieds Zeit polysem benutzt wurde, dessen neuhochdeutsche Entsprechung noch immer einen weiten Bedeutungsfächer zeigt, ist »dinc« oder »Ding«. Was dieses Ding jeweils zu bedeuten hat, wird bestimmt durch ein Verb oder Prädikat. Wird ein Ding gedreht, so geht etwas nicht mit rechten Dingen zu; wird jemandem ein Ding verpaßt, so ist das wahrscheinlich ein Fausthieb; steht jemand über den Dingen, so schwebt er beispielsweise über dem Alltag und seinen Querelen; ist ein Ding ein tolles Ding, so ist es ein rühmenswerter Gegenstand; es gibt aber auch die letzten Dinge, und hier kommen wir ins Eschatologische. Ein multifunktionelles Wort, das derart viele Bedeutungen hat, daß es für sich genommen fast gar nichts heißt, da bleibt das Ding in der Nähe des Dings oder Dingsbums.

In den letzten Jahren wurde ein neuer polysemer Begriff entwikkelt: Philosophie. Hier hat sich allerdings der Begriff von seiner alten Bedeutung gelöst, er geriet ins Driften, wurde scheinbar beliebig verfügbar: es gibt eine Philosophie des Managements, eine Philosophie des Fußballs, eine Philosophie des Baus von »Triebwerken« für Autos – und so weiter. Im jeweiligen Kontext wird der Begriff eingefärbt; mit der Philosophie des Managements kann beispielsweise »sales promotion« gemeint sein, mit der Philosophie des Fußballs Taktik oder angewandte Psychologie, und im marketing der Automobilindustrie signalisiert der Begriff Philosophie fortschrittsorientiertes technologisches Bewußtsein. Vor allem unter dem Aspekt der Werbung, der Image-Pflege wurde die alte Festschreibung aufgehoben, wurde das Wort in seiner Bedeutung disponibel. Dabei macht dieses Beispiel einen Unterschied deutlich: zu Gottfrieds Zeit waren polyseme Wörter noch nicht festgeschrieben, sie drifteten im Bewußtsein.

Wäre es also nicht angebracht, in der Übersetzung eines polysemen Worts konsequent bei *einem* Entsprechungs-Begriff zu bleiben und darauf zu vertrauen, daß sich die genauere Bedeutung jeweils aus dem Kontext erschließen läßt? Also: nicht immer die passende »Bedeutungsnuance«, »Bedeutungsschattierung« suchen, vielmehr mit der wiederholten Verwendung des jeweiligen Pauschalworts ein Korrelat schaffen zu Gottfrieds Verfahren? Als Antwort auf diese Frage zitiere ich einen Passus aus den Vorbemerkungen zur Übersetzung der *Ca-*

hiers von Paul Valéry: »Starrheit wäre allerdings auch hier ein Übel gewesen – einen Begriff unbedingt immer mit demselben Äquivalent zu übersetzen, wäre gegen den Geist der Sache. Valéry selbst hat dazu einen Hinweis gegeben: Ein Wort ist, was es ist, nur in seinem Satz. Sonst wäre es eine Chimäre, und oft genug eine gefährliche.«

Ich habe mich für ein komplementäres Verfahren entschieden: den einen und anderen mittelhochdeutschen Leitbegriff gebe ich wieder durch einen neuhochdeutschen Leitbegriff – zum Beispiel in der Übersetzung von »tugent«. Das neuhochdeutsche Pendant hat eine stark moralische oder moralisierende Bedeutung, die besaß es im Mittelalter noch nicht, so habe ich mich für »(Vor)trefflichkeit« entschieden, und dabei bleibe ich – fast immer.

Wenn Gottfried aber nicht Werte, sondern – zum Beispiel – innere Zustände von Menschen beschreibt (dominiert der Verstand? dominiert das Gemüt?), so habe ich jeweils nach dem Kontext entschieden. Hier können und wollen wir auf das Ausdifferenzieren nicht mehr verzichten.

Das Wort »tugent«, das mit »Tugend« nicht angemessen übersetzt wäre: angloamerikanische Übersetzer nennen solche Homonyme »falsche Freunde«.

Ein weiteres Beispiel für solche trügerischen, irreführenden Ähnlichkeiten, für falsche Freunde in der Binnen-Übersetzung: »liute unde lant«. Die geläufige Übersetzung, bis in diese Zeit, auch von Germanisten, Mediävisten: »Land und Leute«. Das ist bequem, aber fatal. Und führt zu falschen Schlußfolgerungen.

Wenn es beispielsweise heißt, »liute unde lant« wüßten Bescheid über die ehebrecherische Beziehung zwischen Tristan und Isolde, so bedeutet das in der falsch-direkten Übersetzung (verleitet von der Formel »Land und Leute kennenlernen«...): die Bevölkerung weiß darüber Bescheid. Die Geschichte von Tristan und Isolde ist zwar eine Skandalstory, oberflächlich gesehen, aber die war nur in der obersten Schicht der Feudalgesellschaft von Cornwall bekannt. »Lant« ist hier kein geographischer, sondern ein soziologischer Begriff. Gottfried selbst übersetzt, deutet ihn in Vers 9261: »daz lant... die lantbarune die mein ich«.

»Liute unde lant« heißt also – zum Beispiel – nicht: Cornwall von Norden bis Süden, von Westen bis Osten mit seinen Bewohnern zwischen Adelsherr und Bauernknecht, es ist die Gesellschaft der Großen im Lande – mit allen Abstufungen innerhalb der herrschenden Schicht. In einem »inner circle« also erörtert man die Liaison, die dem Ansehen der Krone schadet.

Hier ist (notwendige) Interpretation in die Übersetzung eingeschlossen, diese Übersetzung führt wiederum zu neuer Interpretation von Textstellen, beispielsweise der Zeile 11528.

Der Kontext: Tristan bricht mit Isolde auf zur Reise nach Cornwall; Mutter Isolde und Vater Gormund haben ihre Tochter zum Hafen begleitet, auch viele hohe Herren des Hofs; das Schiff legt ab, und die beiden Reisenden verneigen sich vor dem »lant«. Das könnte schön sentimental oder sentimental schön sein: Ihr grünen Hügel, ihr braunen Flüsse von Irland, ihr Hochebenen und Steilküsten, wir verneigen uns vor euch, erflehen Gottes Segen für euch … Aber so etwas wäre einem Dichter und seinem Publikum im Mittelalter exotisch erschienen. Sie verstanden das so: Isolde und Tristan verneigen sich vor den Herren, den Großen des Landes.

Auch hier zeigt sich: Übersetzung muß sich lösen von Festgeschriebenem. Dazu noch ein Beispiel.

Die ständig weiterlaufende Interpretationsmaschinerie (mit angetrieben von Interpretationsmaschinerien noch des vorigen Jahrhunderts) ist auch ein System zum unkritischen Transfer von überalterten oder falschen Wörtern. Eins der Haupt- und Staatswörter der *Tristan*-Interpretation ist die »Minnegrotte«. Gemeint ist mit diesem antiquierten Begriff die grandios ausgestaltete Felshöhle, in die sich Isolde und Tristan nach der Verbannung vom Hof des Königs Marke zurückziehen, in der sie (weiter) Erfüllung finden ihrer leidenschaftlichen Liebe.

Schauen wir uns diesen Begriff an. Erster Bestandteil: Minne. In dieser neuhochdeutschen Form assoziiert das Wort, vor allem über die Gattung Minnesang: hohe (sublimierende!) Liebe unter Mitgliedern der höfischen Gesellschaft. In der Übertragung des *Parzival*-Romans habe ich für »minne« noch »Hohe Liebe« eingesetzt. Gottfried aber, so zeigte ich zu Beginn dieses Buchs, erzählt von der gefühlsbestimmten, rational nicht beeinflußbaren oder steuerbaren leidenschaftlichen Beziehung zwischen einer Frau und einem Mann. Diese Leidenschaft will immer wieder die Erfüllung sexuellen Verlangens, Begehrens. Das kann sich für Isolde und Tristan offenbar nicht oft genug wiederholen – märchenhaft, daß Isolde nicht schwanger wird! In der Intensität, der Sinnlichkeit der Beziehung zwischen Tristan und Isolde schmilzt der Begriff Minne gleichsam ein. Also habe ich in der Übertragung bewußt und betont den Begriff »Liebe« eingesetzt, der für uns ein weites Spektrum umschließt. Zwar hat Gottfried noch den Begriff »minne« benutzt, doch zeigt der *erzählerische* Kontext, daß er den Begriff weithin ablöste von damaligen Konventionen des Verstehens und Verhaltens. (Ich betone das Verb *erzählen*, denn: in Exkursen wird von Gottfried Erzähltes relativiert, da formuliert er abstrakt, was von der Erzählung selbst nicht immer eingelöst wird. Doch primär ist in einem Roman das *Erzählte*.) Von einer Minnegrotte kann also die Rede nicht sein. Wenn schon Grotte, dann höchstens: Liebesgrotte. Aber trifft die zweite Worthälfte zu?

Der von Riesen geschaffene Hohlbau in einem Felsmassiv, der architektonisch perfekt gestaltete Innenraum mit Kuppel, weißen Wänden, Marmorboden als »Grotte«?! Eine Naturgrotte, das zeigt sich nicht nur in Capri, hat eine permanente Öffnung. Eine Architekturgrotte (und dieses Phänomen gibt es erst seit der Zeit der Renaissance-Gärten) ist keine Höhle, sondern eine *Einhöhlung*. Grotten sind vielfach ausgestaltet mit Tuffstein, mit Muscheln, mit Wasserspielen, und vielleicht gibt es da auch irgendwo den Grottenolm... Vereinfacht: eine Grotte ist kein verschließbarer Raum; der Felshohlraum aber läßt sich mit einer Bronzetür verschließen. Also: Felshohlbau, keine Grotte!

Wie kam man eigentlich auf den Begriff »Minnegrotte«? Gottfried hat nie ein mittelhochdeutsches Pendant zu Grotte benutzt, konnte er auch gar nicht, diese Architektur-Spielform gab es ja noch längst nicht. Gottfried benutzt für die »hol« konsequent das französische Lehnwort »fossiure«. Dieses Wort hat heute (!) eher das Assoziationsfeld »Schlucht«, aber was gemeint ist, macht die Beschreibung klar. So setze ich für das damalige französische Wort das heutige französische Wort »caverne« ein. »Der Höhlenbau der Liebenden.«

Herausforderug sechs. »Das Ideal der Übersetzung von Dichtung ist, wie Valéry es einmal unübertrefflich formulierte, die Erzeugug analoger Wirkung mit anderen Mitteln.« Octavio Paz.

Noch einige technische Anmerkungen. Genau zu beachten war auch das Plankton von einsilbigen Wörtern: Sprachsignale, die bisher oft an der Wahrnehmung vorbeischwebten. Es zeigt sich nun ein Dichter, der vielfach mit Ausrufen arbeitet – etwa dem emphatisch vorangesetzten »dâ«. Der aber auch häufig lakonische Brechungen einbringt mit dem süddeutschen »et«, dem das heutige süddeutsche »halt« entspricht, und das hatte er halt gern... Freilich, nicht jedes »et« und »dâ« und »wan« und »îe« kann eine neuhochdeutsche Entsprechung finden, manchmal würde dies über den Grenzwert von elf, zwölf Silben pro Zeile hinausführen. Öfter ist solch eine Differenzierungssilbe auch überflüssig: die Betonung oder Brechung ergibt sich aus dem Text.

Selbstverständlich mußte ich auch Wortpaare umstellen; bei Gottfried wurde die Wortfolge vielfach auf den Endreim hin arrangiert; ich arrangiere mehr nach Sinnfiguren oder nach dem Prinzip der Steigerung. Selbstverständlich stelle ich auch Zeilenpaare um. Und zuweilen ersetze ich einen Konjunktiv durch einen Indikativ, weil ich hier weniger Silben brauche, oder ein Perfekt gebe ich gelegentlich wieder durch ein Imperfekt, auch das ist knapper, schlanker. Das Metrum vor allem stellt seine Forderungen! Vor allem diese: Knappheit, Prägnanz, Intensität!

Entscheidend für die Qualität einer Übersetzung ist nicht nur das Herausarbeiten von Nuancen, von Valeurs, entscheidend ist der Stil. Die Übersetzung muß einen eigenen Ton oder »sound« haben, als Resonanz, als möglichst schwingungsgenaue Resonanz auf den Sprachklangkörper des Originals. Teilweise synonym mit diesem »sound«: der Sprachduktus. Gottfrieds Roman war erheblich schwerer zu übersetzen, als ich das erwartet hatte, war streckenweise sogar schwerer zu übersetzen als der *Parzival,* und das liegt vor allem an Gottfrieds ironischen Brechungen und: an seinen oft komplexen Satzkonstruktionen. Ich habe sie getreulich nachgebaut – selbst dort, wo sie sich, gelegentlich, als Fehlkonstruktionen erweisen. Zuweilen auch suchte ich einen neuen Ansatzpunkt, um syntaktische Gebilde nachzuformen: auch im Vers soll ein prosanaher Duktus sein, freilich kontrapunktiert durch Wortstellungen, Wortfolgen, die den Duktus gleichsam aufstauen. Hier, auch hier mußte austariert werden.

Und damit: in dieser Übertragung des großen Erzählgedichts mußten das Semantische und das Musikalische ihre Balance finden.

Ergänzungen

Meine Übertragung des Versromans ist vollständig. Allerdings habe ich drei Textsequenzen herausgelöst, lege sie hier vor als Ergänzung und zur Dokumentation. So können Leser ohne Umweg prüfen, ob ihnen meine Entscheidungen plausibel erscheinen.

Die erste Sequenz scheint mir ermüdend charakteristisch für den mitformulierenden ›Juristen‹ Gottfried. Die Struktur jener höfisch-feudalen Gesellschaft ist freilich in unserem Bewußtsein nicht mehr präsent; wir müssen nicht alle Herren- und Herrschaftsrituale nachvollziehen.

Der Kontext: weil Rual ihm militärisch geholfen hat, erweist Tristan seine Dankbarkeit auch gegenüber Ruals Söhnen, und das führt erneut zu erörternden Beschreibungen von Herrschafts- und Besitzverhältnissen. Kurz darauf wiederholt sich das – modifiziert – im historischen Exkurs über Cornwalls Tribut an Irland.

Und das muß man ihm zugestehn.
Wenn es sich für ihn zum Guten
wenden soll, zu seinem Heil,
so muß er reicher sein an Ehr-Besitz
und seinen Ehrgeiz steigern.
Ja, er soll mit vollem Recht
allen Ehr-Besitz begehren, fordern!
Wenn ihm Fortuna dies gewährt,
so erfüllt sie ihre Pflicht:
sein ganzes Denken will nur dies!

Tristan, der verständig war,
traf auf sehr verständge Weise
mit sich selbst die Übereinkunft,
sich für seine beiden Väter
derart glatt zu teilen,
als schneide man ihn durch:
wie ein Ei halbierte er
sich selbst – so gleich, so glatt
und gab dann jedem dieser beiden
das Stück, von dem er wußte,
daß es am besten zu ihm paßte.
Wer nie von einer Teilung hörte,
bei der ein Körper *ganz* bleibt,
dem sag ich, wie die Teilung geht.
Niemand hegt hier einen Zweifel,
daß zweierlei den Mann ausmacht –

ich sprech von der Person, dem Reichtum.
Aus beidem kommen: noble Gesinnung
und, in Fülle, Ehr-Besitz der Welt.
Doch wer die beiden trennen will,
verwandelt Reichtum in die Armut.
Die Person, der man nichts gönnt,
sie verliert damit auch ihren Namen;
es wird ein Mann ein halber Mann,
auch wenn sein Körper *ganz* ist.
Seht dies auch so bei einer Frau:
ob ein Mann, ob eine Frau,
es müssen stets Person und Reichtum
gemeinsame Sache machen, damit
einen guten Namen schaffen.
Werden sie jedoch getrennt,
ergibt sich für die beiden: nichts.
  Tristan ging die Sache an
mit großem Aufwand, generös,
und führte sie verständig durch.
Er ließ sich folgendes beschaffen:
schöne Rösser, feine Kleider,
Nahrungsmittel und so weiter,
alles, was man für ein Fest braucht,
und er gab ein großes Fest.
Die Vornehmsten des Landes,
die das Land repräsentierten,
sie ließ er kommen, lud er ein.
Sie handelten als Standesgenossen
und folgten seiner Ladung.
Inzwischen hatte sich auch Tristan
in jeder Hinsicht vorbereitet.
Zwei junge Männer (Söhne seines Vaters
Rual), sie machte er zu Rittern;
er hatte sie zuvor als seine Erben
eingesetzt – nach ihrem Vater Rual.
Womit er nun bei diesem Anlaß
aus seinen eignen Mitteln
ihr Ansehn, ihren Ehr-Besitz
fördern konnte, all das tat er
unablässig, herzlich gern,
als wenn sie seine Söhne wären.
  Als man sie zu Rittern machte
(zugleich mit zwölf Gefährten),
war einer dieser zwölf Gefährten
Courvenal, der Mann des Hofs.

Tristan, der Vortreffliche,
nahm seine Brüder an die Hände
(denn dies war höfisch in der Lage)
und führte sie ganz einfach fort.
  Seine Verwandten, Lehensleute
und jeder, der aus Menschenverstand
oder der aus Lebenserfahrung
oder aus den *beiden* Gründen
verständig und vernünftig war,
sie alle wurden da sogleich
vor Tristan geladen und gebeten.
»Herr, nun sind sie alle da!«
Sogleich stand Tristan auf vor ihnen,
sagte: »Meine Herrn! Ihr alle,
denen ich für immer gern
mit Loyalität und Redlichkeit
und nach meinen besten Kräften
in jeder Hinsicht dienen will,
Verwandte, liebe Lehensleute,
mit deren Willen ich erhielt,
was Gott mir gab an Ehr-Besitz –
dank eurer Hilfe habe ich
alles das begradigt,
was ich mir von Herzen wünschte.
Dies wurde mir von Gott gewährt,
doch weiß ich wohl, daß es allein
dank eurer Tüchtigkeit gelang.
Ich kann dazu nichts weiter sagen…
Ihr habt mir in den wenigen Tagen
von eurer Ehre, eurer Güte
so viel zugute kommen lassen,
daß ich hier völlig sicher bin:
eher würde diese Welt
untergehen, eh ihr jemals
meinen Wunsch nicht unterstützt.
Standesgenossen, Lehensleute,
alle, die ihr hier seid,
auf meinen Wunsch, aus eignem Antrieb –
möge euch mein Plan
nicht allzusehr mißfallen.
Ich sage und verkünd euch allen,
wie es Rual, mein Vater, hier
gesehen und gehört hat:
daß mein Onkel mir sein Land
als Besitz gegeben hat;

er seinerseits will mir zuliebe
auf eine Ehefrau verzichten,
damit nur ich sein Erbe sei.
Er will, daß ich an seiner Seite bleibe,
wo er auch sei, wohin er gehe.
Ich entschied mich nun für Cornwall.
Ich wünsche mir von ganzem Herzen,
zu tun, was er verlangt
und zu ihm zurückzukehren.
Mein Zinsgut und mein Ehr-Besitz,
die ich in diesen Ländern habe,
die will ich meinem Vater Rual
zu Lehen geben – und als Erbe lassen
für den Fall, daß mir in Cornwall
etwas Schlimmes zustößt;
falls ich dort sterbe oder falle,
erhält er dies als Erbes-Lehen.
Nun zu seinen Söhnen hier
und damit zu all den Söhnen,
die künftig seine Erben sind:
sie sollen Erbrecht darauf haben.
Meine Dienst- und Lehensmänner
und deren Lehn im ganzen Land,
die möchte ich, auf Lebenszeit,
zu meiner vollen Verfügung haben.«
Darauf jammerten und klagten
alle Herren Ritter dort,
sie waren alle ganz entmutigt –
Sicherheit und Schutz: dahin!
»Ah, Herr«, so riefen sie vereint,
»es wäre besser für uns gewesen,
wenn wir Euch nie gesehen hätten!
Dann bliebe uns auch dies Leid erspart,
von dem wir jetzt durch Euch erfahren.
Unser Hoffen, Herr, auf Euren Schutz
war so an Euch gebunden,
als hättet Ihr uns das Leben geschenkt.
Nein wirklich, unser aller Leben,
das wir in Freude führen sollten,
das ist gestorben und begraben,
wenn Ihr uns hier verlaßt.
Herr, unser Leid, das habt Ihr
vergrößert, nicht verkleinert!
Es drehte sich für uns das Glücksrad
ein kleines Stück nach oben,

jedoch nun dreht es sich zurück.«
Todsicher bin ich hier:
wie groß auch ihre Klagequal,
wie schwer auch die Bedrückung war
als Folge des Vertrags –
Rual, dem alles gut zu Buche schlug,
der großen Vorteil davon hatte,
viel Ehr-Besitz in den Domänen,
ihn traf dies im Gemüt
weitaus härter als sie alle.
Bei Gott, er hat noch nie zuvor
ein Lehn mit solchem Schmerz empfangen,
wie er dies Lehen hier empfing!
Als nun Rual und seine Söhne
aus Tristans, ihres Herren, Hand
Erbe, Lehn erhalten hatten,
da empfahl er die Herrn des Landes
dem Schutze Gottes an, zog fort.
Mit Tristan ging auch Courvenal,
der sein Erzieher war.
Ob bei Rual und überhaupt,
bei Tristans Lehnsherrn, Landesherren
das Leid des Herzens und die Klage
um den Verlust des lieben Herrn
etwa klein gewesen seien...?
Dies, wahrlich, weise ich zurück!
Parmenien war voller
Klagen, Klagelieder!
Ihr Klagen war schon sagenhaft!
Des Marschalls Frau, Floraite,
die loyal war, ehrenhaft,
sie quälte ihren Leib so sehr,
wie sichs für eine Frau gehört,
der Gott die Form des Lebens gab,
wie sie dem Ansehn einer Frau geziemt.

Als nächstes ein Exkurs über Verfälschung und Verfall höfischer Liebe – vorwiegend artikuliert im Idiom eines Gärtners, freilich in einem für uns fremden Geistes-Biotop. Der Kontrast zwischen Gottfrieds sinnlichem, auch klangsinnlichem Erzählen und der unsinnlichen Redeweise der Erörterungen, Kommentare, der weiterführenden oder vom Erzähltext wegführenden Exkurse ist oft konstatiert worden. Das Gedankensubstrat, mit dem hier begrifflich und metaphorisch operiert wird, es bräuchte viel Kommentar, aber würde damit unsere Distanz zu solch einem Texteinschub verkürzt?

Ein langer Exkurs über Liebe
belastet höfische Geister;
ein kurzer Exkurs über hohe Liebe
erhöht die hohen Geister.

Auch wenn ich in meinem Leben
kaum das liebe Leid erlitten,
die beglückende Qual des Herzens,
die im Herzens-Inneren
Unglück bringt, das glücklich macht,
so weissagt mir doch mein Gemüt
(was ich ihm auch glauben muß!),
daß die beiden Liebenden
sich gut und glücklich fühlten,
als die schlimme Aufsicht,
der Liebe wahre Pestilenz,
die Todfeindin der LIEBE,
aus ihrem Pfad geräumt war. –

Ich habe viel gegrübelt über beide
und tu das heute noch und weiterhin.
Wenn sich Liebe, Schmerz der Leidenschaft
vor meinen Augen so entfalten
und ich in meinem Herzen
erwäge, was ihr Wesen ist,
so wachsen die Gedanken
und das Gemüt, mein Kampfgefährte,
über sich hinaus, zum Himmel.
Wenn ich das Wunder, wahre Wunder
in jeder Hinsicht überdenke,
das man in der Liebe fände,
wenn man es nur suchen würde,
welch Glück in einer Liebe wäre,
ging man auf Liebe richtig ein,
so wird mein Herz sogleich
größer noch als septimontium,
da hab ich Mitleid mit der Liebe,
und zwar aus ganzem Herzen,
weil die meisten Zeitgenossen
an Liebe haften oder kleben,
und doch wird keiner ihr gerecht.
Wir alle meinen, ein Gemüt zu haben
und die Lebendigkeit der Liebe.
Jedoch die Liebe ist nicht so
wie wir sie füreinander
formen, sie verfälschend. Wir sehn

die Dinge nicht so, wie sie sind.
Wir säen Samen aus des Bilsenkrauts
und erwarten, daß der uns
Lilien bringt und Rosen.
Wahrhaftig, so was kann nicht sein!
Wir können bloß zur Ernte sammeln,
was man vorher angebaut,
und ernten, was der Same bringt;
nur das gleiche, das wir säen,
können wir auch schneiden, mähen.
Wir pflanzen und hegen die Liebe
mit Sinnen, die vergällt sind
mit Betrug und Hurerei,
suchen dann die reine Lust
in ihr des Körpers und des Herzens,
doch bringt das nichts als Leid hervor,
Übel, Übelart und Übelfrucht –
nach der Methode ihres Anbaus!
Wenn uns hieraus Leid erwächst,
das in unsren Herzen schwärt,
das uns dort drinnen tötet,
so werfen wirs der Liebe vor
und geben ihr die Schuld daran,
obwohl es gar nicht ihre Schuld ist.
Wir alle säen Falschheit aus –
so laßt uns Leid und Schande ernten!
Tut uns das Leid dann wirklich weh,
so sollten wirs zuvor bedenken!
Laßt uns Bessres besser säen,
um entsprechend dann zu ernten.
Wir, mit Lust aufs Welten-Leben
(sei es böse oder gut…),
wie vertun wir unsre Zeit
(die wir vergeuden und verscheuchen)
unter Hinweis auf die Liebe,
und finden doch in ihr
nichts als Früchte unsrer Mühen,
die wir auf sie verwendet haben:
Fehlschläge, Niederlagen…
Vom Guten finden wir da nichts,
das sich zwar jeder von uns wünscht
und das uns allen doch versagt bleibt:
verläßliches Gemüt des Partners,
der zuverlässig uns beglückt,
bei dem die Rose Dornen zeigt,

die Mühsal auch Behaglichkeit,
bei dem die Wonne stets versteckt
inmitten allen Kummers liegt,
der schließlich stets die Freude bringt,
so oft er vorher auch betrübt wird.
Heute findet man dies kaum –
so bestellen wir das Feld…
Die Redensart trifft völlig zu:
»Die Liebe wird von Hunden
zum extremsten Punkt gehetzt.«
Wir haben nur das Wort für sie,
sie ist für uns bloß noch Begriff,
den haben wir so durchgehechelt,
so verwörtert, verbegrifflicht,
daß die Geschwächte der Begriff
beschämt und ihr das Wort zuwider ist.
Die Liebe wird sich hier auf Erden
selber lästig, widerwärtig…
Die ehrlos ist, verachtet,
schleicht bettelnd sich von Haus zu Haus
und schleppt – wie sichtbar ist die Schande! –
den zurechtgeflickten Sack,
in dem sie Diebesgut und Beute
vor eigenem Gebrauch beschützt,
doch auf den Straßen offeriert.
Und ach, wir stelln den Markt dafür!
Wir tun ihr Ungeheures an,
doch wollen schuldlos sein daran.
LIEBE, Königin der Herzen,
die frei, die unvergleichlich ist,
sie ist Tausch-Wert, sie ist käuflich!
Wir haben uns, als Herren,
vor ihr zu Untertanen gemacht!
Eine üble contrefaction
haben wir – gefaßt – im Ring,
und so betrügen wir uns selbst.
Ein elendes Betrugsmanöver,
daß man den Partner so belügt,
daß man sich selbst damit betrügt!
Wir imitierten Liebenden,
wir Betrüger der Frau LIEBE,
wie verrinnen uns die Tage,
ohne jemals unserm Leid
ein gutes Ende zu bereiten!
Wie vergeuden wir nur unser Leben

ohne Vergnügen, ohne Gewinn!
Uns beflügelt grade das,
was uns letztlich gar nichts angeht!
Was wir an schönen Geschichten kennen,
die von Liebesdingen handeln,
und was wir in der Dichtkunst sagen
über jene, die – es war einmal –
vor vielen hundert Jahren lebten,
all dies tut uns im Herzen wohl.
Und dabei steckt so viel in uns,
daß es kaum mal einen geben dürfte
(falls er liebend-treu und ernsthaft ist,
den Partner nicht durch Hurerei verletzt),
der nicht fähig wär, erzählte Lust
in seinen eignen Herzensdingen
auch mal *selbst* hervorzubringen.
Freilich ist uns grade jenes,
aus dem das ganze Glück entsteht,
elend unter die Füße geraten:
treue Liebe, die von Herzen kommt.
Sie offeriert sich kostenlos,
doch wenden wir den Blick von ihr
und trampeln diese schöne Liebe
rücksichtslos mit Füßen nieder
und zeigen *der* Verachtung,
die im Staub zertreten ist!
Suchten wir sie ganz von selbst,
wüßten wir so schnell nicht, wo!
Wenn Liebe unter Partnern
so schön sein könnte, reich an Lohn,
warum nur mögen wir sie nicht?
Ein liebevoller Blick
aus den Augen eines Herzgeliebten
stillt mit voller Sicherheit
hunderttausend Schmerzen
im Körper und im Herzen.
Ein Kuß auf des Geliebten Mund,
ein Kuß, der aus dem Herzensgrund
unmerklich hochgeschlichen käme,
hoho, was nähme der an Herzeleid,
an Qual der Leidenschaft…

Herausgelöst habe ich als drittes den »hûote-Exkurs«. Hûote, die Aufsicht, die gesellschaftliche (moralische) Kontrolle galt fast ausschließlich der Frau.

In dieser Textsequenz dokumentiert sich weithin historisches Gedankensubstrat. So gebe ich diese Reflexionen, diese Laienpredigt dort wieder, wo Exkurse heute meist gedruckt werden: im Anhang.

Zum Thema Aufsicht auch noch dies:
dort, wo man die Aufsicht führt,
da führt sie nur das eine hoch:
jene Hecke, jenen Weißdorn.
Das ist der quälende Zorn,
der Ansehn, Ruf verletzt
und viele Fraun entehrt,
die Anspruch auf die Ehre hätten –
wenn man sie recht behandeln würde.
Wenn man sie verkehrt behandelt,
läßt dies Gemüt und Ehre leiden.
So verdirbt sie denn die Aufsicht
in ihrer Ehre, im Gemüt.
Wie streng die Aufsicht immer sei,
sie ist bei Frauen ganz umsonst,
weil kein Mann, kein einziger,
die böse Frau bewachen kann.
Die gute muß man nicht bewachen,
die bewacht sich selbst, so heißt es.
Wer sie trotzdem bewacht,
der zeigt, wahrhaftig, Haß auf sie,
der wird die Frau in ihrem Leib
verderben und in ihrem Ansehn,
und dies, voraussichtlich, so sehr,
daß sie sich nie mehr wieder *so*
im Verhalten graderückt,
daß ihr nicht ständig etwas anhängt
von dem, was jener Weißdorn trug.
Sobald der bittre Weißdorn
in einem derart süßen Boden
erst mal Wurzeln schlug,
ist er dort schwerer rauszureißen
als aus dürrem Boden oder so.
Ich weiß: das redliche Gemüt,
wird es solange falsch behandelt,
bis es böse Unfrucht trägt,
so produziert es *viel* mehr Bosheit
als eins, das stets schon boshaft war.
(Das stimmt – ich las es oben vor!)
Deshalb sollt ein kluger Mann
(das heißt: wer Frauen Ansehn gönnt)

bei ihr (mit redlichem Gemüt)
keine andre Aufsicht
führen im privaten Leben
als lenken und lehren,
als zärteln und güteln.
Damit soll er sie bewachen!
Auch mache man sich eines klar:
besser kann er nicht bewachen!
Kurzum: ob böse, gute Frau –
wird sie zu oft verkehrt behandelt,
entwickelt sie sehr leicht ein Mütchen,
auf das man gern verzichten würde!
Ja, ein jeder wackre Mann,
der männliches Gemüt gewann,
er sollte seiner Frau vertrauen
(freilich auch sich selber!),
daß sie jede Ungehörigkeit
unterläßt, weil sie ihn liebt.
Wie oft mans auch versuchen mag:
mit üblen Machenschaften läßt sich
bei keiner Frau die Liebe
durch Zwang zum Vorschein bringen –
man löscht damit nur Liebe aus!
Aufsicht ist ein übler Liebesbrauch,
belebt nur unheilvollen Zorn,
es wird die Frau dadurch vernichtet.
Wenn man Verbieten unterließe,
so wär das, mein ich, wohlgetan –
es macht den Frauen reichlich Schande.
Weil verboten, tut man vieles;
man würd es völlig unterlassen,
wenn es nicht verboten wäre.
Diese Distel, dieser Dorn
ist ihnen angeborn, bei Gott.
Die Damen, die ein solches Wesen zeigen,
sind Töchter ihrer Mutter Eva:
die brach das erste Verbot.
Ihr erlaubte der Herr, unser Gott,
mit Früchten, Blumen, Gräsern
und was es sonst im Paradiese gab,
alles das zu machen,
was ihrem Wunsch entsprach;
nur *eines,* das verbot er ihr,
und zwar bei Strafe ihres Lebens:
hier erzählen uns die Priester,

daß es um die *Feige* ging.
Die brach sie, brach das Gott-Gebot,
gab sich selbst auf und auch Gott.
Noch heute bin ich überzeugt:
Eva hätt dies nie getan,
wär das *nicht* verboten worden.
Die erste Tat, die sie beging,
mit der bepflanzte sie ihr Wesen:
sie tat, was ihr verboten war.
Überdenkt man diesen Fall,
so hätte Eva auf die *eine*
Frucht durchaus verzichten können;
schließlich waren alle andren
zu ihrer freien Verfügung
angeboten, doch sie wollte
keine andre Frucht als die,
mit der sie ihre ganze Ehre aß.
So sind sie alle Evas Töchter,
die nach Eva ge-*eva*-t sind.
Ha, wenn einer hier verbieten könnte,
wie viele Evas würde der
heut noch finden, die für ein Verbot
sich selbst aufgäben und auch Gott.
Doch weil dies ganz ihr Wesen ist,
weil dies nature bei ihnen will,
hat die viel Lob und Preis verdient,
die sich trotz*dem* enthalten kann.
Wird eine Frau entgegen ihrem Wesen
trefflich und bewahrt ihr Lob, ihr Ansehn,
die Person entgegen ihrem Wesen,
so ist sie nur geschlechtlich Frau,
sie ist ein *Mann* in ihrer Haltung.
Man sollte bei so einer Frau
alles, was sie tut, in gutem
Sinne deuten, löblich, ehrenvoll.
Denn wo auch immer eine Frau
die Weiblichkeit, ihr Herz ablegt,
das Herz des Mannes übernimmt,
da honigseimt die Tanne,
da balsamt der Schierling,
da rosenblütet überm Boden
das Wurzelwerk der Nesseln.
Wie kann wohl je so Reines
entstehen bei der Frau,
als wenn sie, mit der Ehre,

ankämpft gegen ihren Körper,
und dies, indem sie hier die Rechte
des Körpers *und* der Ehre wahrt?
Sie muß den Kampf auf eine Weise führen,
daß beiden sie gerecht wird,
und jeweils darauf achtet,
daß nicht das eine unterdes
von ihr hintangesetzt wird.
Eine Frau, sie ist nicht achtbar,
wenn sie für den Körper ihre Ehre,
für die Ehre ihren Körper aufgibt,
solang die Lage es erlaubt,
daß *beides* sie bewahren kann;
sie gebe keins von beidem auf,
sie soll im Glück die beiden
bewahren wie im Unglück –
wie immer sichs für sie ergibt...
Bei Gott, sie mögen alle
in ihrem Rang der Würde steigen –
vorausgesetzt, man strengt sich an.
Es möge eine Frau ihr Leben
dem rechten Maße widmen und ergeben,
damit umzingle sie die Sinne,
sie schmücke damit ihr Verhalten
und sich selbst; die herrliche Mäßigung
verherrlicht die Person, das Ansehn.
Nichts von alledem,
das die Sonne je beschienen hat,
ist derart glücklich wie die Frau,
die sich selbst, ihr Leben
der Mäßigung verschrieben hat,
sich selbst auf rechte Weise liebt;
für die Dauer dieser Zeit,
in der sie selbst sich lieb ist,
ist Der Gerechte mit dabei –
so ist sie aller Welt nur lieb.
Die Frau, die gegen sich handelt,
die ihr Gemüt drauf einstimmt,
daß sie sich selber feindlich ist –
wer soll sie da noch lieben?
Die sich selbst verachtet,
dies der hohen Welt beweist –
welche Liebe, welche Ehre
kann ihr einer noch beweisen?
Man befriedigt das Begehren,

sobald es anfängt, Qual zu werden,
und will dies namenlose Leben
dem verherrlichten Namen ergeben.
Nein, nein, dies ist nicht Liebe,
dies ist ihre Widersacherin,
die verwerfliche, die schlimme,
die schlimme Zügellosigkeit!
Die macht dem Namen *Frau* nicht Ehre,
wie ein wahres Sprichwort sagt:
»Die Frau, die viele lieben möchte,
sie wird von vielen nicht geliebt.«
Die darauf sinnt, aus freien Stücken,
die hohe Welt, sie mög sie lieben,
die liebe erst einmal sich selbst,
die zeig der Welt die Fährte ihrer Liebe:
zeigt sich hier die echte Liebe,
so liebt die hohe Welt mit ihr.
  Die Frau, die ihrer Weiblichkeit
(sich selber) Lieb entgegenbringt,
der Gesellschaft zu Gefallen,
die muß die ganze hohe Welt
mit täglich neuer Ehrung
preisen und rühmen,
bekränzen und krönen
und so die eigne Ehre mehren.
An wen sie sich heranwagt,
wem sie sich mit Leib und Sinnen,
mit Neigung und mit Liebe
zuwendet, rückhaltlos,
der wurde in das Glück geboren,
der ist in jeder Weise
zum Glück geboren, auserkoren,
der hat das lebendige Paradies
in seinem Herzen festgeschrieben.
Und der muß keine Sorge haben,
daß die Hecke ihn verletzt,
wenn er nach den Blüten greift,
daß der Dorn ihn sticht,
wenn er die Rose bricht,
denn dort gibt es keinen Weißdorn,
dort hat der distelige Zorn
keinen Anlaß mehr –
die Versöhnung, rosenschön,
sie hat die alle ausgereutet:
Dorn und Distel und die Hecke.

In diesem Paradies
ergrünt und wächst,
ersprießt am Zweig nur dies,
was das Auge gerne sieht;
es steht in voller Blüte
durch weibliche Güte;
dort gibt es nur die Früchte
der Liebe und der Treue,
der Ehre und des Ruhms der Welt.
Hoho, ein solches Paradies,
das so mit Maienlaub geschmückt,
so reich an Freuden wäre –
es könnte hier ein Mann des Glücks
sein Herzensglück entdecken,
die Wonne seiner Augen sehn.
Wär er schlechter dran gewesen
als Tristan und Isolde?
Ich sprech mit eurem Einverständnis:
der müßte nicht sein eignes Leben
fürs Leben eines Tristan geben.
Wem auch immer eine Frau von Anstand
den Leib, die Ehre überläßt,
indem sie beides *ihm* nur widmet,
hei, wie ist sie für ihn da, von Herzen!
Wie liebevoll umhegt sie ihn!
Wie räumt sie seine Wege frei
von Disteln und von Dornen,
von allem Zorn der Leidenschaft!
Wie schützt sie ihn vor Herzensqual –
so gut, wie keinerlei Isolde
keinen Tristan schützen kann!
Ich bin hier völlig überzeugt:
wenn einer suchte, was er müßte,
so lebten heute noch Isolden,
bei denen man das fände, alles,
nach dem man suchen könnte.

Zurück zum Thema Aufsicht:
wie ihr gehört habt, brachte
dem Liebespaar Isolde und Tristan
die Aufsicht solche Frustration,
war das Verbot für sie so qualvoll,
daß sie noch nie so angestrengt
ein Stelldichein erwogen,
bis sie ein Ergebnis fanden,

das völlig ihrem Leid entsprach;
das Treffen brachte ihnen beides:
Schmerz und tödliches Leid.

Statt einer weiteren (ursprünglich recht umfangreichen) Ergänzung nur noch einige Nachbemerkungen zum *Tristan* des Ulrich von Türheim. Diese Fortsetzung ist in weiten Passagen etwas besser als der literarische Ruf des Autors; in etlichen Einschüben, in einer langen Sequenz aber ist sie so schlecht wie sein Leumund: hier werden spielmännische Episoden der *Tristan*-Tradierung geklittert, und diese Klitterung ist im Ganzen auch noch unmotiviert.

Der Kontext der Erzählsequenz, die hier ursprünglich wiedergegeben war (Zeilen 1876 bis 2850): Tristan und Isolde erleben in einem herrschaftlichen Zelt eine große Liebesnacht; daran schließt die Phase unnötiger Verwicklungen an, die Tristan zwingen, beispielsweise die Rolle eines Narren zu spielen, um an den Hof, damit (wieder) in Isoldes Nähe zu kommen. Grobianische Dichtung, wie sie im Mittelalter sehr beliebt war, aber für Gottfried (und die auf ihn eingestimmten Leserinnen und Leser) wäre dies eine Textbeleidigung.

Dennoch, ich hatte diese Sequenz übersetzt – wie sämtliche Einschübe, alles Angestückelte. Nach wiederholter kritischer Lektüre aber entschloß ich mich, diese Textdokumentation aus dem Anhang herauszunehmen und die Übertragung der Fortsetzung weiter zu kürzen. Nur so läßt sich motivieren, legitimieren, Gottfrieds Romanfragment mit Ulrichs Ergänzung zu verbinden. In dieser (nicht »bearbeiteten«, nur komprimierten) Form ist Ulrichs Text auf jeden Fall besser als eine Nacherzählung, eine Inhaltsangabe. Denn machen wir uns das wieder bewußt: in relativ kurzem Zeitabstand hat ein Autor des hohen Mittelalters ein fragmentarisches Werk eines Dichters seiner Zeit zum Abschluß gebracht.

Leitfaden

schied am Grab. Und er reist zum Herzogtum Arundel, dort ist der Herzog bedrängt. Erfolgreich führt Tristan Krieg für ihn, gemeinsam mit Cahedin, dem Sohn des Herzogs. Danach begegnet er in der Burg von Carhaix der jungen Schwester Cahedins, sie heißt ebenfalls Isolde – die mit den weißen Händen. Sie ist schön, das weckt und verwirrt Gefühle. Tristan faßt den Entschluß, sich in diese zweite Isolde zu verlieben: das neue Gefühl soll das alte Gefühl überlagern oder aufheben. Damit gerät Tristan in noch stärkere Gefühlsverwirrung – zuweilen dominiert wieder die Liebe zu Isolde in Irland, dann wieder wächst die Neigung zu Isolde in Arundel. Und Tristan setzt an zu einer Selbstrechtfertigung, weil er sich mehr und mehr der neuen Isolde zuwendet. Hier bricht Gottfrieds Roman ab 518

Und es beginnt Ulrich von Türheim mit seiner Fortsetzung; er beklagt, daß Gottfried gestorben ist, bevor er das Werk zu Ende dichten konnte. – Tristan überwindet seine Skrupel, er bittet den Herzog und die Herzogin um die Hand der Tochter, heiratet sie. Doch es kommt nicht zum Vollzug der Ehe; Isolde fühlt sich erst rücksichtsvoll behandelt, aber nach einiger Zeit fragt sie ihn, warum er Distanz zu ihr halte. Tristan erzählt eine siebte Lügengeschichte: ein Gelöbnis, für die Dauer eines Jahres … Isolde zeigt Verständnis, Nachsicht, findet sich damit ab, will darüber schweigen. Doch ein Jagdausflug der Herzogsfamilie bringt es an den Tag: Isoldes Pferd durchquert eine Wassermulde, einige Spritzer unter Isoldes Kleid, und sie sagt im Selbstgespräch, dieses Wasser sei mutiger als Tristan. Ihr Bruder hört das, insistiert mit Fragen, erfährt, daß sie noch Jungfrau ist. Im Auftrag der Eltern nimmt er Rücksprache mit Tristan, und der erklärt ihm, daß er Isolde von Irland noch immer liebe, er sieht in ihr die schönste aller Frauen. Das will Cahedin erst glauben, wenn er dies mit eigenen Augen sieht. Zu diesem Zeitpunkt spielt ein Reh den Briefträger und überbringt Tristan im Wald einen Liebesbrief und den Ring der Isolde von Irland. Die beiden jungen Männer wollen nach Irland reisen. Der Herzog nimmt ihnen das Versprechen ab, daß sie zurückkehren werden, stattet sie, nach erstem Widerstreben, standesgemäß aus. Isolde Weißhand nimmt Abschied von Tristan, verständnisvoll, obwohl sie weiß, daß er zu einer anderen Frau reist. Es zeigt sich: sie liebt ihn, trotz allem 549

Tristan und Cahedin reisen nach Irland. Gespräch mit einem Thynas, der von Gottfried nicht erwähnt wird, der aber mitgeholfen haben soll bei der Vermittlung zwischen Tristan und Isolde: so ganz klappt es nicht mit der Koordination zwischen Fragment und Fortsetzung. Doch selbst auf diesem Weg: Isolde erreicht die Nachricht, daß Tristan wieder im Land ist. Die beiden jungen Männer verstecken sich in einer Dornbuschhecke, lassen den Hofstaat an sich vorbeireiten – bei jeder schönen Frau ist Cahedin sicher, dies sei Isolde, aber die Schönheit wird immer weiter gesteigert, bis schließlich die irische Sonne aufgeht, alles mit ihrem Glanz überstrahlend. Isolde erweist sich wieder einmal als listig, als listenreich, sie arrangiert ein Treffen mit Tristan, in einem Zelt. Die Begegnung der beiden Liebenden wird kontrastiert durch eine Buffopartie, wie in späteren Opern: Cahedin will auch eine Frau, wählt eine aus, aber die möchte nicht mit dem Besucher schlafen, so versetzt sie ihn mit einem Zauberkissen in tiefen Schlaf. Für Tristan und Isolde aber wird dies die Liebesnacht aller Liebesnächte 569

Tristan gelingt, gemeinsam mit Cahedin, die Flucht aus Irland. Auf Liebe fixiert, läßt sich Tristan von Liebe erzählen: auch Cahedin liebt. Freilich ist seine Herzensdame vom eifersüchtigen Ehemann hinter dreifachem Mauerring eingesperrt, wenn er (was häufig geschieht) ausreitet, um zu jagen. Tristan, glückserfüllt, will auch Cahedin zum Glück verhelfen, er befiehlt Kursänderung, sie fahren zum Land der Dame Casie. Wie von Tristan vorgeschlagen, entwendet sie ihrem Mann die drei Schlüssel, stellt Wachsabdrücke her; mit den Nachschlüsseln besucht sie Cahedin, als ihr Mann wieder auf Jagd ist. Liebeserfüllung nun auch für Cahedin. Doch damit nähert sich das Unglück: der Ehemann kehrt verfrüht zurück, holt die Freunde ein, es kommt zum Kampf. Cahedin fällt. Tristan tötet den Ehemann, wird von weiteren Männern

Zu dieser Ausgabe

insel taschenbuch 1621. Dieter Kühn, Tristan und Isolde des Gottfried von Straßburg. Der Text folgt der Ausgabe Dieter Kühn, Tristan und Isolde des Gottfried von Straßburg. Insel Verlag Frankfurt am Main und Leipzig 1991. Dieter Kühn hat den Text für die vorliegende Taschenbuchausgabe durchgesehen. Umschlagabbildung: Charles Sellier, Zwei Engel. Öl auf Leinwand, um 1865-70. Ausschnitt.

Alte Welt und Mittelalter
im insel taschenbuch

Apuleius: Der goldene Esel. Mit Illustrationen von Max Klinger zu »Amor und Psyche«. Aus dem Lateinischen von August Rode. Mit einem Nachwort von Wilhelm Haupt. it 146

Augustinus: Bekenntnisse. Lateinisch und deutsch. Eingeleitet, übersetzt und erläutert von Joseph Bernhart. Mit einem Vorwort von Ernst Ludwig Grasmück. it 1002

Joseph Bédier: Der Roman von Tristan und Isolde. Mit Holzschnitten von 1484. Deutsch von Rudolf G. Binding. it 387

Boethius: Trost der Philosophie. Zweisprachige Ausgabe. Lateinisch und deutsch. Mit einem Nachwort von Ernst Ludwig Grasmück. it 1215

Otto Borst: Alltagsleben im Mittelalter. Mit zeitgenössischen Abbildungen. it 513

Reiseführer zu den Sieben Weltwundern. Philon von Byzanz und andere antike Texte. Zweisprachige Ausgabe von Kai Brodersen. Mit zahlreichen Abbildungen. it 1392

Giordano Bruno: Das Aschermittwochsmahl. Übersetzt von Ferdinand Fellmann. Mit einer Einleitung von Hans Blumenberg. it 548

Roberto Calasso: Die Hochzeit von Kadmos und Harmonia. Aus dem Italienischen von Moshe Kahn. it 1476

Marcus Tullius Cicero: Von den Pflichten. Lateinisch und deutsch. Neu übertragen und herausgegeben von Harald Merklin. Mit einem Nachwort von Manfred Fuhrmann. Zweisprachige Ausgabe. it 1273

Dante: Die Göttliche Komödie. Mit fünfzig Holzschnitten von Botticelli. Deutsch von Friedrich Freiherr von Falkenhausen. 2 Bde. it 94

Epiktet: Wege zum glücklichen Handeln. Aus dem Lateinischen von Wilhelm Capelle. it 1458

Epikur: Philosophie der Freude. Briefe, Hauptlehrsätze, Spruchsammlung, Fragmente. Übertragen und mit einem Nachwort versehen von Paul M. Laskowsky. it 1057

Erasmus von Rotterdam: Das Lob der Torheit. Mit den Randzeichnungen von Hans Holbein dem Jüngeren. Übersetzt und herausgegeben von Uwe Schultz. it 369

Das Evangeliar Heinrichs des Löwen. Erläutert von Elisabeth Klemm. Mit farbigen Bildtafeln. it 1121

Geschichten aus dem Mittelalter. Herausgegeben von Hermann Hesse. Aus dem Lateinischen übersetzt von Hermann Hesse und J.G.T. Graesse und mit Nacherzählungen von Leo Greiner. Neu zusammengestellt von Volker Michels. it 161

151/1/11.93

Alte Welt und Mittelalter
im insel taschenbuch

Griechisches Theater. Aischylos: Die Perser. Die Sieben gegen Theben. Sophokles: Antigone. König Ödipus. Elektra. Aristophanes: Die Vögel. Lysistrata. Menander: Das Schiedsgericht. Deutsch von Wolfgang Schadewaldt. it 721

Hartmann von Aue erzählt. Erec. Iwein oder der Löwenritter. Gregorius oder Der gute Sünder. Der arme Heinrich. Aus dem Mittelhochdeutschen von Lambertus Okken. it 1417

Helmut Hiller: Heinrich der Löwe. Herzog und Rebell. Eine Chronik von Helmut Hiller. it 922

Homer: Ilias. Neue Übertragung von Wolfgang Schadewaldt. Mit antiken Vasenbildern. it 153

– Ilias. Odyssee. In der Übertragung von Johann Heinrich Voß. it 1204

Horaz: Oden. Lateinisch und deutsch. Neu übertragen von Winfried Tilmann. it 1418

Klosterleben im deutschen Mittelalter. Nach zeitgenössischen Quellen von Johannes Bühler. Mit zahlreichen Abbildungen. Herausgegeben von Georg A. Narciß. it 1135

Christoph Kolumbus: Bordbuch. Mit einem Nachwort von Frauke Gewecke und zeitgenössischen Illustrationen. it 476

Dieter Kühn: Ich Wolkenstein. Eine Biographie. Neue, erweiterte Ausgabe. it 497

– Neidhart aus dem Reuental. it 1389

– Parzival. Der Parzival des Wolfram von Eschenbach. it 1328

Longus: Daphnis und Chloë. Ein antiker Liebesroman. Aus dem Griechischen übersetzt und mit einem Nachwort von Arno Mauersberger. Mit Illustrationen der »Edition du Régent«. it 136

Thomas Malory: Die Geschichten von König Artus und den Rittern seiner Tafelrunde. 3 Bde. Übertragen von Helmut Findeisen auf der Grundlage der Lachmannschen Übersetzung. Mit einem Nachwort von Walter Martin. Mit Illustrationen von Aubrey Beardsley. it 239

Marc Aurel: Selbstbetrachtungen. Aus dem Lateinischen von Otto Kiefer. Mit einem Vorwort von Klaus Sallmann. it 1374

Meister Eckhart: Das Buch der göttlichen Tröstung. Ins Neuhochdeutsche übertragen von Josef Quint. it 1005

Minnesinger. In Bildern der Manessischen Liederhandschrift. Mit Erläuterungen herausgegeben von Walter Koschorreck. Vierundzwanzig Abbildungen. it 88

Die Nibelungen. In der Wiedergabe von Franz Keim. Mit Illustrationen von Carl Otto Czeschka. Mit einem Vor- und Nachwort von Helmut Brackert. Im Anhang die Nacherzählung »Die Nibelungen« von Gretel und Wolfgang Hecht. it 14

151/2/11.93